INTRODUCTION TO
COMPUTATIONAL SOCIAL SCIENCE
PRINCIPLES AND APPLICATIONS

计算社会科学

原则与应用

（原书第二版）

（CLAUDIO CIOFFI-REVILLA）

[美] 克劳迪奥·乔菲－雷维利亚　著

之江实验室智能社会治理实验室　组译

吕明杰　主译

中国科学技术出版社

·北　京·

北京市版权局著作权合同登记　图字：01-2023-5053

图书在版编目（CIP）数据

计算社会科学：原则与应用 /（美）克劳迪奥·乔
菲 - 雷维利亚（Claudio Cioffi-Revilla）著；之江实验
室智能社会治理实验室组译；吕明杰主译 . — 北京：
中国科学技术出版社，2024.1
书名原文：Introduction to Computational Social
Science: Principles and Applications, edition: 2
ISBN 978-7-5236-0412-0

Ⅰ . ①计… Ⅱ . ①克… ②之… ③吕… Ⅲ . ①社会科
学—计算方法 Ⅳ . ① C32

中国国家版本馆 CIP 数据核字（2023）第 255393 号

策划编辑	申永刚　于楚辰		**责任编辑**	申永刚
封面设计	潜龙大有		**版式设计**	蚂蚁设计
责任校对	焦　宁		**责任印制**	李晓霖

出　　版	中国科学技术出版社
发　　行	中国科学技术出版社有限公司发行部
地　　址	北京市海淀区中关村南大街 16 号
邮　　编	100081
发行电话	010-62173865
传　　真	010-62173081
网　　址	http://www.cspbooks.com.cn

开　　本	787mm×1092mm　1/16
字　　数	714 千字
印　　张	36.25
版　　次	2024 年 1 月第 1 版
印　　次	2024 年 1 月第 1 次印刷
印　　刷	大厂回族自治县彩虹印刷有限公司
书　　号	ISBN 978-7-5236-0412-0 / C·249
定　　价	98.00 元

（凡购买本社图书，如有缺页、倒页、脱页者，本社发行部负责调换）

翻译团队

组　　长：吕明杰

副组长：陈　旭

编写组：张　卓　魏玉君　袁雨欣　陈恬昊　刘　好
　　　　方　圆

中文版特别序言

向中文读者致以热烈的问候！近几十年来，我结识了非常多的中国学生和学者，他们给我留下了深刻印象。因此，我很高兴现在有更多的读者能够阅读我的《计算社会科学》。继2014年第一版之后，这本中文译本为广阔且不断发展的计算社会科学跨学科领域提供了详尽的介绍。

计算社会科学起源于20世纪50年代，当时人们使用计算机来辅助研究，正如您将在本书每一章中所找到的相关描述。因此，相较于中国悠久的历史（类似于古代美索不达米亚），计算社会科学使用计算机的历史是非常短的。然而，正如您将在第五章所阅读到的，在东亚（特别是后来的中国），计算社会科学可以追溯到7000多年前。当时红山、龙山、二里头和其他早期古代政体中统治者进行了社会计算，并最终形成中国历史的基石。社会需要稳定与安全，田地需要耕种，矿山需要组织开采，公共工程需要建设。在青铜器时代，中国历史上出现了有文字记载的同时期王朝。在整个王朝建立的过程中，集体行动需要社会计算来估计结果和选择成功的策略。而今天，我们利用计算机、模拟模型、数据科学和人工智能的力量来辅助这些计算。

当前，计算社会科学在中国专家的共同贡献下，已经能够并将做出关键的科技贡献。这体现在许多紧急的议题中，例如，避免核战争，预防流行病，确保人工智能在正面性、建设性和无障碍性的情况下健康发展并致力于改善人类现状。此外，由于人类已经开始依赖太空来维持大多数支撑我们生活质量的基础设施系统，因此我们已经处于航天文明的早期阶段——这将是计算社会科学的一个令人兴奋的先驱领域。

与本书的早期版本一样，我也希望鼓励中文读者对未来的版本提出意见和建议。我的邮箱地址为：ccioffi@gmu.edu。鉴于计算社会科学是一个科学和技术双重应用的领域（计算社会科学是一柄双刃剑），我特别感兴趣的是学习计算社会科学的概念、原则、理论和方法的进展并将其应用于人类的生活与文化。毕竟，这一直是推动整个人类文明史上许多科学发展的一个主要主题。

　　我希望这本书能成为对你有用的指南，并希望通过本书中令人兴奋和具有挑战性的计算社会科学介绍，让你踏上一场思想的"游学之旅"。

克劳迪奥·乔菲－雷维利亚，博士

乔治梅森大学荣誉教授

美国国家科学院杰斐逊科学研究员

美国科学促进会会员

自 2014 年《计算社会科学：原则与应用》第一版出版后，计算社会科学领域在短时间内实现了蓬勃发展与变化。这其中既包括许多高校建立与开发的新项目与课程，还包括基于大数据分析方法的应用、社会复杂性研究的进展，以及计算模型与工具的创新等令人振奋的新研究方向。第一版所获读者的积极反馈和建设性意见极大地鼓舞了我们。在第一版的基础上，本版进行了全面的优化与升级，以期为读者呈现计算社会科学领域新的进展与成果。

本书每章节包含许多问题与练习，对读者具有多重作用：检验所学知识，通过解决问题深化理解，练习批判性思维以支持科学研究和学习，测试或练习编程以实现所学知识或进行更深入探索，将方法应用到各种社会领域、实际场景或特定学科中。

如果你愿意，可以将你的练习和问题的答案进行分享。我们将选出其中一些优秀的回答并收录在下一个版本里。

书中的问题是有确切答案的，而练习则更像是开放式的科学问题，目的是探讨每章不同方面的内容。两者都是为了巩固和拓展知识，也为了检验每章针对主要内容的关键观点。问题与练习的另一功能是，通过看似非主流的特殊课题，探索计算社会学的更深层基础。大多数问题的答案已收录于本书最后的一部分。

在每一章里，除了极个别问题和练习例外，其余基本都是按照每章内容的顺序来呈现的。这包含了被累积测试的知识。

书中包含的许多问题和练习，可以作为学生一个学期乃至一年的课程作业。这便于教师灵活选择，让学生有机会探索更广泛的思路。许多练习也可为高级考试、研究论文或毕业论文提供灵感。大量内容可作为小组作业或练习，培养学生间的合作精神。这些内容可在导师指导下完成。此外，许多练习还可以被制作成有趣的海报，让读者通过结合研究和教学，装点计算社会学的学习环境。

第一批问题和练习的内容起草于 2015 年 7 月最后一周，在利帕里国际计算社会科学暑期学校完成，并在 2016 年春季假期最后一周定稿。我要感谢我的同事、学生以及第一版读者，特别是罗伯·阿克斯特尔（Rob Axtell）、安德鲁·克鲁克斯（Andrew Crooks）、哈什·古普塔（Harsh Gupta）、Hu Chenyi、弗兰蒂塞克·卡尔瓦斯（František Kalvas）、比尔·肯尼迪（Bill Kennedy）和丹·罗杰斯（Dan Rogers）等人提出的宝贵意见和建议。没有他们的参与，这些内容不会是今天的样子。

克劳迪奥·乔菲-雷维利亚
于美国弗吉尼亚州亚历山德里亚

本书旨在介绍计算社会学——一个融合了社会学、计算机科学、环境科学和工程科学的新兴交叉学科。计算社会学起源于 20 世纪，开拓者是赫伯特·亚历山大·西蒙（Herbert A. Simon）等。它通过计算科学和技术来研究社会问题，是社会科学领域的新学科。正如计算机科学家彼得·丹宁（Peter J. Denning）所言："21 世纪的科学需要计算化。"本书证明了这一点。

作为教科书，本书向读者全面系统地介绍了计算社会学的主要概念、定律、应用和研究方向。第 1 章详细阐述了计算社会学如何通过计算媒介，从个体、社会和全球多个层次研究社会复杂性。本书不是晦涩专著，而是入门概览。

笔者之所以撰写本书，是因为当前缺乏统一介绍该学科各理论和研究的教材。作为该新兴领域的教师，我们只能使用零散的阅读材料，没有一个统一的框架。本书试图全面汇总计算社会学的所有主要领域，在复杂自适应系统范式的启发下，构建一个统一的框架。

本书源于过去 10 年笔者在乔治梅森大学教授计算社会科学导论课程的经历。该课程是计算社会科学专业的核心课，该专业所有研究生的必修课。起初只有我在讲授，后来陆续有其他老师加入。每年约 10 名其他专业的学生选修，主要来自计算社会科学专业，也有其他社会科学、计算机科学、环境科学和工程等专业的学生。

本书针对两类读者，这反映了多年来选修该课程的学生背景不同。有些学生将其视为全面系统地接触计算社会科学的机会。其他学生可能会基于对某一或多个子领域的学习，以本书为基础进行深入研究。本书也可作为复习计算社会科学基本思想、整合知识的工具书，帮助学生准备该专业的博士资格考试。

本书假设读者具有一个或多个社会科学本科学习的背景，已掌握一门编程语言的基础知识（如 Python），并具有进行数学建模的基本能力，如使用逻辑推理、基础概率论和微积分。计算社会科学的基础学习不需要高等数学。

本书的计划如下：第 1 章为引言，重点介绍关于社会领域中复杂适应系统的含义，包括赫伯特·亚历山大·西蒙的开创性理论的重要性及其对于 CSS 提供的范式。这个初始章节还解释了本教科书在 3~10 章涵盖的计算社会学的主要领域。第 2 章回顾了基于社会科学的角度的计算基本思想，或作为发展社会科学的计算范式。本书不能替代正式的来自社会科学家的计算和编程指导。以下章节涵盖了计算社会学的主要领域，对应于 4 个不同的领域的方法论：

- 自动化信息提取（第 3 章）
- 社会网络（第 4 章）
- 社会复杂性：

起源与测量（第 5 章）

规则（第 6 章）

理论（第 7 章）

- 社会仿真：

方法（第 8 章）

面向变量的模型（第 9 章）

面向对象的模型（第 10 章）

每章开篇都包含一个简短的引言部分，以介绍本章内容。接下来是对本章涉及内容的重要历史里程碑的概述。追溯这些时间顺序的发展历史，旨在让读者意识到计算社会科学的重要科学源流而非提供详尽的历史条目，以及它与相关学科的共同发展历程。每章还包含推荐阅读书目，有别于详尽的参考文献，这些书目旨在加深对本章内容的理解。

本书试图在非正式、读者友好的叙述语气和强调概念严谨、结果准确所需的正式语气之间取得平衡，重点用科学的方式陈述定量社会理论和研究中的规律和原理，特别是在形式理论和经验验证的模型中概念的形成。从第 2 章开始，我们在提供计算社会学系统化、科学化表示方面做出了努力，这是传统社会学所缺乏的。我们通过采用统一建模语言（UML）作为可行的体系，使用功能强大的图形模型来描述社会复杂性，并可以与计算和代码直接对应。书中使用的数学符号符合标准惯例，以保持跨章节的一致性。

最后，就本教材的可能用途，教师可以考虑以下选项：本书的 10 章内容通常足以覆盖一个学期的课程，因为某些章节需要超过一周的时间。第 1 章最好一次过完。第 2 章可以轻松分两次讲解，第二次可专门介绍统一建模语言。第 4、5、6、7、9、10 章也可以根据主要内容分两次讨论。你也可以将本书用作两个学期的课程安排。这种扩展模式会使得学生有更多时间使用推荐读物，辅以额外参考文献，并花更多时间分析例子以加深对概念和原理的理解。我强烈建议读者使用推荐读物列表研究每章开头历史部分中突出的经典案例。

　　本书受益于学生的重要反馈，因此也非常欢迎未来的修改和改进建议。我希望读者在阅读本书的过程中能获得与我撰写本书一样的乐趣。

克劳迪奥·乔菲－雷维利亚于华盛顿

2013 年 9 月

目 录
CONTENTS

第 3 章　自动化信息提取　097

第 4 章　社会网络（Social Network）　139

第 1 章 引言

本章的目标是通过介绍计算社会科学的主要假设、特点和研究领域，提出该领域的基础概念和一些操作定义。计算社会科学的关键特点在于其跨学科本质，计算模型使研究人员能够利用和整合来自多学科的知识，而不仅限于社会科学。我们的目的不是详细讲述各种细节，而是对后续章节中的主要研究视角进行预先介绍。

计算社会科学领域的一个关键挑战是需要同时引入几个相对微妙或复杂的概念。本章将介绍社会复杂性、复杂适应系统、计算模型等术语，在后续部分对其进行进一步阐释。目前我们需要掌握一些初步概念，从而奠定相关基础知识。因此本章不对各术语进行详尽的定义阐释。

☞ 1.1 什么是计算社会科学？

在前计算时代，社会科学的起源可以追溯到希腊学者，如亚里士多德。他首次对社会制度的性质、治理以及君主制、民主制与贵族制的异同开展了系统调查。亚里士多德通常被认为是比较社会研究的第一位社会科学实践者。然而，现代社会科学通常要追溯到17世纪，以奥古斯特·孔德（Auguste Comte）为代表的著名的法国社会科学家首次提出了一门关于社会系统的自然科学，完善了统计和数学的基础与方法，并以此改进了传统的历史方法和早期哲学的方法。从那时起，社会科学便已发展出一个庞大的知识体系，用于理解人类和社会行为的多种形式（Bernard，2012）。现代人类学、经济学、政治学、心理学和社会学——所谓的五大学科（Bernard，2012；Horowitz，2006；Steuer，2003），就是在4个世纪前诞生的。

计算社会科学这一新领域可以被定义为：以计算为媒介，对多种尺度规模的社会领域进行跨学科研究，其研究对象小至个体行为者，大至社会群体。该定义稍显冗长，之后将在我们研究计算社会科学实践中涉及的诸多主题以及理解社会复杂性所需的各种计算方法的过程中加以完善。例如，社会群体的"多尺度"涉及大量的组织、时间和空间维度，有时是同时进行的。此外，计算或计算方法是指众多基于计算机的工具以及实质性的概念和理论，从信息提取算法到计算机仿真模型。鉴于计算工具的广泛性，还会有更多的发明。简而言之，计算社会科学是涉及所有社会科学学科、应用计算机科学和相关学科交叉的一个巨大的、令人兴奋的科学研究领域。本章的后面部分会对其他知识领域中的一些类似情况进行探讨。

需要澄清且强调的是，计算社会科学并不局限于大数据、社会网络分析或社会仿真模拟[①]，也不能够被定义为这些相对具体领域中的任何一个。计算社会科学包括上述所有领域以及其他的科学探索领域，我们将在本章后半部分进行介绍。

👉 1.2 社会科学的计算范式

范式在科学中具有重要意义，因为它们通过引导性探究来定义视角。范式并不是真正意义上的理论，至少不是严格意义上的理论。范式所做的是提供了一个特别有用的视角，一个全面的世界观。计算社会科学是基于社会的信息处理范式。这意味着，信息在理解社会系统和过程如何运作方面至关重要。特别是，信息处理在解释和理解社会复杂性方面发挥着重要作用，这在计算社会科学以及传统的社会科学中是一个需要掌握的微妙且深刻的概念。

计算社会科学的信息处理范式涉及内容和方法两个方面。从内容的角度来看，计算社会科学将信息处理作为解释和理解社会与社会中的人如何运作来产生突发复杂系统的关键要素。因此这也意味着，如果不强调人类和社会对信息的处理是一种基本现象，就无法理解社会的复杂性。从方法论的角度来看，信息处理范式将计算作为建模和理解社会复杂性的基本工具性方法。这并不意味着历史参考、统计或数学等其他方法变得无关紧要。恰恰相反，计算方法必然依赖于这些早期的其他方法，比如田野调查、遥感或可视化分析，以便改善和提升我们对于社会复杂性的理解和解释。在之后的章节中，我们将研究与这些观点有关的许多案例。目前，理解计算社会科学信息处理范式的最佳方式，就是简单地将其视为一个强大的科学视角，这样才能够对社会宇宙的本质进行全新的、深刻的洞察。

---

① 大数据是指最近通过移动电话、短信和其他"社交媒体"、遥感、视频和音频等媒介获得的大量社会原始数据。第三章研究了与大数据相关的计算社会科学方法。

☞ 1.3 计算社会科学：一门基于工具科学的学科

计算社会科学并非唯一一门基于工具科学的学科。以天文学为例，在17世纪早期光学望远镜发明之前，天文学发展缓慢，极大程度上依赖于推测方法。伽利略和他同时代的人通过使用望远镜发现的东西使得天文学成为现代意义上的真正科学。光学望远镜的出现让天文学家能够发现、理解并解释宇宙中曾不为人知的广大领域：遥远的卫星、行星环、太阳黑子……这些都是极其壮观的发现。之后，射电望远镜和红外传感器促成了天文学的后续革命。

微观生物学也是由工具驱动的学科之一。在发明显微镜之前的17世纪后半叶，医学几乎是一门描述性学科，大量未经检验的理论和神秘的疾病无法被科学解释。显微镜的出现使安东·冯·列文虎克（Anton von Leeuwenhoek）和路易斯·巴斯德（Louis Pasteur）等生物学家与自然科学家能够观察和探索完全未知的微观世界。后来人们发现，绝大多数物种都属于微生物。之后，电子显微镜的出现使生物学家和其他科学家能够观察到更多、更加微小的生命体，甚至到达了分子和原子的结构水平。纳米科学也是基于工具驱动而诞生的，该学科和生物工程学一样包含工程的元素。

在数学和计算语言学之前，语言学更像是一门人文学科。各类解释与传统争鸣，主流传统仅能为相同现象提供新视角，却未能探索并尝试理解新现象，因此每一代都无法在其所知上超越前代。如今，数学和计算语言学推动语言学成了一门现代科学。

物理学也是如此。古希腊和中世纪的科学家认为宇宙是由具有神秘"本质"属性的物质组成的，例如一个重物的静止状态是由其本质所导致的。除了实证方法的运用之外，物理学主要是通过应用数学工具，尤其是牛顿和莱布尼茨的无穷小微积分，最终成了一门现代严肃科学。仅凭借实证方法是无法实现这样的转变的，因为理论的形成需要通过以假说演绎法为主旨的数学结构促成。

在漫长且有据可查的科学史中，上述案例和众多的其他案例都有一个明确的共同特点：在每一种文化中，除了新的概念、理论或数据，工具也能够推动科学实现转变和革新。自20世纪50年代数字计算机发明以来，计算机已经彻底改变了科学的各个领域，近年来许多人文学科（从美术到历史）也发生了翻天覆地的变化，可以说，社会科学已经被计算所改变。此外，计算社会科学并不是唯一一个基于工具的科学，它和其他领域的诸多学科一样，是由工具驱动实现转变和发展的，且这种转变是不可逆的。

👉 1.4　计算社会科学的研究案例：纯粹科学研究与应用政策分析

计算社会科学的另一个重要特点是，它不像数理经济学、理论力学或数论等，是纯粹的理论科学，计算社会科学既包含纯科学，也包含政策分析（应用科学）①。这意味着，计算社会科学探究的不仅是对社会宇宙的根本理解，也包括如何改善我们所处的世界，正如我们将在本章后半部分讨论的，计算社会科学与人类生活状况的改善以及人类文明的建设息息相关。这显然是一个宏大的愿景，然而这与其他科学学科中的愿景主张并无不同，这些学科都试图更好地理解世界并改善世界，因此将纯科学（基础科学）与应用科学（工程科学）的学科追求看作是相互对立的观点是一种误解。同样，科学史上存在许多纯科学和应用科学之间的协同效应，计算社会科学中纯科学研究的案例包括：

（1）研究异质社会中种族隔离模式的理论敏感性。

（2）通过建模研究无领导的群体行动是如何在一个具有径向分布、类机器人视觉、能够自主决策的具有移动性智能主体的社群中产生的。

（3）研究危机中，群众与急救人员及其各自支持系统互动时的危机处理行为。

（4）研究极端自然灾害的影响，评估灾害的具体风险以及造成灾难的可能性，并制订相应的减灾计划。

配套的应用政策案例大致如下：

（1）建立一个高保真、基于主体的纽约市街区模型，通过非法律手段缓解该区域种族隔离问题。

（2）基于中东和北非国家经验并加以校准，从而构建社会网络模型，对"阿拉伯之春"的起源进行研究。

（3）研究卡特里娜飓风袭击新奥尔良州时当地居民的应对措施，以及急救人员及其各自的支持系统是如何被激活的。

（4）参考地理空间构建一个基于主体的模型，用于研究美国东海岸季节性飓风和气候变化导致天气多变的应对措施。

在应用政策分析中，专有名词的使用通常（并非总是）能够事半功倍。然而计算社会科学不仅仅需要使用专有名词，高质量的计算社会科学必须为其他政策分析方法增添价值，这就要求其必须比其他分析工具提供更多的见解或知识。计算社会科学分析的另一个显著特点是，即使不涉及预测或预报，它依旧能够帮助研究者更好地理解那些无法使用其

---

① 实际上，数论在密码学中有着非常具体的应用，密码学则被高度应用于国家安全和互联网商业。

他方法进行分析的复杂情况。例如，使用计算机仿真可以更好地理解和预测政策的意外后果，即负外部性，这就是应用计算社会科学的一个很好的案例。

科学中的纯应用协同效应在另一个方面也存在于计算社会科学中：纯研究有时能够生成可以改进政策制定的应用程序；相反，政策领域中的所谓"棘手问题"也会激发起纯研究中的重要研究问题。前一种协同效应（基础科学改进政策）的案例包括：

（1）更好地理解恐慌的人群在紧急情况下是如何"流动"的，以便改进建筑设计和疏散程序。

（2）比较组织结构的形式属性从而改善工作场所。

（3）发明新的算法以改善复杂基础设施系统的通信安全性，并优化其用户管理界面。

（4）深入理解分布状态的组织结构，从而设计出更好的队列系统，如航空管制和类似的复杂系统所使用的队列系统。

相反，后一种协同效应（政策需求引导基础研究）的案例包括：

（1）出于建立一个高保真难民营模型的政策需要，发展种族混合社会中的沟通社会理论。

（2）基于对贩卖人口的跨国组织犯罪构建模型的需要，加深对于复杂网络结构的理解。

（3）在尝试改进管理世界遗产考古遗址的反抢劫法规时，完善文明起源理论。

（4）在试图修改医疗保健和教育方面的公共政策时，致力于制定和验证有关个人和群体学习的新理论。

这些案例所强调的协同效应并不是出于教学目的的编造的，有些案例已经发生，有些案例极有可能会在不远的将来发生。换言之，它们是真实的，不是纯粹的概念性案例。此外，随着该领域发展至更成熟的阶段，这种协同效应可能会越发增强，这在其他许多科学领域已然发生。

尽管科学研究与政策制定之间存在重要的协同效应，但事实上，基础学科研究和应用政策分析在许多方面存在差异，因而催生出了不同的研究：

期望：基础科学被期望产生新的知识和定义，而应用政策分析在实际意义上更注重结果。在发现力学的基本定律之前的几个世纪（也许是几千年），人们就已经开始建造桥梁。

训练：即使科学家和相关从业人员可能经历过一些相同学科知识（如使用简单的统计学）的训练，但他们最终呈现和提供的概念、工具和方法论等是不同的。

奖励：纯科学家和政策分析师有不同的激励机制，比如前者能够获得学术奖励，后者则能够晋升到更高的组织角色。

设施：纯科学研究最好在实验室和研究中心进行，智库则是开展政策分析的主要场所。这两种场所都可以是学术的、私人的或政府的，主要差别在于其核心任务以及相关的支持基础设施。

公开性：纯粹的科学研究经常被高度公开，尤其是涉及例如气候变化、健康、通信、经济或国家安全等公共问题时。此外，资料公开是计算社会科学研究中较为典型的做法，除非研究人员需要先发表文章时会暂时关闭权限。而应用政策研究通常没有那么高的公开度，特别是涉及有关公共问题的敏感信息，或是私人咨询公司为保护知识产权而要求执行保密协议时。

计算社会科学中纯研究和应用研究存在一些共同特点，包括需要明确的术语［而不是乔万尼·萨托利（Giovanni Sartori）谴责的"巴别塔"］、系统性概念的形成、对证据的尊重、严谨的思考以及详尽的记录。此外，两个领域中都存在优秀的、平庸的甚至糟糕透顶的工作。正如俗话所说，"世间存在好人、坏人和丑恶之人"。

本书包括纯计算社会科学研究案例以及应用政策实施案例。两者之间的异同对各自的作用以及两个方向或活动之间的协同效应都至关重要，且具有指导意义。

☞ 1.5　社会：一个复杂适应系统

人们常说，社会是复杂的。这是什么意思呢？在本节中，我们将首次探讨这一观点，并在后续章节中对其进行更为深入的阐释。

1.5.1　什么是计算社会科学中的复杂适应系统？

在本章的开头，我们就已提到复杂适应系统，它是构成计算社会科学基础的关键且基本的概念之一。目前，我们可以将复杂适应系统定义为一个能够根据不断变化的外部条件改变自身状态的系统，包括社会结构和进程等。在本书第 5 章至第 7 章，我们将给出更为严谨的定义。控制论系统是复杂适应系统的一个基础例子，更完整的例子包括政府系统、生态系统、国际监管机构（如世界银行或国际货币基金组织）或复杂机构（如美国国家航空航天局或联合国政府间气候变化专门委员会）[①]。该初始定义的一个重点是，复杂适应系统是通过系统运行机制中发生相变（指具有显著差异的静态和动态）而运作的，以便在环

[①] 将控制论系统作为复杂适应系统的例子并非偶然。事实上，"政府"一词的希腊词源"γυβερνήτης"（kybernētēs），意思是船上的舵或转向装置。在意大利语（*governo*）、西班牙语（*gobierno*）、英语（*government*）等其他语言中也是一样的意思。

境条件、目标或资源发生变化和发展时，系统能够保持整体的表现。

　　家庭是一个可以被视为复杂适应系统的社会组织，它建立在亲属关系的基础之上。若将家庭视作人类群体，个人便是家庭成员。亲属关系在个人的整个生命周期中会经历无数变化。家庭中的每个人都会成长，有些人在经历许多不同的情况、面临无数机遇和挑战的过程中获取新的知识，不断成熟，最终顺利地步入晚年。一些家庭在经历了许多变化后，其基于亲属关系的系统依旧可以持续数十年之久；然而另一些家庭的情况则并非如此，他们的系统可能会走向崩溃。适应过程体现在每一个家庭发展历程中的方方面面：孩子长大后必须适应上学；父母必须适应劳动力市场条件或调整自己的优先事项；家庭也需要适应社会流动性，例如适应新的规范或定位；家庭成员也需要适应交朋友和失去朋友。适应过程在许多社会系统中是普遍且频繁的，因为内部组成部分和内在关系都愿意且能够，甚至需要发生改变，从而使开放系统得以持久、改善和繁荣。

　　我们最好将社会系统中的适应过程视作一个多阶段进程而非单一事件。适应过程的成功实现需要诸多条件的出现。我们可以将其看作是由几个事件组成的、后续将会更为完善的必要过程。

　　首先，系统和系统内的行动者必须意识到有适应的需求，需要采取适应性行为；其次，行动者必须有适应的意图，这要与"意识到有适应的需求"区分开；再次，他们必须有适应的能力，因为适应过程是需要耗费资源的，无论是有形资源还是无形资源；最后，适应性行为必须以某种形式实施，其间可能会涉及执行计划或克服各种困难和挑战。关于社会系统中涉及的适应，我们需要理解的一个关键思想是，适应从来都不是自动发生或必然发生的，至少在最有趣或最重要的情况下是如此。无论是个体、家庭、群体、经济体，还是整个社会、整个民族，甚至国际社会，都需要适应变化。这个过程由几个阶段组成。

　　从计算角度来看，复杂适应系统的一个特别值得注意的方面是信息处理所发挥的关键作用：

　　（1）信息对于评估复杂系统对于适应的需求十分必要。

　　（2）决定资源的活动也需要信息。

　　（3）当决定如何适应、准备适应工作、完成适应阶段、监测适应对系统恢复可行状态的影响时，信息以人际交流和群体交流的形式发生流动。

　　以上显然是对信息在复杂适应系统中的作用的简短总结，它突出了前面讨论的信息处理范式的有效性。信息处理在复杂适应系统中是普遍且关键的，其重要性不言而喻。此外，复杂适应系统中的信息具有许多其他有趣的特征，并且与计算社会科学中的许多其他重要概念密切相关，例如复杂性、可计算性和可持续性等，我们将在后面内容中进行讨论。

1.5.2　自然系统、人类系统与人工系统的三重本体论

计算社会科学与其他科学的另一个重要区别是自然系统、人类系统和人工系统之间在本体论层面上的显著差异，这一差异在其他知识领域中是不同或是根本不存在的，至少在某种程度上有所不同。第一位引入三重实体分类概念的计算社会科学家是赫伯特·A.西蒙（Herbert A.Simon）。他将这一分类作为其人工制品及社会复杂性理论的基础。我们将很快对此进行研究，但首先需要明确三类系统的区别。计算社会科学中感兴趣的复杂适应系统通常结合了所有三类系统，因此在进入更多的理论领域之前，我们需要理解每一类系统的组成成分及其相似性和差异性。

自然系统包括存在于自然界的生物物理实体及动态，几乎或完全独立于人类及其人工制品。常见的例子有荒野景观、动物、区域生态系统和生命体的生物化学，包括人类大脑作为自然器官（而不是精神现象）的生理习性。[1]

人类系统是一个具有完整的思想和身体的系统。决策者、行动者、主体、人以及其他类似术语都代表人类系统。复杂性理论强调的是人类创造人工制品的能力。

人工系统是由人类构思、设计、建造和维护的系统。人工系统由工程和社会结构组成，这些结构充当起人类与自然之间的适应性缓冲区。

这些初步的概念定义为我们建立初步理解奠定基础，之后我们还将回顾这些概念，从而更好地理解它们的特点以及相互关系。

1.5.3　西蒙的人工制品理论：解释基本社会复杂性

法律描述现象，理论解释现象。在介绍并讨论了第一个基础概念之后，当前的主要任务是进一步了解西蒙的人工制品理论[2]的基本陈述，为社会复杂性提供初步解释。西蒙在他的经典专著《人工科学》（*The Sciences of the Artificial*）中提到了这些概念中的大部分观点，该书于1969年首次出版，于1996年出版了第三版，也是目前最后一版。

正如上文所提到的，人工制品的存在是因为它们具有充当人类与自然之间的适应性缓冲区的功能，这就是西蒙人工制品及社会复杂性理论的本质。相对于人类自身较为有限的

---

[1]　此处的措辞有意且必须谨慎且准确。这里呈现的范式将人类与自然界的其他部分区分开来，范式基于人类建造人工制品的能力，其中一些人工制品，特别是智能的、自动化的人工制品，使用比任何其他自然生物所具有的更为复杂的思想、认知和信息处理能力，被用于建造其他人工制品。蚂蚁可以建造"殖民地"，珊瑚可以建造珊瑚礁，蜜蜂可以建造蜂巢，海狸可以建造水坝，但这些或其他"动物制造的人工制品"都不能与人类建造的人工制品相提并论。

[2]　人工制品，又称人工物。本书延续第一版的翻译，称其为人工制品。——译者注

能力，人类会遇到具有挑战性的复杂环境。为了适应而不是被压倒或屈服于环境，人类采取了建造人工制品的策略以实现目标。

（1）道路最初可能主要是为了将军队与其他军事和政治人员从一个地方转移到另一个地方而发明的，同时也被用于商业和通信目的。如果没有一条合适的道路，就很难或无法实现这些目标。

（2）官僚制度以及美索不达米亚和中国等地区的文字，最初是为了记录城市治理和经济情况而产生的，这使第一批城市人口实现了建立和发展成为文明、有秩序群体的目标。

（3）罗马人建造的第一条大型渡槽需要细致的规划、施工和维护，从而为大量远离水源（泉水、河流、湖泊或水库）的城市人口提供用水。

（4）国际空间站（ISS）是一个空前复杂的工程结构，它在充满挑战的太空环境中运行，由地面工作人员与空间站工作人员协作管理。

正如上述案例所表明的，千百年来根据不同的追求目标，人类在各种社会中建造的人工制品可以是有形的（工程性的、物理性的），也可以是无形的（组织性的、社会性的）。一些适应性策略需要有形的工程制品，如住宅、桥梁、道路以及各种物理基础设施系统。而在其他情况下，适应性战略可能需要规划和创建一个组织，如管理委员会或理事会，即具有一定规模和复杂性的社会系统，以实现所追求的目标。[①]

有形和无形、工程性与社会性的人工系统之间这种紧密耦合的协同效应的吸引人之处在于，它们通常是需要彼此的关系，就像人类与其人工制品之间的共生关系一样，后者使人类能够实现预期目标。社会复杂性的这一特征得到了历史和当代评论的支持。为了修建道路或桥梁，建立由管理人员监督的工人团队是必不可少的，他们依靠供应链来提供建筑材料和其他必需品。如果没有无形的（组织），有形的人工制品（桥梁）就无法建造起来。现代城市中的另一个案例同样说明了工程制品和社会制品之间的共生关系。人类城市生活中的复杂基础设施（相对于居住在洞穴中），尤其当城市建在不适宜居住的环境中时，需要大量专门的建筑和人工系统。最早的城市也是如此，这些城市由组织官僚机构中的管理者、政府工作人员和其他社会组成部分所支持，他们共同组成一个社会技术系统，协同工作以维持城市运行。例如，美国首都华盛顿和意大利城市威尼斯都是建在水泽上的城市，两座城市都是依靠有形的和无形的基础设施得以实现和运转的。

总而言之，西蒙的理论解释了什么？它解释了人工制品存在的原因、人类建造人工制

---

① 这一想法促使西蒙在《人工科学》中建议，社会科学家、律师和工程师应该接受类似普通人工科学学院的大学本科水平的培训。

品的原因，以及人工制品是解决自文明诞生以来社会中人类所面临的诸多挑战的适应性战略反应这一事实。[①]

1.5.4 文明、复杂性与生活质量：人工系统的作用

西蒙的人工制品和适应性理论在解释社会复杂性的产生和发展方面有很大的作用，理论同样解释了延续至今的同类规律，并极有可能继续解释其未来的发展。世界各地的人们往往是在具有挑战性的环境中发现目标。为了实现这些目标，人类会建造人工制品，其中既有有形的工程系统，也有无形的社会系统。

然而到目前为止，这种说法还不完整，因为有时人类寻求的目标并不一定与艰苦的环境有关。例如，他们可能已经生活在一个能够满足基本生活需求的城市，但人们希望能够获得更为优质的生活，比如享受更好的服务和便利设施，活得更久、更舒适，或是享受文化和艺术的熏陶。另一个关于发展更完整的社会复杂性理论的重要因素，能够解释更为广泛的社会复杂性，该因素建立在"所有人类都希望过上更好的生活"的实证观察基础之上，这也是政府的目的："关心人类的生活和幸福，而不是毁灭生活和幸福，是良好政府的首要和唯一合法目标。"[托马斯·杰斐逊（Thomas Jefferson），1809]

关于这一主题的一个重要变体是人们希望他们的后代或亲人朋友能够享有更为优质的生活。追求高质量的生活是许多人追求的目标，这并不限定于是否生活在某个特定的环境中。然而人类运用的适应性策略反应是相同或同构的：人工系统是以物理或社会结构的形式进行构想、规划、建造和维护的。所有形式的复杂性在每种情况下都会不断增加，因此，艰苦的环境和人类的愿望，以及两者之间频繁的相互作用，都会造成社会复杂性。

复杂系统有时会迅速地出现又消失，有时又会成为相对永恒的人工制品，可以在人类历史中长期保存下来。政府系统、基建系统、财政系统和文化规范等，都是数千年以来复杂程度不断增加的长存人工制品的例子。从计算社会科学的理论角度来看，文明是这一进程中的产物。世界各地的文明伊始，意味着人类创造和发展了社会复杂性，其标志就是最早出现的工程性和组织性的人工制品。从这一通用的理论角度来看，21世纪的现代文明与最初的文明并没有什么本质区别。在美索不达米亚、中国、南美和中美地区，最初的社会建立了第一批灌溉渠、公共祭拜场所、村庄、城镇、城市、最早的基建系统以及支持这些

[①] 西蒙在社会科学领域的工作因其对组织和官僚制度研究做出的贡献而广为人知。在计算机科学领域，他的工作因其对人工智能和相关领域的贡献而广受赞誉。西蒙的社会复杂性理论是从这些领域的跨学科研究兴趣中发展出来的。

系统的政府与官僚系统。这些人工系统以及后来构建的许多其他系统大多保留至今，如果我们能够成功地建立并发展航天文明，太空文明也将在社会复杂性的演变过程中呈现出类似规律。

信息处理、目标探索、适应行为、工程性或是组织性的人工制品以及由上述内容产生的社会复杂性，都是计算社会科学理论的重要组成部分，其目的是解释自然系统、人类系统和人工系统在创造历史的过程中相互作用的原因和内在原理。从科学意义上讲，该理论是具有因果关系的，因为它提出了一个可用实证解释的过程，而不是毫无缘由的、以表面相关的方式将本章讨论的内容与计算社会科学各领域详细研究的要素联系在一起。

☞ 1.6 计算社会科学的核心领域：概述

计算社会科学这一跨学科领域下的各个分支包含诸多概念、原理、理论和研究方法，各领域都有其重要性，都是可以开展基础科学和政策分析领域科学研究的沃土。此外，这些领域可以互为基础并协同使用，例如，在仿真研究中使用社会复杂性网络模型，这种互为基础的协同关系可以通过许多科学兴趣的组合实现。

本书的各章节旨在论述计算社会科学领域的各个部分，我们在此对这些内容进行整体的简要介绍。本节的主要目的是提供概述，而不是对每个领域进行详细介绍。通过概述，我们要说明的是，计算社会科学的各个领域由统计学和数学方法支持，在某些情况下还会用到其他方法，如地理空间、可视化分析以及其他有助于理解社会复杂性的计算领域方法。

1.6.1 社会信息的自动提取

计算社会科学是一个跨学科领域，与其他科学领域一样，数据在其中扮演着极为重要的角色。信息自动提取部分涉及基于原始数据源而创建的科学、有用的社会信息相关的计算思维和方法，这在过去都是需要手动完成的。该部分还有一些别称，例如，计算内容分析、社会数据分析或广义的社会信息学等。早期的社会科学家会将普查记录、历史资料、无线电广播、新闻报纸和其他出版物等作为数据来源。现如今，这些以收集社会科学研究数据来开展的信息收集工作大多依靠计算工具完成。这些工具由计算算法和能够生成多种社会、行为和经济规律信息的相关程序组成。

通过自动计算程序提取社会信息在计算社会科学中具有三重用途。第一，它可用于从影响、活动或研究者感兴趣的其他维度分析数据源内容。相关代表性研究包括，基于对演说内容、立法委员会的证词以及其他公共记录的计算分析，提取有关领导人或政府行为体的政治定位取向信息。

第二，除了分析档案和其他来源的直接内容外，信息提取算法还可以用于对原始数据中存在的网络和其他结构进行建模，这些信息是无法通过人类手动获取的。该领域的代表性研究是一个犯罪组织及其非法活动的模型，该模型基于计算内容分析和文本挖掘，对犯罪相关的个体、时间、地点、事件以及与犯罪个人属性相关的证据性法律文件等进行了挖掘和分析。另一个案例是将自动信息提取应用于基于互联网新闻网站的跨网络关联建模。

第三，自动信息提取的扩展也可用于构建需要高精确标定参数的计算机仿真模型，如舆论动态、国际贸易、区域冲突、人道主义危机情景模型等，通过计算算法提取地理空间社会数据是计算社会科学发展进程中的重要一步。

上述案例以及其他许多例子都可以说明自动信息提取有时被视为计算社会科学首要方法的原因，除了其自身价值之外，自动信息提取还可以用于发展计算社会科学其他关键领域的模型和理论。

1.6.2　社会网络

鉴于多种类型的网络在社会复杂性研究中的突出地位，社会网络分析是计算社会科学的另一核心分支。近年来，随着脸书（Facebook）[①]、X（Twitter）[②]等许多社交媒体和互联网网站的发展，社会网络分析变得非常流行。然而，社会科学中几乎每个领域的网络分析都要比计算机更早兴起，所以我们应该从历史根源开始，回顾社会网络分析的发展。社会网络分析是计算社会科学中唯一一个拥有丰富历史记录的领域（Freeman，2004）。

数字计算和计算社会科学的出现通过网络分析和建模改变了对社会复杂性的研究，以前所未有的速度拓展了研究的前沿，同时推进了我们对于该领域许多方面的认识与理解。诸多原因促成了这一领域的飞速发展。基于数十年来对网络的开创性研究，当计算机成为社会科学家常备研究工具时，他们已经发展出了一套强大的概念、统计方法、数学模型和程序，包括开发计算方法正式理论。计算社会科学领域理论和研究取得爆炸性进展另一个原因是各种计算工具的应用，特别是新一代计算机硬件和软件系统的运用。它们能够有效处理和理解复杂社会网络所需的多维数据与大矩阵。

社会网络分析不仅有其自身价值，它对计算社会科学其他分支的理论和研究同样有

---

① 脸书为 Meta 公司旗下互联网产品，Meta 公司原名 Facebook，于 2021 年更名为 "Meta"。——编者注
② X 原名推特（Twitter），于 2023 年正式更名为 X。——编者注

贡献。我们需要对这些协同效应的案例进行分析。但在此之前，我们有必要熟悉社会网络分析领域的基本概念、理论和研究方法，当作它从未应用于计算社会科学的其他领域一样。

1.6.3 社会复杂性

在本章中，我们已经预览了一些有助于理解社会复杂性的初始概念，因为社会复杂性是计算社会科学领域的一个基础性主题，需要对此进行讨论。然而，要理解社会复杂性及其诸多令人振奋的科学与政策影响，除了当前已经初步介绍过的内容以外，我们还有许多内容需要理解。例如，该领域的研究也要求我们理解早期文明地区的社会复杂性起源及其随后的长期历史发展。对社会复杂性起源的研究，我们应该运用与看待天文学研究天体宇宙奥秘的科学进程一样的方法，即研究宇宙起源，探索最早的结构和系统的形成原因，包括恒星、行星、卫星、行星系统、星系和横跨宇宙的星系团等的形成。传统上，考虑到学术工作存在标准的学科领域分工，关于社会复杂性起源的大部分研究是由相对较小的考古学家群体开展的，而考古学家大多不与其他社会科学家开展合作。然而这种情况正在发生改变，计算社会科学在科学理解社会复杂性和文明起源等方面发挥着越来越重要的作用。

正如天文学家熟悉宇宙学和当代理论与研究以了解当前的宇宙一样，在计算社会科学领域，除了认识社会复杂性的起源，更好地理解社会复杂性的跨学科概念和理论同样至关重要。例如，虽然信息处理、适应行为和社会技术人工制品等概念为研究现象提供了解释，但计算社会科学理论也借鉴了大量其他社会科学概念，如决策、集合论、集体行动等。社会复杂性的正则理论为描述、解释和理解社会复杂性的起源和发展提供了规范且有效的实证研究框架。此外，计算社会科学对社会复杂性的研究还包括复杂性科学中的重要概念，包括非均衡性分布、幂律、信息科学等当代科学概念，这是计算社会科学的又一高度跨学科领域，汇集了定量和计算社会科学家，同时结合了物理学、地理空间学和环境科学等学科的知识和方法。

1.6.4 社会仿真模型

计算社会科学领域中的社会仿真模型具有基础性、多学科、跨学科和多元化的特点，这意味着它使用基于建模和仿真学科的许多不同方法，该领域日益重要，且在进行基础科学和应用政策分析方面日趋成熟。与社会网络分析一样，这类模型有时会与计算社会科学的整体相混淆，然而社会仿真模型只是计算社会科学领域中的一个分支。

仿真模型在几十年前就出现于社会科学领域，那时数字计算刚刚兴起。正如我们将在本书中讨论的，社会仿真模型有很多种不同类型的模型框架。虽然类型有所不同，但其模型之间存在一些共同特征。

每一个仿真模型都是围绕一组研究问题而设计和构建的，这些问题可能涉及基础科学或应用政策分析，有时两者兼而有之。就像在其他模型中一样（如规范的数学模型），研究问题对仿真模型起着关键的指导作用。它们都会经历一系列的发展阶段而非单一的研究阶段，这些阶段包括模型验证、模型生效等。尤其是在复杂的建模项目或研究人员团队较为庞大的项目中。此外，特定类型的模型通常需要额外的开发阶段。

计算社会科学领域最早的仿真模型是系统动力学模型，该模型由于 20 世纪 60 年代和 70 年代的全球性模型罗马俱乐部而获得了极高的国际声誉①。这些社会仿真建立在杰伊·弗瑞斯特（Jay Forrester）和他在麻省理工学院团队的开创性工作之上。从计算角度来看，这些基于方程的模型会根据情境和数据的需要，采用差分方程系统或微分方程系统。这类模型在近半个世纪中一直非常重要，因为许多社会系统和进程都可以用存量和流量、水平和比率的表现形式进行处理。军备竞赛、企业库存、经济发展动态以及许多其他范畴的纯理论分析和应用分析，都通过系统动力学模型开展研究。系统动力学仿真模型理论和研究的一大重要特征是能够提供优秀的软件支持系统，例如，弗瑞斯特的 DYNAMO 软件、系统动力学仿真系统软件 Stella 以及目前常用的 Vensim 等。

较早的另一个主要的社会仿真模型代表是队列模型。正如其名称所示，这些模型用于包含客户、患者、客人等行为主体的社会系统和进程，在不同的站点或处理单元"服务"，例如银行、市场、交通站点以及提供各种服务的类似系统。从规范和计算的角度来看，这些模型都基于队列理论，各种概率分布被用于表示实体到达服务站、服务可能需要多长时间以及这些过程的其他统计和概率特征。因此，队列模型也属于基于方程的模型。

与之形成对比的是当前的面向对象的模型，它并非基于方程进行建模和仿真的社会仿真模型。当然，这并不是说面向对象的模型没有方程，只是意味着这类模型的主要组成是如类别或实体的对象，它们的变量和方程被说成是"封装"在对象中。

最简单的面向对象的社会仿真模型是元胞自动机。它通常由一个方格或是一块块彼此相邻的网格组成，例如棋盘。网格或单元格的实际形状可以有许多不同的形式，最常用的有四边形、六边形或三角形。约翰·冯·诺伊曼（John von Neumann）是开展元胞自动机方面工作的先驱，他还创立了博弈论。运用元胞自动机开展社会仿真的基本理念是对给

---

① 罗马俱乐部（The Club of Rome）创立于 1968 年，是一个国际非政府组织，致力于对未来可持续发展的科学分析。

定区域及周围单元格之间发生的纯本地互动进行研究，从而发现新兴模式。这种模式最重要、最知名的应用之一是研究城市和社区中种族隔离，其探究的具体问题包括：即使在相对不存在偏见的邻里之间，为什么还是会发生种族隔离？

当前主要的社会仿真模型的代表是基于主体的模型（agent-based models），通常缩写为 ABMs[①]。在这种情况下，被仿真的行为主体享有很大的自主权，即自主决策权，通常包括从一处到另一处的物理移动。这就是为什么基于主体的模型在模拟具有地理空间维度的社会系统和进程方面能够取得巨大的成功。根据模型中所表示的内容，基于主体的模型可以是空间上的或是组织上的，也可以是两者结合的模型。此类模型还可以使用多种数据来表示地形，例如地理信息系统（geographic information systems，GIS）或遥感数据。基于主体模型的组织结构类似于动态社会网络，其中，节点代表主体，连线代表能够随着时间的推移而产生互动和发展的各种社会关系。对于解决要求表现异构行为主体、仿真无法通过数学方法解决、需要闭型解决方案的一系列相互作用动力学理论及研究问题方面，这些社会仿真模型变得越发重要。基于主体的模型对于表明复杂适应系统突发模式的研究也广受关注。例如，该模型的一个重要应用涉及复杂危机和紧急情况的研究，因为这些模型能够代表易受自然、科技、人为灾害的环境中的人类群体；而另一个重要的应用是，基于主体的模型为整个社会、政体、经济体、民族、地区以及全球规模的社会系统提供了第一个可以进行仿真的方法。

基于达尔文进化论的概念原理，例如进化公式等，进化计算模型代表了当前的另一种社会仿真。尽管进化计算模型在计算社会科学领域刚刚兴起，但已显示出巨大的发展前景。例如，只要仿真模型能够与经验数据相匹配，它就能提取出不为人知的社会动态模式。这种在"发现模式"中使用进化计算模型的做法是此类仿真的一大特点。

上述每一种社会仿真模型至少在理论上都包含来自计算社会科学领域其他的概念与成分，比如在信息自动提取、社会网络分析、复杂性理论概念等方面得到的结论。反过来说，社会仿真模型也可以为这些其他领域的研究提供重要的贡献。

这一部分关于计算社会科学领域仿真模型的简要概述涵盖了该领域近几十年以来的发展。毫无疑问，未来还会出现更多其他的社会仿真方法，它们可能是当前建模方法发展出来的分支（如基于主体的模型源自元胞自动机模型），也可能是用于分析问题或研究当前仿真模型仍然难以解决的研究问题的新创造。

---

① 这些模型的计算机科学术语又叫做多主体系统（multiagent systems, MAS）。

👉 1.7 计算社会科学简史

我们在本章中介绍的计算社会科学的每一个分支都有各自详细的历史，其主要内容将在后续的章节中介绍。本节旨在从历史起源讲起，全面而简洁地介绍计算社会科学领域历史沿革。

计算社会科学领域在如何、何时、为何以及由谁开始建立起一个系统的研究领域的问题上，在某些方面与其他科学领域的历史具有相似性。计算社会科学起源于文艺复兴晚期和启蒙运动早期的欧洲科技革命。从这个时期开始，社会科学开始运用科学方法中受到普遍认可的概念和原理（不仅仅是定量方法，如统计方法），尤其是关于结果的度量、系统测试的假设来解释和理解社会现象。人类决策和投票行为（即社会选择理论的基础）是最早的研究领域之一。统计学最初是用于研究社会基本情况、改进政策分析的科学学科。统计学和数学方法在18—19世纪由多位著名研究专家引入，包括丹尼斯·波伊森（Denise Poisson）、阿道夫·奎特勒（Adolphe Quételet）、威廉·佩蒂（William Petty）、丹尼尔·贝诺里（Daniel Bernoulli）、皮埃尔·德·费曼特（Pierre de Fermat）、简-玛丽·德·康登（Jean-Marie de Condorcet）、科拉多·吉妮（Corrado Gini）和维尔弗雷多·帕雷托（Vilfredo Pareto）等。社会科学史上这一时期最重要的成果是，社会研究开始形成了一种采用科学方法探索并理解知识的科学文化，并将该传统延续至今。

我们可以将数字计算的发明视作计算社会科学的起源。世界科技史上的这一重大里程碑以两种变革性的方式影响了社会科学，每一种方式都十分有趣。现代数字计算机为计算社会科学的出现提供了关键工具，它推动并扩大了计算社会科学的研究范畴，而这在过去似乎是不可想象的。

这是社会科学家第一次运用该工具分析处理大量数据，测试许多新的科学假设，并从多层次、多角度探索社会空间的维度和结构。这方面的一个早期例子是因子分析的发明，这是一种强大的归纳、降维方法。它促成社会科学领域的诸多发现，帮助查尔斯·斯皮尔曼（Charles Spearman）、鲁道夫·拉梅尔（Rudolf Rummel）和特恩斯通（L. Thurnstone）等计算社会科学领域先驱人物取得丰富开辟性成果（包括人类认知空间维度以及国际互动发生的空间结构等）。另一个例子是计算机情感分析系统 General Inquirer 的出现，这是用于帮助社会研究者探索和检验有关海量定性数量假说的首个软件。由于现代电子计算机的出现，整个社会科学的知识容量在短短二十年间提升了数个数量级。

此外，现代电子计算机影响社会科学的真正核心变革表现在一个鼓舞人心的隐喻中：它点亮了经典和现代领域的研究。社会科学家早已明白沟通交流和信息处理对于理解人类和社会动力学的重要意义。例如，对于媒体和文本数据，以及对于无线电广播和宣传的研究，在计算机出现的几十年前就已经正式开始了。

　　然而，电子计算机对于社会宇宙的大量系统与进程中的新概念、假设、原理、模型和理论具有启发性。例如，熟悉控制论和一般系统理论[①]的政治学家通过强调信息加工、目标探索、社会计算和突发情况的作用，开始探究政体和其他形式的政治体系的结构和运作。这方面的一个例子是卡尔·W. 多伊奇（Karl W. Deutsch）等人提出的新兴政府控制论，他们在 20 世纪 60 年代的行为主义革命中起到了引领作用。正如我们将在随后章节中提到的，一个政体可以被描述和理解为一个复杂适应系统，它要进行大量的协调计算，比如选举和政策制定。西蒙关于适应和人工制品的社会复杂性理论首次发表于 1969 年版的《人工科学》（*The Sciences of the Artificial*），也是受电子计算机器影响的结果。哈罗德·居茨科（Harold Guetzkow）创建了新的计算机仿真方法，以及至今极具影响力的混合仿真模型（也被称为人机仿真模型）。1969 年是极具开创性的一年，海沃德·阿尔克（Hayward Alker）和罗恩·布伦纳（Ron Brunner）发表了第一篇有关对比仿真研究的论文。

　　自创立以来，计算社会科学的各个领域都经历了巨大的发展。社会理论和研究的进展，以及计算机各领域的显著进步，尤其是应用计算方法，都为计算社会科学的知识体系做出了重要贡献。如今，得益于计算社会科学领域中各个分支彼此之间的启发和促进，计算社会科学也开始从其主要领域之间的互动和协同效应中获益。例如，早期的社会网络分析，甚至是信息自动提取，都是在相对孤立或自主的情况下，通过内生性发展起来的。相比之下，这些领域在当前经历了频繁的重叠和互利合作，例如应用文本挖掘算法填充社会网络模型。另一个例子是应用网络模型来改进基于主体的模型中的社会结构规范，以研究复杂社会系统中的突发状况。作为一个新兴领域，计算社会科学的研究和应用仍处于起步阶段。然而，该领域已经显示出巨大的能力和前景，未来定会为社会科学各领域理论和研究的创新理解做出伟大贡献。

☞ 1.8　核心学习目标

　　本书作为计算社会科学领域的介绍教材，拥有一系列适合教学的核心学习目标，如前言所述，这些目标包括学习计算社会科学的基本概念、模型、理论和方法等。这些目标有两个目的：一是初步了解计算社会科学领域；二是为进一步的深入学习与研究打下基础。

[①]　由 W. 罗斯·阿什比（W. Ross Ashby）、诺伯特·威纳（Norbert Wiener）、路德维格·冯·伯塔兰弗（Ludwig von Bertalanfy）和阿纳托尔·拉伯波特（Anatol Rapoport）等科学家开创的新领域。——编者注

以下列举了一些最重要的学习目标，我们提供了一些例子作为说明。

（1）对关键的计算社会科学概念有基本的了解，包括所有的术语，要能够达到自己也可以列举出更多其他案例的水平。熟练掌握概念是学习的基础且非常重要。

（2）熟悉计算社会科学各领域的范围和内容，包括信息自动提取、社会网络、社会系统、进程的复杂理论，以及各种社会仿真的研究范畴与内容（例如，复杂适应系统、耦合系统、多尺度进程、分岔分析、临界分析、亚稳态、相变、自治主体、检验和验证等）。

（3）理解属于计算社会科学范式的主要理论，将其作为因果解释框架，对人类和社会动态性质产生新的认识。例如，西蒙的人工制品理论、社会复杂性的正则理论、社会网络理论、非均衡性社会进程理论等。

（4）有能力利用计算方法区分和分析不同等级的社会复杂性，包括从心理现象到组织决策、社会群体及其互动，再到全球系统等层面。

（5）有能力使用一个或多个章节中所涉及的方法论工具。例如，从文本数据中提取实体、计算社会网络指数、测试幂律假设，以及用 Python 等编程语言或 Netlogo 等仿真工具建立一个基本的基于主体的模型。

（6）熟悉社会复杂性的计算分析中最常见的实体、对象、关系的主要类别，例如，多种类型的行为主体、因果关系、属性和方法等。

（7）熟练掌握社会现象语境中的跨学科综合知识，包括社会科学和计算方法之间的协同关系。

（8）对计算社会科学各领域的历史有基本的了解，包括杰出的先驱、社会科学和计算机科学早期发展的根源等，至少要达到每章中提供的简要历史的水平。

上述学习目标只是所有目标中极小的一部分，适用于本教材的各个章节。此外，本书每一章都列出了各自的核心学习目标，这些目标有针对性地对应了各部分的研究范畴和研究内容。

积极性高的读者可以进一步学习每章末尾"推荐阅读"部分提供的补充阅读材料。这些补充材料能够为读者提供超出本入门教材范围以外的更为夯实、深入的知识基础。参考文献部分包含一些其他资源，感兴趣的读者可以自行查阅，其中包括计算社会科学领域的早期经典文献，也包括当下极具影响力的研究贡献。

🔍 问题

1.1 从科学史的角度，特别是在考虑领先的社会科学天才们的生命之间的时间跨度时，计算社会科学的出现是很有趣的。估计并比较亚里士多德、孔多塞和赫伯特·A. 西蒙的中年。这三位在社会科学中开创了比较、数学和计算范式的科学家，他们的中年相隔了多少年？你如何解释这三个时间跨度之间的差异？

1.2 本章引用了亚里士多德和古代古典学者的观点，认为他们创造了社会科学最早的根源（如比较研究）。社会科学会不会比古典时期的希腊学者拥有更早的根基？

1.3 这个问题与理解人类社会的空间尺度有关，你需要在维基百科或其他资料中查找更多的数据，以平方千米或平方英里 ① 为单位，估计以下区域的规模。

（1）单户住宅。

（2）一个新石器时代早期的村庄。

（3）当代首都的面积，如约旦的安曼。

（4）当今世界最大的城市。

（5）最早的国家之一——曾经的乌鲁克王国，位于如今的伊拉克境内。

（6）当今世界上最大的国家。

（7）世界历史上最早的帝国之一（如阿卡德帝国）。

（8）国际空间站内人类使用的最大面积。

按大小对这些生活区进行排序。这些案例中最小和最大的区域在数量级上有什么不同？

1.4 人类进化的时间尺度也跨越了几个数量级，这个你必须要知道和理解。请估计一下人类（智人）首次出现的年代、近东最早的农业发明、第一批国家的形成、工业革命和信息革命，以数量级为单位计算这些事件中的每一个事件之间相隔了多少年，并与问题 1.3 中的结果进行比较。针对人类和社会现象的综合时空维度，你能说些什么？

1.5 人类和社会动态的组织规模是另一个需要理解的重要层面，特别是与互联网的规模相比。考虑到一个家庭的规模（小于 10 人），当今世界的人口规模（约 72 亿），以及互联网 IPv6 地址的数量（约 3.4×10^{38} 个）。这个规模跨越了多少个数量级？

1.6 鉴于微观 – 宏观协同作用在人类和社会动态中的重要性，掌握如何分析小规模到大

---

① 1 平方英里约为 2.6 平方千米。——编者注

规模的社会现象在计算社会科学中至关重要。英国物理学家刘易斯·弗莱·理查森（Lewis Fry Richardson）是社会科学中定量冲突分析的现代跨学科领域的创始人，他提出以10个人为底的战争死亡人数的对数作为衡量冲突规模 μ 的可行方法。推而广之，任何正值变量或数量属性 X 的理查森量级都可以定义为 $\mu R(x) = \log X$，或者简单地定义为 $\mu(x) = \log X$。比较法国革命、美国革命、俄国布尔什维克革命、墨西哥革命的理查森量级。

1.7 信息处理是一种非线性现象，具有一些重要的、反直觉的特性，与过程的性质（自然或人工）无关。克劳德·E. 香农是信息理论的创始人，与西蒙生活的年代完全相同。他提出了著名的通信信道模型，这是最早的信息处理的数学模型之一（Shannon，1948；Shannon，Weaver，1949）。根据香农的模型，在一个无噪声的信道中，信息处理是通过一个有限的、定义明确的、连续的系列阶段进行的，包括编码、传输、接收和解码（这种结构类似于一个有序的集合，其中元素的数量被称为集合的基数）。设 p_i，其中 $i=1$ 到 4，表示在这个过程的每个阶段正确执行的概率。

（1）从源头到目的地成功处理信息的总体概率 P 是多少？

（2）比较 $p=0.1$、0.5 和 0.9 的 P 值，它们分别对应于极低、偶数和极高的阶段性概率水平。

（3）在社会信息处理中常见的噪声信道中，通过滤波（当接收器从包含噪声的接收信号流中提取信号时）引入了附加阶段，这产生 $P = p^5$。对于有噪声的信道，重复解决问题（2），并比较结果。

1.8 判断正误：术语的清晰、概念的形成、对证据的尊重、严谨的思考以及对来源和方法的全面记录，对于纯粹的和应用的计算社会科学研究而言都是常见的。

1.9 正如我们在本章中所看到的，根据西蒙的理论，如果适应成功，一个复杂的适应性系统（CAS）会经历一个从初始基态 S_0 到变化后的状态 S' 的过程。令 N 表示阶段数，α 表示整个适应过程中每个阶段的成功概率。请写出成功适应的概率 $Pr(S')$ 的方程式。提示：假设成功适应（S）是一个复合事件，在基本概率论的意义上，应用复合事件的概率定理。

1.10 用非空的交叉点画出人类、人工和自然（CHAN）耦合系统的韦恩图。提示：假设每个系统类别是一个集合。

1.11 如问题 1.10 的（CHAN）耦合系统，在 3 个成对成分的情况下，系统之间总共有 6 种可能的成对相互作用（类）：H–A、A–H、A–N、N–A、H–N 和 N–H。给定一个有 N 个成分的 CHAN 系统，请问可能的相互作用的总数的方程式是什么？

1.12 查阅西蒙的"蚂蚁问题"（1996: 51–53），画一个流程图，描述蚂蚁从某个任意地点出发，到达目的地的过程。在几份草稿之后，看看你是否能得到最简单的流程图（即从开始到结束的步骤最少，包括循环）。提示：将这个过程离散成一系列有限的事件或阶段（开始，向预定目的地移动，遇到障碍物，绕过它，评估进展，继续，等等）。

1.13 文明是一个复杂的社会系统，也是一个耦合的和适应性的系统。在基本概率论的意义上，将"文明被创造和维持"视为一个复合事件 E。

（1）用形式化的术语对"文明被创造和维持"的想法进行建模，只使用集合、概率和事件符号。

（2）反过来，"文明被创造"（C）和"文明被维持"（M）的各个组成部分事件本身是复合的，因此 E 是其他复合事件的复合事件，类似于函数的函数。假设 C 和 M 中的每一个都是由更基本的必要条件的因果联系产生的，那么请正式描述一下这个问题。

1.14 计算社会科学的主要领域包括：

（a）自动信息提取、复杂适应性系统、西蒙范式、社会网络

（b）计算人类学、计算经济学、计算社会学、计算语言学的许多领域

（c）自动信息提取、社会网络、社会复杂性、基于代理的建模模式

（d）自动信息提取、社会网络、社会复杂性、社会仿真建模

（e）自动化信息提取、西蒙范式、社会仿真

1.15 以下不是以排他性方式定义计算社会科学的领域是：

（a）社会媒体分析

（b）基于主体的建模

（c）社会网络分析

（d）复杂的适应性系统

（e）以上皆是

1.16 填空题：计算社会科学 _____ 领域的其他名称有：计算性内容分析、社会数据分析、大数据社会信息学、算法性社会数据挖掘等。

1.17 之所以将自动信息提取作为计算社会科学的第一个领域，并不是巧合或随意的。本章给出的自动化信息提取被认为是计算社会科学基础的主要原因是什么？

（a）因为它可以产生用于计算社会科学所有其他领域的结果

（b）因为它是西蒙的人工制品理论的一部分

（c）因为它被用来衡量生活质量

（d）因为它经常使用网络进行可视化

（e）以上都不是

1.18 社会网络分析的一个显著特点是：

（a）它是自动信息提取的基础

（b）被赫伯特·西蒙用于创建他的人工制品理论

（c）在理解信息处理范式方面发挥了关键作用

（d）有充分的历史记录，可以追溯到几个世纪以前

（e）被用来产生更好的基于主体的模型

1.19 社会网络的分析：

（a）起源于计算机的发明

（b）比计算机发展得更早

（c）是由复杂适应系统的多学科研究促成的

（d）（a）和（c）都是

（e）以上都不是

1.20 古代历史中社会复杂性的起源：

（a）在很大程度上仍然是未知的

（b）还没有被科学理论所解释

（c）只由考古学家研究

（d）是一个高度跨学科的计算社会科学研究领域

（e）以上都不是

1.21 社会复杂性（**社会起源**）的源起是在所谓的**新石器时代**持续数千年漫长过程的结果，其确切的年代因世界各地的地理区域而异。作为一个复合事件，社会复杂性 $C_{新石器时代}$ 的发生是一个由以下事件产生的事件，就像逻辑连线一样：

（a）第一批石器的发明

（b）陶器的发明

（c）农业的发明

（d）第一批村庄的创建，当时人类开始定居

让 T、P、A 和 V 分别表示这些事件并将这些想法正式化。让 $C=Pr(C_{新石器时代})$，请写出这个概率的方程式，作为各组成部分事件概率的函数。给各组成部分的概率分配值 0.1、0.5 和 0.9，并绘制 $C_{新石器时代}$ 的概率与这些值的函数。

1.22 判断正误：像自动信息提取一样，社会仿真经常被等同于整个计算社会科学领域，但它只是其中的一个组成部分。

1.23 社会仿真起源于：

（a）20 世纪 80 年代，当时创建了第一个互联网

（b）2010 年代的物联网期间

（c）数字计算的早期

（d）当并行计算变得可行时

（e）最近，当高性能计算（HPC）开始为社会科学家所用时

✐ 练习

1.24 本章以亚里士多德是第一位比较社会科学家的说法开篇。调查这一说法的依据，并解释其在计算社会科学背景下的意义。具体来说，讨论由亚里士多德开创的社会科学理论和研究中的比较方法如何促进了对不同社会、政治、宪法和经济体系中信息处理的理解。

1.25 美国国家科学院最近公布了一项关于社会科学对知识和社会贡献的调查（Bernard，2012）。阅读该调查报告（可在线获取）并评估你认为哪些贡献是通过计算实现的。基于计算社会科学的核心领域，你认为哪些是计算社会科学的贡献？你能找出调查中计算与非计算例子的共同相似之处吗？列出一些你喜欢的内容并说明你为什么对它们感兴趣。这些社会科学的进步和贡献与自然科学或生物物理科学的进步和贡献的类似例子之间有什么相似和不同之处？

1.26 本练习涉及计算社会科学的主题（"领域"）与五大学科的主题。将本章提供的计算社会科学的定义与其他传统社会科学学科的定义进行比较，如人类学、经济学、政治学、社会心理学或社会学等。它们的主题有什么不同？在其他社会科学中，时间、空间和组织尺度的作用是什么？请在五大学科中找出你最熟悉的传统社会科学学科中的三种计算机应用。

1.27 当代一些领先的科学家声称"21世纪的科学将是计算性的"（Dening，2007）。
（1）思考并列出计算社会科学主张的利弊，即"21世纪的社会科学将是或者已经是计算的"。
（2）思考并讨论以下类比规则：物理学之于地质学、天文学之于宇宙学、经济学之于经济史就像计算社会科学之于什么？**计算史**会不会像艾萨克·阿西莫夫的（或哈瑞·塞尔登的）**心理史**一样？

1.28 为以下陈述画一个韦恩图：计算社会科学涉及所有社会科学学科、应用计算机科学和相关学科的交叉点，是一个巨大的令人兴奋的科学研究领域。先画一个粗略的图，再画一个尽可能精确的图，尽可能详细地说明语义方面的问题，如各种社会科学学科（哪些学科）、应用计算机科学和"相关学科"的概念等。在第二个更详细的韦恩图中，探索通过联合和交叉的组合形成的各种子集。

1.29 比较计算社会科学的"主要领域"与传统意义上的学科"分支"之间的异同，如物理学（力学、光学、电学和磁学、统计物理学）或生物学（分子生物学、有机体生物学、群体生物学）。你能想出与计算社会科学中的领域分类最接近的其他比较吗？

1.30 为什么计算社会科学的信息处理范式被称为"范式"而不是诸如"理论"？范式和

理论之间的区别是什么？请找出一些不同于理论的范式的科学功能。

1.31 人口普查、选举和委员会的决定都是计算社会科学中的例子，即使可能不涉及计算机，但每个过程都涉及大量信息的处理。请讨论这一说法，从仔细检查每个过程开始，并确定主要的行为者、相关实体以及实体之间的互动。对每个过程写一个简单的叙述性描述。

1.32 绘制由仪器促成的学科兴起的时间表，如微生物学、射电天文学、纳米科学、计算社会科学以及其他类似领域。比较和对比关键的仪器、重要的日期、知识增长的主要突破以及主要的先驱科学家。社会科学家经常把意见调查称为一种工具。社会科学家还发明了哪些非计算性工具？这些工具如何增加和改善人们对社会世界的了解？在何种意义上，各种数学结构（如形式逻辑、集合、代数方程、动力系统、概率论、博弈论）是科学的工具？请提供社会科学中使用的数学工具的例子。

1.33 第1.4节提供了计算社会科学中纯粹和应用型调查的例子。请更详细地解释所提供的四组例子（种族隔离、集体行动、危机中的人群行为和灾害）之间的相似性。你是否理解每组例子的纯粹和应用的双重性质？

1.34 如果你想成为一名计算社会科学家，你会对从事纯粹科学研究还是应用型政策分析更感兴趣？在你主要感兴趣的计算社会科学领域，无论它是什么，你能设想到纯粹研究和应用研究之间的协同作用吗？

1.35 确定三个复杂适应性社会系统（CASS），并说明其适应性功能、主要组成部分、结构、组成或服务人数的数量级，以及该系统从开始使用到废弃的预估寿命。使用当代和历史上的例子的组合，并将你的结果汇总在表格中。

1.36 思考有形和无形的人工制品。从本章中提到的人工制品类别中列出五个，作为经验或基于证据的本体论的练习，并对每个进行相应的分类。

1.37 有些人工制品是为制造其他人工制品而设计的，请提供三个例子。

1.38 关键基础设施系统是促成和维持当代文明（以及早期历史文明）的基础。识别并比较美国、欧洲以及国际上对各种关键基础设施系统的分类系统（分类法）。

1.39 讨论现代机场或城市地铁网络作为复杂的、适应性强的、人工的系统，在设想、规划、实施/建设、运行、信息处理中的作用，将其中一个与你所在国家的法规进行对比。

1.40 西蒙（1996:51–53）以蚂蚁寻找目的地为例，说明了目标寻找系统适应具有挑战性和不断变化的环境的观点。请使用以下三个案例说明相同的观点。

（1）一个找寻专业的大学生。

（2）一个航空公司的乘客在寻找到达某个遥远目的地的航班。

（3）一个在战乱地区寻找可以移民地区的人。

1.41 思考以下人工制品：一把锤子、本书、一座跨河的桥和国际空间站（ISS）。请描述上述每一个人工制品被设计运行的挑战性环境、它们计划解决的问题，以及它们提供或实现的人类功能，并用图表总结你的结果。

1.42 生活质量通常被概念化为一个由几个方面或组成属性组成的多维概念。请列出你自己的生活质量的排名前五属性。这些维度之间的关系是什么？它们都是独立的和相互排斥的吗？其中一些是相互依赖的吗？是否存在相对重要的排名？

1.43 如前一练习，给出你自己的一套生活质量的组成部分，找出支持每个组成部分的三个人工制品（有形的或无形的）。相对于生活质量的每一个组成部分，哪个人工制品更为重要？创造和维护每个人工制品的难度如何？其他的哪些成分或人工制品是创造和维持每一个的必要条件？

1.44 请列出你认为在当代文明中维持和提高生活质量绝对必要的三个人工制品。

1.45 近年来，世界上的大部分人口都变成了城市人口。当代城市文明的一些特殊要求是什么？今天的城市文明是如何提高生活质量的？这在社会复杂性方面是如何体现的？

1.46 初步设想，计算社会科学的四个主要领域可以粗略地设想为类似于学科划分知识领域的方式。例如，物理学的入门研究包括力学、光学、电学和磁学以及原子；生物学分为分子生物学、有机体生物学和群体生物学；经济学分为微观经济学、宏观经济学、国际贸易和经济发展。请讨论计算社会科学的主要领域如何能够提供一种统一的社会科学，以替代计算人类学、计算经济学、计算政治学、计算心理学、计算社会学和计算语言学等独立学科。你认为这两种方法有什么不同？你更喜欢哪一种？相对于计算社会科学的独立学科领域，拥有计算社会科学的核心领域（本书主题）能够获得什么？

1.47 一些最有影响力的社会科学学科期刊，如《美国经济评论》《美国政治科学评论》《美国社会学评论》《当代人类学》等，已经发表过一些计算社会科学论文。请查阅这些期刊的最近几期，找到计算社会科学论文，并根据本章所回顾的一个或多个主要领域对其进行归类。

1.48 你对计算社会科学的哪个领域最感兴趣，为什么？请说明动机并解释你是如何得出你的偏好的。例如，你的兴趣是基于哪些研究或经验？

1.49 你的家谱是一个网络，你能把它画到多远？除了标注节点（亲属）外，你能为每个节点标识多少个属性，如生日、出生和死亡地点、亲属关系等？

1.50 基数（cardinality）指的是一个集合中元素的数量。维度指的是矩阵中的行数，这是描述网络的标准方式。使用 Python（或其他编程语言）将两个维度较低的矩阵相乘，如 2×2。对维度较高的矩阵（10×10、50×50、100×100 等）重复这样做，直到你能发现计算机所需的处理时间明显增加。正是这些年计算能力的提高，使得计算型社会科学家能够对越来越大的社会网络进行操作和分析。你能对你的结果进行计时，并制作一个运行时间与矩阵维度的函数图吗？如果可以，请讨论该函数的特点。

1.51 选择一张地图，确定十几个地方的坐标。将相邻的地方相互连接起来，不要有交叉链接，这应该会形成一个网络（也叫**平面图**，因为如果你的练习正确的话，它应该是平的）。这就是所谓的多边形网格（poligrid）（Cioffi，2007）。成对的节点之间有多少个链接？每个节点显示有多少条链接（称为节点度）？后面一章介绍的社会网络分析会研究这些以及其他更复杂的社会网络结构。地图上的地方随着时间的推移而变化，因为历史产生了新的城镇和城市，而其他地方则被毁坏。用世界上某个地区的历史地图集进行实验，并研究该地区的多边形网格如何变化。量化历史演变的一种方法是通过测量社会网络在时间上的演变特征。

1.52 在欧洲、非洲和北美，社会复杂性的起源比中东、东亚和南美晚得多。根据复杂适应系统的思想和西蒙的人工制品理论，形成一个解释（理论）。为什么一些地区的人类社会会比其他地理区域的人类社会发展得更快？查阅历史地图集，核实这些不同的时间线。

1.53 意大利的利帕里岛位于西西里岛东北部海岸的伊奥利亚群岛，是 2009 年成立的利帕里国际计算社会科学暑期学校的所在地。利帕里的新石器时代始于大约公元前 5000 年。公元前 5000 年，当定居者（可能来自西西里岛）来到该岛，发现了用于制造刀片和矛头等工具文物的黑曜石（一种火山石）。最初，利帕罗蒂人用来自其他地方的货物（人工制品和其他货物）交易原始黑曜石石芯，最终发展出繁荣的经济，并扩大了他们村庄的规模。来自西西里岛的原始定居者又从东部的一些地方定居到那里，他们的起源可以追溯到中东。从复杂适应系统和社会复杂性理论，包括西蒙的人工制品理论的角度来思考这个迁移、定居和社会复杂性过程。用本章介绍的概念来描述利帕里新石器时代的事件和过程。识别复合事件，讨论其概率，并绘制一些相关的流程图。

1.54 从长远的全球角度来看，社会发生是**不同步的**。中东是世界上最早的社会复杂形式起源的地区之一，大约在 1 万年前。其他地区包括东亚（约 8000 年前），南美洲现代秘鲁所占据的地区（约 5000 年前），以及中美洲（约 1500 年前）。讨论这些时间跨度的差异并提供合理的解释（第 5、6、7 章将更深入地讨论这个问题）。

1.55 探索罗马俱乐部的网站和第一代系统动力学仿真模型的发明。你认为"增长的极限"的环境科学模型与当前对全球气候变化的兴趣和关注有哪些相似和不同之处？

1.56 本章关于社会仿真模型的部分概述了不同类别的模型。使用基于方程与基于对象的分类，创建一个包含所提到的各种模型的综合表格，以及本节中提到的它们的一些特征。以后你会发现你的表格在浏览专门讨论仿真的章节时是一个有用的指南，而且你还可以不断完善这个初始表格。

1.57 在万维网上搜索世界上第一个内容分析通用问答系统的信息，写一篇短文描述其动机、发明它的主要先驱者以及主要发现，并用简短的书目加以记录。

1.58 赫伯特·A. 西蒙（1996）和约翰·霍兰德（1975）是复杂适应系统理论的主要先驱者。将他们的观点与历史学家菲利普·费尔南德兹－阿迈斯托（2001）的观点进行比较。这三种理论有什么相似之处？它们有什么不同？

▬ 推荐阅读 ▬

[1] Alker Jr H R, Brunner R D, 1969. Simulating international conflict: A comparison of three approaches[J]. International Studies Quarterly, 13(1): 70–110.

[2] Bernard H R, 2012. The science in social science[J]. Proceedings of the National Academy of Science. 109(51): 20796–20799.

[3] Cioffi–Revilla C, 2010. Computational social science[J]. Wiley Interdisciplinary Reviews (WIREs): Computational Statistics, paper no. 2.

[4] Collier D, Gerring J, 2009. Concepts and Method in Social Science: The Tradition of Giovanni Sartori[M]. New York: Routledge.

[5] Conte R, Gilbert G N, Bonelli G, Cioffi–Revilla C, Deffaunt G, Kertesz J, Helbig D, 2012. Manifesto of computational social science[J]. European Physical Journal Special Topics 214, 325–346.

[6] Fernandez–Armesto F, 2001. Civilizations: Culture, Ambition, and the Transformation of Nature[M]. New York: Simon & Schuster.

[7] Yang S, Greenberg A, Endsley M, 2012. Social computing, behavioral–cultural modeling and prediction[J]. College Park, MD: Springer, 238.

[8] Holland J H, 1975. Adaptation in Natural and Artificial Systems[M]. Ann Arbor: University of Michigan Press.

［9］ Horowitz I L, 2006. Big Five and Little Five: measuring revolutions in social science[J]. Society 43(3), 9–12.

［10］ Kline M, 1985. Mathematics and the Search for Knowledge[M]. Oxford: Oxford University Press.

［11］ Miller J H, Page S E, 2009 Complex adaptive systems: an introduction to computational models of social life: an introduction to computational models of social life[M]. Princeton: Princeton University Press..

［12］ Simon H A, 1996. The Sciences of the Artificial, 3rd edn[M]. Cambridge: MIT Press.

［13］ Spinney L, 2012. History as science[J]. Nature 488, 24–26.

［14］ Steuer M, 2003. The Scientific Study of Society[M]. Dordrecht: Kluwer Academic.

［15］ Williford C, Henry C J, Friedlander A, 2012. One culture: Computationally intensive research in the humanities and social sciences: A report on the experiences of first respondents to the digging into data challenge[M]. Washington: Council on Library and Information Resources.

请扫描二维码或者在"中科书院"公众号搜索

"计算社会科学"，获取课后习题答案

第 2 章 计算与社会科学

2.1 简介

　　计算社会科学是科学家研究社会、物理和生物领域的一门正式学科，用于发现和推进前沿知识的发展，它也促进了第一章所提到的社会科学计算范式的形成。在本章的定义中，社会过程是具有算法性的，社会体系是由算法支持的。对计算社会科学而言，最重要的是确定计算元素是什么？如何通过计算来更好地理解社会体系与过程？社会计算的核心概念和原理是什么？问题解决、设计和编程是计算和社会科学计算方法的核心要素，类似的活动也是理解社会体系的基础。

　　计算在计算社会科学中的作用与数学在物理学中的作用相当。它被用作形式化理论和实证研究的语言，以表达、研究和增进我们对社会复杂性的理解。这种理解是其他方法无法实现的。

　　相比之下，纯粹的计算机科学家使用计算机来研究计算，就像纯粹的数学家使用数学来研究数学一样。这种工具性或功利性的动机并不妨碍计算社会科学家对计算产生浓厚的兴趣。计算社会科学家可以从计算机科学家、音乐家、数学家或历史学家的思维模式中学到很多东西。然而，计算社会科学更像是应用计算机科学或应用数学[1]，是一种用于获取关于社会复杂性的实质性以及该领域多样性知识的形式化方法（如数学语言或编程语言）。

　　本章使用 Python 编程语言进行说明，但不提供编程教程。本章使用统一建模语言（unified modeling language，UML）的符号图形系统以更好地呈现和理解社会体系与社会过程（包括那些具有重大理论或现实世界复杂性的体系和过程）。重要的是，随后章节也会

---

[1]　例如，应用计算机科学家致力于机器人、数据分析和优化等领域。

采用 UML 来描述社会体系与社会过程，例如，决策者、政体及其机构、社会环境动力学以及其他社会科学研究实体。

2.2　历史与先驱

计算在社会科学领域有着悠久且有趣的历史。计算社会科学始于 20 世纪 60 年代初计算的首次应用。哈罗德·居茨克（Harold Guetzkow，1963）、赫伯特·A. 西蒙（Herbert A. Simon，1969）、卡尔·W. 多伊奇（Karl W. Deutsch，1963）、约翰·C. 里林（John C. Loehlin，1968）和塞缪尔·J. 梅西克（Samuel J. Messick，1963）等是该领域的学术先驱。那时还是使用穿孔纸带和 IBM80 列穿孔纸卡片的时代，研究者需要在大学计算机中心久久等候输出结果，然而程序中的某些语法错误往往会导致一天的工作付诸东流。尽管计算的早期发展困难重重，但因为在跨学科的诸多领域都出现了理论和方法层面的进步，计算在社会科学领域中的进展恰逢其时。场动力理论（Lewin，1952）、功能主义理论（Radcliffe Brown，1952）、冲突理论（Richardson，1952a、1952b）、群体理论（Simon，1952）、政治系统理论（Easton，1953）以及决策理论（Allais，1953）等相关理论，都已超越了使用封闭形式求解的数学方程组所能实现的范围，亟须新的形式体系以处理人类和社会动力学概念和理论复杂性。

短短数年，每一门社会科学学科（人类学、经济学、政治学、社会心理学和社会学）及其相关领域（地理学、历史学、传播学、语言学、管理学）都将计算引入各自理论和研究前沿。然而，直到几十年后，统计应用的高级软件（SPSS、SAS、Stata），结合真正的编程语言（S 语言和 R 语言）以及用于内容分析、网络模型和社会仿真的计算应用工具才正式起步。计算带来的许多贡献将在本书的后续章节中进一步讨论。

以上便是计算社会科学的起源。计算社会科学是一个刚刚起步的领域，它始于最初的原始算法，如今形成了在更现代、更强大的计算机上运行的面向对象的模型。即便是对艾萨克·阿西莫夫（Isaac Asimov）小说《基地》（*Foundations*）中的心理历史学家哈里·谢顿（Hari Seldon，绰号"乌鸦嘴谢顿"）而言，这些模型也像是科幻小说。计算社会科学的未来将会以先进的分布计算语言、图形处理单元（graphic processing units，GPU）、量子计算和其他计算科学前沿的信息技术语言编写。

☞ 2.3　计算机与程序

2.3.1　计算机的结构与功能

计算机一般都是信息处理系统。正如"计算"这个词所体现的，它们是基于一系列被称为程序的指令进行计算的。程序是由计算机代码组成的一系列指令。代码的编写必须符合编程语言的格式或语法。

所有计算都可被视为一个问题解决系统，其中包含了由硬件和软件组成的子系统。硬件为信息处理提供了物理手段（如狭义上的计算器或计算机），而软件为硬件提供了算法指令，以某种编程语言告诉硬件要做什么（如何处理信息）。在计算机科学中，软件也被称为代码（code），但不要将其与社会科学测量和实证研究中用来表示某个变量（通常是名义变量）值的同名术语混淆。从计算上讲，代码与数据不同，代码是用于处理数据的[①]。

这些初步想法在社会科学中产生了共鸣。在社会科学中，信息处理系统无处不在，且意义重大、影响深远。个人、团体以及从当地社区到国际组织等大大小小的机构，都按照如下程序处理信息，解决相应问题，并使用机构（类似于硬件）以及确立的、适应性的系统化流程（类似于软件）来提出和解决社会各方面的问题。计算机和社会体系之间的映射并不精确，计算在社会科学中也并非必不可少，但它可以深刻地指出现存社会理论忽视或根本无法解释的社会复杂性的某些重要特征。隐喻在科学中通常很有帮助，但为了使计算成为计算社会科学领域中的一种强人范式和方法，我们有必要深入研究其概念和原理。

如图 2.1 所示，计算机在其最基本的结构中是一种只由五个组件构成的机器（硬件系统），每个组件都被设计用于执行特定功能。其中有两个核心组件：中央处理器（central processing unit, CPU）和主存储器。CPU 执行最基础的计算，如算术运算、比较或布尔真假运算，而主存储器（或随机存取存储器 RAM）负责存储数据和程序。主存储器与 CPU 具有紧密耦合的交互关系，用于执行计算（如执行指令）。

[①] 在社会科学中，数据和信息的概念不同。数据（次级概念）通常指原始数据、如实地调查数据或人口普查数据，而信息（高级概念）基于数据，或是从数据中被提取，并提供知识基础。数据（data）一词来源于拉丁文 datum（意为事实）的复数形式，因此正确的短语是"单个数据"（one datum）和"一些数据"（several data）。——译者注

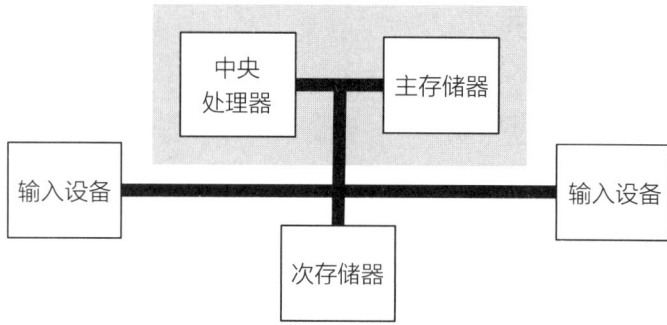

图 2.1 基于总线架构（快速数据连接）的计算机及其五个功能组件

次存储器（如磁盘）比主存储器更大且存储速度通常更慢，用于在计算机关闭时更永久地存储信息（作为程序和数据文件）。当计算机开启时，人们可以访问次存储器以获取中央处理器使用主存储器执行的数据和程序。

输入设备和输出设备用于实现人类与上述的三种组件的交互，即人机交互。输入设备包括键盘、鼠标、麦克风、摄像头、手柄和多种从相对简单的（固定在墙上的恒温器）到高度复杂的（安装在无人驾驶汽车或无人机上的生物传感器）的传感器。输出设备包括打印机、扬声器、机电设备（如机器人）和其他设备。最早的显示器只是输出设备，而目前的一些显示器也承担着输入功能（如触摸屏幕）。

快速数据连接（"内部总线"）通过其他连接方式（也称"扩展总线"连接）将核心组件（中央处理器和主存储器）与外部组件（输入、输出设备）连接起来。内部组件的整体架构及其相互关系，以及计算机环境中的外部设备，与西蒙的复杂适应系统模型相似。该系统由内部系统和外部环境组成，是一种典型的模型和理论。鉴于其对解释和理解社会复杂性的重要性，后续我们将对此进行详细研究。在西蒙开创性工作开展的 40 年后，这一重要的方法在社会科学领域仍然鲜为人知。事实上，西蒙被人们记住的主要原因是他在官僚政治和渐进主义方面的贡献。

当打开计算机并运行一个程序（任何类型）时，操作系统会处理"加载 - 读取 - 解码 - 执行"（load-fetch-decode-execute）循环，或者简称为"读取 - 执行"（fetch-execute）循环。这是计算社会科学领域的研究人员需要了解的，理解这一点有助于其决策，例如，决定一个模型是否可以在单个处理器上运行，或是需要某种形式的并行处理。首先，次存储器加载程序指令（"读取"），这些指令会永久驻留在主存储器中。其次，中央处理器访问主存储器种的第一条指令，解码并执行。当执行完第一条指令后，"读取 - 执行"循环将反复执行，直至达到与程序中指令数一样的次数。在处理循环过程时，一个编写良好的程序可以在主存储器容量允许的情况下，充分利用中央处理器的快速循环时间。大多数编程任务并不需要了解这种循环过程。但有关并行化，尤其是 GPU（graphics processing unit，图形处理器）编程的知识变得越来越重要，大多数多线程处理的抽象度更高。

"读取 – 执行"循环的一个重要特征是，它由离散事件组成，这些事件是：①非常必要的（如连续的）；②在顺序上严格遵循顺序连接；③每个事件所花费的时间累计决定循环总时间。虽然这对计算机科学家而言是常识，但很少有社会科学家密切关注这种系统的深层属性和原理以及用于解释和理解社会复杂性的顺序关联过程。本书讨论的许多社会过程在时间量级上比计算机缓慢许多，例如，人类认知、个人和群体的决策、政策制定等。这些社会过程将在本书的第 6、7 章进行研究。它们和计算中的基本模式共享重要的同构特征，例如，"读取 – 执行"循环的顺序连接等。

你知道吗？ 将计算机的时间尺度与个人和人类机构的时间尺度进行比较，能够为不同复杂架构下的信息处理提供视角。一台 MacBook Pro 笔记本电脑配有 2.66 GHz Intel Core i7 CPU 和 4 GB 1067 MHz DDR3 RAM 芯片。中央处理器的循环速度以每秒（或赫兹）为单位，因此这台 MacBook Pro 笔记本电脑的中央处理器每秒可以执行 $2660000000=2.66 \times 10^9$ 次指令。这样的高速运转使得现代计算机在运行相对空闲的程序（如文字处理器）时，在后台模式下仍可执行诸多指令。假设我们将中央处理器的指令执行与国家立法机构的政策决策进行比较（虽然目前还没有人估计过这些机构每年做出的决策数量），显然后者比电脑慢了许多。相比之下，人类的个人决策则发生在几十毫秒中。

2.3.2　编译器和解释器

中央处理器只识别自己的机器语言，而大多数计算机程序是由高级语言编写的。为了让计算机运行给定高级语言编写的程序（如一个非低级机器语言的程序），这个程序必须先经过编译或解释。对于计算社会科学的研究人员来说，这两个过程之间的差异是微妙的、必然的，且非常重要。编译器是一种将用高级编程语言（如 Fortran、C++、Pascal、Python）编写的源代码直译为计算机中央处理器专用且可执行的机器代码的程序。一旦编译完成，程序就可以多次运行，且无须重新编译源代码。编译后的代码是由中央处理器执行的机器专用的二进制代码，它会逐行提供所有指令的完整翻译。

相比之下，其他未编译的机器语言则使用特定的高级语言的解释器将程序指令传递给计算机。解释器是一种专用的低级程序，它能够使硬件执行高级软件。每次执行程序时，需要的解释器语言必须使用相关的解释器，否则中央处理器将无法理解程序的指令。

总而言之，编译器将程序逐行翻译成机器代码来执行，解释器读取所有源代码，并将机器代码的指令直接传递给中央处理器。它们的主要区别类似于学习一门外语（编译）与逐行翻译（解释）。相比较而言，编译后的程序运行速度相对较快，但也有缺点；解释后的程序运行速度稍慢，但可以交互运行。对于计算社会科学的研究人员来说，理解这种差异非常重要，因为这意味着编程语言的选择取决于正在使用的模型或算法①。

2.4 计算机语言

社会科学将数学视为一种语言，将理论形式化并研究社会复杂性的特征。这些特征完全可以通过数学结构的媒介获得，如集合、概率、博弈论或动态系统。在计算社会科学中使用计算机语言时也是如此。计算机语言是一种用于与计算机进行通信并控制计算机功能的结构化的正式语法。与所有语言一样，包括社会科学家使用的数学结构，计算机语言由语法、语义和语用组成②。语法指的是编写指令的正确规则，即编写程序的正确句子。语义指的是符号的意义，如各种代码元素所代表的含义。语用指的是语言的主要目的、功能或范式取向。计算机语言因其用意而不同，就像不同的符号系统或数学结构是为了实现不同的目的而创建的（如音乐符号或博弈论）一样。

在过去的两百年中，社会科学使用了大量的数学结构，但数学的正式教学却落后于统计学。现在，除了统计学和数学，社会科学家也需要编程语言方面的训练。这对计算社会科学中社会复杂性理论与研究至关重要。

每一种计算机语言都有一些特征，这些特征使其在实现人类和社会动态方面或多或少地发挥着作用，就像数学社会科学中使用的不同建模语言一样。具体来说，每种编程语言都有自己的语法、语义和语用特征（表 2.1）。

表2.1　计算机编程语言的范式类型比较

语言类型	特征
汇编语言	命令式程序设计语言

---

① Java 的情况相对复杂：技术上 Java 被编译成 Java 字节码，然后由 Java 虚拟机（Java Virtual Machine，JVM）即时编译成机器码，它可以被视为一个字节码解释器。

② 语言学家也会涉猎遗传学，研究特定语言的起源。如 Python 编程语言是由吉多·范·罗苏姆（Guido van Rossum）于 20 世纪 80 年代末发明的，并在全球各地的支持下发展到第三版。

语言类型	特征
BASIC	命令式程序设计语言、过程化程序设计语言
C 语言	命令式程序设计语言、过程化程序设计语言
C++	命令式程序设计语言、面向对象、过程化程序设计语言
Fortran	命令式程序设计语言、面向对象、过程化程序设计语言
Java	命令式程序设计语言、面向对象、反射机制
Lisp	命令式程序设计语言、函数式程序设计语言
Mathematica	命令式程序设计语言、函数式程序设计语言、过程化程序设计语言
MATLAB	命令式程序设计语言、面向对象、过程化程序设计语言
Pascal	命令式程序设计语言、过程化程序设计语言
Python	面向方面、函数式程序设计语言、命令式程序设计语言、面向对象、反射机制
S 语言、R 语言	函数式程序设计语言、命令式程序设计语言、面向对象、过程化程序设计语言

来源：维基百科"编程语言对比：一般对比"。

Python 是一种具有学习计算社会科学所需的多个理想特性的编程语言。它易于学习，也可以用来学习其他优秀的计算机编程习惯，例如一致风格、模块化、防御性编码、单元测试和评价。[①]Python 的一个缺点是，随着程序复杂度的增加，它会大大降低速度，比如本书后面会讨论到的社会仿真。我们推荐的策略是学习如何使用 Python 编程，然后学习更高级的语言，如 Java 或 C++。

Python 的其他几个特殊的技术特征包括：

1. 面向对象

Python 是一种支持面向对象编程（object–oriented programming，OOP）的语言，这意味着 Python 程序的基本构件板块可以代表社会实体（如角色、关系、群体），类似于许多社会理论的构件板块。反之，社会实体（对象和组织）包含在其中的变量和动力,（"封装"）决定了建模的整个社会实体或现象的状态。相比之下，早期的编程语言需要对变量

---

① 相比之下，糟糕的编程习惯包括缺乏模块化、危险的永久循环、"黏性"代码，以及不清楚、没有帮助、古怪或毫无意义的注释。好的程序员能够避免这些和其他坏习惯，并努力发展出一种优秀的"紧凑"风格，这将在本章稍后进行讨论。

和方程直接进行建模，这有时对于许多社会理论来说过于困难、烦琐且不切实际。[1]

2. 解释性程序代码

Python 代码是被解释而不是被编译的，因此可以交互运行。这有助于以下几个目的：循序渐进地开发一个从简单到复杂的程序；验证与调试；运行仿真实验。Python 代码可以在命令行终端或计算机 shell 编辑器中运行，也可以使用交互的方式或作为可执行文件运行。

3. 命令式编程风格

作为一种命令式程序设计语言，用 Python 编写的程序可以包含改变程序状态的语句。这意味着 Python 程序可以执行一系列计算机能够执行的命令或指令，从而改变程序中表示的社会对象、构造与实体的状态。[2]赋值语句、循环语句和条件分支是命令式编程的重要特征。

4. 函数库

与其他常用的编程语言一样，Python 支持根据特定参数来评估的函数使用。给定一个参数为 x 的函数 $f(x)$，只要 x 不变，f 的值保持不变。函数可用于实现多种社会过程，如决策、交互动力学和其他行为特征中涉及的效用函数。函数不一定总是数学方程，也可以是表格方程。

Python 可以应用于计算社会科学领域内的诸多过程，函数以交互和批处理模式运行。作为一种计算工具，Python 可以像手持计算器一样用于计算结果，例如求解概率或期望值，而更复杂的函数能够以批处理代码进行分析。

例2.1 人类社区之间的交互　在人类和社会地理学中，两个社区之间的许多人际交互模式（如婚姻、迁徙、电话等）的潜力可由所谓的引力模型进行仿真：

$$I \approx \frac{P_1 P_2}{D^\alpha}$$

其中，I 是交互潜力，P_1 和 P_2 是由距离 D 分隔的两个社区的人数，指数 α 表示实现相互交互所涉及的困难（如成本、地形、交通机会等），因此 I 会随着 α 的增加而迅速减少。假设两个居民分别有两万名和三万名居民，他们的社区相距 120 英里[3]。为了理解难度 α 对交互潜力 I 的影响，我们可以分别计算 $\alpha=2$（标准假设难度）和 3（更大难度）的情况。

---

[1] 这是面向对象编程的一个显著优势，将在各章节中再次出现。面向对象编程的主要理念是首先确定基本的社会实体和关系，其余的部分（如变量、数据、参数、方程）都会在后续内容中出现。

[2] 相反，所谓的声明式程序设计语言强调程序的预期结果，而非产生结果所需的指令。

[3] 1 英里约为 1.6 千米。——编者注

```
>>> print((30000)*(20000)/(120**2))
41666.666666666664
>>> print((30000)*(20000)/(120**3))
347.22222222222223
```

我们可以立即发现单个单位难度 α 的变化（从 2 到 3）如何导致了交互潜力两个数量级的减少（从 10^4 到 10^2）。

批处理模式下 Python 语言可以作为一个简单的计算器用于探索、分析和学习更多上述和其他更多案例中的社会模型。请注意，严格来说键入"print()"不是必需的，但这是一个好习惯，因为在运行批处理脚本时总是需要输入"print"来输出结果。

例 2.2 恐怖袭击 恐怖分子在策划袭击时面临严峻挑战，因为成功实施袭击（严格来说称为组合事件，我们会在后文中详细讨论）主要取决于许多事件的顺利进展：筹划及招募同盟者（如侦察员、供应商、操作者等），武器训练和战术培训，选择合适的目标，执行任务，破解被袭击目的被动和主动防御以及其他必要条件。假设成功攻击的必要条件是 $N=10$，每个条件顺利解决的概率 $q=0.99$，我们得出：

```
>>> print(.99**10)
0.9043820750088044
```

在一些更现实（但仍然相当宽容）的假设下，将每件事情成功的概率降至 0.9，则可得出：

```
>>> print(.90**10)
0.3486784401000001
```

事实上如后续章节所示，偏导数 $\partial(q^N)/\partial q$ 对单个任务成功的概率 q 高度敏感（影响大于 N）。这就解释了为什么旨在组织个别任务的反恐战略非常有效，而不必针对潜在攻击过程的每一个阶段。

从研究的角度来看，更有趣的是，Python 可以用于运行程序以调查大量的社会模型，从个人决策到国际系统中的全球动态。这些模型只通过封闭形式的解决方案进行分析，而没有利用仿真和其他计算社会科学的方法。然而由于前面提到的速度限制，在 Python 中运行社会仿真或网络模型在速度方面可能存在问题。因此在某些情况下，更好的方法是使用其他更快的语言（如 Java 或 C++）来构建模型。这就是 Java 作为多主体仿真系统或"工具包"（如 MASON 和 Repast）的通用语言，而 C++ 常用于并行分布式计算的原因，例如 Repast-HPC 就是基于 C++ 的。

以下是表 2.1 中提到的编程语言的其他特征或类型：

1. 过程化编程

过程化编程是指基于过程调用（高级语言）或子程序（低级语言）的编程范式。例程和方法是包含将要被执行的计算序列的过程调用。

2. 反射编程

编程语言在编译时读取和修改对象整体结构的能力称为反射。

为什么计算社会科学研究人员应该了解编程语言的不同特性（或计算科学中的范式）？这与数学社会科学家需要了解每种能够建模的正式语言的原因类似。例如，经典的动力系统可以对确定的交互进行建模，而马尔可夫链可以对概率变化进行建模，博弈论模型可以捕捉战略的相互依存关系，等等，其他数学语言亦是如此。不幸的是，每个研究问题每次都使用相同的数学结构（如博弈论）。这是一种常见的错误方法，会导致理论衰减，以及在社会科学研究的某些领域中出现一种类似近亲繁殖的研究结果。社会现象不同维度的经验特征，如离散性 - 连续性、确定性 - 随机性、有限性 - 无限性、聚合性 - 分离性、局部性 - 全局性、长期性 - 短期性、独立性 - 依存性、共时性 - 历时性等，应该决定数学结构的选择。同样，不同的编程语言也提供了不同的功能，因此研究人员应该根据需要建模的社会现象的属性来选择编程语言。在计算社会科学中使用编程语言也是如此，原因非常相似：并非所有的问题都可以（或应该）用同一种科学工具来解决。

2.5 操作符、语句和控制流

上一节的示例使用了 Python 语言的交互模式，它适用于一次或几次的简单运算或短代码片段。当计算更复杂时，指令需要多次执行或者指令序列多于短短几行时，创建包含语句程序的单独文件更有意义。随后程序可以像其他文本文件一样被编写、编辑并保存，之后从命令行或 Python 自带的 shell（例如 IDLE）中通过多次执行（或调用）来运行程序。

以下程序说明了一些关于操作符、语句和控制流的想法。

例 2.3 混沌过程（Zelle，2010:13） 该案例取自一本 Python 的主要教科书，解释了混沌过程的本质。将以下简单程序写入一个文本文件（例如，chaos.py），并从

Python shell 运行。

```
>>> def main():
print("This program illustrates a chaotic function")
x = eval(input("Enter a number between 0 and 1:"))
for i in range(10):
x = 3.9 * x * (1 – x)
print(x)
main()
```

当 main() 运行时，应返回如下结果：

This program illustrates a chaotic function

Enter a number between 0 and 1:

接下来输入一个介于 0~1 的数字，程序应返回包含 10 个值的序列。将数字范围从 10 更改为 N，再次调用 main()，则会返回 N 个值。系数也可更改为不同于 3.9 的值，这将生成不同的混沌序列。

例 2.3 包含了一些计算社会科学角度需要注意的点。

首先，在程序复杂度方面，相比于使用交互模式，选择一个程序需要花费的时间较少。我们也可以寄希望于运行一个包含变量的程序来进行计算实验。示例中，即使代码行数（lines of code，LOC）的数量相对较少（如少于 12 行），大多数社会模型也都需要一些语句来保证程序的运行。交互模式复制和粘贴会有所帮助，但调用程序（如 >>>import filename）更容易，这也是大多数研究人员会做的事。[①]

其次，程序的结构始终是关于给定调查中被反复提及的"问题"（或一组问题）的函数。在这种情况下，问题涉及混沌过程中的行为。具体来说，假设一个特定系数，给定的初始值，数值序列将由此生成。如需解决相关但不同的问题，则需要运行不同的程序，例如：

---

① 就西蒙而言，计算机程序是人工制品，有时反过来为其他人工制品提供支持。这方面的一个例子是航天器。截至 2012 年年初，绕地飞行的国际空间站是世界上最复杂的适应性人工制品之一。它由计算机程序支持，大约包含 230 万行代码。这一数字在国际空间站任务完成之前会一直随着项目复杂性的增加而增加。然而不幸的是，代码行数本身并不能较好反映算法或软件的复杂性。较多的代码行数可能仅能反映出专业知识的缺乏；而较少的代码行数可能是源于过于复杂的工具，更因为简单、可维护的版本，往往需要的是更多的代码行数。

（1）引入噪声时会发生什么？

（2）如果系数随影响过程的其他参数的函数变化，该怎么办？

（3）不同初始条件（或不同系数）产生的一系列值之间的相关性是什么？

（4）我们如何才能像时间序列一样描绘过程，而不仅仅是观察一系列数字？

这些问题都不能由同一个程序解决，尤其是最后一个问题。它们需要调用其他工具，例如 Python 的图形库。每个程序都是为解决特定问题而设计的。

最后，注意程序中的每个语句都是为了控制正在处理的信息的某些方面。在这种情况下，程序会首先定义一个新函数，被称为 main。了解如何定义新函数是 Python 中的一项基本编程技能和一项简单任务。接着，程序会通过 print 函数的指定特定输出内容。这项操作是可选的，但却是很好的习惯做法，因为它可以告诉用户正在发生什么。之后程序中会包含一个评估其他函数的核心语句，此时使用 input 函数响应查询。接下来，程序会使用一系列相关语句循环控制 x 的计算："for i in range(10): ..."。循环和其他控制流语句，如 if 和 while 语句一样必不可少。

2.6 代码风格

计算机编程是正式写作的一种形式，因此其写作风格以及形成良好的编码风格对计算社会科学家来说十分重要。良好代码风格的一般原则适用于所有编程，而具体原则或指导原则适用于特定的编程语言，这与数学类似。

对良好代码风格的一般性原则的需求，是由现代科学领域中的诸多因素决定的（包括计算社会科学）：

第一，代码是一种正式的写作系统，因此，其语法和语义不仅受技术规范所限制，同样也被审美原则所制约。数学亦是如此，优秀的数学论文也是遵循技术和美学原则的。

第二，有时程序员会使用其他程序员在很久之前编写的原始代码。如果原始代码一开始就写得不好，之后的程序员（甚至是最初的程序员）可能会难以理解。

第三，计算社会科学中的许多跨学科项目包含来自不同背景的研究者（社会科学、计算科学、环境科学或其他学科），这提高了研究者之间交流的要求。

良好的代码风格应遵循以下一般性原则：

（1）可读性。程序员在编写代码时应始终遵循能够让他人容易阅读和理解的原则。代码不应像数学中常见的做法那样，使用简短的变量名称或函数名称。例如"numberOfRefugeesintheCamp"是好的命名；但"N"或"NORIC"都不合适。难以理解的代码不是天才的标志，这是对当下或未来合作者的不尊重。

（2）注释。撰写信息丰富的注释是实现可读性的重要途径。未经注释的代码需要解释，否则可能是无用的。代码的作者往往是注释的主要使用者，因为即使短短几天后，人们也很容易忘记当时编写这段代码的意图。

（3）模块化。将代码编写成一个个的模块，使整个程序类似于西蒙理论中几乎可分割的系统。面向对象的设计模式在分离那些表面上不可分解的组件时会非常有用。函数及其嵌入属性为模块化提供了可行的策略。

（4）防错性代码。编写防错性代码意味着程序员试图确保代码不会出错，以避免最终出现与预期目标不同的结果。这要求程序员仔细编码，同时插入适当的测试。

这些良好代码风格的基本原则不仅适用于初学者，也适用于优秀的建模者和软件工程师。

☞ 2.7　抽象、表征与符号

鉴于现实世界的复杂性，科学研究的可行性在于从系统性、可重复性以及累积性方面使某一门学科的研究问题变得易于处理。社会、物理和生物科学家通过简单化使各自独立领域的研究问题变得易于处理。这种简单化足以确保一门可行性学科的发展，但又不至于简单到阻碍其对于相关现象的深入理解。因此，易处理性是一种复杂的科学探究策略，它旨在像在帕累托边界一样最大限度地提高简约性和真实性。简约性确保包含最少因素的因果解释（理论）和经验描述（规律），这对解释、理解以及预测而言都必不可少。真实性确保科学在捕捉现实世界的特征方面保持经验上的相关性和丰富性。科学试图使真实世界的复杂性变得易于处理。

现实世界中的社会的复杂性意味着人们的思想、决策、社会关系和制度都是错综复杂的，远比双体力学和均衡系统的复杂得多[①]。它包含具有有限理性的个体行为者，难以预测的交互（即使只是二元交互行为），新兴的社会效益生产网络、组织、系统，以及挑战社会科学理论与研究各领域的过程。这些都超越了独立学科。为应对这一挑战，社会科学已经学会了依靠抽象、表征和专门的符号，通过概念、理论和模型来加深我们对于社会宇宙的理解。

---

① 许多社会科学家都不了解的一个事实是，物理学中的力学理论是围绕着单体和双体问题的抽象而建构的。相比之下，三体问题已经非常困难。但有趣的是，N 体问题挑战了数学的解析解。

数百年来，现代社会科学自启蒙运动和科学革命时代逐步发展，社会科学家一直在使用基于人类现实和社会动力学的抽象的数据统计和数学表述[1]。正如社会科学家已经在许多领域使用抽象来制定的社会世界的统计方法和数学模型一样，如今，计算社会科学家也使用计算机程序和计算模型来抽象、表征、分析并理解人类和社会的复杂性。在计算社会科学中，抽象、表征和符号需要什么？它们如何实现协调运作从而为建模分析复杂的社会系统和过程提供可行代码？

2.7.1 抽象

在计算机科学中，抽象意味着隐藏信息。在计算社会科学中，无论是直接体验（观察喧闹的市中心）还是间接了解（阅读史实），从"现实"世界中抽象，都是一个涉及刺激信号、感知、解释和认知的过程。

计算社会科学依靠多种来源，从现实世界的原始刺激信号中抽象出关键实体、想法和过程。这些来源在社会科学地位方面跨越了一个等级。顶部层级在形式结构（内部有效性）和经验观察（外部有效性）方面具有可证明有效性的社会理论。尽管随着研究的进展，越来越多的社会理论能够满足上述严格的要求，然而并非所有现有的社会理论都是如此。

满足内部和外部有效性标准的社会理论包括心理学中的海德（Heider）的认知平衡理论、经济学中的李嘉图（Ricardo）提出的比较优势理论、政治学中唐斯（Downs）提出的中间人投票定理等。社会理论是指相关的社会实体、变量和动态的抽象概念，在理解和解释社会现象时至关重要。

抽象的第二个来源由社会规则构成。社会规则的例子包括心理测量学中的韦伯－费希纳定律、经济学中的帕累托定律以及政治学中的迪韦尔热定律，一些最有科学价值的社会规则理论解释与规则描述（Toulmin，1967）[2]。上述例子都可以用数学方法表达。社会规则还包含描述社会现象的相关实体、变量和函数关系。

抽象的第三个来源包括正式（如民族志、内容分析、自动信息提取、文本挖掘等），

---

[1] 有趣的是，像音乐和芭蕾等人文领域也使用了专门的符号系统，远远超出了传统社会科学的使用范围。在音乐方面，圭多·德·阿雷佐（Guido d'Arezzo）被认为是现代音乐符号的创始人；在芭蕾方面，鲁道夫·冯·拉班（Rudolf von Laban）发明了被称为"labanotation"的符号系统（Morasso、Tagliasco，1986）。

[2] 已故国际关系理论家格伦·H. 施奈德（Glenn H. Snyder）经常谈论这种二分法，在他看来这是由科学哲学家 S. 图尔敏（S.Toulmin）提出的。——译者注

以及非正式（历史叙述、媒体和关于社会现象的其他来源）的观察。对社会现象的观察可以描述参与者以及他们的信仰、社会关系和其他从个人到集体的特征。

抽象的第四个来源是能够模拟社会现象的计算算法，如人工智能（artificial intelligence，AI）。人工（不是真正的人类）算法并不像社会理论那样自诩拥有因果关系。它们"有用"，但不提供与社会理论相同意义上的因果关系。它们是高效的，因为它们（有时）可以严密地复刻社会现象。人工智能算法通常（且有意图的）是有效的，并且是简单的，这种情况下的极度简约是以牺牲现实性为代价的。人工智能算法包括热虫模型（Heatbugs，如 Swarm、NetLogo、MASON），Boids 模型（Reynolds，1987）和生命游戏（Conway，1970）。尽管缺乏社会现实性，但人工智能算法能够突出理论所忽视或难以观察的特征，因而可以成为抽象社会实体、想法或社会过程的有用来源。例如，在热虫模型中产生的聚集模式，即一组主体之间"社会"交互的参数变化函数，或是 Boids 模型群体中显著"领导力"的作用。

2.7.2　表征

无论是在实证观察、理论构建还是建模方面，抽象都是科学探究中必要的早期步骤，第二步则需要对抽象事物进行表征。在计算社会科学领域，这意味着需要以一种计算机能够充分理解的方式来表征抽象的社会实体（例如参与者、社会关系、机构），以便能够执行关于这些实体的计算机程序。

表征为什么如此重要？答案很简单：因为计算机只能理解由二进制数字 0 和 1 组成的数列。在计算机科学中，唐纳德·E. 克努特（Donald E. Knuth）在概念上将抽象与表征区分方面发挥了重要作用（Shaw，2004:68）。

关于"表征为何如此重要"这个问题，更完整的答案值得进一步关注。在前文中，我们区分了代码（指令）和数据。依次而言，数据可以是数字或字母数字，数字数据可以是整数或实数。因此，需要向计算机（包括 CPU 和 RAM）呈现的信息包括四种基本类型：实数、整数（正整数或负整数，包括序数变量）、字母数字数据（包括名义变量或分类变量）和指令。数字、字母和指令都由二进制数字 0 和 1 组成信息位表示，表征更多的信息则需要更多的二进制数字。

每种编程语言都将一组数据类型定义为一种语义特征。表 2.2 总结了 Python 中定义的主要数据类型。从表示的角度来看，Python 解释器将每个数据类型转换为二进制代码，如程序语法中的每个符号（数字、字母或符号）都被表征为二进制数字 0 和 1 的序列。最常用的数据类型是 str、int、float 和 bool。[①]

表 2.2　Python 主要数据类型

类型	描述	举例
字符串 str	字母数字文本	United Nations, climate change, Leviathan
列表 list	可变序列	[7.4, 'stress', False]
元组 tuple	不可变序列	(7.4, 'stress', False)
集合 set	无序无重复元素数组	{7.4, 'stress', False}
字典 dict	键 – 值对列表	{'key1': 2.57, 7: True}
整数 int	整数	7
浮点数 float	浮点数	2.71828182845904523536
布尔类型 bool	布尔二进制值	True, False

　　表征可分为两个方面。一方面，有效表征是指有助于回答所需研究问题的数据类型选择。另一方面，高效表征是指根据 CPU 周期或 RAM 大小来选择数据类型，以实现计算成本最小化。同时兼顾效益和效率是一项具有挑战性的工作。

2.7.3　符号

　　符号对于表达从抽象中衍生得到的表征是必要的。在统计和数学模型中，"符号"指的是方程和其他正式结构（比如矩阵、树、图），在计算科学中则是指用于编写软件代码的编程语言。2004 年，人们注意到"目前有数千亿行的软件代码正在运行，且正在以每年数十亿行的速度增加"（Aho、Larus，2004: 74）。高级编程语言（Python、Java 等）充当了跨越"我们希望从现实世界研究的抽象概念"与"计算机可理解的二进制符号"之间"语义鸿沟"（Aho、Larus，2004: 75）的桥梁。如果没有高级编程语言，计算科学家将别无选择，只能用二进制代码编写软件程序。

　　现代高级编程语言（如 Python）的以下几个符号特征值得注意：

1. 专有性

编程语言可专门用于解决一系列科学问题，如数值计算、数据可视化或网络动力学。

[①] 布尔型变量在概率中被称为"指标变量"，在社会统计学和计量经济学中被称为"虚拟变量"（dummy variable）。——译者注

2. 可移植性

高级编程语言可用于编写在不同计算机甚至不同操作系统中运行的代码。

3. 可靠性

编写低级汇编语言代码时错误难以避免，而高级编程语言则可以尽可能地避免错误的发生。

4. 优化

虽然二进制代码的运行速度惊人（如之前提到的 MacBook Pro 的 CPU 以高频率运行），但 "用高级编程语言编写的程序通常运行得更快"（Aho、Larus，2004:75），因为编译后的代码经过了高度优化。速度、内存和能量是最常见的优化目标。

5. 多重方法

高级编程语言为编程提供了可替代的多种编程方法，重点强调命令式、陈述式和其他特性。

6. 自动内存管理

信息必须存储在主存储器中，当信息无法自动储存时，这项编程任务十分重要。在任何高级编程语言中，自动内存管理都是一个主要有用的特征。

现代高级编程语言的其他特征包括程序、模式、结构、模块化的进步、类型检验，以及为了增强表征的有效性和提高计算的效率而不断被加入的其他开发项目。

☞2.8 统一建模语言的对象、类和动态

社会科学具有一个迷人的特征，即在现实世界的社会万物中，研究主题涵盖了一系列卓越的思想、实体、现象、系统和过程，并与许多科学和人类学的其他学科有着千丝万缕的联系。它变化极大，我们很难对其完整情况进行分析[①]。社会科学包括的不是某一个学科，而是多个学科（五大学科：人类学、经济学、政治学、社会心理学、社会学）以及相关领域（传播、教育、地理、历史、法律、语言、管理）。上述学科的结合对于研究并理解社会世界非常必要。

这些学科的广阔领域包含各种各样或简单或复杂的学科问题，人类对其中的大多数仍然知之甚少。因此，令人兴奋的科学机会是数不胜数的。那么计算社会科学应如何处理如此丰富的复杂性来促进科学理解呢？

---

① 温斯顿·丘吉尔说过："历史就只是一件又一件该死的事情。"（Churchill，1948）

2.8.1 本体论

本体论指的是"存在的东西"或"感兴趣的实体的景观"。可以说，从高层次的本体论角度来看，整个社会世界由社会体系（简单或复杂的，适应性或非适应的）及其环境组成，这个概念在第一章中被作为社会计算思维的基石来介绍过（图2.2）。社会世界（系统和环境）中的所有实体都有一个共同的关键性本体论特征：它们通过彼此之间的关联构成对象和类。一个对象属于一个类，类似于集合理论思想，即元素是集合的部分。"个人"与"约翰·Q.史密斯"或"国家"与"西班牙"，就是从面向对象（object-oriented，OO）的计算角度来看待类和对象。[①]

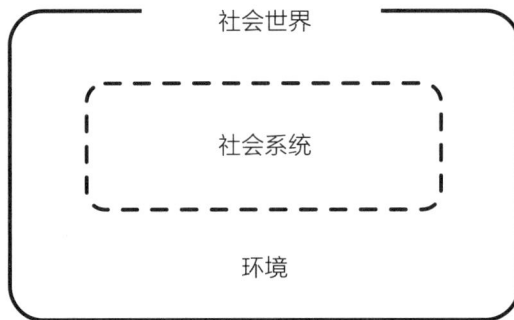

图2.2 社会世界、环境与社会系统

注：图2.2中的"社会世界"由一个位于其环境中的社会系统组成。这种本体论是通过实证分析检验的社会理论基础，包括西蒙的人工制品理论、正则理论和其他基于复杂适应系统范式的理论。不幸的是，尽管这种图示在整个社会科学中很常见，但却毫无用处。稍后本章将介绍一个有用的表示社会世界的图形符号系统——统一建模语言UML。

术语"面向对象建模"（object-oriented modeling，OOM）和"面向对象的程序设计"（object-oriented programming，OOP）表示一种使用对象作为基础本体实体的建模方法（抽象和表征）。需要注意的是，计算方法的构建块由社会实体组成，而不是变量（变量会在稍后被"封装"在对象中出现）。

图2.3展示了四种不同的社会本体论或"世界"中的人。让我们从"面向对象"的角度详细思考一下。

---

① José Ortega y Gasset（1914）的西班牙格言"Yo soy Yo y mi circuncancia"（我是我和我所在的环境）也很好地体现了系统和环境之间紧密耦合关系的观点。

图 2.3　跨越人类和社会体系复杂性尺度的本体论

注：(a) 家庭是最小的基于亲属的社会体系；(b) 人类团体为人道主义危机和灾难提供援助；(c) 政体是能够产生历史性里程碑的复杂社会集合体；(d) 太空中的人类构成了在极端环境中运行的复杂、耦合的社会技术体系。

图 2.3（a）：一个家庭。第一张图片展示了由一个男人、一个女人和一个孩子组成的一个家庭。这三个不同的人类实体构成了一个我们可以称为"人"或"家庭成员"的类。他们之间的基本关系被定义为亲属。其所处的环境是一个专业的摄影工作室，我们能够看到被摄者身后的一面白墙。从面向对象模型计算角度来看，人和摄影工作室就是具有属性的对象。①

图 2.3（b）：救灾场景。第二张照片显示了一队人道主义危机工作人员和一名担架上的受灾者，其环境是印度尼西亚被飓风袭击后的农村。此处的关系相对复杂，涉及救援人员之间的协作以及救援人员向受灾者提供的援助。这里的对象包括人、人工制品和自然环境。

图 2.3（c）：领导人峰会。第三张图片显示了国家元首和政府首脑的政治会议。这里的关系更为复杂，涉及人、政治、符号和历史事件之间的关系，环境是 20 世纪 80 年代的德国柏林市区。尽管如此，对象还是一样的：即某个环境中的人和人工制品。在这种情况

---

① 目前我们并不强调实体的各种特征，我们将在下一节中探讨这一问题。——编者注

下的环境是不是自然的，而是人工的（城市）。

图 2.3（d）：绕轨宇航员。第四张图片显示了由宇航员和航天器（国际空间站）组成的现代太空场景。这可以说是四张图片中最复杂的本体论形式。数年前该场景可能还只是纯粹的虚构。其环境是位于地球表面 320 公里（199 英里）至 400 公里（249 英里）的近地轨道（low Earth orbit，LEO），轨道平均速度为 7706.6 米 / 秒（2774.38 千米 / 小时或 1723.92 英里 / 小时）。对象仍然是人、人工制品（宇航服及航天器）和自然（"空旷"的宇宙与行星地球）。

面向对象模型的主要目的是使我们感兴趣的、最相关的一组类、对象及其关系（类和对象之间的关联）抽象化。毕竟我们不能、不希望，也不需要表征整个世界。我们将抽象集合称为模型或抽象系统，而真实世界中的系统则称为指示系统、焦点系统或目标系统①。

尽管上述四种人类情境或"社会世界"在许多维度上存在多样性，但从计算角度来看，它们在实体和关系方面具有共同的本体论。从社会环境的角度（1.5.2 节），图 2.3 中的实体、关系和环境可以概括为表 2.3。请注意，该表是基于前文讨论的抽象过程（2.7 节）。显然，相对于表格中的抽象内容而言，这四种社会场景图片比表格中的抽象内容包含了更多细节。但真正重要的是，三个的独立的抽象类别（类、对象和关系）在所有社会世界中都是普遍存在的。计算社会科学的这一基本本体论与从古（亚里士多德、苏格拉底、柏拉图）至今（帕森斯、伊斯顿、摩尔）的经典社会理论以及当代观点（包括"构成主义"）一脉相承。

表 2.3　社会技术系统中的人类实体和特定关系

"世界"	类	对象	关系	环境
家庭	妻子、女儿、丈夫	萨利·J. 史密斯、玛丽·史密斯、约翰·Q. 史密斯	母 – 女、女 – 父、母 – 父	摄影工作室
救灾场景	救助者、受灾者	J.– 诺、T. 阿比，未知	同事、被援助者	乡村道路
领导人峰会	政治领导人、助手	R. 里根、M. 戈尔巴乔夫、其他	演讲者 – 听众	城市地区
绕轨宇航员	宇航员	J. 乌科、K. 奥利	合作者	近地轨道

注：环境只有命名，没有细节。

在面向对象建模中，同一类的对象共享所有常见的类级特征，这一观点被称为"继

---

① 这三个术语是同义的。"目标系统"在仿真研究中更为常见，我们将在后面的内容中提及。这三个术语含义相同，即在真实实证世界中的相关系统。——编者注

承"。因此，所有的妻子都是女性，所有的丈夫都是男性，所有的女儿都有母亲，所有的灾难受害者都经历了某种程度的压力，所有的政治领导人都基于某些支持来治理，所有的宇航员都接受了多年的专业训练，等等。每个对象也可能具有特殊特性，但为了使其归属于某一个类，它们必须共享或"继承"一个或多个特征。继承将类和对象作为一种基本的关联形式联系起来。

表 2.3 强调了人类以及人与人之间的联系，但仅仅粗略地指出了人们（社会系统）所处的环境。表 2.4 展示了一个更完整的抽象内容，该抽象内容基于早期的"社会—人工—自然观点"视角。现在每种类型的"世界"都被分解（解析）为三个主要组成部分：由一组人和他们之间的社会关系组成的社会（子）世界、由建筑或工程系统组成的人工组件，以及包含嵌入前两种部分（社会和人工）的生物物理环境的自然部分。

表 2.4　耦合系统的社会、人工和自然组成部分

"世界"	社会	人工	自然
家庭	家庭成员	身后的白墙	室内
救灾场景	援助人员和受灾者	路、担架	印度尼西亚乡村
领导人峰会	领导人和工作人员	纪念碑、旗帜、公共播音系统	柏林户外
绕轨宇航员	宇航员	国际空间站	近地轨道

本体论抽象突出了人工系统的缓冲、自适应或界面字符。根据西蒙的理论，人工制品是人类和自然之间的中介，前者适应后者。我们可以在表 2.4 中发现：

第一，这家人身处一个摄影棚里，我们只能看到他们身后的白墙。这种具有高度可控照明条件的人造房间环境对于确保高质量的人像呈现是必要的。反之，更自然的环境的照明条件则不易控制。

第二，通过使用人工制品，如重新开放的道路和医疗设备（本场景中为特制野战担架）来缓解灾情。救援人员的制服也是功能性的人工制品，用于保护工作人员、携带额外物品，并将他们与其他人群区分开来。

第三，纪念碑、旗帜和其他刺激符号等被领导人用作传递意义和力量的人工制品。其他人工制品包括广播设备和其他通信基础设施。

第四，宇航员使用极其复杂的人工制品，如宇航服和国际空间站，以便能够在轨道空间的自然环境中运行。如果没有这样的适应性基础设施，他们将无法存活。

一般来说：社会系统 S 中的人类创造人工制品 A 使其在自然环境 N 中运行。我们可

以象征性地将这三方功能性本体概括为 A:S ⇆ N。

2.8.2 统一建模语言

迄今为止，我们所使用的图片和文本，以及文件和数据等，都可以提供信息，但通常不足以用于科学。它们可能会提供一些关于我们试图研究的问题的信息，但在用类、对象以及它们的关系来制定确切实体方面并没有太大作用。表格和其他数据可能会有所帮助，但在展现某些特性时（如复杂关系）仍有所不足。统一建模语言（unified modeling language，UML）是一种标准化符号系统，用于对类、对象、它们之间的关系、动态交互和其他重要科学特征组成的复杂系统进行图形化处理。与社会科学文献中经常出现的大多数图表不同，UML 图是严谨且具有特定科学含义的图形，与流程图或甘特图类似，其中的每个符号都具有特定的含义（语义），符号的排列也需遵循特定规则（语法）。

尽管 UML 是为了表征多种类型的系统而创造的，但由于社会科学中缺乏标准化的图形记号系统，UML 在表示社会系统和社会历程中也有很大的价值。UML 图有不同的种类，因为就像处理任何多方面的问题一样，复杂的系统也需要可替代的、互补的建模方法。对于社会系统和社会进行的建模，有三种最有用的 UML 图：类图（class diagrams）、顺序图（sequence diagrams）和状态图（state diagrams）[1]。第一种用于表示静态，而另外两种则用于表示动态。

> **产生原因、时间和方式：** UML 是 20 世纪 90 年代由一群计算机科学家和工程师发明的，他们是詹姆斯·E. 朗博（James E. Rumbaugh）、格雷迪·布齐（Grady Booch）和艾弗·雅各布森（Ivar Jacobson）。对象管理组织（object management group，OMG）是定期进行标准审查与制定的 UML 管理组织。UML 图最初（也可以说仍然最普遍）的目的是确保在大型组织（如 NASA、IBM、波音、谷歌）开展复杂代码项目时，其各类计算机程序员和软件工程师能够对给定编程项目产生共同理解，并进行有效协作。而多学科性、人员流动性、多语言需求和其他复杂因素共同阻碍了优秀代码的可持续生成和维护。UML 图通过提供复杂计算项目关键层面的图形表征来协助建模人员和程序员。这些图形表征比叙述更具主体间性。当前的 UML 标准是 2.0 版本，参考 http://www.UML.org/。

---

[1] "状态图"也称"状态机图"，我们使用更简单且不影响其含义的"状态图"一词。

（一）静态图：UML 类图

UML 中的类图是特定社会世界或利益条件下主要实体和关系的图形表示。图 2.4 展示了我们在本节讨论的四个案例（家庭、救灾场景、领导人峰会、绕轨宇航员）中分析的一般社会世界的简单类图。四个"世界"都由一定规模（小规模，如家庭；大规模，如领导人峰会和太空）的社会系统和系统所处或嵌入不同复杂程度的环境所组成。

符号层面而言，UML 类图由两个主要部分组成：表示类或对象的矩形，以及它们之间表示关联的链接。两者的标签和注释都很重要。矩形由每个类或对象的名称（如"世界""系统""环境"）标记。实体（类和对象）之间的每个关系也由三种元素标记：①箭头符号。②描述关系的描述性动词（如一个实体在另一个实体中扮演的角色或功能）。③关系的多样性。在图 2.4 中，系统与其环境之间的关系由动词"影响"（affect）表示。尽管原则上行得通，但该模型不包括对环境的人为影响（如系统反馈）的反向说明。

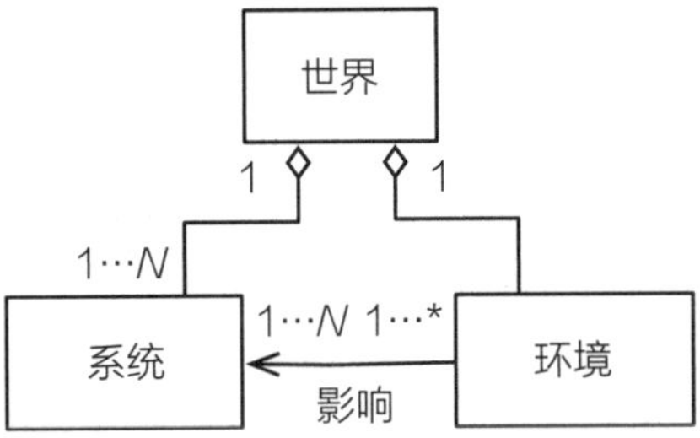

图 2.4　由社会系统及其环境组成的基本世界本体的 UML 类图

注：该图旨在表示与图 2.2 相同的内容，但它传达了更多信息。

> **UML 中的双重图形表示**和科学中的任意图形符号系统一样。UML 图可以用来表示抽象系统（如现实模型）或比抽象模型更为详细的真实世界系统（后文会补充，作为省略该内容的参考）。例如，可能有一个正在建模的联合 UML 图，以及具有多方系统支持的详细真实世界内阁制的 UML 图。UML 图最常见的用途是用抽象组件来表示模型，而不是真实世界。然而如果有所帮助，UML 图也可以描述真实的目标系统，例如当我们希望强调目标系统和系统仿真模型之间的差异时。模型图（抽象）与现实图（经验）之间的差异强调了抽象所忽略的所有元素。

多重性是计算建模中的基础概念，尽管它经常被忽视，或缺乏定义，抑或是在传统社会科学理论和研究中是隐性的。多重性是指类或对象的精确实例数量。表 2.5 中的符号是 UML 图中指定实体的多重性标准。我们将在本书中使用这些符号，因此掌握符号非常重要，尽管在概要图中可能会被省略。需要注意，在计算 UML 符号中，符号 ".." 用于表示值的范围，而非传统的数学符号 "…"。

表2.5　UML 类图中值的多重性

值	含义	示例	数学符号
0..1	0 到 1 个实例之间的范围，表示没有或只有一个对象	一个政府中首相的数量	[0, 1]
1	有且只有 1 个实例	每个系统只有一个环境	1
0···* 或 *	0 到不定范围	一个家庭中孩子的数量	[0, + ∞]
1···*	1 到不定范围	一个国家中城市的数量	[1, + ∞]
0···N 或 N	0 到指定范围	一个公司中中层管理者的数量	[0, N]
1···N	1 到指定范围	一个政体中省份的数量	[1, N]

例如，在图 2.4 中，一个或多个（最多 N 个）系统实体和一个或许多（最多为不定数量，用星号 "*" 表示）影响系统的环境实体组成了一个世界实体（一个类）。在这种情况下，世界的多重性是隐性的，因此 1 的值通常是多余的（不必要的），通常被省略。稍后我们将探讨其他例子。

社会科学致力于描述和理解各种实体（行为者及其信仰、机构和他们所处的环境等）之间的社会关系。在 UML 中，假设实体之间存在的联系类型由特殊形式的连接箭头的表示（如我们所见，这并不是出于美学考量，而是像大多数传统的社会图标那样，UML 中的箭头形式具有精确的含义）。在图 2.4 的情况中，世界与环境之间的关系是一种聚合关系（因此如下文所述，使用白色菱形箭头），因为世界类被建模或指定为由两个部分类组成——相关社会系统和该系统所处的环境，后者 "影响" 前者（目前我们不必担心 "影响" 一词的含义，按普通含义理解就足够了）。

四种最常见的关系类型包括 "继承"、"聚合"、"组合" 和 "泛化"。它们是图 2.5 所示符号表示的不同类型的社会关系。

之前我们在讨论类和对象之间的关系时谈到继承（空心箭头符号），这是因为对象都是类的实例，因此属于同一类的所有对象都共享或 "继承" 一组共同的特征。继承关系也被称为 "is a"（是……）关系，由空心箭头表示。在图 2.4 中可以看到聚合和泛化（"影响"）联系的示例。

以下是具有继承关系的例子（分别来自五大社会科学学科）：

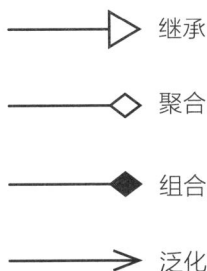

图 2.5　用 UML 绘制类或对象之间的关系

注：不同形状的箭头表示不同类型的关系（如社会关系、社会—环境相互作用等）。与许多社会科学配图中不正式但普遍使用的箭头不同，类图建模的社会关系符号是正式且严格定义的。从概念和术语的角度来看，其含义是主体间性且可靠的。正文中为每种社会关系提供了示例。

1. 政治学：政治制度

"政治制度"包含"民主"和"专制"等类，这些类代表着政治制度的特定形式，同时也有许多与社会和政府关系相关的共同特征。因此，民主和专制都被认为继承了"政治制度"的类属性。

2. 人类学：社会复杂性

人类学考古学中的"游群""部落""酋邦""国家"等类别代表了社会复杂性的顺序形式。这些形式都继承了一个含义更广泛的类的特征，可称为"政体"。所有的政体，也就是所有的酋邦、国家和帝国都包含"社会"（人和社群）以及"政府体系"。依此类推，所有的政府体系都有一些共同特征，如宪政制度（定义社会 – 政府关系）、官僚结构、支持机制、公共财政（资源基础）、决策过程以及其他组成或定义的特征。

3. 心理学：认知平衡（阿伯森，1959）

"分化""支持""否认""超越"都是更广泛类"认知平衡机制"的实例。四种机制的目的和功能相同，都用以解决或缓解人类复杂观念系统中出现的认知不一问题。

4. 经济学：商品

"商品"和"奢侈品"继承了更广泛类"私人物品"的特征。私人物品类的一个案例——2012 款法拉利赛车，就是一个对象，因为它具有具体的经验性特点。所有私人物品都有一些共同特征，如产量、价格、产地、生产方法和使用期限等。反过来，"私人物品"属于"经济物品"这一超类，这一超类也包括"公共物品"，如"清洁空气"和"公共安全"。

5. 社会学：组织

"组织"这一类包括"私人组织"和"公共组织"。这两类（无论是私人组织还是公共组织）都继承了前者的所有特征，如任务、规模、结构特征、时长和活动领域等。除类级特征外，私人和公共组织也具有其他特征，如私人组织的会员特征、公共组织的公共财政特征。

6. 亚里士多德的政府分类

亚里士多德是现存记录中的第一位比较社会科学家。他的政府分类区分了正常和退化的政府形式，三种正常形式分别是君主政体、贵族政体和民主政体，而退化形式则分别是僭主政体、寡头政体和暴民政体。因此，暴虐的君主统治者会催生暴政；精英阶层的退化统治会催生寡头；极端的民主会催生暴民（字面意思是"暴民统治"）。代议制政府是一个试图实施民主以避免暴民统治的政体（如在 1793—1794 年法国的恐怖统治）。上述六种政体都继承了政府类的所有特征，每种类又都有其他的特征。

上述六个示例都阐述了继承关系，在图 2.5 中用空箭头表示。每个示例的 UML 类图都会包括其主要实体和每个实体（类或对象）多重性注释的继承关系连接。

接下来的两种关系，被称为"聚合"和"组合"，适用于复合型社会实体 [1]。委员会、信仰体系、组织以及整个政治、经济和社会是复合型社会实体的典型案例。计算社会科学通过区分聚合结构和组合结构来检验复合实体。

聚合关系（空心菱形箭头）在自然语言中具有"由……组成"的含义，也被称"has a"（包含……）关系。这是一种松散类型的集合，在某些情况下可能只是临时的（与组合关系所呈现的强烈成员规则形式不同，下文将详细讨论）。复合社会实体的聚合实例包括：

（1）人类的信念系统由概念（表现为节点）和它们之间的关系（有价值的连接）组成。

（2）家庭是由父母和子女组成的社会聚合体。

（3）社会由一系列拥有共同特征的个人组成。

（4）经济体由生产者、消费者和贷款者组成。

（5）耦合的社会–技术–自然系统由相互作用的社会、人工和生物物理部分组成。

正如上述实例所示，聚合的一个关键特征是，其成员可以在没有聚合的情况下生存。父母和子女并不因为父母离婚而终止关系。作为信念系统一部分，即使信念系统不再被接受，其概念仍可持续存在。即使经济体瓦解，生产者、消费者和贷款者也能够继续存在。

聚合在 UML 类图中用空心菱形箭头表示（见图 2.5），箭头指向更高阶类（超类）。

组合关系（实心菱形箭头）是一种更强的聚合形式。当成员类与超类形成组合关系时，即是组合关系。当超类不存在时，这组成员类也就不存在。因此，组合关系也被称为"is constituted by"（构成）关系，类似于继承的"is a"（是……）和聚合的"has a"（包含……）关系。在组合中，复合超类被称为"拥有"复合实体的成员类，在某种意义上，

---

① 在概率论中，复合社会实体 C 可能与组合事件类似。因此，C 由几个比 C"小"的部分或子系统组成。这种方式类似于将组合事件定义为基本连接事件（采样点）的函数。——编者注

如果超类消失或被破坏，那么其所属的类也会消失或被破坏。

以下是复合社会实体中的组合关系实例：

（1）官僚机构是由局或行政单位组成的组织，这些单位因它们对整个组织的贡献而存在。

（2）一个国家的省、县和其他行政单位通过组合与国家建立联系。

（3）复合社会实体或"团体"是由成员履行各种职能角色的特定委员会。

（4）国际政府组织，如联合国大会、联合国安全理事会、欧盟委员会和欧盟议会等，其下属机构与该组织是组合关系，而非聚合关系。

许多与社会科学密切相关的聚合实体实际上是组合，而不仅仅是聚合，因为组合类被定义为某个超类（复合社会实体）的函数，因此，部分一旦没有整体也就失去了意义。当社会科学家谈到"背景的重要性"时，他们通常会想到复合社会实体的组合关系，而不仅仅是聚合。背景之所以重要，正是因为一些社会实体本质上是依靠组合关系组成的较大复合实体。

聚合和组合之间的关键差异在概念上是微妙的，但在理论上和经验上是显著的，然而不幸的是，在社会科学对各种复合实体（其中包含行动者、事件、系统和过程）的理论和研究中又是隐性的。聚合的多重性可以假定任意数值（如自然数，或正整数 $1 \cdots N$），而组合的多重性在复合的、高阶的类（超类）上是 0 或 1。用实例来检验这个观点有利于理解其中的差别。复合社会实体中的关系是聚合还是应通过明确指定的 UML 类图决定并进行表征，否则未解决的歧义会导致混淆，从而在实现中产生建模错误。从形式上看，组合的跨度像一棵树，而聚合形成了一个网络（Eriksson 等，2004: 113）。

一些复杂社会系统具有混合关系，如图 2.6 所示。例如，政体 P 由给定的社会 S 和政府体系 G 组成，用于解决影响 S 中成员的问题 I。而 P"拥有"G（政体 – 政府为组合关系），因为一旦失去了政体背景，政府体系就没有意义。因为 S 是人与人之间在身份和其他特征方面的联合（无论其成员是精英阶层还是普罗大众），无论 P 是否存在（政体、社会之间是聚合关系），S 始终是一个具有自主性的集合。问题 I 的类同样与 P 和 G 存在关联关系，因为无论 P 和 G 如何，影响 S 的问题始终可以持续发展。因此，复合社会系统 P 是组合（与 G）和关联（与 S 和 I）的混合体。

因为继承、聚合和组合都非常常见，所以它们都有自己的相应特殊符号。最后，第四种关系被称为泛化（箭头符号），其旨在用连接任意两个实体的动词来表达关系。泛化关系由一个简单的箭头和最能描述这种关系的动词表示。例如，图 2.4 中环境和系统之间的关系由从 E 到 S 的箭头和动词"影响"来描述这种关系。类似地，图 2.6 中呈现了三种泛

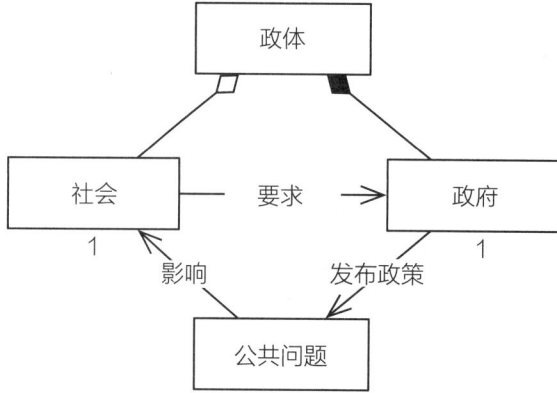

图 2.6　政治学中政体标准模型的 UML 类图

注：如正文所述，该图由四个实体和三种表示不同社会关系类型的关系组成。此类图表以及更详细的后续版本对于社会科学建模者和负责代码实现的计算机程序员之间的交流很有价值。（改编自 Cioffi Revilla，2008）

化关系：公共问题影响社会，造成压力；社会要求政府处理问题；政府通过发布（制定和实施）减轻社会压力的政策来处理问题。

（二）动态图：UML 序列图和状态图

除了目前已经介绍过的静态图之外，统一建模语言还提供了用于表征社会实体动态方面（如社会进程）的标准化图形。最常见的两个动态图是"顺序图"和"状态图"。其他动态图则包括"活动图"和"通信图"（埃里克森等，2004）。

顺序图描绘了社会历程中发生在实体组件之间的动态交互。图 2.7 显示了图 2.6 中展示的政体标准模型的 UML 序列图。序列图有三个主要组成部分：①一组独立的垂直"通道"，每一条通道都代表着复合超类中的主要互动实体（在本例中即为公共问题、社会和政府）；②表示实体间各种活动的箭头；③用简明的自然语言表述的相关主要事件的大事记（左），它应该用简单的文字说明其想表达的内容。

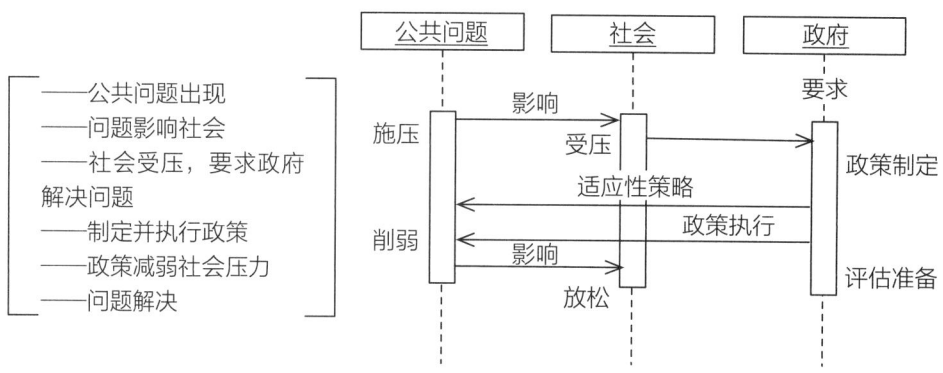

图 2.7　简单政体中基本动态过程的 UML 序列图

图 2.7 中的例子显示了 UML 序列图值得关注的几个特征：

（1）UML 中的符号表示是标准化的，由系统开发生成而非随意产生的。这使得研究人员能够使用一组已经达成共识的通用符号进行交流。相比之下，大多数传统的社会科学图表通常使用作者本人绘制的特殊符号，且不会被他人使用。

（2）如果无法准确理解所表征的社会进程，就很难绘制出此类图表。研究人员至少需要规定或假设在基础相关科学中缺少理论解释或经验描述的过程中的某些部分。

（3）社会进程的基本时空本体论在类、对象（社会空间）和事件（时间）层面是离散而非连续存在的。这使精确的交互及其顺序的规范能够在整个架构中成为可能。

（4）就像历史年代表或流程图一样，图表按时间顺序自上而下排列。因此，添加或删除事件需要下移或上移所有内容 [1]。

（5）基本符号的信息维度很简单，因此有大量空间可以通过使用颜色、色调、图案和其他形状来增加图表中的信息内容。

（6）序列图的一个潜在显著不足是，当必须表示多个对象或类（"通道"）时，它会变得非常杂乱。如果必须用许多对象或类来表示某一过程时，基本可以断定该图表会非常混乱且难以阅读，因此，序列图在建模的基数方面很难扩展。

另一种类型的动态 UML 图是状态图，它表示系统在其特定操作或生命周期中宏观状态之间的转换。图 2.8 显示了基于我们之前介绍的标准模型的政体状态图。该图由三个部分组成：①一组开始–结束状态，用大黑色圆点表示；②一组已标记的潜在偶发事件，表示为状态之间的转换；③一组已经标记的状态作为每次转换的结果，用于表示系统的结束状态。

UML 状态图描述了系统的各种状态以及状态之间的可能转换。在本案例中，由于社会 S 最初不受任何问题的影响，一切进展良好，政体开始于一种无压力状态，我们可以称之为基础状态。当 S 处于无压力状态时，可能会发生两种情况：出现问题或不出现问题。如果没有出现问题，则 S 保持无压力状态（由标记为 "没有问题" 字样的循环箭头所示）。然而，如果出现问题，那么 S 的状态将转变为（由问题引起的）承受压力。当 S 承受压力时，可能会发生两种情况：政府 G 关注问题并颁布政策，或政府 G 忽略问题且未能颁布政策（"无政策" 字样的循环箭头）。当 G 颁布策略，可能会发生两种情况：策略失效或政策有效。如果政策有效，那么 S 会再次进入没有压力的状态。该过程继续或在政策颁布后结束。

---

[1]　相比之下，考古学家自下而上绘制时间线，这与地层分析方法一致，即最古老的时间在底部。

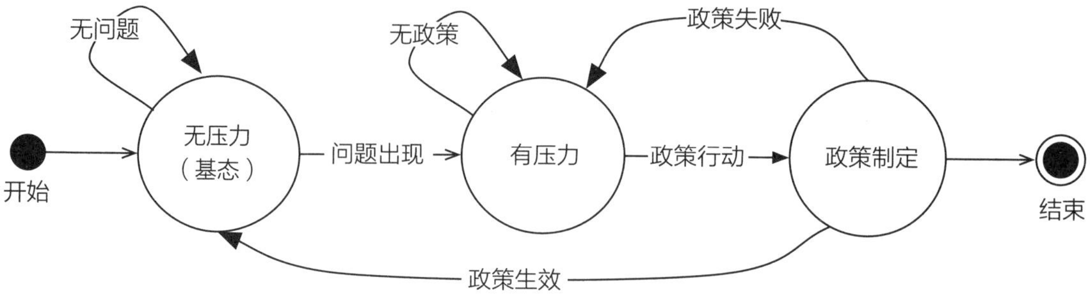

图2.8 宏观系统级动态的 UML 状态（或"状态机"）图

注：UML 状态图由一个受社会问题影响的社会和一个制定政策以解决公共问题并缓解或消除压力的政府组成。状态图比类图提供了更为动态的政体模型，但实体（、对象）没有表示出来。

来源：此图和其他有关政体的 UML 图改编自（Cioffi-Revilla，2008）。

为便于说明，此处有意简化（抽象）了标准政体和政策过程的单一问题描述。一个简化假设是，面对公共问题对 S 产生的影响，G 毫无应对措施，这有时（并非总是）是不现实的。例如，在存在许多国内政策的情况下，G 通常通过制定预防性缓解政策以备不时之需。另一个简化假设是，S 对 G 的压力是直接的、无中介过渡的。事实上，利益集团和其他中介组织（如游说团体、工会等）在 S 和 G 之间活动，在政策出台前产生了更多的过渡和额外的中介状态。最后，图 2.8 中的另一个假设是，决策过程是有限的，而非永远持续。

从图 2.8 可以看出 UML 状态图有以下特征：

（1）UML 状态图应从左向右阅读，随着系统状态演变到每个循环的结束，途中展示了各种可能的转换和循环。

（2）除去开始和结束状态，UML 状态图让人联想到代表系统状态和潜在转换的马尔可夫模型。然而与马尔可夫模型不同的是，转换的概率一般不被标明。

（3）UML 状态图也会让人联想到流程图，但它专门强调系统的状态或条件。

（4）类或对象（实体）不会出现在 UML 状态图中。相反，考虑到实体之间潜在的相互作用，UML 状态图更关注系统的状态或条件。

（5）在某些状态中，每次转换都是通过询问"接下来会发生什么？"来指定的。

（6）UML 状态图在形式上是一个图，具体来说，它是一种有向图。如果已知转换概率（或其他衡量状态之间联系的方法），UML 状态图也可以进行加权。

如图 2.8 所示的状态图，有时很难以一种足够完整或精确的方法来说明，部分原因是社会系统和进程的详细动态很难被解释清楚。在这种情况下，求助于其他来源，如叙述或其他图表，可能会有所帮助。例如，经典流程图可能有助于发现状态图所需的信息。

当试图指定一个详细的状态图时，较好的方法是先从一个简单的版本开始，尽可能减少状态和转换的数量。

其他 UML 图包括活动图和用例图。我们在本书中使用 UML 图的两个主要目的是：提高科学的明确性并实现计算的具体性。在社会科学中，这两种都属于新用途。

2.8.3　属性

我们已经介绍了有关类、对象和关系的基础知识。现在我们有必要通过关注两个关键的计算层面来更深入地了解它们：定义属性和操作。如图 2.9 所示，我们将通过一些为处理属性及其操作而创建的某些特定的 UML 符号来实现。

我们将依次对图 2.9 中的部分进行处理，最后一部分（e）在规范方面是最完整的。需要注意的是，图中的符号细节是符合标准且重要的，而非任意生成的。

（1）类和对象的名称写在每个图第一格的中央，首字母大写（如专有名词），最好用粗体字（如类、对象、政体）。

（2）对象的名称带下划线（如对象、省、市、县）。

（3）属性的写法是首字母小写，单词间无间距（如 classAttribute1, classAttribute2, popSize, capitalCity, numberOfiPhones, inflationRate），且始终左对齐。

（4）每个属性的数据类型都要写在属性名称（attributeName）之后。

（5）操作的书写方式类似，后面是左括号和右括号。

（6）属性和操作的所谓"可见性"或"可访问性"用加号或减号表示，分别用于代表它们的公共或私有状态，下文将做进一步解释。

在计算社会科学中，一个社会实体的特征、变量或参数被称为属性。属性是社会科学中的常见概念，通常称为"变量"或"参数"。以下是一些基于本章前面案例的说明性属性。在耦合的社会 – 技术 – 自然系统中，我们可以将自然环境建模成具有生物物理属性的生态环境，如生物量分布、气候变量、地形等。同样，社会属性也经常被用来描述模型中抽象出来的各类参与者和群体，如经济、政治和社会变量。就政体而言，通常特定的属性包括人口规模、经济规模、领土范围、文化指标、军事能力和其他众多特征。每个社会对象或类总是根据一组属性集来定义。

在图 2.9（b）~（e）中，我们看到了如何在 UML 类图的第二块区域中注释属性。图 2.10 展示了如何在一个更完整的 UML 类图中作为每个类或对象的一部分完成该过程，此例使用之前讨论过的政体模型。在本例中，我们选择抽象出以下类属性：名称、所在大陆、领土面积、首都名称；该政体的人口规模和社会资源总量；政府决策和执行的总能力

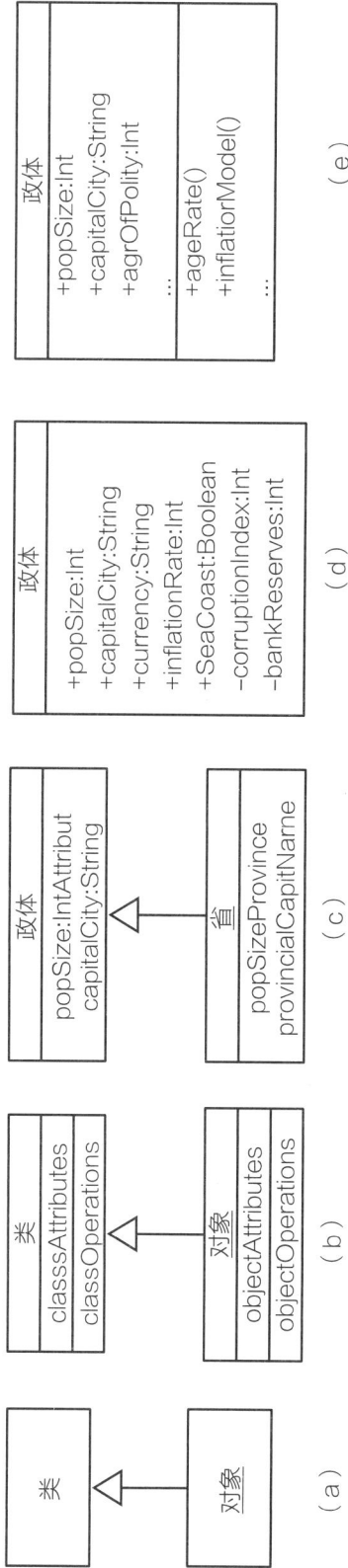

图 2.9 具有各种规格的属性和操作特性的 UML 类图和对象图

注：(a) 通过继承关联的类和对象，没有特定的类或操作，如前文的类图。
(b) 具有封装属性和操作的类和对象符号，按惯例分别在第二和第三格中呈现。
(c) 具有某些特定属性的类和对象的例子。
(d) 由公共（加号）和私有（减号）属性符号表示的属性的可见性。
(e) 具有封装属性、操作和可视性的类图的完整规范。

和净能力；政体中出现的公共问题的类型、特点、成本、产生以及解决的时间。

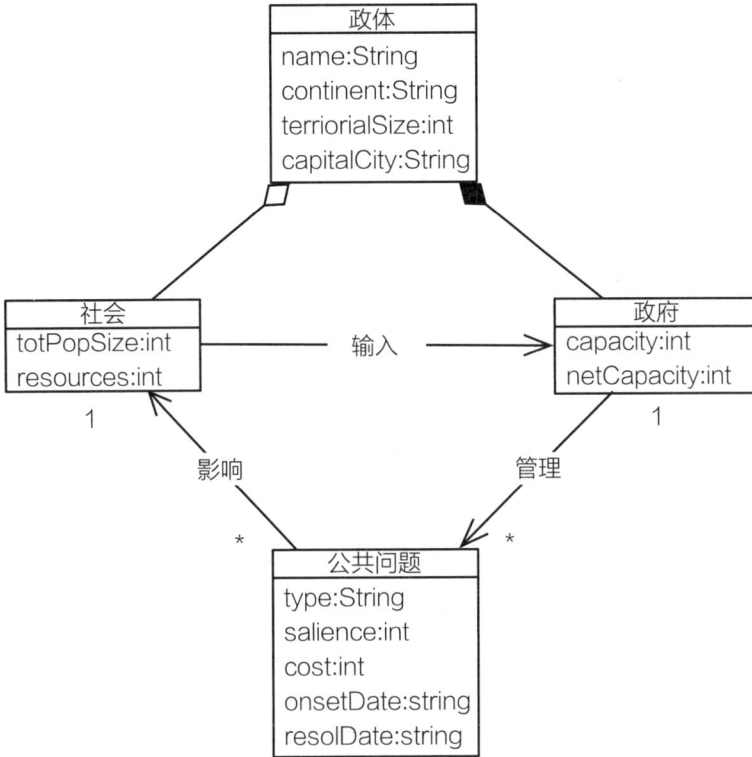

图 2.10　具有指定属性（变量）的标准政体模型的 UML 类图

注：每个属性都由唯——确定的名称和相应的数据类型表示。

图 2.9（d）和图 2.9（e）还通过使用加号和减号来表示每个属性的可见性和可访问性。这是属性和操作的特征，它定义了与其他类相关的信息状态。

（1）当一个属性只能从它自己的类中访问时，它就是私有的，用减号 "-" 表示。

（2）当一个属性可以被任何其他类使用和查看时，它就是公共属性，用加号 "+" 表示。

（3）当一个属性只能被它的类或子类访问时，它是受到保护的，用井号 "#" 表示。

对象的属性被称为对象变量，以区别于类级特征。这个命名法与先前处理对象属于一类是一致的。同样，类的属性也被称为类变量。

2.8.4　操作

在之前的图 2.9（b）中，我们提到过属性和操作是如何定义类的。操作会改变一个或多个属性的值，从而改变对象和类的状态。在对象层面，操作被称为方法。操作和方法由 Python 中的函数实现。一个常见的操作示例是，描述一个政体中的每年人口如何变化的函数。操作指定动态，而属性定义静态，两者都决定类和对象的状态。

图 2.11 展示了如何将操作添加到类的第三部分中以完善模型的详细内容，从而扩展图 2.10 中的早期模型。这与政体的模型类似，只是我们现在增加了一些操作，能够告诉我们每个类中的属性应该如何变化。例如在政体类中，名为 ageOfPolity 的属性（或本例中的类变量）将按照政体第三部分定义中的一个名为 ageingRate() 的函数规定发生变化。

这可能是一个简单的函数，使结果每年增加 1.0。同样，政府类中名为 corruptRate 的属性是由 corruptChange() 驱动的，而 corruptChange() 是一个更复杂的操作，定义在政府的第三个区间。例如，corruptChange() 可能被指定或建模为其他属性的函数，如外国投资水平、识字率、法律制度和其他变量（即实证文献中报告的政府腐败的已知决定因素或驱动因素），它们位于同一类或其他类中。

在任何社会体系中，有些关系比其他关系更为重要。例如，请注意图 2.11（a）中政府和公共问题之间的"管理"关系。这是政体的两个主要实体之间非常重要的关系，在本例中它抽象出了政策的概念。政府正是通过政策来解决公共问题。因此，政府和公共问题之间看似简单的关系应该被提升到拥有一个类的更高层次，即关联类被称为政策。如图 2.11（b）所示，一个关联类由相同的类符号表示，并通过虚线连接到关联关系。为判断一个给定关系是否被建模为关联类而非仅仅是关联状态，下列启发式问题是有所帮助的：

（1）问题中的关系是否有可以具化的重要属性？

（2）如果有，是什么？

（3）这些属性是否具有类似指定的操作？

如果问题 1 和问题 3 的回答都是肯定的，那么问题中的关系可以提升为关联类类状态。例如，在前一种情况下，政策必然是有属性的，如类型（经济、社会、政治、环境等），有效性（解决问题的可能性），效率（成本或效益），以及其他特征。然而，是否需要将关系提高到关联类则是另一个问题，这取决于研究问题，而不仅仅是我们识别相关属性的能力。

属性和操作被称为被"封装"在类或对象中。"这种将一些数据与可以在数据上执行的操作集一起打包的过程被称为封装"（Zelle，2010: 418）。封装是所有面向对象建模和面向对象编程的强大定义性特征。在 UML 建模术语中，这意味着所有的属性和操作必须始终分别出现在某个类或对象实体的第二部分或第三部分内，且他们本身不会产生关联。在面向对象编程中，更重要的是，封装意味着类和对象可以无须访问隐藏在实体内部的组件或计算而进行交互。所有完全面向对象编程语言都实现了封装，而大多数过程化程序设计语言则不然。因此，实现由封装属性的实体组成的社会模型，最好用面向对象程序设计语

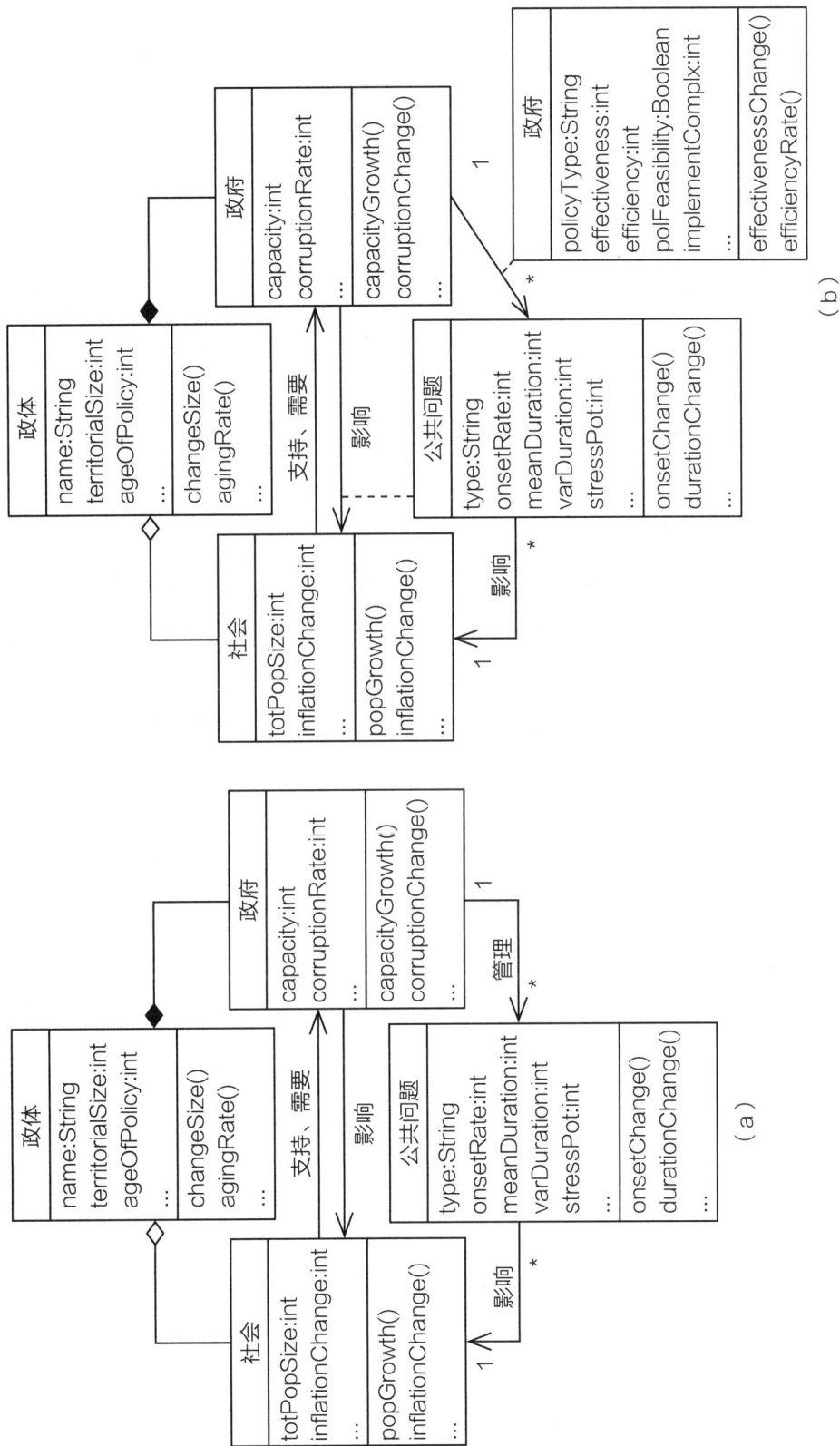

图 2.11 具与类属性和操作的政体 UML 类图

注：（a）的模型展示了每一类中第三个垂直部分的操作。（b）的模型型明确了政府和公共问题之间的 "管理" 关系，将关系系统升到更高的类，称为政策。

言来完成，这样就不会有破坏封装的风险。

作为良好编程风格的一部分，使用 Python 语言时按照惯例应实现封装，但这不是该语言的硬性要求。相比之下，封装是 Java 语言中抽象的一个必要特征。

封装意味着始终将变量和方法（操作）定义为属于某个对象或类，而非它们自己。其他用于表示封装的常用短语有"在……的背景中""关于……""与……相关"等。例如，可变通货膨胀的背景是经济体等。从计算社会科学面向对象的角度来看，变量或参数本身是孤立且无意义的。因此，它们总是被封装在一些类或对象中。理解这个概念也为将基于变量的模型变成潜在的、更为强大的基于对象的模型提供了强大的原则基础。

☞ 2.9　数据结构

类和对象代表一种数据形式，它封装了一组属性（变量）和用于更改属性（变量）值的操作（方法）。然而，数据以多种形式出现，在社会科学中并不奇怪。我们已经看到了变量的各种值类型，如整数、字符串和布尔值。数据结构这一术语指的是为计算而组织数据的各种方式。有时，相同的信息有不同的组织方式，所以会根据计算的需要采用不同的结构。当涉及数据结构时，请记住建筑学中著名的设计原则："形式服从功能"（路易斯·沙利文，美国建筑师，1896）。

以下是最常见的数据结构，按通用顺序排列[①]：

（1）元组。元组类似于记录结构，主要区别在于单个记录不需要像电子表格中典型的二维结构那样排列。元组的元素必须具有相同的类型，例如：用年、月、日表示的日历日期；N 维笛卡尔坐标系（或其他坐标系）n 元组的坐标值用来表示点（$x_1\ x_2\ x_3\ \cdots\ x_N$）；在 2×2 标准式博弈 Γ 中的支付值（u, v），其中 u 和 v 是每个玩家的支付值。元组中的元素是有序的。

（2）数组。数组中有相同类型的元素，可以通过某些索引进行访问。例如：所有的向量和矩阵，经济体中各部门的投入产出表，网络的邻接矩阵，等等。矢量是一维数组，而矩阵是二维数组。矢量是一个既有标量又有方向的数据。"数据立方体"是三维数组（如国家 × 属性 × 年份）。稀疏数组是许多条目为零或缺失的数组，最好以列表形式构建。

（3）列表或序列。列表是长度可变的可操作元组，第一个元素被称为头部（head 或

---

① 有多少种数据结构，就有多少种组织信息的方式。美国国家标准与技术研究院（National Institute of Standards and Technology，NIST）提供了综合百科在线调查（Black，2004）。——编者注

header），后面的元素被称为尾部（tail）。例如，按人口规模排列的城市，头部是人口最多的；按严重程度排列的冲突或灾难，头部是情况最差的；按与其他节点的连接数量（称为度）排列的网络节点，头部是度最高的节点。

（4）队列。队列是一个项目列表，其头部总是被首先访问。例如：投票大事记中的立法议案、正式议程上的项目、抵达营地的难民、部署中的军队。在队列上定义的操作包括添加（在尾部添加新值）、删除（从头部开始）等。队列也被称为先进先出（first-in-first-out，FIFO）列表或上推列表。队列也是一种重要的社会进程，后文会专门讨论这一点。

（5）堆栈。堆栈是一种由有序数据列表组成数据结构，最后嵌入的数据会被先描绘出来。例如：最近访问过的地点、最近认识的人以及从完整的课程列表中选出的学生最近上过的课程或教师最近教过的课程。进入数据结构的时间顺序是堆栈的一个关键概念。

（6）包。包是一组可以包含重复值的集合。例如：一组在过去 τ 年中经历过内战的所有国家的集合、一组在过去 N 次选举中投票的个人名单集合。术语"多重集合"（multiset）是包的同义词。

（7）集合。集合是一组没有特定排列顺序的元素的集合，每个元素只出现一次。例如：一个特定国家的城市集合、联盟中的成员、选举中的候选人、预算优先权、国际体系中的主要大国（极化）、网络中的节点、"法案箱"中的立法法案提案。这是一个普遍而强大的数学概念，在整个社会科学领域有着广泛的应用。

（8）哈希表。哈希表（Hash table）也被称为字典，是一种值和关键码由函数分配的数据结构，该函数称为哈希函数。哈希表是由值和相关关键码组成的二元组，这样在值和关键码之间存在一对一的映射关系（二元关系）。值的列表也称哈希表，如电话簿、选民名单及其选区、行政单位和缩略语或代码、商品和条形码、地理志、组织结构图、课程目录。哈希表提供了一种快速查找数据的方法。

（9）树。一棵树是一种数据结构，由一个根元素和从根元素分支出的叶子节点的子树组成。位于根和叶之间的节点（即通用语言中的"分岔"）被称为内部节点。一个分类学的结构类似于一棵树。例如：社会实体的分类；广义形式博弈；紧急电话的树状图；商务和公共行政的层级组织；星形网络；人口定居模式［首都（根节点），省级中心，城镇，村庄，乡村（叶节点）］。树状数据结构在社会系统和过程中普遍存在，但很少被作为研究对象进行分析。

（10）图。图是树的泛化或扩展，其中的节点和连接（也称弧或边）可以按照任意方式排列，我们将在第 4 章中详细讨论。

请注意，数据结构不包含任何代码，只包含以各种方式组织的数据。

严格意义上，一份记录就像复合数据，而非真正的数据结构。它由信息字段或成员组成。例如：有联系信息的人（地址、电话、电子邮件）；政治概况（国家名称、首都、总人口和其他属性）；书目条目（作者、标题、出版社和出版日期）；事件数据（参与者、目标、日期、描述性动词、其他事件属性）。电子表格条目通常类似于一组记录，列代表各种领域，这在社会科学数据集中很常见。

所有这些数据结构都可以用于 Python 和 Java（以及更多）编程语言。Python 语言可以处理多种类型的列表，包括堆栈、队列、矩阵（列表的列表）、元组和集合等。每种编程语言都为不同数据结构定义了一组操作（函数和方法）。

2.10　模块与模块化

除了最简单的情况之外，计算机程序通常会被"分解"为主要组件和子组件。这是因为运行程序需要的不仅仅是几行代码（lines of code，LOC），编写一个很长的"单一模块"程序是不切实际的。模块化不仅仅是一种编程风格，就整体程序性能而言，它非常重要。

使用模块化的一种考虑在于程序性能：给定的计算机程序应该如何编写才能最大限度地提高其速度？直观地说，有许多方法可以将计算机程序模块化。例如，可以将计算和可视化分开，但是，也可以将从流程图中生成的顺序式多阶段执行分开。将给定程序模块化为多个部分的方式并不一定是显而易见的。著名计算机科学家戴维·帕纳斯（David Parnas，1972）介绍了颇具影响力的信息隐藏分解原理。该原理指出，给定一个程序 P，P 应该由几乎可分解的模块构建，这样每个模块都封装了一个几乎自包含（封装）的指令集，并且模块之间的接口可以最大限度地减少"通信开销"。

帕纳斯模块化的显著优势包括：

（1）模块更易于理解。

（2）独立的程序员可以处理不同的模块。

（3）程序可以更容易被更改。

（4）敏感信息更容易受到保护。

模块化程序的整体结构是由任意数量的通信集群组成的网络，如细胞网络（类似于 Horton 图或 Tutte 图）。此类通信大多在集群内部以及彼此之间的最小通信间发生。

☞ 2.11 可计算性与复杂性

请考虑以下问题：

（1）领导者需要建立一个足以对抗强大对手的联盟。若给定一组潜在的盟友，有哪些可能成功结盟并获得胜利的潜在组合？

（2）受灾人群面临着一系列相互竞争的重要事项（安全、家庭、住所、邻居、物资），这可能会引起严重的挫折感，再加上恐惧和不确定性因素。哪种行动方案是最好的？或者至少是令人满意的？

（3）受气候变化影响的国家必须在一系列竞争政策、有限资源和不完善信息中做出选择。政策分析人员如何为决策者提供可靠的建议？

诸如此类的问题需要复杂的社会计算，不仅涉及原始成本和收益，还涉及概率评估、替代组合安排、根据已知经验模式进行的适当性以及其他计算特征评估等方面。必要的科学（社会或自然科学）也可能是不完整的，因此必须考虑到深度的不确定性，而不仅仅是已知风险的概率分布。然而作为科学家，我们希望获得上述三个问题的可计算答案。

在一个巨大且不断扩展的问题空间中，进行计算是可行的，但并不完全通用。在给定一些函数、方法、运算和数据的情况下，可计算性与计算算法的有效性密切相关。更确切地说，有效的可计算性需要满足两个条件：

（1）算法必须由一组有限且相对简单的函数组成，这些函数以某种适当的方式排列。

（2）每个函数都必须在有限的时间内执行。

鉴于上述两个要求，若不满足任何一个条件，则该问题不可计算。

通俗地说，计算复杂性指的是解决一个计算问题的困难程度 N，即所需的空间或时间资源。设 $T(n)$ 和 $M(n)$ 分别代表关于时间和内存的计算复杂度，其中 $n \in N$ 表示问题的大小。例如，N 可以指问题（1）中可能的联盟数量，问题（2）中备选方案的数量，或衡量难度的类似特征。总的来说，计算复杂性与可计算性如何随着给定规模进行的扩展有关。一个随着多项式扩展的问题被认为是计算可处理的，而一个随着指数级扩展的问题则不是。当一个问题不能在处理多项式的时间内解决时，被称为不可处理问题。

☞ 2.12 算法

到目前为止，我们或多或少地将算法这一术语作为"代码"或"程序"的同义词。更准确地说，程序是算法的形式化表达，类似于以方程的形式来指定函数。根据美国国家标准与技术研究院（NIST）出版的《算法和数据结构词典》（*Dictionary of Algorithms and Data Structures*），算法的定义如下：

定义（算法） 算法是一组可实现预期结果的计算步骤。（Black，2007）

在本章中，我们已经看到了几个关于算法的基本案例，包括混乱、选举等。现在我们应该能够更好地理解算法的概念与第一章中讨论的计算社会科学的计算范式之间的关系。这种观点将（任意规模的）社会系统视为信息处理实体，即视为算法结构化。这是如何做到的呢？正如第 2.9 节中所讨论的，社会系统以多种方式处理信息，信息可以通过记录、数组、树或其他数据结构的形式呈现。算法涉及搜索、比较、最大化、分类以及其他基本和复合形式的信息处理方式。

在社会系统中可以使用许多不同的真实世界进程来实现算法。依据定义 2.1，以下是根据"预期结果"和"计算步骤组"的角度观察的重要社会进程中的一些例子：

（1）认知平衡（心理学）：人类会通过阿贝尔森尼亚机制（将在第四章讨论）调整信仰来保持信念系统的整体认知一致性。

（2）普查（社会学）：每个复杂的社会（酋邦、国家）都会通过调查和其他收集个人和家庭数据的方法来计算其人口规模。

（3）经济交易（经济学）：经济主体通过信息交换和达成合约进行销售。

（4）选举（政治学）：民主政体通过按照一些规则计算选票来决定领导人。

（5）立法（政治学）：政策制定者通过按照宪法规定的程序汇总决议来制定法律。

计算社会科学要求我们遵循计算范式，从算法的角度检验社会进程，以及由具有功能意义的算法支撑的社会系统。显然，每一个复杂过程都比单一句子的合理陈述更具现实复杂性。然而，每个描述性语句的算法形式都与定义 2.1 相同，这一事实既有趣又有见地。从形式上看，这种相似性被称为同构[①]。第一章中讨论的计算范式是关于通用同构的观点，即社会系统被设计为适应行为（西蒙的理论）以便执行多种复杂算法。

算法在计算社会科学中非常重要，因为通过改进算法的设计，我们可以开发出更好的社会复杂性模型，并在此过程中提升我们对人类和社会动态的理解，学习如何设计和实现高效的算法需要技术能力和实践经验。关键步骤包括理解搜索、排序和递归的算法结构。

[①] "同构"一词来自数学，它意味着在不同的领域有相同的形式或方程。例如，炮弹射击（物理学）和抛物线需求函数（经济学）被认为是同构的，因为两者都是由二次多项式 $y(x)=a+bx+cx^2$ 描述的。同样，两个群体之间的社会交易（人文地理学）和两个质量之间的吸引力（物理学）也遵循同构的平方反比定律，即 $y = kS_1S_2/D^2$，其中 S 和 D 分别表示群体和质量的大小以及它们之间的距离。如果相关方程遵循相同的数学形式，则两个系统被称为是同构的。

例如，根据输入大小和其他考虑因素，各种搜索方法（如线性搜索与二分搜索）之间的效率存在很大差异。二分搜索，即所谓分治算法的一个例子，通常是较为理想的算法，因为它只需要与列表的大小成对数比例（即小于线性）的时间。相比之下，线性搜索对于相对较长的列表来说耗时更长（因此计算效率较低），通常更适合在短列表中检索项目。这两种方法之间的权衡取决于数据结构、使用的代码和硬件。但一般来说，线性搜索和二分搜索分别适用于短列表和长列表。

不幸的是，二分搜索通常需要将列表预排序，这可能会产生排序问题。递归函数可用于排序，不同的排序算法包括选择排序和归并排序，选择排序要求时间与集合大小（基数）的平方成正比，而归并排序是一种分治算法，以 $n\log n$ 时间排序。

⌕ 问题

2.1 计算机的基本结构包括：

（a）代码和编程语言

（b）硬件、软件和数据

（c）硬件和软件

（d）中央处理器（CPU）和外围单元

（e）中央处理器和主存储器

2.2 数据和计算机程序存储在计算机的：

（a）主存储器中

（b）分别是 CPU 和主存储器

（c）CPU 和 RAM

（d）上述所有的

（e）以上都不是

2.3 输入和输出设备的主要功能是：

（a）提高计算机速度

（b）改善工作流程，协调数据和软件

（c）与人互动

（d）与物理互联网互动

（e）（a）和（c）

2.4 在计算机的基本结构中，耦合最紧密的两个部件是：

（a）输入和输出设备

（b）CPU 和主存储器

（c）主存储器和辅助存储器

（d）CPU 和二级存储器

（e）以上都不是

2.5 内部总线连接：

（a）输入和输出设备

（b）CPU 和主存储器

（c）主存储器和辅助存储器

（d）CPU 和二级存储器

（e）以上所有的

2.6 了解计算机的读取 – 执行循环对以下哪个问题很重要：

（a）决定仿真的单处理器或分布式结构

（b）改进内部总线及其速度

（c）提高 I/O 速度

（d）以上都是

（e）以上都不是

2.7 读取 – 执行周期的最佳特征是：

（a）分布式计算

（b）串行分解

（c）并行 GPU

（d）并发连接

（e）顺序连接

2.8 比较目前 CPU 和人类的决策速度，两者大约相差多少个数量级？

072

2.9 CPU 所理解的语言被称为：

（a）编译语言

（b）面向对象的语言

（c）机器语言

（d）解释性语言

（e）高级语言

2.10 判断正误：编译的程序运行速度相对较慢，但有优势；而解释的程序运行速度较快，但缺点较多。

2.11 以下是面向对象的语言：

（a）R、Pascal 和 Fortran

（b）C++、Lisp 和 Java

（c）Java、Python 和 R

（d）C、C++ 和 Java 语言

（e）R、Lisp 和 Python

2.12 大多数社会理论和进程都是用带有属性的实体来表达的。社会解释逻辑的这一特点使得编程语言的哪一特点非常有用？命令式的、程序式的、面向对象的、反射式的，还是功能式的？

2.13 有些编程语言比其他语言更难学，例如，相对于其他语言，Java 的学习曲线很陡峭。哪种面向对象的语言因其易于学习和培养良好的编程习惯而闻名？

2.14 数学方程和表格是哪种计算对象的两种形式？

（a）循环语句

（b）赋值语句

（c）条件性的分支语句

（d）函数

（e）以上都不是

2.15 回忆一下前面的方程式，即一个有 N 个合取事件的复合事件 E 的概率 $\Pr(E)=p^N$，其中 p 表示 N 个复合事件的概率（参见例 2.2，关于恐怖袭击的概率），设 $N=7$（米勒数）。

（1）写一个可以想象的最简单的 Python 程序来计算这个函数的值。

（2）添加一些代码来绘制该函数。

（3）点评你的代码。（像这样对简单的程序进行注释是很好的训练方式，可以让你养成在更复杂的程序中编写注释代码的好习惯。因为在这些程序中，注释是必不可少的。）

2.16 使用公式 2.1（"引力模型"或人类社区之间的互动规律）重复问题 2.15。假设人口的规模相同（如 20 000 名居民），D 和 α 都是独立变量，因此你的图应该是显示函数的三维图。在 $0<\alpha\leqslant1.0$ 的范围内，$I(D, \alpha)$ 会发生什么？假设 D 和 α 是严格连续的，请用经典的多元微积分来验证你的计算结果。

2.17 本章讨论的 chaos.py 程序解决的主要问题或主要目的是什么？

（a）介绍 Python 编程语言

（b）演示程序是如何打印的而不仅仅是用于计算

（c）证明该函数是混乱的

（d）展示循环语句的价值

（e）计算混沌函数的值

2.18 循环是：

（a）定义一个函数的语句

（b）控制流语句

（c）赋值语句

（d）以上都是，取决于它们在程序中的位置

（e）条件性分支语句

2.19 判断正误：数学模型和计算机程序之间的另一个平行点是基于原则的风格的重要性。

2.20 代码有时会在原始程序员第一次写完后很久才被使用。减少代码被其他程序员理解

的风险的一个重要方法是：

（a）依靠注释良好的代码

（b）用不同的语言实现一个程序

（c）调试

（d）归档代码，使其公开可用

（e）以上都不是，因为代码会因为低级软件的新版本而自然衰落

2.21 可读性、注释、模块化和防御性编码（RCMD）是：

（a）经过认证的国防部软件的理想特征

（b）良好编码的基本原则

（c）只对初学者有很好的建议，因为高级编码员依赖的是没有必要进行注释的粗放型代码

（d）以上都是

（e）以上都不是

2.22 判断正误：抽象性、简明性和可操作性在社会复杂性的数学模型中至关重要，但这些特征在计算模型中无关紧要，因为计算机程序的复杂程度可以达到硬件所能支持的程度。

2.23 "抽象"一词在计算社会科学中和计算机科学中的含义相同吗？

2.24 以下是计算社会科学中抽象的独特来源：

（a）社会理论

（b）人类和社会行为的经验法则

（c）（a）和（b）

2.25 判断正误：在计算社会科学中，"表征"一词是指以一种计算机能够理解并能够执行关于这些实体的程序的方式来呈现抽象的社会实体（例如，行为者、关系、机构）。

2.26 抽象和表征在概念上的分离是由于：

（a）Donald E. Knuth

（b）Herbert A. Simon

（c）John von Neumann

（d）UML 图的出现

（e）面向对象编程（OOP）语言的发明

2.27 具体性、可移植性、可靠性、优化和自动内存管理是：

（a）所有编程语言的特点

（b）现代低级编程语言

（c）现代中级编程语言

（d）现代高级编程语言

（e）以上都不是

2.28 按照本章的定义，"社会世界"这一实体：

（a）过于抽象，无法表述

（b）由一个位于特定环境中的社会系统组成

（c）不能用 UML 表示

（d）可以用 UML 类图表示，但不能用顺序图表示

（e）在传统的社会研究中是一个常用的术语，但对计算社会科学来说是无用的

2.29 本体指的是：

（a）特定领域或感兴趣的问题中的实体和关系

（b）只有感兴趣的动态

（c）一个程序性程序的结构

（d）一个算法的分形维度

（e）复杂程序中的优化科学

2.30 社会科学的以下哪种面向对象的特征最容易促进本体论的抽象和表示？

（a）实体

（b）变量

（c）相互依赖

（d）并发性

（e）非平稳性

提示：社会科学理论和对人类及社会行为的解释中最常见的主题是什么？

2.31 以下哪项是真的？

（a）属性属于对象

（b）对象属于类

（c）类属于属性

（d）a 和 b

（e）b 和 c

2.32 图 2.3 中的四幅图片越来越复杂，从一个小家庭到在国际空间站工作的宇航员。在这四张图片中，有哪几张具有由人类、人工和自然（HAN）组成的本体？

2.33 在图 2.3（c）的图片中，自然环境在哪里？

2.34 在面向对象的建模中，同一类别的对象共享所有共同的类级特征的想法被称为：

（a）本体

（b）继承

（c）一个对象

（d）指示系统

（e）封装

2.35 根据西蒙斯的社会复杂性范式，以下哪一项是人工制品最基本的功能？

（a）作为信息处理的工具

（b）作为人类和环境之间的缓冲器

（c）作为实施集体行动的一种资源

（d）作为社会融合的文化符号

（e）西蒙斯理论关注的是适应，而不是人工制品

2.36 以下哪项不是使用 UML 图的原因？

（a）澄清模型中类和对象的含义

（b）确保与流程图的可比性，流程图是一种早期的图形图表形式

（c）促进多学科的合作

（d）规范有关类、对象、它们之间的关联、封装以及每个基于对象的模型的其他特征的符号

（e）以上都是

2.37 本章讨论的 UML 图的三个主要类别是：

（a）流程图、类图和顺序图

（b）类图、流程图和数据类型图

（c）类图、顺序图和状态图

（d）数据类型图、序列图和状态图

（e）类图、序列图和本体图

2.38 在 UML 类图中，类之间的关联类型由什么表示？

（a）每个关联链接的形式

（b）每个关联的多重性

（c）每个关联的方向

（d）每个关联链接的长度

（e）箭头的类型

2.39 在 UML 和 OOM 术语中，术语 multiplicity 指的是：

（a）整个模型中的类的数量

（b）一个类或对象中的属性或变量

（c）一个类或一个对象的实例

（d）整个模型中的关联链接

（e）一个对象中封装的方法的数量

2.40 以下哪一个不是作为继承关系的例子提供的：

（a）政治制度

（b）公共物品

（c）认知平衡机制

（d）组织

（e）政治革命

2.41 在自然语言中，短语的概念含义的形式关联类型是什么？

（a）聚合

（b）组成

（c）继承

（d）适应性

（e）多重性

2.42 哪个是继承的反义词？

（a）聚合

（b）组成

（c）否定

（d）泛化

（e）多重性

2.43 政体的标准模式（standard model of a polity，SMP）适用于：

（a）民族国家政体

（b）所有层次的分析和政体类型

（c）一些地方治理层次，如省

（d）权威不受质疑的稳定政权

（e）失败的国家

2.44 SMP 的高级版本中缺少哪种类型的关联？

（a）组成

（b）通用

（c）聚合

（d）继承

（e）都存在

2.45 主要的动态图有：

（a）状态图和顺序图

（b）流程图和状态图

（c）顺序图和流程图

（d）聚合图和组合图

（e）以上都不是

2.46 在面向对象（OO）的计算术语中，以下属于同义词的是：

（a）对象和类

（b）对象和关联

（c）聚合和组合

（d）数据和变量

（e）模型和代码

2.47 一个计算性的社会对象是由：

（a）属性和操作来定义和封装的

（b）类和关联

（c）组合和聚合

（d）数据和变量

（e）过去和现在的状态

2.48 类或对象的属性和操作中的加号和减号表示：

（a）聚合或组合

（b）对象或类

（c）小型或大型对象

（d）可见性或可及性

（e）较低或较高的聚集水平

2.49 在 UML 类图中，一个类或对象的第一、第二和第三格表示：

（a）名称、属性和操作

（b）名称、操作和属性

（c）关联、变量和操作

（d）数据、变量和聚合

（e）数据、变量和参数

2.50 本章中哪张图显示了公共和私有属性？

2.51 哪个符号用于表示受保护的属性？

2.52 私有属性和受保护属性之间的主要区别是什么？

2.53 一个物体总是属于某种：

（a）构成

（b）模型

（c）属性

（d）理论

（e）类

2.54 术语“操作”和“方法”：

（a）是同义词

（b）适用于类和对象

（c）适用于组合和聚合

（d）是互补的

（e）用于不同的数据类型

2.55 一个对象的状态是由什么定义的？

（a）它的属性

（b）它的操作

（c）（a）和（b）都是

（d）其类别的状态

（e）（c）和（d）都是

2.56 当一个模型中的类或对象之间的关联变得更加重要时，它可以封装自己的属性和操作，从而成为：

（a）一个聚合类

（b）一个公共类

（c）一个私有类

（d）一个关联类

（e）以上都是

2.57 为计算目的而组织数据的各种方式被称为：

（a）数据结构

（b）数据矩阵

（c）数据阵列

（d）数据文件

（e）数据目录

2.58 判断正误：数据类型和数据结构的含义相同。

2.59 一个包含姓名、国籍、出生地和出生日期以及隶属关系等数据的个人禁飞名单是：

（a）数组

（b）包

（c）哈希表

（d）元组

（e）树

2.60 国家间外交关系的矩阵是：

（a）元组

（b）包

（c）哈希表

（d）数组

（e）树

2.61 多重集合是：

（a）元组

（b）包

（c）哈希表

（d）数组

（e）树

2.62 一个课程目录是：

（a）元组

（b）包

（c）哈希表

（d）数组

（e）树

2.63 作为一种数据结构，图是什么的概括化？

（a）元组

（b）包

（c）哈希表

（d）数组

（e）树

2.64 给定一个程序 P，帕纳斯原则指出，P 应该被结构化为 _____ 模块，这样每个模块都尽可能地封装了一个自足的（封装的）指令群，而且模块之间的接口可使"通信开销"最小化。

（a）类—对象

（b）嵌入

（c）几乎可分解

（d）紧密耦合

（e）封装

2.65 用来编写和制作本书的 TeX 程序包括一个根文件和分别用于前言、主要内容（章节）

和后记的文件。这是什么的例子？

（a）模块化

（b）几乎可分解的程序

（c）优化

（d）以上都是

（e）只有（b）和（c）

2.66 以下哪个社会实体最像一个模块程序？

（a）公路运输网络

（b）恐怖主义网络

（c）机场的队列

（d）一群朋友

（e）一个家庭

2.67 说明有效可计算性的必要条件。

2.68 当一个问题不能在多项式时间内解决时，就说它是：

（a）难以解决的

（b）指数级可解决的

（c）线性可解决的

（d）几乎是可操作的

（e）以上都不是

2.69 为了达到一个理想的结果，一组可计算的步骤被称为：

（a）一个计算机程序

（b）一种算法

（c）一个可处理的问题

（d）一个在多项式时间内可解决的问题

（e）以上都是

2.70 搜索、比较、最大化、排序、通信、决策、运动以及其他处理信息的基本和复合形式是：

（a）可计算数据结构的定义特征

（b）可操作的程序

（c）算法

（d）面向对象的模型

（e）以上都不是

2.71 社会系统和过程是算法的这一计算社会科学范式思想依赖于 _____。

（a）同构性

（b）同构性

（c）社会形态主义

（d）合取

（e）析取

2.72 有效理解和使用算法结构的关键步骤包括理解：

（a）调度、优化和并行化

（b）递归、排序和调度

（c）搜索、排序和递归

（d）搜索、排序和状态机

（e）搜索、排序和递归

2.73 判断正误：二分搜索和线性搜索方法之间的确切权衡取决于数据结构、使用的代码和硬件，但是一般来说，线性和二分搜索方法分别适用于长列表和短列表。

2.74 分治算法是什么的一个例子：

（a）二进制搜索

（b）线性搜索

（c）泡沫搜索

（d）谷歌搜索

（e）指数搜索

✎ 练习

2.75 如果你是第一次学习计算，或是感觉自己的编程技能有点生疏，希望复习关键内容，请搜寻和学习麻省理工学院的埃里克·格里姆森（Eric Grimson）和约翰·古塔格（John Guttag）关于使用 Python 的计算和编程入门的一系列优秀讲座。

2.76 请阅读艾萨克·阿西莫夫的《基地》（*Foundation*）三部曲，将心理史学与计算社会科学进行比较。

2.77 讨论计算机科学家和计算社会科学家在使用计算机方面的异同。为什么本书声称计算社会科学使用计算的方式与物理、生物或工程科学中使用计算的方式相类似？

2.78 "代码"一词在计算社会科学和社会科学中具有不同的含义，请解释一下。

2.79 思考社会机构和计算机硬件，以及社会过程和计算机软件之间的类比。这种类比在多大程度上是有效的？它是否具有洞察力？有哪些隐患？

2.80 在希蒙德理论中，计算机是一种人工制品。请从计算机的五个基本组成部分的角度来讨论这个问题。

2.81 回顾练习 2.79 中的类比。你将如何在机构及其内部流程（即决策、官僚程序、执行等）的背景下扩展读取－执行循环的类比。

2.82 Kline（1985）和 Saaty（1968）的关于数学语言的经典方法论文章表达了现实世界现象的各种定性（当然也包括定量）方面。这是许多形式体系被发明的原因。在编程语言的背景下思考这个想法。你看到类比了吗？它的有效性如何？它是否具有洞察力？

2.83 根据本章提到的内容，结合额外的阅读和在线研究，统计并讨论好的编程习惯与坏的编程习惯的特点。列出你的前 20 个"应该"和"不应该"，并对每个"应该"进行简要解释。

2.84 识别、定义并讨论社会实体中封装的三个例子。

2.85 对比陈述式与命令式编程风格的特点。使用 Python 代码和你选择的一个社会用例作为例子。

2.86 与 Python 不同，编程语言 R 更具有功能性、命令性和程序性，尽管它也是面向对象的（参见前文表 2.1）。

（1）用 R 语言重复问题 2.15 和问题 2.16。

（2）比较从两个程序（Python 与 R）中得到的结果。

（3）扩大函数的范围，看看你是否能够发现两个程序在运行相同计算时的速度差异。

（4）讨论你的结果。

2.87 在第 2.4 节的末尾，再次提到了方法论原则，即不同的形式语言（这里是指计算机编程语言）映射到经验（这里是指社会）实体的不同质量方面。这样，形式 F 在对实体 E 进行建模时应该是有效且高效的，即所谓的 Saaty–Kline 原则。请根据本章中的编码问题和练习来讨论这个原则。Python 在为各种实体或领域建模方面的表现如何？你理解不同编程语言和不同数学语言之间的类比吗？

2.88 参照西蒙的理论，讨论作为人工制品的计算机程序，为何涵盖程序的多个方面，如目的、环境和结构等。西蒙的人工制品及社会复杂性理论还包括层次结构和近似可分解性等概念。在计算机程序或代码的背景下，你会如何理解这些概念？

2.89 回顾第一章中介绍的 Richardson 量级 μ_R，考虑一下代码行数的大小 μ_R（LOC），讨论一下 μ_R（LOC）作为衡量程序复杂性的一些优点和缺点？你能想到其他的方法来评估程序的复杂性吗？

2.90 理解为什么良好的编码是困难的，尽管总是可能的，这很重要。回顾本章中涉及的良好编码的 RCDM 标准。

（1）解释一下到目前为止你在本章前面的练习中写的代码是如何满足 RCMD 标准的。

（2）由于 RCMD 标准的每一个组成部分都是良好编码所必需的，它们的共同出现构成了之前定义的复合合取事件。对于一个标准的每一个增量，总体程序质量的边际收益是多少？

（3）将 RCDM 标准视为具有相关概率的复合事件，你可以提供哪些新的见解？

（4）为了达到更高的质量，将标准的每个组成部分并行化意味着什么？

2.91 从香农的通信信道理论出发，讨论未加注释的代码问题。提示：假设未编辑的代码或程序与信号相对应。

2.92 在计算社会科学的语境中讨论"简约"的含义。将你的答案与数学社会科学背景下"简约"的含义进行比较。

2.93 比较 UML 序列图和芭蕾舞中的"labanotation"。这两个符号系统在多大程度上是等同的？其中一个可以转换成另一个吗？

2.94 计算社会科学的一个特点是依靠经验验证的社会理论来指导算法。

（1）讨论一下这个主张，是什么意思？

（2）你能想出一些例子吗？

（3）计算社会科学原则与人工智能相比如何？

2.95 从社会理论的角度对抽象的讨论提到了几个例子，如唐斯和海德的理论。你还能想到其他例子吗？

2.96 查阅抽象来源中所涉及的每一条社会规律。

（1）用相应的数学方程说明每条定律。

（2）讨论每条定律是否可以用一个理论来解释。

（3）写一个 Python 程序，演示每个定律的工作原理。

2.97 耶鲁大学的人类关系地区档案（human relations area files，HRAF）是有关所有人类文化中人类和社会特征及行为的民族学（和考古学）信息的主要来源。查阅其网站并探索其内容，并提出你可以使用 HRAF 数据作为抽象计算模型的来源的方法。

2.98 理解以下几类数据类型的异同：字符串、列表、元组、集合和字典。解释这些数据类型分别对应哪些测量层次（名义、顺序、区间和比率）。

2.99 在代表权方面，比较和对比有效性和效率。你是否理解为什么实现这两者是具有挑战性的？

2.100 如果没有高级编程语言，计算科学家将别无选择，只能用二进制代码编写软件程序。这到底是真的还是假的？如果是真的，为什么是这样的？如果是假的，为什么？

2.101 在面向对象的建模和编程中，请解释"变量随后出现，'封装'在对象中"这一观点。你能提供一些不同于本章所举的例子吗？

2.102 前文表 2.3（关于人类实体和特定关系）列出了一些关系。请再提供该表和前页来源图所提到的四个社会世界中各包含的十个关系。

2.103 仅以图 2.3 中可观察到的内容为基础，分别绘制图中四个社会世界对应的 UML 类图（即不考虑人道主义工作者抬着的担架下或空间站舱内可能存在的东西）。考虑到类别和关联，按其社会复杂性对类图进行排序。提示：使用文字处理工具为每个社会世界生成一棵本体树，根植于三个 HAN 类，每个类都包含额外的低级类，直至图片中可见的最低分辨率（仅由像素组成的本体是不能接受的答案）。

2.104 请绘制一个流程的 UML 序列图，该流程可能会引发显示人道主义工作者的那张图片。提示：想一想这个场景之前的隐含的灾难。

2.105 构建事件的时间顺序是构建 UML 序列图的关键第一步。请对前面的练习构建事件的时间顺序。

2.106 从本体论上讲，有哪些额外的实体（类和对象）在前文图 2.3 的四幅图中是无法观察到的，但对于每幅图的真实性是必要的？例如，国际空间站的运行在（很大）程度上依赖于地球上的运行。

2.107 本体论的分析、抽象和表述对于确定特定社会世界的各种空间、时间或组织尺度是有用的。请从前文图 2.3 中的四个世界中选择两个，并准备一个表格，在三个尺度方面对它们进行比较。

2.108 前文表 2.3 和表 2.4 都是关于前文图 2.3 中描绘的四个社会世界。对比一下这两个表，讨论它们的异同。就类别和关联而言，你如何表达每个表格的主要目的？

2.109 比较和对比前文图 2.2 和图 2.4。找出并讨论文中所提供的五个相似点和五个不同点。

2.110 为前文表 2.5 中的六种类型的倍数值各提供两个额外的社会实例。理解并解释为什么你的每个例子都是有效的？如果不是，请修改你对例子的选择。

2.111 讨论聚合的关联和组成的关联之间的区别，并各提出三个例子。

2.112 在类或对象之间的关联中，聚合和组合的根本区别是什么？你觉得"所有权"的概念在这种情况下是否有用？为上述两种关联各提供三项本章案例之外的例子，再从上一章内容中为每种关联各提供两个例子。检验每个例子是否符合每种关联形式的定义。创建一个简单的表格列出你的例子和简短的解释，说明为什么这个例子属于这一类或那一类。对于前一章的例子，一定要注明出处和页码。

2.113 画出本书的 UML 类图。讨论它的内容、结构、主要类和各种形式的关联。换句话说，本练习考察你对本章中所涉及的 UML 类图材料的理解程度。

2.114 画一组相关的 UML 图（类、序列和状态），说明你在学习计算社会科学时的大学生活。

2.115 讨论继承和概括的双重性，请提供三个全新的例子来说明这一观点。

2.116 画出你最近的研究论文主题或主要课题的 UML 类图、序列图和状态图。你需要多少个不同的类和关联来建立这些 UML 模型？你的图有多复杂或多简单？它们在传达论文中的主要观点方面是否足够且有效？你能否利用这些图表来改善沟通？这些图表是否提出了一些新的见解？

2.117 为一个立法机构立法（颁布法律）开发 UML 类图、序列图和状态图。你可以选择任何你熟悉的地方、区域、国家或国际上的例子。

2.118 绘制 UML 类图、序列图和状态图，描述西蒙的人工制品和社会复杂性理论，正如前一章以及他在《人工科学》的开创性文章中所描述的。

2.119 UML 序列图和状态图都是用来描述动态的，请讨论这两类图的异同。鉴于你所熟悉的一些社会理论，你会首先使用哪一种？请说明你的偏好以及原因。选择你最熟悉的社会理论，并用这两种图来模拟它。提示：先从构建类图开始，因为这样你会对关键关系有一个初步的概念，其中一些关系可能是动态的，而另一些可能只是组织性的。

2.120 如果你知道什么是马尔可夫链模型，请讨论它与 UML 状态图的异同并提供一些说明性的例子。

2.121 第一章的（以及后续第七章）指出，一个可行的科学理论总是包含由一个或多个因果机制组成的解释过程。请为以下经典社会理论提供 UML 图示：
（a）认知平衡理论
（b）威慑理论
（c）李嘉图的国际贸易理论
（d）公共产品理论
（e）复杂适应系统理论
（f）权力平衡理论
（g）集体行动理论
（h）社会控制理论

2.122 属性、变量、参数、指标、数据、维度、特征、方面和类似的术语构成了一个关于描述物体的特征或类别的概念群。讨论这种"巴别塔"情况的利与弊。是否有必要依靠这么多术语来表达大致相同的意思？哪些术语的含义比较接近，哪些比较遥远？你能提出这些术语的某种映射吗？

2.123 本章对对象、操作和 UML 的讨论范围在很大程度上依赖于政体的标准模型作为示例。请提供另外两个具有相似适用性的例子来学习同样的思想。

2.124 从以下历史事件中选择两个，画出其中涉及的实体和动态的 UML 类图、序列图和状态图模型。比较，对比并讨论你的结果。列出这次分析提供的新见解，以及可供进一步研究的可能研究问题。

（a）"阿拉伯之春"

（b）"9·11"恐怖袭击

（c）2008 年金融危机

（d）冷战结束

（e）工业革命

（f）欧洲对美洲的征服

（g）罗马帝国的衰落和灭亡

（h）伯罗奔尼撒战争的爆发

（i）新石器时代革命

2.125 使用 UML 图对以下一个或多个公共政策问题进行建模：

（a）气候变化

（b）贫困

（c）大规模移民和人道主义危机

（d）网络安全

（e）经济发展

（f）大规模杀伤性武器的扩散

（g）健康流行病

（h）技术创新

（i）民主选举

2.126 选择一个主要的社会科学数据集，如国家选举研究、欧洲晴雨表或联合国年鉴，以及一个主要的"大数据"集，如 ICEWS、GDELT、每日维基百科编辑或其他任何领域的数据，并比较数据结构方面的异同。哪些数据结构在大数据分析中最为常见（这样的问题也会出现在下一章中）？

2.127 思考回答 2.124 关于历史事件所需的数据，评估各种类型的数据结构对创建事件和过程的 UML 图的利弊。在这种情况下，哪些数据结构更有用 / 更没用？

2.128 以数学形式对帕纳斯原则或与该原则有关的方面进行正式陈述。

2.129 考虑有效可计算性的两个条件。请讨论：它们是必要的吗？是充分的吗？有必要但不充分？必要且充分？将可计算性是一个复合事件的观点形式化，并列出一些来自形式化分析的推论和见解。

2.130 扩展第 2.11 节中提供的可计算性的社会科学例子。想一想其他可能出现难解性的社会现象。哪种社会现象是最容易解决的？你能想到社会现象中产生难解性的一些特征吗？

2.131 如果你喜欢做饭，讨论一下你最喜欢的菜的配方，作为一种算法。如果你不做饭，请讨论洛夫提·扎德（Lofti Zadeh）在 1973 年发表的关于模糊集应用的开创性论文中的巧克力软糖的配方。找出计算机算法和烹饪食谱之间的异同点。

2.132 讨论以下社会过程的算法。
（1）政策制定
（2）全国人口普查
（3）签订合同
（4）人道主义援助
（5）经济发展
（6）大规模杀伤性武器的扩散
（7）健康流行病的生命周期
（8）技术革新
（9）民主国家的选举

2.133 算法和数据结构的应用是计算科学的本质。讨论一下社会系统和过程是算法结构化的这一观点。在这个练习中使用社会科学的一个特定领域，比如你最熟悉的领域（也包括数据结构的各个方面）。确定一系列的推论和见解。将计算社会科学的这种范式观点与传统学科进行比较。

2.134 计算机科学中的两个里程碑式的算法是冯·诺依曼的归并排序算法和谷歌的网页排名算法。

（1）查阅并研究它们各自的算法结构。

（2）提供两个类似这些算法的社会过程例子。

（3）合并排序是一种分治算法，在 $n \log n$ 时间内进行排序。

（4）网页排名算法算法是什么样的？解释一下它是如何工作的。

（5）两者的计算能力如何比较？

2.135 阿姆达尔定律指出，并行化程序中的速度提升 S 与处理器数量 N 成正比，与不能并行化的代码 P 的比例成反比。

（1）找到阿姆达尔定律的数学方程。

（2）用多变量微积分来分析它。

（3）想一想分布式系统的社会实例，并从阿姆达尔定律的角度讨论它们。

━ 推荐阅读 ━

［1］ Abelson H Sussman G J Sussman J, 1996. Structure and Interpretation of Computer Programs, 2nd edn[M]. Cambridge: MIT Press.

［2］ Ambler S W, 2005. The Elements of UML 2.0 Style[M]. Cambridge: Cambridge University Press.

［3］ Asimov I, 1953. Foundation Trilogy: Foundation[M], Foundation and Empire[M], and Second Foundation[M]. New York: Gnome Press.

［4］ Barker J, 2004. An innovative single-semester approach to teaching object modeling and java Programming[C]. in 3rd International Conference on the Principles and Practice of Programming in Java.

［5］ Barker J, 2005. Begining Java Objects:FromConcepts to Code, 2nd edn[M]. Berkeley: Apress.

［6］ Black P E, 2007. Data structure, in Dictionary of Algorithms and Data Structures, ed. by P.E. Black[M]. Washington: US National Institute of Standards and Technology.

［7］Cioffi-Revilla C, 2009. Simplicity and reality in computational modeling of politics[J]. Computational and Mathematical Organization Theory, 15(1): 26-46.

［8］Clarke A C, 1968. 2001: A Space Odyssey. [M]. New York: Penguin.

［9］Eriksson H E, Penker M, Lyons B, et al, 2003. UML 2 toolkit[M]. Hoboken: John Wiley & Sons.

［10］Felleisen M, Findler R B, Flatt M, et al, 2001 How to design programs: an introduction to programming and computing[M]. Cambridge: MIT Press.

［11］Flynn M, 2003. In the Country of the Blind[M]. New York: Tor Science Fiction.

［12］Gamma E, Helm R, Johnson R, et al, 1995. Design patterns: elements of reusable object-oriented software[M]. Reading: Addison-Wesley..

［13］Graham R.L, Knuth Donald E, Patashnik O, 1994. Concrete Mathematics: A Foundation for Computer Science, 2nd edn[M]. Reading: Addison-Wesley.

［14］Grimson E, Guttag J, 2008. MIT 6.00 Introduction to Computer Science and Programming[EB/OL].[2023-05-20].http://videolectures.net/mit600f08_intro_computer_science_programming/ .

［15］Guttag J V. 2013. Introduction to Computation and Programming Using Python[M]. Cambridge: MIT Press.

［16］Lau Y T, 2001. The Art of Objects: Object-Oriented Design and Architecture[M]. Boston: AddisonWesley.

［17］Murray J D, 2012. After Turing: mathematical modelling in the biomedical and social sciences[M]. Springer, Berlin, pp. 517-527.

［18］Parnas D L, 1972. On the criteria to be used in decomposing systems into modules[J]. Communications of the ACM, 15(12): 1053-1058.

［19］Regis E, 1988. Who Got Einstein's Office?[M]. New York: Basic Books.

［20］Simon H A. 1996. The Sciences of the Artificial, 3rd edn[M]. Cambridge: MIT Press.

［21］Weisfeld M. 2004. The Object-Oriented Thought Process, 2nd edn[M]. Indianapolis: Developer's Library.

［22］Zelle J, 2010. Python Programming: An Introduction to Computer Science, 2nd edn[M]. Sherwood: Franklin Beedle & Associates.

请扫描二维码或者在"中科书院"公众号搜索
"计算社会科学"，获取课后习题答案

第 3 章　自动化信息提取

👉 3.1　简介

在第 2 章中，我们将算法定义为用于实现结果的可计算步骤集。本章旨在介绍从数据中提取信息的算法，传统上社会科学家称其为内容分析。此概念是为了利用计算最少化人工手动处理数据的繁重工作。这么做的原因如下：

- 由"编码员"进行的手工信息提取是非常劳动密集的，需要长时间的训练和准备。
- 即使训练有素的编码员也会犯下难以纠正的错误。
- 数据源的扩张范围已经超出了人类编码员可以手动处理的范畴，这其中包括许多互联网数据源。
- 专门用于信息提取的算法可以检测出人类无法充分处理的规律，例如网络结构、随时间变化的特征以及其他潜在属性等。

传统上，文本数据是内容分析的主要目标，但数据信息方法也逐渐频繁应用于图形、图像、视频和音频数据信号等。数十年前，这些工作都由人类以手工形式完成。编码员需要进行数月的培训，随后依靠手动运算产出编码数据。随着大数据时代拉开帷幕，每天产生的数据达数百万兆字节（美式标准是 1 quintillion=10^{18}，欧式标准是 1 quintillion=10^{30}）。现今的目标是使用自动算法和系统从数据中提取信息（无论数据量是"小"还是"大"）。这推动了科学分析的发展，让人们可以更好地理解不断增长的社会数据（所谓的"大数据"）。数据信号越具有多样性，分析的准确性越高，这使得社会学和数据方法结合的交叉学科已成为拥有广阔前景的前沿领域。

👉 3.2 历史与先驱

社会学家一直以来都对用于社会互动的符号和其他语言、非语言（如行为）符号的含义十分感兴趣。现有文献记录显示，希腊人是最早利用词源学（关于词根的研究）及相关学科的研究，思考符号意义的。①

图 3.1 显示了一张基于新闻生成的简单事件数据集的"编码单"。诸如此类的编码表，在许多基于内容分析的社会科学数据项目中是十分常见的。

事件数据编程记录
日期：19621022 主体：美国 目标：苏联 规格：13
描述：约翰·肯尼迪宣布美国海军将对古巴实施封锁，作为对苏联布置导弹的回应
来源：《纽约时报》，1962 年 10 月 23 日
编码：SL

图 3.1 运用手动编码方法记录新闻报纸事件的示例

注：在计算内容分析发展的初期，相关人员常将新闻编码成上述可被机器读取的格式，从而实现对大量数据的统计分析。

自动化信息提取最初被称为量化内容分析，诞生于 20 世纪 60 年代。那时，电子计算机的存在使得计算机算法代替手工编码成为可能。计算社会科学的产生历史悠久，接下来的内容将介绍计算社会科学领域的里程碑事件和先驱（图 3.2）。

18 世纪　　最早的记录完好的量化内容分析出现在瑞典。

1893　　G.J. 斯皮德（G.J.Speed）发表了"首个定量报纸分析"，几十年后（自 20 世纪 60 年代开始）出现了现代事件数据分析。

1903　　尤金·卢波（Eugen Löbl）发表了"基于报纸的社会功能，用于分析'内容内在关联'的细致分类模型"（Krippendorf，2013）。

1910　　社会学家马克斯·韦伯（Max Weber）首次提出大规模内容分析（Krippendorf，2013）。

---

① 由于许多大型古代文献库被毁坏，大量更早的科学想法因手稿和雕刻等文物的遗失而流失，其中包括地中海地区的亚历山大（Alexandria）、安提阿（Antioch）、巴格达（Baghdad）、科尔多瓦（Córdoba）和大马士革（Damascus）等地的文物。印度和中国早期历史上也曾有许多文献资料被毁灭。

图 3.2　社会学家马克斯·韦伯（Max Weber）于 1910 年首次提出大规模内容分析（a）；数学家安德烈·马尔可夫（Andrey Markov）是计算机语言学领域的先驱（b）；哈罗德·拉斯韦尔（Harold·Lasswell）开辟了计算机内容分析领域（c）；查尔斯·E. 奥斯古德（Charles E.Osgood）发现和量化了语义空间（d）

1912　坦尼（Tenney）提出了第一个"大规模和持续的新闻文本调查"来监测"社会天气"（Krippendorf，2013）。

1913　数学家和语言学家安德烈·马尔可夫（Andrey Markov，马尔可夫"模型链"即以他的名字命名）发表了他对普希金的诗体小说《叶甫盖尼·奥涅金》（*Eugene Onegin*）的统计分析（Markov，1913）。

1934　伍德沃德（Woodward）发表了他的代表作《报纸量化分析：一项观点研究技术》（Woodward，1934）。

1937　一些社会学家为抵制纳粹宣传，在纽约市建立了宣传分析研究所，发表了一系列文章揭示极端分子和鼓吹者常用的诡计。

1938　阿尔比格（Albig）出版了第一篇有关广播节目内容分析的文章，随后还发表了涉及电影和电视节目内容分析的文章（Albig，1938）。

1941　"内容分析"一词首次被使用（Waples、Berelson，1941；引自 Berelson、Lazarsfeld，1948）。

1942　心理学家奥尔波特（Allport）和鲍德温（Baldwin）分别发表内容分析在人格和认知结构上首次应用的相关论文（Allport, 1942; Baldwin, 1942）。

1947　心理学家 R.K. 怀特（R.K.White）首次将内容分析应用于价值研究（White，1947）。

1948　贝雷尔森（Berelson）和哈罗德·D. 拉斯韦尔（Harold D. Lasswell）合作发表了极具开创力和影响力的文章《关于沟通内容的分析》（*The Analysis of Communication Content*）。该文章于 1952 年又在贝雷尔森的作品《沟通交流领域的内容分析》（*Content Analysis in Communications Research*）中再次出版。"这一内容分析的系统介绍，为该领域未来多年的发展奠定了基础"（Krippendorf，2004）。

1949　克劳德·香农（Claude Shannon）和沃伦·韦弗（Warren Weaver）合作发表了《沟通的数学理论》（*Mathematical Theory of Communication*），将信号、信息、渠道和噪声等概念规范化（Shannon and Weaver，1949）。

1949　拉斯韦尔（Lasswell）发表了他的关于《为什么要量化？》的方法论论文（Lasswell，1947）。

1950　社会学家贝尔斯（Bales）开创了内容分析在小组研究中的应用。

1952　贝雷尔森（Berelson）出版了第一个内容分析的综合调查，传播到整个社会科学（Berelson，1952）。

1955　第一次关于内容分析的主要会议由社会科学研究委员会（SSRC）的语言学和心理学委员会主办（de Sola Pool，1959）。

1957　查尔斯·E. 奥斯古德（Charles E. Osgood，1916—1991）和合作者发表了第一个基于计算机的因子分析得出的语义差异量表（Osgood et al.，1957）。

1959　查尔斯·E. 奥斯古德（Charles E. Osgood）公开了他的偶发事件分析和"完型程序"（Osgood，1959）。

1962　　飞利浦 J. 斯通（Philip J. Stone，1937—2006）和合作者在《行为科学》（*Behavioral Science*）杂志上发表了关于情感词库和计算机情感分析（*General Inquirer*）的第一篇论文。（Stone et al.，1962）

1964　　政治学家肯尼斯·简达（Kenneth Janda）创建了文献信息检索与文摘系统 TRIAL（Technique for Retrieval of Information and Abstracts of Literature）用于文本处理和科学文献挖掘，其中包括题内关键词索引 KWIC（keywords in context）和题外关键词索引（keywords out of context）——（Janda，1964；Janda、Tetzlaff，1966）。

1972　　沃德·古德纳夫（Ward Goodenough）在他的重要著作《文化、语言与社会》一书中将内容分析应用于人类学。

1975　　查尔斯·E. 奥斯古德（Charles E. Osgood）及其合作者发表了《跨文化情感意义的共性》（*Cross-Cultural Universals of Affective Meaning*）一书，该书首次对计算内容分析产出的语义差异进行了大量对比分析（Osgood et al. 1975）。

1997　　《社会科学计算机评论》杂志出版了一期关于"计算机内容分析的可能性"的特刊（Fan，1997）。

2004　　克劳斯·克里彭多夫（Klaus Krippendorf）出版了他的经典教科书《内容分析》（*Content Analysis*）的第一版。

2013　　克里夫·利塔鲁（Kalev Leetaru）、菲利普·施罗特（Philip Schrodt）和帕特里克·布兰特（Patrick Brandt）发布了第一版关于事件、位置和音调的全球数据库（Global Data on Events, Location, and Tone, GDELT），这是第一部关于全球事件的计算机编程大数据合集，涵盖了从 1979 年到现在超过 2 亿个标明地理定位的事件。截至 2013 年夏天，该数据库每天生成超过 12 万个机器编码事件，大约比人类团队手动编码的事件的能力强过三个数量级。

我们回顾了该领域的历史沿革，提及了诸多扩展社会研究前沿的科学成就。如今，基于计算机或自动化的内容分析的课程在许多社会科学系、暑期学校、特别研讨会，以及商学院（公共关系和市场营销）、计算机科学系（文本和数据挖掘）、通信和语言学项目中开展。为探索这些有效的研究工具，我们还需要了解一些相关领域的背景知识和基础概念，如语言学、传播学和社会心理学。

☞ 3.3 内容分析的语言学和原理：语义学和句法学

作为研究人类语言的科学，语言学对以下有关现代语言要素（还有其他一些要素没有被本书涵盖）的关键概念进行了区分。

（1）语法学。语法学主要研究人类自然语言的使用规则，这些规则决定了语言的使用方式。有多少种人类的语言就存在多少种语法。现如今，人类语言已经减少到大约 7000 种语言，其中大约 500 种被认为已经濒临灭绝。（Lewis，2009）

（2）句法学。句法是语法的一部分，它关乎如何正确地组成短语和句子。句法的规则决定了单词如何排列来表达意义。

（3）语义学。语义即术语或词语的含义。从概念形成的角度来看，语义学指的是术语的定义，而术语本身被称为定义项，就像在术语表中一样。在传播理论中，术语"信息"表示一个给定的"信号"的含义。因此，根据克劳德·香农和沃伦·韦弗的通信理论，一个信息（类似于定义）会被解码成一个信号（定义项），以便于传输或传递（Shannon、Weaver，1949）。一般情况下，信息与信号相对应，定义与被定义的词汇相对应。

这些基本概念对于自动化信息提取非常重要，因为我们正在处理的是如何以文本或其他媒体形式（例如，图形）从基本的原始数据中获取信息的问题。句法分析可以将文本中的句子解析成句法成分（如宾语、主语和动词）。计算词频、算出句法成分总数是自动化内容分析的基本流程。

让我们来看如下实例。Wordle™ 是一个用于计算和可视化单词频率的简单算法，图 3.3 展现了使用 Wordle™ 分析赫伯特·A. 西蒙自传的结果。自传中的每个单词的词频高低都以词汇大小的形式成比例表示，只省略"停用词"（"a""the""of"和其他常用的不会对结果进行实质性信息改变的单词）。这个特定的算法也会将数字视为停用词，但是如果这些数字比较有趣的话，可以包括进来。

在以上示例中，所有的单词都是单独计数的。这对许多词语来说是可行的，但并非所有情况都是如此。例如，从语义学的角度来看，短语"芝加哥大学"（University of Chicago）作为一个复合术语则比作为三个独立的词拥有更多含义。要解决这一问题，算法需要对原始数据进行加工处理。要将此类词汇连起来，可选择将波浪字符（～）或者统一码"不间断空格"符（U+00A0）插入应该连起来处理的词汇之间。这种改进将如何改变结果呢？这里留作一个练习。

俗话说，"语境很重要"，脱离了语境的词频结果被称为"断章取义"（KWOC，keywords out of context），而语境内分析（KWIC, keywords in context）显示了每个提取对

图 3.3 使用 Wordle™ 算法，从赫伯特·A. 西蒙的自传中自动提取出的词频

象出现时的相邻单词。

在计算机编程中，分析代码是通过计算每种方法被调用的频率、所需的时间，以及分析代码的其他与频率相关的特性来分析软件性能的过程。分析是通过被称为分析器的各种系统来执行的，它既可以是被动的也可以是主动的。分析器依赖中央处理器中内置的程序计数器工作，并且可以提供一种自动化内容分析形式，以更好地理解代码的工作原理。

☞ 3.4 意义的语义维度：从查尔斯·E. 奥斯古德到大卫·海斯

在上一节中，我们阐释了语义是如何表达单词含义的。社会科学领域的各个学科没有在交叉使用的诸多术语含义上达成共识。另一个常见的误解便是，语义多元化（模糊性）阻碍甚至阻挡了社会科学的发展。在这部分，我们可以看到，社会科学家在通过系统运用计算机方法深入理解单词和符号含义方面取得了巨大进展。

人们如何赋予自然语言中的词语以意义呢？我们需要含义的哪几个维度来理解单词的含义呢？在赋予含义方面我们最关注什么呢？我们关注单词的来源还是出现的时间、地点？一个单词的哪些性质对我们而言最为重要？这些问题不仅对语言学家来说是非常重要的问题，对许多其他社会科学家来说也是如此，如人类学家、社会学家、政治学家和心理学家。现如今，这项研究是通过自动化提取算法进行的。但在此之前，我们必须了解算法需要找到人类信息加工的结构方面的哪些信息。

3.4.1　EPA- 空间与人类信息加工、意义的结构

心理学家查尔斯·E. 奥斯古德是研究人类如何思考和交流的先驱。他和他的同事们做出了 20 世纪最著名的科学发现之一，即关于人类如何主观地感知单词和符号的含义。查尔斯·E. 奥斯古德和伊利诺伊大学香槟分校传播研究所（ICR）的合作者发现：在自然语言中使用的所有单词都被人类的认知过程分解为三个维度——评价维度（evaluation）、效能维度（potency）和动能维度（activity）。该三维空间或 EPA 空间由三个连续范围组成，并如图 3.4 所示具有以下情感：

1. 好 – 坏（评价维度）；

2. 强 – 弱（效能维度）；

3. 快 – 慢（动能维度）。

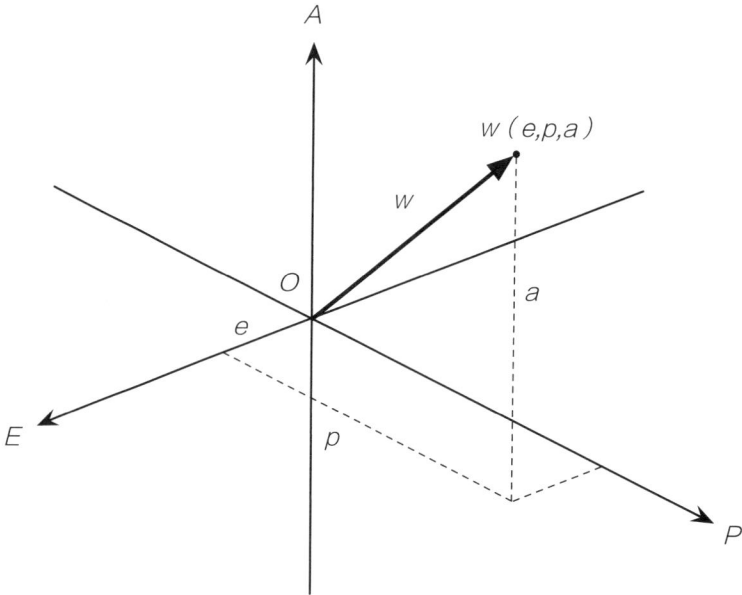

图 3.4　查尔斯·E. 奥斯古德的三维语义差异 EPA- 空间评价性

注：评价维度 E 轴（从"好"到"坏"）、效能维度 P 轴（从"强""弱"）和动能维度 A 轴（从"快"到"慢"）三个认知维度共同构成了一个三维的语义空间。在查尔斯·E. 奥斯古德空间中，每个术语或单词 w 都位于一个三元组坐标（e,p,a）或向量 $w = ei + pj + ak$，且规定 $|w| = \sqrt{e^2 + p^2 + a^2}$。

这三个维度是从大规模语料库的词汇中提取出来排名前三的正交因子（Osgood et al.，1957，1975）。首先，个体会根据输入信号中包含的概念，运用通常意义的情感价值"好"或"坏"对其进行赋值，这就是评价维度。其次，个体会根据词汇和对象是"强"还是"弱"评估其效能，留下粗略印象。最后，个体会评估单词的"快"（动态）或"慢"（静

态），以代表其移动。在奥斯古德发现语义空间之前，并没有人知道这一空间。在这一空间被发现前，零假设理论认为，我们以完全个人的、主观的方式理解语义的意义，这些方式在个体之间是无法比较的。然而，奥斯古德和他的合作者的发现证实了事实并非如此。我们可能认为我们以高度个人化的方式来理解语义的意义，但是，正如这个领域的社会科学所证明的那样，我们实际上使用的是在意义维度上相同的个体间或主体间的系统，即奥斯古德 EPA– 空间（图 3.4）。

为什么 EPA– 空间系统与其他系统不同，存在三个维度呢？这仍然是一个科学谜团。无论如何，奥斯古德的语义空间让我们对人类大脑如何运作有了一个特殊而有趣的认识[1]。事实证明，EPA– 空间的这三个特殊的语义维度也为解释和理解社会行为的模式——情感控制理论的主题（Heise, 1987）提供了坚实的认知基础。情感控制理论的核心原则是，个体对他人和情境保持相对稳定的情感印象，并相应地调节自己的行为。

例如，"导弹"这个单词，在 EPA– 空间中会出现在（坏、强、快）这一位置附近，而"房屋"这个单词会更接近（好、强、慢）这一区域。EPA– 空间词典现在已经包含了许多单词并拥有多种语言的版本（Osgood et al., 1975；Heise，2001）。基于笛卡尔坐标系统，每个单词都可以用一个三维坐标 w（e、p、a）表示其在 EPA– 空间中的位置。

发现 EPA– 空间的重要意义在于，这是社会科学史上首次可以通过各个元素的坐标（e、p、a）实现对任一单词、属性、对象之间语义距离的测量。此外，这些发现为计算向量分析和其他方向性多元技术开辟了道路。

3.4.2　含义的跨文化普遍性

不同文化背景的人在思维方式上存在多大的差异？事实证明，他们在很多方面确有差异，例如，他们很可能会使用不同的隐喻和图式。如果这样，那么，用于赋予意义的语义 EPA– 空间是否也会随文化不同而发生变化呢？此外，在相同的文化或语言中，性别、年龄或教育程度（社会经济地位）会对语义 EPA– 空间产生影响吗？事实上，社会学家近几十年的研究发现，在大多数情况下，这些问题和类似问题的答案通常都是否定的。

自 20 世纪 50 年代奥斯古德的开创性发现以来，关于三维语义 EPA– 空间的研究越来

---

[1]　相比之下，约翰·冯·诺伊曼（1958）的人类的大脑 – 思维现象的计算机模型被证明是错误的。不同于冯·诺伊曼的观点，人类思维的 EPA– 空间模型虽然缺乏深刻的理论解释，但它是经过实证研究验证的。

越多。在这些研究中，最重要的发现是关于人类如何思考的显著结构的跨文化有效性，即含义的跨文化普遍性（Osgood et al., 1975；Heise, 2001）。EPA– 空间不仅是英语单词的通用结构，它在许多其他语言和文化中普遍适用，包括西班牙语、马来语、塞尔维亚 – 克罗地亚语、土耳其语、汉语、意大利语、希伯来语、阿拉伯语、泰国语、波斯语、德语、法语和日语等。性别也许会造成一些差异，但这些差异可以通过奥斯古德及其合作者所使用的一些基本方法来量化和测量。

印第安纳大学的麦哲伦项目（project magellan）是一个国际科学研究项目，关注跨文化 EPA 评级和相关信息的自动化提取。它运用了名为"测量员"（surveyor）的在线 Java 程序系统并运用以下方式通过网络收集 EPA 的评级（Heise, 2001）[①]。

受访者通过计算机连接到互联网后，会进入一个网络页面，该页面会获取 Java 小程序及关联文件。小程序呈现刺激，受访者通过拖动指针沿着双极形容词刻度来对刺激进行评级。该程序将会以数字形式记录应答者的评级，并在应答者完成评级时将数据发送到中央计算机进行存储。测量员程序可以被修改为任何语言进行操作。在每次评级结束时，被调查者的数据通过互联网传输到美国。在美国，数据将被自动清洗并编码成数据集。获得权限的研究人员可以随时通过互联网从美国下载数据。这些评级数据被记录为十进制数字。从量表的一端到另一端有 430 个增量，而不是早期语义差异量表的 7 个增量或态度程序的 80 个增量。

计算社会科学领域的信息自动化提取和人类语义空间方面的这些发现会带来什么样的主要影响呢？它们如何适应更广泛的计算社会科学知识和研究领域？由 EPA– 空间所表示的奥斯古德语义维度为计算社会科学带来许多重要启示，无论源数据如何，自动化信息提取必须根据 EPA– 空间的方式理解人类认知的性质和结构，尤其是在分析文本语料库的情况下。人类语义空间这一研究基础的建立，使得计算社会科学研究者在实践操作中不再需要凭借自己的理解重新开始创造语义空间。计算社会科学研究者理应了解目前已有成果的社会学知识库，并在此基础上继续推进该领域的发展。在下一章节，我们会探讨计算社会研究者是如何通过"挖掘数据"提取信息的。根据我们现在对人类认知和信息处理结构的了解，EPA– 空间为映射这些信息提供了天然的框架。

---

① 测量员的前身被称作"attitude"，它也是由大卫·海斯（David Heise）于 1982 年开发的第一个基于计算机的 EPA 评级提取器，取代了奥斯古德和他的合作者以往使用的旧的纸质形式。

👉 3.5　数据挖掘：概述

利用各种复杂或非结构化的数据源作为输入的自动信息提取的过程，是社会科学的典型场景。这一做法在计算机科学中被称作数据挖掘[①]，其目的在于提取不同信息或模式。信息提取可能涉及监视、发现、建模、比较或复制数据中的模式。文本、社交媒体、音频和图像代表了可以被挖掘来提取信息的广泛数据。在真正的计算意义上，奥斯古德及其继任者的开创性工作涉及数据挖掘，目的是发现人类认知的结构和我们用于计算整体意义的自然语义空间。数据挖掘的其他实例，除了探索 EPA– 语义空间之外，还以许多其他类型的数据作为输入，并使用除因子分析之外的基于其他数据处理过程的算法（图 3.5）。

谁来挖掘数据？自计算技术诞生以来，计量科学和计算科学方面的社会科学家就一直在进行数据挖掘。自 20 世纪 80 年代起，数据挖掘通常由计算机科学家和软件工程师进行操作。目前，数据挖掘已成为社会科学中一个不断增长的研究领域，研究项目从人类学（Ficher et al., 2013）到政治学（Schrodt, 2000），从考古学到历史学（Williford 等, 2012）。在计算机领域，计算机协会（Association for Computing Machinery, ACM）的知识发现和数据挖掘专委会（Special Interest Group on Knowledge Discovery and Data Mining, SIGKDD）始建于 20 世纪 80 年代，促进了人文社科的数据挖掘工作的发展，创办了名为《SIGKDD 探索》（*SIGKDD Explorations*）的半年期学术期刊。有许多计算机科学会议的主题与数据挖掘相关，这其中就包括计算机协会的"信息知识管理会议"（Conference on Information and Knowledge Management，CIKM），以及欧洲机器学习与数据库中知识发现的原则和实践会议（European Conference on Machine Learning and Principles and Practice of Knowledge Discovery in Databases，ECML–PKDD）、电气和电子工程协会（IEEE）数据挖掘国际会议，SIAM 数据挖掘国际会议等。

数据挖掘是一种用于计算社会科学多领域、多研究目的的方法论。我们将在下一节对其进行更详细的介绍。数据挖掘的核心包括两个重要的分析方法，会在第三章第六节中详细阐述，在此我们只作简单介绍：

第一种方法是分类，也被称为归类。这种数据挖掘分析方法旨在通过一定程度的人类干涉挖掘分类信息。因此，在计算领域中，分类是一种受监督的机器学习。

[①]　在社会科学中，"数据挖掘"有相当负面的含义，因为它被理解为缺乏理论理解，是所谓"赤脚经验主义"的表现，类似于模糊论证。计算社会学家在认识到归纳数据挖掘的科学价值后，高度优先考虑理论并承认归纳式数据挖掘的科学价值。

第二种方法是聚类。相比之下聚类是一种更容易归纳的数据挖掘分析类型，是一种无监督的机器学习形式。

这两种类型的分析都可以被认为是数据挖掘的一般过程中的相似性分析的一部分，详见下一节。

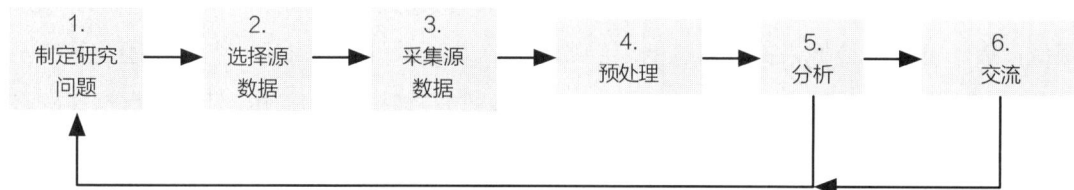

```
1.          2.          3.                          
制定研究  → 选择源   → 采集源   → 4.    → 5.   → 6.
问题        数据        数据        预处理   分析    交流
```

图 3.5　数据挖掘的一般方法流程

注：用于自动信息提取的数据挖掘涉及多个阶段，最重要的是这里强调的第六个阶段，在后面会进行讨论。

在计算机科学中，"数据挖掘"还包括其他算法，用于提取关联、相关、多元回归模型，以及其他在定量社会科学研究中常见的实证数据。然而，从计算社会科学的角度来看，这些技术将更常见于由软件系统提供的传统统计程序，如 SPSS、SAS、Stata 或 R（计算能力依次增强）。

👉 3.6　数据挖掘：方法论进程

数据挖掘是一个快速发展的跨学科研究领域，从最初几年的文本文档扩展到社交媒体、图像、音频、声音和其他媒介（Feldman and Sanger, 2007; Hsu et al., 2008; Leetaru, 2011; Monroe and Schrodt, 2008; Tang and Liu, 2010; Hermann and Ritter, 1999; Hermann et al., 2011）。无论基于何种媒介，自动化提取信息的数据挖掘和大多数计算社会科学的核心领域一致，都包括多个阶段的方法进程，而非单个统一的步骤或者以随机顺序执行的步骤。与所有学科的做法一致，数据挖掘从研究问题的制定开始，以结果交流结束。处于两者之间的是其他主要关键阶段，例如与源原始数据输入、预处理以及最终适当分析有关的阶段，且后一步骤均以前一步骤为前提。整个过程会循环到涉及研究问题的第一阶段，因为分析进展和交流结果往往会产生新的研究问题，正如可持续发展的科研项目那样。螺旋是帮助理解一般性数据挖掘过程的另一个隐喻，因为一个项目常始于一个规模有限的数据库。这个数据库可能仅是一个范式，其目的是要测试整体进程分析的基本情况。此后，最初的测试数据便可以逐步"螺旋式"升级直至形成最终完整规模（如包括数据库的整个数据档案）。数据的最终规模通常由研究问题及所用数据共同决定。

在一个给定的研究项目中，数据的媒介可以是多种类型，如文本、数字、社交媒体、地理空间信息、图像、音频、视频等。接下来我们将详细阐述这个一般进程的适用领域。

3.6.1　研究问题

在计算社会科学领域或其他科学领域当中，一切都始于研究问题。通过数据挖掘，大量的问题被解决，且被解决的范围不断扩大，因为新的理论、数据和方法会解决新的问题。研究谱系的一端是以数据驱动和归纳性研究问题为主的项目，其本质具有探究性和发现性。在这种高度实证模式的计算社会科学研究中，科研人员试图有意寻求不受先前理论、偏见或先入为主因素的影响的方法去提取信息。一个经典（甚至戏剧性）案例是艾伦·纽厄尔（Allen Newell）和赫伯特·A. 西蒙（Herbert A.Simon）对开普勒第三定律（又称周期定律）的归纳式再发现。他们使用了帕特·兰利（Pat Langley）的 BACON.3 计算机程序（Langley, 1981, 2004; Simon, 1996; Gorman, 1992）。BACON 使用与开普勒完全相同的数据（由 16 世纪丹麦天文学家泰周·布拉厄（Tycho Brahe）收集），仅通过三个算法步骤就发现了开普勒定律。在这一案例中艾伦·纽维尔和赫伯特·A. 西蒙的研究问题是，各个行星和太阳的距离 R 与其绕日周期 T 存在怎样的关系？答案是存在一个恒定比值 T^2/R^3。开普勒经过十年时间才发现的定律仅在几秒便被 BACON 计算出，虽说艾伦·纽维尔和赫伯特·A. 西蒙用了几年时间才开发出 BACON 系统。另一个数据驱动的研究案例是查尔斯·E. 奥斯古德（Charles E.Osgood）用因子分析发现 EPA– 空间。他的研究问题是：人类情感感知是否存在重要的维度（单词短语意义的语义维度），如果存在，它们是什么？答案是肯定的，维度主要有以下三个：评价 E（好—坏）、效力 P（强—弱）和活动 A（快—慢）。而其他维度的重要性远远小于这三个维度。值得注意的是，在以上两个例子中，答案都是由数据驱动的算法提供的，没有诉诸先前的理论或其他特定领域的知识，仅使用了无理论指导的原始数据输入和相关算法。

与此对应，研究谱系的另一端是理论驱动、演绎性研究问题为主的项目，这些项目旨在通过更经典的假设—演绎模式测试具体假设和类似的调查。许多数据挖掘的应用也符合这种模式。奥斯古德随后进行的开创性的对比研究就是一个典型案例。他和他的合作者试图测试 EPA– 语义空间假说以确认其跨国效度。在这种情况下，研究问题的设定参考了人类语义维度的理论和先验知识并使用了因子分析。这种类型的研究也被称为验证性因子分析，因为它是基于被调查的数据空间的维度结构的先验理论、模型或假设进行的，而不是主要是由数据驱动的。来自计算社会科学领域的另一个例子是大卫·海斯（David Heise）的研究项目，其使用查尔斯·E. 奥斯古德的 EPA– 语义空间进行跨人类语言和文化的比较研究（Project Magellan; Heise 2001）。

在上述谱系两端之间存在许多数据和理论驱动的研究问题的混合，这些研究为归纳性和演绎性研究提供了巨大的灵活性。通常情况下，一个研究项目可能涵盖一系列问题，其中一些问题比其他问题更具有归纳性或演绎性。无论定位于哪类问题，研究问题的制定都应成为每项精心设计的数据挖掘调查的框架，因为研究问题会影响后续过程的每一个阶段。

3.6.2　源数据：选择和采集

数据挖掘调查的第二阶段聚焦于源数据输入本身。一旦选择了介于归纳—演绎之间的研究问题，文本、电子媒体（包括所谓的社交媒体）、图像、视频和声音都会是受到关注的源数据类别，对不同领域、不同类型的传感器数据的收集和分析也会越来越多。读者可以回顾本章开头提到的数据字节每日产量。

数据选择和采集迎来了一些新的挑战。研究问题应指导并指明如何进行数据的选择。如今，互联网提供了众多数据源，许多数据源通过搜索引擎可以很容易地找到。此外，还有众多进行长期储存的数据库，如美国密歇根大学的校际政治和社会研究联盟数据档案（ICPSR）和英国埃塞克斯大学的欧洲政治研究联盟数据库（ECPR）。社会科学研究网络（SSRN）（世界上最大的开放获取存储库）是一个包含了社会科学众多领域数据源参考资料的在线文档。计算社会科学的研究越来越跨学科，越来越倾向于使用人类、自然和人工系统耦合的复杂自适应系统范式，因此需要来自物理和生命科学、工程和人文学科的数据源。在每种情况下，数据选择的主要原则是依从研究问题在确定数据选择方面的首要性。知识产权、伦理道德、公共与私人资助、人类研究对象的权利、隐私等问题是在选择和获取源数据方面会遇到的突出问题。

3.6.3　预处理准备

数据选择和采集完成后，还需要预处理准备才能进行分析。扫描、清洗、筛选、初始内容提取（识别相关的内容）等类似的准备工作是常见的预处理方法：

（1）扫描。原始文本往往需要 OCR（光学字符识别）扫描，以生成可用于分析的机器可读文件。

（2）清理。提取标题、署名、日期和类似可能有用的信息字段。

（3）过滤。初始筛选可能涉及某种形式的预处理分类，这是基于研究问题区分不同利益体或行为所必需的，筛选还可能涉及选择某些高于给定阈值的元素（例如，某些高于一定货币价值进行的交易；高于给定规模的人口中心；在特定范围内的行为）。

（4）格式重编。一个数据源，例如整个文档，通常需要划分为更小的单个组成单元来进行整体和部分的分析。

（5）内容指代提取。有时，源语料库中的代理元素可以用于后续的重点分析，例如指示或暗示潜在实体的行为者、地点或事件。比如某些术语。

3.6.4　分析

对于一组给定的数据，数据挖掘的核心阶段包括一种或多种形式的分析。再次申明，无论研究是理论驱动还是数据驱动，分析模型都是研究问题的一个函数。

在数据挖掘中进行的分析有很多种，其种类和功能随着形式方法和信息技术的发展而不断增加。自定量方法革命以来，所有这些方法都已被社会科学家使用，但每种分析方法都随计算的发展而经历了重大改进。以下分析方法是计算社会科学中应用最广泛的几种方法：

（1）词汇分析

这是算法信息提取的最基本形式之一，其目的是获取包含在被分析的数据源中的单词或其他符号（标志、数字、图标、字符等）等。关注符号而不考虑精确的意义（语义）或语法是词汇分析的典型特征，所以这种基础的分析形式采用了"词云"的方法来进行数据挖掘。Word 计数就是一个例子（图 3.3，分析赫伯特·A. 西蒙自传中的单词）。再如，通过分析文本来评估基线，检查直方图随时间变化的趋势或可读性指数，或测试有关其频率分布的假设。词汇分析为更高级类型的数据挖掘分析提供了基础[①]。

（2）相关分析

数据挖掘中一种更为复杂的分析形式，包括寻找（数据驱动）或测试（理论驱动）术语与符号之间、符号与符号之间的各种相关关系。相关关系总是从一个领域或一组术语到另一个领域或一组术语的映射。例如，研究人员可以挖掘数据，以建立术语和任何一组其他特性或项之间的相关关系，例如位置、日期、上下文或源数据的其他方面。从形式上

---

① 除了在计算科学研究中的科学价值外，大众媒体在计算政客使用词汇的频率时也使用了基本的词汇分析形式，比如在统计就职演说中或类似的主要演讲中使用词语的词频时也会使用基本形式的词汇分析。由于演讲稿编写人和传播专家精通应用语言学和人类信息处理的科学原理，同时对语义差异和其他影响能精准控制、能理解复杂的营销和宣传手段，因此这类轶事性的统计价值相当有限，有时甚至具有误导性。

看，有许多类型的相关关系，从简单的一致性或共性到更复杂的定量形式的相关性和因果关系（例如，格兰杰因果关系）。所有两两一组的定类、定序、定距、定比变量都已经设定了配套的相关度量。在选择使用哪种度量时，需要非常谨慎，因为选择不是任意的，而是取决于分析数据所支持的最高度量水平。表 3.1 显示了诸如斯皮尔曼（Spearman）的 ρ、皮尔逊（Pearson）的 R 和肯德尔（Kendall）的 τ 系数，以及其他常用的测量方法。

表 3.1　取决于测量尺度的关联测量

测量尺度	定类	定序	定距	定比
定类	Lambda λ	Kramer's V, φ (only for 2 × 2 tables)	Kramer's V	Kramer's V
定序	Kramer's V	Gamma γ, Somer's D, Kendall's τb（仅方格表）and τc（矩形表），Spearman's ρ	Pearson's r	Pearson's r
定距	Kramer's V	Spearman's ρ	Pearson's r	Eta η
定比	Kramer's V	Spearman's ρ	Pearson's r	Pearson's r

（3）词汇分析

附加的参考文件，如词汇表、分类词典、地名词典（将地理坐标与位置相关联的词汇）和其他系统定义的实体辅助集合称为词汇分析。数据挖掘中的这种分析形式使研究人员能够以提高原始数据的信息潜力的方式分析源数据文件。词汇分析用于多种目的，包括但不限于命名实体的识别提取（named entity recognition and extraction, NER）、分类分析（相似性分析的一部分，将会在后面的部分进行阐述）、消除歧义等多种映射及分类应用。从计算的角度来看，词汇分析（包括命名实体识别提取和其他程序）是一种半监督式的学习，尽管近几十年来取得了重大进展，仍需要对训练数据进行一些人工注释。另一个挑战是人类语言之间的差异，如英语、西班牙语、普通话或阿拉伯语，每种人类语言都有其自身的命名实体识别挑战，且各种语言之间的映射仍然是不完整、不准确或不可靠的。好消息是，词汇分析在有效性和效率方面都在不断提高。

词汇分析的一个重要应用是社会、政治或经济事件的数据分析。在这一领域，机器编码取得了显著进展，目前已经与人工编码相当或更准确。全球事件、语言和语气数据集（GDELT，Global Data on Events, Location and Tone）是在数据挖掘技术组合的支持下创建的。这些数据挖掘技术依赖于事件主题的词汇或字典、地名词典和其他词汇分析工具，以及后来提到的其他组件，使计算事件数据分析远远超出以前可以想象的范围。虽然挖掘大型数据集（大约 100 万个事件）本身就是巨大的进步，但词汇分析的应用作为一个乘数，将定性和定量结果的范围扩大了几个数量级。GDELT 数据集包含近 25 亿个事件记录，全年逐日更新，每天更新超过 10 万次事件，每个记录包含 58 个领域的信息，这些信息由多个国家机器编码。

（4）空间分析

数据挖掘技术（如地理编码、地理聚类和类似的地理空间技术）除了是词法分析的一部分，还通过地名词典发挥作用被用于空间分析。所有这些都与早期的定量人文地理学分析有关。例如，应用于事件数据的空间分析可用于生成具有各种投影的地图，以方便研究人员观察诸如社会运动、迁移、灾害和其他模式等现象的分布。空间分析经常使用空间主体的重心、事件发生的位置、事件属性，而不是其实际的地域形状。GDELT 是计算社会科学中最新的、全球化的、最大的、最全面的数据集，并且在持续完善。数据挖掘产生的每个事件数据集都必须解决许多苛刻的科学难题，如不断改进原始数据源（新闻专线服务）的选择、事件编码量表（戈德斯坦量表或其他尺度，包括多尺度的使用）、分类算法和错误传播管理等。

（5）语义分析

与词汇分析和词法分析方法不同，语义分析关注各种术语和实体所代表的意义及实际内容，而词汇和词法分析主要关注信号。语义分析通过标记源数据中的名词、动词和其他本体成分来实现机器解析语篇的各个部分。语义分析的结果通常包括名词短语和动词短语。此外，语义分析也是词法分析在词典构建中的有益补充，如 GDELT 中使用了 CAMEO 和 TABARI（核心提取算法）。机器翻译其他自然语言处理（NLP）应用在语义分析中也发挥着重要作用，如实体和关系识别提取、事实和主张提取、代词共引用解析和地理消歧等。

（6）情感分析

情感内容是情感分析的主要焦点，这种分析形式来自奥斯古德的创举，它表明了评价性维度 E 的重要性。评价判断（主观判断的好 / 坏）也是人类推理和信念系统中认知图式的基础（见第 4 章）。因此，情感分析是 EPA- 语义空间分析的一个组成部分（Azar、Lerner, 1981），与其他维度结合用于进行多层次分析，整个文档、文档的部分或源数据中的单个对象、实体等都可以使用适当的词汇映射到评价维度上。

（7）相似性分析

在数据挖掘和自动化内容分析中，比较、对比内容被称为相似性分析。我们已经简要地提过相似性分析的主要分析形式——分类和聚类。它们分别是有监督的机器学习模式和无监督的机器学习模式（这是一个非常粗略的配对，实际上两者有相当多的重叠部分）。

（8）分类

这是一个基于训练集或数据样本对数据进行分类的过程。分类在计算社会科学中的一个重要应用是从输入数据中提取（生成）本体。分类分析有几个重要的应用，其中有两类特别突出：其一是事件数据分析，事件主体及其行为非常重要；其二是基于主体的建模，特别是模型开发的早期阶段，如设计和实现。在本节中，我们会探讨事件数据分析，而基于主体的建模将会在第 10 章阐述。我们将提取这类信息的数据挖掘算法称为分类器，它也是实现类别空间映射的实际数学函数的技术名称。其中最简单的算法是朴素贝叶斯分类器和 K-最近邻域分类器。在计算社会科学中，分类分析最初由菲利普·施罗德（Philip Schrodt,1989）开创，他使用由计算机科学先驱约翰·霍兰德（John Holland,1975,1989）发明的霍兰德分类器开展了政治事件数据分析。冲突和调解事件观察（Conflict and Mediation Event Observations, CAMEO）是算法实体提取的结果，是编码以描述某一行为的行为主体及动词的一个实例（Gener et al., 2002；Schrodt et al., 2005）。正如 CAMEO 编码的 GDELT 数据集所示，分类已经成为使用在线数据源和档案数据源进行事件数据研究的主要工具。现在报纸和其他印刷品的人工编码已经过时。分类是计算机科学和机器学习算法的一个主要领域。对分类算法的人工监督用在选择训练数据、构建评估指标、选择阈值等参数和其他决策上。

（9）聚类

这是基于高维原始数据的计算聚合来发现低维数据结构或信息分组的另一种相似性分析。奥斯古德发现的 EPA-语义空间就是应用聚类的一个例子，其中的聚类是通过因子分析程序提取的。另一个自动信息提取聚类的例子是另一个与 EPA-语义空间类似的三维空间，这个空间由国家属性构成，如政体的规模大小 S、经济发展水平 D 和军事能力 C，简称 SDC-空间。这一计算证实了昆西·怀特（Quincy Wright,1942）的早期社会学场域理论。请注意，在这两种情况下聚类分析是用来揭示隐藏或潜在的结构，它们在原始和"嘈杂"高维数据中不直接可见。在这些案例中，研究人员发现了三维笛卡尔空间，这些空间比原始数据所处的高维空间更容易理解、更容易可视化。聚类被认为是计算机科学中的一种无监督学习形式。聚类的一个特征是使用大量原始数据输入档案，可以以多种方式从这些原始数据中提取聚类维度，如最优聚类、分区聚类（分解为不相交的聚类）和层次聚类（树状图）。除了分类和聚类，相似性分析的其他重要组成部分包括距离度量和接近度量（在比较数据之间计算）、时间扭曲图（匹配时间序列输入和目标数据）、路径距离（在时间扭曲输入数据和目标数据上计算）、向量场、差分图、相似性向量和矩阵。各种数据挖掘软件系统都包含实现上述相似性分析的算法。

（10）网络分析

数据挖掘方法在分析人类 – 自然 – 技术耦合系统网络中也发挥着重要作用。即使在纯人类网络的范围内，数据挖掘也可以用于提取社会群体（Tang and Liu, 2010）。正如我们在引言章节中所看到的，网络分析是计算社会科学的一个主要领域，我们将在下一章中进行详细阐释。网络由节点和链接组成（在图论中称为弧、边或顶点，图论是研究网络的数学分支）。数据挖掘用于提取与源数据中构成网络的节点和关系相关的信息。例如，可以挖掘新闻媒体来自动提取各种社会网络利益结构，如各种类型的参与者（领导者、意见制造者、支持者）、角色（政府、非正式、职业等）或地点，所有这些都通过各种社会联系关联起来（Moon and Carley, 2007）。基于数据挖掘的网络分析也具有时空特征，可以促进形成具有空间参考的动态社会网络。

（11）序列分析

时间索引数据，包括（但不限于）时间序列数据，适合于序列分析。序列分析是一种数据挖掘方法，用于提取给定过程和动态转换的状态信息，包括相变（Hsu et al. 2008）。例如，可以分析通过数据挖掘算法提取的金融数据、政治事件数据、意见数据等来提取时间模式。时间序列数据最重要的状态空间之一是隐马尔可夫模型（Hidden Markov Models, HMM），它类似于经典马尔可夫链，但有不直接可见的状态，大致类似于潜在变量或通过因子分析提取不可见的维度。隐马尔可夫模型的状态只能通过代替物的模拟近似观测，因为它们无法直接观测到。无论是传统的还是隐含的，马尔可夫模型在计算中都类似于 UML 状态机图。如果将主要（最活跃的）角色或实体添加到序列分析中，那么从挖掘数据中提取的动态表示可能类似于 UML 时序图。

（12）强度分析

源数据也可以被挖掘，以提取观测变量或潜在变量的强度。例如，可以从事件数据中提取各种尺寸的变量，以生成尺寸分布和其他定量特征。反过来，这些数据也可以作为进行后续分析的输入信息，如信息理论度量或复杂性理论模型。例如，测试幂律和其他复杂系统中感兴趣的特征（我们将在第 6 章详细介绍这些问题）。从这个角度来看，情感分析可以被视为强度分析的一种形式，虽然它仅体现一种简单的趋势，但可以进一步寻找有关生成动态模型或测试模型（同样，更多有关该问题的信息将在第 6 章中介绍）。

（13）异常检测分析

在已有的一些数据挖掘分析的基础上可以形成另一种分析形式，即用于检测某种异常或变化的数据挖掘分析。为了检测异常，首先需要建立一个基准或"正常范围"，这是由已故黎巴嫩裔美国政治学家爱德华·E. 阿扎（Edward E. Azar）在计算社会科学中首创的一个想法，即将一段时间内观察到的一系列时间的正常关系范围（normal relations range，NRR）定义为与先前平均（算术平均）行为距离在正、负两个标准偏差内的行为[①]。此外，必须假定源数据表现出显著程度的稳定性或持久性，即基本分布矩（集中趋势、分散和其他分布矩）在测试阶段不会发生显著变化，否则将难以检测到异常，除非它不久前的数据集显示出极大的偏差。时间尺度也很重要，因为在较短的时间尺度上看起来异常的情况在较长的时间尺度上可能是相当正常的，这说明异常检测分析是一个非常具有挑战性的过程。借用语言学，我们可以检测到两种形式的变化：共时变化和历时变化。两者都可以用于评估异常情况，但它们的动态语境有所不同。共时变化是指一个结构稳定的过程或系统内的异常。相比之下，历时变化是指在该过程的基本结构或生成动力学中检测到的更深层次的异常。共时异常的一个例子是重复出现的语篇模式中术语的频率的变化，而不是由实际词汇或语法的更深层次的变化引起的历时异常。这也适用于事件数据分析：一些异常与常见事件的频率变化有关（共时异常），而其他更深层次的变化发生在事件的多样性或词汇（社会生物学家和动物行为学家称之为行为谱）的分布变化的时候。

（14）超声分析

作为人类，我们具有多种感官，但大多数科学分析都依赖于视觉。数据超声分析是利用声音来学习新的信息或对源数据中（包括大数据）的模式做出新的推论（Hermann et al. 2011）。"超声化"数据的基本思想是倾听传统数据分析程序中可能不那么明显的数据特征。例如，声音呈现的多元时间序列的音调（由讲话者传达）可以产生在源数据中难以被检测到的谐波。数据超声化是一种"听觉显示"（Kramer 1994），这对于大数据感兴趣的社会科学家们是一种新的方法，可能由此会发现许多应用程序，例如，使用最近 GDELT 数据集，可以听到全球每天发生的超过十万次事件所发出的声音（位于华盛顿特区的史密森国家自然历史博物馆展出了一个超声化地震数据，向参观者交流呈现环太平洋火山带的地震情况）。

3.6.5　交流呈现

数据挖掘的最后一步侧重于结果的交流，包括具体研究的启示、对该领域或研究的更广泛的影响，以及潜在的政策影响。这些交流呈现有着非常苛刻的要求，每项都有各自的

[①] 数学家阿纳托尔·拉波波特（Anatol Rapoport）向政治科学家和事件数据先驱爱德华·E. 阿扎（Edward E.Azar）提出了从过程均值的两个标准差的 NRR 操作的建议。它首次应用于国际关系事件数据系列，以研究中东地区的长期冲突。阿扎尔是冲突与和平数据库（COPDAB）的创始人和主任，该数据库于 20 世纪 70 年代成立于北卡罗来纳大学教堂山分校，80 年代搬到马里兰大学大学公园分校的国际发展和冲突管理中心（CIDCM）。

挑战。交流从大数据中提取出的信息，包括视觉分析（Thomas and Cook, 2005），已经成为一个广阔的科技研究领域，近年来增长显著——就像大数据时代初始发展一样。一些最具影响力的概念和原则是由政治学家爱德华·塔夫特（Edward Tufte）提出的，有些则是由计算机学家詹姆斯·J. 托马斯（James J. Thomas）领导的美国国家可视化分析中心（US National Visualization Analytics Center, NVAC）开发的开创性方法贡献的。相关的努力最近已经发展成为可视化分析社区，该社区主办了诸多会议和研讨会。可视化分析领域现在被认为是改进数据挖掘结果和过程交流的重要方法。

问题

3.1 以下哪一个不是算法信息提取的动机？

（a）人类人工提取信息是非常劳动密集型的，需要长时间的训练和准备

（b）即使是训练有素的人也会犯下难以纠正的错误

（c）计算成本已显著降低

（d）数据源的宇宙，包括许多互联网源，最近已经超出了人类编码员分析的范围

（e）专门用于信息提取的算法可以检测出人类无法充分处理的模式，如网络结构和与时间有关的特征，或潜在属性

3.2 一般而言，在内容分析中使用的主要数据类别是：

（a）文本

（b）视频

（c）音频

（d）语音影像组合文档

（e）图像

3.3 数字计算机首次使用计算机算法来代替人工编码发生在什么时候？

（a）20 世纪 50 年代

（b）20 世纪 60 年代

（c）20 世纪 70 年代

（d）20 世纪 80 年代

（e）20 世纪 90 年代

3.4 第一次定量的报纸分析可以追溯到什么时期？

（a）19 世纪 50 年代

（b）19 世纪 90 年代

（c）20 世纪 10 年代

（d）20 世纪 20 年代

（e）20 世纪 60 年代

3.5 谁首次提出了大规模的文本内容分析？

（a）马克斯·韦伯（Max Weber）

（b）卡尔·马克思（Karl Marx）

（c）查尔斯·E. 奥斯古德（Chales·E. Osgood）

（d）安德烈·马尔可夫（Andrey Markov）

（e）哈罗德·拉斯韦尔（Harold Lasswell）

3.6 语言学对于自动信息提取具有重要意义，是因为？

（a）它解释了语法、语义和语义的结构

（b）语言学的许多基本概念是通过计算解释和建立的

（c）大多数计算社会科学研究人员都知道计算语言学

（d）克劳德·香农的信息论是以语言学为基础的

（e）以上所有内容

3.7 在今天存在的大约 7000 种语言中，大约有多少种被认为几乎灭绝了？

（a）100

（b）150

（c）200

（d）500

（e）5000

3.8 将文本中的句子分析成语法成分，如分析宾语、主语和动词的过程被称为？

（a）语法分析

（b）EPA 分析

（c）含量分析

（d）解析

（e）词频分析

3.9 语境内分析（KWIC）和语境外分析（KWOC）是需要突出显示 _____ 的关键字指标类型？

（a）词频

（b）单词的计数

（c）语义

（d）影响

（e）上下文

3.10 关于语义多样性（歧义）阻碍了严格的社会科学的发展，对社会科学中使用的术语的意义缺乏一致意见的观点是？

（a）一个事实

（b）一个误解

（c）通常是正确的

（d）由自动内容分析支持

（e）由 EPA 分析证明

3.11 人类信息加工过程中主观认知空间的三维结构是 20 世纪最引人注目的科学发现之一。它是由以下哪位科学家发现的？

（a）爱米尔·涂尔干（Emile Durkheim）

（b）大卫·海斯（David Heise）

（c）查尔斯·E. 奥斯古德（Charles·E. Osgood）

（d）哈罗德·拉斯韦尔（Harold Lasswell）

（e）赫伯特·A. 西蒙（Herbert A. Simon）

3.12 人类认知空间的三个维度是？

（a）评价、效力和活性

（b）情感、个性和强度

（c）力量、善良和活动

（d）强度、评估和密度

（e）活性、评价和效力

3.13 揭示 EPA– 语义空间结构的统计方法为？

（a）算法的单词计数分析

（b）情绪分析

（c）语义分析

（d）因子分析

（e）多元回归分析

3.14 _____ 核心原则是个体对他人和情境保持相对稳定的情感印象，从而相应地调节自己的行为。

（a）奥斯古德的理论

（b）影响控制理论

（c）EPA– 语义空间

（d）语义距离

（e）EPA 规范

3.15 位于印第安纳大学的哪个项目是一个国际科学研究项目，旨在自动提取跨文化的 EPA 评级和相关信息？

（a）通用问答系统（the general inquirer）

（b）调查员项目（project surveyor）

（c）海斯项目（project heise）

（d）麦哲伦项目（the magellan project）

（e）字云项目（project wordle）

3.16 作为一个在线算法信息提取系统，"测量者"旨在？

（a）获得 EPA 的组成条款

（b）测试关于单词云的假设

（c）验证信息提取算法

（d）构建信息提取算法

（e）优化信息提取算法

3.17 监测、发现、建模、比较或复制数据中的模式是在执行以下哪一步骤时进行的？

（a）过滤

（b）数据清理

（c）编码

（d）提取

（e）以上内容都没有

3.18 哪位计算社会科学研究者及其继任者的开创性工作涉及数据挖掘，且目的是发现人类认知的结构和我们用于计算整体意义的自然语义空间：

（a）昆西·赖特（Quincy Wright）

（b）约翰·霍兰（John Holland）

（c）查尔斯·E. 奥斯古德（Charles E. Osgood）

（d）菲利普·施罗德特（Philip Schrodt）

（e）卡莱夫·莱塔鲁（Kalev Leetaru）

3.19 判断正误：自 20 世纪 80 年代以来，定量和计算社会科学家一直在进行数据挖掘，而计算机科学家和软件工程师自计算机诞生以来也一直在进行数据挖掘。

3.20 在数据挖掘中发挥主要作用的两种基本分析方法是？

（a）数据的准备和过滤

（b）过滤和分类

（c）分类和机器学习

（d）分类和归类

（e）有监督和无监督的机器学习

3.21 在数据挖掘中，分类也被称为？

（a）解析

（b）归类

（c）索引

（d）机器学习

（e）集群

3.22 在数据挖掘中，分类是一种 _____ 形式。

（a）监督机器学习

（b）无监督机器学习

（c）差异分析

（d）预处理

（e）后处理过程

3.23 判断正误：聚类是一种高度归纳的数据挖掘分析，是一种无监督机器学习的形式。

3.24 在数据挖掘方法中，相似性分析有两种形式：

（a）预处理和聚类

（b）集群和归类

（c）解析和分类

（d）归类和分类

（e）以上内容都没有

3.25 _____ 被称为一种数据挖掘策略，它从有意限制的数据语料库开始，以测试整个过程，之后初始测试数据会逐步扩展到其完整的最终大小。

（a）螺旋化

（b）缩放

（c）感应器

（d）贝叶斯

（e）以上内容都没有

3.26 以下是理论驱动的数据挖掘的一个例子：

（a）规范相关分析

（b）判别分析

（c）旋转因子分析

（d）隐马尔可夫建模

（e）验证性因子分析

3.27 根据本章所述的方法，数据挖掘项目的第二阶段涉及 _____。

（a）选择源

（b）制定研究问题

（c）选择算法

（d）归类和分类

（e）以上所有内容

3.28 列举几个数据挖掘中的预处理准备的例子。

3.29 从输入数据中提取标题、署名、日期和类似的信息字段是 _____ 的一种形式。

（a）过滤

（b）编码

（c）解析

（d）重组

（e）以上内容都没有

3.30 选择在一些选定的阈值以上的元素是 _____ 一种形式。

（a）过滤

（b）编码

（c）解析

（d）重组

（e）以上内容都没有

3.31 判断正误：关联的度量被定义为所有名义、顺序、区间和比率变量的成对组合。

3.32 使用皮尔逊相关系数检验是不合适的，除了 _____ 数据区间和比值。

（a）时间间隔和比率

（b）仅限比率

（c）名义和序数

（d）仅限名义

（e）仅限序号

3.33 使用斯皮尔曼的 rho（ρ）相关系数尤其适用于 _____ 数据。

（a）时间间隔和比率

（b）仅限比率

（c）名义和序数

（d）仅限名义

（e）仅限序数

3.34 需要使用（λ）相关系数进行分析的是哪些数据？

（a）时间间隔和比率

（b）仅限比率

（c）名义和序数

（d）仅限名义

（e）仅限序数

3.35 宪报 _____。

（a）是一个民族志副产品的文集

（b）是一个地理位置及其坐标的汇编

（c）是一个国家的法律目录

（d）是一个"单词集合"

（e）是一个已命名的实体分类

3.36 词汇分析的一个重要应用是社会、政治或经济 _____ 数据，在这一领域，机器编码取得了显著进展，现在被认为与人工编码相当或更准确。

（a）和商业数据

（b）定量

（c）不等式

（d）事件

（e）地理位置

3.37 判断正误：除了作为词汇分析的一部分（通过地名词典所扮演的角色），数据挖掘技术，如地理编码、地理聚类和类似的地理空间技术，也被用于数据挖掘中的空间分析。所有这些都可以与早期的定量人类地理学分析有关。

3.38 机器通过在源数据中标记名词、动词和其他本体论组件来解析语音的各个部分，这是一种被称为 _____ 分析的数据挖掘形式。

（a）语法

（b）人类地形

（c）本体

（d）句法

（e）语义

3.39 哪种数据挖掘分析在字典的构建中补充了词汇分析？

（a）语法分析

（b）语义分析

（c）机器解析

（d）标记分析

（e）事件数据分析

3.40 以下哪两个是 GDELT 事件数据项目使用的字典示例？

（a）CAMEO 和 NLP

（b）NLP 和 TABARI

（c）TABARI 和 EPA

（d）TABARI 和 CAMEO

（e）NLP 和 EPA

3.41 情绪分析是一种 _____ 简化的形式。

（a）EPA 分析

（b）机器解析

（c）语义分析

（d）分类

（e）以上内容都没有

3.42 本章中提到的以下哪些内容与本体提取的目的高度相关？

（a）机器解析

（b）语义分析

（c）语法分析

（d）分类

（e）自然语言处理

3.43 事件数据分析和基于主体的建模是计算社会科学研究的两个非常不同的领域，它们都依赖于以下分析类别：

（a）本体论的提取

（b）网络分析

（c）语义分析

（d）强度分析

（e）以上这些都不是，因为它们均不相同

3.44 一种提取这类信息的数据挖掘算法被称为 ＿＿＿＿＿，它也是对实现到类别空间的映射的实际数学函数的技术名称。

（a）解析器

（b）分类器

（c）聚类算法

（d）词典

（e）过滤器

3.45 哪个计算社会科学家率先使用 Holland 分类器对事件数据进行算法编码？

（a）约翰·霍兰（John Holland）

（b）卡莱夫·莱塔鲁（Kalev Leetaru）

（c）菲利普·施罗德特（Philip Schrodt）

（d）昆西·赖特（Quincy Wright）

（e）大卫·海斯（David Heise）

3.46 可视化分析属于数据挖掘方法的哪个阶段？

（a）分类

（b）分析

（c）通信

（d）（a）和（b）

（e）（b）和（c）

3.47 哪些"大"事件数据集表明，分类现在是使用在线和档案数据来源进行事件数据研究的主要工具，因为报纸和其他印刷来源的人工编码已经过时？

（a）GDELT

（b）CAMEO

（c）TABARI

（d）NLP

（e）以上所有内容都没有

3.48 _____ 将国家聚集在一个由规模 S、经济发展水平 D，军事能力 C 等国家属性所构成的三维空间中。

（a）Holland's 分类器算法

（b）Heise's 影响控制理论

（c）Osgood's EPA 语义空间

（d）Wright's 场论

（e）Schrodt's CAMEO 分类器

3.49 层次结构的聚类产生？

（a）霍兰分类器

（b）树状图

（c）无监督学习

（d）监督学习

（e）不相交的集群

3.50 使用网络分析进行可验证的社会社群提取（也称为社群提取），_____。

（a）到目前为止，已经被证明是不可能的

（b）到目前为止，只有中文完成了这个工作

（c）被证明是一种可行的方法

（d）实现了网络的地理空间分析

（e）支持社会网络进行动态分析

3.51 以下哪一种数据挖掘的分析方法也是计算社会科学的一个主要领域？

（a）网络分析

（b）分类分析

（c）序列分析

（d）主题分析

（e）语义分析

3.52 从数据挖掘中得到的强度分析可用于提取？

（a）隐马尔可夫模型

（b）大小分布

（c）网络节点和链路

（d）节点的集群

（e）已准备好进行语义分析的 EPA 空间值

3.53 爱德华·E. 阿扎开创了事件数据分析中"正常关系范围"的思想和应用（由他的朋友、著名数学家阿纳托尔·拉波波特建议给他，见 P116 脚注），将其操作为？（注：μ 和 σ 分别表示事件时间序列的均值和标准差。）

（a）$\mu + \sigma$

（b）$\mu + 2\sigma$

（c）$\mu + 3\sigma$

（d）$\mu \pm \sigma$

（e）$\mu \pm 2\sigma$

3.54 在数据挖掘中使用数据超声化，通过扬声器在声音中呈现的多元时间序列的音调可以产生哪些在源数据中难以或不可能检测到的特征？

（a）谐波

（b）体积减小了

（c）体积增加了

（d）低频低音的声音

（e）高频尖锐的声音

✐ 练习

3.55 这一章的标题也可以是"算法信息提取"或"大社会数据挖掘"，解释一下具体原因。

3.56 当前每天产生几个万亿字节的数据，其中 1 万亿 = 10^{18}（美国短尺度）= 10^{30}（欧盟长尺度）。请解释一下尺度上的差异并编写一个简单的 Python 程序之间的转换。

3.57 解释以下形式关系语句：

消息与信号；定义与定语（definendum）

3.58 前文图 3.3 中的图形也被称为"词云"。

（1）根据同一文本，解释单词云和按频率排序的单词直方图之间的关系。

（2）这两种可视化之间存在哪些异同？

（3）请列出每个可视化的优点和缺点。

3.59 使用 Wordle 来分析你自己的简历和一篇重要的文章或当前新闻的全部内容。提示：对于新闻项目，请直接从在线版本复制粘贴到 Wordle 上。对于这两个文本，请执行以下步骤：

（1）请仔细阅读文件。

（2）写下你自己对字数的主观估计。

（3）用 Wordle 进行文字分析。

（4）比较和讨论从步骤 2 和步骤 3 中得到的四组结果。

3.60 重复朗诵前文图 3.3 中的短语，例如"芝加哥大学"，并且使得单词之间没有间隙。

3.61 解释为什么"分析"是一种在计算机程序上执行的自动信息提取的形式，且是一种复杂的程序。提示：选择一些重要的程序，并在诸如 Eclipse、代码分析器或鲨鱼中配置它。Python 也有自己的分析器。

3.62 我们把 EPA– 语义空间的三维结构看作是人类认知和信息处理的规律，因为它描述了一种由经验建立的模式。该如何解释这种结构呢？换句话说，基于一些假设，构建一个理论，从而得出这样一个结论，即人类的认知空间是三维的，而 EPA 是它的维度——作为一个三段论。提示：仔细考虑 E、P 和 A 的确切含义。为什么 E 会作为这三个维度中最强大、最突出的维度排在首位呢？为什么 A 会排在第三位？

3.63 为 EPA 三重体的规范提供实质性的社会解释，如图 3.3 所示：

$$|w| = \sqrt{e^2 + p^2 + a^2}$$

通俗地说，在这种情况下，准则意味着什么或衡量什么？推导出范数相对于其中一个分量维数的弹性（它们具有相同相同的函数关系）。根据弹性指出规范相对于个别成分值的边际大小是什么？

3.64 使用本章中提供的参考资料来查找你感兴趣的领域中术语的 EPA 成分，请勿使用章节 3.4.2. 中提到的"导弹"和"房子"的例子。

3.65 用范数方程来定义两个词之间的语义距离。你可以使用相同的方法来定义一个词云的质心吗？

3.66 文中指出，"计算社会科学研究人员不需要'从零开始'，或者仅仅基于单纯的猜测就创造语义空间，仿佛这是社会科学中未被探索的领域"。相反，计算社会科学的研究人员应该知道迄今为止已经发现的东西（社会科学中的知识库）。
（1）提供论据来辩护和反对这一论点。
（2）与纯粹基于人工智能的特殊语义空间的构建策略相比，这个论点如何？（不考虑在这一领域的社会科学发现。)

（3）讨论这两种策略的优缺点。

3.67 本章指出，"自计算机诞生以来，定量和计算社会科学家就一直在进行数据挖掘，自 20 世纪 80 年代初以来，计算机科学家和软件工程师也一直在进行数据挖掘"。讨论问题 3.19 所述的错误观点。

3.68 图 3.5 中的一般数据挖掘方法过程是前面章节介绍的概率论意义上的复合事件。

（1）从这个角度讨论该过程。

（2）从开始到结束的概率是多少？

（3）讨论这种概率相对于成功完成过程的各个阶段的概率的值。

（4）根据难度对各阶段排序，并对排序结果进行讨论。

3.69 假设你有权限挖掘整个维基百科，且维基百科的质量或有效性不均匀地分布在不同主题和条目上，你会提出哪些研究问题？列出一些问题，并解释它们的意义。解释社会科学中哪些未解决或具有挑战性的问题，这个项目将允许你解决或至少通过数据挖掘进行调查。

3.70 研究问题部分假设了一个研究谱系，包括数据驱动、归纳性数据挖掘和理论驱动、演绎性数据挖掘。

（1）在上一道练习题中，你的研究问题属于哪个层次或范围呢？

（2）你觉得本章中提供的示例属于哪个层次或范围呢？

（3）讨论这两类研究的优点和风险。

（4）考虑二者兼具进行的研究有什么优势吗？

（5）不管你在上一题中确定的研究问题是什么，你会选择二者中的哪一个进行研究呢？

3.71 除了文本之外，本章还提供了许多数据挖掘源的示例。尽可能多地收集示例，并准备一种方法，以图形表示不同的数据类别之间的关系，例如分类法或网络。讨论你喜欢的可视化功能的优点。

3.72 根据图 3.5 中的过程：

（1）创建一个 UML 时序图，该时序图应包含交互对象及其之间的交互过程。

（2）该图可以呈现为状态机图吗？如果是，请问如何操作？

（3）创建一个与图 3.5 中的图表相同的流程图。

（4）讨论这四种图形表示形式各自的优点。

3.73 如果你曾经对社会数据进行过任何统计分析，当时是否执行了本节（3.6.3）涵盖的五种预处理准备中的某一种？其中哪一种在传统的社会数据统计分析中更常见？

3.74 在因特网上有许多资源可用于进行数据挖掘，包括许多使用 Python 的文本挖掘算法，选择其中的一个或多个，并将它们用于本章中的练习。（提示：可以参考下面网址中的视频：http://www.youtube.com/watch?v=hxNbFNCgDfY.）

3.75 选择三个国家的宪法文本，其中两个国家宪法"相似"，而第三个国家与前两个国家有很大的不同。（例如，肯尼亚和乌干达对瑞士，或摩洛哥和约旦对哥斯达黎加。）

（1）你需要做哪些预处理准备以进行下一步？

（2）使用 Wordle 或其他算法进行词汇表分析，以获得词频计数和频率直方图。

（3）通过检查相似点和不同点来比较和讨论你的结果。

（4）使用你的结果来构造每种宪法的基本 UML 类图。

（5）为重要流程（例如首席执行官或首席法官的选举和任命）构建 UML 时序图。

3.76 对下列文件重复行使 3.75 中的内容：

（1）《联合国宪章》。

（2）《世界人权宣言》。

（3）本国的宪法。

（4）某一邻国的宪法。

3.77 对一些百科全书式来源的文本（如维基百科）使用数据挖掘对以下内容进行词汇分析：

（1）5 个传记。

（2）5 个国家。

（3）5 个城市。

（4）5 个历史时期。

（5）5 个学科。

3.78 考虑表 3.1 中给出的相关分析的关联测量。

（1）哪些相邻的单元格具有相同的测量值或统计数据？

（2）哪些子矩阵是由相同的度量定义的，有多少个？

（3）表中单元格的重新分类对数据分析意味着什么？

（4）请提出用这些附加信息重新绘制表格的方法。

3.79 截至本书第一版发行（2014 年），GDELT 数据集包含近 25 亿个事件记录；每天 365 天更新，每天超过 10 万次事件，每个记录包含 58 个信息字段，这些信息来自许多国家的大量原始来源。请访问 GDELT 的网站并评估它的状态，比较 2014 年以来的变化。

3.80 请比较全球事件、语言和语气数据库（GDELT）和综合危机预警系统（ICEWS）之间的异同。列出一些研究问题，并指出它们更适用于哪一个。

3.81 利用社交媒体的大数据进行情绪分析已经变得非常普遍。情绪分析是基于 EPA 空间分析的简化形式，应该如何解释对这些数据的情绪分析的结果？当语义空间的其他两个维度被忽略时会发生什么？你对改善情绪分析有何建议呢？确定一些基础科学和政策分析的含义。

3.82 请访问全球事件、语言和语气（GDELT）的网站。讨论来自该数据集的事件数据的内部和外部效度，以及可靠性。提示：在评估 GDELT 事件数据本身之前，首先从独立于 GDELT 的社会科学方法论背景下回顾数据效度和信度的各个方面。查阅关于事件数据研究的原始论文（McClelland，1961；Azar and Ben–Dak，1975），并在早期研究的背景下讨论 GDELT。

3.83 如本章所述，时间序列数据最重要的状态空间表示之一是隐马尔可夫模型（HMM）。它们与经典的马尔可夫链相似，除了状态空间由潜在状态组成，大致类似于潜在变量或通过因子提取的不可见维数的概念分析。一个 HMM 的状态只能被主体近似地观察到，因为它们不能被直接观察到。研究施罗德（Schrodt，2000）的论文，并根据上述声明讨论该论文。

3.84 马尔可夫模型，无论是经典的还是隐藏的，都类似于 UML 状态机图（第 2 章）.如果从数据挖掘中将主要（最活跃的）参与者或实体添加到序列分析中，那么从挖掘的数据中提取的动态表示可能类似于 UML 序列图。用施罗德（Schrodt，2000）的研究来说明这一想法。

3.85 本章提出并讨论了异常检测的正态关系范围（NRR）的替代定义。参考 E. E. Azar 和 A. Rapoport 最初的操作，哪个关于事件时间序列结构的假设隐含在函数 $\mu \pm 2\sigma$ 中？提示：假设的强度分布如何？

3.86 异常检测是数据挖掘中一个令人着迷且具有挑战性的问题。讨论本章中提到但没有讨论的以下方面：时间尺度也很重要，因为在短时间尺度上看起来的异常在较长的尺度上可能是相当正常的（反之亦然），这说明了异常检测分析可能是一个非常具有挑战性的过程。

3.87 共时性变化和历时性变化的相关概念起源于语言学学科。它们对于数据挖掘和计算社会科学的其他领域的异常检测具有重要意义。在社会科学文献中查找这些术语，了解它们的含义和在计算社会科学中的自动信息提取中的应用。
提示：1916 年瑞士语言学家费迪南德·德·索苏尔在他的《一般语言学课程》（*Course in General Linguistics*）一书中率先使用了这些术语，这些术语后来被用于哲学、社会学和政治学，用来描述不同类型的变化。

3.88 查阅有关数据超声化的文献，并撰写你感兴趣的计算社会科学应用的研究资助提案。

3.89 数据挖掘的最后一步侧重于结果的交流，包括具体调查结果的影响、对该领域或研究领域的更广泛的影响，可能还包括对政策的影响。这些都是非常苛刻的交流要求，每个要求都有自己的挑战。以香农（Shannon）的观点来分析这个陈述的沟通作为一个复合事件。本章中介绍的数据挖掘的哪些特征对结果的交流提出了主要挑战？哪些是不那么具有挑战性的领域？

3.90 利用所提供的参考文献来探索视觉分析，其中许多参考文献都来自国家可视化分析中心（NVAC）和已故的吉姆·托马斯的开创性工作。探索使用可视化分析社区的 UML 类图，作为描述可视化分析社区（VAC）和总结自身发现的一种方法，包括进一步的参考。

▄ 推荐阅读 ▄

［1］ Agarwal N, Liu H, 2009. Modeling and Data Mining in Blogosphere[M]. New York: Morgan & Claypool.

［2］ Azar E E, Lerner S, 1981. The use of semantic dimensions in the scaling of international events[J]. International Interactions, 7(4): 361–378.

［3］ Feldman R, Sanger J, 2007. The Text Mining Handbook: Advanced Approaches in Analyzing Unstructured Data[M]. Cambridge: Cambridge University Press.

［4］ Fischer M D, Lyon S M, Sosna D, et al, 2013. Harmonizing Diversity: Tuning Anthropological Research to Complexity1[J]. Social Science Computer Review, 31(1): 3–15.

［5］ Gerner D J, Schrodt P A, Yilmaz O, et al, 2002. The creation of CAMEO (Conflict and Mediation Event Observations): An event data framework for a post cold war world[C]// annual meeting of the American Political Science Association. 29.

［6］ Gorman M, 1992. Simulating Science[M]. Bloomington: Indiana University Press.

［7］ Grenoble L A, Whaley L J, 1998. Endangered Languages: Current Issues and Future Prospects [M]. Cambridge: Cambridge University Press.

［8］ Heise D R, 2001. Project Magellan: Collecting cross–cultural affective meanings via the internet[J]. Electronic Journal of Sociology, 5(3): 4–1.

［9］ Hermann T, Ritter H, 1999. Listen to your data: model–based sonification for data analysis[C], in Proceedings of the ISIMADE'99, Baden–Baden, Germany.

［10］ Holsti O R, 1969. Content Analysis for the Social Sciences and Humanities[M]. Reading: AddisonWesley.

［11］Hopkins D J, King G, 2010. A method of automated nonparametric content analysis for social science[J]. American Journal of Political Science, 54(1): 229–247.

［12］Hsu W, Lee M L, Wang J, 2008. Temporal and Spatio-Temporal Data Mining[M]. New York: IGI Publishing.

［13］King G, Lowe W, 2003. An automated information extraction tool for international conflict data with performance as good as human coders: A rare events evaluation design[J]. International Organization, 57(3): 617–642.

［14］Krippendorf K, 2004. Content Analysis: An Introduction to Its Methodology[M]. Thousand Oaks: Sage.

［15］Krippendorf K, M A Bock (eds.), 2008. The Content Analysis Reader[M]. Thousand Oaks: Sage.

［16］Langley P, 1981. Data-driven discovery of physical laws[J]. Cognitive Science, 5(1): 31–54.

［17］Langley P, 2004. Heuristics for scientific discovery: the legacy of Herbert Simon, in Models of a Man: Essays in Memory of Herbert A. Simon, ed. by M. Augier, J.G. March[M]. Cambridge: MIT Press, pp: 461–471.

［18］Lazer D, Pentland A, Adamic L, et al, 2009. Computational social science[J]. Science, 323(5915): 721–723.

［19］Leetaru K, 2011. Data Mining Methods for the Content Analyst: An Introduction to the Computational Analysis of Content[M]. London: Routledge.

［20］Monroe B L, 2008. Schrodt P A. Introduction to the special issue: The statistical analysis of political text[J]. Political Analysis, 16(4): 351–355.

［21］Moon I C, Carley K M, 2007. Modeling and simulating terrorist networks in social and geospatial dimensions[J]. IEEE Intelligent Systems, 22(5): 40–49.

［22］Osgood C E, May W H, Miron M S, 1975. Cross-cultural universals of affective meaning[M]. University of Illinois Press.

［23］Popping R, 1999. Computer-assisted text analysis[J]. Computer-Assisted Text Analysis, 1–240.

［24］Schrodt P A, 1989. Short-term prediction of international behavior using a Holland classifier[J]. Mathematical and Computer Modelling, 12(4–5): 589–600.

［25］Schrodt P A, 2000. Pattern Recognition of International Crises Using[J]. Political complexity: Nonlinear models of politics, 296.

［26］Lindbeck A, 1992. Economic sciences, 1969–1980: the Sveriges Riksbank (Bank of Sweden) prize in economic sciences in memory of Alfred Nobel[M]. Singapore: World Scientific.

［27］Stone P J, Bales R F, Namenwirth J Z, et al, 1962. The general inquirer: A computer system for content analysis and retrieval based on the sentence as a unit of information[J]. Behavioral Science, 7(4): 484.

［28］Tang L, Liu H, 2010. Community detection and mining in social media[M]. New York: Morgan & Claypool Publishers.

［29］Thomas J J, Cook K A, 2005. Illuminating the Path IEEE[J]. Los Alamitos, CA, USA, 34.

［30］Williford C, Henry C, Friedlander A, 2012. One Culture: Computationally Intensive Research in the Humanities and Social Sciences–A Report on the Experiences of First Respondents to the Digging into Data Challenge[M]. Washington: Council on Library and Information Resources.

［31］Zhang T, Kuo C C J, 2001. Audio content analysis for online audiovisual data segmentation and classification[J]. IEEE Transactions on speech and audio processing, 9(4): 441–457.

请扫描二维码或者在"中科书院"公众号搜索
"计算社会科学",获取课后习题答案

第 4 章　社会网络（Social Network）

👉 4.1　简介

社会网络分析本质上是一项跨学科的工作。社会网络分析的概念是在社会理论和应用与数学、统计和计算方法的有机结合中发展起来的。——斯坦利·沃瑟曼（Stanley Wasserman）和凯瑟琳·浮士德（Katherine Faust）（1994:10）。

社会网络分析既不是一种理论，也不是一种方法。相反，它是一种视角或范式，以社会生活的主要关系及其形成的模式为出发点。——亚历山德拉·马林（Alexandra Marin）和巴里·韦尔曼（Barry Wellman）（2011:22）。

本章介绍了社会网络分析（Social Network Analysis, SNA）的基本原理，它是计算社会科学（Computational Social Science，简称 CSS）领域的一个重要分支。在前几章的基础上，本章从涌现的社会结构和图论的范式角度研究了社会网络，并得到了一种或多种社会科学理论的支持。

由行为主体和社会关系组成的社会网络在社会科学学科中无处不在。社会网络在人类学、经济学、社会学、政治学和心理学（五大社会科学）以及传播学、管理学、国际关系学、历史学和地理学（尤其是人文地理学）等跨学科领域都十分重要。从 5000 多年前古代中东发明文字以来，社会网络就被记录在人类历史上。正如我们将看到的，社会网络建模和分析领域不同于物理学家开发的"网络科学"[①]。本章将社会网络建模和分析作为计算

[①] 社会网络建模和分析领域不同于物理学家开发的"网络科学"。本章将社会网络建模和分析作为计算社会科学的一个领域。这是因为社会网络的主题总是涉及社会实体，尽管与计算社会科学的其他领域一样，其方法论的起源可能来自各种学科。克劳迪奥·乔菲－雷维利亚：《社会科学导论》《计算机科学文本》，施普林格出版社，2017。

社会科学的一个研究领域。之所以选择这个主题，是因为社会网络的主要内容通常涉及社会实体，尽管其方法论可能源自多个学科。

社会网络分析涵盖了关于社会系统范式的观点，不仅仅是一系列方法，更是一种理论视角。社会网络分析还提供了一种正式的语言，支持并推动计算社会科学的发展。此外，社会网络分析通过提供有用的概念、符号和应用原则，支持并扩展人们对于复杂耦合的"人—自然—人工系统"的分析。本章的内容经过精心设计，旨在突出本章的主要思想及其科学价值。同时，我们也需要注意数学符号的使用问题。尽管我们尽力遵循社会网络分析的研究惯例，但现有文献中仍存在一些不一致或有歧义的情况。为了与面向对象的计算社会科学方法保持一致，本章引入一套数学符号，而非使用传统社会科学中多变的变量命名方式。

👉 4.2 历史与先驱

当代社会网络科学的历史涵盖了分析、建模和理论化等方面，它由社会科学、数学科学、计算科学和物理科学等领域的科学家的努力和贡献共同组成，其中物理科学对社会网络科学的发展做出了最新的贡献。虽然这些贡献仍然具有试探性和假设性的特点，但仍然具有意义。

以下社会网络科学年记录了科学家们对其进行科研的里程碑简史[①]：

1736　　数学家莱昂哈德·欧拉（Leonard Euler，1707—1783）通过证明柯尼斯堡桥问题无解开创了图论领域，这是社会网络科学的主要数学结构[②]。

1856　　贵族学者、比较政治学家亚历克西斯·德·托克维尔（Alexis de Tocqueville）在其经典著作《旧政权与法国大革命》（*The Old Regime and the French Revolution*）中首次使用了"社会结构"（social structure）一词。在美国和世界各地的政治学家中，托克维尔最为人所知的是其专著《论美国的民主》（*Democracy in America*），该书讨论了民主的重要性。

---

① 弗里曼（Freeman，2004，2011）提供了一个广泛且高度推荐的社会网络分析历史。此外，国民账户体系中的大多数主要作品包括历史散文或笔记。然而，与应用数学或复杂性科学的其他重要联系经常被忽视。

② 柯尼斯堡大桥问题是一个经典的数学问题：是否可能在穿过柯尼斯堡七座城市的桥梁中，恰好经过每座桥梁一次，最终回到出发点。然而，这个问题的答案是否定的，因为存在奇数度的节点（稍后在本章中定义）。这个问题是一个有趣的例子，它展示了一个耦合的社会—自然—技术系统，由居民、土地、河流和桥梁组成。

| 1930s | 社会图谱是社会群体的第一个图论数学模型，由精神病学家雅各布·莫雷诺（Jacob Moreno，1889—1974）发明，他是社会计量分析领域的创始人。 |

1937　《社会计量学》（*Sociometry*）杂志由莫雷诺担任首任编辑。该期刊的目标是以数学图形为媒介整合所有社会科学，以建立社会关系模型。

1940　人类学家阿尔弗雷德·拉德克利夫·布朗（Alfred Radcliffe-Brown，1881—1955）是结构功能主义理论的奠基者之一，他引入了"社会结构"（social structure）这一概念，并将其定义为复杂的社会关系网络，提倡使用离散数学模型进行研究。

1944—1946　社会心理学家弗里茨·海德（Fritz Heider）奠定了因果归因理论（Causal Attribution Theory）和结构平衡理论（the Theory of Structural Balance）的基础，1958 年西奥多·纽科姆（Theodore Newcomb，1903—1984）的开创性工作进一步发展了该理论。

1946　伊莱恩·福赛斯·科克（Elaine Forsyth Coke）和利奥·卡茨（Leo Katz）最早开创了基于矩阵的社会网络分析方法，随后其他学者也纷纷跟进研究该领域。

1948　亚历克斯·巴维拉斯（Alex Bavelas）在 1948 年和 1950 年最早提出了"网络中心性"（network centrality）的定义，并在通信网络实验室的实验中进行了应用研究。

1950 起　随着社会网络分析研究在社会科学领域的流行，密度（density）、跨度（span）、连通性（connectedness）、多重性（multiplex）等社会网络概念被引入其中。

1951　20 世纪最伟大的数学社会科学家之一阿纳托尔·拉波波特（Anatol Rapport，1957）发表了第一篇关于随机图的论文（Solomonoff and Rappaport，1951），比厄多斯和雷尼（Erdős and Rényi，1960）的论文早了九年[1]。

---

① 1960 年，数学家保尔·厄多斯（Paul Erdos）和阿尔弗雷德·雷尼（Alfréd Rényi）发表了他们自己的随机图论文，在阿纳托尔·拉波波特发表其开创性成果九年后再次论证了该内容，并提出了新的结果。

1953	20世纪最著名的图论数学家之一弗兰克·哈拉里（Frank Harary，1921—2005）推动了使用图论模型将认知平衡理论（Cognitive Balance Theory）公式化的开创性工作。
1954	"社会网络"一词最早由人类学家约翰·A. 巴恩斯（John A. Barnes，1918—2010）使用。
1956	多温·卡特赖特（Dorwin Cartwright）和弗兰克·哈拉里（Frank Harary）在1956年规范了海德的结构平衡理论，并对其进行了扩展和推广。
1957	阿纳托尔·拉波波特发现了第一个现在被称为偏置网络中的"优先连接机制"（preferential attachment mechanism），即连接高连接度的节点以雪球效应吸引更多的连接。这个机制立足于统计学家乔治·U. 尤尔（George U. Yule）于1925年开创的随机过程①。同年，美国海军发明了计划评估和审查技术（Program Evaluation and Review Technique，PERT）。这是一种用于复杂项目管理的网络方法，被应用于北极星核潜艇项目。西蒙（Simon）认为这是一种前所未有的复杂人工制品。
1958	利用数学模型预测世界人口的相互关联度，首次推测出所谓的"小世界现象"（Small World Phenomenon）。这一概念最早由德·索拉·普尔和科肯（De Sola Pool and Kochen, 1978）提出，并在20年后发表在《社会网络》（Social Networks）杂志的第一期上。
1960	哈佛大学社会关系系的美国社会学家哈里森·怀特（Harrison White）正式将社会网络分析确立为一个研究领域。
1961	弗兰克·哈拉里（Frank Harary）在《冲突解决》杂志（The Journal of Conflict Resolution）上发表了第一篇关于国际关系社会网络分析的文章，该文章基于实证参考图论模型，适用于中东地区。
1963	怀特（White, 1963）和博伊德（Boyd, 1969）的人类亲属关系系统研究为社会网络角色和地位形式理论奠定了数学基础。

---

① 在1999年，巴拉巴西和阿尔伯特重新提出优先连接机制，用于解释随机网络中出现标度现象的原因（Barabasi and Albert, 1999），距阿纳托尔·拉波波特关于偏置网络的研究已经过去几十年。

1965　　托马斯·萨蒂（Thomas Saaty）是 20 世纪最伟大的应用数学家之一，出版了极富影响力的专著《有限图与网络：应用导论》（*Finite Graphs and Networks: an Introduction with Applications*），随后于 1968 年他发表了论文《论政治中一些问题的数学结构》（*On Mathematical Structures in Some Problems in Politics.*）。首次在科学合作者网络中揭示了幂律（de Solla Price, 1965）。

1967　　社会心理学家斯坦利·米尔格拉姆（Stanley Milgram）证实了德·索拉·普尔和科肯十年前所推测的所谓"小世界现象"。他展示了最多通过六个中间人，你就可以认识任何一个陌生人，这也被称为六度空间理论。

1970　　社会网络分析师和图论建模师开始研究随着时间演变的网络，即现在所说的动态网络（Wasserman and Faust, 1994: 16; Breiger et al., 2003）。

1971　　社会网络分析师弗朗索瓦·洛兰（François Lorrain）和哈里森·怀特形式化了社会角色的概念。计算机程序 SOCPAC I 用于结构分析社会测量数据，由 S. 莱茵哈特（S. Leinhart）用 Fortran IV 语言编写，并在《行为科学》（*Behavioral Science*）期刊上发表。

1977　　国际社会网络分析协会（INSNA）是全球领先的专业社会网络分析组织，由巴里·韦尔曼（Barry Wellman）创立。

1980　　林顿·弗里曼（Linton Freeman）发布社会网络分析计算机软件 UCINET 1.0。

1981　　国际社会网络分析协会的第一届国际社会网络会议（Sunbelt I）在佛罗里达州坦帕市举行，人类学家 H. 拉塞尔·伯纳德（H. Russell Bernard）担任主题演讲嘉宾。

1983　　社会学家马克·格拉诺维特（Mark Granovetter）发现了"弱关系的力量"（The Strength of Weak Ties）。

1991　　格拉诺维特发表了剑桥大学出版社关于社会科学中结构分析的系列专著。

1994　　斯坦利·沃瑟曼（Stanley Wasserman）和凯瑟琳·福斯特（Katherine Faust）出版了第一本（至今最全面的）社会网络分析教科书，共 825 页。

1996　　韦尔曼及其合作者开始研究借由互联网产生的计算机支持的社会网络（CSSNs），并使其成为一个新兴领域。

1998   基于指数随机图模型，沃茨（Watts）和斯特罗加茨（Strogatz）提出了一个小世界模型，作为一个高度抽象的简单社会网络，其中包含 g 个节点和具有一致常数节点度 d（表示与每个节点相连的链接数量）。这一模型引入了统计物理学的分析方法[①]。

1999   互联网和万维网的幂律或无标度结构得到了验证（Faloutsos et al. 1999; Albert et al. 1999）。

2000   巴拉特（Barrat）和魏格特（Weigt）在 2000 年引入了一种新的聚集度测量指标，称为巴拉特 - 魏格特聚集系数 C（Barrat and Weigt，2000）。

2001   瑞典社会学家弗雷德里克·利利耶罗斯（Fredrik Liljeros）及其合作者证明，一个无标度网络中的性行为放荡的个体可以使性传播疾病能够快速通过高度连接的节点传播。

2002   沃茨提出了 d 正则随机网络（ d -regular）中"全局级联"（global cascades）的二元决策模型（Watts , 2000）。

2003   美国国家科学院发布了第一份动态网络综合调查报告（Breiger et al., 2003）。

2004   基于对数逻辑型 p* 指数随机图（Exponential Random Graph, ERG）网络模型的计算机仿真表明，参数值的组合可以促使各种网络结构的出现，包括小世界网络（Robins et al. 2005, 2007）。

2011   《社会网络分析手册》（The SAGE Handbook of Social Network Analysis）作为"首次尝试以单卷形式概述社会网络分析范式"的期刊出版（Carrington and Scott, 2011:1）。

社会网络是如何产生的？大约 10 万至 1 万年前，人类作为一个物种的大部分共同历史时期内，只生活在特定亲属网络或家庭、大家庭网络中。这些主要社会网络的迁徙大约发生在 10 万年前，他们"走出非洲"，并在此后数万年内保持着相同的社会结构。从 1 万年

[①]   沃茨 - 斯特罗加茨（Watts-Strogatz）模型是 k-regular 的，其中节点度 δ 的方差 Var(d) 等于零，属于非常罕见的社会网络类别（Wasserman and Faust, 1994）。在物理学中，节点度 δ 使用符号 k 表示，这导致了术语和符号的混淆。物理学中有关节点度 δ 的其他术语包括邻居数量、节点连通性、最近邻节点、有线顶点等，这使人们联想到社会科学家所指出的术语混淆问题（Sartori, 1970; Collier and Gerring, 2009）。在社会网络分析中，节点度 δ 是标准术语。

前开始，狩猎采集社会的社会形态中出现了第一个非亲属网络，其形式是简单的酋邦——第一个网络的网络（Networks-of-Networks）。一些酋邦的网络在不久后演变成国家，形成了网络的网络中的第一个社会网络，其中国家 = 网络（酋邦 = 家庭网络）。大约 6000 年前，在所谓的中东乌鲁克时期（约公元前 3750—3500 年；Rothman 2001; Algaze 2008），各国在中东形成了第一个州际网络。这些阶段性转变构成了"人类社会网络的世界历史"，总结见表 4.1。

表 4.1　根据系统体系网络顺序 $O(N)$，100000 年至 5000 年前的最早社会网络的起源和演变

年（BC）	网络 N	组织	网络顺序 $O(N)$
3000	联盟	国家（State）组织[①]	4
4000	国家（State）	非亲属群体	3
10000	酋邦（Cheifdoms）	第一个非亲属群体	2
100000	家庭	亲属关系个人	1

☞ 4.3　网络的定义

社会网络由多个组成部分构成，包括实体（参与者、价值观、情感、想法、位置、属性）、关系（链接、联系、关联、隶属关系、互动、评价）和聚合（二元、三元、组和子群）。在本节中，我们先探讨概念，再介绍一些必要的定量、数学和计算。图论、代数方法、矩阵代数和概率论为社会网络分析提供了主要的数学基础，它们共同代表了一系列科学上丰富而强大的思想，这也解释了为什么社会网络模型在计算社会科学中扮演着如此重要的角色。"图论既提供了一种恰当的社会网络的表达方式，也提供了一组可用于研究社会网络形式属性的概念"（Wasserman and Faust，1994）。从形式上讲，图之于网络就如同决策理论模型之于决策、微分方程之于动力系统、博弈论模型之于战略交互一样。

网络 N 由有限的实体集 N（即节点或顶点）组成，用 $\{n_1, n_2, n_3, ..., n_g\}$ 表示，以及

[①]　国家组织（organizations of states），在当代社会（政治）科学术语中被称为国际组织，于19世纪初形成。1815 年的维也纳会议上创造了"相变"（phase transition，将在第 6 章中进行阐述），因而产生了该术语。

在节点集 N 上定义的一组关系 L（即线、链或边），用 $\{l_1, l_2, l_3, ..., l_L\}$[①] 表示，组成。见图 4.1，注意，$g$ 是 N 的基数或 $\mathcal{N}$ 中节点的总数。对于定向对（directional pairs），L 的基数为 $L = \begin{pmatrix} g \\ 2 \end{pmatrix} = g(g-1)$。节点 i 和节点 j 之间的方向关系用 $n_i \rightarrow n_j$ 或 x_{ij} 表示。图 4.2 显示了一个简单的示例。

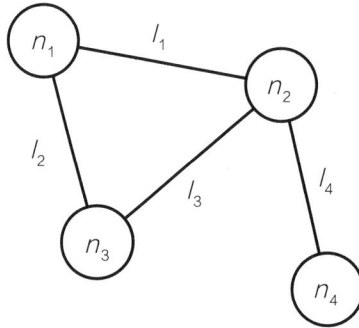

图 4.1 由节点和链路组成的社会网络

注：在这个网络中，$g = 4$ 个节点，$L = 4$ 个链路。

这是一个基本概念，许多其他类型的网络概念、模型和方法都建立在这个概念之上。正如我们将看到的，在推进我们对社会网络理解的方面，它实际上存在着无限的可能性，而且最重要的是，在科学上具有深刻的洞察力。

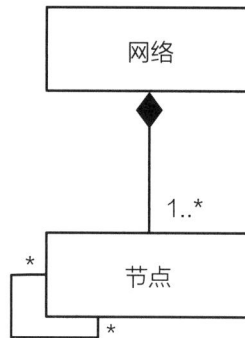

图 4.2 通过 UML 类图表示的社会网络

注：社会网络可以通过 UML 类图来表示，其中该对象由与网络相关联的节点对象组成，通过组合关系进行表示。

---

① 注意社会实体转化为图论节点和社会关系转化为边的形式数学转换。

4.3.1　作为类对象（Class Object）的社会网络

正如我们刚才所看到的，社会网络的经典定义形式是一个有限图，这一传统可以追溯到 20 世纪 50 年代末 60 年代初的先驱们的开创性研究，早于初始的面向对象建模。请翻阅第 2 章中介绍的组合（composition，用实心菱形标记◆）和聚合（aggregation，用空心菱形标记◇）之间的区别。基于社会网络 N 作为图的定义，从计算的角度来看，我们也可以将网络视为一个类，类是一种通用的社会对象类型，它由各种类型的节点组成（不仅仅是聚合），这些节点之间可以有任意数量的关系。

图 4.2 中使用 UML 类图说明了将社会网络视为具有对象实例的类的概念。我们使用简略的类图（尚未指定属性或方法），只关注主要的相关实体，即网络 N 及其节点 N 和关系 L。换句话说，在网络中，节点的自关联具有任意的多重性。这是理解社会网络本质的一种富有洞察力的视角，这一视角从图论的角度看并不明显。这种社会网络的对象模型与图模型相辅相成，就像同一现象的替代模型相互补充一样[1]。

还要注意，节点与其所属网络之间的关联类型是构成关联，而不仅仅是聚合关联。为什么呢？因为节点在网络之外没有社会意义，而它在网络中时即使与其他节点隔离开了，也是有社会意义的，此时它被称为孤立节点（isolate node）。因此，节点与其所属网络之间的关系是一种构成关系，因为节点的存在和意义是依赖于网络的。

4.3.2　社会网络的关系类型

社会网络 N 的核心概念有几个变体，这些变体对于社会关系的性质和网络的状态具有重要意义（参见图 4.3）。

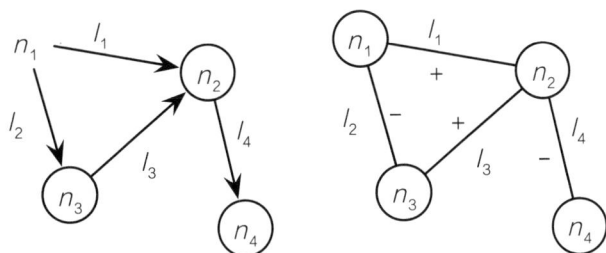

---

[1]　同一现象互补模型的一个经典例子是光的波模型和粒子模型。

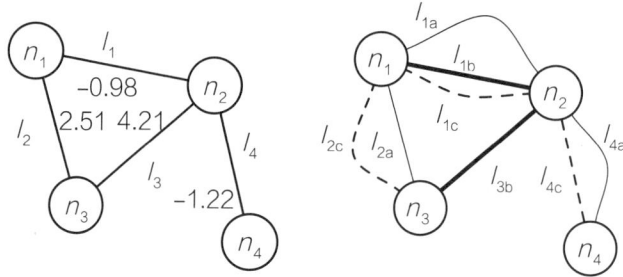

图 4.3 根据它们的社会关系 $L\{l_{1,2,\cdots,L}\}$ 将社会网络分为不同类型

注：左上角，有向网络或有向图 $\mathcal{D}$。右上角，带有价值的有符号图 φ。左下角，带权重的网络 $\mathcal{W}$。右下角，多重网络 $\mathcal{M}$，节点之间可能存在各种类型的社会关系。

有向网络或有向图（directed network or digraph）$\mathcal{D}$（参见图 4.3 左上角）是一种具有定向社会关系的社会网络。在简单网络中，节点之间的连接没有明确的方向，但在有向图中，每条线或关联都具有明确的方向。这一类社会网络广泛应用于社会科学中，它包含各种各样的交易网络，这些交易网络由节点之间的流动构成，交易流通一般指的是人员（例如移民、游客、难民、外交官或国际学生）、货币或商品（贸易交易）或其他资源（如进出口和信息）的流动。对于所有具有方向性的数据，社会网络分析通常可以使用有向图来将其符号化。在图 4.3 的左上方可见该类型的网络示例。

有符号网络（signed network）或价值网络（valued network）φ 是一种具有价值符号（+、−、0）的社会网络（参见图 4.3 右上角）。例如，在政治中，存在盟友、对手和中立者等类型的关系。在心理学中，信念系统由叠加、相反或无关的思想组成，这些状态都通过符号来标记。情感控制理论是由弗里茨·海德、莱昂·费斯汀格（Leon Festinger）和罗伯特·阿伯森（Robert Abelson）等人基于价值网络和认知一致性逻辑开创的。

加权网络 $\mathcal{W}$ 是指具有某种权重或强度的链接网络（参见图 4.3 左下角）。例如，城市之间的网络可以通过它们之间的两两距离来表示，就像旅行者地图中的表格。类似地，机场之间可以通过飞行时间来连接。其他类型的加权网络包括国家之间的贸易量、友谊关系的亲密度以及许多其他常见的社会网络。

多重网络 $\mathcal{M}$ 是一种节点之间具有一个或多个多重关联或并行关联的社会网络（参见图 4.3 右下角）。换句话说，社会关系集合 L 包含了节点之间的多个社会联系。举例来说，有一个小型公司，其中包含一组雇员 n。在这种情况下，雇员之间的关联可以通过各种方式建立，不仅局限于在同一小公司工作的关系。他们可能通过亲属、居住社区、对公司目标或产品的共同热情以及友谊等关系方式相互联系。这种多重关联为社会交互带来了许多可能性。从实证的角度来看，许多现实世界中的网络都是多重网络，包括家庭网络、其他简单网络以及大型复杂网络（如国际组织）。然而，在实践中，大多数社会网络分析仍限制于单一关系网络。

路径在社会网络分析中具有重要意义。欧拉路径（eulerian path）是指每条链路恰好都只经过一次的路径。哈密顿路径（hamiltonian path）是指每个节点只访问一次的路径。哈密顿距离由哈密顿路径所经过的节点数量来定义。

4.3.3 分析层级（Level of Analysis）

分析级别是社会网络架构结构中的一个重要方面。下面不同层次的分析是从微观到宏观自下而上区分的。

节点层级（Nodal Level）：社会网络分析中分析最详细的级别，关注节点实体的属性，包括节点度数、中心性、显著性、地位以及其他重要角色，例如桥梁或孤立实体。节点是一个对象，属性封装在节点中。节点属性可以是各种数据类型（整数、字符串、布尔值等），或者对应于史蒂文斯量表中的相应值：定类、定序、定距和定比。社会网络中的节点层级分析通常涉及统计频率分布及其相关的数学模型，如概率分布。我们将在章节 4.6 中探讨这些问题。

二元层级（Dyadic Level）：可以从多个角度将关系对（relational pair）作为二进制单元进行分析，包括但不限于关系的属性。图 4.3 中的所有网络都包含二元组。4.3.2 节中介绍了不同类型的网络，因此二元级别的重要性十分明确：社会网络中二元组的性质可以决定网络的性质。

三元层级（Triadic Level）：社会网络三元组比较重要，因为它们在平衡过程和传递关系等方面发挥着重要作用。从心理信念系统中的认知平衡（敌人的朋友也是敌人）到国际关系和联盟体系中的政治动态，网络三元组在社会网络的各个层面都很重要。三元组还是更复杂社会网络的基本组成部分。

N 元层级（N-adic Level）：通过归纳，社会网络分析可以研究任意单位节点和关系的聚合，直至聚合整个网络。如果 $N = g$ 表示网络中节点的总数，则 g 元级别的分析与整个社会网络 N 的分析相同。这些 N 元级别的分析在通信研究等领域非常重要，在这些领域中各种类型的元素都可以用二元组到完整网络之间的子网络范围来定义，并进行组合。

网络层级（Network Level）：最抽象的层级，它定义了一组概念、度量和属性，用于研究宏观级别和总体属性，如规模、直径、连通性、中心化、密度等。在网络层级上的分析可能涉及聚合、新兴属性和现象，因此，网络层级最常与复杂系统分析相关联。

目前我们对社会网络的了解大部分集中在节点层级和网络层级上，然而每个中间层级也有相应的度量指标，我们将在下文进一步探讨。原则上任何社会网络都可以在充足的数据基础上进行详细的数量描述，无论网络的具体结构如何。这种详细的数量描述对于理解网络结构非常重要。

跨层级分析（Cross-Level Analysis）：是指研究涉及多个网络层级的属性和动态，在计算社会科学中具有重要的科学意义。这种分析方法旨在探索在不同网络层级上发生的关键性变化，以及这些变化如何对整个网络系统产生影响。例如，某个节点层级的重要变化可能对整体网络层级的相变产生重要影响。跨层级分析有助于我们更深入地理解社会网络的属性和结构，并探索网络中的各种动态过程。在进一步了解社会网络的属性和结构之后，我们将进一步讨论这些以及其他网络动态。

4.3.4　动态网络（Dynamic Networks）

到目前为止，我们已经从静态角度研究了社会网络，当网络的组成或结构在给定的时间段（历元）内相对稳定不变或呈现静态时，这种观点是合理的。然而实际情况并不总是如此。

动态网络 $N(t)$ 是一种状态随时间 t 的变化而变化的社会网络。动态网络会展现出多种有趣的行为形式，包括成核、增长、进化、转化、解体、衰退或终止等。动态网络有相对简单和高度复杂等不同形态，取决于所分析的社会网络及其环境。

举例来说，一个具有固定开始和结束时间的小型团体，就是一个相对简单的动态网络，如航空公司的航班与乘客，或有组织者和参与者的仪式。相比之下，国际组织的演变，从欧共体（Concert of Europe）到今天的联合国系统，或者恐怖网络如基地组织及其附属组织的发展，代表着极其复杂的动态网络。

历史上最古老的非亲属动态网络最早可以追溯到 5000 年前的亚洲贸易网络，晚一些的则起源于美洲的贸易网络，这些网络的演化过程可能非常复杂。在接下来的章节中，我们将深入探讨动态网络的相关内容。注意，关于社会网络 N 的重要概念和思想的定义都是独立于网络的特定结构或特殊特征的。也就是说，无论被研究的社会网络的具体性质如何，其特性都是成立的。

☞ 4.4　基本社会网络结构

现实世界中的社会网络根据其"架构"不同存在着差异。然而，某些类型的结构模式具有重要的属性和复现性，我们称为"基元结构"。"基元结构"的单独表现或与其他结构模式的组合都十分重要。在本节中，我们将定义并举例说明这些不同类型的社会网络，并在下一节中介绍用不同分析层级测量它们属性的定量方法。

不同类型网络的图以及它们的相关矩阵和属性测度如图 4.4 所示，我们将在下一节中进行解释[①]。图中所有的社会网络都没有提及其关系类型（即有向、有值、加权或多重）。它们的关系类型取决于其二元体的性质。此外，图中的六个网络都具有相同的大小（节点数＝5，这是本章稍后定义的属性），但其他结构有所不同。

在本章的后面，我们将更详细地研究每个属性。现在，我们通过一些简单或复杂的结构类型来理解各种结构类型。熟悉网络结构的术语对于交流和讨论网络结构的特征和特性非常重要，以下是对社会网络中一些重要结构的简要描述，所列的社会网络较为常见，按复杂性升序的大致排列为：

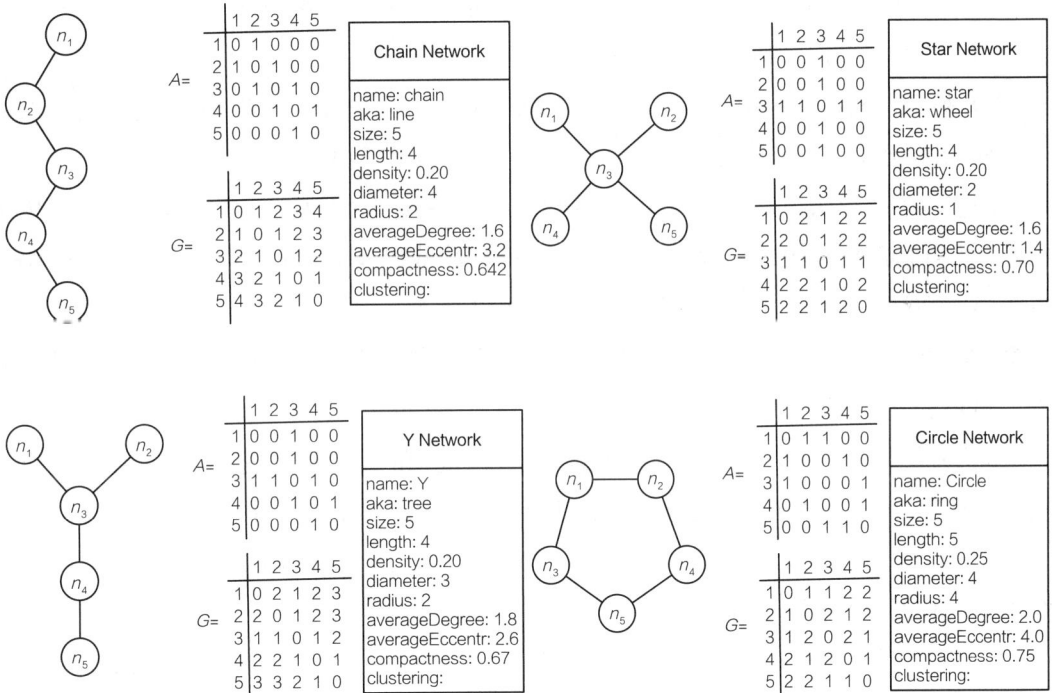

Chain Network

$A=$
	1	2	3	4	5
1	0	1	0	0	0
2	1	0	1	0	0
3	0	1	0	1	0
4	0	0	1	0	1
5	0	0	0	1	0

$G=$
	1	2	3	4	5
1	0	1	2	3	4
2	1	0	1	2	3
3	2	1	0	1	2
4	3	2	1	0	1
5	4	3	2	1	0

name: chain
aka: line
size: 5
length: 4
density: 0.20
diameter: 4
radius: 2
averageDegree: 1.6
averageEccentr: 3.2
compactness: 0.642
clustering:

Star Network

$A=$
	1	2	3	4	5
1	0	0	1	0	0
2	0	0	1	0	0
3	1	1	0	1	1
4	0	0	1	0	0
5	0	0	1	0	0

$G=$
	1	2	3	4	5
1	0	2	1	2	2
2	2	0	1	2	2
3	1	1	0	1	1
4	2	2	1	0	2
5	2	2	1	2	0

name: star
aka: wheel
size: 5
length: 4
density: 0.20
diameter: 2
radius: 1
averageDegree: 1.6
averageEccentr: 1.4
compactness: 0.70
clustering:

Y Network

$A=$
	1	2	3	4	5
1	0	0	1	0	0
2	0	0	1	0	0
3	1	1	0	1	0
4	0	0	1	0	1
5	0	0	0	1	0

$G=$
	1	2	3	4	5
1	0	2	1	2	3
2	2	0	1	2	3
3	1	1	0	1	2
4	2	2	1	0	1
5	3	3	2	1	0

name: Y
aka: tree
size: 5
length: 4
density: 0.20
diameter: 3
radius: 2
averageDegree: 1.8
averageEccentr: 2.6
compactness: 0.67
clustering:

Circle Network

$A=$
	1	2	3	4	5
1	0	1	1	0	0
2	1	0	0	1	0
3	1	0	0	0	1
4	0	1	0	0	1
5	0	0	1	1	0

$G=$
	1	2	3	4	5
1	0	1	1	2	2
2	1	0	2	1	2
3	1	2	0	2	1
4	2	1	2	0	1
5	2	2	1	1	0

name: Circle
aka: ring
size: 5
length: 5
density: 0.25
diameter: 4
radius: 4
averageDegree: 2.0
averageEccentr: 4.0
compactness: 0.75
clustering:

[①]　图中所示的前四种网络结构，即众所周知的链式、轮状、Y 状和圆形网络，可以称为巴维拉斯网络（Bavelas Networks），以麻省理工学院社会心理学家 Bavelas 的名字命名，是他首先在通信网络的背景下研究了这种网络的性质。

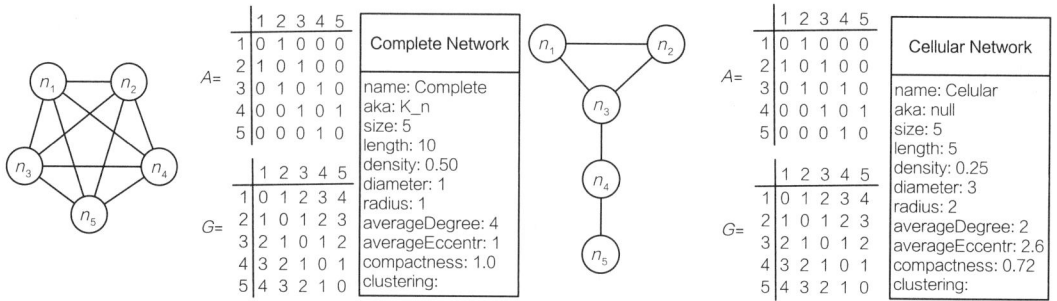

图 4.4　根据其架构划分的社会网络的结构类型

注：左上角，链式网络。右上角，星形网络。左中，Y 型网络。右中，圆形网络。左下角，完整网络。右下角，细胞网络。每种结构类型都由其关联图、邻接矩阵 A 和测地矩阵 G 表示。

简单网络（Simple Network）：没有环路或并行链路、多链路的网络。图 4.4 中的所有社会网络都很简单。

链式网络（Chain Network）：一系列节点，也称为线路网络（Line Network）。常见的社会案例是供应链和多级流程。

星形网络（Star Network）：中心节点与所有其他节点呈放射状连接，也称为轮状网络（Wheel Network）。这个网络的结构更加集中，层级组织有这种共同结构。

Y 型网络（Y-Network）：终端路径裂开或磨损的链状网络，这种结构也被称为树状网络。社会案例包括组织图表、所有形式广泛的游戏以及分支过程等。树状结构（Tree Network）在计算机算法中也很常见。

森林网络（Forest Network）：一组没有连接的树状网络。尽管没有连接，但其社会网络也可以是一组树状网络或其他网络。

环形网络（Circle Network）：节点以环形方式连接的闭合链，也被称为圆圈，类似于链式网络，但没有终端节点，是迄今为止所见结构中层次最少的一种。

循环网络（Cyclic Network）：包含一个或多个循环，最小的循环是三元组。图 4.4 中的完整网络和细胞网络即是循环网络。

非循环网络（Acyclic Network）：不包含循环的网络。链网络、星形网络和 Y 型网络都是非循环网络。

连通网络（Connected Network）：每对节点至少由一条链连接，图 4.4 中的六个社会网络都是连通网络。

组件网络（Component Network）：一个断开的子图，如森林网络的组成部分树状网络。

完整网络（Complete Network）：每个节点都与所有其他节点相连接。完整网络如图 4.4 左下角所示。完整网络具有最大的通信能力，它表示层级缺失或不缺失取决于节点的性质。

二分网络（Bipartite Network）：一种具有节点集的网络，该节点集可以划分为两个不相交的集 N_1 和 N_2，使得每个链路的一端在 N_1，另一端在 N_2。政党关系、难民营及其所在国家的名单、电话簿、价目表，以及国家和首都名单都是常见的二分网络。

细胞网络（Cellular Network）：一个或多个节点有一个完整图的网络。图 4.4 中的最后一个例子是细胞网络。恐怖主义网络往往是这种组织网络。

非平面网络（Nonplanar Network）：一种不能在二维层面上绘制的网络。大多数社会网络都是非平面的，是流行媒体中典型的"毛球"图。五个巴维拉斯网络都是平面的，所有森林网络及其复合物也是平面的。

随机网络（Random Network）：其节点之间形成链路的概率由一些概率过程控制。社会例子包括人们偶然相识构成的关系网络，包含有意从彩票中抽取的二元组的社会网络，以及各种增长过程。

小世界网络（Small-World Network）：大多数节点彼此不相邻，但可以通过少量链接从其他节点到达。这种社会结构或多或少介于一个完整的网络和一个只有邻居的简单网络结构之间。

无标度网络（Scale-Free Network）：其度分布遵循幂律，网络中的大多数节点几乎没有邻点，有些节点有更多的邻点，只有少数节点有大量的链路。

大规模网络（Broad-Scale Network）：与无标度网络相同，但具有明显的截断，因此没有幂律预期的那么多高度连接的节点。

单级标度网络（Single-Scale Network）：具有度分布的社会结构，其特征是尾部快速衰减，即非幂律。

互联网和万维网是两个截然不同的网络。前者是计算机的物理网络，而后者是经由统一源定位符（URL）起作用的超链接网络。两者中更具社会性的是万维网，因为人们与 URL（例如，社交媒体网站、个人页面等）的联系更紧密，而互联网主要是由通信系统和硬件连接相关的服务器网络。

☞4.5　网络矩阵

给定社会网络 N 的关系结构由矩阵 M_N 表示。多个图矩阵可以提供社会网络的规范定义。当社会网络根据链接或相邻邻居来定义时，网络矩阵 A 被称为社会矩阵（Moreno，1934）或邻接矩阵，其中 a_{ij} 表示二进制 $g \times g$ 社会矩阵 A_r 的元素。社会矩阵是严格根据节点集来定义的。其他社会网络矩阵也可以通过选择不同的集合（例如 L）及其组合来定义。

社会网络分析运用线性代数中的传统矩阵符号以及简单的表格符号，以完整的形式表述社会矩阵：

$$
A_{g \times g} = \begin{pmatrix} a_{11} & a_{12} & & a_{1g} \\ a_{21} & a_{22} & & a_{2g} \\ & & & \\ a_{g1} & a_{g2} & & a_{gg} \end{pmatrix} = \begin{array}{c|ccc} & n_1 & n_2 & n_g \\ \hline n_1 & a_{11} & a_{12} & a_{1g} \\ n_2 & a_{21} & a_{22} & a_{2g} \\ & & & \\ n_g & a_{g1} & a_{g2} & a_{gg} \end{array}
\tag{4.1}
$$

距离矩阵 D_N 定义所有连接节点之间的距离最小的路径，其中每个元素 $d_{ij} \in D_{g \times g}$ 表示最小数量的节点之间的联系和节点 n_j。

👉 4.6 社会网络的定量度量

社会网络度量有两个主要类别：微观层面的节点度量，即节点属性；宏观层面的网络度量，即表征整个网络结构特征的聚合属性。子群或子网测量（例如群体）只是后者（例如群体大小或密度）的受限版本。无论是在节点层级还是网络层级上，这些度量方式都可以视为相应对象的属性。图 4.5 概括了该想法，分析了每个属性的具体度量。

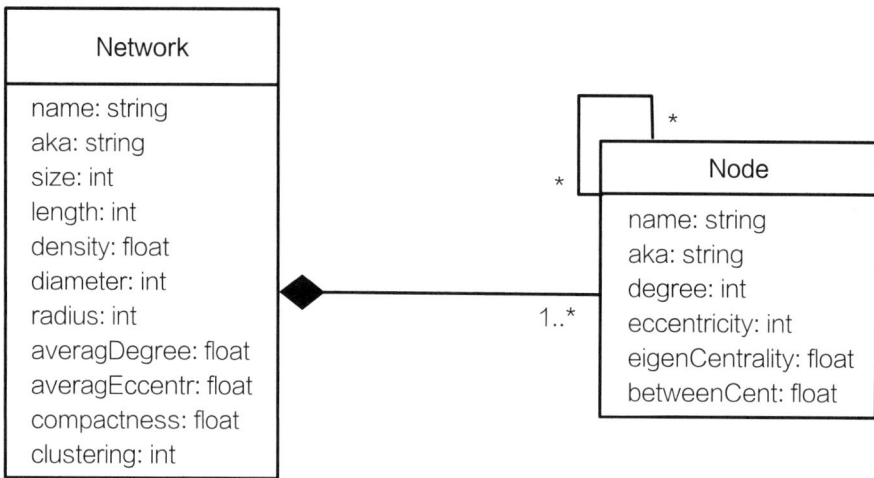

图 4.5 社会网络变量图

注：社会网络的长格式 UML 类图被建模为由通过组合与网络相关联的节点对象组成的对象。该模型突出了网络的节点组成，同时将网络链接置于后台。

4.6.1　微观层面：节点度量

以下节点度量都是基于节点 n_j、$\in N$ 定义的。每个节点度量都是节点对象的一种属性，因此每个节点都具有这些度量以及其他可能有意义的度量。新的度量方法一直在被发现，历史上第一个节点度量是节点的度（degree）。其中一些度量不只有内在的价值，也可以用于定义整个网络的宏观级别度量。

度（Degree）：$\delta(n_i) = \delta_i = \sum_j a_{ij}$ 是节点上发生的链接数，是社会矩阵中一个节点的 a_{ij} 元素的总和，偶发事件可以更改节点的数量。度是一种衡量中心性的指标，有时被称为度中心性（与下文定义的其他类型的中心性相反）。

距离（Distance）：n_i 和 n_j 之间的距离 $= d(n_i, n_j) = d$，是连接 n_i 和 n_j 的所有链中的最小（所谓的测地线）链接数。因此，对于所有 $n_i \in N, d(n_i, n_j) = 0$。

偏心率（Eccentricity）：$(n_i) = i$。节点 n_i 和任何其他节点 n_j 之间的最大测地线距离（即最短路径）。节点的偏心率则衡量了节点与整个网络中最远端节点（边界）之间的距离。由于偏心率是节点的一个属性，对于一个图中的每个节点，都可以计算出一个偏心率值。

特征向量中心性（Eigenvector Centrality）：$c_e(n_i) = \lambda \sum_j a_{ij} e_j$，其中 λ 是特征值，e_j 是特征向量中心度数，与节点度相同，但按每个事件或相邻节点的中心度加权。节点影响力的度量是特征向量中心性的一个变体，启发了谷歌 PageRank 度量的模型。给定两个具有相同程度的节点，链接到其他具有高度数的节点的将具有更大的影响（特征值中心性）。

介数中心性（Betweenness Centrality）：即一个节点在其他两个节点之间的最短路径中桥接的次数，是从所有顶点到通过该节点的所有其他路径的测地线路径数。

4.6.2　宏观层面：网络度量

以下是针对给定网络 (n,l) 定义的宏观层面度量，与前面的符号一致。六种基本网络结构如图 4.4 所示。

大小　$S = \mathrm{card}(N) = |N|$。实体集 N 中的节点总数，图 4.4 中所有基本网络的大小相同（$S=5$）。社会网络因规模而异，从小到大（例如，大数据网络）。

长度　$L = \mathrm{card}(L) = |L|$。关系集 L 中的链路总数。

密度　$Q = L / S(S-1) = L / (S^2 - S) \approx L / S^2$（对于大 S），实际链路的数量与 N 中可能链路总数的比值。因此，网络密度与网络长度成线性比例，与网络大小的平方成反比。有趣的是，对于等长（链路数量相同）的网络，$Q \propto 1/S^2$ 是一个幂律，也是一个普遍性质，因为它独立于网络结构而出现。

直径　$D = max_{n_i \in N} (n_i)$，最大节点偏心率，网络中的最大测地线距离。

半径 $R = \epsilon_{n_i \in N} \in (n_i)$，最小节点偏心率，网络中的最小测地线距离。

平均度数 $\bar{\delta} = 2L / S = Q(S-1)$，测量网络中节点的一般连通性，除大小之外最常见的网络统计，只要其分布表现良好（例如，非多峰分布或高度偏斜），就能提供信息。

度分布偏度（Degree Skewness）$Skew(\delta) = (\bar{\delta} - \hat{\delta}) / \sigma_{\delta}$（遵循皮尔逊方程），对于检测非平衡分布非常重要，因为度的分布可以有多种形式。

平均离心率 $\bar{\epsilon}$ 测量网络的总体"宽度"，与所有平均值一样，应根据有关其分布的信息对其进行有条件的解释。

紧密度（Compactness）C 由如下方程式定义

$$C = \frac{\sum_{i \neq j}(1/d_{ij})}{S(S-1)} \tag{4.2}$$

其中 d_{ij} 是网络中的二元距离。注意，二元距离（dyadic distances）必须使用测地线距离矩阵 G 来计算，以导出 $G^* = \{1/d_{ij}\}$。图 4.4 中的基本社会结构的紧密度从 0.642（链式网络）到 1.0（完全网络）不等。

☞ 4.7 作为三元关联的动态（动力学）（Dynamic, or Kinetic Networks）网络

到目前为止，我们在本章中讨论的所有网络形式上都是静态的，因为我们假设它们的基本结构特征不会随着时间的推移而改变，而动态网络是指节点或链路数量发生变化的网络[①]。

前文中，我们看到了社会网络如何被视为网络和节点对象之间的二元关联（第 4.3.1 节和图 4.2）。在真实的社会世界中，实体集 N 与网络 $\mathcal{N}$ 之间的二元关联非常常见。然而，有时社会系统和过程会被建模为三元或更高的关联网络。动态网络是网络、网络节点和时间之间的三元关联的类型。

n 数组关联由 n 个类之间的关系组成。$n = 3$ 的一组并发动态网络就是一个例子，如图 4.6 所示。请注意，这种情况下的关联并不完全属于这三个类中的任何一个，相反，关联同时依赖于三个类。在图 4.6 中，乘法受到如下约束：①一个节点（行动者）在任何给定时间都可能属于多达 q 个网络；②在给定年份中，每个网络可以有 1 到 g 个节点；③节

[①] 从词源学上讲，"动态（dynamic）"一词应该保留于分析作为某种力的函数的变化，如希腊词根 dyneros 所示，意思是力。术语运动学（kinematil）或动力学（kinetic）也意味着变化，但没有归因于或明确处理因果力。不幸的是，在社会科学中，将动态称为任何随时间变化的事物已经变得很常见。正确的说法是"kinetic"或"kine·matic"。

点（行动者）可以属于任何给定网络中的 0 到 n 个时间单位。

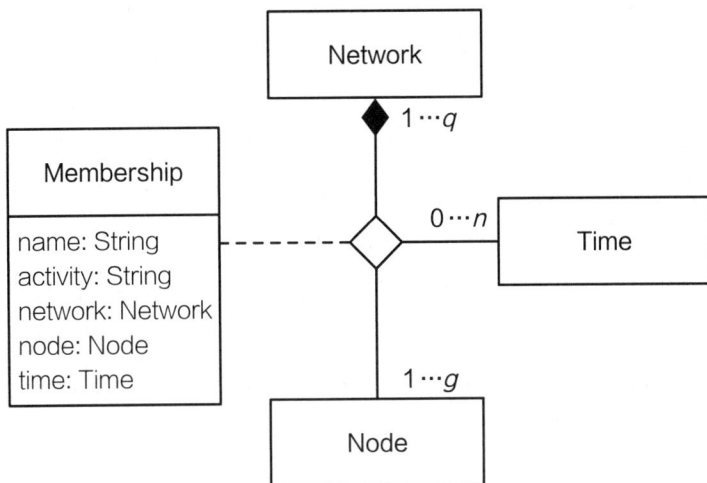

图 4.6　动态社会网络的 UML 类图

注：动态社会网络的 UML 类图，表示为具有多重性的三元关联类。关联中的每个链路对应于在 n 个时间单位的周期内一个或多个（最多 q 个）并发网络中的成员资格。

👉 **4.8　应用**

社会网络在社会科学中无处不在，极其重要。在本节中，我们将探讨社会网络在各个领域中的应用。其中一种有益的方法是从"微观"或基于个体的模型入手，即研究形成于个体思维中的模型，然后逐渐过渡到"宏观"或基于整体的模型，即研究形成于集体社会群体（如国家和国际组织）中的模型。这种方法具有综合化、层次化的特点，与威尔逊（Wilson，1998）的观点相符。多数微观模型在一定程度上都嵌入了宏观模型。

4.8.1　人类的认知和信念系统

作为人类，我们对所感知的世界形成心理图式或者意象，这些意象对于识别和理解世界非常重要。我们在判断和决策时经常使用意象，而非来自真实世界的直接的非中介数据。换句话说，我们通过个人的接收器（感官、范式、图式、理论和类似的认知结构）来感知世界，然后形成对这个世界的心理意象，以支持自己的决策和行动。意象的另一个术语是个体信念系统，以突显这些现实映射的复杂性建构。

一个信念系统的符合实际程度或多或少取决于其经验验证程度。重要的是意象的存在，无论是真实的还是想象的，我们始终在使用它们。因此，从某种意义上说，相对于它们的存在而言，意象或信念系统的符合实际程度是次要的（仅仅是众多属性之一）。信念系统也是人类跨文化的共同特征，不属于任何群体或文化独有。当然，不同的文化可能对同一现象形成不同甚至相互冲突的意象，但所有人类决策都基于个体的信念系统，这是对社会世界的有效假设。

信念系统的一个显著特征是共享性。集体信念系统是一群人共同相信的信念，例如对社会身份、文化规范和传统，或国家历史的信念。显然，集体信念系统在人类文化中普遍存在，且具有重大影响力。例如，政治文化的概念可以定义为特定政治体系成员在治理、公平、公正、社会角色和正义等问题上所持有的信念集合。

意象由一组概念实体（节点）组成，这些实体可以是有形的或无形的，它们通过各种心理联结（链接）相互连接。简单信念的一些例子如图 4.7 所示。在某些情况下，节点表示包含态度值（attitudinal values）（也称为情感评估）的行动者（如美国）。而在其他情况下，它们可以代表想法或概念（如朋友、盟友、自由、暴政等）。

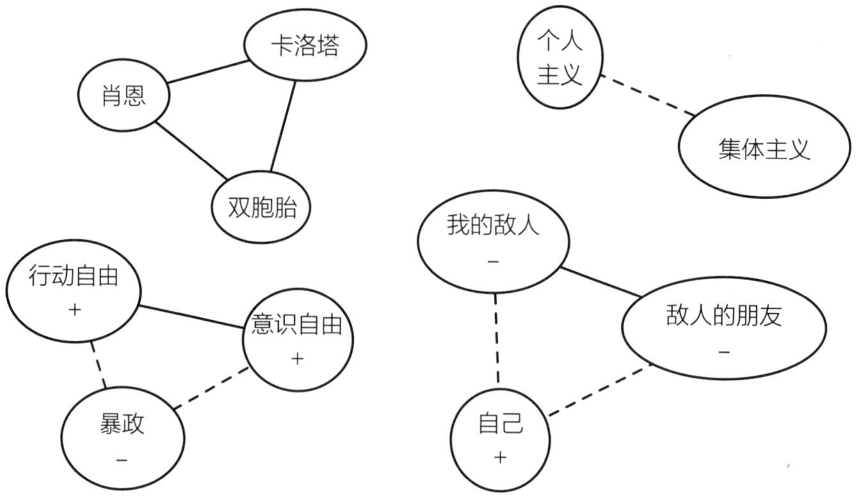

图 4.7　一些简单的信念被建模为有价值的网络

人类信念系统在计算科学上具有两个极具挑战性的显著特征。首先是其巨大的规模和不断演化的动态性。此外，由于上述特征以及其他原因，我们对其完整复杂性的理解仍相对不完全。人类信念系统由网络组成，这些网络可以跨越多个数量级（尚且缺乏高精度测量）。这一特征适用于个体信念系统和集体信念系统。我们每个人都持有一些简单的信念，就像图 4.7 中展示的那些。然而，这些只是巨大思维网络中小组件（子图）的一部分。语言学家估计，普通人大约掌握了约 10^4 个词汇。虽然这个数量刚到 10 万个词，但是可能的关联和更高层级的连接数量大约为 10^8，或者是数千万个二元链接，这还不包括三元组和更高层级（N 元，N-ary）的关联。而集体信念系统的规模可能会大数个数量级。如果每个节点和链接都保存一定数量的信息（与个人的教育或知识成比例），那么人类信念系统所包含的总信息量将是惊人的。

人类信念系统还有另外一个特征：信念系统是动态的，而不是静态的。在近一个世纪前，弗里茨·海德等社会心理学家以及后来的罗伯特·阿伯森等人发现了这一点。信念系统会因为价值观的改变而随之变化，这可能是由于新的信息，或者因为在先前的价值观中添加了新的节点和链接。例如，当一个人了解到朋友的其他朋友或敌人时，简单的信念"自己＋朋友"会发生变化，变为"自己＋朋友＋朋友的朋友"或"自己＋朋友－朋友的敌人"，具体情况可能有所不同。这种变化的吸引人之处在于整体信念系统保持一致性，这是一种重要的性质或原则，也被称为认知平衡（cognitive balance）。

认知平衡遵循符号代数的逻辑：

$$+ \cdot + = + \tag{4.3}$$
$$- \cdot - = + \tag{4.4}$$
$$+ \cdot - = - \tag{4.5}$$
$$- \cdot + = - \tag{4.6}$$

在图 4.7 中提供的简单实例清楚地展示了这一点，其中实线表示正链路，虚线表示负链路。在每种情况下，代数符号展示的结果都是正的，即使是在存在多个链路的情况下。同样的结论也适用于更广泛的个体和集体信念系统，这已经被众多研究证明。人类信念网络的认知结构是平衡的。

这是如何发生的？在信念系统不断演变的过程中，人类如何保持整体认知的一致性？显然，这要归因于四种认知平衡机制，罗伯特·阿伯森在他最著名的论文之一中发现了这点，称其为"信念困境的解决方式"（modes of resolution of belief dilemmas）：

（1）否认（Denial）。接受一个难以接受的信念的最简单方式就是否认或忽视其中有问题的部分。例如，一个人可以选择忽视朋友的朋友是自己对手这个事实，并且继续与其保持正常的友好关系。这种情况非常常见。否认机制并不是一种真正的平衡形式，因为不一致性实际上并没有得到解决，只是被忽视了。否认有时被称为一种心理防御机制。

（2）支持（Bolstering）。一种更为复杂的机制，包括强调信念系统中平衡的部分，并将其作为重要部分维护。例如，一个人可能选择强调与邻居的友谊，而非强调邻居是自己对手的亲戚。这种情况相当常见，但这并不是一个真正解决信念不一致性的过程。

（3）超越（Transcendence）。第三种方式是诉诸更高的原则，正如该术语所暗示的那样，超越不平衡的不一致性。在冷战期间，尽管双方存在关系冲突，但有必要避免超级大国之间的核战争。这时"为了和平"是一种常见的超越平衡的方式，而"为了共同利益"维护社会性的原则也是如此。超越是一种常见、强大且重要的平衡机制，用于维持社会凝聚力，在危机时期经常被使用。

（4）分化（Differentiation）。最有趣的机制是通过将一个概念分裂为两个（或更多）新派生的概念，从而产生更复杂但也更平衡更稳定结构。例如，一个人可能（＋）不喜欢某个群体（－），但由于某种原因似乎有必要与该群体保持良好的关系（＋），这会产生认知不平衡：＋·＋·－=－。可以通过区分让人讨厌"群体的坏领导者"（－）和被恶劣领导者压迫的"群体的好成员"（＋），来平衡信念。如图 4.8 所示，这种分化结构现在是平衡的。

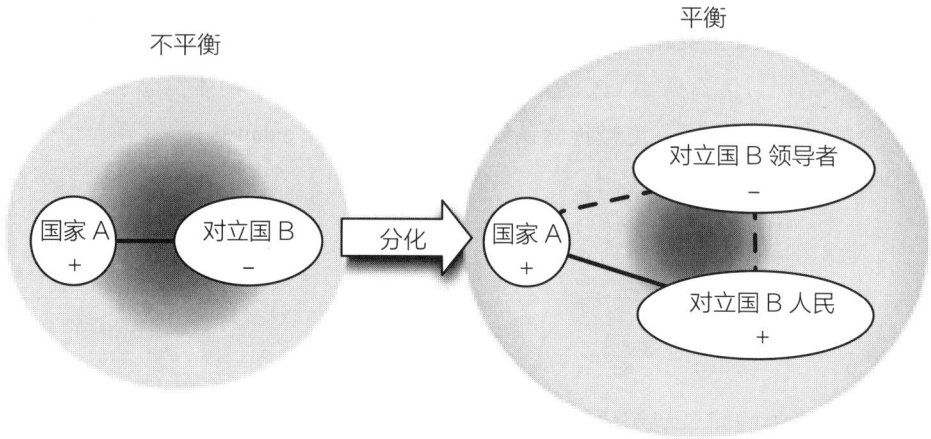

图 4.8　阿伯森分化机制的认知平衡

注：左侧，与一个不喜欢的国家保持积极关系导致认知不平衡。右侧，通过区分恶劣统治者和善良人民，并重新分配每个新关系的价值来平衡这种信念。

这四种认知平衡机制的几个特点特别值得注意。第一，它们在真正的信念平衡上有所不同，分化可以产生完全平衡，而其他三种会保持一定程度的不一致性或伪平衡。第二，由于第一个特性，分化是一种强大的机制，因为它产生了高度稳定、持久的信念，这些信念比原始的不平衡系统更复杂，但更持久，这解释了它为什么广泛存在。第三，这四种机制都是跨文化的普遍存在，在各种类型社会中都可以找到。第四，这四种认知平衡机制也是社会控制的重要手段，高明的领导者均理解其含义。这四种机制可以单独使用，也可以组合使用。最后，从计算的角度来看，尽管这些机制与人类密切相关，但在计算模型中对它们的应用相对较少。例如，它们可以在多主体模型和社会仿真中得到更广泛的应用，并且可以通过复杂性理论的性质进行研究，因为这四种机制都产生了涌现现象。

4.8.2　决策模型

超越认知层面，到达行为者做出决策的层面。我们也可以将人类决策视为一个网络。决策可以定义为在一组备选方案中进行选择，每个备选方案都与一组与之相关的结果相对应。反过来，每个结果都有两个重要属性：结果的效用价值以及其发生的概率。然后，利用效用和概率来计算每个备选方案的预期值，以选择具有最高预期值的备选方案。在理性选择理论中，这被称为贝叶斯决策模型，它是社会科学领域广泛文献的基础。

图 4.9 展示了经典的理性选择模型的网络结构。整体的网络结构类似于一组等长的线

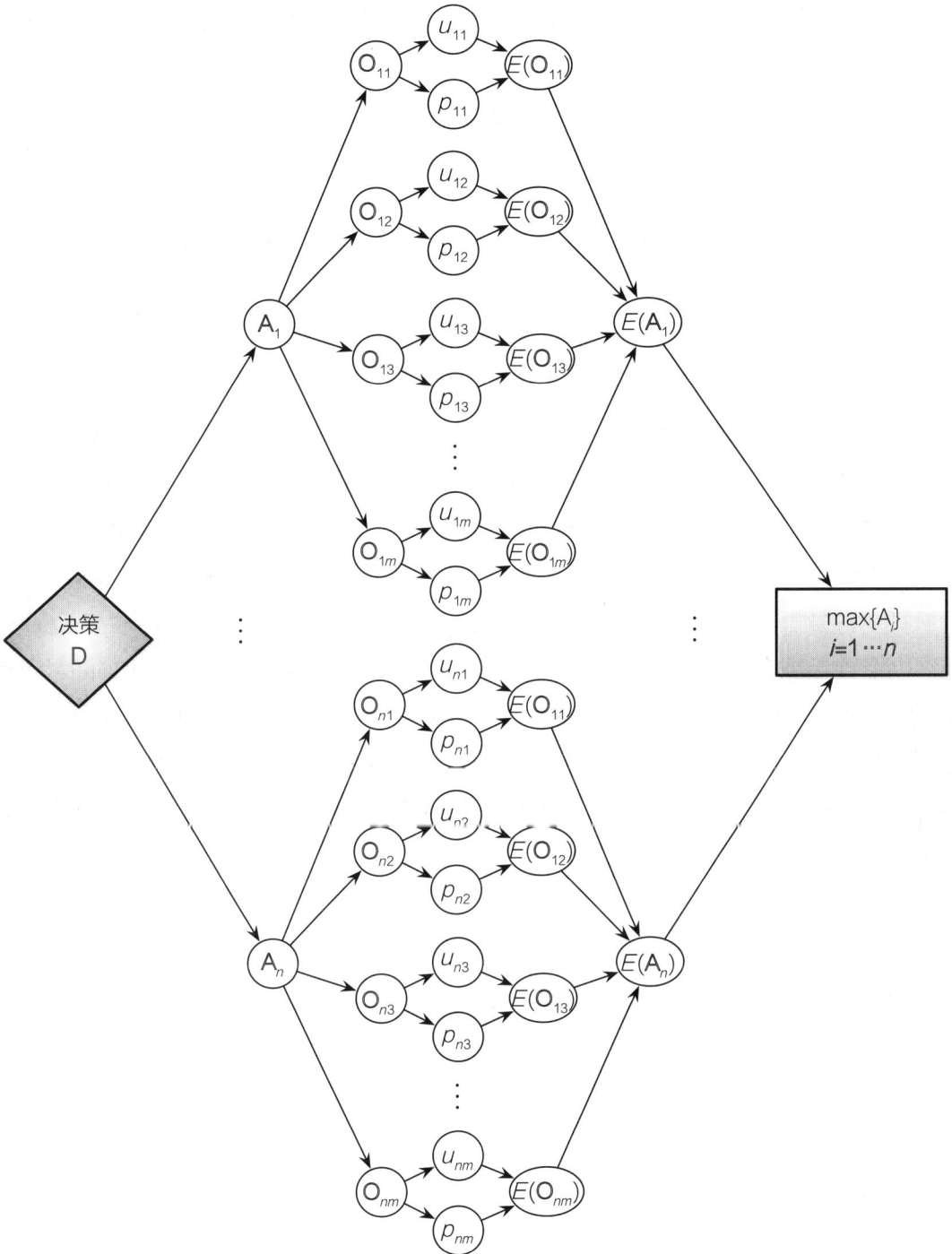

图 4.9　理性选择模型的网络结构

注：左 A 决策集 D 包括选择一个备选方案 $A^* \in \{A_i\}$，该备选方案在整个 n 个备选方案集上具有最大期望效用。

性子网络，在根节点（即决策 D ）处连接在一起，就像是一个树或嵌套的圆形叶子的 n 星（ n-star）结构。

有限理性模型虽然备选方案和结果有限，效用和概率不完全知晓，却仍然可以构成一个网络。换句话说，通过将组件（components）和关联（associations）建模为节点（nodes）和链接（links），有限理性决策仍然可以被看作是一个网络结构。与较低层级分析中的复杂信念系统相比，它的决策网络相对简单，尤其是在有限理性的假设下。人类决策的网络结构可被鲜明识别。

4.8.3　组织和元模型

社会网络分析的经典应用之一，是社会科学中网络分析起源的领域之一，也是对不同类型的人类组织进行分析；从全球范围到区域范围，小到组或团队，大到大型公司和国际组织，都可以进行分析。这是对社会网络分析的一个非常自然的应用，因为人类组织可以通过个体、角色或组织内的职能来进行多重表征。其中一个视觉示例是组织图表，也称为组织结构图。

组织的另一个网络模型将节点集定义为包括人员、目标、知识、任务、位置、资源、组织等各种子集的集。这种异构网络模型最初由大卫·克拉克德（David Krackardt）和凯瑟琳·卡利（Kathleen Carley）提出，被称为组织元矩阵（Organizational meta-matrix）模型或元网络（Carley 2001）。图 4.10 展示了一个包括领导者、位置和其他相关特征的元模型网络的示例。从计算的角度来看，通过专门的算法（如 ORA，见第 4.9 节），这些网络模型可以处理大量的文本和其他媒体数据。

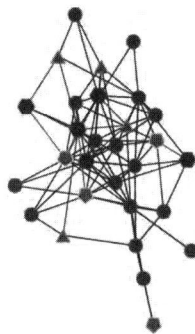

图 4.10　一个社会事件的元网络模型

注：该模型包含不同形状和颜色的节点和链接表示的参与者、位置、资源和其他实体。该模型是由卡内基梅隆大学社会和组织系统计算分析中心（CASOS）的 ORA 软件生成的。一个复杂的人道主义危机案例也可以通过元网络来表示，连接受灾者、救援人员、物资和设备、位置以及救援活动等。类似的例子包括金融危机和各种冲突，它们都由可以从原始数据源中提取的数据 n 元组组成。

4.8.4 供应链（Supply Chain）

供应链是一系列顺序操作所需的线性排列，用于生产最终产品。复杂社会（或不那么复杂的社会）依赖于各种不同类型的供应链，以提供各种各样的商品和服务。这些商品和服务可以是私人的或公共的。其中一些供应链可以追溯到几千年前，即文明伊始。事实上，可以毫不夸张地说，文明的崛起得益于复杂供应链的设计、实施和维护。例如，青铜生产就是一个优秀的供应链网络示例。青铜生产供应链在公元前 4000 年时首次出现在近东地区（美索不达米亚，现今的伊拉克），需要协调提取铜、锡、锌和铅等矿产，涉及数百甚至数千名有组织的工人，以系统性的方式生产所需的青铜制品。如今，现代制造流程以及各种各样的服务都涉及供应链。目前，有一类特别重要的供应链支持关键基础设施和紧急服务，这些基础设施和服务对当代社会的运营性能至关重要。

供应链的第一级网络结构（first-order network structure）或基本组织显然是一个线性或链式网络。然而，在几乎所有实际案例中，至少有一个节点（通常是所有节点）需要一定程度的并行运行（parallelization）。因此，复杂供应链的组合结构涉及串行（serial）和并行网络（parallel）的结合。研究此类网络的系统科学领域称为系统可靠性（systems reliability）。

开发复杂供应链和类似网络模型的数学基础已经非常成熟。供应链可以通过多种数学方法建模，其中一种特别有用的方法是将供应链的结果（最终结果）视为概率结果。由于结果的出现依赖于在生产过程中所有先前必要阶段的成功完成，我们可以将供应链的结果视为基本概率理论中的复合事件。设 P 表示结果的概率，P_1、P_2、P_3、$\cdots$、P_N 表示与每个必要阶段相关的概率。那么：

$$P = P_1 \times P_2 \times P_3 \times \cdots \times P_N. \tag{4.7}$$

方程（4.7）中的 P 是基于复合事件的概率，对供应链的第一级网络结构进行建模。现在设 Q 表示与一个或多个串行节点相关联的并行活动的概率，q_1、q_2、q_3、$\cdots$、q_m 表示各个并行活动的概率。那么：

$$Q = 1 - (1-q_1)(1-q_2)(1-q_3)\cdots\cdots(1-q_m) \tag{4.8}$$

方程（4.8）对供应链的第二级网络结构或子结构进行建模。通过在方程（4.7）中用相应的 Q 方程替换 P_i 组件概率，将两个方程结合起来，可以推导出串行—并行供应链中性能或生产的二阶方程。我们将在第 6 章和第 7 章中进行详细讨论。

在社会系统和过程中对实际供应链进行建模，通常需要许多层级的嵌套串行和并行组件，这也是计算方法至关重要的领域，常常可以得到出人意料的、有效的结果。特别是当涉及理解供应链和类似组织中的串行和并行系统中出现的新兴模式时，人类的直觉指导往往并不可靠。例如，当涉及供应链或串行系统的整体可靠性时，人类判断总是高估其可靠性。常言道，"链条的强度取决于其最薄弱的环节"（a chain is as strong as its weakest link），但其实这种说法是错误的，并且非常具有误导性。正确的说法应该是"链条的强度总是小于其最薄弱环节的强度"（the chain is always less strong than the weakest of its links）。这是因为概率是介于 0 和 1 之间的值，因此当它们相乘时，所得到的概率总是比链条中最小的概率更小，且大多数情况下要小得多。并行系统则恰恰相反：并行系统的可靠性始终大于组件概率中最高的概率。鉴于供应链系统结合了各种串行和并行结构的模式，唯一真正理解系统行为的方法，是对其复合结构进行数学建模并进行计算机仿真。

4.8.5 小世界的社会结构

在第 4.1 节中，我们看到了斯坦利·米尔格拉姆是社会网络中小世界结构的先驱发现者。近年来，其他人在不同的社会领域（以及社会科学之外，如生物学、物理学和计算机科学）重新发现了相同的现象。小世界网络是一种相当稀疏的网络结构，位于完全连接、每个节点都与其他节点连接的完全网络和具有最小密度的随机网络之间。在小世界网络中，大多数节点没有直接连接，但可以通过少量链接从其他节点到达。小世界网络 S 在网络层级的分析中有一个有趣特征，即两个随机节点 n_i 和 n_j 之间的地理距离 d_{ji} 与该网络大小 S 的对数成比例。

$$d_{ji} = k\log S, \tag{4.9}$$

其中 k 是一个常数。这种规律可以称为沃茨－斯特罗加茨定律（Watts–Strogatz Law），以发现者邓肯·J. 沃茨（Duncan J. Watts）和史蒂文·H. 斯特罗加茨（Steven H. Strogatz.）命名。根据公式（4.9），随着小型网络的初始大小增加（例如从仅有两三个朋友的俱乐部开始），地理距离的最大增长也会随之出现，因为 $\partial d / \partial S < 0$。同样，对数效应随 S 的增大而消失，因此大型网络具有典型距离，在其大小上不太敏感。

为什么小世界结构在社会角度很重要？是因为在链接相对更稀疏的小世界网络中，事物传播得非常快速。例如，传染病在小世界社区中的传播比在"离心度"（degrees of separation）更高的社会中迅速得多。小世界现象还解释了不认识的人之间经常发现拥有共同朋友的情况。

4.8.6 国际关系

网络在国际关系领域也是无处不在。一些最常见的例子包括贸易网络（社会网络中最古老的形式之一），将外交部与大使馆、领事馆和其他外国驻地联系起来的外交关系，政治军事联盟和国际组织。尽管直到最近才有完整的数据记录近现代几个世纪的关系网络，但早在公元前 4000 年前，就有充分记录国际关系的网络。

贸易网络通常由代表国家或经济体的节点集合和代表出口和进口的链接组成。然而，贸易网络也可以包括更细小的元素。例如，各个经济部门也可以是节点，链接可以代表原材料、半制成品和制成品以及各种服务的流动。虽然过去曾通过交易矩阵对贸易网络进行建模，但当前学者惯于使用社会网络分析（SNA）以及复杂性理论方法和相关方法进行建模。

国际系统中的外交网络可分为两种类型。国家外交网络（national diplomatic network），由外交部作为枢纽，并以大使馆和其他外交任务作为末端节点，在两者之间有地区办事处或办事局等。因此，一个国家外交网呈现传统的树形或星形结构。相比之下，国际外交网络（international diplomatic network）由所有国家和主权实体作为节点组成，由双向互惠的外交关系连接这些节点。显然，这样一个网络并不完整，因为世界上并非每个国家都与国际系统中所有其他成员有关系。此外，各个国家还与联合国及其旗下众多政府间组织、欧盟、北约等机构保持着外交关系。在社会、经济、文化和政治事务等众多领域，非政府组织之间也有着广泛的工作关系网络。自 19 世纪第一批国际组织成立以来，含政府和非政府机构在内的国际组织数量已经飞速增长。

国际网络中特别重要的一种类型，是全球体系中的联盟（alliances）网络。一个著名历史案例是第一次世界大战期间的同盟国和协约国，以及当代北约联盟（contemporary NATO alliance）等自早期国家和帝国形成以来存在于国际体系中的众多其他联盟。虽然尚未有曾经存在过的完整联盟记录可供分析，但原则上我们可以基于历史资料编制数进行建模。最早在历史中记载下来的一些联盟与阿马纳时期（Amarna period，约公元前 1600—1200 年）有关，涉及埃及、赫梯帝国（Hittite Empire）和亚述（Assyria）。如今，由于有关联盟的实证数据越来越多，我们已经可以追溯 1815 年以来联盟网络的国际结构。

☞ 4.9　社会网络分析软件（Software for SNA）

社会网络分析是由雅各布·莫雷诺（Jacob Moreno）和他的同事在 20 世纪 30 年代发明的，当时还没有发明计算机。即使在几十年前，大多数研究人员也只能获取有限的计算资源来操作大型矩阵，正如本章所述，大型矩阵是社会网络分析中非常需要的设施。直到几年前，分析具有实际规模矩阵的计算社会网络才变得可行。例如，自 20 世纪 60 年代以来，在不超过 12 个成员的小团队中进行计算社会网络分析已经是可行的了。然而，在许多社会科学领域（例如国际关系），节点数量达到数百或数千个以上，并不容易处理。当前随着计算机算力的发展，情况已经发展重大转变，现在计算社会科学家可以使用更强大的计算工具。

社会网络分析理论和实践中的一个关键计算问题涉及计算时间、数据结构、算法和可处理性等主题，这些主题已经在第 3 章中讨论过。虽然大多数小型社会网络可以在多项式时间（polynomial time）内计算，但许多较大的网络仍无法计算。

如今，广泛使用的社会网络分析软件之一是 UCINET（Borgatti et al.，2002），由加利福尼亚大学欧文分校开发，这是一个用于 5000 个节点以下的社会网络分析系统，配备了可用教程，拥有海量用户群体。此外，在几本关于社会网络分析的教科书中都对 UCINET 进行了详细说明，包括《分析社会网络》（*Analyzing Social Networks*）（Borgatti、Everett 和 Johnson，2013）以及其他专著和教材。

Pajek 软件是国际社会网络分析协会（INSNA）2013 年 W. Richards Jr. 的获奖者之一，也是另一个常用 SNA 软件程序。Pajek 也具有免费在线 wiki（URL：http://pajek.imfm.si）功能。除了加利福尼亚大学欧文分校社会网络分析软件之外，《联结》（*Connectionss*）和《社会网络》（*Social Networks*）两种由 INSNA 出版的前沿社会网络分析期刊中也经常出现 Pajek 软件。

AutoMap 是一种基于 Java 开发的文本挖掘工具，由卡内基梅隆大学开发。该软件是"支持从文本中提取关系数据的文本挖掘工具"，它提炼了 3 种类型的信息：内容分析（content analysis）、语义网络（semantic networks）和本体编码网络（ontologically coded networks）。为此，它提供了各种自然语言处理 / 信息抽取例程（例如词干处理、词性标注、命名实体识别、使用用户定义的本体论、降维和归一化、指代消解、电子邮件数据分析、特征识别、熵计算以及读写默认或用户指定数据库）（Carley，2013）。

另一个系统是来自卡耐基梅隆大学的 ORA，它专门用于动态网络分析，是一个动态元网络评估和分析工具，包含数百个社会网络、动态网络度量标准、轨迹度量标准、节点分组程序、局部模式识别程序等功能，并从动态元网络角度对比不同社会群体与个人之间的差异。ORA 已经被用来研究时空演变网络结构，包含在轨迹数据（例如某人某刻在哪里）和网络数据（谁与谁相连，在哪里相连）之间来回移动的程序，以及各种地理空间网络度量标准和变化检测技术。ORA 可以处理多模式、多重复合、多层次网络，并且能够识别关键参与者、群体和漏洞，建立随时间变化的网络模型，并执行 COA（行动方针）分析，已经通过大规模网络测试，基于距离的算法和统计程序是该工具包的一部分，用于比较和对比网络（Carley et al., 2013）。

微软的 NodeXL 是一款基于可靠 SNA 基础的免费计算工具，对学习社交媒体数据（如 Twitter 和 Flickr）非常有用，也可以用于分析和可视化任何网络数据集。汉森（Hansen）

等人在 2011 年出版的配套书籍将其列为必备工具。除了专门的社会网络分析软件，还有其他几个计算工具可供使用，例如 Mathematica、R、Python 中的 NetworkX 库、Stata、SAS 和 SPSS 都拥有社会网络分析功能。

🔍 问题

除了专门的社会网络分析软件（UCINET、NodeXL、Pajek、AutoMap 等）之外，还有其他几种用于社会网络分析的计算工具，如 Mathematica、R、Python 的 NetworkX 库、Stata、SAS 和 SPSS 都有社会网络分析功能。练习 4.77 是本章的第一个练习，是关于选择和学习使用这些工具包中的一个或多个来解决问题的练习。

4.1 最早的社会网络记录存在于：

（a）5000 多年前的古代中国

（b）大约 3500 年前的古代中东

（c）5000 多年前的古代中东

（d）大约 2000 年前的西半球

（e）以上都没有

4.2 社会网络分析由社会范围的范式观点组成，这意味着它包括：

（a）理论和方法

（b）只有理论

（c）主要是方法

（d）主要是模型

（e）大数据的新指标

4.3 社会网络提供了一种独特的计算方法：

（a）原始的基于图形的方法

（b）欧拉定理

（c）面向对象分析

（d）基于难以手动计算的度量和指数的分析

（e）以上都没有

4.4 社会网络科学采用的主要数学结构称为：

(a)网络理论

(b)电路理论

(c)信息理论

(d)图论

(e)离散数学

4.5 谁证明了柯尼斯堡桥网络问题没有解决方案？

(a)利奥·卡茨

(b)莱昂纳德·欧拉

(c)弗里茨·海德

(d)斯蒂芬·沃尔夫拉姆

(e)克劳斯·特罗伊奇

4.6 "社会结构"一词由 ___ 首次使用。

(a)亚历克西斯·德·托克维尔于 1856 年

(b)斯坦利·米尔格拉姆于 1961 年

(c)阿纳托尔·拉波波特于 1955 年

(d)拉里·佩奇于 2009 年

(e)1970 年的雅各布·莫雷诺

4.7 精神病学家雅各布·莫雷诺创建了第一个社会群体的图论数学模型，称为：

(a)链接图表

(b)社会统计图表

(c)社会图表

(d)社会关系图表

(e)社会网络图表

4.8 20 世纪 40 年代中期，图论模型在社会科学中的最早主要应用之一是在社会心理学中，被称为：

(a)小世界现象

（b）优先连接

（c）幂律规模

（d）弱关系的强度

（e）结构平衡理论

4.9 矩阵及其演算在社会网络分析中是必不可少的，尽管许多必要的运算在计算上是昂贵的。基于矩阵的社会网络分析方法是由 ____ 开创的。

（a）伊莱恩·福赛斯·科克（Elaine Forsyth Coke）于 1946 年

（b）阿尔弗雷德·拉德克利夫 – 布朗（Alfred Radcliffe–Brown）于 1940 年

（c）阿纳托尔·拉波波特（Anatol Rapoport）于 1951 年

（d）1956 年多温·卡特赖特（Dorwin Cartwright）和弗兰克·哈拉里（Frank Harary）

（e）托马斯·萨蒂（Thomas Saaty）于 1965 年

4.10 "网络中心性"的最早定义是由：

（a）阿纳托尔·拉波波特（Anatol Rapport）于 1951 年提出的

（b）1946 年，伊莱恩·福赛斯·科克（Elaine Forsyth Coke）和利奥·卡茨（Leo Katz）

（c）亚历克斯·巴维拉斯（Alex Bavelas）1948 年

（d）邓肯·沃茨（Duncan Watts）1999 年

（e）1956 年多温·卡特赖特（Dorwin Cartwright）和弗兰克·哈拉里（Frank Harary）

4.11 第一篇关于随机图的论文是由以下哪位数学家发表的，比厄多斯和雷尼（Erdős's and Rényi, 1960）更具影响力的论文早发表了十年。

（a）阿纳托尔·拉波波特（Anatol Rapoport）

（b）弗兰克·哈拉里（Frank Harary）

（c）托马斯·萨蒂（Thomas Saaty）

（d）弗里茨·海德（Fritz Heider）

（e）亚历克斯·巴维拉斯（Alex Bavelas）

4.12 基于应用于中东的数据校准图论模型，首次对国际关系进行社会网络分析，由 ___ 发表在《冲突解决杂志》。

（a）巴里·韦尔曼（Barry Wellman）1977 年

（b）马克·格拉诺维特（Mark Granovette）1983 年

（c）1961 年，弗兰克·哈拉里（Frank Harary）

（d）斯坦利·沃瑟曼（Stanley Wasserman）和凯瑟琳·浮士德（Katherine Faus）在 1974 年

（e）以上都没有

4.13 斯坦利·米尔格拉姆（Stanley Milgram）在 1967 年证明的小世界现象，是谁假设提出的。

（a）十年前，德·索拉·普尔和科肯

（b）六年前由俄罗斯数学家 A. 马尔可夫（A Markov）提出

（c）20 世纪 40 年代由加拿大人口学家 J. 费时（J Fish）撰写

（d）五年前，德·索拉·普尔（de. Sola Pool）

（e）被许多其他人使用，但从未以可测试的形式

4.14 直到最近，阻碍中大型社会网络建模和分析的主要技术挑战是什么？

（a）缺乏足够的数据

（b）摩尔定律

（c）使用大矩阵的运算

（d）确保数据匿名性

（e）缺乏多核处理器

4.15 判断正误：大多数中等社会网络可在多项式时间内计算，但大型和小型网络则不然。

4.16 社会网络由以下三个组成部分组成：

（a）实体、关系和聚合

（b）节点、顶点和链接

（c）圆弧、边和链接

（d）行动者、地点和属性

（e）二元、三元和群

4.17 考虑 L 的基数与给定社会网络 N 中 N 的基数之和。

（1）绘制函数 $|L| = f(|N|)$ 的图形。

（2）这个函数的弹性是多少？

提示：请注意，这两个变量都采用离散值。

4.18 网络与其节点之间的关联类型为：

（a）聚合

（b）组合

（c）（a）和（b）两者

（d）（a）和（b）两者都没有

（e）以上都没有

4.19 有向图、有符号网络、加权网络和多重网络因其 ___ 而异。

（a）节点

（b）链接

（c）标志

（d）聚合

（e）组合

4.20 有向图是一种社会网络，其中：

（a）节点是图

（b）节点具有定向值

（c）链接是定向的

（d）节点形成了一条哈密顿路径

（e）这些链接形成了一条哈密尔顿路径

4.21 以下哪类数据可以最好地用有向图表示？

（a）属性数据

（b）聚合数据

（c）多值数据

（d）事务数据

（e）以上所有内容

4.22 哪种类型的网络被作为友谊和尊严的例子？

（a）多重网络

（b）有向图

（c）有符号网络

（d）加权网络

（e）细胞网络

4.23 按距离划分的城市网络是 ___ 的一个例子。

（a）加权网络

（b）多重网络

（c）有向图

（d）哈密顿网络

4.24 假设存在一个全球网络，在这个网络中，人们、团体和国家通过各种社会、政治、经济和军事关系联系在一起。哪种类型的社会网络将成为全球体系的特征？

（a）加权网络

（b）定向网络

（c）有符号网络

（d）多重网络

（e）以上所有内容

4.25 欧拉路径可以 ___。

（a）将外部节点连接到网络的中心

（b）链接网络中的所有节点

（c）跨越网络中的每一个其他链路

（d）每个链接只经过一次

（e）每个节点只经过一次

4.26 节点、二元、三元、N 元是指：

（a）分析水平

（b）中心性水平

（c）网络的属性

（d）多重网络

（e）动态网络

4.27 程度、中心性、突出性、地位和其他重要属性或角色，如桥梁或孤立实体，指的是：

（a）网络层面的分析

（b）N– 元水平

（c）三元水平

（d）二元水平

（e）以上都不是

4.28 图 4.3 中除多重网络外其他三种网络中二元体的总数是多少？

（a）1

（b）2

（c）3

（d）4

（e）5

4.29 大小、直径、连通性、集中度、密度和类似的衡量标准指的是网络分析的哪个级别？

（a）节点

（b）二元

（c）三元

（d）N– 元

（e）网络

4.30 成核、生长、进化、转化、分解、衰变或终止，以及在网络中观察到的其他模式，通常是：

（a）三元的特征

（b）一般网络

（c）复杂网络

（d）小世界网络

（e）拉波波特 – 香农网络

4.31 以下哪一项不是巴维拉斯网络？

（a）链式网络

（b）星形网络

（c）圆形网络

（d）细胞网络

（e）以上都不是巴维拉斯网络

4.32 简单网络是指：

（a）没有环路或多个链路的网络

（b）没有循环，只是一个或多个多链路

（c）链式结构

（d）圆形结构

（e）（a）、（b）和（c）

4.33 六个简单网络中哪些网络的直径 D 相同？

4.34 长度 L 最大的简单网络是哪个？

4.35 证明在图 4.4 中的六个简单网络中，密度 Q 和紧凑度 C 之间的 Spearman's ρ 相关性系数为 0.928，该系数为正相关且强相关。

4.36 图 4.4 中哪两个简单的社会网络除了一个链接之外是相同的？

4.37 多党民主国家和地区（如意大利、南非等）的选民及其政治派别名单、电话簿和价目表是 _____ 的例子。

（a）连通网络

（b）完整网络

（c）细胞网络

（d）二分网络

（e）单级标度网络

4.38 以下哪一项不是平面网络？

（a）航空飞行网络

（b）全球卫星通信网络

（c）物理互联网

（d）国际贸易网络

（e）以上均是

4.39 一种社会结构，其中大多数人彼此没有关系，但通过少数联系通过其他人建立联系，称为：

（a）无标度网络

（b）小世界网络

（c）广泛的网络

（d）巴维拉斯网络

（e）近似可分解的网络

4.40 形式为 $p(\delta) \propto \delta^{-\alpha}$ 的幂律度分布是用于 ＿＿＿＿ 的判断。

（a）小世界网络

（b）无标度网络

（c）细胞网络

（d）随机网络

（e）单级标度网络

4.41 判断正误：互联网和万维网是两个不同的网络，前者链接机器，后者链接网址。

4.42 社会网络的基本数学结构是：

（a）结构方程

（b）结构函数

（c）网络功能

（d）邻接矩阵

（e）距离函数

4.43 给定一个网络 $\mathcal{N}$，其邻接矩阵和距离矩阵的维数：

（a）相同：$g \times g$

（b）$g \times g$ 和 $d \times d$

（c）严格地 $> g^2$

（d）不确定，取决于网络长度 L

（e）以上都不是

4.44 度是指：

（a）网络的链路总数

（b）网络的节点总数

（c）一个小世界网络的规模

（d）节点的链接数

（e）以上都不是

4.45 度是衡量：

（a）网络中心性的指标

（b）节点的中心性

（c）网络的规模

（d）节点的偏心率

（e）节点的密度

4.46 测地线距离是指：

（a）连接两个节点的链中的最小链接数

（b）网络中链路的平均数量

（c）网络的平均直径

（d）连接两个节点的链中的最大链接数

（e）网络中最远的两个节点之间的链路数量

4.47 偏心率是指：

（a）一对节点之间的最大测地线距离

（b）一对节点之间的平均测地线距离

（c）网络的最大宽度

（d）网络的最小宽度和最大宽度之间的比率

（e）网络的大小和周长环之间的比率

4.48 介数中心性是指：

（a）一个节点在其他两个节点之间的最短路径上桥接的次数

（b）一个节点在其他两个节点之间的最长路径中桥接的次数

（c）离网络中心最近的节点

（d）网络的密度与直径之比

（e）最接近网络中间路径的节点

4.49 大小、直径和半径是：

（a）节点属性

（b）网络属性

（c）（a）和（b）

（d）对于线性网络都是未定义的

（e）未定义用于小型世界网络

4.50 网络中节点的总数定义了其：

（a）直径

（b）大小

（c）密度

（d）平均度

（e）体积

4.51 社会网络的密度是其：

（a）直径和半径的函数

（b）长度和直径

（c）长度和大小

（d）大小和直径

（e）以上都没有

4.52 在社会网络中，哪两个网络度量分别指的是最大和最小测地线距离？

（a）长度和直径

（b）半径和偏心率

（c）直径和半径

（d）半径和长度

（e）长度和紧凑性

4.53 社会网络模型及其分析可用于：

（a）人类认知和决策

（b）群体动力学

（c）国家级组织

（d）全球系统结构和动力学

（e）以上均可

4.54 从社会计算的角度来看，人类信息处理的组成部分包括：

（a）范式、网络、理论

（b）范式、模式、理论

（c）网络、模式、理论

（d）以上所有选项

（e）以上所有选项都不是

4.55 人类的信念系统，无论是个人的还是集体的，均由 ____ 组成。

（a）实体节点及其关联和链接

（b）各种类型的网络（有价值、有权重、多重卷积）

（c）其他个体、价值和平衡

（d）（a）和（b）

（e）以上全是

4.56 以下哪些是一种集体信念系统的示例？

（a）二元组

（b）宪法

（c）三元组

（d）政治文化

（e）以上均不是

4.57 以下哪两种是人类信念系统的计算上极具挑战性的显著属性？

（a）一致性和平衡性

（b）一致性和数量级

（c）数量级和不平衡性

（d）数量级和动态性

（e）动态性和多样性

4.58 语言学领域的研究估计，普通人掌握的词汇量大约在多少数量级上？

（a）数百个

（b）数千个

（c）数万个

（d）一百万个

（e）数百万个

4.59 陈述导致信仰体系随时间推移而发生变化的三大主要原因。

4.60 人类信念系统保持显著一致性的原则被称为：

（a）认知评估

（b）认知平衡

（c）结构平衡

（d）网络平衡

（e）整合平衡

4.61 本章节中，哪种阿贝尔森机制被认为是最简单的？

（a）支持

（b）否认

（c）分化

（d）超越

（e）整合

4.62 以下哪种机制不能解决不平衡的信念系统？

（a）支持

（b）否认

（c）超越

（d）以上均不可

（e）以上均可

4.63 第 4.8.2 节中的经典决策论网络模型虽然在数学结构形式上等同于图形，但实际上很少被呈现为网络。

第一部分：通过提供节点和网络度量来量化图 4.9 中的预期效用网络模型。使用本章提供的符号。提示：编写计算机程序来解决此问题，然后通过验证和确认对其进行数学测试。

第二部分：决策微积分的计算是如何根据（a）备选方案（b）结果（c）效用（d）概率（e）备选方案的预期值的数量进行扩展的？

4.64 考虑网络决策模型：

（a）从根决策情形 D 到选择最大 $E(A_i)$ 的终端节点的一般有向链子图是什么？

（b）为什么这些部件子网络是准链而不是纯链？

（c）哪些类型的简单子图组成每个准链段？

（d）按照西蒙的观点，这是一个近乎可分解的网络吗？

4.65 经典组织结构图或图表的简单网络结构是什么？

4.66 团队或小型合作者的简单网络结构是什么？

4.67 在社会网络理论和研究中，什么是行动者、目标、资源、位置、角色和其他异构类节点的网络术语？

4.68 定义供应链并识别其简单网络结构。

4.69 计算具有以下二阶节点结构的 10 节点供应链的网络度量，将结果以表格的形式呈现，以便于比较异同点：

（a）单节点组件

（b）每个节点的 2 节点并联组件

（c）每个节点的 5 节点并联组件

（d）每个节点的 10 节点并联组件

（e）每个节点的 100 节点并联组件

4.70 本章提出的供应链方程为"混合"或"具体"的方程，即 Knuth 所说的方程。在这种情况下，这些混合方程由连续概率（用 P_i、Q 和 q_j 表示）和离散基数（N 和 m）组成。证明用一阶离散差分对这些混合方程进行的精确运算与假定严格连续值的一阶导数有所不同。证明这两个计算结果之间的差异在基数相对较小的情况下最大。

4.71 证明"链条的强弱正如它最弱的环节"（a chain is as strong as its weakest link）这种说法一般情况下是错误的。确定仅有的正确的两种（少见的）特殊情况。

4.72 小世界网络的社会结构介于以下哪两个极端之间？

（a）完全网络和指数网络

（b）完全网络和随机网络

（c）完全网络和轮状网络

（d）轮状网络和无标度网络

（e）完全网络和无标度网络

4.73 根据小世界网络的特性，随机选取两个节点 n_i 和 n_j 之间的测地线距离 d_{ij} 与网络规模 S 的对数成比例，这被称为：

（a）米尔格拉姆定律

（b）沃茨 – 斯特罗加茨定律

（c）小世界规律

（d）瓦茨 – 米尔格拉姆定律

（e）以上都是

4.74 根据教科书所述，尽管直到最近才有了对近几个世纪完整数据覆盖的网络关系文献，但国际关系网络自何时以来就已被广泛记录？

4.75 国际政府组织（如联合国、北约或欧盟）的组织图最接近：

（a）树状网络

（b）链式网络

（c）完全网络

（d）环形网络

（e）细胞网络

4.76 为什么国际机构的集体机构（如联合国大会或欧盟议会）在成员之间谁认识谁方面不是一个无标度网络？

练习

4.77 使用一个或多个网络分析软件工具箱（例如 UCINET、Pajek 或 NodeXL 等）来学习和实践计算社会网络分析，这是本章的主题，之后用这些知识解决计算问题并进行练习。为此，你需要做以下工作：

（1）检查可用的工具箱。你将发现有几个免费工具箱可以轻松获取，其他工具箱则需要购买。你所在的大学、雇主或图书馆可能拥有网站许可证，你可以免费或缴纳少量的费用以申请使用。

（2）仔细研究教程。最好的方法是花足够的时间来阅读它们，首先以其原始形式进行，稍后在提供的原始教程示例上进行变化和实验。记笔记，并使用可用的附加手册支持教程视频。

（3）对使用的所选工具箱有了初步了解后，用其来解决本章的问题并进行练习。

（这也是一个复合事件，并不太容易实现，但是基数大约为 3，因此还算相对容易）

4.78 查阅并认真研究柯尼斯堡（Königsberg）七桥问题：

（1）描述该网络结构，并使用本章中可识别的尽可能多的度量。

（2）哪些度量和属性对于表征这个特定问题最有用或者最有启示性？请解释你的答案。

（3）你能识别哪些同构问题？

（4）使用你对问题 2 中回答中最佳的三个度量编写一个 Python 程序，计算科尼斯堡七桥网络的度量。

4.79 请制作一个时间轴（或甘特图），罗列第 4.2 节中提到的各位开创性科学家的出生和逝世日期以及引用的年度主要事件的年份。使用此信息创建此研究社区的时间网络。提示：将重叠的学者生命时间相连接。讨论该网络的定性特征并计算主要定量指标。

4.80《社会计量学》杂志成立于 1937 年，首任编辑是雅各布·莫雷诺，旨在通过图形的数学媒介来整合所有社会科学，以建模社会关系。虽然至今还没有完全达成这一目标，但在社会网络科学方面已取得了许多进展，为各学科带来了许多好处。根据本章学习的知识再加上一些推荐的阅读材料，你如何评估使用计算方法进行类似项目的可行性？计算能否提供数学和统计学无法提供的内容？三种方法的结合有何作用？你认为哪些主题是计算社会网络科学的核心？

4.81 以下的类比在第 4.3 节中被用于定义网络："严格来说，图与网络之间的关系就如同决策理论模型与决策制定、微分方程与动力系统以及博弈理论模型与策略互动之间的关系。"

（1）理解数学结构与应用结构的关系。

（2）提供三个类似类比的例子并验证其有效性。

（3）社会网络首先是一种经验实体，同时它还可以被建模成数学图形。但是，社会网络 N 和图 G 并不是相同的东西。严格来说，$G \subset N$，因为现实世界中的社会网络不仅是一个数学图形。除了图形的数学结构之外，你是否可以想到其他形式也适用于理解社会网络？

（4）如果你提出的方案不是图形，讨论一些计算方面的问题，例如可计算性、数据结构以及类似的想法。

4.82 图 4.2 显示了社会网络 UML 类图，该图是由与网络相关联的节点对象组成的对象，通过组合关系得到的结果。

（1）解释这意味着什么，并提供一些例子。

（2）讨论在第 2 章中引入的基于对象的多样性概念，并解释它在社会网络的情境或领域中的含义和作用。

（3）图中所代表的网络有多少个重复元素？

（4）网络的重复元素与 N 和 L 的基数之间的形式关系是什么？

4.83 本章介绍并讨论了社会网络 N 作为计算对象 N 的特点，与数学图形不同（与第二章相对应）。根据书中内容说说这种方法的主要优点是什么？你能想到其他优点吗？这种方法有哪些缺点。

4.84 使用社论从图 4.3 中提取各种类型的网络。你能在这样的文本中找到多少种网络？按它们在文本中出现的频率对网络类型进行排序。

4.85 讨论你对问题 4.24 的答案。通过基于真实数据的示例来解释你的答案。

4.86 解释哈密顿路径和欧拉路径的区别。通过社会示例说明每个路径。

4.87 讨论图 4.3 中社会多重网络中的三元组数量。

4.88 探讨恐怖组织作为近乎可分解网络的特点。这种视角提供了什么信息？

4.89 讨论本章中提出的以下论断：如果 $N = g$ 表示网络中的总节点数，则 g 进制层级的分析与整个社会网络 N 的分析相同。

4.90 研究动态贸易网络的古代性，并与联盟网络、外交网络、通信网络和移民网络进行比较。

4.91 为图 4.4 中四种巴维拉斯网络的每种网络提供两个示例。

4.92 基于问题 4.35，对图 4.4 中的六个简单网络的紧密度 C 和密度 Q 进行排序。了解并讨论这两个网络属性之间的主要差异。

4.93 解释为什么所有简单社会网络结构（图 4.4）的紧密度 $C > 0.5$ 且密度 $Q \leqslant 0.5$。

4.94 对于大小为 $S = 5$ 网络，探索存在多少其他简单社会网络。

4.95 提供与第 4.3.1 节中提供的不同的二分网络示例。

4.96 细胞网络是恐怖组织的一种常见结构模型。
（1）通过搜索有关恐怖主义和相关出版物的科学文献，寻找支持该命题的证据。
（2）除了图 4.4 中的例子，还有哪些其他网络结构也是细胞网络？你能举出一些例子吗？
（3）除了恐怖组织，还有哪些其他社会聚合体或社会网络也具有细胞网络结构？
（4）计算三个细胞网络结构的网络属性，其中规模 $S > 5$。
（5）讨论为什么细胞网络也是近乎可分解的。

4.97 使用 NodeXL 和另一个网络分析工具复制图 4.4 中六个简单社会网络的网络属性值（或使用 Python 编写自己使用的工具）。

4.98 许多中等和大型的非平面网络的可视化展现了网络的三维结构在任意的位置上。解释这个观点。

4.99 讨论以下三类社会网络结构的相似和不同之处：
（1）小世界网络。
（2）无尺度网络。

（3）随机网络。

4.100 展示图 4.4 中六个简单社会网络的 $p(\delta)$ 程度分布直方图。

4.101 今天的全球系统在新闻媒体、社交媒体和其他场合经常被人们谈论。基于本章介绍的概念、度量标准和形式体系，用社会网络科学术语来描述一下今天的全球系统。从计算社会科学角度考虑，它是什么类型的网络？查看一下，在本章中有多少个相关概念可以借鉴。接下来，考虑早期的全球系统？如何描述这些早期的结构？

4.102 利用本章所介绍的术语、度量标准、形式和其他材料，探讨"全球化"的概念。既包括最近的全球化，也包括早期的全球化。

4.103 解释并讨论邻接矩阵和距离矩阵之间的差异。

4.104 编写一个简单的计算任意社会网络的测地矩阵 $G_{g \times g}$ 的计算机程序，并在三个大小不同的社会网络的示例中演示使用，例如 10、100 和 1000 个节点的顺序。使用 UCINET、NodeXL 或其他现有的社会网络分析工具包复制该结果。

4.105 回顾图 4.5 并从跨层级网络分析的角度详细了解该网络。
（1）讨论微观—宏观关联链接。
（2）解释为什么关联不是简单的聚合。
（3）提供一些计算网络属性作为节点级属性和其他特征的函数的方法。
（4）从这个网络类模型的视角讨论"网络状态"的概念。
（5）使用三个具体的示例说明上述四个问题。

4.106 使用本章中的计算社会科学思想讨论常用语"全球思考，本地行动"。

4.107 由于偏心率是一个节点属性，因此一个社会网络具有与节点数量相同数量的偏心率。使用图 4.4 中的三个简单网络讨论这一问题。

4.108 查阅 PageRank。理解并讨论为什么本章认为节点特征向量中心性是一种测量方式。

4.109 计算图 4.4 中六个简单社会网络中的三个（或全部）节点测量值中的四个。手动计算，以理解应用于更大网络时机器所执行的计算。

4.110 证明大型社会网络的密度与其大小成反比。通过简单的程序进行计算证明。

4.111 探索这个原理：对于长度相等的网络，$Q \propto 1/S^2$。研究并理解为什么这是一个幂律和一个普适性属性，它在网络结构独立的情况下出现。

4.112 社会网络的密度和紧凑度与其大小的平方成反比。
（1）这个说法是真的还是假的？
（2）请解释并讨论你的答案。
（3）在大于图 4.4 中简单社会网络的社会网络中测试你的答案。

4.113 本章指出，社会网络的平均度数 δ 可能是除大小之外最常见的网络统计量，只要其分布相当良好（例如，不是多峰的或高度偏斜的），则这是有信息价值的。理解这个想法并解释为什么度数的分布很重要。提供一个计算示例，说明这个原则是如何被偏斜分布（如幂律）所违背的。注意：发现幂律度数分布是非常有趣的工作，原因将在第 6 章中解释。

4.114 回顾第 4.7 节，该节提供了三个社会网络的例子，可以视为具有三元关联的动态网络。其中一个例子是个人层面，例如家庭或小组。另一个例子是历史知名事件。第三个例子是某个公园或市场中人们进行正常的社会互动。在每个案例中，讨论以时间作为社会网络中的第三个关联链接的意义。当讨论以时间替代位置（空间）时会发生什么。你能将这个想法概括为空间和时间吗？用自己选择的一些例子来说明社会网络的时空四元结构。

4.115 选择一个你熟悉或认同的群体信念系统，并将其描述为一个网络。提示：首先将主要实体作为节点进行识别，然后通过各种关联类型连接实体。将其进行绘制或可视化并根据本章中提供的节点和网络度量标准来分析其结果网络。

4.116 讨论你所在国家或社区的主导政治文化，并使用本章中的概念、度量标准、模型和原则进行分析。

4.117 本章将图像或信念系统定义为由一组概念实体（节点）组成，这些实体可以是有形的或无形的，并通过各种心理关联（链接）相连。回顾西蒙在第 1 章中有关物品的范式的讲解（阅读 1996 年第 3 版的《人工科学》），通过包含有形和无形节点的网络来说明他的想法。

4.118 人类信念系统中可能的关联和高阶连接数量约为 108，即数百万对二元链接，不计算三元组和高阶（N 元）关联。请仔细思考并理解短语"不计算三元组和高阶（N 元）关联"的含义。从"104 个节点或实体"得出"108 个关联"的结论是如何推导的？你能估算一个由 1000 个节点组成的网络中的三元组数量吗？

4.119 请使用三个自己的例子说明四个阿伯森平衡机制，制作一个 3×4 的表格解释为什么差异化是计算机上唯一真正的平衡机制这一问题。在你的三个例子中，展示这种情况并将结果与其他三个机制进行比较。你的图表应该至少与图 4.8 一样详细，展示一个不平衡的信仰体系如何通过每种机制实现平衡。

4.120 差异化的认知平衡需要将一个或多个对象分裂成两个或多个新对象。从计算的角度讨论这个过程，并用任何 OOP 语言编写一个简单的计算机程序来展示这个过程的工作原理。将你的代码实例化为先前练习或第 4.8.1 节中使用的其中一个示例。差异化产生了哪些"新现象"？在差异化过程中，哪些是主要的网络测量值？

4.121 审视自己的个人信念体系，把它作为一个图表进行绘制。这可能会非常艰难，但是，审视信念平衡和维持一致性的方式非常有意义。你最常使用哪些机制？哪种机制你更喜欢？

4.122 使用一篇著名的和你喜爱的演讲并分析它作为表达一个网络信仰体系的文本。识别主要实体、关联、评估、多重关系和三元组。你能否确定任何用于差异化对象并因此保持平衡的三元组？使用节点和网络测量值来量化和分析所得到的网络。

4.123 本章将可计算决策建模为网络。自然的拓展是将广义形式下的博弈也建模为网络。

（a）用具体的两人博弈广义形式阐述这个想法

（b）哪种简单的社会网络最接近这些广义形式下博弈的网络

（c）选择 Rapoport 二人有限 2×2 博弈分类的三种原型，比较它们各自的广义形式下的网络结构

（d）讨论网络表示是否有助于计算每个博弈的纳什均衡

4.124 有界理性决策的网络模型 N_B 在大小、长度和其他度量上严格小于纯理性模型的网络模型 N_P。解释为什么会这样，并基于每种决策模型的定义特征，制定一个形式上的公理证明。

4.125 在考虑正式的组织结构图作为社会网络的情境下，探讨并解释本章中所讨论的节点和网络度量值必须遵守什么样的限制条件。例如，区别组织结构图与完全网络的不同之处，特别是在节点和网络度量值所具有的数值方面。接下来，考虑如何为每个简单的社会网络提供一个独特的 n 元组。在组织结构图中，是否可以实现这个目标？

4.126 考虑问题 4.67 的答案和讨论，什么是"元网络多重性"？请提供一个正式的定义，并探讨其含义，并提供三个例子。

4.127 回顾第 4.8.3 节和图 4.10 所提供的复杂人道主义危机的实例。

（1）将此解释为你感兴趣的最近的真实复杂人道主义危机案例，例如欧盟移民危机或其他近期发生在全球某处的事件。

（2）将你的数据输入元矩阵或邻接矩阵中，并计算所有的节点和网络度量值，以支持复杂人道主义情况的分析。

（3）辨明并详细说明各自获得的洞见，洞见要超出你已从新闻或其他信息来源中所知道的内容。

（4）确认是否存在任何元网络多重性结构。

4.128 考虑到当代社会依赖于复杂的供应链来维持生活质量和管理公共问题。

（1）说明供应链为何是一个网络。

（2）讨论当代社会对供应链的依赖，运用本章所介绍的网络概念、度量标准和原则。

（3）将当代社会的供应链与你熟悉的两个早期社会的供应链进行比较。

（4）除了定性讨论，还要提供当代和早期社会的供应链的定量分析。

（5）运用时间分析所提示的趋势，力求对未来的供应链做出有效的推论。

4.129 运用本章所介绍的网络视角，比较和讨论私人和公共商品的生产。这两者之间可能存在哪些相似之处和差异？

4.130 当代社会对空间系统和过程（包括电信、银行业、国防等关键领域）日益依赖，只是太空文明崛起过程中的起步阶段。运用本章所介绍的网络概念，讨论在这种具体背景下供应链的作用。提供一个供应链网络的计算实例来支持这一练习。

4.131 本章提到了青铜生产作为早期供应链系统和过程的例子，该过程对社会复杂性产生了深刻的影响，并与第一个国家的形成相关。根据你对古代历史的了解，除了青铜供应链之外，哪些供应链对于社会的存在和维持某种程度的生存能力是必要的？你可以基于任何古代社会，例如古代近东、中国、南亚、波利尼西亚、欧洲或美洲等进行分析。

4.132 绘制 $0 < S < 1$ 万亿个节点的沃茨－斯特罗加茨定律图。证明 $\partial 2d / \partial S2 < 0$。$d$ 对 S 更敏感还是对 k 更敏感？提示：请注意，沃茨－斯特罗加茨定律是带有连续参数和离散变量的混合函数。

4.133 除了疾病，什么东西可以在一个小世界中快速传播？请提供五个与自己相关的例子。

4.134 本章提到的国际关系网络包括：①贸易网络；②外交关系网络；③国际组织网络；④联盟网络；⑤全球航空公司网络；⑥金融市场网络。使用本章中涵盖的适当的定量概念、度量标准和原则，描述和解释这些网络之间的相似性和差异。谈谈你从分析中得出什么结论。

4.135 若国际联盟是小世界网络而非无标度网络，世界将会如何？如有必要，绘制图表以可视化差异。

4.136 思考以下历史里程碑及其相应的过渡时间和事件：

- 三十年战争；
- 威斯特伐利亚和平条约；
- 拿破仑战争；
- 欧洲协调又称会议制度；
- "一战"；
- 国际联盟体系；
- "二战"；
- 联合国系统：冷战阶段；
- 柏林墙的倒塌；
- 联合国系统：全球化阶段。

请找出这些事件的日期，并注意稳定性和不稳定性的间隔模式。基于本章讨论的社会网络科学，提供有关其中一些转换的网络理论描述。哪些网络理论见解可以增强对近几个世纪国际关系和世界秩序的传统稳定性 – 不稳定性分析？

4.137 用三个国际机构（如联合国大会或欧盟议会）中的例子描述自由比例社会网络。

4.138 从贵国历史中选择三个重要联盟，并根据从本章中学到的观点，对这三个联盟进行量化分析和比较。确定通过此分析获得的新见解。

4.139 查阅国际科学联合会（ICSU）的网站。研究其结构并提供网络分析。

4.140 本练习旨在提升你对社会网络分析和计算社会科学系统的发展历史的抽象认知。使用本章最后一节（SNA 软件）中提供的信息发展时间线（甘特样式）图表，分析社会网络的各种软件系统的发展和主要事件（例如版本发布等），包括其他有趣的特殊算法。

▬ 推荐阅读 ▬

［1］　Abelson R P, 1959. Modes of resolution of belief dilemmas[J]. Journal of conflict resolution,

3(4): 343–352.

[2] Amaral L A N, Scala A, Barthelemy M, et al, 2000. Classes of small–world networks[J]. Proceedings of the national academy of sciences, 97(21): 11149–11152.

[3] Banks D L, Carley K M, 1996. Models for network evolution[J]. Journal of Mathematical Sociology, 21(1–2): 173–196.

[4] Bearman P, Moody J, Faris R, 2002. Networks and history[J]. Complexity, 8(1): 61–71.

[5] Johnson J C, Everett M G, Borgatti S P, 2018. Analyzing social networks[J]. Analyzing Social Networks, 1–384.

[6] Borgatti S P, Mehra A, Brass D J, et al, 2009. Network analysis in the social sciences[J]. science, 323(5916): 892–895.

[7] Carley K M, 2003. Dynamic network analysis. R. Breiger & KM Carley[C]//NRC Workshop on Social Network Modeling and Analysis, National Research Council.

[8] Carley Kathleen M, 2001. Smart Agents and Organizations of the Future[J]. Handbook of New Media, edited by Leah Lievrouw & Sonia Livingstone.–Thousand Oaks, CA, Sage, 206–220.

[9] Carley K M, Columbus D, Landwehr P, 2013. Automap user's guide. Pittsburgh[J]. Online verfügbar unter http://www. casos. cs. cmu. edu/projects/automap/CMU–ISR–13–105.

[10] Carley K M, Pfeffer J, Reminga J, Storrick J, Columbus D, 2013b. ORA User's Guide 2013[J]. Technical Report, CMU–ISR–13–108, School of Computer Science, Institute for Software Research, Carnegie Mellon University.

[11] Coscia M, Giannotti F, Pedreschi D, 2012. Towards democratic group detection, in complex networks, in SBP 2012[M]. Springer, Heidelberg, pp. 105–113.

[12] Freeman Linton C, 2004. The Development of Social Network Analysis: A Study in the Sociology of Science[M]. Vancouver: Empirical Press.

[13] Hansen D, Shneiderman B, Smith M A, 2010. Analyzing social media networks with NodeXL: Insights from a connected world[M]. Amsterdam: Elsevier.

[14] Maoz Z, 2010. Networks of nations: The evolution, structure, and impact of international networks, 1816–2001[M]. Cambridge University Press.

[15] Moody J, McFarland D, Bender–deMoll S, 2005. Dynamic network visualization[J]. American journal of sociology, 110(4): 1206–1241.

[16] Scott J, Carrington P J, 2011. The SAGE handbook of social network analysis[M]. Los

Angeles: SAGE publications.

［17］Serrano M Á, Boguñá M, Vespignani A, 2007. Patterns of dominant flows in the world trade web[J]. Journal of Economic Interaction and Coordination, 2(2): 111–124.

［18］Skvoretz J, 2002. Complexity theory and models for social networks[J]. Complexity, 8(1): 47–55.

［19］Wasserman S, Faust K, 1994. Social Network Analysis[M]. Cambridge: Cambridge University Press.

［20］Watts D J, 2004. Small worlds: the dynamics of networks between order and randomness[M]. Princeton: Princeton University Press.

［21］Watts D J, 2004. The New science of networks[J]. Annual review of sociology, 30: 243–270.

请扫描二维码或者在"中科书院"公众号搜索

"计算社会科学"，获取课后习题答案

第 5 章 社会复杂性：起源与测量

5.1 简介

什么是社会复杂性？它是如何起源于几千年前的人类社会的？如何衡量社会的复杂性？在一个先前简单的社会中，如何检测到复杂性的出现？关于社会复杂性的长期演变，我们了解多少？我们能从当前社会复杂性的认知中看到未来社会复杂性的哪些可能特征和合理趋势？本章涵盖了社会复杂性的"宇宙学"或称作"历史大图景"，以及计算社会科学的潜在基础。它介绍了关于社会出现和后续动态的事实、方法和理论，从起源于早期最简单的社会系统及其长期进化开始。这一章利用了前几章的材料，展示了在前几章中学到的观点对于更深入地理解社会系统是如何运作以及如何进行计算建模的重要性。

在早期、当代和未来的社会中有一些关于社会复杂性的概念、测量方法和理论模型。相应地，这产生了类似于 3×3 的主题矩阵。这些都是从科学的角度（即本章的主要部分），而不是通过历史时代来呈现的。本章以测量的概述作为结束，这将在下一章中引出更正式的描述（定律）和解释（理论）的方法。

5.2 历史与先驱

现存的第一个关于社会复杂性的系统研究可以说是由希腊哲学家亚里士多德进行的，他对我们现在称之为三种政治制度中不同政体（他称之为稳定和退化形式）之间的"临界相变"进行了首次比较研究。

君主专制→暴政（5.1）

贵族制→寡头政治（5.2）

民主制→暴民政治（5.3）

其中符号"→"代表衰变。

社会复杂性科学研究的现代根源可以追溯到法国启蒙运动时期，许多其他领域的系统社会科学研究也是如此。在这种情况下，社会复杂性起源和测量的历史和先驱者通过政治学、人类学和计算科学的发展交织在一起。此外，许多里程碑是相对近期的，因为在过去半个世纪里，社会复杂性的核心概念在很大程度上成为科学调查的焦点（规律和理论将在接下来的两章中讨论）。

18 世纪	考古学家开始通过在亚洲和其他地方的发掘，发现早期社会复杂性的物质证据。
1944	人类学家布罗尼斯瓦夫·马林诺夫斯基（Bronislaw Malinowski）发表了他的经典之作《文化的科学理论及其他论文》（*A Scientific Theory of Culture and Other Essays*），他将人类机构概念化为实现人类基本需求的工具。
1952—1958	考古学家凯瑟琳·凯尼恩（Kathleen Kenyon）发掘了巴勒斯坦杰里科古老的新石器时代有围墙的定居点，将其追溯到约公元前 7000 年。它是已知最早的初级社会复杂性的遗址之一。
1962	社会科学家埃尔曼·R. 塞维斯（Elman R. Service）出版了他的《原始社会组织》（*Primitive Social Oganization*）专著，其中游群（band）、部落（tribe）、酋邦（chiefdom）和国家（state）的阶梯式等级至今仍被广泛使用。
1968	人类学家路易斯·L. 宾福德（Lewis L. Binford）发表了他在"次更新世适应"方面具有影响力的论文[1]。
1972	密歇根大学的人类学考古学家肯特·弗兰纳里（Kent V. Flannery）发表了他关于文明的文化演变的论文。
1973	佛罗伦萨大学的政治学家乔瓦尼·萨尔托里（Giovanni Sartori）在《政治理论》（*Political Theory*）杂志的创刊号上发表了他的论文《什么是"政治"》（*What is Politics*）。
1989	美国西北大学的人类学考古学家蒂莫西·厄尔（Timothy Earle）发表了他关于当前人类学中酋邦演化的论文，随后在 20 世纪 90 年代（1991 年和 1997 年）发表了关于酋邦理论的其他有影响力的著作。

---

[1] 更新世，亦称为洪积世（从 2588000 年前到 11700 年前），英国地质学家莱伊尔 1839 年创用，1846 年福布斯又把更新世称为冰川世，是地质时代第四纪的早期。

1994	密歇根大学的考古学家亨利·赖特（HenryWright）发表了他关于前国家政治形态的有影响力的论文。

1995　道格拉斯·T. 普赖斯（Douglas T. Price）和安妮·比吉特·格鲍尔（Anne Birgitte Gebauer）出版了《末代猎人和初代农夫》（*Last Hunters-First Farmers*），这是一本关于农业和社会复杂性出现的高度有影响力的论文集，其中包括了帕蒂·乔·沃森（Patty Jo Watson）的重要论文。

1995　同年，史密森学会学者布鲁斯·D. 史密斯（Bruce D. Smith）出版了他的经典专著《农业的出现》（*The Emergence of Agriculture*）。

1996　政治学家耶鲁·H. 弗格森（Yale H. Ferguson）和理查德·曼斯巴赫（Richard Mansbach）在《政治：权威、身份和变化》一书中提出了纵向和横向政治的概念，这是理解复杂社会和政治系统的一种概念创新。

1997　考古学家乔·W. 桑德斯（Joe W. Saunders）和合作者在《科学》杂志上发表了他们关于路易斯安那州沃森断层遗址的初始社会复杂性的论文，该遗址是北美最古老的土丘群，年代为公元前 4000 年。

1998　考古学家加里·费曼（Gary Feinman）和乔伊斯·马库斯（Joyce Marcus）出版了他们有影响力的《古国》（*Archaic States*）编辑本，包括马库斯的酋邦"动态周期模型"的第一个比较、跨文化分析，以及其他关于早期社会复杂性的重要论文。

2001　牛津历史学家费利佩·费尔南德斯 – 阿梅斯托（Felipe Fernández–Armesto）出版了他的综合专著《文明》（*Cirilizations*），这本描述性的世界史与西蒙的计算社会复杂性理论在生态系统中对挑战环境的适应方面相互呼应。

2001　南美洲最早期的初级社会复杂性起源可以追溯到公元前第三千纪后期，位于秘鲁现今利马市北部不远处的苏佩河谷的阿斯佩罗和卡拉尔。

2005　计算社会科学家和其他学者在俄罗斯圣彼得堡举办了第一届关于社会起源的国际会议，邀请了数学家、计算机科学家、历史学家和各学科的社会科学家。

　　社会复杂性科学的这段交织的历史表明，不同的学科链只是在最近几年才开始以更系统的方式进行互动的。这一过程的主要结果是，如今存在着大量事实和测量方法，可以用于对社会复杂性进行研究，包括关于几千年前世界上少数几个相当特殊地区的起源的特定科学知识。下面的两章中，重点介绍了建模和理论里程碑。

☞ 5.3 社会复杂性的起源和进化

本节的主要目的是提供一个经验性的事实基础，以了解在更广泛的全球历史背景下，社会复杂性起源的精确地理位置和特定的历史时代——时空坐标。这个简短的长期调查除了为更好地理解本章后面介绍的概念、测量、模型和理论的意义提供基础外，还有内在的价值。为了理解计算社会科学理论和社会复杂性研究的实质性、跨学科和方法论要求，还需要一个长远的视角。

在人类社会的全球历史中，社会复杂性是在何时、何地，如何产生的？目前，我们所说的社会复杂性只是指社会通过非亲属的权威关系统治的程度。在简单的、前复杂的社会中（例如，在农业发明之前的狩猎–采集群体中），个人是由以亲属为基础的权威所管理，比如家庭中较年长的成员。在社会复杂性的另一个极端，现代民主国家由选举产生的官员管理，他们通过由政府机构和专门的政府工作人员组成的大型国家官僚机构的行政权力行使权力。这个基于权威关系的社会复杂性的初步定义，目前已经足够了。稍后我们将使用一个更精确的定义。

正如我们将在本章后面看到的那样，酋邦代表了最简单的复杂社会形式，它由统治者管理且权力来源不同于家庭关系（尽管后者从未完全消失）[1]。因此，以前关于社会复杂性起源的更抽象的一般性问题现在转化为关于最早的酋邦起源的更具体的、因而也是更科学易处理的探索。

塞维斯量表是以美国人类学家埃尔曼·R. 塞维斯（Elman R. Service）的名字命名的，他是第一个提出下列社会复杂性的顺序级量表的人。

游群 < 部落 < 酋邦 < 国家 < 帝国（5.4）

其中，符号<表示与社会复杂性的排序值之间的顺序关系[2]。表达式（5.4）中的社会复杂性塞维斯量表扩展到"帝国"阶段，这是一种社会复杂性明显高于国家的政体。我们将在本章后面更仔细地研究这个尺度和其他尺度。

具体来说，我们最感兴趣的是那些最终发展成国家的酋邦。目前，我们所说的国家是指比酋邦更发达的政体，即①权力关系得到制度的认可，②政府通过公共行政系统运作，履行特定职能（后续我们还将研究"帝国"的概念，它是一个比单纯的国家复杂得多的

---

① 在第 5.4 节中提供了关于"酋邦"和"国家"更正式的定义。

② 这也是用来表示偏好的符号，因为它们通常也是在一个序数级别的尺度上表达的。在 LaTeX 中，<被写作反斜杠加 prec【\prec】，>被写作反斜杠加 succ【\succ】。对于序数关系，应该避免使用诸如大于或小于这样的符号，因为它们意味着测量的间隔和比率水平。

政体）。

5.3.1 社会起源："四大"主要政治网络

社会复杂性的最早发展阶段——通常被称为"初级"社会复杂性，包括在冰河时代之后大约 1 万年前（早全新世），在南北半球同时以最简单形式形成的最早政权或"酋邦"的阶段。这些早期的政体还不是"国家"，而是通过非亲属的权力关系，在公共活动中（例如，在集体崇拜、战争和重大纪念碑工程等方面）偏离了平等主义规范的社会。因此，酋邦政体权力也集中在最高领袖、酋长或铁腕人物（相对于其他地方领导人，他是同侪之重或同辈之首）手中；统治是按照等级组织的（领袖指挥地方次级领导人或联盟）；它有一个等级的社会秩序（领导人的家庭，无论是最高领袖还是联盟领导人，比平民家庭更重要、更富有）。酋邦介于平等主义的简单社会和国家之间。因此，一个以前由一系列简单的平等主义社会居住的地区形成一个酋邦，标志着塞维斯量表上一个独特的阶段性转变。了解社会复杂性的起源，即在人类历史上第一次出现最简单的酋邦的时间、地点和方式，不仅仅是理解起源的根本，而且也是复杂社会演变的根本。

几千年前，在新石器时代早期，复杂社会起源于世界四个不同的地区，如图 5.1 所概述。在每个区域案例中，一组地方政体产生了世界上该地区的第一个区域互动网络。根据目前可用的证据（由于当前和未来的考古研究，相关遗嘱肯定会增加），对原始社会复杂性的每个区域进行描述，按地区的时间顺序，描述了首次产生的酋邦社会，紧随其后的是首次产生的国家。在随后的历史时期，这些地区还出现了许多其他的国家和帝国。

我们是如何知道所有这些的呢？更具体地说，这些对空间和时间的决定是如何在每个地区以及全球范围内最初形成的呢？在下一节中，我们将从方法论的角度来探究社会复杂性的测量，以回答这些问题。

5.3.1.1 西亚（West Asia）

人类历史上最早的酋邦形成于古代近东地区（美索不达米亚和黎凡特），即目前伊拉克、以色列、巴勒斯坦领土、约旦、伊朗、黎巴嫩、叙利亚和土耳其等国所在的地区，这一地区被称为黎凡特新月沃土。这发生在大约 8000 年前（8kya）[①]，或公元前 6000 年的中期。在杰利霍、恰塔尔胡尤克和其他新石器时代遗址的早期政体中，这里是社会复杂性或个别酋长级政体的最早现存表现之一。

尽管杰里科（公元前 7500 年）的前陶器新石器时代（PPNB）政体曾经与欧贝德时期

---

① 首字母缩写词"kya"的标准含义是"几千年前"。

（公元前 5500 年至公元前 4000 年）最早的西亚酋邦处于相对暂时的孤立状态，考古调查发现了其他按时间顺序位于杰里科 – 前陶器新石器时代和欧贝德之间的前欧贝德政体。乌姆达巴吉耶（伊拉克）和艾因 – 格扎尔遗址（约旦）就是两个例子。因此，西亚地区政体系统的古老性很有可能在某一天被推到公元前 7000 年左右，或比目前确定的年代早近 2000 年。

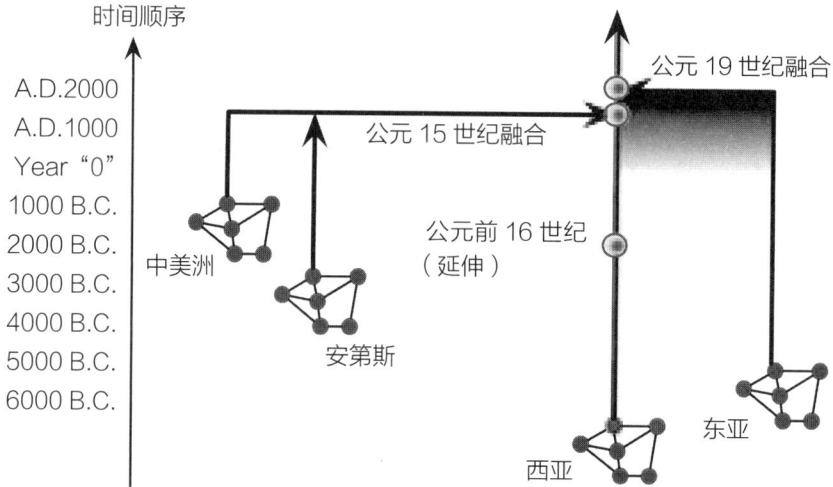

图 5.1　四个"文明摇篮"中社会复杂性起源的全球地理年表

注：资料来源改编自（Cioffi–Revilla，2006）。

最早的西亚政体体系形成于约公元前 5800 年至公元前 4000 年，或在欧贝德时期，完全由涉及贸易、战争和其他区域互动关系的酋邦组成。埃里杜、乌尔、乌鲁克、基什、乌玛和哈吉 – 穆罕默德是下美索不达米亚最重要的酋邦之一，东部有苏萨（波斯语为 Sush）、博内法济里、乔加米什和法鲁哈巴德，北部和西北部有布拉克、高拉、哈西拉尔、吉安哈桑和梅尔辛。

约在公元前 3700 年（中乌鲁克时期），在美索不达米亚下游形成了第一个真正的国家间体系。尽管这个原始国家间体系的确切完整构成仍不为人知，但其中一些最重要的国家是美索不达米亚下游的乌鲁克及其邻国，东部地区（今伊朗）的米什、苏萨和范杜威以及西北部（今土耳其）的一些安纳托利亚国家。

5.3.1.2　东亚（East Asia）

第二个原始的政体系统在 7000 年前左右出现在东亚，大约是新月沃土的西亚政体系统形成后 1000 年。这一系统是本土诞生的，而不是经由任何已知的西亚系统扩散形成的（可以说是凭空产生的）。这一假设可能会改变，因为有调查发现了西亚和东亚之间以前未知的联系，但现在我们继续假设这两个亚洲政体网络之间是社会分离的。而传统的中国范式（汉族意识形态，主要基于儒家文化）一直认为东亚社会复杂性的起源仅仅集中在黄河流域，这种观念现在已经被证明是一种误解。今天，考古调查正在记录东亚政体系统在中国多个地区的起源，而不仅仅是在传统的汉族聚居地。未来的调查无疑将进一步阐明社会复杂性景象，并展示东亚历史初期社会的多元文化光谱，这可能比 1000 年前产生早期西亚体系的社会光谱更加多样化。

第一个东亚政体体系可能在半坡早期至仰韶和大汶口时期（约公元前 5000—前 3000 年）大面积形成，包括半坡、城子、姜寨、大汶口、大溪、虎头沟和其他红山部落（公元前 4500—前 3000 年）。在随后的龙山时期（公元前 3000—前 2000 年），东亚的政体体系已经由许多酋邦组成，它们分散在当今中国的几乎所有地区，而不仅仅是北方。

二里头时期（约公元前 2000—前 1500 年）[①] 和商朝早期见证了东亚第一个国家间体系的出现，其核心区域包括夏（首都在二里头）和商（首都在下七垣[②]）以及附近随后出现的其他国家。传统研究认为，这应该是夏朝统治时期。但是目前证明这些政体存在过的证据是由人类学和考古学相关人员发现的，而不仅仅是通过铭文记录。我们会在下一部分进行研究。除了夏朝和商朝，其他的国家也建立起来国家体系，可能位于盘龙城（湖北省）和随县（武汉市），尽管它们完整的体系构成目前仍未知晓。

5.3.1.3　南美（South America）

第三古老的政治体系于 5000 年前出现在南美洲，即陶瓷晚期，大约在公元前 2500 年到 1800 年，以现在的秘鲁为中心。这个网络系统的一个众所周知的特点是，它在没有书面语言的情况下运行了 3000 多年，从政治科学的角度来看，这仍然是一个谜。从出现到发展的上千年当中，南美社会复杂性的另一个显著特点是受到自然环境的高度限制，尤其是它呈现出的南北线性形式，与其他三个原始政体区域多样化的自然环境形成了鲜明对比。

南美社会复杂性起源的第一阶段是随着位于秘鲁沿海地带相互作用的主要政体的出现而发生的，这些政体由从安第斯山脉发源的众多山谷和河流盆地所培育：阿斯佩罗（Aspero，位于苏佩河流域，存在于公元前 2700 年）、埃尔帕拉伊索（El Paraíso，位于利马附近，存在于公元前 2000 年）、拉加尔加达（La Galgada，位于圣河流域，存在于公元前 2400—1900 年）、里奥塞科（Río Seco）、萨利纳斯德潮（Salinas de Chao）和其他政体。

根据大多数安第斯专家的说法，南美洲地区的第一个国家，称为莫奇（Moché）或莫

---

① 二里头文化，中国北方中原新石器时代文化。

② 下七垣遗址位于河北磁县时营村西南漳河北岸台地上，遗址文化内涵极为丰富，除一部分战国墓外，都是商朝遗存，它是典型的商文化漳河类型的代表性遗址。

奇卡，于公元前一个世纪从交战的酋邦中出现。然而，更早出现的查文·德·万塔尔政体（公元前900—公元300年）带来的物质和文化影响能够支撑另外的一个假设，即查文政体比莫奇政体更早出现，可能是安第斯地区的第一个国家，除了其自身的纪念碑之外，还有其他证据，我们稍后将加以验证。

南美洲第一个真正意义上的国家体系可能是在莫奇政体（大约公元600年，中地平线时期之后）陷落后出现的，这时出现了两个强大的当代国家——北部的瓦里（Wari）（坐落于秘鲁高地中心）和南部的蒂亚瓦纳科（Tiwanaku）（位于玻利维亚北部中心），并且争夺控制权。这也是西半球的第一个双国家体系。瓦里和蒂亚瓦纳科都是幅员辽阔的国家，由大型首都和强大的省级行政中心管辖。

5.3.1.4　中美洲（Mesoamerica）

中美洲社会复杂性出现的最晚，仅在大约3000年前出现，可能是3500年前。与旧世界最古老的政体体系，即西亚世界体系类似，中美洲的社会复杂性也具有高度多元化的文化起源：奥尔梅克（Olmec）、萨波特克（Zapotec）、玛雅和其他早期美洲原住民文化，它们有一些共同的特征，但在重要方面也存在差异。与两个旧世界的原始体系，即西亚和东亚相似的另一个共同点在于中美洲政体系统的起源和后来演变的各种生态环境（自然环境）的存在。

最早的中美洲政治网络可以说是形成于奥尔梅克酋邦，比如那些集中在拉文塔、圣洛伦佐和附近其他的酋邦，但区域性的酋邦集群也在萨巴特克和玛雅地区实现了早期的发展。事实上，在真正的国家间制度出现之前，中美洲在政治组织上是酋邦集群或酋邦附属地，集群之间已经有微弱的联系。卡拉克穆尔和埃尔米拉多尔就是位于玛雅地区的实例，圣何塞莫戈特和其他萨波特克酋邦则是瓦哈卡山谷的代表。

最早的中美洲国家可能是在瓦哈卡谷成立的，即被称为萨波特克的国家，大约在公元400年，其首都是蒙特阿尔班。在更大的区域范围内，最早的中美洲州际体系最迟在后期塑造时期形成，包括萨波特克国家，西北方的特奥蒂瓦坎国家以及东南方的一系列强大的玛雅国家。在公元500年后，这个体系的成员还包括墨西哥中部高原的图拉、墨西哥湾的埃尔塔欣以及尤卡坦半岛的后经典时期的玛雅国家。特奥蒂瓦坎政权可能在公元200年至600年间是一个帝国，其殖民前哨站甚至延伸至现今危地马拉城的卡米纳尔胡尤（类似于美索不达米亚的乌鲁克特尔布拉克），还可能有其他地方。

5.3.2　其他地区的社会复杂性：次级政体网络

在古代世界的其他地区，除了我们刚才讨论的四个原始地区，非洲、欧洲、北美和大洋洲的政治系统或政治网络也在发展。然而，就产生了扩展到大规模帝国复杂性的原始社会复杂性而言，这样的系统并不是原始且持久的。例如，印度河流域地区产生了哈拉帕政体（Harappa）、摩亨佐－达罗政体（Mohenjo-daro）和同一地区的其他政体，但这些政体很可能受到西亚、美索不达米亚和黎凡特地区更早更强大的政体的启发，或者至少受到其影响。同样，尼罗河谷的埃及政体网络也受到美索不达米亚和黎凡特早期复杂性发展的影响。这两种情况都通过贸易网络（可能还有移民）与先前存在的西亚政治网络联系在一起。

在非洲（不包括埃及），社会复杂性的出现要晚得多，可能直到公元 11 世纪的铁器时代晚期才出现。在欧洲，酋邦形成得更早一些，但是比东部邻近西亚地区如古希腊、意大利和其他地方晚得多，或者它们被附近的亚洲政治体所控制。

社会复杂性同样也在北美洲兴起，但是直到公元 600 年才出现。在欧洲入侵和征服北美之前，最复杂的政体集中在查科峡谷（新墨西哥州）和卡霍基亚（伊利诺伊州）。当今学术界的共识是，这两个都是酋邦，而不是国家。复杂酋邦是最为贴切的描述它们的术语，因为它们可能已经进入向国家阶段过渡的临界阶段。北美最大、最复杂的两个政治体的历史在时间上是重叠的，但没有证据表明它们之间有联系。当欧洲人到达这些领土时，它们都已经衰落了。我们稍后将进一步重新讨论，以便从当代社会复杂性的角度来理解它们的重大意义。

5.3.3　当代社会复杂性：全球化

从我们刚刚研究过的四个原始的区域网络中，我们如何研究全球系统中当代社会复杂性的状态？就社会复杂性而言，处于早期起源和当前之间的大部分历史主要由第二代政体构成，既有酋邦也有国家以及帝国，这些我们都会在后续进行研究。

全球化被定义为世界政体网络系统规模（网络直径）和连接性显著且相对快速的扩张，它是在几千年前就开始出现的一种古老的社会复杂现象，而并非是最近才出现或者现代史上独有的现象。在某种意义上，全球化与社会复杂性的发端相伴相随，因为四个主要政体系统的每一个在其发端的时候就几乎开始了全球化。

在世界历史上可以观察到两类具有定量和定性差异的全球化事件。内生的全球化是在一个特定的政体区域内发生的增长或扩张过程（例如，美索不达米亚的乌鲁克政体、地中海盆地的罗马或美国西南部的查科的扩张），而外生的全球化则发生在地理上相距甚远的政体网络系统之间，这些系统以前作为孤立的版图是不相连的（例如，在欧洲向西半球扩张期间，公元 16 世纪的欧亚、南美和中美洲世界体系的融合）。

正如图 5.1 中的进化模型所示，在大约公元前三世纪，四个不相连的、互不相干的政治军事整体网络系统是并行演化的，也就是说，自它们发端之时，这些系统中的每一个都没有察觉到其他系统的存在。正如我们刚才看到的，世界历史上已经发生了几起内生全球化的事件。相比之下，世界历史上只有两起外生性全球化的事件。

第一次真正的外生性全球化开始于丝绸之路的出现，在公元前 200 年，世界第一次通过庞大的东亚体系将同样庞大的欧洲－非洲－西亚世界体系连接起来。这一新的大规模互动式政体网络是史无前例的，它在东半球建立了"非洲－欧亚世界体系"并且引发了一系列的社会与环境变革，其余震在当今的世界体系中仍然存在回响。丝绸之路的形成以及它的后续发展并不是线性或者统一的进程，因为它经历了多个上升和衰退的阶段，但是考虑到它造成了世界体系的第一次真正大规模崩溃，在这种情况下，欧洲－非洲－西亚世界体系和东亚世界体系合并为一个东半球的世界体系，它的重大意义再怎么强调也不为过。因此，在丝绸之路崛起之后，最初的四个真正自主的世界体系只有三个保存了下来。

第二次也是最后一次的外生性全球化发生在大约 500 年前，那时欧洲－非洲－亚洲（或称东半球）世界体系已经通过政治、军事征服和商业扩张把西半球两个分离的世界体系连接起来。这一次的融合或催化事件是欧洲对美洲的征服，这一事件在系统层面上的重要性，可以与 1000 多年前的丝绸之路相提并论。这一次的融合甚至比欧洲－非洲－亚洲世界体系的出现（两个体系合二为一）意义更大。因为这一次，一个独立的并且是真正的全球世界体系从过去三个孤立存在的世界体系中出现了。

在公元 1600 年之后，全球世界体系的连通性已经大规模提升，进一步降低了它的连接直径——直到成为目前可见的"小世界"紧凑结构，这导致外生性全球化已经没有进一步发展的可能。我们现在生活的当代世界由一个巨大的并且相对紧凑或者密集的社会复杂单元网络构成，其规模从小型国家到由政府或非政府的国际组织或跨国组织所连接的超级大国。从社会复杂性视角来看，最近出现的国际组织网络尤为重要，因为它暗示着全球社会已经开始产生在某种程度上超越国家层级行使权力并且开展政策制定活动的治理结构，尤其是这些组织的解体越来越不可想象（即越来越不可能）。从这一长远视角来看，当前全球体系可能要么在它当前的社会复杂性水平上延续（以一种国家和国际以及跨国组织的混合生态形式，就像它在过去的两百年中那样）；要么进一步生长，在未来某个时间点涌现出世界政府（这将标志着另一个重大阶段的转变）；或者退回到之前自主民族国家的状态，由相对薄弱的国际组织连接，这些组织单纯是技术性的且缺乏任何权力，比如，在第一次世界大战前或者是 1914 年前的国际体系。

5.3.4 未来的社会复杂性

发明家和社会哲学家查尔斯·富兰克林·凯特林（Charles Franklin Kettering，1876—1958）曾说过他对未来感兴趣是因为他将要在那里度过余生。（他还说"生活的全部乐趣就是努力使一些事情变好"①，这与提升生活质量的动力是一致的，也引发了社会复杂性的提升。）当然，未来的社会复杂性在细节上是不确定的，但是它大概的特点不难勾勒。预测未来社会复杂性的最佳科学方式是基于由数据形成的已经证明的原则去理解其成因。基于这一方式，当前的社会复杂性状态暗示着人类社会将会在工程层面和组织层面都继续发展人工系统，来应对威胁性挑战，探索机遇或者提升我们的生活质量。

从社会复杂性角度来讲，当代人类文明一个非常重要的特点是太空计划的发展，该计划已经进行了几十年。太空计划是一个非常好的例子，用于说明人类是如何在同样的战略适应逻辑下产生一系列非凡的复杂系统和过程，来应对太空探索、旅行，最后远离地球殖民化的挑战。延续至今的太空计划可以被看作是航天文明的雏形，既包括组成一个复杂基础设施系统网络的交通工具和工程物理设施，也包括为了支持太空任务而被批准、规划和实施的人类组织和机构。在 2012 年 8 月，美国国家航空航天局证实"旅行者 1 号"航天器成为第一个到达星际空间站的人造物体。

未来的航天文明与人类社会复杂性的历史是完全可兼容的，正如我们接下来将要研究一些附加的概念和理论以看到更多的细节那样，这些概念和理论对于评估其合理性是必要的。然而，我们目前拥有的初期航天文明已经展现出了大量的与社会复杂性相关的特点。

（1）计算和信息处理不仅在当前的太空计划中发挥了主要作用，而且也为维护和增强其性能提供了关键基础设施。

（2）高度复杂的人造物体，比如空间飞行器（太空舱、航天飞机和太空站），已经使得人类能够在对人类来说极端恶劣的物理环境中进行前所未有的复杂活动。

（3）社会对日益复杂且庞大的空间基础系统（包括轨道运行系统和地球静止系统）的依赖，从全球定位系统到高度复杂的遥感卫星等，是不可逆转的。世界上大多数国家的所有关键基础设施系统现在都依赖于它们与空间设施的基本联系。

（4）基于太空的经济领域也已经在形成阶段，包括商用气象卫星、支持地面和航空旅行的私人导航系统，很快就会有其他经济活动出现并成为头条新闻。

（5）在设计、实施、管理以及整合复杂人类组织和技术系统方面（比如，耦合的社

---

① 正如 W·克莱门茨津（W. Clements Zinck.）在《动态工作简化》（*Dynamic Work Simplification* 1971：12）所说的那样。

会－技术系统），大量前所未有的挑战已经被攻克，而且至少从来自大学培训项目、航天器和系统的厂商、专业会议以及协会的所有相关证据来看，没有迹象表明这样的趋势会在短期内结束。

当代文明对太空系统的依赖今天可能并不引人注目，而且必须承认的是，对于社会的大多数成员来说也是如此，他们关心的是日常生活中的事情，但是从科学视角来讲，这并不意味着它不真实存在。太阳耀斑和电磁风暴同样真实存在，而且太空天气对于地球也有重大影响。这些和其他的指标似乎并不是简单的可逆转的模式，会带来一些极端的、灾难性事件。太阳耀斑和电磁风暴也是真实存在的，太空天气对我们的星球有重大影响。这些和其他指标似乎是不太可能逆转的模式，除非发生一些极端的灾难性事件。甚至是这些灾难性事件所带来的重大危害的威胁，比如近地天体和小行星，也在某种可想象的合理条件下，进一步推动了我们对太空文明的探索，促进新的计划产生、经济增长和国际合作。理解未来的社会复杂性，无论是否探索太空，都需要我们在概念、方法论和理论基础上进一步发展。

👉 5.4 基础概念

在本节中，我们将更详细地探讨社会复杂性研究中更具体的关键概念。其中有一些已经被介绍过，但需要更明确的定义，而另一些是首次在这里介绍。

5.4.1 什么是社会复杂性

前面我们介绍了社会复杂性的概念，这个概念在西蒙的理论中被广泛应用于古代和当代社会。并且，最近我们在调查早期人类历史中的第一个社会政治体系的形成（社会起源）时，基于塞维斯量表对其进行了讨论，探讨了一个社会在非亲属关系的权威制度下所受到的管理程度。

这些观点已经提出了值得强调的社会复杂性的基本特点：

（1）目标寻求行为

人类是寻求目标的行为者，而不是纯粹的被动行为主体。

（2）追求的基本目标

人类和社会整体追求的基本目标是生存和进步。前者包括应对现存的挑战，而后者指的是人类对于提升个人生活品质的意愿，即便不是为了自己也是为了个人的亲属、朋友或者后代。这两个目标都是普遍的跨文化驱动力。

（3）适应性

寻求目标的行为通常需要具有适应性，因为人类所处的个人和集体的环境可能会有挑战性或者变化。通常情况下，我们所寻求的目标是在困难的环境中或者不利的条件下进行的。

（4）人工制品

实施适应性行为需要计划和建造人工制品的活动，正如我们已经讨论的，这些器物可以是有形的或者无形的，通常分别应对工程性系统和组织性系统。

（5）政体

社会的复杂性由其政体和经济来表达，这代表了它统治和存续的方式。

（6）社会复杂性序数表 C

让 $a(C) < b(C)$ 指代一个顺序关系，以社会复杂性序数 C 表示，这代表着，b 的社会复杂性高于 a 的社会复杂性。一个社会的复杂性水平用其政体（游群＜酋邦＜国家＜帝国＜全球系统）以及经济（以物换物＜货币交易）的顺序水平来表示，这也分别表明了一个社会统治和延续的方式。其他社会复杂性的顺序的特点还包括领导者的权威（分权＜集权）、领土控制（假定的＜有效的）、税收提取能力（无效的＜有效的）等。

5.4.2　界定社会复杂性的特征

我们用这些社会复杂性基本的要素来理解这一概念的其他维度。其中包括有限理性、涌现性、近似可分解性、模块化和层次结构等基本概念。

5.4.2.1　有限理性

人类在现实世界条件和正常情况下的目标寻找行为，即社会复杂性发生的背景下，从来都不是完全基于理性的选择，甚至经常完全不理性。人类基于自己所知道的有限理性来决策和行动。要理解这一点，最好的方式是简单地分析完美理性模型和人类有限理性的主要假设，并进行比较。理性选择模型的基本组成包括目标、备选方案、结果、效用和概率。

假设 1——目标

决策目标是清晰的、精准的。

相反地，人类经常对他们追寻的目标有着不精准的认知，尤其是在压力下进行决策的时候。

假设 2——备选方案

所有可用的备选方案都是已知的。同样地，人类总是对可用的备选方案有着不全面的认知。许多情形加剧了这一问题，包括压力的存在、信息不完整以及其他相似的因素。

假设 3——结果

每一个备选方案造成一组可知结果。预估备选方案产生的结果是很难的，因为它涉及预测。人类的偏见进一步加剧这一问题，比如一厢情愿的想法、从众思维以及许多其他有充分证据证明的偏见。

假设 4——概率

每一个结果都以已知概率发生。概率论起源于数学理论，然而我们人类通常使用直觉，这对于估计真实的概率是众所周知的糟糕指南。

假设 5——预期效用

每一个结果的预期效用都可以被计算出来，并将各备选方案进行整合。除非是在那些最简单的情形下或者通过特别的帮助，否则人类推理没有能力进行预期效用计算。

假设 6——效用最大化

拥有最大预期效用的备选方案会被选中。相比之下，人类经常决定去做那些他们觉得有义务去做的事情，这可能不符合他们的最大利益，或者做他们朋友似乎在做的事情，或者他们通过一些其他的并不能带来最高预期效用的原则，选择行动方案。

理性选择模型严重依赖于这六项严格的假设，不管是单独的还是作为一个整体，它们都是共同的必要条件。因此也就不难理解为什么该模型无法满足即使是温和的现实测试，特别是因为每个假设即使能实现也很难获得。

行为社会科学是建立在有限理性模型基础上的[1]。有趣的是，确实发生了违反完美理性模型的情况，因为人类拥有的知识是不完美的或者即便是信息本身的质量很高，他们在信息处理中也会出错。人类的信息处理过程，即分析和推理是有故障的，因为它也会受到偏差或者其他认知效应的影响。这是在计算社会科学中强调信息处理的另一个例子，特别是在社会复杂性的背景下。

人类个体以及团体对结果和概率的估计构成了行为科学一个很大的研究领域。这一领域的实验工作现在已经记录了上百种人类的偏差，这些偏差是由于我们在普通情形下能力不足导致无法正确预估真实结果和概率所产生的。除了一厢情愿和从众思维之外，其他的偏差还包括个人定位和其他错位的想法。

人类天生的有限理性也有显著的制度性结果：人类经常创造制度（比如组织机构）用

---

[1] 赫伯特·亚历山大·西蒙、丹尼尔·卡内曼和其他社会、行为和经济科学家在这一领域的开创性工作使他们获得了诺贝尔奖。

来管理或者试图克服他们错误的理性。比如，在当代政体中审议机构和代理机构（比如政府的立法和行政部门）的目的是讨论、识别和达成共识，探索替代选择，并对结果和概率进行评估，以优化成本效益分析，支撑政策从制定到实施。因此，通过创造机构和程序增加社会复杂性——通常以大型官僚机构的形式，只是社会复杂理论中应对我们天生不完全理性的适应策略。换句话说，有限理性在因果上解释了社会制度。制度的成长和发展也是"涌现"现象主要表现。

5.4.2.2　涌现（Emergence）

术语"涌现"指的是从个体的微观行为中产生的集合性的宏观现象。对社会复杂性的研究包括许多形式的涌现。社会复杂性本身就是一种涌现，因为它是由许多个体或团体在有限理性条件下寻求目标的决策和自适应行为所导致的。不论是工程还是机构，所有人工制品形式都是涌现。网络、政治实体、经济以及文化本身，以及社会宇宙中的许多其他宏观现象都是涌现的实例。

从面向对象的角度来看，当一个新兴的现象在微观层面组件之间的聚合联结强度很大时，以组合为导向的方式比纯粹的聚合更有趣且更明确。（请回忆一下第 2.8.2.1 节中关于聚合的讨论。）这是因为在按照组合方式相互关联的情况下，组成对象或实体是根据总体宏观层面的实体严格定义的。这包括政体、网络、组织、社会运动、公众情绪、各种形式的集体行为，同时也包括集体行为现象中的重要类别以及社会复杂性研究中的其他众多重要实体。相比之下，简单聚合不被认为是严格科学意义上的一种涌现。例如，没有集体行动结果的人员会议是简单聚合的一个例子，但不是涌现；集体行动将使会议成为"涌现"的一个例子。

5.4.2.3　近似可分解性（Near-Decomposability）

社会系统和过程的结构性组织是非常重要的，因为不是所有的结构形式都有社会复杂性的特征。比如，一个完全连接的网络可能被认为具有复杂性，比如尽管在一个给定的团体中每一个人都在和其他人说话，但是它并不复杂。在另一个极端，一个完全由单例数组成的网络也不复杂。社会复杂性位于这两个极端之间的一个特殊结构位置，尤其是当所讨论的组织结构被认为是"近似可分解"的。近似可分解性是指一个系统具有子系统组件，在集群或子图中相互作用，子系统之间的交互相对较弱或更少，但不可忽略。近似可分解结构的一个典型例子是被分为部门和单位的层次组织。

对社会系统和过程的高级描述往往掩盖了其社会复杂性的近似可分解性。例如，政体系统的近似分解性并不能通过其社会成分（社会）和统治子系统成分（政府）这个一阶组合来揭示，两者相互作用，通过政策管理公共问题。社会和政府是构成政体系统的子系统，因此政体是一个系统的系统。然而，政体的每个主要组成部分又由强连接的要素组成。社会是由个人、家庭和群体组成的，它们在众多的社会关系中相互作用。同样，政府是由许多机构和实体（例如，立法、行政、司法）组成的，它们通过许多紧密结合的相互作用联系在一起。因此，虽然政体的一阶组合看起来不可分解，但它的二阶和高阶结构，尤其是操作级别的结构，是可分解的。

近似可分解性的特性同样适用于社会系统和过程的复杂性，而不仅仅是前者。因此，当一个过程的每个后续阶段依次由多个活动组成时，它是近似可分解的。这方面的一个例子是一个特定政体内的立法程序，其中法律的制定包括几个主要阶段（如党团会议、起草、讨价还价、初步投票、和解、最后投票），每个阶段都需要许多其他的中间互动。政策实施是社会过程中近似可分解性的另一个典型例子，因为政策从中央行政部门向下级延伸到地方机构，直到政策后果影响到作为社会一部分的个人和群体。

一个近似可分解的结构也被称为模块结构或模块化的。因此，模块结构或模块化是社会复杂性的一个定义特征。模块化组织结构的一个相关特征是作为社会复杂性特征的层级的存在。这就解释了为什么如此多形式的社会组织也是层级化的：酋邦、国家和帝国，以及支持它们的社会关系结构和官僚机构会因规模而不同，但它们在组织中都是层级化和模块化的。

👉 5.5　社会复杂性的测量

社会复杂性是一个潜在的变量，这意味着它是一个可测量但不能直接观察到的属性（即，一个变量或特征）。虽然我们可能不能直接测量社会复杂性，但我们肯定能够（用其他方法）衡量它。假设我们足够聪明，能够使用适当的代理指标或经过验证的、可操作的方法来记录它。例如，支持特定社会的人工系统的规模，如官僚机构的规模（假设由公职人员的数量来衡量）以及其他维度，是衡量社会复杂性的替代指标。基础设施系统的规模和复杂程度也同样表明了社会的复杂性。潜在变量在整个社会科学中都很常见，而不仅仅是在计算社会学和社会复杂性研究中，如社会地位、识字率、财富和贫困、不平等、失业、社会经济发展、战争规模，甚至像选民投票率这样看似可观察和可统计的东西，都依赖代理指标对潜在变量进行衡量。根据定义，所有的理论概念都是潜在的，因为它们依赖于操作变量或经验指标来评估它们的价值。塞维斯量表［表达式（5.4）］就是根据潜在值来定义的，因为需要基于数据的代理来根据所有可用的经验证据确定特定社会的政体排序值。

社会复杂性是通过在不同的史蒂文斯水平[①]上定义的代理指标来衡量的，可以是定性的（名义上的或分类的）和定量的（定序的、定距的、定比的）。在本节中，我们将介绍这两种类型，在本章的后面还将添加其他类型。

5.5.1　定性指标：证据线

为检测和测量社会复杂性，特别是检测早期社会（社会起源），形成了六个重要且相对独立的证据线索，这些证据线索也适用于当代社会。

（1）结构

建筑环境构成了社会复杂性的结构性证据，特别是为集体或公共用途而不是私人用途建造的建筑结构。寺庙、广场、防御工事（城墙、城门、塔楼、兵营和其他类型的军事工程）、仓库、蓄水池、灌溉渠和灌溉网络、纪念性的坟墓和宫殿都是用来证明早期社会中出现的复杂性的例子。现在，机场、公共建筑、大都市交通系统以及关键基础设施系统的耦合网络都是 21 世纪社会复杂性结构性证据的常见例子。结构性证据是社会复杂性当中最强有力的指标，因为其具有大型性、大规模性和长期性特征[②]。

（2）图像

描绘领导人、庆典或政府地点的图像以及类似的社会复杂性的视觉表征，构成了另一条证据。宫廷场景、正式的游行、对征服者和被征服者的描绘，领导人的肖像，包括钱币上的肖像以及纹章等，都是对最初社会复杂性的证明。古代政体的领导人为了进行宣传，经常使用关于他们自己或他们的盟友或领土的奢华或奇特的图画。这是另一种普遍的、跨文化的模式，与今天在许多现代领导人身上观察到的情况并无不同。现代时代，在大量的信息媒体中，除了与社会复杂性有关的图像，类似的证据仍然存在。

（3）人工制品

当人类制造的人工制品的生产或技术过程需要超越私人、家庭，或严格意义上的亲属层面的组织时，就可以证明社会的复杂性。为日常使用而手工制作的家庭陶器并不能表明社会的复杂性；然而精心制作的玉器或青铜器，都是社会复杂性的证明。这是因为玉器和青铜器在各自的生产过程中都需要相当的社会组织和成熟的技术，包括专门的生产知识、采购适当的原材料（就青铜器而言，最低限度是铜、锡和铅，往往来自偏远地区的不同地

[①]　给定变量的史蒂文斯水平指的是它是定类、定序、定距或定比的变量。

[②]　一个典型的例子是中国的长城，但也有许多其他类似的长期结构的例子，如古代美索不达米亚的灌溉渠、中美洲的公路网，以及其他只有通过现代卫星图像和遥感才能看到的建筑。

方）、专门的工人和设施（高温炉）、仓储和会计系统。今天，一些典型的能表明当代社会复杂性的人工制品包括电脑、手机、飞机、卫星和其他人工制品。这些人工制品的生产需要极为复杂的组织和供应链。全球的世界经济是建立在具有空前复杂性的组织和技术系统之上的。

（4）铭文

许多类型的文件或铭文形式的书面证据可以提供社会复杂性的直接证据。在古代社会中，一些最早的铭文证据是以楔形文字系统书写的泥板，用于记账、教学、答复和维护法庭记录。美索不达米亚政府制作了大量的历史编年史和其他铭文记录。铭文证据还在文物和建筑上大量存在，为社会复杂性提供了复合证据。在现代，历史书和泛滥的媒体，包括印刷品和电子制品，都提供了社会复杂性的"铭文"证据的明确例子。

（5）司法鉴定

人类骨骼的遗骸状况为衡量社会复杂性提供了另一条证据。在古代，诸如颅骨形状变化、表面装饰（如早期中美洲玛雅贵族的门牙上的玛瑙装饰），以及只有精英才能享用的特殊饮食的骨组织特征，都提供了最初社会复杂性的证据。现代社会中，人类遗骸相对不容易受到司法鉴定的影响，而司法鉴定是证明社会复杂性的。

（6）地理位置

最后，人类栖居的地理位置是衡量社会复杂性的另一条证据。易守难攻的地方（比如高地或者交通不便的地方），通常表明那里爆发过大量战争，这反过来也暗示了复杂的社会组织。大量的酋帮社区和早期国家都建立在这样的地方，经常需要基础组织和设施来使他们延续下去。即使是在当代社会，位于恶劣环境中的城市，比如沙漠或者高山地区，其城市支持系统方面也异常复杂。

对社会复杂性测量的置信水平与提供正面支持的证据线的数量成正比，即越多越好，因为假阳性的概率随着提供社会复杂性证据线的数量增多呈指数级下降。单一的证据通常是不够的，虽然它可能是有用的，因为它表明我们可能会找到更多的证据线。这是因为社会复杂性有许多表现形式，这些表现形式应该可以通过来自多条证据线的所有可用数据进行测量，而不是局限于单一的信息来源。

应该强调的是，衡量社会复杂性的证据线不仅与确定最初的、形成阶段有关，例如确定酋邦（以及后来的国家和帝国）中从平等主义到层级社会的阶段性过渡，而且对于衡量现代社会的复杂性也是必要的，例如不同的社会、经济和政治发展水平。先进社会和发展中社会之间的差异远不止是简单的、名义上的差异；这种差异也可以通过许多指标来量化，如关键的基础设施系统，特别是当被视为耦合的社会技术系统时。

5.5.2　量化指标（Quantitative Indicators）

我们已经使用了塞维斯社会复杂性的序数级量表，该量表使用酋邦（基数级）和国家的序数值对政体进行测量和排序，随后可以加上帝国和全球系统的序数值。例如，社会复杂性的其他定量指标包括一个特定社会中存在的基础设施的规模和结构特征，因为基础设施是社会复杂性的代理衡量指标。在先进的当代社会中，不参与基本生存活动的人口比例（如参与教育、政府、国防和其他许多依靠不从事食品生产和类似基本需求的人口部分的个人）越来越大。它也可以被认为是社会复杂性的一个代理指标。

根据用于定义每个衡量的运算的独立变量的性质，社会复杂性的数量化衡量可以分为两个大类：形式衡量和实质衡量。这些应被视为启发式的、互补的类别，不一定互不相容，它们也应该用于比较。

5.5.2.1　社会复杂性的正式测量（Formal Measures of Social Complexity）

社会复杂性的正式衡量标准需要基于数学方法，如基于网络或基于图的衡量标准，或信息论的衡量标准等等。所有这些都使用正式定义的独立变量。这些度量方法假定有一个网络矩阵可用于计算适当的指数。

近似分解性是社会复杂性的一个决定性特征（第 5.4.1 节），它是一个潜在的变量，可以通过聚类系数代替测量。一般来说，聚类系数衡量的是由三角形连接的节点数量，这些三角形形成不同大小的子图。在各种近似可分解结构的背景下，已经定义了几个聚类系数。标准的无向网络聚类系数是无向网络中节点聚类系数的平均值（如在组织图中），其中节点 i 的节点聚类系数 C_i 定义为：

$$C_i = \frac{2\lambda_i}{\delta_i(\delta_i - 1)} \tag{5.1}$$

其中，λ_i 是节点 i 的所有相邻之间的连接对数，δ 是 i 的程度（相邻数，定义在第 4.6.1 节）。因此，网络 n 的网络聚类系数 C_n 由以下公式给出：

$$C_n = \bar{C_i} \tag{5.2}$$

$$= \frac{1}{g}\sum_{i=1}^{g}\frac{2\lambda_i}{\delta_i(\delta_i - 1)} \tag{5.3}$$

其中 $g = \mathrm{card}(N) = |N|$ 是网络 n 中的节点总数，或者说是 n 的规模 S。

巴格特 – 魏格特聚类系数定义为

$$C_{BW} = \frac{3(g-1)}{2(2g-1)}(1-p)^3 \tag{5.4}$$

其中 g 是相邻连接的数量（程度），p 是重新布线的概率（Barrat and Weigt 2000:552）。

社会复杂性的另一个定量代理指标是香农熵 H，它可以通过节点的程度来衡量。在这种情况下。

$$H(\delta) = -\sum_{i=1}^{g} P(\delta)\log_2\left[P(\delta_i)\right] \tag{5.5}$$

其中，$P(\delta_i)$ 是节点 n_i 有 δ 程度的可能性。主要由独立节点组成的结构将具有高熵，因此不会靠近可分解状态。另外，完全连接的图将具有最大熵，因为度分布将具有由 $\delta = g-1$ 给出的单个峰值。具有聚类和层次结构指示的接近可分解的复杂系统将具有中间熵值，介于两者之间。

这些对社会复杂性的形式度量的比较静态是有趣的，因为它们大多是非线性函数。

5.5.2.2 社会复杂性的实质性测量（Substantive Measures of Social Complexity）

相比之下，社会复杂性的实质性衡量取决于特定的社会、经济、政治或其他文化变量。传统社会科学方法可以用于构建社会复杂性的代理测量。例如，多维尺度分析（Multi-Dimensional Scaling, MDS）就是一种广泛用于比较多个指标得分的方法，这些指标衡量了潜在的社会现象的维度。在 R 编程语言中存在经典和非参数版本。经典 MDS 使用欧氏距离计算对象之间的低维图形。

利格林－安倍－安倍次序的社会复杂性格特曼量表（Peregrin–Ember–Ember ordinal Cuttman Scale of social complexity）被用来衡量最早过渡到酋邦和国家的阶段[1]。它包括以下项目，从最小值到最大值排列：

1. 陶瓷生产

2. 驯养动物的存在

3. 固定居所

4. 非平等主义（地位或财富）差异

5. 人口密度 >1 人 / 平方米

6. 对粮食生产的依赖

7. 村庄 >100 人

8. 金属生产

---

[1] 利格林－安倍－安倍次序的社会复杂性量表（2004）是目前人类学家开发的格特曼量表之一。它基于最全面的早期人类文化样本，以耶鲁大学的人类关系地区档案（HRAF）中的世界性考古传统概要为基础，并建立在 R.L.Provostn、Murdock 和 C. Carneiro、L.Freeman、G.P. 等人开发的早期社会复杂性量表上。

9. 存在社会阶层

10. 超过 400 人的城镇

11. 国家（包含 3 级以上的等级制度）

12. 人口密度 >25 人 / 平方米

13. 轮式运输

14. 任何形式的写作

15. 任何种类的金钱

首长领地在 3 到 7 级之间形成，而国家则在 8 到 11 级之间形成。格特曼量表的一个决定性特征是，每个序数值都包括之前所有的价值特征。例如，由 100 人或更多人组成的村庄（第 7 级）也依赖粮食生产（第 6 级），人口密度超过每平方英里 1 人（第 5 级）经历明显的不平等（第 4 级），依此类推，直到第 1 级（陶瓷生产）。同样地，国家由 400 人以上的城镇组成，有社会阶层和金属生产，以及与较低规模值相关特征。

对于现代政体来说，联合国的人类发展指数 D_H，是国家或政体层面社会复杂性的一个具体例子，旨在评估总的社会经济状况（表 5.1）。

表 5.1　根据政治层面的人类发展指数 D_H（2012），排名前 15 国家（地区）的社会复杂性

级别	国家（地区）	D_H	级别	国家（地区）	D_H	级别	国家（地区）	D_H
1	挪威	0.955	6	新西兰	0.919	11	加拿大	0.911
2	澳大利亚	0.938	7	爱尔兰	0.916	12	韩国	0.909
3	美国	0.937	8	瑞典	0.916	13	香港	0.906
4	荷兰	0.921	9	瑞士	0.913	14	冰岛	0.906
5	德国	0.920	10	日本	0.912	15	丹麦	0.901

资料来源：联合国开发计划署，2013 年人类发展报告。

人类发展指数是由其他三个指数构成的一个综合性指标：预期寿命 L^*，教育水平 E^* 以及人均国民收入 I^*。这三个组成部分与社会复杂性的显著水平密切相关，无论是单独的还是组合的。简单或原始的社会在所有三个指数中，得分一般都很低。在所有社会复杂性最高的国家，如发达的工业化经济体，预期寿命都很高。只有在能够维持最昂贵的大学的社会中，才能够实现高水平的教育。同样，只有在生活成本最高的复杂社会中才能观察到高收入指标。简单社会在预期寿命，教育水平和收入相关指数方面的得分最低。形式上，D_H 被定义为三个组成部分指标的几何平均值。

$$D_H = \left(L^* \cdot E^* \cdot I^* \right)^{1/3} \tag{5.6}$$

$$= \sqrt[3]{\frac{L - \alpha_1}{\alpha_2} \cdot \frac{\sqrt{S \cdot <S>}}{\beta} \cdot \frac{\ln\left(\dfrac{I}{P}\right) - \gamma_1}{\gamma_2 - \gamma_1}} \tag{5.7}$$

其中自变量和常数项在实际操作中定义如下[①]：

L	出生时的预期寿命
S	平均受教育年限乘系数 1/13.2，即"平均受教育年限指数"
$<S>$	预期受教育年限乘系数 1/20.6，即"预期受教育年限指数"
I	国民总收入
P	人口
α_1	20 年
α_2	62.3 年
β	0.951 年$^{-1}$
γ_1	100 美元 / 居民
γ_2	107721 美元 / 居民

人类发展指数的几个方面是社会复杂性的定量衡量标准。几何平均数在公式（5.11）中定义了关于其三个组成指数的立方函数的 D_H。它还将 D_H 定义为关于五个独立变量和参数的函数，涉及多个非线性依赖关系。因此，在衡量社会复杂性的情况下，比较静态是有趣的。根据实证，表 5.1 中所有的国家都以先进的基础设施系统而闻名，这对在复杂环境中适应和实现高生活质量是必要的。

目前，人们已经提出了许多衡量通用系统复杂性的措施。例如，描述系统（如算法）特征所需的最小描述可以看作是系统复杂性的一种度量。在社会系统复杂性的语境中，我们可以根据其功能结构的最小描述的长度定义社会复杂性的词汇度量。基于比较社会科学术语，以最少必要和系统化的词汇书写的严谨定义的首领、国家和当代政体提供了可行的例子。同样的词汇度量程序的另一种操作方法可以基于形式化图形，例如用于描述特定社会系统（如酋邦、国家或当代政体）的 UML 类、序列和状态图。

设 S 代表一个具有复杂性 $C(S)$ 的社会系统。复杂性的词汇度量可以定义为能够描述 S 所需的最小字符数 K，其中包括空格。例如，在第 7 章的后面，我们将考察酋邦和国家的正式理论定义。定义 7.9（酋邦）得到 C（酋邦）= 289 个字符，而定义 7.10（国家）得到

[①] 这里的注解与联合国年度报告不同，它使用了缩写和首字母而不是适当的数学符号。

C（国家）= 339 个字符，说明国家比酋邦更为复杂。

同一社会体系 S 的不同定义可以用不同长度的字符来表示 $(K_1, K_2, K_3, \ldots, K_N)$。然而，由于他们都是在描述同一个系统 S，只是用不同的词，而且所有的描述都被假定为最小的必要条件，所以可以假定字符的数量是正态分布的。因此，在 K_i 值的集合上取简单的算术平均值，提供了一个社会复杂性的综合词汇指标。

$$C(S) = \sum_{i=1}^{N} K_i \qquad (5.8)$$

或者，如果 S 是用图形模型来定义的，比如使用 S 的一组相关的 UML 类图、序列图和状态图，那么这组特征图形中包含的信息可以被用来定义 $C(S)$。例如，假设社会系统 S 的 UML 类图由若干对象和对象间的若干关联组成，分别用离散变量 O 和 A 表示，其中 $O = 1,2,3, \ldots, o$ 和 $A = 1,2,3, \ldots, a$。同样，S 的 UML 序列图由 O 个对象和 S 个对象之间的顺序交互在分开的"通道"中组成，其中 $S = 1,2,3, \ldots, s$。最后，假设 S 的 UML 状态图有 X 个状态和 φ 个状态之间的转换，其中 $X = 1,2,3, \ldots, x$，$\varphi = 1,2,3, \ldots, \varphi$。然后，基于这些度量的三个图形模型定义了社会复杂性的函数。例如，图形复杂性测量

$$C(S) = (O+A) + (O+S) + (X+\varphi) \qquad (5.9)$$
$$= O(A+S) + X + \varphi \qquad (5.10)$$

提供了一个简单而可行的综合指标，其他以图形特征定义的类似函数也是如此，这些图形特征指明了社会系统 S 的复杂性。例如，由 UML 图中的图形值组成的向量 $C(S)$ 的规范。

$$C(S) = \sqrt{o^2 + a^2 + s^2 + x^2 + \varphi^2} \qquad (5.11)$$

是另一个可行的基于图形的社会复杂性衡量标准。

社会复杂性在时间尺度上也是可测量的，其中长程相关性是社会过程复杂性的诊断因素。赫斯特指数（Hurst parameter）是一个时间指标，用于衡量社会数据的时间序列在其长程依赖性（long-range dependence，LRD）方面的复杂性。让 $X_1, X_2, X_3, \ldots$ 表示一个时间序列 $t_1, t, t_3, \ldots$ 的值，其中平均值为 μ，方差为 σ^2。赫斯特指数由时间序列的自相关函数 $\rho(k)$ 定义为

$$\rho(k) = \frac{E(X_t - \mu) \cdot E(X_{t+k} - \mu)}{\sigma^2} \qquad (5.12)$$
$$\sim C_\rho |k|^{-2(1-H)} \qquad (5.13)$$

其中 $|k|$ 表示时间滞后或者长度 0, 1, 2, 3,… 在各个方向的延长，符号 $\sim$ 表示渐进相等比如 $k \to \infty$，$C_\rho > 0$ 是一个尺度参数。注意，$\rho(k)$ 以代数方式衰减为幂律，因此自相关是无

标度的，因此这个过程被称为自相似，也就是分形（Fractal）[①]，我们将在后面更仔细地研究这些特性，当我们专注于社会复杂性的幂律时。空间自相关也是社会复杂性的类似特征。

从经验数据中估计出的赫斯特指数值表明了过程的复杂性，并且由以下范围决定[②]：

情况1 当 $0.5 < H < 1$ 时该过程具有长期记忆，或称为 LRD，因此这一过程也被称作持久性。

情况2 当 $H = 0.5$ 时，这一过程是标准布朗运动，具有正态或者高斯分布，均值 $\mu = 0$，方差 $E\left[\left(B_H(t)\right)^2\right] = t^{2H}$，功率谱密度为 $1/f^{2H+1}$。这不是一个表明复杂的情况，而是一个平衡的动态过程。

情况3 当 $0 < H < 0.5$ 时，该过程是反持续性的，意味着它比高斯过程要明显地更不规则。

案例1和案例3都是典型的非平衡动力学驱动的复杂系统和过程，如图5.2所示。标准布朗运动是社会过程时间复杂性的基本过程或相变边界（临界分叉值为 $H = 0.5$）。超过临界值，该过程具有持久的记忆（ $H > 0.5$ ），表明其状态稳定或动态稳定性，随着自相

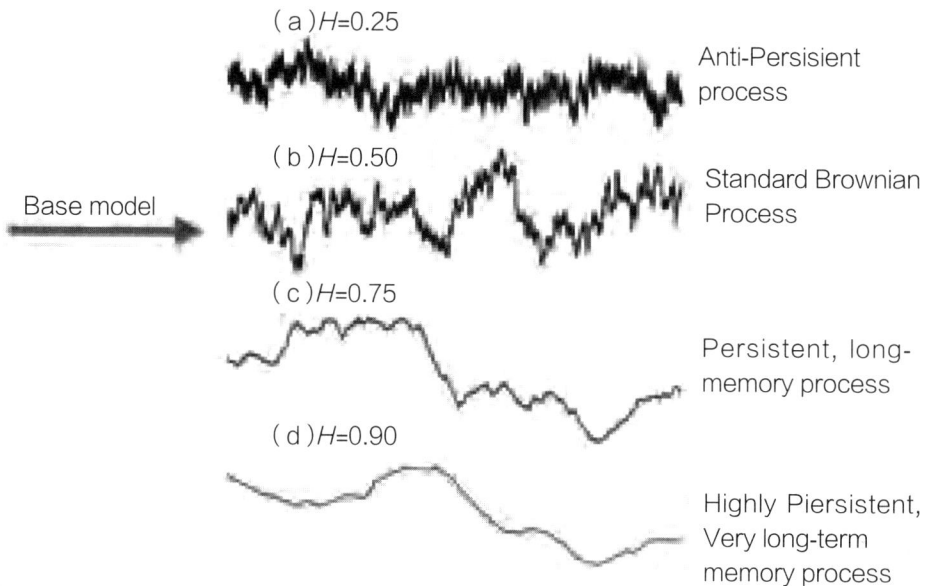

（a）$H = 0.25$
Anti-Persisient process

Base model

（b）$H = 0.50$
Standard Brownian Process

（c）$H = 0.75$
Persistent, long-memory process

（d）$H = 0.90$
Highly Piersistent, Very long-term memory process

图5.2 由赫斯特指数 H 衡量的时间序列中的长程依赖（LRD）或记忆结构

注：资料来源：改编自（Gao et al., 2013:16）

[①] 分形，来自几何学。所谓分形就是从多个层次、多个角度、多个组成成分来共同解决一个问题。

[②] 正如 Gao 等人（2007）所评论的那样，有许多 Hurst 参数的估计方法。

关长度的增加，过程显得越来越平滑，X 的分布具有重尾特性（极端事件的发生概率相当大）。相反，低于临界值，该过程具有反持久的记忆（$H < 0.5$），表明高度波动性或动态不稳定性，过程显得更加崎岖。时间序列的"崎岖程度"与赫斯特指数呈反比关系。

如果政策是建立在对时间复杂性的赫特斯指数的时间序列分析所认可的假设之外，那么公共物品的提供将被误导。长程相关的原因通常很难确定。有时它与负责产生时间序列的先前过程的累积效应有关。

空间 – 时间自相关是社会复杂性的诊断。相比之下，值得注意的是，社会科学研究中的传统数据分析通常不喜欢时空自相关，因为它违反了数据相关分析的标准假设。使用各种变换（对数、反比、平方等）来获得"正态"的高斯分布数据，会破坏测量社会复杂性所需的信息，因此在社会复杂性分析中应避免使用。对于偏态分布也是如此，我们将在下一章看到这一点。

🔎 问题

本章的内容比本书中的大部分内容更加以经验和数据为导向，因为其重点是世界各地社会复杂性的起源以及如何进行测量。在这个背景下使用了许多数据来源，但并非所有可用的来源都具有相同的质量。人们对考古学和史前学的广泛兴趣使万维网充斥着不准确或错误的信息。幸运的是，大部分关于考古遗址以及考古学总体的维基百科文章是可靠的，并由专业科学家维护。

除了专业考古学的实地研究，博物馆也是获取有关社会复杂性起源及测量原始数据的绝佳资料来源。其他有用的资源包括与下列实体相关的信息和材料，虽然它们都有互联网网站，但并不一定有在线材料可用。

- 台北中央研究院，台北，中国台湾
- 阿什莫林艺术和考古博物馆，牛津大学
- 邓巴顿橡树研究图书馆和收藏，华盛顿特区
- 国家冬宫博物馆，俄罗斯圣彼得堡
- 卢浮宫博物馆，巴黎
- 大都会艺术博物馆，纽约
- 国家人类学与历史博物馆（INAH），墨西哥城
- 国家考古博物馆，利马
- 芝加哥大学东方学院

- 皇家安大略博物馆，多伦多
- 萨克勒艺术馆，华盛顿特区
- 北京大学赛克勒艺术与考古博物馆，北京
- 宾夕法尼亚大学考古与人类学博物馆，费城 – 菲亚
- 梵蒂冈博物馆，梵蒂冈城

这些机构和类似的世界级机构提供网站、参观展览和研究藏品、出版物、讲座和特别活动，这对了解社会复杂性的起源和测量有帮助。每年在乔治·梅森大学举办的社会复杂性起源研究生研讨会（CSS620）为国家自然历史博物馆的亚洲藏品（弗利尔和赛克勒展厅）和邓巴顿橡树园的中美洲和南美洲考古学展览提供了实地考察。

本章中的许多问题和练习都假定有一些基本的地理知识，特别是人文和自然地理知识，以及使用地图的能力。所引用的大多数参考资料包含有用的地图，其他资源也是有价值的，如国家地理学会的地图、谷歌地球和其他在线权威资源。

5.1 现存最早的按制度类型划分的社会复杂性研究是由以下哪个人员进行的？

（a）修昔底德

（b）希罗多德

（c）亚里士多德

（d）柏拉图

（e）孔子

5.2 亚里士多德为比较各政体的政治制度而提出的三大类政治制度是：

（a）民主制、贵族制和君主制

（b）贵族制、民主制和专制制

（c）专制制、君主制和寡头制

（d）多元政治、民主制和君主制

（e）多元统治、民主和寡头统治

5.3 在政治制度的比较分析中，哪个术语表示民主的退化形式？

（a）暴政

（b）寡头政治

（c）暴民政治

（d）君主制

（e）财阀制

5.4 经典的《文化的科学理论及其他论文》（*A Scientific Theory of Culture and Essays*），它将人类机构概念化为实现人类基本需求的工具，其作者是：

（a）经济学家道格拉斯·诺斯

（b）考古学家亨利·赖特

（c）政治学家乔万尼·萨托利

（d）人类学家马林诺夫斯基

（e）社会学家马克斯·韦伯

5.5 社会复杂性是一个术语，主要用于表示：

（a）一个社会通过非亲属的权力关系进行治理的程度

（b）社会中的社会经济关系网络

（c）社会上有争议的政治派别之间的竞争

（d）社会中民族群体的多样性

（e）一个政体中的种族多样性

5.6 以下哪项具有最简单或最低水平的可测量的社会复杂性？

（a）一个游群

（b）一个部落

（c）一个酋邦

（d）一个国家

（e）一个帝国

5.7 根据塞维斯量表，所有狩猎 – 采集社会都是：

（a）酋邦

（b）游群

（c）部落

（d）（a）和（b）都是

（e）（b）或（c）

5.8 判断正误：社会复杂性的最早发展阶段通常被称为"初级"社会复杂性，包括最早的政体或"酋邦"的形成，这是一个重要的社会里程碑，发生在大冰河时代之后，其最简单的形式大约在 1 万年前（全新世早期）的北半球和南半球。西半球和东半球的情况也是如此。

5.9 以下哪个是介于平等主义的简单社会和国家之间的中间社会：

（a）一个部落

（b）一个帝国

（c）一个酋邦

（d）以上都不是

（e）以上都是

5.10 在一个以前由一系列简单的平等主义社会居住的地区形成一个酋邦，是一个 ____ 的例子。

（a）政治发展

（b）社会复杂性的量级增加

（c）相变

（d）以上都是

（e）只有（c）

5.11 在最后一次大冰期之后，可居住世界的许多地区都出现了酋邦。文中只强调了四个地区，其关键原因是：

（a）其他地区的数据不足

（b）在西半球从未形成国家

（c）四是在社会复杂性方面可以适当建模的最大区域数

（d）这些地区也产生了帝国

（e）这些是唯一一个国家跟随酋邦的地区

5.12 在公元前 3000 年至公元前 1000 年期间，全世界有多少个独立发展的区域性酋邦或国家系统？

（a）二

（b）三

（c）四

（d）五

（e）六

5.13 第二个最古老的酋邦和国家系统形成于：

（a）新石器时代早期的西亚

（b）公元前 5000 年左右的东亚

（c）南美洲

（d）中美洲

（e）以上都不是

5.14 人类历史上最早的酋邦形成于：

（a）前陶器新石器时代 A 期

（b）前陶器新石器时代 B 期

（c）前陶器新石器时代 C 期

（d）新石器时代晚期

（e）青铜时代

5.15 东亚最早的政体体系形成于：

（a）早期班波时期

（b）大汶口时期

（c）仰韶时期

（d）汉代

（e）以上都不是

5.16 东亚最早的政体体系形成：

（a）主要在黄河流域

（b）几乎遍及当今中国的所有地区

（c）中国北方

（d）蓝河流域

（e）以上都不是

5.17 在南美洲产生的第一批酋邦的阶段性过渡发生在：

（a）在印加帝国崛起之前

（b）印加帝国灭亡后

（c）在公元 500 年左右的中期时期

（d）前陶器时期，大约公元前 2500 年

（e）以上都不是

5.18 以下哪个是南美洲最早的社会复合型政体：

（a）莫切、瓦里和阿斯佩罗

（b）阿斯佩罗、卡拉尔、埃尔帕拉伊索

（c）埃尔帕拉伊索、拉加尔加多、印加帝国

（d）印加帝国、莫切和阿斯佩罗

（e）以上都是

5.19 早期国家和帝国的哪种明显特征在南美洲的政体体系中是不存在的？

（a）农业

（b）写作

（c）打仗

（d）贸易

（e）强有力的领导

5.20 在欧洲人入侵的时候，南美洲的社会复杂性发展状况如何？

（a）酋邦

（b）国家

（c）帝国

（d）部落

（e）以上都是

5.21 南美洲最早的两极国家体系在：

（a）阿斯佩罗（秘鲁）和卡拉尔（秘鲁）

（b）瓦里（秘鲁）和卡拉尔（玻利维亚）

（c）瓦里（秘鲁）和蒂亚瓦纳科（玻利维亚）

（d）印加（秘鲁）和蒂亚瓦纳科（玻利维亚）

（e）莫切（秘鲁）和印加（秘鲁）

5.22 中美洲最早的复杂政体系统是哪些？

（a）印加、玛雅和阿兹特克

（b）阿兹特克、玛雅和萨波特克

（c）奥尔梅克、萨波特克和玛雅

（d）奥尔梅克、印加和阿兹特克

（e）奥尔梅克、莫切和萨波特克

5.23 以下哪项是中美洲社会复杂性与旧世界初级系统（西亚和东亚）的共同点？

（a）缺乏书写系统

（b）生态区（自然环境）的多样性

（c）海上通道

（d）帝国在该地区的迅速崛起

（e）车轮的发明和大规模使用于运输

5.24 中美洲的萨波特克国家的首都是在以下哪个地点：

（a）阿斯佩罗

（b）拉文塔

（c）米拉多尔

（d）阿尔班山

（e）以上都不是

5.25 北美洲的社会复杂性是 _____。

（a）在公元 600 年后才发展起来

（b）在欧洲殖民化之前可能从未达到国家的水平

（c）作为中美洲政体殖民化的直接结果而演变

（d）（a）和（b）

（e）（a）和（c）

5.26 在欧洲入侵和征服之前，美国最复杂的政体是哪些？

（a）埃托瓦（佐治亚州）和卡霍基亚（伊利诺伊州）

（b）沃森休息（路易斯安那州）和卡霍基亚（伊利诺伊州）

（c）查科峡谷（新墨西哥州）和卡霍基亚（伊利诺伊州）

（d）贫困点（亚拉巴马州）和埃托瓦（格鲁吉亚）

（e）梅萨沃德（新墨西哥州）和卡霍基亚（伊利诺伊州）

5.27 以下不属于初级社会的复杂区域的是：

（a）埃及

（b）黎凡特

（c）印度河谷

（d）（a）和（b）都是

（e）（a）和（c）都是

5.28 判断正误：回顾一下初级政体和次级政体之间的分类区别。就社会复杂性而言，从早期起源到现在的大部分历史由第二代政体组成，包括酋邦和国家及帝国。

5.29 作为在特定政体区域内发生的增长或扩张过程的全球化类型，称为：

（a）初级

（b）二级

（c）内生的

（d）外生的

（e）都不是

5.30 公元 16 世纪欧洲向西半球扩张期间，欧亚、南美和中美洲政体的合并是一个 _____ 例子。

（a）内生的全球化

（b）外生的全球化

（c）初级全球化

（d）二级全球化

（e）第三层次的全球化

5.31 第一次真正意义上的外生性全球化事件开始于：

（a）丝绸之路的出现

（b）欧洲对西半球的征服

（c）乌鲁克的扩张

（d）古代中美洲政体系统的建立

（e）罗马帝国的崛起

5.32 以下 _____ 事件是与丝绸之路的形成密切平行的事件。

（a）阿兹特克帝国的崛起

（b）欧洲对西半球的征服

（c）乌鲁克的扩张

（d）古代中美洲政体系统的建立

（e）罗马帝国的崛起

5.33 根据这一章的内容，从社会复杂性的角度来看，最近出现的国际组织网络特别重要。请解释这一说法的原因。

5.34 类似于"我对未来感兴趣，因为我将在那里度过我的余生"的说法是谁发表的言论？

（a）赫伯特·西蒙

（b）查尔斯·奥斯古德

（c）艾萨克·牛顿

（d）查尔斯·凯特林

（e）埃尔曼·塞维斯

5.35 关于未来社会复杂性的第 5.3.4 节指出，"从社会复杂性的角度来看，当代人类文明的一个非常重要的特征是，几十年来一直在发展 _____ "。

（a）全球变暖

（b）小冰河时期的回归

（c）政治不稳定

（d）太空计划

（e）以上都不是

5.36 以下哪个是第一个到达星际空间的人工制品？

（a）旅行者一号

（b）旅行者二号

（c）水星太空舱

（d）斯普特尼克

（e）国际空间站

5.37 基于第 5.3.4 节，航天文明：

（a）将在国际空间站穿越木星时开始

（b）需要国际合作，而这是迄今为止一直缺乏的

（c）已经开始

（d）是全球资本主义增长的一个掩护

（e）是不平等加剧的主要驱动力

5.38 第 5.3.4 节中提到的关于当代航天文明的五个重要特征中，哪个是第一个？

5.39 找出当前航天文明已基本克服的具体空间危险。

5.40 无须回顾第 5.4.1 节，说说除基于非亲属的权威关系以外，确定社会复杂性的其他关键特征。

5.41 根据第 5.4.1 节内容，人类对哪些基本目标的追求，即哪些普遍的跨文化驱动力，产生了社会复杂性？

（a）生存和生活质量的改善

（b）创造人工制品

（c）航天文明

（d）善治

（e）建立高效的政体

5.42 追求目标的行为一般需要 _____，因为人类所处的个体和群体环境可能具有挑战性或变化性。

（a）对形势的认识

（b）适应

（c）决定

（d）（a）和（c），但不是（b）

（e）以上都不是

5.43 找出完全或纯粹理性模型的六个公理假设。提示：画出理性选择的标准模型。

5.44 根据本章内容中对理性选择模型中假设 1（目标）的讨论，以下哪个条件进一步恶化了决策中通常对目标的不精确的理解？

（a）信息过载

（b）压力

（c）不确定性

（d）过去的历史

（e）腐败

5.45 通过以下哪项条件缩小了寻找可用替代品的范围？

（a）信息过载

（b）压力

（c）不确定性

（d）过去的历史

（e）腐败

5.46 在有限理性下，识别除效用最大化以外的动机。

5.47 以下哪项是建立在有限理性模型上的？

(a) 理论社会科学

(b) 博弈论

(c) 行为社会科学

(d) 计量经济学

(e) 集体行动理论

5.48 为了克服有限理性，通常会设立以下哪种情况？

(a) 信念系统

(b) 机构

(c) 经济学中的博弈论和一般均衡理论

(d) 以上都是

(e) 以上都不是

5.49 聚合的宏观现象由个体的微观行为引起的过程被称为：

(a) 熵

(b) 关键性

(c) 复杂性

(d) 涌现

(e) 有界理性

5.50 以下哪项是一个经济体的新兴属性？

(a) 通货膨胀率

(b) 失业

(c) 国民生产总值

(d) 只有 (c)

(e) (a),(b) 和 (c)

5.51 以下哪项是社会网络的新兴属性？

（a）尺寸

（b）直径

（c）所有网络层面的测量

（d）以上都是

（e）只有（a）和（b）

5.52 哪种 UML 图最适合对社会复杂性的突发属性进行建模？

（a）等级

（b）顺序

（c）状态

（d）以上皆是

（e）以上都不是

5.53 说出社会网络中的五种突发特性的衡量标准。

5.54 定义近似可分解性。

5.55 以下哪项是一个近似可分解系统的例子？

（a）一条供应链

（b）一个直径为 1 的小世界网络

（c）分层组织

（d）一个随机网络

（e）以上都不是

5.56 以下哪项不是一个近似可分解系统的例子？

（a）一个系统的系统

（b）一个等级制度

（c）一个政体

（d）一个经济体

（e）一个二方图

5.57 请说出本章确定的两个近似可分解的过程。

5.58 近似可分解的两个类似物或其他名称是什么？

5.59 定义"潜在变量"一词。

5.60 社会复杂性的塞维斯量表是以潜在的价值来定义的，因为：

（a）埃尔曼·塞维斯自己是这样定义的

（b）它是可以直接观察到的

（c）它是可以通过主体指标来衡量的

（d）它是人类学考古学的一个标准惯例

（e）它是近乎可分解的

5.61 一个潜在的变量是在塞维斯量表上 ＿＿＿＿ 的水平测量的。

（a）定序

（b）定类

（c）定比

（d）定距

（e）以上都是

（f）以上都不是

5.62 证据线被用来衡量以下哪项的复杂性？

（a）社会发生

（b）最早的政体

（c）现代社会

（d）上述所有情况以及两者之间的情况

（e）以上都不是

5.63 找出本章所解释的衡量社会复杂性的六条经典证据。

5.64 使用类似结构性和人工性等证据来衡量社会复杂性的理论基础是什么？

5.65 以下证据非常有用，在可获得的情况下必须始终包括在内，但必须谨慎行事，因为它可能会受到宣传的偏见（这本身就是信息）：

（a）结构

（b）图画

（c）人工制品

（d）铭文

（e）司法鉴定

5.66 本章提到"玉器和青铜器在各自的生产过程中都需要相当的社会组织和成熟的技术，包括专门的生产知识、采购适当的原材料、专门的工人和设施、仓储和会计系统。"请提供除青铜器和玉器以外的，表明早期社会复杂性的其他三个有关文物例子。

5.67 根据问题 5.66 所述，寻找表明社会复杂性的结构实例。

5.68 定义衡量社会复杂性的法医证据线。

5.69 在发现和分析古墓时，使用的是哪条证据线？

（a）法医

（b）结构

（c）铭文

（d）区位

（e）人工制品

5.70 衡量社会复杂性的证据线：

（a）旨在用于早期的、形成中的社会

（b）非常适合于现代社会

（c）（a）和（b）都是

（d）既不是（a）也不是（b）

（e）主要用于探测酋邦和原始社会生成

5.71 聚类系数是对社会复杂性的一种定量衡量，它衡量的是哪项水平？

（a）结点

（b）子网络

（c）网络

（d）只有（b）和（c）

（e）（a）、（b）和（c）

5.72 网络聚类系数的标准化为：

（a）网络中的节点总数

（b）网络中的链接总数

（c）网络中总节点数的平方根

（d）网络中链接和节点的总和

（e）以上都不是

5.73 以下哪种社会复杂性的定量测量方法使用了重连概率作为自变量？

（a）节点聚类系数

（b）链接节点聚类系数

（c）网络聚类系数

（d）巴拉特 – 魏格特聚类系数

（e）香农熵

5.74 对于具有聚类和层次的近似可分解的复杂系统的情况，香农熵的数值是哪个？

（a）介于 1 和系统的最大熵之间的熵的中间值

（b）1

（c）0

（d）δ

（e）$\delta - 1$

5.75 以下哪个是史蒂文斯水平的社会复杂性量表的指标？

（a）定类

（b）定序

（c）定距

（d）定比

（e）对数

5.76 以下哪种衡量社会复杂性的方法跨越了格特曼量表？

（a）巴拉特 – 魏格特聚类系数表

（b）佩里格林 – 恩伯斯量表

（c）塞维斯量表

（d）香农熵量表

（e）以上都是

5.77 在传统的社会科学研究中，以下哪种定量方法被用来构建潜在变量的量表，如社会复杂性。

（a）格特曼量表

（b）多维量表

（c）因素分析

（d）回归分析

（e）以上都是

5.78 佩雷格林 – 恩伯斯量表中的哪一对指标分别对应于社会复杂性的初始酋邦和初始国家水平？

（a）陶瓷生产和任何形式的货币

（b）定居主义和陶瓷生产

（c）不平等的差异和 3 级以上的等级制度

（d）轮式运输和任何形式的书写

（e）以上都不是

5.79 哪些是用来定义人类发展指数 D_H 的独立替代变量有哪些？

5.80 人类发展指数的数学形式是：

（a）一个算术平均数

（b）一个指数函数

（c）一个对数函数

（d）一个几何平均数

（e）加权平均数之和

5.81 以下哪项是衡量社会数据时间序列复杂性的时间指标，即长程依赖性（LRD）？

（a）香农熵

（b）佩里格林 – 恩伯斯指数

（c）人类发展指数

（d）赫斯特指数

（e）分叉值

5.82 赫斯特指数的范围是多少？

5.83 就社会数据的时间序列的复杂性而言，表明长程依赖性或持久性的赫斯特指数值为：

（a）$H=0$

（b）$H=0.5$

（c）$0<H<0.5$

（d）$0.5<H<1$

（e）$H=1$

5.84 就赫斯特指数而言，社会过程的时间复杂性的关键分叉值是：

（a）$1/\pi$

（b）0

（c）0.5

（d）1

（e）π^2

5.85 社会数据的以下哪种属性具有信息性，并有可能对社会复杂性进行诊断，但在传统的社会数据统计分析中却被回避或转化。

（a）时间上的自相关

（b）空间自相关

（c）时空自相关

（d）以上都是

（e）以上都不是

练习

5.86 本章强调了概念、描述和解释之间的分类与区别，它们分别对应测量、定律和理论。仔细回顾这些分类的科学含义，确保你理解它们。

5.87 使用第 2 章讨论的政体标准模型的 UML 类图、序列图和状态图，说明亚里士多德的政治制度理论及其向退化形式的阶段性转变。

5.88 使用练习 5.87 的相同方法来分析你的国家目前形式的起源，例如在获得独立或制定现代宪法的阶段。

5.89 回顾第 2 章介绍的政体标准模型（SMP），了解政体与政治制度的区别，后者指的是一个社会与其政体之间的关联等级。

5.90 在史蒂文斯的意义上，社会复杂性的塞维斯量表是一个定序级别的量表。讨论这一说法，并将该量表与史蒂文斯类型学中的其他类型的量表进行比较。提出一种将塞维斯量表从顺序级别提升到定距和定比级别的方法。注意：在计算上，塞维斯量表是衡量社会复杂性的量级，类似于具有序数状态的有限国家机器的概念。

5.91 今天，大多数历史书仍然把对文明史的描述范围局限于古代中东或美索不达米亚。讨论本章提及的"四大文明摇篮"的含义和意义。在图 5.1 中描述的四大文明摇篮的基础上，绘制一个 UML 序列图和一个状态图。将其与历史书中的标准描述进行比较。

5.92 将第 5.3.1.1 节中描述的古代西亚有科学记载的政体系统与《圣经》中关于国家间系统的描述进行比较。计算并绘制出两者的绝对年表。讨论这两种政体的异同。哪个更古老？哪个更大？哪个持续的时间更长？

5.93 使用维基百科或谷歌地球查找第 5.3.1.1 节中提到的所有政体的地理位置并将其绘制在当代中东的地图上。将所有相邻的地点连接起来，形成一个没有线交叉的空间网络（即画一个所谓的平面图）。找到并绘制节点的度分布。计算其他网络统计数据，如大小、直径和其他测量指标。

5.94 针对东亚重复做练习 5.93。

5.95 写一篇短文，进行比较和对比：
（a）对东亚早期社会复杂性的传统的、现在不可信的理解；
（b）第 5.3.1.2 节中解释的当代多区域系统

5.96 本章指出，在东亚，最早的政体系统是以原始形式出现的，而不是从西亚直接扩散来的。这一假设可能会改变，因为相关调查揭示了西亚和东亚之间以前未知的联系。东亚和世界其他地区之间的哪些扩散过程可能影响东亚社会复杂性的独立发展？什么样的科学证据是必要的？这样的修订会对图 5.1 中的"四大文明摇篮图形"有什么影响？这样的图形应如何修改？

5.97 鉴于文字对政府官僚机构和文明运作的必要性，讨论缺乏文字系统对南美政体情况的影响。四大文明摇篮中的其他三个地区为什么会发明并依赖文字？如果像南美政体那样没有文字系统，他们会怎样运作？注：在文献或维基百科中查找"奇普"体系。

5.98 针对南美洲重复做练习 5.93。

5.99 南美洲和中美洲与西亚和东亚的距离相当。讨论这对南美洲和中美洲的社会政治复杂性独立发展假设（迄今为止被证明是真实的）的影响。哪些因素会促进和阻碍两者之间的接触？要修改西半球两个地区独立发展的假说，需要哪些证据？

5.100 针对中美洲重复做练习 5.93。

5.101 在欧洲征服西半球之前，中美洲发展了最大的超级大国（帝国）政体，而北美洲却没有在社会政治发展方面取得类似的发展。讨论这种地缘状况与北美当代政体（包括今天的墨西哥）的关系。

5.102 根据本章提供的信息，找出图 5.1 四大文明摇篮中最早的酋邦、最早的国家和最早的帝国。以社会复杂性方面对它们进行比较。对比你在绘图和网络方面对于练习 5.93、5.94、5.98 和 5.100 的结果。

5.103 思考你出生的国家。它是否属于主要社会复杂性的四大地区之一？如果是，请追溯你的国家在古代的最早起源。如果不是，哪个是距你出生国家最近的？哪个离得最远？你是否有机会到四大地区中的任何一个地区旅行，并参观一个或多个古代政体遗址？如果没有，你最好奇的是哪个？

5.104 讨论以下事实：在今天的墨西哥以北的北美洲、埃及以外的非洲、欧洲和大洋洲没有出现国家和帝国层面的高度社会复杂性。这种缓慢的发展可能是出于什么原因？

5.105 早期（不仅仅指最早的）社会复杂性的出现是最近一些出版物中计算建模和分析的主题。查阅这些参考资料，熟悉它们所代表的政体。

（a）其中哪些与"四大文明摇篮"中的社会复杂性有关？

（b）各自属于哪个时期？

（c）根据塞维斯量表，每个模型显示的社会复杂性在哪个层次上？

（d）在每个模型中绘制一个或多个政体的 UML 类图，进行比较并对比其结构。

（e）根据每篇论文中包含的信息，画一个合理的 UML 序列图，并跨模型比较你得出的结果。

5.106 就社会复杂性而言，从早期起源到现在的全球体系之间的大部分历史由第二代政体组成，包括酋邦和国家以及帝国。以你最熟悉的全球世界历史时期为例，解释这一说法。

5.107 建模并测量图 5.1 中描述的社会复杂性起源和演变的过程网络，并绘制一个带有节点和链接的图。其中要包括所有的主要节点和链接、链接方向和其他图论特征。计算第 4 章中提供的所有衡量标准。与古代近东（西亚）是最初社会复杂性的唯一来源的世界进行比较。

5.108 全球化被定义为世界政体体系的规模（网络直径）和连通性的显著和相对快速增长，是数千年前开始的一种古老的社会复杂性现象，而不是现代史上最近特有的或前所未有的现象。尽可能多地利用第 3 章和第 4 章的内容来解释这一说法。

5.109 在某种意义上，全球化与社会复杂性的起源同时开始，因为四个主要文明摇篮的政体体系中的每一个几乎在其起源时就开始了全球化。解释一下这种说法在何种意义上是正确的。哪些情况会使它成为错误的？

5.110 用 UML 顺序图描述练习 5.109 中的论述。

5.111 创建 UML 类图和顺序图，解释内生性全球化和外生性全球化的区别。

5.112 解释一下丝绸之路和欧洲对西半球的征服之间的平行关系。用 UML 类图、顺序图和状态图来支持你的观点。

5.113 关于当代社会复杂性和全球化的发展，第 5.3.3 节最后描述了三种情况。根据迄今为止学到的方法，对这三种情况进行评估，并根据估计的总体概率对这三种情况进行排序。

5.114 社会复杂性的现状表明，人类社会将继续发展工程性和体制性的人工系统，以应对威胁性的挑战，提高我们的生活质量。考虑一下你自己的国家，并解释这一说法如何适用于其当前和未来的社会复杂性状态。提示：回顾标准政体模型和迄今为止学到的其他观点。将你的评估与你通常在新闻媒体中看到的内容进行比较。

5.115 今天存在的太空计划可以被认为是航天文明的雏形，既包括构成复杂的基础设施系统网络的飞行器及其工程物理设施，也包括为支持太空任务而规划和实施的人类组织和机构。这本书迄今为止所涉及的哪些关键概念和思想（如理论、原则）

支持这一论点？哪些反驳或破坏了这个论点？你将如何检验这一论点？你会用什么标准来接受和拒绝这一论点？

5.116 由于当前航天文明的进步，高度复杂的人工制品，如空间飞行器（太空舱、航天飞机和太空站），使人类能够在对人类极端不利的物理环境中进行前所未有的复杂活动。将我们目前的社会复杂性状况与四大文明摇篮政体系统的两个文明进行比较。用迄今为止学到的概念和方法支持你的分析。

5.117 查阅太空计划简史，并使用 UML 图对其进行足够详细地建模，通过 UML 图重建其历史。找到五个新的见解（即发现），这些见解是由你的练习提供的，而不是你使用的原始简史的一部分。将你的五个发现按其在社会复杂性方面的重要性排序。

5.118 将本章的每一节复制到词云分析器（如 Wordle 或其他）上，并获得每节的词云。比较每一节的结果。绘制一个主要节点和跨章节链接的网图。使用适当的度量节点和网络度量指标来测量你的结果图，并分析你的结论。

5.119 考虑本章中的以下陈述："当代文明对基于空间的系统的依赖在今天看来可能相当不引人注意，而且对大多数社会成员来说确实如此，因为他们关注的是日常生活中的问题，但从科学的角度来看，这并不意味着它不真实存在。"
（1）是什么让太空计划如此不引人注意，却又有新闻价值？
（2）用计算社会科学的信息处理范式来讨论社会复杂性的未来。
（3）你认为这本书中的哪一节对理解太空计划和未来的社会复杂性最有见地或提供了最多的信息，为什么？
（4）你认为哪种算法信息提取方法对跟踪太空计划的重大发展最有意义？

5.120 写一篇文章，根据第 5.4.1 节中讨论的社会复杂性的六个关键特征，扩展西蒙在第 1 章中的社会复杂性概念。

5.121 请写一篇简短的文章，比较作为行为社会科学基础的有限理性与社会科学中的博弈论使用的完全理性，分析两者的异同。根据拉维 – 马奇（Lave & March）的真理、美感和正义的标准对两者进行评价。

5.122 选择一个压力下的决策案例，讨论在有限理性条件下影响决策的方式。

5.123 思考关于有限理性的论述："理性选择模型严重依赖于这六项严格的假设，不管是单独的还是作为一个整体，它们都是共同的必要条件。因此也就不难理解为什么该模型无法满足即使是温和的现实测试，特别是因为每个假设即使能实现也很难获得。"尽可能地用概率论来解释这一点。完成后，问问自己，你需要复习或学习更多关于概率的哪些方面。在接下来的两章中会介绍更多关于概率的观点，所以你可能会想回到这个练习中，改进你的答案。

5.124 思考：人类创建机构（即组织）的目的是为了管理或试图克服其错误的理性。用来自你的社区、国家或协会的三个例子来说明这一现象。请确认这些机构的任务和活动是如何帮助其克服有限理性的。

5.125 思考本章中的以下关键语句，直到你深刻理解其主要观点及其含义，并向其他三个人解释："通过建立制度和程序，例如大型官僚制，带来社会复杂性的上升，社会复杂性将其简单解释为一种适应性策略，是为了应对我们与生俱来缺乏的完美理性。换句话说，社会机构是因有限理性产生的。机构的成长和发展也是'涌现'现象主要表现。"

5.126 涌现是社会复杂性的一个决定性特征。根据你到目前为止对 CSS 的研究，提供并解释本章关于涌现的小节中没有提到的社会科学中涌现的三个例子。

5.127 "所有的人工制品，无论是工程的还是机构的，都是涌现现象。"在 CSS 的背景下解释这一点，并提供例子。

5.128 西蒙、米勒和佩奇以及吉尔伯特和特洛伊茨克对什么是复杂性都有不同的看法。用你自己的话描述一下他们的复杂性概念并将它们相互对比。

5.129 用你自己国家和你了解的另一个国家的例子，解释为什么政体是一种涌现现象，以及为什么它也可以被称为一种连贯的结构。选择一个国际机构并解释它为什么是一个涌现组织。

5.130 在物理学中，你可能记得，物体 O（可能处于气体、固体或液体状态）的温度 T 是一个涌现属性，因为 T 是 O 的一个集合属性。重要的（也很有趣！）是，组成 O 的单个分子没有温度，温度是由组成分子的动能产生的。分子本身缺乏温度；也就是说，温度是根本不是一个分子的属性。

找出三个社会对象 S 的例子，它们的涌现属性与温度或其他涌现的、宏观层面的属性相类似。解释你的例子，并尝试将宏观层面的社会涌现属性与 S 的微观层面的属性和动态联系起来。提示（因为复杂性理论中的涌现概念在传统社会科学中基本上是未知的）：在国际关系中，国际体系 S 的极性 P（有序数级别的值，如远极、单极、双极、多极）是 S 的一个涌现属性。P 和 ρ 都不存在于微观层面；它们只在 O 和 O 的宏观层面上可以观察到。

5.131 提供三个近似可分解的社会系统的例子和三个生物物理系统的例子。对比一下这两个系统的相似性和差异性。

5.132 解释为什么一个近似可分解的系统是复杂的，而不是单纯繁杂。用前面练习中提供的例子支持你的解释。

5.133 仔细研究并解释以下说法："高水平描述的社会系统和过程往往在其社会复杂性中掩盖了近似可分解性。"用一个不同于本章所提供的例子来说明这一点。

5.134 找出前四章中讨论的三个近似可分解系统的例子和三个近似可分解过程。解释每个例子并画出它们相应的层次结构。

5.135 讨论近似可分解系统或过程的网络级别测量。为了满足近似可分解性的特性，它们应该有哪些范围？用几个例子来说明。

5.136 解释以下社会复杂性的普遍模式："酋邦、国家和帝国，以及支持它们的社会关系和官僚机构的结构因规模而异，但它们在组织上都是层级和模块化的。"

5.137 机场或火车站可以被认为是一个接近似可分解的系统吗？一所大学和一个议会呢？解释你的答案，并比较和对比这四个复杂的系统。

5.138 进入 NetLogo 网站，找出五个基于近似可分解的主体系统的例子。解释你选择的近似可分解的结构。

5.139 社会地位、识字率、财富和贫困、不平等、失业、社会经济发展和战争规模是本章提供的潜在变量的例子。请你找出另外五个例子，并证明它们是潜在变量。

5.140 思考史蒂文斯的四个测量级别。在这四类中的每一类里提供一个潜在变量的例子，并解释你的理由。

5.141 在史蒂文斯的每个测量级别中，为塞维斯量表的每个级别提供代替指标。提示：使用一个 4×4 的表格来组织和展示你的答案。

5.142 社会复杂性的结构证据线是人工证据线的一个子类。解释这一说法并提供几个例子。

5.143 创建一个 6×6 的表格，将社会复杂性的六条证据放在列中，每条证据的六个例子放在行中。使用本章中的两个例子和另外四个本章中未提及的例子。

5.144 前面提到国际空间站是当今最复杂的结构之一。解释一下它为何可以作为衡量当代航天文明复杂性的结构性证据线。

5.145 这是一项运用结构证据线评估世界某一特定地区最早社会复杂性的练习。在你生活或童年成长的地区中，哪座是最古老的，能够指示出最早形式的社会复杂性的建筑？例如，在墨西哥城，可能是位于今天的墨西哥国立自治大学附近的奎奎尔科金字塔和宗教建筑群。请在维基百科上查找。如果你在苏格兰出生或长大，可能是在公元前 4000 年的霍瓦尔岬（Knap of Howar）、斯卡拉布雷（Skara Brae）或类似的建筑。

5.146 讨论物理互联网能否作为一种评估全球范围内当代社会复杂性的结构。

5.147 如何使用网络或图论测量来运用结构证据对社会复杂性进行测量？你可以创建一个带有各种建筑结构类型的列和网络测量的行的表格。你能够用相关数据填充多少个单元格？当无法获得更高精确度数据或需要超过 1 小时才能从可靠来源获取数据时，可以使用估计和近似值。

5.148 对其他五条证据线的每一条重复练习 5.145。

（1）以表格形式组织你的答案。

（2）对每条证据评估其大致日期和信息来源。

（3）将你对六条证据的调查结果按时间顺序排列，将时间最久的结果放在底部，并在此基础上进行分析。

（4）计算你得出的六个日期之间的时间间隔。

（5）从评估你所在地区社会发展的角度讨论你的答案。如果你的研究未被地方历史书提及，请与一些朋友分享并讨论你的发现。

5.149 你的手机是一个人工制品：

（1）将其作为文物证据线来解释当代社会的复杂性。

（2）哪些方面你可以量化？

（3）你能推断出生产它所需的供应链吗？

（4）就社会复杂性而言，它与作为社会复杂性最早的文物之一的青铜器或武器相比如何？

（5）你是否有或经常使用另一个可以用来衡量当代社会复杂性的人工制品（不同于电脑或电话）？

5.150 "铭文证据是证明任何社会中社会复杂性的充分证据。"讨论这一说法的正确性。为什么铭文证据不被认为是一个必要条件？在证明社会复杂性的必要或充分条件方面，其他五条证据的地位如何？

5.151 证明以下复合陈述："对社会复杂性测量的信心水平 C 与提供正面支持的证据线的数量 N 成正比，即越多越好，因为假阳性的概率 P 随着 N 而呈指数级下降。"提示：根据 N 条证据线的聚合，将社会复杂性建模为一个复合事件。

5.152 证明以下结果（定理）：一个表明集群和层次的近似可分解的复杂系统将有一个介于 1 和网络的最大熵之间的熵值。

5.153 选择两个社会复杂性的聚类系数测量方法，并计算比较静态。使用 Python 或其他编程语言来制作相关的图表。讨论相似性和差异性。

5.154 本章将社会复杂性的定量测量方法分为形式衡量（聚类系数和香农熵）和实质衡量（所有其他）。回顾一下定量测量的系列，理解使用这些分类的原因，并解释其区别。考虑到这些方法，哪些测量方法之间应该是高度相关的？ 解释你的推理。

5.155 文中说，人类发展指数的组成部分与社会复杂性的显著水平密切相关，单独情况下是如此，总体来看更是如此。对表 5.1 中排名前 15 位的三个国家进行解释并证明这一点。

5.156 人类发展指数是一个几何平均数。如果你不记得或从未研究过几何平均数和更常见的平均数之间的区别，那么请在优质的统计资料中查找它们，并了解它们之间的相似之处和区别。为什么人类发展指数（HDI）会使用几何平均而不是简单平均？

5.157 人类发展指数的分析。

（1）使用 Python 和一些绘图系统来分析人类发展指数与公式 5.11 中规定的几个自变量的函数关系图。

（2）公式 5.11 中的符号使用了两种类型的字母：大写罗马字母和小写希腊字母，你明白为什么吗？

（3）如何运用其他符号来简化这个表达式？

（4）计算 L、S、I 和 P 的弹性和比较静态。

（5）画出你的答案，并使用图表来加深你对这个社会复杂性指数的理解。

5.158 文中提到，但没有详细说明 UML 类图、序列图和状态图的正式图形符号在描述具体社会系统方面的应用，如一个酋邦、一个国家或一个当代政体。在迄今为止的阅读基础上，使用一些具体的研究方法来探索这一研究途径。例如，画出代表一个酋邦的类图和代表一个国家的类图，当把每个图看成由类和关联组成的节点和链接的网络时，用定量的方法对这两个图进行比较。对一个帝国也这样做。比较三种政体类型中社会复杂性的异同。提示：回顾公式（5.13）~ 公式（5.15）。

5.159 请分析以下说法："对同一社会系统的不同定义，可以用有些不同的字符数 $(k_1, k_2, k_3, \ldots, k_N)$ 来表达。然而，由于它们都描述了同一个系统 S，只是用了不同的词，而且所有的描述都被假定为最小的必要条件，所以可以假定字符数为正态分布。"

5.160 考虑以下特性："社会过程中时间序列的'不规则性'与赫斯特指数成反比。"使用本章的材料，并仔细研究图 5.2，将其应用于你选择的社会时间序列。了解该过程的持久性和反持久性特性。查阅应用于时间序列的标准布朗运动过程，并理解为什么它提供了理解赫斯特指数及其值范围的基准模型。

5.161 文中说："如果政策所依据的假设不是对时间复杂度的赫斯特指数的时间序列分析所证明的假设，那么公共产品的提供就会被误导。"在什么情况下是有意义的？选择一个具体的公共产品，并思考该声明在该背景下的意义。选择一些其他的公共物品，对其进行思考并总结概括。

5.162 探讨赫斯特指数在社会媒体等大数据中的应用。估计参数值并根据持久性和长程相关性讨论结果。证明从分析中得出的结论。

5.163 编写和测试代码，用于计算本章涵盖的每种社会复杂性度量。从最简单的开始，继续测量增加计算复杂度。用简单的自变量值测试每个变量，朝着极端值前进。计算每个度量的分布，包括矩和直方图。

5.164 用阿尔·卡彭（Al-Capone）的帮派、邦妮（Bonnie）和克莱德（Clyde）的帮派以及其他三个国家的例子来说明"一个游群也是一个酋邦"。

▄ 推荐阅读 ▄

[1] Algaze G, 2009. Ancient Mesopotamia at the dawn of civilization: the evolution of an urban landscape[M]. Chicago: University of Chicago Press.

[2] Cioffifi-Revilla C, 2006. The big collapse: a brief cosmology of globalization, in Globalization and Global History, ed. by B. Gills, W.R. Thompson[M]. London: Routledge,

pp. 79–95.

［3］ Cioffi-Revilla C, Lai D, 1995. War and politics in ancient China, 2700 BC to 722 BC: Measurement and comparative analysis[J]. Journal of Conflict Resolution, 39(3): 467–494.

［4］ Cioffi-Revilla C, Landman T, 1999. Evolution of Maya polities in the ancient Mesoamerican system[J]. International Studies Quarterly, 43(4): 559–598.

［5］ Feinman G M, Marcus J, 1998. Archaic States[M]. Santa Fe: School of American Research Press.

［6］ Flannery K, Marcus J, 2012. The creation of inequality: how our prehistoric ancestors set the stage for monarchy, slavery, and empire[M]. Cambridge: Harvard University Press.

［7］ Gao J, Cao Y, Tung W, et al, 2007. Multiscale analysis of complex time series: integration of chaos and random fractal theory, and beyond[M]. New York: John Wiley & Sons.

［8］ Marcus J, 1993. Ancient Maya political organization, in Lowland Maya Civilization in the Eighth Century a.d., ed. by J.A. Sabloff, J.S. Henderson[J]. Dumbarton Oaks Research Library and Collection, Washington, pp. 111–183.

［9］ Marcus J, Flannery K V, 1996. Zapotec Civilization: How Urban Society Evolved in Mexico's Oaxaca Valley[M]. London: Thames and Hudson.

［10］ Marcus J, Williams P R, 2009. Andean Civilization: A Tribute to Michael E Moseley[M]. Los Angeles: Cotsen Institute of Archaeology Press.

［11］ Peregrine P N, Ember C R, Ember M, 2004. Universal patterns in cultural evolution: An empirical analysis using Guttman scaling[J]. American Anthropologist, 106(1): 145–149.

［12］ Renfrew C, Bahn P, 2012. Archaeology: theories, methods and practice[M]. London: Thames and Hudson.

［13］ Sharer R J, Balkansky A K, Burton J H, et a, 2006. On the logic of archaeological inference: Early Formative pottery and the evolution of Mesoamerican societies[J]. Latin American Antiquity, 17(1): 90–103.

请扫描二维码或者在"中科书院"公众号搜索
"计算社会科学"，获取课后习题答案

第 6 章　社会复杂性：规则

6.1　简介

在科学研究中，规则通常用于描述，而理论则用于解释。规则提供了对社会复杂性"如何发生"的理解；理论回答了"为什么"发生。规则就像变量之间的映射，理论是解释观察到的社会复杂性的因果故事。在社会科学研究领域，哪些社会复杂性模式在实证上具有跨文化普适定律的有效性？如何通过现有理论解释社会复杂性？

本章通过描述涌现和后续动态的理论及经验法则来展开对社会复杂性的分析。本章重点是对理解社会复杂性的形式描述。第 7 章将引入社会复杂性的解释性理论。理解社会复杂性规律的基本模式对于开发可行的计算模型十分必要。

6.2　历史与先驱

社会复杂性法则的历史可以追溯到 20 世纪初，当时诸如维尔弗雷多·帕累托（Vilfredo Pareto）、马克斯·洛伦茨（Max O. Lorenz）、科拉多·基尼（Corrado Gini）和弗里克·奥尔巴赫（Felix Auerbach）等先驱首次在人类和社会科学领域展示了第一个幂律，比物理学早半个世纪出现。阿尔弗雷德·洛特卡（Alfred Lotka）、乔治·K. 齐普夫（George K. Zipf）、刘易斯·弗莱·理查森（Lewis Fry. Richardson）、赫伯特·A. 西蒙（Herbert A. Simon）和马纳斯·I. 米德拉斯基（Manus I. Midlarksy）等人发现的社会幂律进一步发展了这些早期发现。关于这些和其他非平衡分布模型的最新研究集中在发掘新领域（例如互联网），以及利用新的可用的和更好的数据来复制早期的发现。

相比之下，关于社会复杂性结构性法则的研究离我们更近一些，始于冷战时期阿尔伯特·沃尔斯泰特（Albert Wohlstetter）、威廉·赖克（William Riker）、马丁·兰道（Martin

Landau）、杰弗里·L. 普莱斯曼（Jeffrey L. Pressman）、阿伦·威尔达夫斯基（Aaron Wildavsky）、埃莉诺·奥斯特罗姆（Elinor Ostrom）和约翰·W. 金登（John W. Kingdon）的开创性工作。关于社会复杂性两类法则的研究仍非常火热，随着计算社会科学研究者扩大普适模式的应用领域，有望取得新的发现。

1896	经济学家维尔弗雷多·帕雷托（Vilfredo Pareto，1848—1923）在他的经典教科书《政治经济学课程》（*Cours d'economie politique*）中通过对收入和财富的比较研究开创了幂律。
1905	马克斯·奥托·洛伦茨（Max Otto Lorenz，1876—1959）在威斯康星大学读博士时，在《美国统计协会杂志》（*Journal of the American Statistical Association*）上以他的名字发表了开创性论文。
1912	社会学家科拉多·基尼（Corrado Gini，1884—1965）在《易变性和变异性》（*Mutabilitá e Variabilitá*）中提出了他的经典不等式系数。
1913	物理学家弗里克·奥尔巴赫（Felix Auerbach，1856—1933）发现了人类定居规模的位序 – 规模定律，将其发表于期刊《人口集中定律》（*Das Gesetz der Bevölkerungskonzentration*），多年后被齐普夫重新发现。
1926	统计学家阿尔弗雷德·洛特卡（1880—1949）在《华盛顿科学院学报》（*Journal of the Washington Academy of Sciences*）刊登的文章《科学生产力的频率分布》中发表了他对平方反比定律的发现。
1935	语言学家乔治·金斯利·齐普夫（1902—1950）发表了他的第一篇关于人类定居点等级规模分布的论文。
1941	气象学家刘易斯·弗莱·理查森（1881—1953）发现了冲突的标度幂律（scaling power-law of conflicts），并在 1941 年、1945 年和 1948 年通过一系列论文开创了对战争的现代科学研究。他的第一部专著可以追溯到 1919 年，即《战争的数学心理学》（*The Mathematical Psychology of War*）。
1955	赫伯特·A. 西蒙在《生物学》（*Biometika*）杂志上发表了他的经典论文《关于倾斜分布的类别》（*On a Class of Skew Distributions*），随后于 1958 年在《美国经济评论》（*American Economic Review*）上发表了第一篇关于企业幂律分布的论文。
1958	关于地震的古登堡 – 里克特（Gutenburg-Richter）定律被发现，可以说是物理科学中第一个真正的幂律。

1959	阿尔伯特·沃尔施泰特（Albert Wohlstetter）在颇具影响力的政策期刊《外交事务》（*Foreign Affairs*）上发表了他关于威慑理论的经典论文《恐怖的微妙平衡》（*The Delicate Balance of Terror*），该论文基于合取原则进行研究，将在本章和下一章进行介绍。
1960	理查森的《致命斗争的统计》（*Statistics of Deadly Quarrels*）在他去世后出版。
1962	威廉·赖克（William H. Riker）将政治联盟理论形式化，并展示了最小获胜联盟的合取法则（conjunctive law）。
1969	马丁·兰道（Martin Landau）在他发表在《公共行政评论》（*Pwblic Admin-istrative Reviey*）上的开创性论文中明确指出了合取冗余（conjunctive redundancy）的概念，1972 年又发表了他的经典著作《政治理论和政治科学：政治调查方法论的研究》（*Political Theory and Political Science: Studies in the Methodology of Political Inquiry*）。
1973	杰弗里·L. 普莱斯曼（Jeffrey L. Pressman）和阿伦·威尔达夫斯基（Aaron Wildavsky）基于合取法则，发表了经典的《华盛顿的远大期望如何在奥克兰破灭》（*Implementation: How Great Expectations in Washington Are Dashed in Oakland*）。
1978	加布里埃尔·阿尔蒙德（Gabriel Almond）和宾厄姆·鲍威尔（Bingham Powell）发布了他们具有影响力的复杂政体的投入产出模型，其中结果空间中的政策遵循顺序合取法则。
1984	约翰·金登（John W. Kingdon）出版了他的经典著作《议程、备选方案和公共政策》（*Agendas, Alternatives, and Public Policies*），展示了复杂政体中政策制定过程的顺序合取法则。
1985	埃莉诺·奥斯特罗姆（1933—2012）与某印第安纳大学的同事（文森特·奥斯特罗姆、罗杰·帕克斯、哈维·斯塔尔）与伊利诺伊大学（克劳迪奥·乔菲-雷维拉、理查德·L·梅里特、罗伯特·芒卡斯特和迪纳·A·辛内斯）以及艾奥瓦大学（罗伯特·博因顿）共同设立了"三一复杂系统研讨会"（the Triple-I Seminar on Complex Systems）。
自 1990 起	幂律法则扩展到社会科学研究的许多领域，如政治选举、预算程序、金融、恐怖主义和互联网。

1999	乔菲－雷维拉（Cioffi-Revilla）发现内战在全球范围内扩张，证明了战争的长程时空相关性。
2003	经济学家克里斯蒂安·克莱伯（Christian Kleiber）和统计学家塞缪尔·科茨（Samuel Kotz，1930—2010）出版了《经济学和精算科学中的统计大小分布》（*Statistical Size Distributions in Economics and Actuarial Sciences*），这是第一本关于帕累托定律和社会复杂性相关分布的综合论文。
2003	乔菲－雷维拉和米德拉斯基（Midlarsky）证明，当忽略下尾和上尾的诊断性偏离（diagnostic bending）时，均匀分布可能会被严重误判为幂律（Ⅱ型错误）。在同一篇论文中，他们展示了最致命战争的乘幂尺度变换。

☞ 6.3 社会复杂性的规则：描述

在本节中，我们将研究社会复杂性的描述性规则。它们主要分为两大类，结构类和分布类，每一类都由各种模型组成。这些规则很有趣，因为大多数方程在本质上都是非线性的。这通常会对社会复杂性的涌现行为产生非直觉或反直觉的后果。它们都有两个额外的科学深度属性：彼此关联、在社会复杂性领域中具有普遍性。

6.3.1 结构性规则：串行，并行和混合复杂性

社会复杂性的结构是指系统和过程在社会领域中的组织方式，包括社会－技术－自然系统的耦合和其中的组成部分，正如我们在近似可分解性的情况下已经看到的那样。图 6.1 和图 6.2 说明了在社会系统和过程中发现的结构配置的同构案例（isomorphic examples），它们通常（不总是）可以分别用网络或树来表达。社会复杂性的结构规则的一个突出特点是，它们具有作为逻辑和概率形式的双重同构表示，以便进行计算建模。在这里，我们更仔细地研究了因果结构的特点以及它们如何产生涌现的社会复杂性。

6.3.1.1 合取的串行复杂性

社会系统和过程中的复杂性的基本结构是由复合事件产生的，这些复合事件是由因果事件的结合而产生的。例如，在政体的标准模型中，成功治理是由一个连续过程产生的复合涌现事件，这个过程开始于一个影响整体社会重要部门的问题，接着是压力团体要求政府采取行动，然后是决策者通过颁布政策来缓解社会压力，最后是公共问题得到缓解。

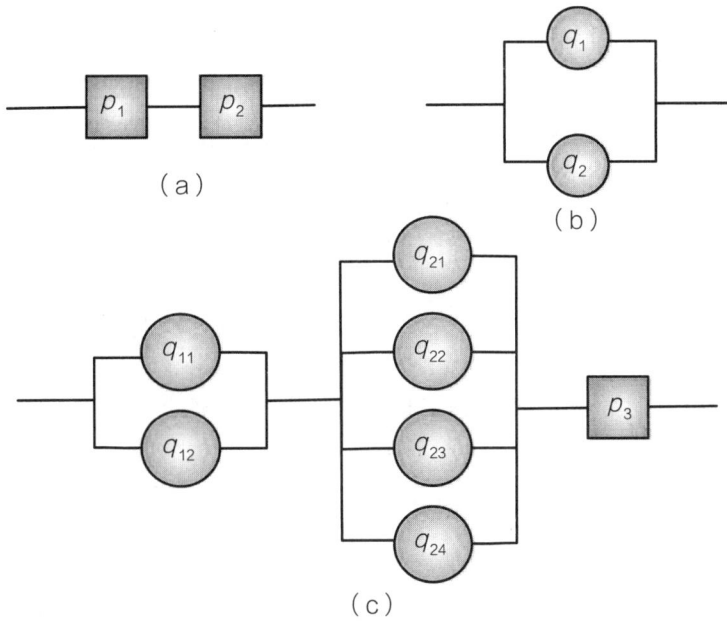

图 6.1 按因果必然性和充分性划分的社会复杂性的结构模式

注：a 按因果连接划分的串行复杂性；b 按因果不连接划分的并行复杂性；c 在整体串行化的 3 种连接结构中，有一些并行化的不连接组成，是一种混合串行 – 并行复杂性的情况。

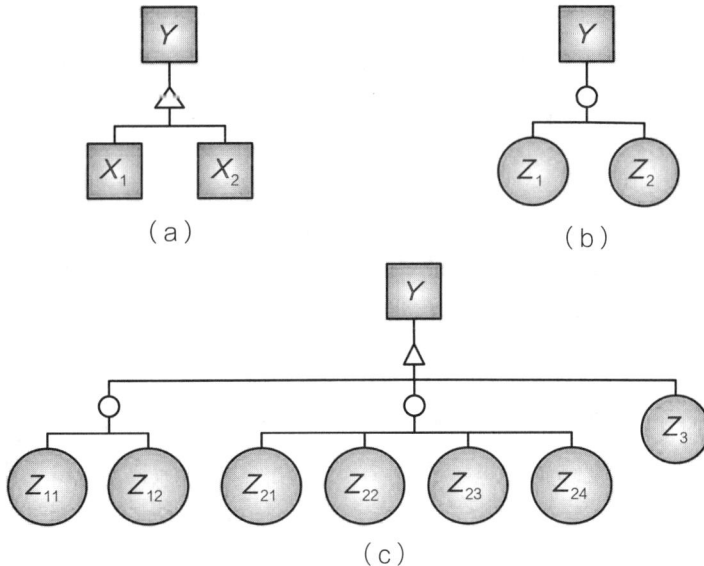

图 6.2 通过逻辑连接和分离的社会复杂性的结构模式

注：a 按因果连接划分的串行复杂性；b 按因果不连接划分的并行复杂性；c 在整体串行化的 3 种连接结构中，有一些并行化的不连接组成，是一种混合串行 – 并行复杂性的情况。

刚才看到的例子是一个串行系统［图 6.1（a）和图 6.2（a）］，有 4 个组件，而不是只有 2 个]，它的出现是基于作为组合体的必要因果事件（通过布尔逻辑的 AND 运算符）和由其相关的指示器结构函数 $\Psi_\cap$ 给出的整体概率 Y_s。

指示器结构函数 $\Psi_\cap$ 由以下方程给定：

$$Y_s = \Psi_\cap(X_1, X_2, X_3, \quad, X_n) \tag{6.1}$$

$$\Leftarrow X_1 \wedge X_2 \wedge X_3 \wedge \quad \wedge X_n \tag{6.2}$$

$$Y_s = p_1 \bullet p_2 \bullet p_3 \quad p_n = \prod_{i=1}^{n} p_i \tag{6.3}$$

$$= p^\Theta \tag{6.4}$$

其中 Y_s 表示具有必要因果条件的整体合取的复合事件，X_i 是 n 个因果事件，符号 $\wedge$ 表示合取（布尔符号 AND），p_i 是因果事件的概率，P 是当它们都相同时的概率，$\Theta = 1, 2, 3, \cdots, n$ 表示因果时间的数量。

串行合取的一个重要变体是当必要条件依次出现时，称为顺序合取，相当于布尔逻辑符号 SEQAND。请注意，对于顺序性因果事件，概率是有条件的。在这种情况下，考虑到条件概率，公式（6.1）到公式（6.4）被简单地编辑，这仍然需要乘法。

无论因果概率是有条件的还是无条件的，当社会复杂性被序列化时，整体概率 P_s 总是下降。由不等式 $Y_s < min p_i$ 定义的低概率，是序列化社会复杂性的一个基本属性。它意味着串行结构的社会系统整体表现概率小于表现最差的组成部分。因此，"一根链条的强度取决于它最弱的一环"（$P = \min \, p_i$）这一说法客观上是错误的，因为它高估了整体串行的概率[①]。

6.3.1.2　析取的并行复杂性

相比之下，在其他时候，一个社会系统或过程可能会根据同时进行的活动来运作，比如某政策是基于一系列复合公共项目。例如，政府使用的反通货膨胀政策通常是基于以下的组合：价格控制，各种补贴（对于食品、住房、药品），其他同时执行的其他项目。图 6.1（b）和图 6.2（b）中展示了这个例子，有三个而不是只有两个因果组成事件。

这是一个平行系统的例子，它是基于充分的因果事件发生的析取（通过布尔逻辑 OR 运算符）并且出现的整体概率为 Y_p，由其相关的指标结构函数 $\Psi_\cup$ 和下面一组相关方程给出：

$$Y_p = \Psi_\cup(Z_1, Z_2, Z_3, \quad, Z_m) \tag{6.5}$$

$$\Leftarrow Z_1 \vee Z_2 \vee Z_3 \vee \quad \vee Z_m \tag{6.6}$$

---

① 　正确的说法应该是，一根链条比它最弱环节还弱，而相比最弱的环节，这是一个更糟糕的状况。

$$Y_p = 1-(q_1) \bullet (1-q_2) \bullet (1-q_3) \quad (1-q_m) = 1-\prod_{j=1}^{m}(1-q_j) \qquad (6.7)$$

$$= 1-(1-Q)^\Gamma \qquad (6.8)$$

其中符号遵循与公式（6.1）~公式（6.4）相同的惯例。根据摩根定律，可以很容易地证明并行公式（6.5）~公式（6.8）由串联公式（6.1）~公式（6.4）得出。

并行析取的一个重要变体发生在条件充分且互斥的情况下，称为互斥析取，等同于布尔逻辑的异或运算符合常见短语"要么"。在这种情况下，因果事件的概率必须加起来等于 1，因此我们刚刚展示的并行复杂性方程现在变成了：

$$P_p = \Psi(Y_1, Y_2, Y_3, \quad , Y_m) \qquad (6.9)$$

$$\Leftarrow Y_1 \vee Y_2 \vee Y_3 \vee \quad \vee Y_m \qquad (6.10)$$

$$P_p = q_1 + q_2 + q_3 + \quad + q_m = \prod_{j=1}^{m} q_j \qquad (6.11)$$

$$= mq \qquad (6.12)$$

超概率（Hyperprobability）具有对称的结果。无论因果析取概率是包容性的（或）还是排斥性的（异或），当社会复杂性基于平行结构，特别是在第二和更高级因果的层面上时，总概率 P_p 总是增加的。超概率由不等式 $Y_p > max q_j$ 来定义，是平行社会复杂性的基本特性。这意味着平行结构的社会系统的总体表现概率大于最佳组成部分的概率[①]。

6.3.1.3　混合结构复杂性

大多数社会系统和过程在现实世界中都通过串行和并行结构的某种组合来运作，尤其是那些复杂的制品或复杂的政策。图 6.1（c）和图 6.2（c）展示了此类结构复杂性的示例，它们显示了包含第二阶的 2- 和 3- 或结构的一阶 3- 合取。

以下两种对称模式（串联 – 并联和并联 – 串联）可作为构建模块，用于对更复杂的社会形式进行仿真，达到任何理想的结构复杂程度。

串 – 并联系统具有一阶结构 Θ 度串行化，二阶结构 Γ 度并行化，并且总体概率方程如下：

$$Y_{sp} = \left[1-(1-Q)^\Gamma\right]^\Theta \qquad (6.13)$$

这是之前在图 6.1（c）和图 6.2（c）中展示的那种结构复杂性。在这种情况下，我们可能会有一个包含三个阶段的社会过程，其中第一和第二阶段分别由两个和四个并行活动来完成。或者，相同的结构可能代表一个需要三个运作组成部分来构成行动的社会体系（例如，立法、行政、司法政府机构），其中第一组件依赖于两个并行组件（比如参议院和

---

① 通俗文化很少涉及并行结构的串行链隐喻的类比。非要陈述的话，应该这样说：一个并行化的系统比其最强组件更强大。

议会），而第二组件依赖于四个机构（例如安全、经济、健康和基础设施政策等）。

与此对称的反例是并联－串联系统，它有一阶平行化、二阶串行化和总体概率方程：

$$Y_{ps} = \left[1 - (1-P)^{\Theta}\right]^{\Gamma} \tag{6.14}$$

酋邦社会的起源（社会形成学）是混合社会复杂性的绝佳例证。在整体形成过程中，复合事件 P 的一级结构（即"社会形成的潜力涌现"）由以下必需因果事件的合取公式给出：

$$P = \Psi(X_{kin}, X_{com}, X_{norm}, \quad , X_{ca}) \tag{6.15}$$

$$\Leftarrow <X_{kin} \wedge X_{com} \wedge X_{norm} \wedge \quad \wedge X_{ca}> \tag{6.16}$$

其中，X_i 表示酋邦社会形成的各种必要条件，比如亲属关系知识 X_{kin}，交流能力 X_{com}，规范性知识 X_{norm}，集体行动能力 X_{ca} 以及在下一章研究的其他条件。因此，一阶概率方程可以简单地表示为：

$$P = X_{kin} \ X_{com} \ X_{norm} \quad X_{ca} = \prod_{i=kin}^{ca} X_i \tag{6.17}$$

$$= X^{\Theta} \tag{6.18}$$

与先前的符号一致。反过来，集体行动能力是通过各种 Γ 策略（比如提供激励、行使权力）等来满足的，而不是仅仅使用一种特殊方式[1]。相应的，基于 Γ 策略的二阶的概率方程就是：

$$P = X^{\Theta-1} X_{ca} \tag{6.19}$$

$$= X^{\Theta-1} \left[1 - (1-Q)^{\Gamma}\right], \tag{6.20}$$

在这里，Q 现在代表了个体集体行动策略被知晓的概率。

一个更现代的例子包括对灾难的人道主义援助、金融危机或网络安全等议题领域的危机管理政策概率建模。一阶复杂性通常是串行的：

$$P = X_1 \ X_2 \ X_3 \quad X_n \tag{6.21}$$

$$= \prod_{i=i}^{n} X_i \tag{6.22}$$

$$= \prod_{i=1}^{n} \left[1 - \prod_{j=1}^{m}(1-Z_j)\right]_i, \tag{6.23}$$

因为 n 个要求（例如，准确的情报、可得的能力、实施计划等）必须同时发生。在对灾难进行人道主义援助的情况下，供应链管理也是一个突出的序列化结构，通信线路也是如此。在金融危机管理的情况下，立法确立和其他监管程序也具有相似的序列化结构。然而，二阶复杂性通常是并行化的，因为每个要求都要确保有 m 种不同的方法或策略。在受

---

[1]　我们将在下一章更细致地研究集体行动理论。

灾地区常常在不同的地点投放人道主义援助物资，而金融危机政策则采用多种干预措施，而不是单一的政府行为。

从计算的角度来看，混合社会复杂性是通过使用函数作为子程序的代码来建模的。例如，可以为计算每个结构组件定义单独的函数。这样做还能使程序更加模块化，这可能一直是一个理想特性，在处理算法复杂性时更是必需的。

6.3.2 分布性规则：标度和非均衡复杂性

社会复杂性还通过统计和概率分布来表示，特别是非平衡分布和幂律分布。正如本章早先通过里程碑和历史回顾所暗示的那样，过去一个世纪以来，已经在社会复杂性的多个领域中证明了幂律的存在。在几乎所有情况下，这些分布是关于大小变量的，而不是持续时间，这是一个有趣的特征，也仍然是科学上的一个谜。为了更好地理解计算社会科学的这个领域，最好从定义幂律开始。

定义 6.1（幂律）假设 x 是一个实数变量，x 有一组值 $x \in X$。幂律就是一个与 x 自身成反比的函数。形式上：

$$f(x) \propto x^b = ax^b, \tag{6.24}$$

其中，$a > 0$ 且 $b > 0$。

在纯数学术语中，幂律指的是任何如下形式的方程：

$$y = ax^b, \tag{6.25}$$

在等式（6.24）中，常数 a 和 b 可以取任意值，使得 $f(x)$ 可以在 x 中是递增的（$b > 0$），递减的（$b < 0$）或者是常数（$b = 0$），同时也可以是正数（$a > 0$）或者负数（$a < 0$）。然而，在社会复杂性理论的背景下，"幂律"一词始终意味着一个负指数（$b < 0$）和一个正函数（$a > 0$），这在代数术语中将使公式（6.25）与在笛卡尔坐标轴上都是渐近的双曲函数相同，如图 6.3（a）所示。

由于在第 6.3.2.1 节中将变得明显的原因，常见的功能公式（6.25）可以通过对方程式的两侧进行以 10 为底的对数转换来线性化，这会得到：

$$\log f(x) = a' + b\log x, \tag{6.26}$$

其中，$a' = \log a$ 和 b 现在在对数空间中分别表示截距和斜率［图 6.3（b）］。请注意，斜率 b 对数 – 对数空间中是一种弹性概念，因为：

$$\eta_{y,x} = \frac{\partial \log y}{\partial \log x} = \frac{\partial y}{\partial x}\frac{x}{y},$$

从经验角度来看，方程（6.26）的对数线性形式是非常有用的，因为 x 的值可以绘制

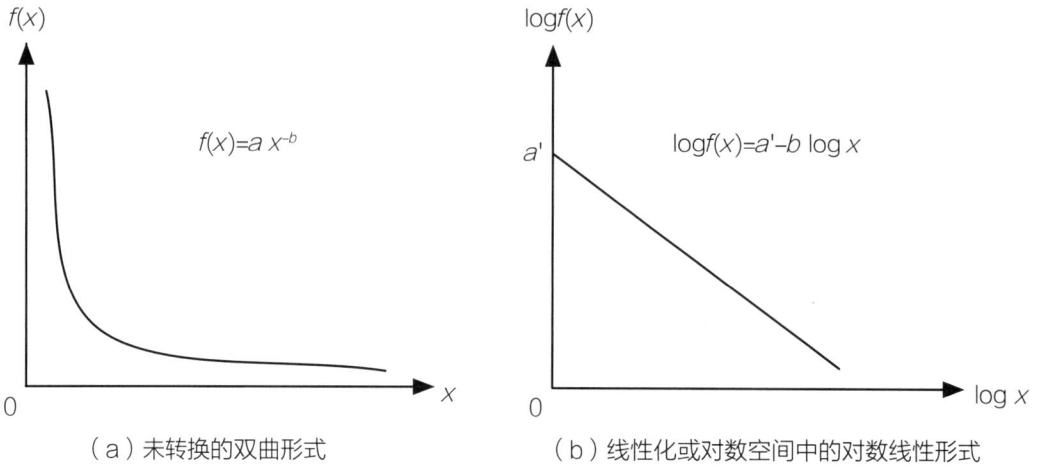

（a）未转换的双曲形式　　　　　　（b）线性化或对数空间中的对数线性形式

图 6.3　幂律在未转换的双曲形式和线性化或对数空间中的对数线性形式

在对数空间上，用来检查分布的形式。尽管严格来讲，术语"幂律"指的是方程（6.25）（其中 $a > 0$ 而且 $b < 0$），而不是对数线性的方程（6.26）。由于下面所示的原因，方程（6.25）是更具理论相关性的方程。

熟悉回归分析的社会科学家会很容易认识到方程（6.26）是一个对数线性回归方程，其中因变量（y）和自变量（x）都已经进行了基数 10 的对数转换熟悉回归分析的社会科学家会毫不费力地将方程（6.26）识别为对数线性回归方程，其中依赖变量（y）和自变量（x）都经过以 10 为底的对数变换。在幂律分析中，对数线性化的主要目的不是为了能够应用普通最小二乘（OLS）方法，而是观察结果实证 $x-y$ 散点图的线性程度和观测到的斜率 $\hat{b}$ 的不变性。

每种形式的幂律，在对数－对数或线性笛卡尔空间中分别呈现线性或非线性，突出了社会复杂性的不同特性，类似于博弈论模型中相同游戏的不同形式（即正常或广义形式）突出了战略互动的不同特征，或不同的概率函数（密度、累积、强度）提供了同一随机变量的不同不确定性特性观点。此外，每个幂律函数还可以与其他概率函数相关联，我们将加以研究。

图 6.4 显示了在其他分布背景下的幂律。与所谓的正态分布、高斯分布或钟形分布相比，幂律分布有非常多的小值，一些（较少的）中值，以及一些罕见的极端值。相比之下在高斯分布中，最小和最大的值都是极其罕见的（概率小得惊人），而中间值则是比较常见的。至关重要的是，就理解复杂性而言，极端事件在幂律分布比在高斯分布中要"正常"许多倍。对于其他主要的分布类型，如指数、均匀和对数正态，也有其他明显的区别，在接下来的章节中会进行研究。

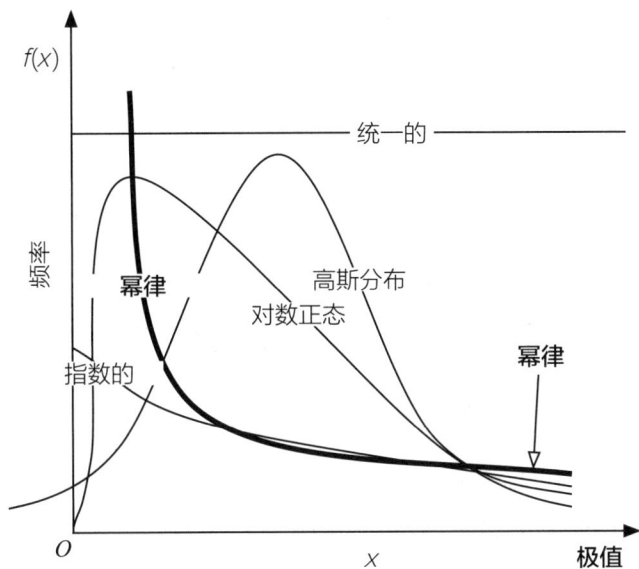

图 6.4 幂律和其他分布模型

6.3.2.1 社会幂律的系统学

从前面的形式化可以看出，幂律模型在分析上或形式上都是相似的［如公式（6.25）］，就像所有双曲线都是相似的一样，只有系数 a 和 b 的数值可能不同。然而，事实并非如此，因为幂律的左侧术语——与给定变量 x 成反比的函数 $f(x)$ 在不同学科和不同经验领域中一般表示着广泛不同的量。此外，就像齐普夫定律的情况一样，独立变量有时可以假设具有秩序值，这样独立变量就不是定比水平的变量了。

鉴于文献中出现了如此令人困惑的做法，系统性锚定最常见的幂律类型非常有意义，因为常在出版物中描述的线性双对数图的（表面上）简单形式，通常掩盖了在垂直轴上绘制的相当不同的量和水平轴上绘制的独立量（即因变量和自变量）之间的有趣细微差异。研究社会复杂性的不同类型的幂律的相似之处和差异是有意义的。图 6.5 显示的分类涵盖了各种社会和自然现象中的五种幂律类型。

如图 6.5 所示，幂律模型是由两个不同但相关的子类或模型集组成的，根据自变量 x 的测量水平（定序或定比）。在定比级幂律中，又包括几个子类型，这在后面会提到。尽管存在上述差异，但必须强调的是，所有幂律模型都是极度偏斜可变性的数学表示，是无标度的，如后面所讨论的一样。

6.3.2.2 类型 I：等级 – 尺寸或齐普夫模型

第一种（也是最古老的）幂律模型是齐普夫模型和尺寸定律，也被称为位序定律（地理、语言学）或位序法则（人类学考古学）。给定变量 X 的一组有序值 $< x_1, x_2, x_3, \quad , x_n >$，

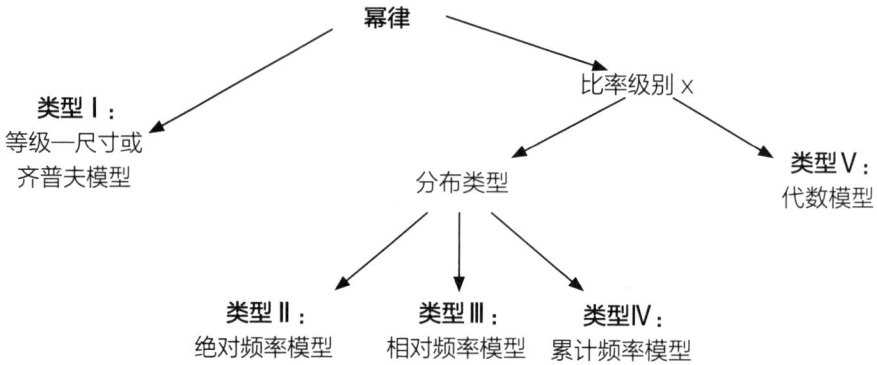

图6.5 根据因变量类型的幂律模型的分类

其中下标 i 表示从最高（ $i=1$ 或第一个）到最低（ $i=n$ 或最后一个）的排序，X 的值以及相对于每一个 $x_i \in X$ 值的等级 i 的幂律由方程给出：

$$x_i = \frac{a}{i^b}（\text{Type I power law}），\qquad (6.27)$$

其中 $a = x_1$（最大值），$b \approx 1$。请注意，从等式方程（6.27）对于这种类型的分布，任何值 $x_i \in X$ 乘以其排名 i 的乘积始终等于（或近似等于）常数 a（最大值 x_1）。因此，最大值决定分布的其他所有值。这种递减的数列也被称为调和数列（harmonic series），其中第二大的值是最大值的 $1/2$，第三大的值是最大值的 $1/3$，…，最后（第 n 个值）是最大值的 $1/n$。根据公式（6.27），还可以得出：

$$\log x_i = a' - \log i，\qquad (6.28)$$

它通常用于分析具有对数图的经验数据。因此，根据定义，这种类型的幂律的弹性等于1。

弗里克·奥尔巴赫是第一个在人口集中的谐波频率中发现这种类型的幂律的人。也许有些不公平，该模型通常以哈佛大学语言学家乔治·金斯利·齐普夫的名字命名，因为是他推广了该模型。这种类型的幂律在社会科学和生命科学（所谓的"生长异律"或比例定律）中可能具有独特的意义，也许它们在物理科学中仍未被发现。

如图6.5所示，下面三种幂律考虑了 X 的值根据不同的频率度量的分布情况：绝对频率（类型Ⅱ）、相对频率（类型Ⅲ）和累积频率（类型Ⅳ）。这三种幂律分布类型是在社会科学和自然科学中出现的对建模无标度不平等的典型变体。

6.3.2.3 类型Ⅱ：绝对频率模型

在第二类型的幂律中，给定 $x \in X$ 的绝对频率 ϕ 与 x 成反比。因此

$$\phi(x) = \frac{a}{x^b}（\text{Type II power law}），\qquad (6.29)$$

从方程（6.29）可得：

$$\log \phi(x) = a' - b \log x ,\qquad (6.30)$$

其中 $a' = \log a$ 是截距，b 是斜率［方程（6.29）中的指数］。回顾一下，在这种情况下，b 也是 $\log \phi(x)$ 相对于 $\log x$ 的弹性 η。

在社会科学中，这种幂律经常被提及，其涉及的变量多种多样，比如特定地区考古遗址的规模、个人收入、互联网路由器的数量、网络链接数量以及现代历史中发生的各种战争的受害者数量。理查森的战争严重性定律描述了冲突所产生的死伤人数的偏斜分布，属于这种幂律类型。在自然科学中，这种幂律已被报道用于物种的多少、人类的寿命、地震能量释放、流星直径以及康威生命游戏中雪崩相对大小的分布（这是一个在第 7 章中详细研究的细胞自动机模型）。

下面提到的两种类型的幂律有些相似，因为它们都基于概率函数的，但在一些有趣而关键的细节上有所不同，很容易被忽视。

6.3.2.4　类型Ⅲ：PDF 模型

第三类并且密切相关的幂律是用相对频率来表示的，在统计极限中，它近似于一个概率密度。从形式上看，这就是双曲概率密度函数（p.d.f.）：

$$p(x) = \frac{a}{x^b}\ (\text{Type Ⅲ power law}),\qquad (6.31)$$

（在物理学中，方程（6.31）通常被称为"分布函数"，这是一种数学名称错误，可能会引起混淆。术语"分布函数"指的是累积密度函数 $\psi(x)$，或"质量函数"，如下　节所示。）[1]

Ⅲ型幂律的对数线性形式很容易从方程（6.31）中推导出来，即：

$$\log p(x) = a' - b \log x ,\qquad (6.32)$$

其中 $a' = \log a$，同样地，b 是 $\log \phi(x)$ 对应 $\log x$ 的弹性[2]。

这种类型的幂律在整个社会领域也有强有力的实证经验支持。它已经用于公司的员工规模（西蒙定律）、学者发表的出版物数量（洛特卡定律）、电影演员合作的数量、商品价格波动的规模（曼德尔布罗特定律）以及其他社会变量。在自然和工程科学中，关于物种的规模、美国电网的连通性、森林火灾的规模（特尔科特定律）和沙堆雪崩的大小（Bak

---

[1]　比如，巴克（Bak, 1996），延森（Jensen, 1998），和巴拉巴西（Barabasi, 2002）多次错误地命名这些函数，比如 c.d.f.，p.d.f.，甚至 c.d.f，就好像它们是同义词一样，但是每个函数指的是不同事件发生的概率，分别代表：$\Pr(X \leqslant x)$，$\Pr(x < X \leqslant x + \mathrm{d}x)$ 以及 $\Pr(X > x)$。重要的是，引用不同事件的概率函数应该被不同命名且保持一致。

[2]　请注意，Ⅱ型（绝对频率）和Ⅲ型（相对频率）产生相同的斜率 b，尽管左侧的函数在数学上并不相同。

6.3.2.5 类型Ⅳ：对数－生存或对数－CCDF 模型

第四种幂律是基于互补的累计密度函数，或表示为 $1-\phi(x)=\Pr(X>x)$，简称为 CCDF。当 X 表示时间 T，CCDF 称为生存模型或表示为 $S(t)$[①]。在对数线性图形中，这一模型有以下形式：

$$\log[1-\phi(x)]=a'-(b-1)\log x ,\qquad (6.33)$$

其中 $a'=\log a$，这就得到了 c.d.f.

$$\phi(x)=1-\frac{a}{x^{(b-1)}}=1-ax^{1-b}\qquad (6.34)$$

相应的 p.d.f. 由以下得到

$$p(x)=\frac{a(b-1)}{x^b}(\text{ Type Ⅳ power law }),\qquad (6.35)$$

值得注意的是，在这种类型的幂律中，方程（6.33）的弹性是 $\eta=(b-1)$，而不仅仅是像以前的模型那样只有 b，这是一个需要记住的关键区别。表 6.1 提供了Ⅳ型幂律模型的定义概率函数（第一行）与其他社会现象的分布模型的比较。注意负指数 p.d.f. 也对应于泊松过程，这在许多社会现象中很常见，如骚乱、战争的发生和组织更替。与幂律模型、指数模型和威布尔（Weibull）模型对应的强度或危险力函数（h.f.f.）在实际应用中具有重要意义。对数正态和高斯分布也被计算为 $p(x)/[1-\Phi(x)]$，但是因为版面限制和不常用等原因，从表中省略了。表 6.1 中的概率密度函数图如前面的图 6.4 所示。

表 6.1　社会复杂性的第Ⅳ型幂律模型与其他常见的社会过程和分布对比

模型	p.d.f. $p(x)$	c.d.f. $\Phi(x)$	h.f.f. $H(x)$	均值 $E(x)$
幂律	$\dfrac{a(b-1)}{x^b}$	$1-a\,x^{b-1}$	$\dfrac{b-1}{x}$	$\dfrac{a(b-1)}{2-b}x^{2-b}\Big|_{x_{\min}}^{\infty}$
指数	$\lambda e^{-\lambda x}$	$1-e^{-\lambda x}$	λ	$\dfrac{1}{\lambda}$

[①] 此外，严格地说，当 X 是一个离散的（计数）变量时，事件"$X\geq x$"比"$X>x$"更有意义。这是因为 0.99999……是不可计算的，0 在数学上是不可能的，所以 1 是社会过程的基本计数，如事件、骚乱、战争和其他社会计数过程。

威布尔	$\lambda\gamma x^{\gamma-1}\exp\left(-\lambda x^\gamma\right)$	$1-\exp\left(-\lambda x^\gamma\right)$	$\lambda\gamma x^{\gamma-1}$	$\lambda^{-\frac{1}{\gamma}}\Gamma\left(\dfrac{1}{\gamma}+1\right)$
对数正态	$\dfrac{1}{\sigma x\sqrt{2\pi}}*\exp[-\left(\ln\left(\dfrac{x}{m}\right)\right)^2/(2\sigma^2)]$	$1-\dfrac{1}{\sigma\sqrt{2\pi}}\int_x^\infty\dfrac{p(u)}{u}\mathrm{d}u$	$\dfrac{p(x)}{1-\Phi(x)}$	$\exp(0.5\ \sigma)$
高斯	$\dfrac{1}{\sigma x\sqrt{2\pi}}*\exp[-\dfrac{1}{2}\left(\dfrac{x-\mu}{\sigma}\right)^2]$	$1-\dfrac{1}{\sqrt{2\pi}}*\int_x^\infty\exp\left[-\dfrac{1}{2}\left(\dfrac{u-\mu}{\sigma}\right)^2\right]\mathrm{d}u$	$\dfrac{p(x)}{1-\Phi(x)}$	μ

方程（6.35）看起来看似类似于Ⅲ型幂律［与方程（6.31）比较］，其关键的区别是，比例常数部分依赖于指数（b）或斜率（$b-1$）。这第四种类型的幂法，基于补充 c.d.f 用于公司的收入规模，在战争（内战和国际战争）中的死亡人数以及各种自然现象，包括地震的规模（古登堡－里克特定律）。

以下定理给出了一个将这类幂律模型与其他经典分布模型（如威布尔）联系起来的一个重要结果：

定理 6.1（幂律的强度函数）假设具有概率密度函数为方程（6.35）和累积分布函数为方程（6.34）的四类幂律，则相应的强度函数或危险力函数 $H(x)$ 由以下公式给出：

$$H\left(x\right)=\frac{b-1}{x}\ ,\qquad（6.36）$$

其中 $H(x)$ 定义为 $p(x)/[1-\Phi(x)]$，也就是：

1. 在 b 中呈线性关系

2. 以幂律指数 1（无标度）在 x 上递减。

3. 独立于 a

4. $\gamma(shape)=-1$ 并且 $\lambda(scale)=b-1$ 或对数空间中 CCDF 的斜率，是威布尔（Weibull）分布的一个特例

5. 有一个相关的压力或载荷函数 $\Lambda(x)$，表示为：

$$\Lambda\left(x\right)=\int_0^x H\left(u\right)\mathrm{d}u=(b-1)\ln x\ ,\qquad（6.37）$$

证明：将方程（6.34）和方程（6.35）代入 $H(x)$ 的定义，并简化所得表达式，得到方程（6.36）。

定理 6.1 很有趣，因为它在社会复杂性理论与风险分析和不确定性之间提供了一个简单而直接的联系。该原理表明，所有复杂的社会现象都是由反向强度生成的。韦伯模型包

括一个这样的反函数实例，以及其他具有双曲线递减强度或危险率的随机过程。相反地，利用公式（6.36），强度函数定理允许我们将幂律表示为与$H(x)$相关的许多特征的函数，例如矩和其他特征。

Ⅲ和Ⅱ型幂律不应被称为"$b=1$的齐普夫定律"，因为这样的术语意味着这些模包含了等级变量，然而它们没有。

6.3.2.6　类型Ⅴ：代数模型

最后，在文献中发现的第五种幂律模型是基于两个普通比率水平变量的线性图，因此：

$$\log y(x) = a' - b\log x , \tag{6.38}$$

并且

$$y(x) = a / x^b , \tag{6.39}$$

注意，在这种情况下，对数线性斜率和双曲指数之间没有区别，这是与以前情况不同的性质。虽然大多数社会科学家不认为普通的代数表达式［如方程（6.39）］是幂律，但在自然科学（以及初等数学）中，幂律的研究也包括这些模型。例如，互联网中路由器数量y与节点数量x之间的关系由方程（6.38）控制，其中$b≈1.9$（法洛索斯定律）。如果幂律类别包括这些代数关系或双曲模型（类型Ⅴ），那么所有在对数–对数空间中线性的反转经验关系也被视为幂律（例如，国际冲突和贸易的波拉切克定律以及人文地理学和区域经济学中的社会引力模型）。

应该再次强调，前述的五种幂律具有许多共同之处——方程的右侧总是与给定变量x成反比的一个项——但由于每个方程左侧建模的内容在不同类型之间有所不同，因此（方程）映射是不同的。这样的变化有时相对较小，比如 Type Ⅱ（绝对频率）和 Type Ⅲ（相对频率）之间的差异。有时它们更加显著，如 Type Ⅲ（基于概率密度函数）和 Type Ⅳ（基于累积分布函数），或者在比例变量、基于频率和基于变量的模型之间。除了前面分类法所强调的形式上的差异之外，所有幂律都容易受到经验分析的影响，这将在下一节中讨论。

☞ 6.4　幂律分析

社会复杂性的幂律容易受到各种形式的实证、数据导向分析以及理论、数学导向分析的影响。以下两种方法对于理解社会现象的复杂性都是必要的而且具有协同作用的。

6.4.1　实证分析：拟合优度的估计与评价

假设一个给定的数据样本或一个变量 X 的观测结果 $\{x\}$ 产生了某种类型（Ⅰ－Ⅳ）的幂律。从实证的角度来看，对现有文献中当前实践的回顾表明，有两种常见的方法来评估幂律模型与经验数据相关的拟合优度：①目测对数图，看看它是否近似于一条直线；②根据 R^2 统计量的一个高值来判断拟合优度。我们需要认真审查这些程序，因为它们可能被误用，导致错误的推论。

6.4.1.1　视觉评估

视觉评估十分有用，但具有非正式性和主观性。在对数标度上绘制的数据的一个常见问题是，在分布的上下范围内出现"偏离"，远离对数－线性模型（见图 6.6）。

经验分布在较低分位数处会出现偏离，因为可能存在丢失或难以测量的小数值的观测值。例如，在一个战争规模的数据集中，最小的战争可能不会被记录下来。这是一种测量误差，可能由多种原因引起。如果可以支持最小观测值不完整的说法，则可以接受较低分位数的偏离；否则，较低的分位数偏离会带来一个严重的问题，即是否接受观察数据符合幂律的研究假设。

偏离可以在近似幂律的经验数据中发现，但也可以诊断为指数或对数正态的尾部。另外，在对数空间上绘制的均匀分布（这远不是幂律！）会产生一个偏离的模式，其下限和上限都是偏离的，所以在这种情况下，问题可能不是由于观测值丢失或规模有限——可能是因为分布接近均匀，根本不是幂律，甚至不是指数。

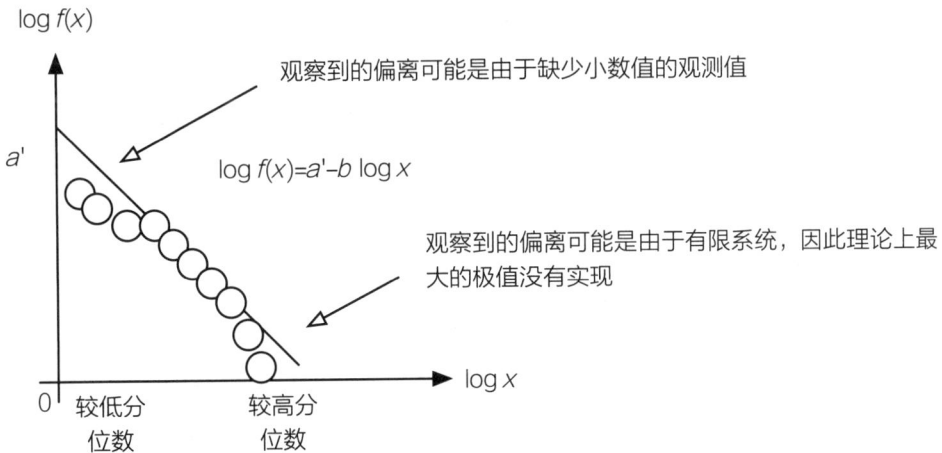

图 6.6　在经验幂律分布的视觉评估中经常观察到"偏离"

6.4.1.2 决定系数

在许多现存的文献中，拟合优度通常使用决定系数 R^2 来评估。然而，最好避免将 R^2 作为拟合优度的度量标准，并且最新的关于大小分布的专业统计著作也没有讨论它。其他的统计数据和方法，如系数的标准误差或安德森－达令检验，在必要时更可取。尽管如此，R^2 统计量的一个良好用处是比较不同的经验模型，它们具有相同的函数形式，但使用不同的数据样本进行估计。

6.4.1.3 良好实践：多重证据

与各种估计量一样，拟合优度也应根据不同证据线的多种方法进行评估：小标准误差、大 t- 比率、柯尔莫可洛夫－斯米洛夫检验、安德森－达令检验等方法。推荐使用最大似然方法对幂律模型进行估计，如基于希尔估计器的最大似然方法。表 6.2 比较了幂律定律的各种统计评估。

表 6.2　用于评估经验幂律的拟合优度统计数据

统计数据	优点	弊端	参考文献
希尔估计器（Hill estimator）	MLE	对于小规模的样本来说，可能是不稳定的	Alfarano et al. 2008; Hill (1975)
安德森－达令检验（Anderson–Darling）	对上尾值不敏感	很少使用；不为人所知；第一类错误风险	Anderson and Darling (1954)
柯尔莫可洛夫－斯米洛夫检验（Kolmogorov–Smirnov）	众所周知	对上尾值不敏感；第二类错误风险	Chakravarti et al. (1967, pp. 392–394)
R^2	常用，适合比较样本	不是一个适当的拟合度统计	King (1986)

综上所述，利用统计数据对幂律进行实证分析的一些良好实践包括以下几点：

1. 使用观测变量 X 的分解数据值 $\{x\}$ 来构造相关的频率分布图，以确保所有的轴和测量单位都被正确地标记出来。在进行估计时，报告所有系数的标准误差。具体为：

（a）对于 I 型幂律［方程（6.27）］，数据值从最大到最小进行排序，所得到的图应该类似于一个具有长上尾的简单调和函数。在对数空间中，相同的数据应该近似于一条斜率值为 1 的直线。

（b）对于类型 II［方程（6.29）］，应该直接使用数据值来构建数值频率的直方图，并将结果绘制在对数空间。该图应近似于一条直线，如方程（6.30）。注意，这种情况下方程

（6.30）中估计的斜率 $\hat{b}$ 恰好是方程（6.29）中指数 b 的值，即不需要进行（+1）转换，而这种转换对于第四型定律是必要的。

（c）对于类型 Ⅲ［方程（6.31）］，程序与类型 Ⅱ 幂律相同，只是需要计算相对频率，而不是绝对频率。

（d）对于 Type Ⅳ［方程（6.35）］，这可以说是最重要的情况之一，数据值再次被直接使用，用于构建归一化的互补累积频率——函数值 $[1-\Phi(x)]$，而不进行分箱。然后，对数 – 对数图应当近似于一条斜率为（$b+1$）的直线。因此，在对数 – 对数空间中，分布的互补累积分布函数 $[1-\Phi(x)]$ 的斜率为 $(b+1)$，其幂律指数为 b［方程（6.35）］。即斜率（$b+1$）等于指数 b。

2. 检查上限和下限是否过度偏离。显著的偏离应该得到解释（例如，是否有缺失的观测值？有限大小是否涉及？），否则，幂律模型可能根本不符合数据，因此应考虑其他模型（如对数正态）。

3. 检查数值域涵盖的数量级（有时称为"十年"）。一般来说，数量级越大，模型越有趣，因为无标度特性（在下一节中讨论）将延伸到多个数量级。确保数量级范围不是测量单位的产物。

4. 依靠现有的最有效和最可靠的数据，特别是当 N 不是很大的时候，因为诸如偏离度和拟合度等其他问题会受到数据质量的影响。

5. 使用标准误差来评估系数估计值以及其他评估拟合优度的方法，如希尔估计器（忽略对类型 Ⅳ 模型的斜率估计的显著性检验，因为按定义，累积数据将始终得到大于零的斜率）。

6. 避免用 R^2 来评估拟合度，而是用作一种比较措施，来比较具有相同函数形式的模型[1]。

7. 熟悉幂律在各个领域的标准和方法，以获得更好的视角，提高社会幂律建模中的实证分析的质量。

随着社会科学家和其他建模者在幂律模型的实证应用方面获得经验，这些基于多条证据线和过去一个世纪所展示的互补性方法的良好实践很容易得到改进。随着更好的实践出现，重要的科学目标将得以实现。

---

① 然而，回顾一下，估计的标准误差基本上包含了相同的信息。

6.4.2 理论分析：推导含义

幂律之所以重要，主要是因为它能产生一系列有趣的理论含义，而不仅仅是因为它建立了一种基于经验证据的经验规律性。随着社会科学家在利用正式模型和经验数据之间的协同作用方面获得经验，这一点越来越重要。在给定的数据中找到幂律可以得出的理论含义中，以下几点在理解社会复杂性方面尤其重要。

6.4.2.1 平均规模

幂律分布的一阶力矩（平均值或平均值）表现出一些异常有趣的行为。这由以下给出：

$$E(x) = \int_{\min\{x\}}^{\infty} x p(x) \mathrm{d}x = a(b-1) \int_{\min\{x\}}^{\infty} x^{1-b} \mathrm{d}x , \tag{6.40}$$

$$= \frac{a(b-1)}{2-b} x^{2-b} \Big|_{\min\{x\}}^{\infty} = \frac{x_{\min}(b-1)}{b-2} \tag{6.41}$$

当 $b \leq 2$ 时，它趋于无穷大。换句话说，对于受指数范围在 $0 < b < 2$，或者 $(b-1) < 1$（低于单位弹性）的幂律所控制的社会现象来说，没有平均规模［不存在期望值 $E(x)$］。对于如组织规模、战争中的死亡人数和恐怖袭击等社会模式来说，这是一个有洞察力的理论结果。因此，阈值 $b = 2$ 在理论上是至关重要的，因为它标志了具有有限平均和可计算规模（$b > 2$）的社会现象和那些缺乏期望值或平均规模的现象（$b \leq 2$）之间的边界。这是直接从幂律指数 b 的经验估计值中得出的理论见解。

6.4.2.2 非平均

根据定义，幂律是一种不均衡模型，如本章前面讨论的"多而稀有"（the "many-some-rare" pattern）模式，所以每个幂律模型都有一个相关的洛伦兹曲线，由以下公式给出：

$$L(\Phi) = 1 - [1 - \Phi(x)]^{1 - 1/(b-1)} , \tag{6.42}$$

以及一个相应的基尼指数，由以下给出：

$$G(b) = 1 - 2 \int_0^1 L(\Phi) \mathrm{d}\Phi = \frac{1}{2b-3} , \tag{6.43}$$

这可以用经验方程来估计（Kleiber and Kotz 2003: 35）：

$$\hat{G} = \frac{1}{n^2 E(x)} \sum_{i=1}^n \sum_{j=1}^n |x_i - x_j| . \tag{6.44}$$

幂律的指数 b 与其对应的不平等的基尼指数 G 之间深刻的理论联系，可以用以下两个关于尾部分布的关系来总结（表 6.3）：

表 6.3 幂律指数 b 与不平等的基尼指数 G 的关系

重尾分布 $(b \rightarrow 0)$	$\Leftrightarrow$	更加不均衡 更少均衡	$\Leftrightarrow$	更小的 b 更大的 G
轻尾分布 $(b \rightarrow \infty)$	$\Leftrightarrow$	更加均衡 更少不均衡	$\Leftrightarrow$	更大的 b 更小的 G

6.4.2.3　熵

幂律的帕累托指数 b 与相关的相同值分布的香农熵之间的关系如下式所示：

$$U(b) = \ln\left(\frac{b-1}{\min\{x\}}\right) - \frac{1}{b-1} - 1, \tag{6.45}$$

其中 $\min\{x\}$ 是 X 分布的最小值。最后一个表达式通过将香农的熵与幂律指数 b 联系起来，建立了复杂性理论和信息论之间的直接联系。方程（6.45）保证了社会幂律的未知信息理论属性的存在。

6.4.2.4　自相似性

当一个给定的变量 X 服从幂律时，在 X 的整个值范围内出现一个恒定比例的循环模式，如图 6.3（b）中的线性图所示。变换后的函数 $f^*(x) = \log f(x)$ 的图形在低值范围和高值范围内以及介于两者之间的任何地方都是线性的。这种全局对称在复杂性理论中被称为自相似性。自相似性也被称为是一种"涌现"属性，因为它适用于一整套值，而不是单个值或元素。

自相似性也是社会复杂性结构规律的一个属性。例如，一个由高阶连接（或分离）嵌入的一阶连接（或分离）系统是自相似的。一个政策过程是自相似结构社会复杂性的一个经典例子，包括从总体政策响应（一阶）、方案（二阶）、活动（三阶），一直到产生政策结果的最小的所需事件（n 阶）。

6.4.2.5　标度

自相似性的属性也被称为标度，这促使了"无标度现象"一词的出现。帕累托发现了财富和收入的尺度。理查森在 20 世纪 40 年代末（可能更早）发现，战争的标度与量级 μ 有关。此后，人们发现，不仅是国际战争，内战也有标度特性，恐怖主义的某些特征也是如此。基于主体的模型所产生的"人工"战争也有标度特性。除了战争死亡人数之外，其他维度，如战争开始的时间和冲突持续时间，是否也有标度特性？答案是：一般来说，不会。正如我们将在第 9 章中讨论的那样，时间长度通常是指数分布或威布尔分布。

标度特性虽然在社会现象的许多其他方面得到了实证证明，但仍然是一个深刻的理论概念。标度特性意味着小战争与大战争的二分法是错误的，因为全球幂律赋予了标度不

計算社會科学：原則与应用

变性。标度特性还意味着，认为小型战争和大型战争几乎没有任何共同点的观念是一种误解，它们都是同一整体模式的一部分，只是由一组相同的参数值支配的幂律的不同范围。请注意，当且仅当一个变量服从幂律时才会发生标度（大多数生物机体不存在标度现象）。

6.4.2.6 分形维数

如果幂律方程的指数 b 只允许取整数值（1, 2, 3, 4, …），那么与每个值相关的频率将按照这些整数比例的倒数减少。然而，当 b 取分数值时（如经验文献中报告的许多指数），比例范围本身是连续的，不再像欧几里得空间中那样离散。这就是为什么幂律中的 b 值通常被称为曼德勃罗特的分形维度（Mandelbrot's fractal dimension）。请注意，当 $b \to 0$ 时，缩放消失，因为当 $b = 0$ 时，X 的所有值都具有相同的频率。因此从缩放的角度来看，一个零维空间存在一个均匀随机变量。齐普夫幂律（$b = 1$）产生一维空间。二次幂律（$b = 2$ 或临界值）产生二维空间。一般来说，b 幂律产生 b 维空间，而 b 的分数值则产生嵌入在欧几里得空间中的分形维度。因此，对于 $0 < b < 1$，分形维度介于点和线之间；对于 $1 < b < 2$，它介于线和平面之间；对于 $2 < b < 3$，它介于平面和体之间，依此类推。因此，分形维度还提供了社会现象的另一种新的分类方案，这个想法物理学已经以有趣的视角开始研究（例如，Sornette，2003）。

6.4.2.7 临界值和驱动阈值系统

标度现象可以由一个潜在的过程产生，该过程通过缓慢演化的压力系统的输入力驱动到一个临界阶段。虽然驱动系统的输入可以连续运行，但状态变量可以在一个被称为分岔集的临界区域内突然变化，产生标度现象。在三十多年前，数学家勒内·托姆（René Thom，1923—2002）提出了重要的突变理论。复杂性理论通过对分叉动力学和亚稳态进行新的解释，支持并扩展了突变理论。例如，当给定社会现象报告了一个幂律时，这样的发现应该引起一系列突变理论问题，否则这些问题是不会出现的：

- 该现象是否受复杂理论意义上的驱动阈值系统所支配？
- 如何解释临界、可转移状态的分叉集？
- 在状态空间上定义的相关势能函数 $P(x)$ 的形式是什么？

战争、人口统计学和经济学领域的广泛标度案例，为关键性概念提供了重要支持，并揭示了社会复杂性的相关洞见，例如亚稳态、长程相互作用和普遍性。

6.4.2.8 亚稳态

社会事件从来都不是"突如其来"的，在涌现之前必然会出现潜在可能。从在给定社会领域中的实证性证明中，还可以得出另一个重要的理论推论，即复杂理论中被称为"亚稳态"

的条件。"系统"（或者更准确地说，是一个系统的给定状态 $x \in X$ ）如果能够在一定范围的扰动下保持平衡，则被称为李雅普诺夫稳定（Lyapunov-stable）。例如，如果积极的社会关系（如婚姻，友谊，联盟等）能够承受通常影响社会关系的压力，那么它在这个意义上是稳定的。相比之下，如果消极的社会关系在压力下崩溃，例如在冲突或未解决问题的压力下终结的政治体制或联盟社会系统则是不稳定的。许多社会系统理论，如帕累托、帕森斯、萨缪尔森、多伊奇、伊斯顿、弗兰纳里、达尔和其他社会系统理论家的工作都使用了李雅普诺夫稳定性的概念。

相比之下，当存在一个或多个潜在状态 $x' \in X$ 或潜在运行状态（且 $x \neq x'$ ）时，系统被认为具有发展出亚稳态的特征，这些状态与当前状态不同，并且在满足特定条件的情况下，系统有可能过渡到这些状态。亚稳态在许多社会系统中很常见，因为这些系统具有变化的能力。例如，在选举期间或者在宪法会议期间，国内政治体系或政权会变成亚稳态。在政治体系变成亚稳态的情况下，国家就会崩溃，由于累积或未解决的压力，国家失去了治理能力。同样，在危机时期，国际体系变得越来越接近于亚稳态，因为战争的可能性增加时，明显敌对或实际暴力的替代状态逐渐增长。在经济学中，当金融市场形成"泡沫"并有可能引发市场崩盘时，也会形成亚稳态。同样，从更积极的角度来看，当和平回归的可能性增加时，战争状态也会进入亚稳态；国内动荡和社会动荡也会形成亚稳态。例如在国家建设行动中，国家治理能力显著增加。幂律是亚稳态的诊断指标，因为它们模拟了社会情境，这些情境不局限于现有的平衡或观察到的现状，而是更加多样的状态，并且都有可能发生。社会变革的理论应该利用幂律中固有的亚稳态概念。

6.4.2.9 长程交互

标度现象（Scaling phenomena）是由系统演化到一个关键阶段产生的，在这个阶段，长程交互成为可能并且时有发生。仅由邻近相互作用驱动的系统往往会产生正态或高斯分布的现象，或者在上（和下）分位数上具有显著较短或较细尾巴的其他非幂律现象。

与此相反，一个由长程时空交互支配的"全球化"系统会受到非平衡动力学和产生幂律的过程的影响。在这样的系统中，极端事件的发生比"正态"（高斯）平衡系统高几个数量级。长程交互的空间维度与社会或物理距离之间的关系相当直观。时间上的长程交互指的是对过去的持久记忆以及对未来的预期，正如在 5.5.2.2 节的赫斯特参数和图 5.2 中所见。

这些理论观察的主要目的是提醒读者注意几个重要的潜在影响，这超出了经验幂律的展示范围。这并不意味着这些理论影响在每个实证幂律的情况下都是有效的，因此这些潜在影响应该被视为一种理论启发，用于发现社会现象的属性，而不是已被证明的属性。

☞ 6.5 社会复杂性定律的普适性

社会科学已经从最初的统一传统，即寻求发现人类和社会动态的普遍科学原则——这是启蒙时代的原始精神和近几个世纪现代积极科学的兴起原因，发展为今天多维度的显著分裂情况：经验领域、学科文化、方法论甚至认识论的差异。对于那些被统一的社会宇宙科学的前景所吸引和激励的人来说，本章所研究的结构法则和幂律为发现进一步的普遍原则提供了基础，以便在一套共同的经验和理论特征的基础上，更好地理解人类的动态和社会的复杂性，比如本章所讨论的那些。

自相似性、规模化、分形维数、自组织临界性、亚稳态、长程交互和普适性，都是基于复杂性理论的围绕社会幂律的新视角。当帕累托、齐普夫、理查森和其他先驱者发现第一个幂律时，这些属性和见解是未知的。复杂性理论包含了幂律的其他性质，这些性质可能对社会科学很有洞察力。反过来，社会科学中幂律的发现可能为复杂性理论和非平衡动力学提供新的见解[1]。

☉ 问题

6.1 社会复杂性的规律发现于 _____，在物理学发现复杂性规律之前，已经有半个世纪的时间了。

（a）20 世纪初

（b）19 世纪初

（c）在意大利文艺复兴时期

（d）启蒙时代

（e）"二战" 后

6.2 以下 _____ 是本章介绍的社会复杂性规律的主要类别？

（a）静态和动态

（b）统计和动态

---

[1] 在本章中讨论的幂律函数的其他重要和深刻的理论扩展是与几个函数相关的梯度 ∇f。比如，与幂律指数相关的 $E_b = -\nabla f(x; a, b)$ 因其社会解释和与临界性、亚稳态和其他复杂性概念的关系而具有内在的意义。这些和其他高级扩展的理论和经验含义超出了本书的范围，不再多介绍。

（c）计量经济学和静态

（d）分布和结构

（e）结构和动态

6.3 帕累托的社会复杂性幂律是关于以下 _____ 分布情况？

（a）个人收入

（b）个人财富

（c）社会流动

（d）（a）和（b）都是

（e）（b）和（c）都是

6.4 哪位社会科学家发明了一个经典的不平等系数？

（a）维尔弗雷多·帕雷托

（b）马克斯·洛伦茨

（c）科拉多·基尼

（d）阿尔弗雷德·洛特卡

（e）乔治·齐普夫

6.5 谁首先发现了人类定居模式的位序 – 规模定律？

6.6 请说出发表在《华盛顿科学院学报》上的科学生产力频率分布的反平方律的发现者。

6.7 哪位科学家发现了冲突规模的幂律，且通过 1941 年、1945 年和 1948 年发表的一系列论文开启了现代战争的科学研究？

（a）赫伯特 A. 西蒙

（b）威廉瑞克

（c）刘易斯·F. 理查森

（d）（a）和（b）

（e）（a）和（c）

6.8 从练习 6.60 中可以得到什么样的图表？

6.9 社会复杂性的结构规律的比较静力学通常是有趣的，因为方程是：

（a）统计估计

（b）动态的

（c）幂律

（d）非线性

（e）先验的

6.10 根据社会复杂性结构，绘制一个包含以下节点及其关联关系的图：

- 串行

- 充分性

- 并行

- 必要性

- 分离

- 连接

这是一个什么样的图形？

6.11 回顾问题 6.10。添加布尔值和 OR 作为节点。用八个节点重复回答这个问题。证明所得到的图跨越了一个三维立方体。

6.12 计算方程（6.4）关于概率 p 的一阶偏导数和它相对于基数 Θ 而言的一阶前差分。

6.13 问题 6.12 分别用导数和差分来表示概率和基数，据此回答下列问题：

（a）解释一下为什么这是精确和适当的数学过程

（b）重复这个问题，只用导数，并比较低和高范围的基数结果

（c）绘制并比较结果

（d）当基数被近似为一个连续变量时，可能会发生什么？

（e）写 Python 代码来证明你的结果

（f）可选拓展项：请使用 Mathematica、MATLAB 或其他数学软件绘制函数的三维图来复现你的结果

6.14 请说出序列社会复杂性的基本属性，即 $Y_s < \min p_i$。

6.15 请证明方程（6.8）由方程（6.4）得出。

6.16 计算方程（6.8）关于概率 Q 的一阶偏导数和它关于基数 Γ 的一阶前向差分。

6.17 针对方程（6.8）重复回答问题 6.13。

6.18 说出并行社会复杂性的基本属性，即 $Y_p > \max q_j$。

6.19 社会系统中的混合结构复杂性是由哪项构成的？

（a）微观和宏观结构

（b）连续变量和离散变量

（c）离散和连续时间

（d）串行和并行元素

（e）微观层面和离散元素

6.20 本章中通过概率方程建模的混合结构复杂性的两个具体例子是：

（a）酋邦社会和国家的起源

（b）酋邦社会的起源和管理危机

（c）人道主义危机和国际空间站

（d）一般的空间计划和特定的国际空间站

（e）以上都是

6.21 数学逻辑的哪些基本规则保证了社会复杂性的所有混合和并行结构总是可以被表达为序列化或合取系统？

6.22 社会系统中混合结构复杂性规则的主要离散变量包括

（a）基数

（b）应用

（c）概率

（d）成本

（e）人口规模

6.23 用于指定形式 $f(x)=ax^{-b}$ 的幂律的主要数学函数是一个：

（a）二次函数

（b）双曲线

（c）抛物线

（d）钟形函数

（e）指数函数

6.24 在对数空间中，幂律成为：

（a）一个抛物线

（b）一个凹函数

（c）一个对数函数

（d）一条直线

（e）一个钟形的曲线

6.25 幂律的一个明显特征是由____给出的？

（a）一个渐近线

（b）两个渐近线

（c）没有渐近线

（d）没有奇点

（e）指数值

6.26 如何知道幂律的常数和指数？

6.27 在对数空间中，幂律的常数和指数是如何得知的？

6.28 幂律研究的一个基本和具有挑战性的方面是：

（a）缺乏统一的记号

（b）缺乏可靠的数据

（c）多种类型的因变量

（d）（a）和（b）都是

（e）（a）和（c）都是

6.29 类型 I 幂律指的是函数：

(a) 与比率层面的独立变量

(b) 与一个序数级自变量

(c) 也被称为齐普夫法则

(d)(a) 和 (b) 都是

(e)(a) 和 (c) 都是

6.30 哪种类型的幂律是基于概率密度函数（p.d.f） $p(x)$？

(a) 类型 I

(b) 类型 II

(c) 类型 III

(d) 类型 IV

(e) 类型 V

6.31 哪种类型的幂律是基于位序 – 规模分布函数 $S(R)$，其中 S 和 R 表示位序和规模。

(a) 类型 I

(b) 类型 II

(c) 类型 III

(d) 类型 IV

(e) 类型 V

6.32 哪种类型的幂律是基于累积密度函数（c.d.f） $\Phi(x)$？

(a) 类型 I

(b) 类型 II

(c) 类型 III

(d) 类型 IV

(e) 类型 V

6.33 哪种类型的幂律是基于概率密度函数（p.d.f） $p(x)$？

(a) 类型 I

(b) 类型 II

（c）类型Ⅲ

（d）类型Ⅳ

（e）类型Ⅴ

6.34 哪两类幂律在微分和整数运算下是等价的？

6.35 幂律的另一个名称是：

（a）一个概率法则

（b）一个齐普夫分布

（c）一个标度法则

（d）一个位序法则

（e）一个指数法则

6.36 与谐波级数相关联的是哪种幂律？

6.37 简单说明人类住区（城市中心）的齐普夫法则。

6.38 哪种类型的持续时间变量 T 的幂律与生存函数 $S(t)$ 关系最密切？

（a）类型Ⅰ

（b）类型Ⅱ

（c）类型Ⅲ

（d）类型Ⅳ

（e）类型Ⅴ

6.39 请详细论证定理 6.1。

6.40 所有五种类型的幂律都有的一个共同的特点是什么？

（a）方程的右边总是一个与给定变量 x 成反比的项

（b）方程的左边总是一个与给定变量 x 成比例的项

（c）方程的右边总是一个与给定变量 x 成指数比例的项

（d）方程的右边是一个给定变量 x 的平方

（e）答案因幂律的类型而异

6.41 查阅人文和社会地理学中的"引力模型"一词，说说这些模型对应的是哪种类型的幂律？

6.42 在对幂律进行定性或可视化分析时，什么是"偏离"？

6.43 在对幂律进行定性或可视化分析的背景下，"偏离"是用来判别：

（a）数据中的噪声

（b）指数的上尾，表明拟合效果良好

（c）指数的上尾，表明拟合效果不好

（d）指数的上尾，表明拟合效果很好

（e）以上都不是

6.44 数据分布的下尾部所特有的偏离，往往表明：

（a）与幂律有很好的拟合

（b）远程赫斯特相关

（c）一个威布尔分布

（d）幂律假设下的数据缺失

（e）以上都不是

6.45 本章提到，在对经验数据进行幂律的拟合度检验时，哪个统计量是一个不合适的选择？

（a）相关系数

（b）决定系数

（c）赫斯特系数

（d）基尼指数

（e）希尔估计器

6.46 对给定样本或数据集，在评估幂律模型的拟合度时，建议采用哪种多重证据线？

6.47 以下哪个是幂律的最大似然估计器？

（a）赫斯特指数

（b）希尔估计器

（c）安德森 – 达令估计器

（d）柯尔莫戈罗夫 – 帕累托（Kolmogoroff–Pareto）估计器

（e）R^2

6.48 以下哪项对分布的上尾部偏差最敏感，因此适合于幂律测试？

（a）赫斯特统计

（b）上五分位数

（c）安德森 – 达令统计

（d）柯尔莫可洛夫 – 斯米洛夫（Kolmogoroff–Smirnoff）统计

（e）R^2 统计

6.49 以下哪项统计量被广泛用于幂律拟合度测试，但它对上尾值不敏感，有类型 II 错误的风险。

（a）赫斯特统计

（b）上五分位数

（c）安德森 – 达令统计

（d）柯尔莫可洛夫 – 斯米洛夫统计

（e）R^2 统计

6.50 当 $b=2$ 是幂律的 p.d.f. 函数的指数时，$p(x)$ _____。

（a）分布的一阶矩到无穷大

（b）分布的一阶矩等于中值

（c）这表明布朗噪声

（d）（a）和（b）都是

（e）（a）和（c）都是

6.51 幂律的帕累托指数 b 和基尼指数 G 由一个 _____ 函数相联系。

（a）线型（函数）

（b）二次方（函数）

（c）反（函数）

（d）对数（函数）

（e）平方根（函数）

6.52 一个沉重的幂律尾巴与_____相关。

（a）一个远离零的大指数，更多的不均衡，和大的基尼系数

（b）一个接近零的小指数，较少的不均衡，和小的基尼系数

（c）一个接近零的小指数，更多的不均衡，和大的基尼系数

（d）以上都是

（e）以上都不是

6.53 社会复杂性的哪些特征与幂律的帕累托指数的大值有关？

6.54 以下哪两个术语是同义的？

（a）长程相关和标度性/规模性

（b）标度性和自相似性

（c）标度性和复杂性

（d）标度性和偏离

（e）以上都是

6.55 如果一个给定的社会现象被证明有标度性（即遵循幂律分布），那么这个现象还有_____特点。

（a）临界点

（b）驱动阈值系统

（c）亚稳态

（d）以上都是

（e）只有（c）

6.56 当存在一个或多个潜在的状态 $x' \in X$ 或潜在的运行状态（ $x \neq x'$ ），而不是现行状态，在实现某些条件的情况下，系统可以过渡到这些状态时，就可以说系统在发展成为 ___。

（a）稳定性

（b）不稳定

（c）亚稳态

（d）低稳定性

（e）超稳定性

6.57 为什么某一社会现象的幂律可以判断为亚稳态？

6.58 在 _____ 的社会系统中，极端事件发生的概率要比"正态"（高斯）平衡系统高几个数量级（不仅仅是更大）。

（a）长程时空相互作用

（b）短程时空相互作用

（c）中程时空相互作用

（d）低稳定性

（e）低熵

✒ 练习

6.59 本章介绍了认识论观点，即规则用于描述而理论用于解释，因此在计算社会科学以及其他科学领域中，这两者发挥着不同的功能。

（1）从任何领域选择几个你以前知道的科学规则和理论，并探讨这一说法。

（2）熟悉规则和解释之间的类属分别，以及熟悉两者是什么包括如何描述和内在原因等各个方面。

（3）查阅地震学中的板块构造理论和古登堡–里克特（Gutenberg–Richter）地震震级规律。

（4）从描述和解释的角度讨论地震的这一理论和规律。

（5）确定社会科学中的一种理论和相关规则，并做同样的工作。

6.60 使用第 6.2 节（历史和第一批先驱者）中的年表，画出社会复杂性规律及其发现者的完整图表。忽略齐普夫对位序–规模法则的重新发现。将第 6.2 节中的信息绘制成甘特图。可选的附加题：收集有关物理和生物复杂性规律的类似信息，分别画出它们的图表和甘特图，并比较这两个科学领域。这将使你对复杂科学各领域的规律有一个更全面的理解。

6.61 思考第 6.2 节中提到的每条社会复杂性规律的日期：1896 年，1905 年，1912 年……直到 1999 年提到的最后一条。

（1）编写并运行一个 Python 程序，计算这些日期之间时间分布的间隔。

（2）绘制你的答案。

（3）检查相对频率直方图的结果。

（4）将其与高斯分布进行比较。

（5）讨论你的答案。

6.62 根据本章的内容，解释以下说法："社会复杂性的结构规律是相互关联的，同时也是跨社会复杂性领域的普遍规律。"

6.63 选择一个你想选择的社会系统或过程，并应用社会复杂性的结构规律来处理复合事件的合取和析取。注意设置适当的符号，这始终是一种良好且有效的做法。用 Python 制作一个简单的模型来分析和获得结果。基于你所选系统或过程确定主要结果和新观点。

6.64 本章首先讨论了社会复杂性的序列法则，因为所有的社会系统和过程都是由复合事件产生的或作为复合事件运作的。解释一下这个基本原则。用与本章不同的，你自己的社会例子来说明这一点。

6.65 文本解释了"在一个政治体制的标准模型中，成功治理的发生是由一个连续的过程产生的复合事件，该过程从（a）集体影响社会的重要领域的问题开始；接着（b）压力团体向政府提出要求；然后（c）决策者采取措施，通过制定政策来缓解社会压力；最后（d）公共问题得到缓解"。

（1）在这一层次的描述中，这是一个什么样的复合事件？是析取性的，合取性的，还是混合性的？

（2）在现实中，即使是标准的政体模型，也包括（a）和（d）这两个端点之间的许多事件。补充更多的事件，重新描述，并确定由此产生的复合事件。

（3）使用本章中的事件和概率定律对政治表现出现的频次和概率进行仿真。

（4）改变你的模型中所假设的基数，并讨论你的结果。

6.66 政治宪法就像一个国家的治理蓝图，包括国家政策和法律的制定（在许多国家，较低级别的政府，如省或市，也是如此）。考虑一下你们国家的宪法，说说关键的立法机构，包括全体议会、委员会和其他参与从提案到正式立法流程的团体。

（1）描述整个过程，从编写法律到将其颁布为准备实施的法律。

（2）创建整个过程的事件图，包括类似于图 6.1 中的串行和并行阶段。

（3）获得相应的指标结构函数，其中有具体的事件、运行过程和基本关系。

（4）获得复合事件的相关概率函数。

（5）假设每一个概率都有几组值，计算并讨论结果。

（6）可选的附加项：改变假设的基本关系并重新计算你的结果。

6.67 选择一个序列社会复杂性的例子，并说明低概率效应是如何发挥作用的。使用文中的两个例子和你自己选择的另外四个例子来说明。

6.68 请写一篇文章，向其他科学工作者和你所在国家的普通公众解释以下的普遍性陈述，并辅以计算证明：所有的社会复杂性都是相互连接的，因此都是低概率的。

6.69 找出你自己选择的五个社会系统或过程，这些系统或过程是以不连续的并行结构来组织的。用图表突出并行结构，并讨论超概率在每个实例中的作用。

6.70 文中解释了政策是如何通过几个具体项目来实施的。就通货膨胀而言，经济政策可能涉及：价格控制、补贴、额外的福利以及其他方案，以减少通货膨胀对挣取固定收入的工薪族的影响。

（1）在这一层次的描述中，反通货膨胀或其他种类的政策是什么样的复合事件？是析取的、合取的或混合的？

（2）在现实中，即使是一个简单的政策也是由远超过四个并发的非连接点组成的。添加更多这些事件，重新描述，并确定由此产生的复合事件。

（3）使用本章中的事件和概率规律对成功的反通货膨胀（或其他）政策出现的频次和概率进行仿真。

（4）改变你的模型中所假设的基本条件，并讨论你的结果。

6.71 在练习 6.66 中找出并行或不相连的结构，并将它们凸显出来，解释超概率对结果、涌现现象的作用。

6.72 基于超概率的情况重复练习 6.67。

6.73 重复练习 6.68 的超概率。

6.74 讨论次概率和超概率效应之间的对称性。通过代码、仿真结果、数值结果的表格以及图形来展示并比较它们的相似性和差异。

6.75 本章解释了为什么现实世界中的大多数社会系统和过程是通过在混合结构中结合串行和并行组件来运作的，特别是那些复杂的人工制品或复杂的政策的实体。选择三个你自己想选择的例子，用与本章不同的例子解释这是如何发生的。

6.76 在以下复杂的社会系统或过程中识别、描述并建立混合结构组织模型：
（1）你所属国家的政体
（2）经济
（3）社会
（4）酋邦
（5）一种状态
用图表说明你的答案，如本章和前几章所使用的图表。

6.77 方程（6.20）根据有关其形成过程的假设，特别是集体行动，提供了酋邦形成的概率。
（1）计算一组比较静态方程，并比较它们之间的相似性和差异。
（2）为这个练习提供代码并说明你的结果。
（3）讨论你的代码的模块化以及它在获得结果方面所起的作用。
（4）验证你为回答本练习（2）（以及其他类似的练习）而编写的代码是否符合第 2 章中的良好编程实践标准。

6.78 根据方程（6.21）~ 方程（6.23），对管理危机的可能性进行建模，根据当代的情况，重复练习 6.77。

6.79 幂律可以说是社会复杂性的最重要的分布模型。

（1）解释一下这种说法，它在多大程度上是有效的？

（2）提供不同社会领域的三个具体例子。

（3）对比三个例子的异同点。

（4）确定评估社会幂律的挑战或困难。

（5）请列举你通过幂律角度观察第（2）条中的社会实例，获得了哪些启示。

6.80 确定三种不同于幂律的非均衡分布规律，并比较和对比它们之间的异同。相对于高斯平衡定律，它们各自有什么不同？

6.81 仔细研究图 6.4。仔细观察所有细节，但也要从整体上对比这五种功能，每种功能都具有一组确定性的定性和定量特征。

（1）把每个函数看作是一个数学对象，并找出每个函数的五个属性。把它们列在一个表中。

（2）对比这五种分布规律的异同。

（3）理解为什么幂律是仿真最大数量极端值的分布规律，从数学和概念上解释这一点。

（4）添加两个你自己选择的其他函数，并重复比较某些维度。

6.82 据说，19 世纪的社会统计学家对把高斯钟形分布称为"正态"分布感到遗憾，因为大多数社会数据都不是这样分布的，这是有道理的。请就这一误称写一篇文章。当涉及社会数据时，哪些其他分布可能被认为是更"正态"的，或者是否有必要指定一个单一的分布为"正态"？

6.83 使用一个文本样本来证明语言中词语的齐普夫定律。

（1）解释你为什么以及如何选择你的文本。

（2）使用 Python 或 R 编写一个计算机程序，计算单词的频率。

（3）使用表格、数字和其他媒体报告你的结果。

（4）检验所观察到的词的分布是否符合齐普夫定律的假设。

（5）解释指数估计值，并将其与完全调和的分布进行比较。

6.84 定理 6.1 包含基于幂律系统或过程的强度函数 $H(x)$ 的属性和洞见。使用三个社会实例（战争、暴乱、财富或其他）来解释定理 6.1 的五个推论。提示：在解决这个问题之前和进行这个练习时，请查看紧接着定理之后的段落："定理 6.1 因为……"

6.85 用 Python 编写一个程序，绘制方程（6.31）、方程（6.34）和方程（6.35）的图形。比较这些幂律模型的相似性和差异性。讨论你的结果，包括密度函数中的系数如何变化；推导出这三个方程的比较静力学方程，并比较它们之间的结果。

6.86 关于幂律的文献中，有时充斥着拙劣的符号、缺失的变量定义以及常常无法区分出优秀的应用程序和一个由于上尾不够重而像指数分布一样的图表。找出三个例子来说明这些观点并提出改进意见。

6.87 为下面的幂律分析写一个 Python 程序。

（1）生成一系列从均匀分布中抽取的数值 x，比如说 0 和 100 万之间。

（2）刻画频率分布 $f(x)$ 以及 c.d.f. $\Phi(x)$ 和 p.d.f. $p(x)$。

（3）在笛卡尔空间绘制后两个函数，在对数空间绘制 IV 型的 CCDF。最后一个应该显示出下限和上限量值的明显偏离。

（4）分析和比较你的结果。

6.88 决定系数 R^2 在经验数据的幂律分析中经常被误用。R^2 的一个好用途是比较结果。讨论一下这个话题，并提供三个文献中的例子。

6.89 应用第 6.4.1.3 节中建议的良好做法，对以下一个或多个数据集进行幂律分析：

（1）整个世界的城市规模分布。

（2）一个规模变量，如每天的平均航班数，分析机场的规模分布。

（3）以马里兰大学为主的 START 联盟的全球恐怖主义数据档案中的恐怖事件中的死亡人数。

（4）基于两个不同的衡量标准分析互联网流量。

（5）你选择的其他一些变量。

对于每项研究，要仔细定义其主要变量，并了解完整性和测量误差的问题。决定你希望对哪种类型的幂律进行建模和测试。使用 Python 程序创建图表并获得参数估计。密切注意偏离和出现的其他问题。注意你的数据范围中的数量级。讨论你的结果并与其他发表的论文进行比较。

6.90 写一篇文章，说明为什么以及如何用幂律来判别社会复杂性。借鉴本章所包含的一套核心的经验和理论观点。用两个或更多的经验性例子来说明这个观点。

6.91 编写一个 Python 程序，说明问题 6.50 中临界值 $b = 2$ 的意义。对方程（6.41）进行参数扫描（也称为敏感性分析），并用图显示你的结果。

6.92 讨论以下说法："幂律是一种不平等模型。"既然幂律也是社会复杂性的模型，那么复杂性和不平等是如何相互关联的？使用练习 6.89 的结果来说明你的分析。

6.93 帕累托指数、基尼指数和香农熵是社会复杂性和幂律的互补面。讨论这三者之间的关系，并通过编写一个计算机程序来证明这三者之间的关系，通过数字和数学的例子来说明这些关系。

6.94 写一个计算机程序来绘制方程（6.45）中的函数 $U(b, x_{min})$。分别讨论熵对两个自变量的敏感性，用社会复杂性来解释你的结果。

6.95 标度是本章介绍的社会复杂性的最重要属性之一（6.4.2.5 节）。鉴于社会科学和其他学科的传统是将小和大的现象分成意义完全不同的类别，大和小的战争、低的和高的收入水平、小村庄和巨型城市、小的突发情况和灾难性的危机都属于这个单一的普遍模式，这种想法是反直觉的。讨论标度的含义以及大型、小型事件之间无意义的区分。在何种意义上，它们是无意义的？在何种意义上，直观的区分可能仍有意义？例如，大规模和小规模的复合事件在基数上是不同的，这在科学上和直觉上都是正确的。

6.96 选择三个社会科学领域内有充分文献支持的幂律 / 标度定律的例子（例如，冲突、财富、企业或城市规模等），并利用与非整数值相关的分型维度解释这些案例的帕累托指数。在由 $b=0$ 的零维空间和 $b>3$ 的高维空间之间的分形几何谱上定位每个定律。你有哪些额外的发现？对于分类或分类法目的而言，标度社会现象的分形维度有多有用？

6.97 选择三个可扩展的社会现象，并假设存在一个驱动的阈值过程来生成观察值。编写一个可以对这三个现象进行仿真的计算机程序。对比分析你的结果。

6.98 本章解释了政治和生态学中的几个亚稳态实例。选择社会或社会 – 技术 – 自然耦合系统中的其他三个案例来说明亚稳态的概念。

6.99 自相关和长期记忆过程，例如通过赫斯特参数的高值显示出来的远离 0.5 的现象，被视为社会复杂性和本章所展示的相关特征的诊断指标。相比之下，自相关在传统社会时间序列分析方法中被视为数据的病态。请使用金融数据、冲突数据或其他案例来讨论、比较和对比这两种方法。

6.100 个人财富、收入、金融市场波动、城市人口、战争、恐怖主义行为、文字、组织以及其他社会实体和现象都受到幂律的支配。

（1）针对社会现象的不同领域，用与幂律和非平衡分布相关的一套复杂性理论概念来解释其中的两个案例。

（2）如果是定量属性，或用数学方程表示的属性，在选定分析案例的特定背景下解释所有变量和函数。

（3）通过编写代码和报告你的结果，为你的分析提供计算支持。

（4）讨论相似之处和不同之处，以及证实或质疑社会理论和研究中的传统解释的领域。

（5）用一个表格来总结你的结果。

6.101 社会现象的幂律，如以帕累托、齐普夫、理查森和西蒙命名的规律以及本章讨论的其他规律，属于人类和社会动态中更广泛的普遍规律，还有其他数学模型和模式，如供求规律、韦伯 – 费希纳规律、选举的立方体规律、塔格佩拉的帝国规律等。你如何将社会幂律作为一个独特的类别来描述？它们与社会科学中的其他规律有什么相似或不同？

6.102 此练习需要时间，通过完成此练习，你将比当今大多数研究社会复杂性的科学家更了解这个领域。将社会复杂性的每个法则视为带有相关属性的对象。提示：使用第 6.2 节的信息起草你的表格，因为它提到了本章涉及的社会复杂性法则中的许多内容。这将为你创建表格所需的实例提供一个初步列表。

（1）创建一个总结本章中提到的所有社会复杂性法则的表格。（建议：将表格横向而不是纵向创建，以获得足够的空间。）

（2）使用行表示每个实例，使用列表示以下属性：（a）法则的名称（即实质性领域的名词，例如战争严重程度、财富、公司规模、词频、串行概率、并行概率、风险率等，例如财富分布法则、战争严重程度法则），（b）等式，（c）因变量的名称，（d）自变量的名称，（e）发现者，（f）主要的出版物引用，（g）简要评论或说明。

（3）按数学复杂性的大致顺序列出法则，即线性、多项式、指数等。

（4）可选扩展：为一般范围内的自变量提供每个方程的图形。

（5）有多少社会复杂性法则？你知道哪些？

（6）根据本章的内容，讨论其对你理解社会复杂性的意义。

▬ 推荐阅读 ▬

［1］ Alfarano S, Lux T, Wagner F, 2008. Time variation of higher moments in a financial market with heterogeneous agents: An analytical approach[J]. Journal of Economic Dynamics and Control, 32(1): 101–136.

［2］ Almond G A, Genco S J, 1997. Clouds, clocks, and the study of politics[J]. World politics, 29(4): 489–522.

［3］ Richardson L F, Ashford O M, Drazin P G, 1993. The Collected Papers of Lewis Fry Richardson: Volume 1[M]. Cambridge: Cambridge University Press.

［4］ J.L. Berry. 1967. Geography of Market Centers and Retail Distributions[M].Englewood Cliffs: Prentice–Hall.

［5］ Bettencourt L M, 2013. The origins of scaling in cities[J]. science, 340(6139), 1438–1441.

［6］ Cioffi–Revilla C, 1998. Politics and uncertainty: theory, models and applications[M].

Cambridge: Cambridge University Press.

［7］ Cioffi-Revilla C, Midlarsky M I, 2004. Power laws, scaling, and fractals in the most lethal international and civil wars[J]. The scourge of war: New extensions on an old problem, 3–27.

［8］ Dahl R A, 2008. Polyarchy: Participation and opposition[M]. New Haven: Yale University Press.

［9］ Gini. 1913. Sulla misura della concentrazione e della variabilità dei caratteri[J] Annals of the Royal Venetian Institute of Sciences, Letters, and Arts] 53(2):1913.

［10］ Kingdon J W, Stano E, 1984. Agendas, alternatives, and public policies[M]. Boston: Little, Brown.

［11］ Kleiber C, Kotz S, 2003. Statistical size distributions in economics and actuarial sciences[M]. New York: John Wiley & Sons.

［12］ Landau M, 1969. Redundancy, rationality, and the problem of duplication and overlap[J]. Public Administration Review, 29(4): 346–358.

［13］ Landau M, 1972. Political theory and political science: Studies in the methodology of political inquiry[M]. (New Jersey: Humanities Press).

［14］ Lorenz M O, 1905. Methods of measuring the concentration of wealth[J]. Publications of the American statistical association, 9(70): 209–219.

［15］ Lotka A J, 1926. The frequency distribution of scientific productivity[J]. Journal of the Washington academy of sciences,16(12): 317–323.

［16］ Ostrom V, Tiebout C M, Warren R, 1961. The organization of government in metropolitan areas: a theoretical inquiry[J]. American political science review, 55(4): 831–842.

［17］ Padgett J F, 1980. Bounded rationality in budgetary research[J]. American Political Science Review,74(2): 354–372.

［18］ Pareto V, 1897. Cours d' économie politique professé à l' Univ. de Lausanne[M]. Libraire-Éditeur: F. Rouge.

［19］ Pressman J L, Wildavsky A, 1984. Implementation: How great expectations in Washington are dashed in Oakland; Or, why it' s amazing that federal programs work at all, this being a saga of the Economic Development Administration as told by two sympathetic observers who seek to build morals on a foundation[M]. Oakland: Univ of California Press.

［20］ Richardson L F, 1941. Frequency of occurrence of wars and other fatal quarrels[J]. Nature, 148(3759): 598–598.

［21］Richardson L F, 1944 The distribution of wars in time[J]. Journal of the Royal Statistical Society, 107(3/4): 242–250.

［22］Richardson L F, 1948. Variation of the frequency of fatal quarrels with magnitude[J]. Journal of the American Statistical Association, 43(244): 523–546.

［23］Richardson L F, 1952. Is it possible to prove any general statements about historical fact?[J]. The British Journal of Sociology, 3(1): 77–84.

［24］Richardson L F, 1960. Statistics of deadly quarrels. Pacific Grove, CA: Boxwood Press[M].

［25］H. Riker, 1962, The Theory of Political Coalitions[M] Yale University Press, New Haven.

［26］Simon H A. 1955. On a class of skew distribution functions[J]. Biometrika, 42(3/4): 425–440.

［27］Simon H A, Bonini C P, 1958. The size distribution of business firms[J]. The American economic review, 48(4): 607–617.

［28］Singpurwalla N D, 2006. Reliability and risk: a Bayesian perspective[M]. New York: John Wiley & Sons.

［29］Wohlstetter A,1959. The delicate balance of terror: Condensed from foreign affairs January, 1959[J]. Survival,1(1): 8–17.

［30］Zipf G K, 1942. The unity of nature, least-action, and natural social science[J]. Sociometry,5(1): 48–62.

［31］Zipf G K, 1949. Human behavior and the principle of least effort: An introduction to human ecology[M]. Reading: Addison-Wesley.

请扫描二维码或者在"中科书院"公众号搜索
"计算社会科学"，获取课后习题答案

第 7 章　社会复杂性：理论

👉 7.1　简介

按照理论分析的要求，本章采取了更加正式的方法，进一步探讨前几章中介绍的社会复杂性思想。第 5 章和第 6 章分别讨论了经验证据和模式，而本章的重点是社会复杂性的理论解释。为了以系统的方式做到这一点，本章强调了因果解释的要素，这些要素对于支持可行的理论解释是必要的，见第 7.3 节，这些理论组成了一个共同的框架。第 7.4 节解释了初始的社会复杂性理论，第 7.5 节解释了普适的社会复杂性的一般理论。

基于前两章的内容，我们再次回顾一下理论的主要功能：解释观察到的现象，包括规律描述（Laws describe）、基线测量（lines of evidence measure）、概念构件（concepts provide building blocks）等。因此，每一个自称理论的论点都必须符合科学解释的模式。理论是对观察到的现象的因果说明，其依据是前因后果或先验事件。

👉 7.2　历史与先驱

当代社会复杂性的模型和理论起源于 18 世纪，当时社会科学开始通过数学媒介将积累的知识形式化。初级概率、决策模型和图形理论模型是最早使用的数学结构，很快就被微分方程的动态系统、博弈论、差分方程、随机过程、模糊集以及进行社会仿真和发展理论的计算模型所取代。

由于政治制度和社会制度的形成发展一直是社会科学中的热门话题，因此，"政府起源的理论"以及"文明起源的理论"等，自 18 世纪以来不断涌现也就不足为奇。事实上，直到 20 世纪 50 年代，许多政治学教科书的第一入门篇章都在集中讨论起源问题。然而，自从第二次世界大战后早期的量化革命以来，大家普遍认为人类学是承继政府起源研究的学科。尽管如此，研究的主题仍然分布在社会科学的各个领域。因此，近年来，综合社会比较研究的研究方法越来越受到关注，特别是在西蒙范式（Simon's paradigm）的指导下。

1762	政治哲学家简 – 雅克·卢梭（ Jean-Jacques Rousseau ）（1712—1778）在其经典著作《社会契约论》和《政治学原理》中发表了最早的社会复杂性起源理论之一。
1961, 1963	耶鲁大学的罗伯特·达尔（Robert Dahl）出版了《谁统治》和《现代政治分析》第一版，为当前政体的标准模式提供了基础。
1962	美国纽约罗切斯特大学的政治学家威廉·H.里克（ William H.Ricker ），发表了第一个基于 N 人博弈论的联盟数字理论——政治联盟理论。
1965	洛夫蒂·扎德（Lofti Zadeh）发表了关于模糊集的开创性论文，开创了一种新的数学方法来形式化复杂系统中的模糊性，包括人类的推理和决策。
1965	行为革命的另一位领军人物，芝加哥大学政治学家戴维·伊斯顿（David Easton）出版了第一版《政治生活的系统分析》，这是第一个关于政体的系统理论。
1967	人类学家莫顿·弗里德（Morton Fried）（1923—1986）强调了在酋邦形成理论中精英产权的重要性。
1968	数学家和数学生物学家尼古拉斯·拉舍夫斯基（ Nicolas Rashevsky ）在其开创性专著《通过数学看历史》的附录中发表了第一个主要形成的数学模型。
1969, 1996	赫伯特·A.西蒙（ Herbert A. Simon ）在其经典著作《人工科学》第一版中首次提出了他的社会复杂性理论。
1969	马丁·朗道（Martin Landau）发表了第一篇关于组织复杂性中冗余的开创性论文，展示了所谓的超概率效应。
1971	达尔出版了《多头政体》一书，本书第一次明确解释了同一政体内竞争政治权威的理论。
1972	人类学家罗伯特·卡内罗（Robert Carneiro）提出了他有影响力的限制理论，以解释早期国家的起源。
1977	人类学家蒂莫西·厄尔（ Timothy Earle ）对基于权力来源控制的酋邦制形成理论做出贡献；亨利·赖特（Henry Wright）在《国家起源的最新研究》上发表了一篇颇具影响力的论文。

1978	西蒙（Simon）因其对经济组织内部决策过程的开创性研究被授予诺贝尔经济学奖。
1983, 1989	考古学家乔伊斯·马库斯（Joyce Marcus）提出了酋邦循环的动态理论来解释早期国家的起源。
1987	卡罗尔·克拉姆利（Carol Crumley）在人类学中引入了分层结构的概念，与政治学中的多头政体（Dahl，1971）和多中心体制（Ostrom 等，1961）含义相同。
1994	计算机科学家吉姆·多兰（Jim Doran）及其合作者在英国发布了旧石器时代晚期社会变迁仿真的 EOS 项目。
1996	西蒙出版了《人工科学》第三版，也是最后一版，增加了社会复杂性和近似可分解性的新章节。
1997	蒂莫西·厄尔在《酋长如何掌权》中发表了他对社会复杂性理论和案例研究的综合论述。
1997	巴黎索邦大学的计算社会科学家利纳·桑德（Lena Sanders）和丹尼丝·普曼（Denise Pumain）在《环境与规划 B：规划与设计》杂志上发表了 SIMPOP 模型，这是第一个基于六边形的早期城市化蜂窝自动机模型。
1998	考古学家查尔斯·S. 斯宾塞（Charles S. Spencer）在《文化动力学》杂志上发表了一篇关于"原初状态形成的数学模型"的论文。
2002, 2005	社会复杂性规范理论作为解释社会复杂性原始产生和历史发展的一般理论在 2002 年被提出，并发表于《数学社会学》杂志（2005）。
2003	美国计算社会学家彼得·图尔钦（Peter Turchin）在其开创性著作《历史动力学》中发表了首个酋邦领地体系的元胞自动机模型之一。
2007	芝加哥大学和阿贡国家实验室的托尼·威尔金森（Tony Wilkinson）、约翰·克里斯滕森（John Christensen）和合作者发表了第一个基于经验校准的古代美索不达米亚早期状态的智能体模型；加州大学洛杉矶分校的查尔斯·斯达尼什（Charles Stanish）和合作者发表了第一个基于智能体的古代秘鲁和玻利维亚的社会复杂性模型。

2009	行为科学家戴维·刘易斯－威廉姆斯（David Lewis-Williams）和戴维·皮尔斯（David Pearce）发表了《新石器时代的心灵：意识、宇宙和诸神的境界》，该文章解释了巫师和宗教在社会复杂性起源中的作用。
2010	一个关于早期社会复杂性循环的正式模型发表在在线（online）动力学杂志:《理论和数学历史杂志》(Journal of Theoretical and Mathematical History)。
2011	美国斯坦福大学政治学家弗朗西斯·福山（Francis Fukuyama）发表了基于法治的政治复杂性理论。

7.3 社会复杂性理论：要素解释

科学理论的一个特征是它必须始终包含一个将原因和结果联系起来的因果叙述。

社会复杂性的理论必须通过一个因果过程或机制来解释它的涌现，其特点是该过程能够解释现有数据中的现实或经验模式[1]。解释的对象——被解释的东西——是社会复杂性的涌现。解释（或称解释框架）是一种理论。因此，为了发展理论解释，需要对社会复杂性的涌现做出更正式的定义（一个在数学上可操作的定义）。

定义 7.1 社会复杂性的涌现（Emergence of Social Complexity）社会复杂性的涌现是指在某一宏观参考水平上的复合事件 C，由样本空间 Ω 中较低微观水平上的更多元素事件（样本点）的特定组合组成，而这些事件是由通过创造人工产品参与适应的人类决策和自然随机 ∇ 产生的。

如果明确了构成复合事件的以下两个组成部分，那么社会复杂性的涌现就得到了很好的定义。（a）一组更基本的微观层面的事件（由与适应有关的决策结果和自然状态组成的样本点）和（b）将这些事件进行因果联系的操作规则。将决策性结果和自然状态作为基本的事件，使理论建立在微观基础上[2]。基于概率论，用于定义事件的样本点是不言而喻

---

[1] 查尔斯·A·拉夫（Charles A. Lave）和詹姆斯·G·马奇（James G. March）在他们的社会科学经典著作《An Introduction to Models in the Social Sciences》(1993) 中解释了理论的性质，将其描述为因果关系的"故事"。

[2] 按照惯例，事件以大写字母（例如，C）书写；变量为大写斜体（例如，C）。事件 C 定义在样本空间 Ω 上，变量 C 定义在取值集合上。每个变量的实现都构成一个事件；变量是实现的集合。这些概念区分对于发展连接宏观和微观分析层次的统一理论至关重要。

的，没有定义。同样，在某一点上，构成社会复杂性涌现的基本事件也没有被定义。鉴于社会复杂性是作为人类决策的结果涌现的（而不是自然状态的结果），对社会复杂性的涌现进行建模和解释的一个自然的样本点是在决策结果层面。反过来，选择情境的要素通常（尽管不总是）被认为是自然状态，而不再是决定性的结果。这种方法也允许理论停留在智能体执行决策的微观基础上。

事件出现的因果逻辑解释了社会复杂性的涌现，而基于背景样本空间的其他因果事件决定事件如何涌现。例如，要从一个预先存在的敌对酋邦系统中创建一个国家，与战略决策、领导力、采购能力、征募盟友等相关的先验事件必须以特定的组合方式出现，或者以几个同样有效的组合方式出现。因果事件必须以非任意的方式出现，以使社会复杂性得以涌现。为了使集体行动涌现，因果事件的关键组合必须以特定的方式交互，否则集体行动就不会涌现。现在，就像几千年前一样，国家的形成过程是由可确定的因果事件引起的，它并不只是涌现。一般来说，社会复杂性的涌现是由更基本的、有时无法观察到的自然状态和决策结果引起的。解释社会复杂性所需要的下一个工具是将因果事件映射到其涌现的方式。

定义 7.2　事件函数（Event Function）给定一个复合事件 Y 和一组与 Y 的涌现或消逝有因果关系的其他事件 $\{X\}$，则映射 $\Psi:\{X\}\to Y$ 被称为 Y 的事件函数。因此，$Y=\Psi\{X\}$。

事件函数 $\Psi(*)$ 定义了任何因果解释，这在实践中意味着对函数的函数进行建模，在一个理论的因果论证中达到任何想要的深度 $\{X\}$。从计算的角度来看，这意味着编写具有许多嵌入式函数的代码，以达到所需的细粒度。基于这个定义，社会复杂性涌现的事件函数可以定义如下。

定义 7.3　社会复杂性涌现的事件函数（Event Function for Emergence of Social Complexity）给定一个社会复杂性涌现的复合事件 C 和一组与 C 的涌现或消逝有因果关系的其他事件 $\{X\}$，映射 $\Psi:\{X\}\to C$ 被称为 C 的事件函数。因此，$C=\Psi\{X\}$。

从形式上看，事件函数的参数详细地阐述了一个复合事件如何产生的确切因果逻辑。即，存在哪些事件函数？不同的事件函数如何解释一个复合事件的涌现？事件函数是如何确定一个复合事件的概率的？为了回答这些问题以及其他类似的问题，我们现在必须在微观层面上考察社会复杂性的逻辑，以确定顺序逻辑和条件逻辑的两种因果解释模式。

7.3.1　顺序：建模过程和正向逻辑

在正向逻辑模式中，社会复杂性作为复合事件的涌现是通过提供先前事件的时间序列或路径来解释的，从而导致作为结果的涌现①。在这种模式中，社会复杂性 C 的涌现被解释为，发生在经过几个随机和决策的分支过程 P 的样本空间 Ω 中的几个可能事件中的一个结果。顺序逻辑通常将大部分解释重点放在以过程为导向的因果论证上，其中有几个偶然事件，从过去的有利位置看向未来，因此被称为正向逻辑。在正向逻辑模式下，一个复合事件的涌现更多的是被解释为几个备选结果中的一个可能的结果，而不是必须发生的给定结果。

案例 1：政体形成。任何复杂程度的政治都不可能在事先发生必要事件的情况下形成，例如某些类型的共享知识和技能，包括与领导力相关的事件。政体的形成只是几种结果之一，其他的结果可能是继续分裂或战争。

案例 2：危害和人道主义灾难。危害是自然的、人为的或技术的涌现，对人类造成损害，特别是当人们没有做好准备时。或者由于忽视警告或增加暴露导致风险，如在地震带或火山活动区定居。

案例 3：金融危机和经济衰退。严峻的经济状况起源于早期的事件，如不负责任的政策、机构的失败、滥用法律的做法、欺诈、过度消费、负债和类似事件。

案例 4：争议性危机和战争。各种冲突都是暴力升级的结果，而暴力升级源于未解决的仇恨、对抗性决定和其他根源性事件。

案例 5：政治危机和政体崩溃。政体不会无缘无故地崩溃。当早期的事件开始削弱国家统治能力，而其他因素增加了管理压力，以至于维持政体不再可行时，它们就会崩溃。

正向逻辑让人想起广义形式游戏（extensive form games），包括使用顺序事件树来描述因果过程。启动事件 I 标志着一个顺序过程 $PN(I \rightarrow C)$ 的开始，在经过 N 个分支节点后导致某个事件 C，其中 I 被选为基态。除非未来发生一些意外情况，C 的涌现非常遥远，甚至不涌现。例如，在前面的例子中，初始事件是由基础状态给定的，如复杂的政体、不受重大危险影响的社会、健康的经济、战争风险不大的和平社会，以及具有剩余能力的可行政体。I 和空间 Ω 中的结果之间的分支节点是由人类选择产生的决策结果和由随机抽签（lotteries）产生的自然状态，其中选择和随机抽签都是意外事件的案例②。因此，基于顺序、

---

① 流行的习语"突如其来的事件中没有简单的东西（nothing simply comes out of the blue）"提供了所谓的正向逻辑的恰当描述。"out of the blue"指突如其来的事件。

② 请注意事件的二分法分类，即"决定性结果"或"自然状态"。前者是由人类决定产生的，而后者是由随机产生的。"通货膨胀增加 1.2%"是一种自然状态，因为它不是由任何人决定的事件；所以，其产生机制被称为随机。"将向肯尼亚提供人道主义援助"是由人的选择产生的决定性结果，不是任何随机的产物。

正向的逻辑，社会复杂性是源自一系列从基本状态开始的偶发的、演化的先前事件序列。

假设 7.1（社会复杂性的顺序因果逻辑）社会复杂性 C 作为一个分支过程的样本空间 Ω 中的未来结果在时间 τ 涌现，这个分支过程始于 $\tau-n$。理论上：

当且仅当 "$X_{\tau-1}$ | 所有必要事件 $X_{\tau-n}$，" C 涌现，因此 $C \Leftarrow X_{\tau-1} \Leftarrow X_{\tau-2} \Leftarrow \cdots \Leftarrow X_{\tau-n+1} \Leftarrow X_{\tau-n}$.

定理 7.1　社会复杂性的顺序概率（Sequential Causal Logic of Social Complexity）社会复杂性 C 的涌现由给定事件函数决定：

$$C = X_{\tau-1} \wedge X_{\tau-2} \wedge \cdots \wedge X_{\tau-n+1} \wedge X_{\tau-n} \tag{7.1}$$

其中，时间指数 τ 表示 C 涌现之前的时间，每个事件都依赖于前一个事件，具有由条件概率乘积给出的顺序概率：

$$Pr(C) = p_{-n} \cdot p_{-n+1} \cdot p_{-n+2} \cdots p_{-1} = \prod_{i=0}^{n-1} pi \tag{7.2}$$

$$= P^{\wedge} \tag{7.3}$$

其中 $\Lambda = 0,1,2,3,...,n-1$，且：

$$\text{对于（初始）事件 1 而言，} p_{-n} = Pr(X_{-n}), \tag{7.4}$$

$$\text{对于（初始）事件 2 而言，} p_{-n+1} = Pr(X_{-n+1} | X_{-n}), \tag{7.5}$$

$$\text{对于（初始事件）3，} p_{-n+2} = Pr(X_{-n+2} | X_{-n} \wedge X_{-n+1}), \tag{7.6}$$

$$\cdots \tag{7.7}$$

$$\text{从最后一个事件到 } C, p_{-1} = Pr(X_{-1}| \text{所有先前事件}), \tag{7.8}$$

$$\Lambda = \text{导致 } C \text{ 的先前事件数，或事件长度} \tag{7.9}$$

且 $P = p_n = p_{-n+1} = p_{-n+2} = = p_{-1}$，当每个事件的个别概率被视为相同时。

一般来说，在结果 C 之前的所有事件，如公式（7.1）中的顺序先验 X_i，构成 C 的潜在事件，或 "实现 C 的潜在事件"。

定理 7.2　社会复杂性的顺序低概率（Sequential Hypoprobability of Social Complexity）当出现的社会复杂性结果 C 的先验事件尚未涌现时，C 的先验概率（"突发事件概率"）总是：（I）小于个体概率 P，和（II）小于先验事件的最小概率。理论上：

$$Pr(C) < min\langle p_{-n}, p_{-n+1}, p_{-n+2},..., p_{-1}\rangle \tag{7.10}$$

$$< P. \tag{7.11}$$

观察导致 C 的任何一个先验因果事件的概率总是有误导性的，因为这种概率总是高估 $Pr(C)$ 的客观值。此外，在顺序逻辑中，像 C 这样的复合事件涌现的概率总是低于先验事

件中最小的概率 ①。

从顺序逻辑的角度来看，社会复杂性的另一个有趣的理论属性，与先前事件的变化和分支过程的长度的不同影响有关。两者中哪一个有更大的影响？换句话说，什么对 $Pr(C)$ 的影响更大：$pi \in P$ 的变化还是 Λ 的变化？准确的答案是由以下原则形成的。

定理 7.3　顺序概率对先验概率的依赖性（Dependence of Sequential Probability on the Probability of Priors）社会复杂性结果 C 的顺序概率相对于先验事件概率 P 的变化的变化率，由公式给出：

$$\frac{\partial Pr(C)}{\partial P} = \Lambda P^{\Lambda-1}, \tag{7.12}$$

结果始终为正，所以 $Pr(C)$ 相对于 P 是凹函数。

定理 7.4　顺序概率对过程长度的依赖性（Dependence of Sequential Probability on Length of Process）社会复杂性结果 C 的顺序概率相对于先前事件数 Λ 的变化率由公式给出：

$$\frac{\Delta Pr(C)}{\Delta \Lambda} = P^{\Lambda+1} - P^{\Lambda}, \tag{7.13}$$

结果始终为负，所以 $Pr(C)$ 相对于 Λ 是凸函数。

这两个依赖方程都是非线性的，与 C 这样的突发复合事件的复杂性是一致的。这些定理为回答前面的问题奠定了基础。

定理 7.5　序列支配原则（Sequential Dominance Principle）社会复杂性的结果 C 的顺序概率对分支过程中先前因果事件的概率 P 比对事件的数量 Λ 更敏感。理论上：

$$s_P > s_{P\Lambda}, \tag{7.14}$$

因为：

$$\frac{\partial Pr(C)}{\partial P} \frac{P}{Pr(C)} > \frac{\Delta Pr(C)}{\Delta \Lambda} \frac{\Lambda}{Pr(C)}. \tag{7.15}$$

对许多人来说，支配原则是违反直觉的，因为直觉会让我们把更多的因果注意力放在基数（cardinality）上，而不是概率（probability）上——事实恰恰相反。非正式地，我们可能会说"导致 C 的先验因果事件的单个数量比其总数量多"，或者"改变因果先验的概率比改变其总数量更重要"。如果没有正式的分析，这个答案就不能一言概之，而正式的分析可以通过计算进行验证。就社会复杂性而言，这通常是个好消息，因为政策会影响概

---

① 低概率与不完全信息无关。这种效应是由顺序概率定理所表达的不确定性的基本特征产生的。无论多少额外的信息或智慧都不能缩小先前事件的概率与复合结果的顺序概率之间的差距。

率，而先前原因的基数通常取决于自然。

案例 1：政体形成。政体形成的先决条件的概率变化比先决条件总数的变化更重要。

案例 2：危害和人道主义灾难。遭遇灾害的概率更多受到危险的概率、准备工作以及其他因素的影响，而非这些因素的总数。

案例 3：金融危机和经济衰退。金融危机的避免更多地取决于保障政策的质量而不是数量。

案例 4：争议性危机和战争。冲突预防对于危机升级、报复和其他相互作用的可能性预防比对战争之前的漫长过程更有效。

案例 5：政治危机和政权崩溃。政权的崩溃更受关键性失败的概率影响，例如人力资本的重大损失，国家资源、基础设施和其他破坏性失败，而非潜在失败的总和。

7.3.2 条件：建模原因和反向逻辑

作为条件逻辑模式下的复合事件，社会复杂性 C 的涌现可以通过提供必要或充分条件来解释，其中的 "或（or）" 意味着 "和/或（and/or）"。条件逻辑将解释的重点放在因果论证的布尔结构上，从现在的有利位置看待背景条件——因此称为反向逻辑。在条件逻辑模式下，复合事件的涌现最好解释为必须以某种方式解释的给定事件，而不是一个可能的过程结果。

在第 6 章中，本书通过介绍社会复杂性 C 涌现等复合事件的串行、平行和混合结构，研究了社会复杂性的描述性规律。我们还引入了低概率（hypo- probability）和超概率（hyper-probability）的对偶概念，分别作为合取（交集）和析取（并集）结构的出现特征。本章我们更仔细地了解一下这些概念。

假设 7.2 社会复杂性的条件因果逻辑（Conditional Causal Logic of Social Complexity）社会复杂性 C 以双重因果模式涌现：要么通过必要条件的共同发生（事件 $X_1, X_2, X_3, ..., X_n$ 的交集，通过布尔逻辑中合取的 "和"）；要么通过几个充分条件中的一个的出现（事件 $Z_1, Z_2, Z_3, ..., Z_m$ 的联合，通过布尔逻辑中析取的 "或"）。

$$C_X = \Psi \cap (X_1, X_2, X_3, ..., X_n) \tag{7.16}$$

$$= X_1 \wedge X_2 \wedge X_3 \wedge \cdots \wedge X_n \tag{7.17}$$

对于一个合取的（引发的）事件 C_X，和：

$$C_z = \Psi \cup (Z_1, Z_2, Z_3, ..., Z_m) \tag{7.18}$$

$$= Z_1 \vee Z_2 \vee Z_3 \vee \cdots \vee Z_m \tag{7.19}$$

对于一个不相关的（或引发的）事件 C_z。

双重因果关系的条件逻辑假设对社会复杂性事件 C 和所有复合事件都成立的根本理论原因是，因果事件的样本空间 Ω 总是能以逻辑正交但因果等价的方式划分，以生成相同的复合事件 C。

社会复杂性的反向逻辑解释普遍基于两个条件运算符（合取 / 交集 /AND 和析取 / 并集 /OR）和它们各自的变体（分别是顺序扩展和排他扩展）。接下来将研究这四个反向逻辑运算符。

7.3.2.1　并行复杂度：逻辑合取、集合相交、布尔逻辑（AND）

社会复杂性理论的以下原理来自复合事件概率的基本定理的应用。

定理 7.6　社会复杂性的合取原则（Conjunctive Principle of Social Complexity）社会复杂性 C 的概率由其 n 个必要事件的概率的乘积给出。

$$Pr\left(C_x\right) = Pr\left(\wedge X_i\right) = \prod_{i=1}^{n} Pr\left(X_i\right) Pr\left(Xi\right) \tag{7.20}$$

$$= P_1 P_2 P_3 \cdots P_n = P^{\Theta}, \tag{7.21}$$

其中 Θ 表示 C 涌现的必要因果事件的数量（$2 < \Theta < n$），P 是这些事件的概率。

当涌现被理解为由微观层面的因果事件产生的宏观层面的复合事件时，定理 7.6 是社会复杂性理论的基石。比较公式（7.21）和公式（7.11）可以看到，顺序逻辑模式是合取的一个特例，也叫顺序布尔和（sequential Boolean AND），或通过序列条件性合取。因此，社会复杂性的正向序列模型的一些属性也适用于基于合取的条件反向模型。低概率、依赖性和支配性原则是其中最重要的。为了节省篇幅，这里不再重复这些原则。

7.3.2.2　并行复杂度：逻辑析取、集合、布尔或（OR）

下一个原则来自定理 7.6。

定理 7.7　社会复杂性的析取原则（Disjunctive Principle of Social Complexity）社会复杂性 C 的概率通过析取由以下公式给出[①]：

$$Pr\left(C_z\right) = Pr\left(\vee Z_j\right) = 1 - \prod_{j=1}^{m} \left[1 - Pr(Z_j)\right] \tag{7.22}$$

$$= 1 - (1 - q_1)(1 - q_2)(1 - q_3) \cdots (1 - q_m) \tag{7.23}$$

$$= 1 - (1 - Q)^{\Gamma}, \tag{7.24}$$

其中 Γ 表示 C 涌现的充分因果事件的数量 $(2 < \Gamma < m)$，Q 是其概率。

---

① 析取范式（Disjunctive normal form）和合取范式（Conjunctive normal form）均为数学上的概念，详见数学中的布尔逻辑。——译者注

定理 7.7 的证明很容易看出，社会复杂性无法在析取上涌现，事件 $\neg CZ$，其概率为 $1 - Pr(CZ)$，这就是：

$$[1 - Pr(Z_j)] = (1 - Q)^{\Gamma}. \tag{7.25}$$

以下定理是基于定理 7.7。

定理 7.8　超概率原理（Hyperprobability Principle）当社会复杂性 C 的涌现是由其他因果事件的析取而产生的，C 的概率总是：（Ⅰ）大于单个因果事件的个别概率 Q，（Ⅱ）大于因果事件的最大概率。

$$Pr(C) > max\{q_1, q_2, q_3, ..., q_m\} \tag{7.26}$$

$$> Q. \tag{7.27}$$

超概率和低概率原则分别强调了由析取和合取因果结构产生的社会复杂性的精确和对称的特性。

冗余的概率和数量的变化是如何影响析取的社会复杂性的？哪种影响是主导的？从定理 7.7 可以得出以下关于非结合型社会复杂性的依赖性、敏感性和支配性原则，与合取型模式的多变量分析类似。

定理 7.9　对冗余事件概率的依赖性 Q（Dependence on Probability of Redundancies Q）析取社会复杂性事件 C 的概率相对于因果事件概率 Q 的变化的变化率由表达式给出：

$$\frac{\partial Pr(C)}{\partial Q} = \Gamma(1 - Q)^{\Gamma - 1}, \tag{7.28}$$

其结果始终是正的，所以 $Pr(C)$ 相对于 Q 是凹函数。

定理 7.10　对冗余数量的依赖性 Γ（Dependence on Number of Redundancies Γ）析取社会复杂性事件 C 的概率随因果事件数量 Γ 的变化而变化的速率由表达式给出：

$$\frac{\partial Pr(C)}{\partial \Gamma} = Q(1 - Q)^{\Gamma}, \tag{7.29}$$

其结果总是正的，所以 $Pr(C)$ 相对于 Γ 来说是凹函数。

两个依赖方程都是非线性的，正如复合事件概率定理所预期的那样，与之前的结果一致。然而，请注意，冗余 / 充分性 Γ 与必要性 Λ 有相反的效果。这些定理是回答针对社会复杂事件 C 整体析取概率的冗余主导效应的先前问题的基石。

定理 7.11　析取社会复杂性的支配原则（Dominance Principle for Disjunctive Social Complexity）析取社会复杂性事件 C 的概率对冗余 / 充分因果事件的概率 Q 比事件数 Γ 更敏感。

$$s_Q > s_\Gamma, \tag{7.30}$$

因为：

$$\frac{\partial Pr(C)}{\partial Q}\frac{Q}{Pr(C)} > \frac{\Delta Pr(C)}{\Delta \Gamma}\frac{\Gamma}{Pr(C)}. \tag{7.31}$$

所有先前关于并行化社会复杂性的结果在标准布尔 OR 下都是有效的，也称为包容性析取（inclusive disjunction），在公共语言中意思是"和 / 或"。从逻辑上讲，$X \vee Z = (X \veebar Z) \wedge (X \wedge Z)$，其中后者的连接是包容性的。这方面的一个变化是互斥析取，也叫布尔 XOR，定义为 $X \veebar Z = (X \vee Z) \wedge \neg (X \wedge Z)$。

7.3.3　混合双模式社会复杂性：若干原因（Several-Among-Some Causes）

前面两种因果情况——合取和析取——代表了纯粹的因果模式。在这个意义上，社会复杂性 C 被模拟为必要或充分的需要原因。然而，在这两个因果极端之间，存在着许多由部分必要性或部分充分性引起的社会复杂性的情况。当几个原因（不止一个）必须从一个扩展的集合中涌现时，就会发生这种情况。例如，在集体行动中，它不是由社会中的全部个人发起的，也不是由单个个人单独行动的，而是由一些核心子集团发起的——它可能由一个领导者和几个亲密的追随者组成。

另一个例子是在解决复杂问题的公共政策方面。通常情况下，我们准备和实施一套方案，并希望其中一些措施能起作用，但知道所有的措施可能都不会起作用，而且单单一个措施不足以获得预期的结果。许多投票机构也有这种形式的社会复杂性。例如，当不要求全票通过，但为批准一项决定规定了最低限度的票数时，就是这种情况。例如，在联合国安理会，10 个非常任理事国中有 5 个必须与所有 5 个常任理事国一起投票，才能通过一项决议。

社会复杂性的"若干（several-among-some）"结构被二项式组合所概括，即在现有的 m 个最小必要条件中，有若干 v，其中 $m > v > 1$。即能够支持 C 的因果组合的数量——即使不是所有的都同样可行——由以下公式给出：

$$\left(\genfrac{0}{}{0pt}{}{m}{v}\right) = \frac{m!}{(m+v)!v!}, \tag{7.32}$$

其中 $m! = m(m-1)(m-2)\cdots\cdots 1$ 是 m 的阶乘。"若干（several-among-some）"的复杂度意义在于，从形式上看，它可以减少到（Ⅰ）当 $v \to m$ 时的纯粹合取情况（由定理 7.6）和（Ⅱ）当 $v \to 1$ 时的纯粹析取情况（由定理 7.7）。

因此，基数 v 是一个关键的模态变量：在上限（$v \to m$），复杂性是由必要原因的合取造成的（具有低概率），而在下限（$v \to 1$），因果关系是析取的（具有超概率）。

当联盟成员过多时，规模过大的联盟会经历超概率。如果成员开始离开，而联盟达到了最小的获胜规模，那么低概率就会开始出现，直到达到临界阈值，超过临界阈值，联盟就会崩溃。

定理 7.12 若干原则（Several-Among-Some Principle）由一组 m 个可能或可用的条件中的最小 v 条件引起的社会复杂性事件 C 的概率，以 v –out-of– m 事件函数为例，由公式给出：

$$Pr(C) = \sum_{i}^{m} \left(\genfrac{0}{pt}{m}{v}\right) P^i (1-P)^{m-i}, \qquad (7.33)$$

其中 P 是因果事件的概率，$i = 1, 2, 3, ..., v, ..., m.$

政治复杂性的许多方面都是由于组合复杂性造成的。这种部分必要性/充分性原理简化为更简单的合取原理（定理 7.6），并简化为当 $v \rightarrow m$ 和 $v \rightarrow 1$ 分别为 1。这是社会复杂性理论的一个有力的结果，因为它包含了合取和析取因果结构。该原理在 P 中是强非线性的，由公式（7.33）中的指数 i 和 $m-i$ 决定。

前面的理论原则为解释社会复杂性的最初和随后的涌现提供了基础，如本章剩余部分所示。

7.4 解释初始社会复杂性

阿米巴虫、哺乳动物和整个生物群落都是通过不同过程形成的生命系统，就像卫星、行星、恒星和星系是通过不同的形成过程产生的一样。不同的形成过程用不同的理论来解释。同时，也存在一些解释跨层次或多尺度现象的一般理论，如引力理论、相对论和进化论。

社会系统也是如此：不同的人类集合体需要不同的理论来解释它们的形成。酋邦、国家、市场、贸易网络、帝国和世界体系的特征是社会复杂性的形成过程不同，其中一些比其他更为人所知。

在每一种情况下，都必须准确地理解所解释的内容。酋邦、国家、帝国和全球体系都是被称为政体的复杂社会实体。具体而言，它们不是"社会"或"文化"（它们是其他截然不同的社会实体），而是具有不同权威和政府模式的特定类型的政治制度。在第 2 章中，我们介绍了政体的概念，并使用 UML 图对其进行了详细的研究，以确定其组成实体和关联。现在有必要将一些早期的定义形式化，以便对最初的社会复杂性（在本节中）及其后续发展（下一节）提供更严格的理论解释。

定义 7.4 政体（Polity）政体是一个复杂的适应性系统，由一个社会和一个政府系统

（或子系统）组成，用于管理在正常历史过程中影响社会成员的集体问题。通过政府制定、实施和监督的公共政策来管理集体问题。

理解一个政体首次形成的方式和原因——即政治生成——需要人类学家所说的"客位研究"（etic approach，即理性方法）和其他社会科学家所说的"主位研究"（nomothetic approach，即非理性方法）：精确理解一个政体由什么组成（以及它不是什么）——包括所有主要的组成实体和各组成部分之间的关系，以及它在一系列条件或运行模式下如何运行，如稳定、不稳定、失败、恢复、崩溃等模式。这种方法具有普遍性，即全体适用定向（erga omnes orientation）。理解任何现实世界中的政体也需要一个理性方法，以便将理论模型映射或"拟合"到经验数据上。实体、变量/属性是等价的，实例和价值是等价的。最简单的政体已经很复杂了，因为存在审视目标的寻找和适应，两者都是非线性的，不是简单的过程，下文会更详细解释。我们需要一个更正式的理解，以基于理论原则为基础。

从理性方法的角度来看，在第5章讨论的所有四个地区，社会复杂性初始时期的政体都具有定义7.4中的一整套特征，尽管许多专有名词和细节仍然未知。

- 美索不达米亚（Mesopotamian）的政体是由苏美尔人（Sumerian）、埃兰人（Elamite）和邻近的阿摩利人（Amorites）、古提人（Gutians）组成，这些政体由精英和统治者组成，他们会处理公共问题，如底格里斯河（Tigris river）和幼发拉底河（Euphrates river）的洪水、贸易管制、宗教崇拜、工业规模的纺织品生产和旷日持久的边境冲突等。早期的都城包括：乌贝德（Ubaid）、乌鲁克（Uruk）、苏萨（Susa）、丘加美斯（Choga Mish）和阿尔斯兰特佩（Arslantepe）等其他许多城市。

- 在东北亚，新石器时代的商代社会是由精英统治的，他们居住在高级住宅中，管理灌溉和采盐，生产精制玉器以及后来的青铜器铸造等事务，这些都需要集体参与劳动。早期的首都包括二里头和安阳。

- 最早的南美政体主要由渔民构成的社会组成，后来也有农民和工匠加入。领导人管理公共问题，如自然灾害（厄尔尼诺现象、地震、洪水和泥石流等最常见）。阿斯佩罗（Aspero）、卡拉尔（Caral）和埃尔帕拉伊索（El Paraíso）是最早的政体中心。

- 在中美洲，最早的政体由前古典社会组成，如萨波特克（Zapotec）、奥尔梅克（Olmec）和玛雅（Maya）——在今天的墨西哥、危地马拉和洪都拉斯的几个地区，酋长和统治精英管理这些地区，他们还处理公共问题，如地方冲突（内部和外部）、自然灾害（洪水、地震、山火）和基础设施系统（最早的是运河、梯田，随后是道路和城市卫生基础设施）。圣何塞–莫戈特（San José Mogote）、蒙特–阿尔班（Monte Albán）、圣洛伦索（San Lorenzo）、拉文塔（La Venta）、埃尔米拉多（El

Mirador）、科潘（Copán）和卡米纳茹尤（Kaminaljuyu）是最早的政体中心。

总结起来，所有四个政治地区都有可辨认的社会、公共问题、政府和政策——这都是基于之前在 7.4.1.1 节中讨论的证据线索所构建的政治形态的标准模型的组成部分。在本章后面的部分会更详细地讨论集体行动（如农业、葬礼、军事、市政或宗教纪念性建筑等宏伟工程），以及初期精细陶器、玉石和青铜等需求剩余生产的专业化生产、贸易网络和日益组织化的冲突，包括第一个国家形成时采用正规军队。这样的情况在所有四个地区以及其他地方以部分形式出现。

政体的另一个社会科学术语是政治系统（political system），与此意义相同：

polity ≡ political system

society ≡ social system

economy ≡ economic system

反过来，政体的每个主要组成部分都需要一个明确的定义，这个定义在时间和空间上都是普遍适用的。以下定义作为政体的定义，在必要时是基于实证的（empirically specific），或基于（内部）经验视角的（emic-based）。

定义 7.5　社会（Society）社会是一个通过社会关系进行互动的人的集合体，并共享一个或多个共同的身份。一个社会的属性包括其规模、位置、组成、身份、权威、阶层、财富以及相关的统计和分布，包括社会网络特征。

从计算的角度来看，社会的状态是由社会属性的元组来定义的。一个社会的压力水平是由公共问题的影响给出的。社会身份（可以是基于亲属、种族、语言或地理等最常见的形式）决定了权威，或者用通俗的话说，"人们听或服从谁"。在任何给定的社会中，多重身份映射到多重权威上，就像在二分图中一样，因为身份和权威是不相交的集合。实体"社会"由个人、团体、社会关系和规范组成；它不包括构成政体不同组成部分的其他实体，如权力机构或政府机构[①]。

大多数早期政体的社会是相当统一的，但现在的政体往往由不同文化的社会组成。苏美尔人在西亚的美索不达米亚政体中占主导地位，但东部的相邻政体则由埃兰人（Elamite）社会组成。在东亚，后来成为汉族的祖先以及其他新石器时代的文化（如新乐、仰韶、大地湾、龙山、大汶口、大溪等），组成了早期的政治社会。南美最早的政体阿斯佩罗（Aspero）、卡拉尔（Caral）和埃尔帕拉伊索（El Paraíso）的史前名称不详。萨波特

---

① 先进的政体，如民主国家，还包括位于社会和政府之间的中介结构（例如，政党、游说团体、工会）。这些并不是解释初始社会复杂性的必要条件，所以我们在后面会对它们进行研究。

克（Zapotec）、奥尔梅克（Olmec）、玛雅（Maya）和特奥蒂瓦坎（Teotiuacano）社会构成了最早的中美洲政体。强大的特奥蒂瓦坎政体拥有一个异质的多文化社会，由当地和外国居民（玛雅、萨波特克、奥托米、米斯特克）组成了隔离街区。所有的早期帝国，如阿卡德、商朝、莫切、特奥蒂瓦坎，都由异质社会组成。

定义 7.6　公共问题（Public Issue）公共问题是一个集体关注的问题，它以某种相应的方式影响社会成员，可以是积极的机会或消极的威胁和危害。

当问题影响到一个特定社会中的集体，而不是个人或家庭内部事务时，它们就是公共的，而不是私人的。公共问题对社会的主要影响是对一个或多个群体造成压力，这是一种必须处理的情况变化，以消除或减轻压力。公共问题定义了政治的领域，并为产生政府体系提供了因果动力。公共问题的例子因时代而异。安全、领导层继任、交通、移民、技术创新、公共卫生和贸易标准是最早的政体在所有主要政治区域和其他地方参与的最古老的公共问题。教育、消费者保护和经济管理是最近才出现的。解决公共问题以享受更好生活的需求是社会复杂性首次出现和随后长期演变的主要根源。公共问题证明了政府的合理性，政府制定了管理问题的政策。

定义 7.7　政府（Government）政体政府由通过公共政策管理社会问题的机构和程序的组织体系组成。

社会和政府之间的联系被称为政权，或者更具体地说，是宪政。因为社会和其各自的政府之间的关系是由宪政法规或习俗规定的。民主、独裁和君主制，都是政权的模式。从面向计算对象的角度来看，政权是一个关联类，它具有封装的属性，如：

- type Of Regime [string]
- date Of Formation [tuple]
- constitution Source [string]
- legislative Institutions [list]
- executive Institutions [list]
- judiciary Institutions [list]

其中，可以进行操作（执行、修正、暂停、废除和其他）。

从政府和计算信息处理的角度来看，酋邦拥有无差别的政府机构（酋长或领导者执行所有的治理职能，最大限度地集中信息处理），而国家则有专门的机构（联邦式信息处理）。苏美尔政体的早期政府形式包括议会和权威统治者，后来又出现了由公共行政系统组成的官僚机构。类似的形式也出现在东亚、南美和中美洲。除南美洲外，所有四个地区的治理和信息处理都出现了书写系统（楔形文字、石刻和其他逻辑书写系统）。安第斯地区的政体从约公元前 2000 年起就使用一种被称为奎普（quipu）的记录系统来存储信息，可见奎普的发明要比印加帝国早得多。该系统由一组和弦组成，其结点表示各种基数 10 的数值，用于编码信息。从计算的角度来看，书写系统提供了更强的信息处理能力以及记忆力，这解释了与书写的发明同时出现的状态。

定义 7.8　政策（Policy）政策是一种旨在管理（即定义、解决或缓解）公共问题的行动计划。

在计算上，政策是一个具有封装属性的关联类，例如：

- targetIssue [string]
- targetSocialGroup [string]
- dateOfFormulation [tuple]
- dateInitialImplementation [tuple]
- cost[int]
- effectiveness [float]
- efficiency [float]
- popularity [float]
- implementingActors [list]

等，以及诸如 fwndingRate（），ChangePopularity（）等操作。贸易政策是初级政治中最早的政策形式之一，用于监管商业和奢侈品（宝石、半宝石和金属）的拥有，旨在为统治者提供独有的控制权。领土威慑和防御政策，最初被认为是在酋邦统治下，后来被认为在各州统治下更加可靠，也是统治者最早制定的政策之一。财政政策提供税收和其他形式的收入，用于支付其他政策和政府计划（例如，基础设施建设和维护，可以追溯到最早的酋邦），包括政府本身的成本。

作为一个社会复杂性事件 P，政策需要基于需求（X_1）、设计（X_2）、实施（X_3）、监测（X_4）和调整（X_5）的概念化。这个最小的、一阶的、五事件（$\Lambda=5$ 个因果要求）生成过程的事件函数 $\Psi(\cdot)$ 和概率方程如下：

$$P = X_1 \wedge X_2 \wedge X_3 \wedge X_4 \wedge X_5 \tag{7.34}$$

$$Pr(P) = p_1 \cdot p_2 \cdot p_3 \cdot p_4 \cdot p_5 = \prod_{i=1}^{5} pi \tag{7.35}$$

$$= p^5 \tag{7.36}$$

$$< min\{p_1, p_2, p_3, p_4, p_5\} \tag{7.37}$$

$$< P, \tag{7.38}$$

其中，*P* 表示在政策过程的各个阶段所采取的依次连带的因果事件的概率。由于决策能力和可靠性的不同，酋邦区和国家的 *P* 值分别为较低和较高。例如，酋邦很难保卫领土，因为他们缺乏国家所具有的多种属性：国家统治者可以获得更可靠的情报，支持政策设计、实施、监督和调整的官僚机构以及公共行政系统等。从发展的角度来看，酋邦和国家分别对应复杂适应性系统的"初级"和"成熟"形式。

国家也有能力在政策中建立冗余财政，以提高其整体政策可靠性。一个国家政策 P^* 具有二阶的、v -out-of-m 的部分冗余，例如，实施、监测和调整，其事件函数 $\Psi(\cdot)^*$ 和概率方程如下：

$$P^* = X_1 \wedge X_2 \wedge \left(\bigvee_{i=\alpha}^{m} Zi \right) \wedge \left(\bigvee_{j=\beta}^{n} Zj \right) \wedge X_5 \qquad (7.39)$$

$$Pr\left(P^*\right) = \prod_{k=1,2,5} pk \cdot \left[\sum_{i=\alpha}^{m} \binom{m}{\alpha} Q^i (1-Q)^{m-i} \right] \qquad (7.40)$$

$$\cdot \left[\sum_{j=\beta}^{n} \binom{n}{\beta} R^j (1-R)^{n-j} \right.$$

$$> Pr(P), \qquad (7.41)$$

其中，*Q* 和 *R* 是析取概率，$\alpha < m$ 和 $\beta < n$ 分别是实施和监控中部分冗余的二项式参数。请注意，公式（7.40）中的一阶合取仍然需要所有五个政策过程概率的乘积，造成了整体的低概率。然而，由析取二项式表达式表示的实现和监控冗余会导致一些局部超概率，将会有一定助益。并且由于酋邦的治理容量较差，该类冗余在酋邦的治理策略中完全不存在。这是国家复杂性增加导致政策性能提升的一种方式 [公式（7.41）]。帝国政权以量子级的治理复杂性为特征，在运行能力最大化时可以达到非常高的政策性能水平。

在接下来的部分中，我们将研究与酋邦和国家有关的社会复杂性理论。帝国的社会复杂性理论代表了一个令人兴奋但相对未开发的前沿研究，尤其是基于 CSS 的角度来看。

7.4.1 酋邦领地的涌现

7.4.1.1 酋邦领地是一种什么样的政体

在解释一个酋邦领地是如何形成的之前，必须对其进行足够的、科学详细的定义。

定义 7.9 酋邦（Chiefdom）酋邦是一种具有分层和等级社会（最低限度的精英成员和平民）的政体，由酋长（领导者）和下级村庄统治者（副酋长）行使公共权力，并假定控制着由几个村庄组成的地区领土。

对于平民来说，酋邦权力主要是基于地方身份和提供基本公共品（安全和基本福祉）的能力。对于精英成员来说，则基于奖赏，如下所述。政府（酋长）的领土控制是名义的，不太可靠（对于一个国家而言），因为缺乏建立和捍卫边界的能力。酋邦缺乏常设的机构（公共行政、司法系统、军队等），但有不依赖于复杂供应链的专业工匠生产商品。巫师或宗教领袖（寺庙的祭司）专注于通过私人和公共仪式进行仪式活动，是非平民群体的成员。

狩猎采集社会和前复杂社会开始建造神殿——临时的、非居住的宗教场所，通常位于偏远地区——但不建造寺庙。主要的精英阶层为了崇拜社区的神明而建造寺庙，这形成了一种三方"互利互赢"的且相互强化的三元社会关系。

（1）酋长通过建造和奉献寺庙获得权威的合理性和平民的认可。他们还可以成为宗教当局的赞助者以获得其支持。

（2）平民支持寺庙项目，因为它们提供了一个礼拜场所和相互往来的纽带，也加强和激励了社区团结。

（3）祭司在调和酋长和精英、安抚寻常人，并在突出社区身份方面起着关键作用。

这样一个简单的三元组也在认知上保持平衡，这是按照阿贝尔森（4.8.1 节）的观点来定义的，并且它符合图 7.1 中的信念系统。六个节点和十一个关系都是平衡的，使得它成为社区强大、稳定且共享的信仰体系——寺庙是进行群体崇拜共同实践的物理场所。

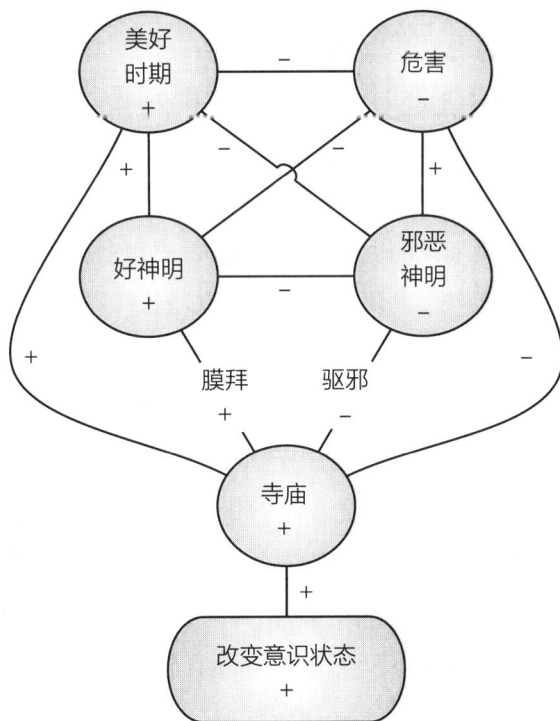

图 7.1　一个与集体崇拜的多个方面有关的阿贝尔森（Abelson）平衡信念系统

用前面5.5.2节讨论的利格林-安倍-安倍次序的社会复杂性格特曼量表的标准来衡量，酋邦制度通常以多数人定居为特点（虽然在中亚和中东沙漠地区的草原社会等少数地方存在游牧的酋邦制度），存在不平等（地位或财富差异）问题，人口密度大于每平方英里1人，依赖食物生产，并且村庄人口超过100人。

酋邦区的政治经济或公共财政有以下特点：

（1）联合政府。由最高酋长领导的政府依赖于与在村一级领导平民的地方酋长组成的政治联盟。最高酋长并不是政体中唯一的统治者。执政联盟是主要的社会产物（main social artifact），因为酋邦领地缺乏其他机构。

（2）附带报酬。每个政治联盟都涉及具体和非具体的成本。根据里克（Riker）的理论，最高首领用额外报酬（礼物、贿赂、奖励、荣誉和其他利益）来获取、维持或加强联邦从属酋长及其村庄的效忠。

（3）资源流动。当地的村庄统治者向平民征税，一部分留给自己，一部分提供给最高酋长，另一部分则用于向当地提供私人和公共物品（例如，建造寺庙和防御工程）。

（4）私有财产。精英（世俗的和宗教的）对有形的（土地、劳动力、动物、水井等）和无形的（象征、地位、神圣属性）资源拥有所有权。

（5）相互依存关系。与前面提到的三赢三元关系类似，最高酋长的统治取决于他从下属那里获取资源的能力，以及他提供公共物品的能力，例如对邻近酋邦的防御和安全；参与社区精神和社会生活中的定期仪式、重大事件、司法问题。精英成员和地方酋长的生计和声望部分依赖最高酋长，部分依赖当地平民。反过来，当地平民依靠统治者来抵御侵略者，并组织其他形式的集体行动，包括建设寺庙。

（6）纪念性建筑。酋邦领地内的大型纪念性建筑——如被认为能在来世提供回报的寺庙和精神建筑，或农业灌溉系统、防洪系统等实用基础设施——都是通过强迫性和自愿性劳动来筹资的。

（7）能源预算（能量学）。一个酋邦领地必须保持中性（最低程度）或正向（最好）的能量平衡，以便可持续发展。特别是食物生产（农业、海洋或觅食）必须产出足够的剩余，以支持所有不从事生产的人，例如统治者、精英成员、工匠和神职人员等。

（8）更多的公共结构。社会结构发展的一个必然结果是建造公共的人工设施，如储存设施和防御结构，以保护财富、防止邻国觊觎。

（9）环境条件。自然环境的特点，包括该地区的自然灾害，提供了成本/威胁和利益/机会，这是酋邦领地整体政治经济的一个组成部分。其中有些是固定的，有些是可变的，有些是周期的，有些是随机的。

（10）宝石和金属。酋长们寻求对稀有材料的控制，如宝石（玉石、绿松石、黑石、青金石、玛瑙、珍珠）和金属（金、银、铜），因为这些材料是身份的象征，也被用来奖励顺从的下属。为保证这些材料的精致形式，如珠宝和其他身份象征，需要提供原材料、专业工匠、安全的车间、库存控制和可行的分配。

与国家不同，酋邦缺乏统治者的宫殿，酋长可以让平民和联盟精英出资建造寺庙，但酋长缺乏足够的权力让他们为自己和随行人员建造宫殿。寺庙是供奉当地神的，所以它们属于社区，而不是酋长。宫殿不同，因为作为一个私人住宅，除了是政府公共事务的场所外，它将属于最高酋长及其家人和朋友。

一个简单的酋邦具有我们迄今为止讨论过的所有特征的最小版本：分布在相对较小的领土上的几个村庄，总人口约为1000人或更少，由强大的领导人和下属的邦联提供治理。基本人工建筑包括基本的防御结构（护城河、护堤、沟渠、栅栏）、最高酋长所在村庄的一座寺庙（其他村庄也可能有较小的寺庙），以及作为唯一支持治理机构的小型政治联盟。一个复杂的酋邦会有一个额外的精英等级制度，这是政体中社会复杂性的孵化器，同时仍然缺乏专门机构或永久官僚机构。这两种酋邦都有寺庙，但都没有宫殿。

最后，所有的酋邦领地都是不稳定的政体，由于多种原因，它们在融合和解体中循环往复：

- 最高酋长必须不断努力确保必要的资源，为联盟酋长提供附带报酬；否则，联盟可能分崩离析。
- 下级首领在战略上做出决定，因此他们可能会改变盟友，从而引发内战。
- 对于不可避免和不可预测的自然灾害（干旱、洪水、泥石流、地震、厄尔尼诺现象）而言，酋邦执行的资源储备和资源缓冲并不可靠。
- 相邻酋邦的突袭和企图征服持续构成威胁。
- 统治者依靠对精神领域和公共信仰物的操纵，以及祭司的同意来维持权威。
- 由于缺乏常设机构，所有政府运作都是不稳定的，包括精英产权的定义。

从这一理论角度来看，酋邦总是处于一种不稳定的状态，要么处于解体的边缘，要么被邻国征服，要么在极少数情况下通过征服其他邻国而在州级政体中改变（下一节将讨论）。简言之，在酋长国中，从来没有足够可靠的能力在一个较高成功概率的基础上来管理可能出现的公共问题。

7.4.1.2 酋邦如何涌现

政治涌现——主要是社会复杂性的首次涌现——是通过考虑先决条件及其通过时间的实现来解释的，包括政体形成的因果过程中的系统的、可具体化的一组析取和合取的事件。具体而言，从一个简单的、纯粹以亲属为基础的社会，到在时间 τ 的初始社会复杂性的动态阶段转变，涉及在时间 $\tau-\Delta\tau$ 中所发展的这些社会形成潜力的实现。

假设 7.3　先决潜力条件（Potential as Antecedent Condition）当且仅当（i.f.f.）在先前简单社会的状态空间 S 中涌现或形成一个先决潜力 P 时，初始社会复杂性才会涌现（事件 C），从而在 P 实现时涌现 C。相反，如果没有相关潜力的事前形成和后续实现，复杂性就不可能涌现。

基于假设 7.3，图 7.2 展示了在社会结果空间 Ω 内发生初始复杂性 C 的正序因果逻辑树。鉴于社会处于简单状态，只基于亲属的组织（事件 S），社会政治复杂性的潜力可能出现，也可能不出现（分别为事件 P 和 $\sim P$）。如果 P 不出现，那么潜力就不能实现（因为它不存在），Ω 的结果是社会没有变化。如果 P 出现了，就知识和能力条件 1~9 而言（如下所述），这种潜力可能实现，也可能不实现（分别是事件 R 和 $\sim R$）。如果 R 不出现，那么政体就会成为并保持亚稳定（metastable）的状态（事件 $S^* \in \Omega$）。如果是 R，那么结果就是初始社会政治复杂性的涌现（事件 C）。

因此，$\Omega=\{S,S^*,C\}$，其中 C 是政治发生的偶然过程 $P_3(\Omega)$ 中的一个结果，有三个前因。在因果逻辑形式中，时间 τ 的初始复杂性 C 意味着在某个先前时间 $\tau-\delta$ 处的相关潜力 P 作为必要条件，对于某些 $\delta<\tau$，则 $C(\tau)\Rightarrow P(\tau-\delta)$。

假设 7.4　潜在复合事件（Potential as Compound Event）初始社会复杂性 P 的潜在出现是一个复合事件，而不单个或基本事件，如事件函数 Ψ 以集合 $\{X_1,X_2,X_3,...,X_n\}$ 的更基本事件与 P 的发生有因果联系。

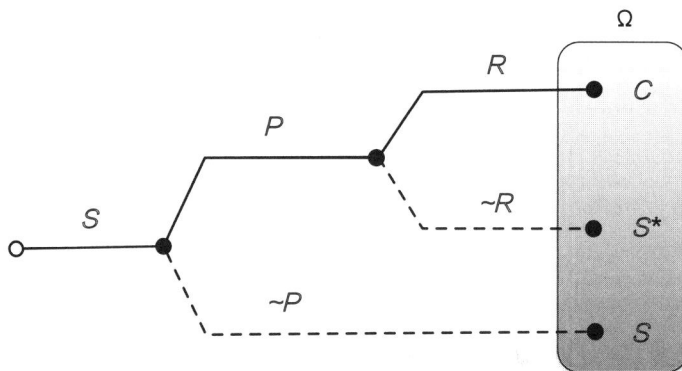

图 7.2　初始社会政治复杂性的正向顺序因果逻辑树，表示为具有三个前因的政治发生的偶然过程 $P_3(\Omega)$

$$\Psi:P\Leftarrow\{X_1,X_2,X_3,...,X_n\}, \tag{7.42}$$

因此：

$$PP = \Psi\left(X_1, X_2, X_3, ..., X_n\right),\tag{7.43}$$

其中 X_i 表示第 i 个因果事件，$i = 1, 2, 3, ..., n$。

假设 7.3 和假设 7.4 带来了以下两个关键问题：

（1）这种初始社会复杂性的潜力由什么构成？

（2）这种潜力在何种条件下会被发现？

第一个问题转化为：社区成员在形成最简单的酋邦之前，他们拥有什么知识和能力？他们必须具备什么？在前复杂社会中，以下最低限度的简单群体成员所拥有的必要条件，创造了最初社会复杂性涌现的可能性（尽管不是确定性的）：

（1）亲属关系图谱（Kinship knowledge）。人们对他们的亲属有了解，这支持了家庭核心以外的家庭，也使人们能够根据道德（基于义务）规范或为推进其他目标，且采取集体行动。

（2）交际能力（Communicative ability）。人类在大约 10 万年到 5 万年前开始使用语言进行交流。沟通能力对于集体行动（包括计划和执行）是必要的，例如在大规模狩猎活动中。

（3）规范的社会性（Normative sociality）。合作性的社会规范通过生物进化为前复杂社会的人们所知，特别是亲属选择和互惠利他的规范。

（4）社会认同能力（Social identification ability）。将他人分为群体内和群体外的能力，这对于发现潜在的威胁和机会以及规范使用或调用是至关重要的。内外群体的认同产生了认知复杂性和平衡性。

（5）环境知识（Environmental knowledge）。人们对于自然的认识，对寻找资源和发现重大变化是必要的，如当地物种、气候以及其他方面。

（6）对正常与罕见事件的了解（Knowledge of normal versus rare events）。检测情况变化的能力，如超越自然环境的突发威胁或机会，对于确定紧急程度、重要性或优先级是必要的。

（7）食物获取能力（Food procurement ability）。在整个季节和更长的时间内，狩猎、采集、捕鱼、放牧、务农或从他人那里获得食物对于维持生计非常必要，尤其是在远离赤道的温带地区，季节变化决定了基本的食物供应变化。

（8）战斗能力（Homicidal ability）。战斗能力最初来源于狩猎技能，在某些集体行动模式中是必要的（同时在群体成员中保持禁忌），例如面对具有致命攻击性的对手时，需要威慑对方。

（9）集体行动能力（Collective action ability）。在酋邦形成之前，人们就知道如何组织集体行动（即如何领导和遵循，以及其他集体行动模式）。集体行动是通过狩猎大型哺乳动物等活动发明和完善的。

这些能力或知识本身都不一定会产生社会复杂性，这些只是人的能力。此外，并不是所有的古代社会都同时满足这些条件。事实上，在大部分地区，这些条件从未被满足，或者在很久以后才得到满足。

假设 7.5　酋邦领地形成的具体要求（Specific Requirements for Chiefdom Formation）复合事件 P 的事件函数 Ψ 包括以下所需知识和能力的最低必要的因果事件 X_i 的（上文详述的 9 个条件）。

（1）X_{kin} = 亲属关系知识；

（2）X_{com} = 交际能力；

（3）X_{norm} = 规范性知识；

（4）X_{id} = 社会身份知识；

（5）X_{env} = 环境知识；

（6）X_{rare} = 正常与罕见事件的知识；

（7）X_{food} = 食物采购能力；

（8）X_{kill} = 战斗能力；

（9）X_{ca} = 集体行动能力。

基于这些假设，酋邦形成的潜在 P 由合取事件方程给出：

$$P = \Psi(X_{kin}, X_{com}, X_{norm}, ..., X_{ca}), \tag{7.44}$$

$$\Leftarrow (X_{kin} \wedge X_{com} \wedge X_{norm} \wedge \cdots \wedge X_{ca}), \tag{7.45}$$

该公式指定了生成 P 的因果事件的合取公式（$\wedge_i X_i$）。在图 7.3 中使用了公式（7.45），此图通过为 P 指定前提条件 1–9 扩展了图 7.2。

类似地，由 P 的实际实现组成的事件 R，（见图 7.2）由合取方程定义：

$$R = O \wedge W \wedge I, \tag{7.46}$$

其中，O、W 和 I 表示机会、意愿和实施。

定理 7.13　酋邦领域形成的一阶概率（First-Order Probability of Chiefdom Formation）设 $X = Pr(X)$。初始社会复杂性（图 7.3 中的事件）$C \in \Omega$ 的概率为：

$$PC = S \cdot P \cdot R = \prod_{i=S}^{R} Xi \tag{7.47}$$

$$= c^3, \tag{7.48}$$

其中 c 表示封闭区间 $[0,1]$ 上的某种均匀概率，取自因果事件 S、P 和 R。

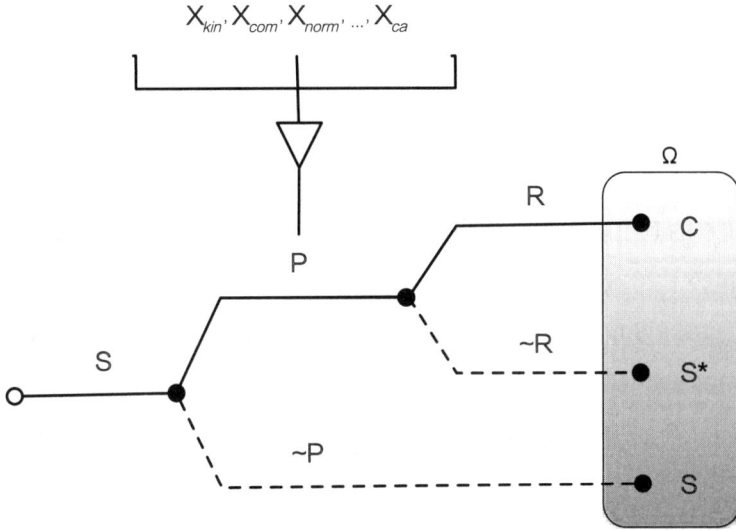

图 7.3　初始政体 C 的正向顺序因果逻辑树与复杂性潜力 P 的一阶反向条件因果树嫁接（条件 1-9；章节 7.4.1.2）

定理 7.14　酋邦领地形成的潜力概率（Probability of Potential for Chiefdom Formation）作为一阶因果事件 X_i（假设 7.5）的函数，政治发生的潜力概率 $P \in P_3(\Omega)$ 由以下公式给出：

$$P = X_{kin} \cdot X_{com} \cdot X_{norm} \cdots X_{ca} = \prod_{i=kin}^{ca} X_i \tag{7.49}$$

$$= x^{\Theta}, \tag{7.50}$$

其中 x 表示一些取自 Θ 个因果事件的均匀概率，这九个事件是假设 X_{kin} 到 X_{ca}（因果必要条件 1-9，假设 7.5）。

定理 7.15　实现概率（Probability of Realization）作为机会 O、意愿 W 和实施 I 的一阶因果条件的函数，实现政治性潜力 $R \in P_3(\Omega)$ 的概率为：

$$R = O \cdot W \cdot I \tag{7.51}$$

$$= r^3, \tag{7.52}$$

其中 r 表示在机会 O、意愿 W 和实施 I 事件中抽取的某种均匀概率。

以下二阶原理扩展了之前的原理。这些原理是针对更具体的因果事件而陈述的，这样更有用，因为二阶条件比抽象、理论化的一阶条件更接近观察和操作事件。

定理 7.16　酋邦形成的二阶概率（Second-Order Probability of Chiefdom Formation）初始酋邦形成的二阶概率为：

$$C = \Psi(S; X_{kin}, X_{com}, X_{norm},...,X_{ca}; O,W,I), \quad (7.53)$$

$$\Leftarrow \langle S \wedge (X_{kin} \wedge X_{com} \wedge X_{norm} \wedge \cdots \wedge X_{ca}) \wedge O \wedge W \wedge I \rangle, \quad (7.54)$$

且：

$$C = S\left(\prod_{i=kin}^{ca} X_i\right) O \cdot W \cdot I, \quad (7.55)$$

$$= y^{\Gamma}, \quad (7.56)$$

其中 y 是在 C 的 Γ 二阶因果事件集合中抽取的某种均匀概率，并且 $\Gamma > \Theta$．

请注意，在公式（7.56）中，$\Gamma = 13$，即二阶条件。事实上，Γ 13，因为在操作行为层面之前，还涉及更多的合取事件。例如，实施 I 本身就是一个由高度偶然的过程产生的复合事件（即实际执行精英产权，建立酋邦联盟，建造寺庙，以及酋长、精英和平民必须完成的其他必要和困难的集体行动策略）。定理 7.16 解释了为什么政治生成在历史上（全新世早期）是如此罕见。由于 Γ $\Theta+4$［基于公式（7.54）］和 $\Theta = 9$，因此 $C(y; \Gamma)$ y^{13}，对于任意的 y 值，产生一个相对微不足道的酋邦王国形成概率 C。如果假设 7.5 是不完整的（$\Theta > 9$），那么政治的出现以及它的潜力事件的出现更罕见。

以下是对前述原则进行多变量分析后得出的敏感性结果。

定理 7.17　酋邦领地形成潜力的梯度（Gradient of the Potential for Chiefdom Formation）政治形成潜力的概率 P 的梯度由以下公式给出：

$$rP = \Theta x^{\Theta-1}\hat{x} + (x^{\Theta+1} - x^{\Theta})\hat{\vartheta}, \quad (7.57)$$

所以 P 在 x 中是增加的，在 Θ 中是减少的；并且：

$$|\nabla P| \approx \Theta x^{\Theta-1}, \quad (7.58)$$

所以 ∇P 点主要在 x 方向。

定理 7.18　（酋邦领地形成概率的梯度）酋邦领地形成概率 C 的梯度为：

$$\nabla P = \Gamma y^{\Gamma-1}\hat{y} + (y^{\Gamma+1} - y^{\Gamma})\hat{\gamma}, \quad (7.59)$$

因此 C 在 y 方向上递增，在 Γ 方向上递减；

$$|\nabla C| \approx \Gamma y^{\Gamma-1}, \quad (7.60)$$

所以 ∇C 点主要在 y 方向。

7.4.2　国家的涌现

精确描述国家政体及其形成的理论解释是非常重要的。本节与之前对酋邦的分析相类似。

7.4.2.1　国家是什么类型的政体？

美国考古学家乔伊斯·马库斯（Joyce Marcus）曾写道："国家不是加了激素的酋邦。"

定义 7.10　国家（State）一个国家是一个有阶级和等级社会（精英成员、公务员、商人、军事人员和普通人）的政权，由专门的、差异化的机构组成的政府体系掌握权威决策能力，具备征税作为政府收入的能力，并对领土和资源拥有可靠的控制。[①]

庄严的权威是地位、对武力使用的垄断和可靠提供超越防御和安全之外的公共产品的能力函数。政府职位有等级制（世袭）和成就式（精英）两种模式。政府的领土控制由常设军事力量执行，并且高度可靠（与酋邦不同），需要有足够的能力保卫国家边界。国家拥有常设机构（公共行政、司法系统、军队等）和拥有专业技术人员的工业组织，这些专业人员依赖供应链生产实用商品。宗教领袖（寺庙牧师）通常也是精英、非商人群体的一部分，但由于国家统治者和机构相对于酋邦规则具有更大的政治自主权，因此，宗教领袖在国家的作用不如在酋邦重要。

一个国家的政治经济或公共财政具有以下特点（与酋邦领地有根本的不同）：

（1）公共问题。生活在一个国家的社会成员期望政府政策能够解决公共问题，这种期望通常会随着时间的推移而增加（幸福感有积极的反馈），而不是减少。

（2）政策制定。通过政策来解决公共问题是一个正式的、制度化的过程。

（3）联盟。统治者仍然依赖于一个通常被称为贵族的支持联盟，并向支持者提供附带报酬，但其规模大于酋邦。

（4）征税。政府运作的资金主要来自向平民和商人征收的税收，以及战争的战利品。

（5）官僚机构。公共行政系统在提供公共产品和统计国家收入方面发挥着关键作用。

（6）政府运作的成本。维持一个制定政策的统治精英群体和一个执行政策的官僚机构是一个永久性的、经常性的成本，必须以某种方式获得资金。

（7）私有财产。法治和司法机构来捍卫私有财产权。

（8）相互依存关系。国家领导人（现在是国王，而不是最高酋邦）取决于他从贵族那里获取资源以换取头衔和权利的能力，也取决于政府提供一系列公共产品（国防、司法、公共卫生、治安、市场、道路、港口设施）的能力。贵族成员的生计和威望部分依赖于国家领导人，部分依赖于当地平民的服从。反过来，平民也依赖当地贵族成员来维持治安、抵御侵略者，以及组织其他形式的集体行动，包括公共工程。

（9）纪念性建筑。国家的大型纪念性建筑是由有偿和强迫劳动（包括奴隶、俘虏）创造的。其中包括宫殿和纪念性的坟墓、路网、水渠、各种军事防御工程（从复杂而庞大的

[①]　这里的国家（state）指的不是现代民族国家（nation），而是古代州郡式的小型独立封国或者小型自治国家。——译者注

城墙，到从太空中仍可看到的区域性边防墙）、工业生产（如需要复杂的供应链和成千上万的工人和专业管理人员的青铜器），这些都是最昂贵的。

（10）能源预算（能源学）：国家的粮食生产是为了大规模产生盈余而组织的，因为不生产粮食的人数在人口中所占比例很大。

（11）更多的公共机构。上述特点的一个必然结果是在宫殿中建造非住宅的办公场所，以支持公共行政部门、司法法庭、军营和堡垒的运作。

（12）环境条件。环境（包括境内的自然灾害）具有更大的意义，因为人口规模大，基础设施系统越来越复杂，面临的风险也就更多。其中一些风险互相依存或"级联"，并通过基础设施连接。

（13）贵重宝石、金属、纺织品。与酋邦领地的商品相比，国家精英对珠宝、各种形式的精致装饰品和奢华服装的需求非常旺盛。所有这些都必须有资金支持。

（14）军事开支。永久性的按需军事力量（人员、装甲、武器、设施）的成本是国家预算的主要组成部分。

事实上，借用马库斯（Marcus）的话，一个国家比一个酋邦更重要！国家政体的判断依据包括统治者的宫殿，三级或三级以上的人口定居等级制度，以及其他大规模复杂的社会产物，如政府官僚机构和基础设施系统。

古代国家（Archaic state）通常指按时间顺序排列的初级和次级国家，以及随后的封建国家。现代国家（Modern state）是指始于欧洲历史近代早期的国家政体，或者在世界历史传统中被称为后古典主义时期（公元 500—1500 年）的结束和近代早期时期（公元1500—1800 年）的伊始。这两种国家都有宫殿、官僚机构、税收和法律制度、领土控制以及对武力使用的垄断，而酋邦则缺乏这些因素。

- 官僚机构的增长可以使国家破产。
- 革命运动可以削弱政府权力的合法性，并推翻一个政权。
- 一个或多个省份的叛乱会使国家分裂。
- 自然灾害会对基础设施造成不可挽回的损失，导致政权崩溃。
- 邻国通过突袭和企图征服对国家构成了持续的威胁。
- 更强大的对手的入侵可能会征服整个国家。
- 腐败、法治的失败和其他体制上的病态都会导致国家的灭亡。

从这个理论角度来看，一个国家可以是稳定的（避免上述危险）、不稳定 / 亚稳定的（unstable/metastable）、面临失败 / 灭国的（failing/collapsing）、已经失败 / 灭国的（failed/collapsed）。简言之，在一个稳定的状态下，国家应该有足够可靠的能力来管理新出现的公共问题，并且政策成功的概率很高。

7.4.2.2　国家如何产生?

社会科学产生了更多关于国家起源的理论（包括古代和现代），而不是复杂政体的其他等级，如酋邦、帝国或世界政府。以下两种关于国家形成的理论是比较著名的：

卡内罗的循环理论（Carneiro's Theory of Circumscription，1970）。这一理论解释说，在循环条件下，国家的形成是由于小村庄之间的战争，最终是酋邦之间的战争。[①] 农业生产的成功促使人口增长，需要更多可耕地，正是通过一个积极反馈的过程，产生了对领土扩张的需求。当一个社会被另一个寻求稀缺耕地的社会攻击时（这在酋邦中是一种常见情况），防御者要么获胜要么失败，无法避免战争。获胜者要么消灭要么征服被打败的一方，通过一个融合的过程，直到"因此形成的政治单位无疑足够集中和复杂，足以被称为国家"（第 736 页）。

1947 年，N. 拉舍夫斯基（N. Rashevsky）就正式提出了农业成功（粮食盈余、财富）和人口增长之间的正反馈过程的概念。卡内罗的理论通过强调限制防止迁移中的作用做出宝贵贡献。然而，该理论并没有具体解释"政治单位是如何形成的"这一问题。一个胜利者可能会成为一个更大的酋邦，而不是一个国家。一个国家的制度是如何产生的? 卡内罗的理论并没有解释酋邦和国家之间的关键差异，只是将后者视为前者的更大版本。

马库斯的动态模型（Marcus's Dynamic Model，1989，1992，1998）。在特定地区形成国家之前，存在着由两级或最多三级等级制度管理的酋邦（如前文第 5.5.1 节所述）。酋邦之间的竞争和对抗会引发冲突，导致一些酋邦比其他酋邦发展得更快更成功。在某种程度上，这一过程导致该地区最大的复杂酋邦吞并其他较弱的邻国，并建立不同的等级制度来控制被征服的酋邦。新的国家——一个四级（可能是五级）的地区体系——由以前简单的酋邦组成的部分组成，州府是以前复杂酋邦的中心。

马库斯的理论已经在全世界多个地区得到证明，它使用了与卡内罗相同的充满冲突的诠释，但该理论解释了更多内容，因为它说明了为什么一个国家的治理和公共管理水平高于酋邦。这是因为酋邦的合并需要一到两级新的政府，才能可靠地巩固和规范其职能。制度发展的关注标志着理论的进步。但是，卡内罗和马库斯早期的理论都无法解释的一个重要问题是国家机构的功能分化。

---

① 据说，当周边地区在危机时期阻止移民时，政体就会受到限制。循环可能是由邻近的山脉（秘鲁的安第斯海岸地区）、沙漠（底格里斯河－幼发拉底河流域的近东西部）或者相似的边陲引起的。

大多数理论认为，在一个国家形成之前，在一个特定的地区存在一组相邻的酋邦，这与考古记录是一致的。然而，除了冲突，酋邦还受到许多其他公共问题的挑战，如自然灾害和内生压力。在本节的正式政治生成理论中，研究了该理论和相关思想，后来又作为普适性更好的规范理论的一部分进行了研究。

所有已知的国家都是从不稳定的敌对酋邦的地区体系中涌现的。国家的政治生成、国家社会复杂性的首次涌现，也可以通过考虑先行条件及跨时间实现来解释，包括政治形成的过程中系统的、可指定的析取和合取事件集。在这种情况下，在给定的时间 τ，从酋邦社会的复杂性到国家社会的复杂性的动态相变涉及在时间 $\tau - \Delta\tau$ 的酋邦阶段中发展起来的潜力的实现。因此，我们已经讨论过的同样的理论框架（假设 7.3），对于解释和理解国家的形成是成立的。

在时间为 $\tau - \Delta\tau$ 的酋邦社会中，国家层面的复杂性潜力可能涌现，也可能不涌现（分别为事件 P_s 和 $\sim P_s$）。如果 $\sim P_s$，那么这种潜力就不能实现（因为它不存在），而 Ω_s 的结果是政体没有变化。如果 P_s 发生了，这一次根据额外的、与状态相关的知识和能力条件（共计 15 条，如下所述），那么潜力可能会实现，也可能不会实现（分别是事件 P_s 和 $\sim P_s$）。如果 $\sim P_s$，政体成为并保持作为酋邦的亚稳态（事件 $C^* \in \Omega$）。如果是 P_s，则结果是发生了向国家级社会政治复杂性的相变（事件 S）。请注意，在这一节中，S 表示国家形成的事件，而不是关于酋邦形成的简单的前酋邦政体。

因此，现在 $\Omega = \{C, C^*, S\}$，其中 S 是国家形成的偶然过程 $P_3(\Omega)$ 中的一个结果，有三个前因。在因果逻辑形式中，在时间 τ 上的状态形成 S 意味着在某个先前的时间 $\tau - \delta$ 上有一个相关的先前潜在事件 P_s 作为必要条件，$S(\tau) \Rightarrow P(\tau - \delta)$，但对于某些 $\delta < \tau$，则不是相反的。

根据假设 7.4，状态形成的潜力事件同样被假定为复合的而不是单一的或基本的事件，由一个事件函数 $\Psi(\cdot)$ 来指定，即与 P 的发生有因果关系的一组 $\{X_1, X_2, X_3, ..., X_n\}$ 基本事件：

$$\Psi_s : P_s \Leftarrow \{X_1, X_2, X_3, ..., X_n\}, \tag{7.61}$$

因此：

$$P_s = \Psi_s(X_1, X_2, X_3, ..., X_n), \tag{7.62}$$

其中 X_i 表示第 i 个因果事件，$i = 1, 2, 3, ..., n$。所以我们现在必须问：

（1）什么构成了国家形成的潜力？

（2）在哪些条件下，这种潜力会被实现？

同样，第一个问题转化为：酋邦的社会成员在建立第一个国家之前拥有什么知识和能力？

酋邦成员在建立第一批国家之前有什么知识和能力？酋邦的生活，尤其是最终演变为国家的领地（很少有这样的领地），在知识、能力和社区成员（包括统治者和平民）的制度方面产生了许多的增量：

（1）非亲属关系知识。除了亲属关系知识，人们还了解社会和政府中重要的非亲属成员，特别是酋长和牧师。

（2）战略能力。根据联合政府的经验，领导人具有战略能力，正如我们今天在博弈论术语中所说的那样，他们理解结果的相互依赖性，包括战略信号。

（3）共享社会性。生活在一个主要的村落社区，人们了解"公地悲剧"的基本内容，包括在使用公共资源（牧场、河流、水井、防御结构）方面维持合作的制约作用，以及以某种不成文的形式保存人际记录。所有这些都有助于提高公共管理技能，即使是在社会的萌芽或初级阶段。

（4）居住技能。主要村庄的生活是在永久性的住宅中（无论建筑质量、结构或材料如何：比如是圆形或方形，是凹陷、水平或凸起，是木柱或砖石），而不是临时的狩猎采集营地。这也意味着要了解基本的卫生需求和相关的基础设施，包括用于废物处理的公共系统，如沟渠和管道排水系统。

（5）冲突记忆。在经历了与邻近酋邦的冲突后，前国家社会的人们知道如何准确地对朋友和敌人进行分类，这是对更原始社会简单的群体内与群体外分类的重大改进。

（6）环境工程知识。除了经验环境知识，酋邦社会还拥有动物圈养、农业和相关工程结构（如公共灌溉系统、梯田）形式的环境工程知识。

（7）村庄安全能力。尽管防御突袭的能力没有发展得非常好，但它在军事事务中产生了重要的技能。规划、建造和维护永久性防御结构，如栅栏、沟渠、挡板门、塔楼、护堤、桥梁、高架道路等，在酋邦很常见。

（8）食品加工能力。村庄居民通过混合和烹饪对狩猎、采集、捕鱼、放牧、务农或捕食获得的食材进行加工。食品加工需要便携式和永久实用的人工制品，如筛子和烤炉，以及设计、建造和维护的知识。

（9）军事能力。军事突袭在酋邦很常见，最成功的酋邦做得最好。即使是在初级水平上，他们也能够通过卓越的战略、战术和后勤，征服和兼并邻近的酋邦。

（10）复杂的集体行动能力。用于狩猎大型动物的前集体行动的复杂形式，在酋邦社会中得到了重大完善。大型纪念性建筑、精心制作的仪式、公共宴会、基本的公共卫生和有效的突袭，以及可持续的村庄所需的其他活动，都需要越来越复杂的技能来规划和执行集体行动，而不只是狩猎大型动物。

（11）供应链。除了集体行动外，一些活动还需要供应链，例如建造大型纪念性建筑。供应链管理还需要公共领域的纪律、准确性和协调，以及规划、执行和维护。

（12）政治自治。乡村居民，无论是统治者还是平民，都习惯于作为一个整体社会享受政治自治，也可以说是"家园统治"。除了他们自己的地方和最高酋长以及社区牧师外，他们不对任何更高政体的权威负责。

（13）政治文化。乡村生活也产生了政治文化的具体实例，是一套相同价值观、信仰、期望和做法，表明了社区对私人和公共生活等方面的公正、适当和禁忌的规范。人的祭祀、奴隶制、服从权威、赠予、作为首席法官的最高统治者和丰盛的宴席是主要政治文化的特点，但也存在地方性的变化。

（14）私有财产。精英们享有私有财产，包括奴隶、土地、建筑和牲畜，因此村民们熟悉私有财产的理念和实践，包括谈判、协商解决、裁决和赔偿。

（15）长期压力。由于政体的不稳定，与邻居的战争不断，没有足够的粮食来支持更多的集体活动。还有一些未解决的集体行动问题，如环境退化、地方性战争、迁移、自然灾害等，需要在更大的区域范围内提供政治解决方案。这不是统治者和平民所能提供的，因此，酋邦社会的生活是高度紧张的。

拥有以上知识和能力的社会并不一定演变成国家，但所有国家都拥有这些能力，因为它们是必要的。基于这种预设的潜力，建立一个国家需要创造性地利用这些条件。初始条件的确切数量并不重要，重要的是它们是多重的和有限的。

假设 7.6　国家形成的具体要求（Specific Requirements for State Formatio）复合事件 P_s 的事件函数 Ψ_s 包括以下关于所需知识和能力的最低必要因果事件 X_i（上述的 15 个条件）：

（1）X_{nonkin} = 非亲属关系知识（Non-kinship knowledge），

（2）$X_{strategic}$ = 战略能力（Strategic ability），

（3）$X_{commons}$ = 公地社会性（Commons sociality），...

（4）X_{stress} = 慢性应激状况（Chronic stress condition）。

基于这些假设，国家形成的潜在 P_s 由合取事件方程给出：

$$Ps = \Psi s(X_{nonkin}, X_{strategic}, X_{commons}, ..., X_{stress}), \tag{7.63}$$

$$\Leftarrow (X_{nonkin} \wedge X_{strategic} \wedge X_{commons} \wedge \cdots \wedge X_{stress}), \tag{7.64}$$

它指定了产生 P_s 的因果事件的 X_i 出现。公式（7.64）通过指定 P_s 的前提 15 个条件，得到一个类似于图 7.2 的正向顺序逻辑树。

同样地，用于国家的形成 P_s 构成了事件 R_s，由合取事件方程指定：

$$R_s = O \wedge W \wedge I, \tag{7.65}$$

其中，O、W 和 I 表示在先验潜事件 P_s 的情况下，国家形成的机会、意愿和实施。

定理 7.19　国家形成的一阶概率（First-Order Probability of State Formation）设 $X = Pr(X)$。国家级复杂度（事件 $S \in \Omega_s$）的概率为：

$$S = C \cdot P_s \cdot R_s = \prod_{i=C}^{R_s} X_i, \tag{7.66}$$

$$= s^3, \tag{7.67}$$

其中 s 表示封闭区间 $[0, 1]$ 上的某种均匀概率，取自因果事件 C、P_s 和 R_s。

定理 7.20　国家形成潜力的概率（Probability of Potential for State Formation）作为一阶因果事件 X_i（假设 7.5）的函数，国家形成潜力的概率 $P_s \in R_s$（Ω_s），由以下公式给出：

$$P_s = X_{nonkin} \cdot X_{strategic} \cdot X_{commons} \cdot \ldots \cdot X_{stress} = \prod_{i=nonki}^{stress} X_i, \tag{7.68}$$

$$= x^\Theta, \tag{7.69}$$

其中 x 表示在 Θ 个因果事件中采取的某种均匀概率，这些事件为 X_{nonkin} 到 X_{stress} 等 15 个假设（国家形成的因果必要条件共 15 个）。

定理 7.21　实现的概率（Probability of Realization）作为机会 O、意愿 W 和实施 I 的一阶因果条件的函数，实现国家形成潜力 $P_s \in R_s$（Ω_s）的概率为：

$$R_s = O \cdot W \cdot I, \tag{7.70}$$

$$= r_s^3, \tag{7.71}$$

其中 r_s 表示在 O、W 和 I 中抽取的某种均匀概率。

以下二阶原则扩展了先前的国家形成原则。

定理 7.22　国家形成的二阶概率（Second-Order Probability of State Formation）初始状态形成的二阶概率为：

$$S = \Psi\left(C; X_{nonkin}, X_{strategic}, X_{commons}, \ldots, X_{stress}; O, W, I\right), \tag{7.72}$$

$$\Leftarrow ?C \wedge (X_{nonkin} \wedge X_{strategic} \wedge X_{commons} \wedge \cdots \wedge X_{stress}) \wedge O \wedge W \wedge I?, \tag{7.73}$$

且：

$$S = C\left(s \prod_{i=nonki}^{stress} X_i\right) O \cdot W \cdot I, \tag{7.74}$$

$$= y^\Gamma, \tag{7.75}$$

其中 y 是在 C 的 Γ 二阶因果事件集合中抽取的某种均匀概率，并且 $\Gamma > \Theta$。

请注意，在国家形成的情况下，公式（7.75）中 $\Gamma = 19$，与二阶条件有关。事实上，由于操作层面上更多的合取事件，Γ　19。例如，在这种情况下，实施 I 需要将潜在的能力进一步发展为国家层面的形式和功能，如以官僚机构的形式建立另一层公共行政（支持省政府、村庄和中央政府）、任命和管理公职人员（政治、司法、军事）、建造宫殿，以及国家领导人、精英和平民必须完成的其他必要而艰难的集体行动战略，都是由高度偶然的过程和外部冲击产生的。例如，更广阔领土上的环境条件。定理 7.22 解释了为什么初级国家的形成在世界历史上如此罕见，甚至比初级酋邦的形成还要罕见。由于 Γ　$\Theta+4$（公式 7.73）和 $\Theta=15$，因此，$S(y;\Gamma)$　y^{19}，对于任意的 y 值，产生了一个很小（但大于 0）的国家形成概率 S。如果假设 7.6 不完整（即，如果 $\Theta>15$），那么初级国家的形成及其潜力，是更罕见的事件。

☞ 7.5　社会复杂性的一般理论

到目前为止，社会复杂性理论集中在阐释酋邦和国家。因为这两个实体非常重要，也是更广泛的系统类别中的特殊实例。在本节中，我们将扩大理论范围，以更普遍的方式解释社会复杂性的涌现和发展。这些扩展理论具有普遍性，即适用于解释所有组织形式的社会复杂性的起源、发展和衰亡。

7.5.1　集体行动理论（Theory of Collective Action）

集体行动理论是由经济学家曼库尔·奥尔森（Mancur Olson）在其 1965 年的经典专著《集体行动的逻辑》（*The Logic of Collective Action*）中首次提出。此后，它经历了里程碑式的发展，包括：

● 生态经济学家加勒特·哈丁（Garrett Hardin）1968 年提出的"公地悲剧"的博弈论公式（作为 N 人囚犯困境游戏的集体行动）；

● 经济学家阿尔伯特·O·赫希曼（Albert O Hirschman）1970 年的经典著作《退出、呼吁与忠诚》的三分法；

● 诺贝尔奖得主埃莉诺·奥斯特罗姆（Elinor Ostrom）发现了地方传统治理对公共资源（以及一般的公共产品和服务）可持续管理的作用；

● 政治学家马克·I. 利希巴赫（Mark I. Lichbach）在 1996 年发现了集体行动生成机制；

● 经济学家托德·桑德勒（Todd Sandler）1992 年对集体行动理论进行了全面总结。

保罗·萨缪尔森（Paul Samuelson）在 1954 年关于《公共支出的纯理论》（*The Pure*

Theory of Public Expenditure）的开创性论文是建立公共物品理论的科学先驱。赫希曼的《退出、呼吁与忠诚》的三分法，预见到了上一节中研究的循环理论：一个受限制的酋邦人口无法逃离，所以它只能抵抗或服从。集体行动理论是社会科学中最重要的理论和研究领域之一，集心理、政治、经济、文化和社会动力学于一体。

集体行动理论试图解释人类为什么以及如何解决集体行动问题，这是社会复杂性的一个核心方面。

定义 7.11　集体行动问题（Collective Action Problem）一个群体或社会的成员认识到需要以协调的方式采取行动来解决某个困难，但集体行动受到阻碍，因为个体没有合作意识。即使有人想独自解决一个集体行动问题，也需要与他人协调。为一个特定的群体进行公共服务是一个集体行动问题。典型的例子是公共卫生、清洁的空气和水、国防、社区安全、紧急卫生服务、技术标准和措施以及交通和通信系统。

人类解决集体行动问题的原因很容易解释：因为他们认识到一种需要或欲望。人们普遍认为，避免危险以及提高生活质量是应得结果。没有人愿意仅为了这些事而使生活变得更糟。

人类如何在具体的因果细节中解决集体行动问题，这并不简单。回答这个问题的重大理论进展在于集体行动解决问题的机制。

定义 7.12　集体行动协调机制（Collective Action Coordination Mechanisms; Lichbach 1996）有四种机制可以产生旨在解决集体行动问题的协调矛盾：

（1）市场。为集体行动中的个人或团体参与者提供个人激励。最高酋长向其联盟的地方酋长提供报酬，这与里克的理论一致，并在执政联盟中提供附带报酬。

（2）社区。创建和援引社区成员之间的团结规范。基于共同价值观的道义义务提供了一种强大的、无形的激励，往往胜过理性的功利主义选择。

（3）契约。创建协议或者契约，使成员有义务采取集体行动。契约的范围从可执行的法律文件到私人协议。

（4）等级制度。对社区或团体成员行使权力。除了狭义的权威（执行 X），威慑（不执行 X 或其他 Y）和强制（执行 X 或其他 Y）是行使权力的相关形式。

每种机制都对解释社会复杂性有重要作用。基于市场的机制——或者说是市场解决方案，需要有为集体行动的参与者提供重要的奖励的能力。社区解决方案需要认知协调（如前面图 7.1 讨论的社区神龛／神庙崇拜）以及社会沟通。契约解决方案需要强制权威才有可信度。等级制度的解决方案需要社会资本和能力，而这两者又需要有效的规划、获取和维护。

集体行动问题的难度可以通过解决所需机制的数量来衡量，这可以用来将集体行动问题分为四类：

第一类：最简单的集体行动问题是可以通过单一机制来解决的。例如，税收遵从通常是通过国家权力来保证的。同样地，社会或人道主义紧急情况有时可以通过社区解决方案来解决。

第二类：需要两个机制来解决更具挑战性的集体行动问题。例如，国防是通过社区和市场机制来保证的。

第三类：更困难的集体行动问题需要使用三种机制。增加第三个解决方案可以提升防御能力，例如通过国家权力增加义务兵役。

第四类：对于最困难的集体行动问题，需要使用四个机制。例如：在从地方到全球的空间范围内适应气候变化。在一个新兴的民主国家进行有效的选举，解决或减轻和平与安全方面的重大问题，无论是国内的还是国际的。应对人道主义援助和救灾挑战，或通过让生产者、消费者、贷款人和政府金融机构参与来应对大型金融危机。最困难的第四类问题在政策分析和管理科学中被称为"棘手问题"（wicked problems）。

简单地选择一种机制并加以实施，并不能保证在解决集体行动问题方面取得成功。前面的论述表明了以下结果：

定理 7.23　通过 4 个中的若干机制完成的集体行动（Collective Action Via Several-Among-4 Mechanisms）通过 4 个可能的或可用的机制中的必要数量 v 的集体行动 C 的概率，以及 v–out–of–4 中的事件函数，由二项式给出：

$$Pr(C) = \sum_{i=v}^{4} (\genfrac{0}{pt}{4}{v}) M^i (1-M)^{4-i}, \tag{7.76}$$

其中 M 是单个机制解决集体行动问题的概率，$i = 1, 2, 3, 4$ 表示每个机制。

请注意，v 是类别。

领导力在集体行动中发挥着至关重要的作用，因为它可以利用上述任何机制来解决集体行动问题。根据具体情况，领导者可以提供激励市场、创建规范社区、提醒他人履行协议或命令他们进行行为协商。正如规范理论所揭示，采取集体行动的领导者也会扩展声誉，这有助于未来的集体行动。

领导力可以是集体行动的充分条件，但并不总是必要条件。这是因为集体行动问题可能会以无领导的模式自发地得到解决。例如，一个社区的成员可能非常遵守规范，以至于他们在不需要领导的情况下可以协调行为。一个典型的例子是邻居在灾难中互相帮助。没有任何解决机制的集体行动是不会发生的；总会有一个或多个解决机制起作用（利希巴赫定律，Lichbach's Law）。

对于理解社会复杂性来说，集体行动是一个普遍存在的、重要的、不确定的现象。除了其内在的科学意义，它还为接下来两节的一般理论提供了基础。

7.5.2 西蒙的人工制品适应理论

西蒙的社会复杂性理论——"大 CSS 思想"，主要基于《人工科学》（*The Sciences of the Artificial*, 1969, 1981, 1996）的相关的工作，自第一章（第 1.5.3 节）开始，已经从概念角度引入并使用社会复杂性。社会复杂性是人类通过人工系统适应复杂环境的结果，而不是因为我们人类本质复杂。人类本身并不复杂，而是环境复杂。这一理论解释了大约一万年前以来人类文明中的社会复杂性。在社会科学中，西蒙的理论与自然科学中的哥白尼理论、宇宙大爆炸、相对论或达尔文的进化论一样重要。该理论可以被验证、测试、分析，并扩展到社会科学（人类学、经济学、政治学、社会学、心理学）和相关学科（地理学、传播学、语言学、管理学、历史学）。

尽管西蒙在数学社会科学领域做了很多其他工作，但他从未从正式意义上阐述过他的大思想。要做到这一点，有必要借鉴他自己的概念。西蒙理论的关键概念也反映了他的主要理论假设。

环境的复杂性（Environmental complexity）：人类，无论是个人还是群体或整个社会，总是处于具有挑战性的环境中。许多自然环境对人类来说是危险的，甚至是致命的，即使它们在人类的感官体验中看起来很美。环境的复杂性，特别是在自然系统中，是独立于人类和整个宇宙而存在的。今天，气候变化是一个越来越具有挑战性的环境复杂性的典型例子。国内和全球公共问题的扩展政策也是如此。

寻求目标行为（Goal-seeking behavior）：人类寻求目标，不只是单纯的行动。目标、信念、欲望和意图是相关的实体，也被用于实施人类行为的认知模型——一个被称为 BDI（信念—欲望—意图，*Beliefs—Desires—Intentions*）的框架。

有限理性（Bounded rationality）：与早期的人类决策经济理论不同，我们现在知道，人类是用有限理性，而不是完全理性来做决定的。这意味着：

● 人类在做决定时使用不完全的信息。噪声、不精确性、模糊性和不确定性是常见的。贝叶斯更新模型提供了一个对人类决策有价值的帮助（不仅仅是对机器人）。

● 有限的认知能力、有缺陷的信息处理、低带宽、少而不完善的记忆以及多种类型的偏见是人类决策的特点。

● 满意是人类决策中使用的主要启发式方法。优化过程是棘手的。

● 计算机可以通过减轻人类有限理性的局限性来帮助提高人类有限理性，但由于人类推理思维的内在特征，无法实现完全理性。

适应（Adaptation）：人类在寻求目标的过程中，通过使用他们所拥有的有限理性来适应他们的环境。成功适应意味着所选择的策略是有效的。因此，适应是以环境、目标和策略的情况为条件的。成功的适应需要执行和维护。

人工产品（Artifacts）：人类以构建人工产品或人工系统作为接口，从而实现令人满意的适应性。尽管人工系统与自然系统相关联，但它们是不完全相交的。耦合通过传感器和效应器发生。反过来，人工制品可以是真实存在的（有形的、建造的、工程化的系统，达到最大的基础设施系统的规模）或社会属性的（信仰、规范、制度、程序）。

近似可分解性（Near-decomposability）：人类社会复杂性的架构依赖于几乎可分解的结构。这一种结构基于模块化和层次化，采用类似于树或星形的正规网络布局。一个几乎可分解的结构的跨度是指系统被划分成的子系统或模块的数量。

涌现（Emergence）：在某些情况下，秩序可以通过大量地方个人决策产生，而无须任何中央规划。

基于西蒙理论中的这些概念和假设，适应和复杂性的产生过程可以用正向因果逻辑中的顺序树来建模，见图 7.4。在某个初始时间 τ_0，一个社会处于一个特定的环境中（事件 E）。鉴于环境具有挑战性或困难性，随后在某个时间 τ_1，基于有限理性，人类可能会也可能不会选择适应（事件 D）。如果他们没有做出决定（$\neg D$），他们将继续承受与 τ_0 时相同的环境后果，无论这些后果是什么（结果 E）。如果他们选择适应，那么在某个时间 τ_2，他们可能会也可能不会切实执行他们的决定，并通过某种人工系统（可能是社会属性或真实存在）来执行适应性响应（事件 A）。如果他们没有部署人工产品（事件 $\neg A$），他们就仍然要忍受环境带来的后果，只是这一次已经过去了更多的时间（结果 E^*）。可以说，$E \approx E^*$。

如果他们确实通过某种人工产品做出了响应，那么在某个时间 τ_3，该响应可能有效也可能无效。如果它起作用（事件 W），那么结果就是成功和更大的复杂性，因为现在人工系统必须时常维护（结果 C）。如果响应失败（事件 $\neg W$），那么结果仍然会带来持久的环境后果，这一次是在经历失败之后（结果 E^{**}）。可以说，现在 $S(E^{**})$ $S(E)$，其中 $S(X)$ 表示与事件 X 相关的压力或无效响应。

图 7.4 中的模型提供了西蒙理论的一阶表达。主要结果是，Ω 空间中的每个结果都是由合取函数产生的。社会复杂性 C 的涌现至少需要四个连续的必要条件，这意味着显著的低概率，否则就不会发生。其他结果（失败 E、E^* 和 E^{**}）的低概率相对较小，因此可能

性较大。

二阶模型还将包括用于一阶模型中每个事件的因果发生的条件反向逻辑。因此，环境在一组可能持续也可能不持续的条件下运行，这会导致环境变得具有挑战性，这取决于结构函数 $\Psi \wedge (E)$。同样，响应的决定需要它自己的一组条件（例如，要求有限理性），由一个合取结构函数 $\Psi \wedge (D)$ 规定。通过人工系统实施响应是另一个高度关联的事件（设计、采购资源和部件、现场准备、施工、初始运行），有其自身的结构函数 $\Psi \wedge (A)$。最后，适应性响应是否起作用，取决于一个合取结构函数 $\Psi \wedge (W)$。因此，二阶模型也将是严格意义上的合取模型，从这个角度看，也是指数级的低概率事件。

这些概念和假设产生了西蒙社会复杂性理论的以下原则。

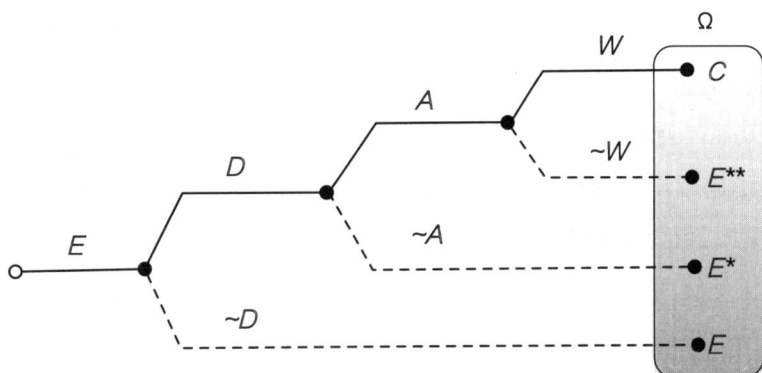

图 7.4 西蒙社会复杂性适应与涌现理论的正向因果逻辑树

定理 7.24 西蒙的复杂性 – 简单性假说（Simon's Complexity-Simplicity Hypothesis）。人类，作为行为系统是相当简单的。随着时间的推移，我们行为的明显复杂性在很大程度上反映了我们所处环境的复杂性。（赫伯特 – 西蒙，《人工科学》，1996 年，第 53 页）

定理 7.25 人工复杂性（Artifactual Complexity）每个成功的人工系统的复杂性都与它相关的环境复杂性成正比，同时还要一些复杂性作为安全保障。符号化来说：$C_A \propto C_E + \delta$。

应用一般合取原理（定理 7.6），得到如下定理：

定理 7.26 适应社会复杂性的一阶概率原理（First-Order Probability Principle for Social Complexity by Adaptation）通过适应具有挑战性的环境，社会复杂性 C 的概率由其四个必要事件的概率乘积给出：

$$Pr(C) = Pr[E \wedge (D \mid E) \wedge (A \mid D) \wedge (W \mid A)], \tag{7.77}$$

$$= E \cdot D \cdot A \cdot W = P4, \tag{7.78}$$

式中 P 为这些事件发生的概率。

下一个原则来自西蒙理论中二阶事件的结构，如前所述。

定理 7.27 （社会复杂性的二阶概率原理）西蒙过程（图 7.4）中社会复杂性 C 的二阶概率由公式给出：

$$Pr(C) = Pr(\wedge E_i) \cdot Pr(\wedge D_j) \cdot Pr(\wedge A_k) \cdot Pr(\wedge W_l), \quad (7.79)$$

$$= \prod_{i=1}^{m} Pr(E_i) \cdot \prod_{j=1}^{n} Pr(D_i) \cdot \prod_{k=1}^{r} Pr(A_i) \cdot \prod_{l=1}^{s} Pr(W_i), \quad (7.80)$$

$$= E^m \cdot D^n \cdot A^r \cdot W^s = P^{m+n+r+s}, \quad (7.81)$$

式中 P 为跨越所有二阶事件的概率值。

如果四个主要事件中的每一个都需要至少两个二阶因果事件（即 $m = n = r = s = 2$），那么 $Pr(C) = P^8$，这使得社会复杂性的涌现概率相当低。因此，比一阶事件更加罕见。这些结果，特别是后两个结果，意味着显著的冗余结构必须存在于第三级和更高的因果级，否则成功适应的可能性接近为零。西蒙确实在《人工科学》中讨论了冗余问题，但不幸的是，他没有像其他社会理论家那样深入讨论，他们并不直接关注社会复杂性。

对西蒙理论进行未来分析，必然会带来其他结果。这里所呈现的结果通过强调主体（行为者和环境）、行为规则（适应和其他模式）和动力学（主要实体之间的相互作用），为计算分析提供了便利。基于西蒙的理论，我们也可以通过基于变量和基于对象的社会仿真得到其他洞见。该理论也可以与其他理论结合使用，以开发新的理论，就像下一节所讨论的那样。

7.5.3 作为统一框架的规范理论（Canonical Theory）

社会复杂性的规范理论是建立在行为和集体行动理论、西蒙理论以及关于社会系统的原因、起源和进化的相关概念的基础上的。在解释社会复杂性的背景下，它代表了对早期思想的重新解释和归纳，以政治不确定性一般理论的应用为指导。

社会复杂性的规范理论首先区分了社会复杂性的双重时间尺度，如下所述的正式假设：

假设 7.7 社会复杂性的双重时间尺度（Dual Time-Scales of Social Complexity）时间在社会复杂性过程中具有双重尺度：快速和慢速迭代模式。慢速过程的特点是相对低频、长期的社会复杂性的涌现和发展，正如政治的连续性和宏观历史动态所观察到的那样（例如，大约在每年到十年或更长的范围内的政治兴衰）。快速的过程则以与问题解决和适应以及微观历史动态相关的相对高频率、短期事件为特征，大致在每小时或每天到每周的尺度上。

理解这些社会复杂性的双重时间尺度的另一种方法是，使用事件数据分析术语，将其视为统计历史上发生的粗粒度和细粒度事件的指标。社会复杂性的双重时间过程之间的精确理论关系至关重要，并由以下前提给出。

假设 7.8　社会复杂性的跨时空同步（Inter-Temporal Synchronization of Social Complexity）在长期、宏观视角下，是通过快速迭代过程所产生的结果的复杂相关性（外部性）的累积而实现的。

具体地说，如图 7.5 所示，快速过程是一个由自然状态和随机抽签生成的人类行为（用三角节点表示）以及决策（方形节点表示）所形成的顺序分支过程（事件树）。快速过程的结果空间 Ω 包括过程生成的所有复合事件（$O_j \in \Omega$）。在这种情况下，$n(\Omega)=5$，所以：

$$\Omega = \{A, Z, X, X^*, E^*\}, \tag{7.82}$$

如图 7.5 所示。具体而言，社会复杂性的变化——通过增加、减少或保持恒定——是由于在快速过程中实现的结果所直接导致的，现在我们将对此进行详细阐述。

当给定的社会或社会群体处于某种基态 X_0（图中左边的事件 K）时，一个具有社会复杂性潜力（不确定性）的快速过程从初始时间 τ_0。接下来发生的事情解释了社会复杂性是增加、减少，还是保持不变。

（1）在后来的某个时间 τ_1，情况可能发生变化，也可能不发生变化（分别为事件 C 和 $\neg C$）。如果没有发生变化，则社会就会持续下去，而社会复杂性不会有太大的变化（产生了结果 E^*，除了经过一些时间间隔 $\Delta\tau = \tau_1 - \tau_0$ 外，它与 K 大致相当）。

（2）当情况发生变化时，有趣的过程就开始了——这种变化对一个社会有重大影响，无论是直接的还是间接的。这种情况的发生可能是一种威胁，也可能是一种机会，对应于消极或积极的后果。无论如何，如果 C 发生了，那么社会成员在 τ_2 时间（分别是事件 N 和 $\neg N$）可能意识到需要采取行动，也可能没有。由于情况的变化是社会性的，而不是个人的，因此所需的行动需要协调。如果在必要的情况下没有意识到采取行动的必要性，那么结果将是有害的（结果 X^*）。

（3）如果 N 发生了，那么社会成员在 τ_3 时间可能会也可能不会采取行动（分别是事件 U 和 $\neg U$）。如果没有采取行动的需要，则将带来有害的后果（结果 X），即使这个需要被认可。

（4）如果 U 发生了，那么集体行动在时间 τ_4（分别为事件 S 和 $\neg S$）可能会也可能不会起作用。如果集体行动失败，则将带来有害的后果（结果 Z），即使已经采取行动。

（5）如果 S 发生了，那么结果是在时间 $\tau_4 + \delta$ 时成功适应（结果 $A \in \Omega$，这是一个复合事件）。

该理论被称为"规范（Canonicality）"是因为每次都会迭代无限次的相同快速过程，

但只有有限且可识别的变化。

快速的迭代过程如何在慢速迭代过程中产生社会复杂性的变化？从形式上看，每个导致结果 $O_i(\tau) \in \Omega$ 的快速迭代过程都会产生一组与社会复杂性有关的相关后果 $\kappa_\tau(O)$（经济学上称之为外部性）。显然，并非所有的结果都会产生相同的后果，如图 7.5 中的 Ω 空间所示。反过来，来自时间 τ 的后果会促进社会复杂性 $C(\tau+1)$ 的变化。

因此，在慢速过程的时间尺度上，时间 $\tau = m$ 的社会复杂性，用 $C(m)$ 表示，是由所有快速迭代过程周期的积分（在离散时间求和）产生的。

$$C(m) = \sum_{\tau=0}^{m} \kappa_\tau(0) \sum \kappa\tau(O) - L_{(\tau)}, \tag{7.83}$$

其中 $L_{(\tau)}$ 是一个损失函数（loss function），代表复杂性中某些不可避免的衰减。后者的例子包括错误信息处理、不完善或有缺陷的学习、记忆力丧失，以及类似的个人或集体事件。从长远来看，这些事件会损害社会的复杂性。有限理性在多个空间和时间尺度上具有长期的社会影响，而不仅仅是对个人决策的局部影响。

例如，考虑成功适应情况（图 7.5 中的结果 A），这是一个快速迭代过程的最成功结果。社会复杂性在时间 $\tau+1$ 的进一步建设会产生以下结果 $\kappa_\tau(A)$：

（1）团体成员由于克服了逆境而享受成功，增加了他们解决问题的信心。

（2）邻居们（本地或远方）可能会注意到该团体的成功。

（3）在实现每个中间事件的过程中，新的价值观、信仰、规范、程序或机构涌现，并就整体结果（复合事件）进行累积。

（4）在解决问题方面获得了新的、具体的、实际的经验，包括以下方面的能力：

①认识到集体行动的必要性；

②规划一个或多个可操作的问题解决方案；

③通过协调，来执行实施计划。

（5）领导者和追随者相互审视对方的表现，学会信任谁，谁有哪些技能，谁表现得好或不诚实，以及对行为者属性和行为的其他评价。

（6）成员的声誉和他们的看法被更新。

这些认知和关系对参与者来说相当于增加了社会的复杂性，包括更大、信息更丰富的信仰体系、记忆力的增强、社会关系的发展，以及新规范或制度的创建。因此，$\kappa(A) > 0$。下一次情况变化发生在某个 $\tau_{0'}$ 时（即在下一个快速迭代过程迭代开始时），群体或社会将具有更大的复杂性，并具有新的解决问题的能力。

其他快速迭代过程的结果会产生不同的后果。例如，当集体行动的需要没有被认识到

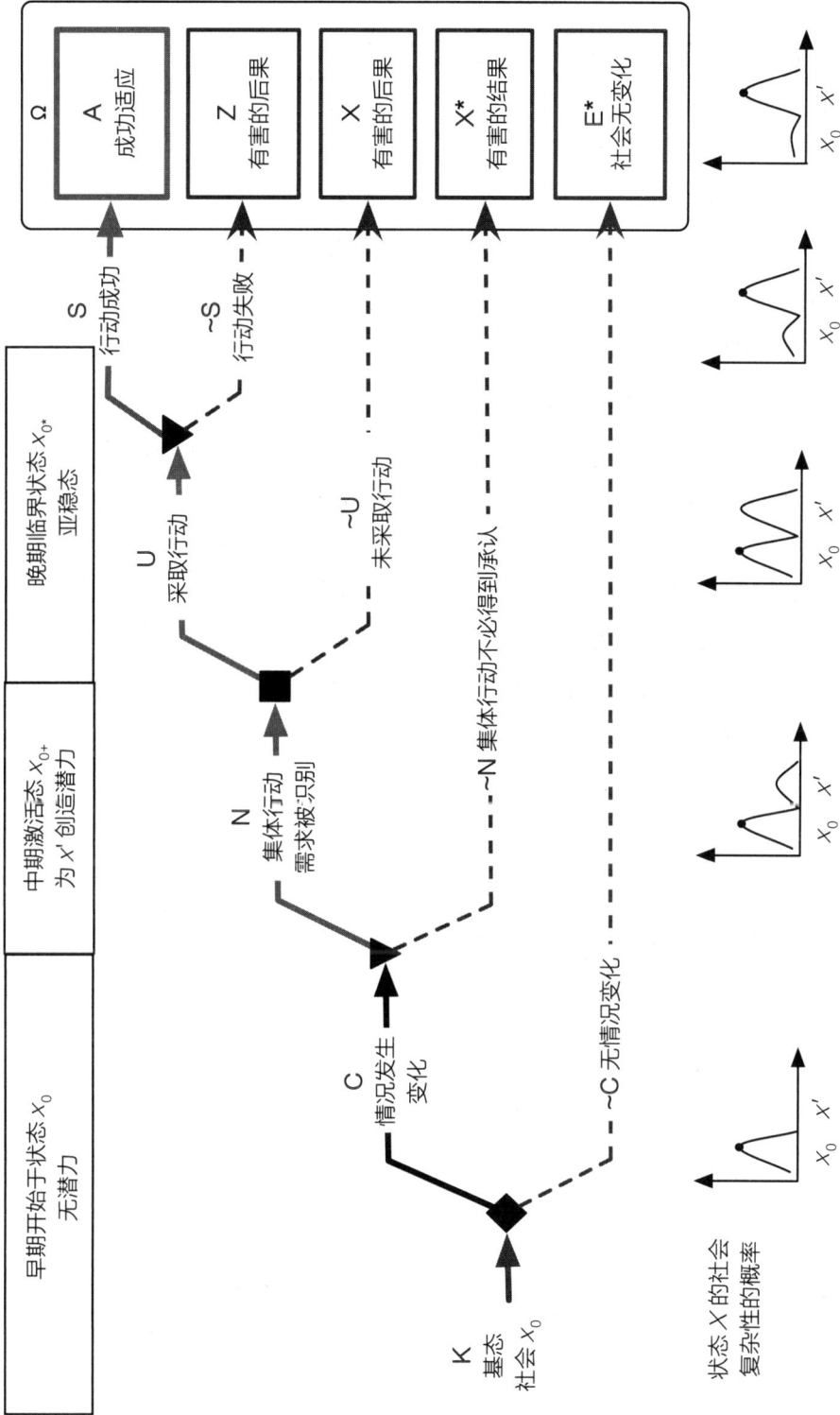

图 7.5 社会复杂性的出现和发展的典范理论的前向顺序因果逻辑树

注：图中主要的上半部分说明了快速过程。社会复杂性在整个底部。社会复杂性的概率变化显示在整个底部。节点符号决定用三角形节点表示，抽签用方形节点表示，混合用钻石节点表示。

335

（¬N），情况变化完全没有得到管理，或者没有采取行动（¬U），又或者行动失败（¬S），所有这些结果都会产生从轻微到严重的有害后果，导致社会复杂性的短期退化（κ<0）。如果不是非常致命的失败，可以在τ+1时定义新的社会状况，在慢速进程的时间尺度上产生一个新的快速进程，并通过相同的典型循环进行迭代。成功的适应往往发生在最初的失败之后。

快速迭代过程中的成功可能会增加未来成功的概率，前提是社会成员从经验中吸取教训，未来的情境变化需要在经验范围内，并且适当利用经验。解决问题的经验会随着时间的推移而衰减，因此情境变化的频率很重要：高频率会降低社会成功适应的能力；低频率会导致记忆丧失，降低成功的概率。

规范理论解释了基础和应用社会科学研究中一系列令人感兴趣的复杂现象。还有一个更具体的例子，涉及解释和理解灾害，特别是那些影响耦合的、复杂的社会－技术－自然系统的灾害。图7.6通过将规范理论应用于经典的灾害难题中来说明这一点，即灾害不被认为是"自然的"，而是由未能适应或准备应对灾害造成的。危害是自然或技术事件；灾害是社会后果，如果不能完全被消除，至少在一定程度上可以减轻。在这种情况下，快速迭代过程始于社会对某种危险的暴露。在这种基本状态下，根据意识（NP）、决定（DP）和正在进行的准备工作（AP），可能会有也可能没有准备工作。如果没有准备工作，危害可能会发生，也可能不会发生，而有关事件反应的其他突发事件将决定一系列不利的结果。

如果进行了准备（图7.6中的事件P），危险可能会发生，也可能不会发生；准备可能会起作用，也可能不起作用；事件响应可能会发生，也可能不发生；它们可能成功也可能失败。这些更复杂的快速迭代过程的一阶事件产生了更大但可识别的结果空间。每一个结果都是一个复合事件，就像以前纯粹的理论过程一样，所以每一个都可以通过序列连接原理给出建模的概率方程。

当一个社会在快速迭代过程中循环时，每次迭代的结果都会产生由所走路径直接决定的结果。这就解释了为什么社会复杂性是依赖路径的（path-dependent）：不同的路径会产生不同的个人和集体后果。从世界历史的角度来看，灾害—灾难—快速迭代因导致危害性事件而出名。

此外，快速迭代过程是多个、并发和异步的社会过程，在甘特图或甘特空间中具有平行和相互依赖的活动通道。在渐近极限中，慢速迭代过程是由快速迭代过程随时间的积分产生的，这解释了历史连续性是如何从基于离散事件的快速迭代过程的统计集合中产生的。

规范理论的一些重要优势可以总结如下：

336

（1）该理论解释了社会复杂性的重要方面，包括新的现象和以前不相关的想法之间的新联系，超越了早期理论。

（2）规范理论作为更广泛、更通用的解释框架内的特例，包括几个有价值的早期理论的元素，如卡内罗的、马库斯的、达尔的和利希巴赫的等。

（3）从计算的角度来看，该理论的解释机制是迭代的，快速迭代过程产生了约翰冯·诺依曼（John von Neumann）意义上的复杂性。

（4）该理论可以通过各种方法进行检验，包括案例研究、比较分析和统计评估。

（5）该理论可以从长期的时空角度适用，即它可以解释过去、现在和未来历史中的社会复杂性。

（6）对生存的追求和对生活质量的改善都可以作为快速迭代过程的启动事件，分别作为反应性和主动性的回应。

（7）双重时间尺度使该理论能够对社会复杂性的微观现象和宏观趋势进行综合解释。

（8）快速迭代过程为进行比较研究提供了一个系统化的模板，通过一个共同的框架分析，提供跨越空间和时间的案例。

（9）该理论适用于社会、社会 – 技术、社会 – 自然和社会 – 技术 – 自然系统，包括解释如何以及为什么出现自然、技术和人为灾害。

（10）基于事件或离散的建模方法允许该理论在计算模型中实现，如多智能体系统，并充分利用概率论和微积分来推导分析结果。

（11）通过区分行动者和其他实体，以及区分决策和随机抽签，规范理论引用了决策理论和博弈理论的重要思想和成果。

（12）随着进一步的形式化分析和计算实验可以发现以前未知的形成和发展过程，该理论可以被其他人所改进。

（13）基础科学问题以及政策导向的分析可以通过规范理论来解决。社会仿真提供了社会复杂性理论的计算实现，正如在接下来的章节中所研究的。

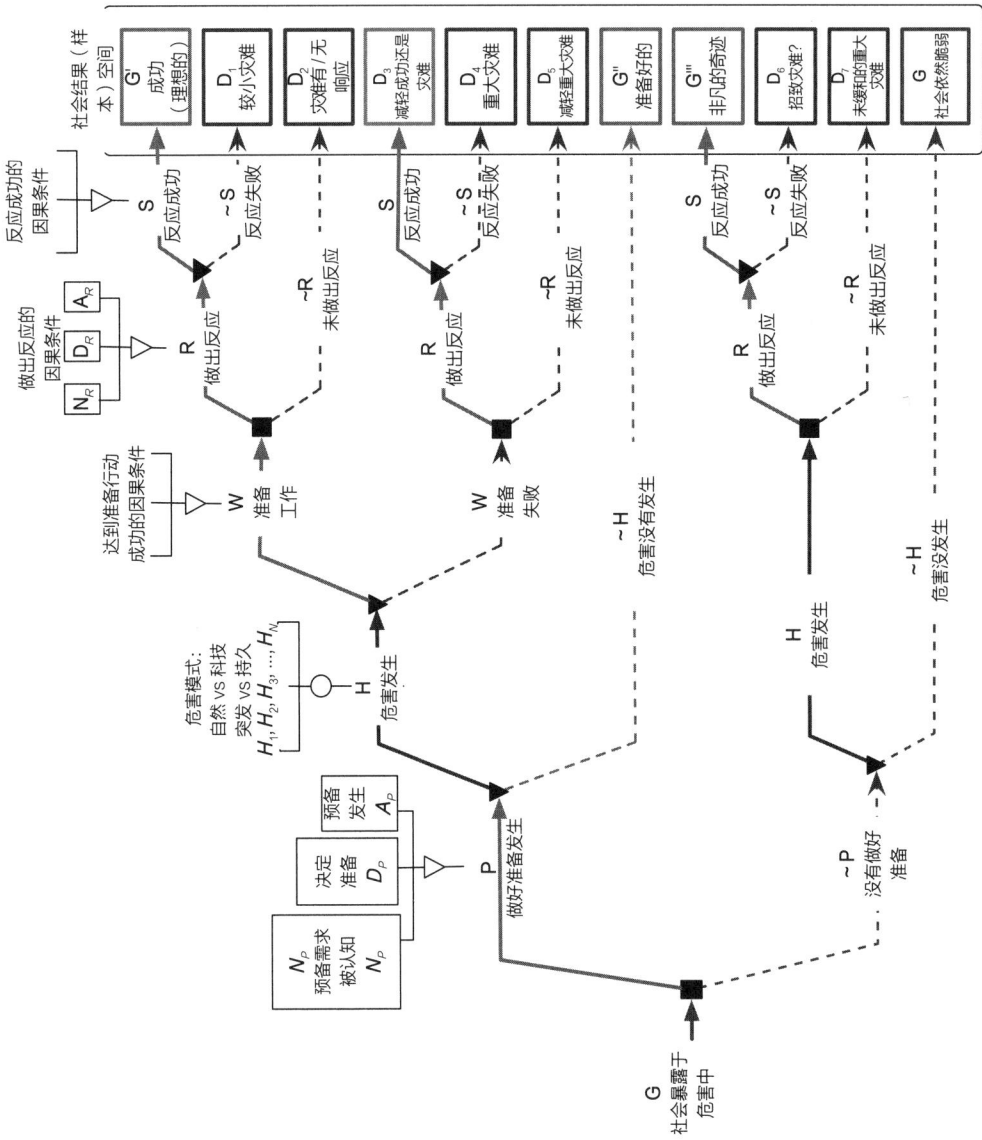

图 7.6 根据规范理论解释风险灾害和社会灾害的顺向因果逻辑树

🔍 问题

7.1 在计算学和传统社会科学中，理论的主要功能是对人类和社会现象的 ＿＿＿＿。

（a）描述

（b）解释

（c）预测

（d）预言

（e）说明

7.2 以下哪项是科学解释的决定性特征，而不仅仅是理想属性：

（a）一组与事件高度相关的情况

（b）导致被解释事物的先前事件的因果故事

（c）一个数学规律

（d）一个现象的计算模型

（e）以上皆是

7.3 当代社会复杂性的模型和理论：

（a）起源于计算机的出现

（b）植根于 17 世纪

（c）植根于 18 世纪

（d）起源于 20 世纪五六十年代的行为革命

（e）始于大数据的可获得性

7.4 从自然科学和社会科学理论中识别出常用的三种数学结构。

7.5 选择最佳答案：社会复杂性起源的理论是由 ＿＿＿＿＿＿ 提出的：

（a）人类学家

（b）经济学家

（c）政治学家

（d）政治哲学家

（e）各学科的社会科学家

7.6 写出下列描述对应的人物名称。

（a）18 世纪的法国政治哲学家，他提出了关于国家起源的最早理论之一

（b）20 世纪的美国政治学家，他在 N 人博弈论的基础上创造了第一个关于联盟的数学理论

（c）第一个提出政体系统理论的美国政治学家

（d）出生于乌克兰的物理学家和数学生物学家，他发表了第一个关于酋邦形成的数学模型

（e）第一个提出关于权力竞争政体的系统理论的政治学家

（f）提出解释早期国家起源的"酋邦循环动态理论"的考古学家

（g）英国计算机科学家，展示了第一个新石器时代政体的计算模型

（h）法国计算社会科学家，发表了第一个基于六边形的早期城市化的元胞自动机模型

7.7 根据定义 7.1，写出社会复杂性涌现的三个因果要素。

7.8 鉴于社会复杂性的涌现是人类决策的结果（而不是自然状态的主要结果），建模和解释社会复杂性发生的自然停止点或解决方案的极限是基于 _____ 的水平。

（a）酋邦

（b）社会结果

（c）决策性结果

（d）上述都是

（e）以上都不是

7.9 人类、技术和自然过程的一组最终结果，可能导致或无法产生社会复杂性，称为：

（a）集体行动

（b）样本或结果空间

（c）规范变化

（d）随机抽签

（e）偶然决定

7.10 在关于社会复杂性的涌现的理论中，将因果事件映射到涌现结果的形式结构或对象

被称为：

（a）幂律，用 $f: X \to p$ 表示

（b）事件函数，用 $\Psi: \{X\} \to Y$ 表示

（c）路径依赖性

（d）一个复合事件

（e）样本空间 Ω

7.11 第 7.3 节中提到的社会复杂性涌现的计算模型的代码的内在要求是什么？

（a）递归函数

（b）函数的函数

（c）连续函数

（d）时变的函数

（e）指数函数

7.12 社会复杂性的涌现是由多个连续的偶然事件的组成过程所产生的多方面的社会结果，这一观点在形式上被称为：

（a）复合事件

（b）一个样本空间

（c）国家的起源

（d）一个分支过程

（e）一个快速规范过程

7.13 哪个数学结构包含了社会复杂性 C 涌现的具体细节？

7.14 在社会复杂性逻辑的理论和研究中使用的两种基本因果解释模式是哪一种？

（a）顺序逻辑和路径依赖

（b）条件逻辑和顺序逻辑

（c）顺序逻辑和正向逻辑

（d）布尔逻辑和概率逻辑

（e）布尔逻辑和因果网

7.15 术语正向和反向逻辑与下列哪项同义？

（a）顺序逻辑和布尔逻辑

（b）顺序逻辑和条件逻辑

（c）贝叶斯逻辑和布尔逻辑

（d）（a）和（b）都是

（e）（b）和（c）都是

7.16 复杂社会过程的正向逻辑模型与 _____ 关系最密切，但与之不同。

（a）正常形式的 2 人博弈

（b）扩展形式的博弈

（c）无限游戏

（d）确定性的游戏

（e）不完全信息博弈

7.17 决定性的结果和自然状态对应于：

（a）随机抽签和人类的选择

（b）个人和集体的选择

（c）概率和确定性过程

（d）人为的选择和随机抽签

（e）以上都是

7.18 社会复杂性的发生和概率是两个不同的方面，后者严格取决于前者。第 7.3.1 节中这一观点的方程是什么？

7.19 社会复杂性发生和概率的正向逻辑方程同构于：

（a）一个串行结构

（b）一个平行结构

（c）一个样本空间

（d）一个扩展形式的博弈

（e）一个不连贯的结构

7.20 社会复杂性的顺序概率的特点是

（a）高熵

（b）低熵

（c）路径依赖性

（d）低概率

（e）超概率

7.21 社会复杂性 $Pr(C)$ 的顺序概率是

（a）等于先前事件的概率的乘积

（b）小于先前事件的最小可能性

（c）等于先前事件的最小可能性

（d）以上都是，取决于选择和随机抽签

（e）（a）和（b）都是

7.22 哪个对社会复杂性的顺序概率有更大的影响：先验事件概率的变化，还是先验基数的变化？

7.23 证明公式 7.15 中的不等式。

7.24 社会复杂性 C 的涌现作为条件或反向逻辑模式的复合事件通过提供 _____ 来解释。

（a）初始和最终条件

（b）必要或充分条件

（c）只有必要条件

（d）只有充分条件

（e）确定性条件

7.25 当涌现被理解为由微观层面的因果事件产生的宏观层面的复合事件时，哪个基本原则提供了社会复杂性理论的基石？

（a）合取原则

（b）析取原则

（c）集体行动原则

（d）布尔原则

（e）不确定性原则

7.26 基于合取原则，社会复杂性的涌现具有哪些特征？

7.27 请指出"布尔 AND"的一个普遍扩展。

7.28 识别"析取"或"布尔 OR"这两个基本模型。

7.29 绘制由公式 7.32 定义的二项式函数 $B(m, v)$。

7.30 解释组合复杂性如何在社会系统和过程中发挥作用的主要原则被称为：

（a）合取 – 析取原则

（b）析取 – 合取原则

（c）"若干"原则

（d）因子定理

（e）二项式原理

7.31 组合社会复杂性的"若干"原则解释了 _____ 的情况。

（a）因果信息有限

（b）具有部分必要性或充分性

（c）受过度因果充分性支配

（d）既是（b）也是（c）

（e）既不是（b）也不是（c）

7.32 作为一个理论的解释对象的主体被称为：

（a）解释要素（explanans）

（b）待解释事物（explanandum）

（c）解释（explanation）

（d）因果原则（causal principle）

（e）事件函数（event function）

7.33 酋邦领地、国家、帝国和全球系统都是复杂社会实体的实例，在学术上被称为：

（a）社会经济系统

（b）政体

（c）社会

（d）社区

（e）文化

7.34 定义 7.4 直接基于：

（a）第二章引入的政体的标准模型

（b）西蒙的人工制品理论

（c）组合因果复杂性

（d）（a）间接作用于（b）

（e）以上都不是

7.35 哪个政体的组成部分概括了以下属性：人口规模、位置、组成、身份、压力水平、当局、分层、财富以及相关的统计和分布，还包括社会网络特征？

（a）经济

（b）国家

（c）社会

（d）政府

（e）民族

7.36 在起源于新石器时代的最早的政体中，哪些组成部分还不存在？

（a）中介结构

（b）关注公共问题的社会团体

（c）公共工程管理员

（d）专业技艺

（e）集体行动联盟

7.37 哪一个中美洲政体是一个由外国居民组成的大型多文化社会？

（a）特奥蒂瓦坎（Teotihuacán）

（b）杰里科（Jericho）

（c）阿斯佩罗（Aspero）

（d）以上都是

（e）以上都不是

7.38 根据标准的政体模式，首次涌现和随后长期演变的社会复杂性的主要生成动力是什么？

7.39 政治部分由通过公共政策管理社会问题的机构和程序体系组成，称为：

（a）社会结构

（b）经济

（c）政府

（d）政治经济

（e）政治文化

7.40 一个政体的社会和政府之间的关联类的名称是什么？

7.41 从政府和计算信息处理的角度，找出酋邦领地和国家之间的关键区别。

7.42 对于文字系统与国家同时涌现的原因，基于计算如何解释？

7.43 在标准的政体模型中，哪个类具有诸如 targetIssue[string]、dateOfFormulation[tuple]、dateInitialImplementation[tuple]、cost[int]、effectiveness[float]、efficient[float] 等属性？

7.44 在第一代政体中，以下哪种属于政策的最初案例？

（a）贸易政策

（b）军事草案政策

（c）货币政策

（d）福利政策

（e）外交政策

7.45 为什么酋邦和国家的政策执行概率值分别相对较低和较高？

7.46 哪种类型的政体被定义为具有分层和等级的社会，由领导人行使公共权力，并对由几个定居点组成的区域领土实行控制？

　　（a）简单的酋邦领地

　　（b）复杂的酋邦领地

　　（c）早期国家

　　（d）成熟国家

　　（e）（a）和（b）都有

7.47 等级社会的最低要求是有：

　　（a）一个最高酋长

　　（b）几个酋长

　　（c）精英成员和平民

　　（d）精英成员、平民和专业工人

　　（e）以上都是

7.48 酋长对平民的权力来源是：

　　（a）地方身份

　　（b）提供基本公共物品的能力

　　（c）通过地方精英行使的权力，这些精英又从酋长那里得到报酬

　　（d）直接胁迫

　　（e）以上所有

　　（f）（a）和（b），但不是（c）

　　（g）（a）、（b）和（c），但不是（d）

7.49 判断正误：酋邦中的工人的一个重要特征是他们依赖复杂的供应链来生产珍贵物品或商品。

7.50 判断正误：狩猎采集者、前复杂社会建造了第一批神龛——临时的、非居住的礼拜场所，但不是神庙，通常在偏远地区。

7.51 图 7.1 中的信仰体系是：

    （a）完全平衡的

    （b）整体不平衡

    （c）只有部分平衡

    （d）只有节点平衡

    （e）只通过链接来平衡

7.52 证明问题 7.51 的答案。

7.53 酋邦领地的政治经济有许多特征，如本章所确定的十个特征（7.4.1.1 节）。列举并解释其中的五个。

7.54 ＿＿ 是酋邦政体中缺少的一种特定结构。

    （a）堡垒

    （b）寺庙

    （c）宫殿

    （d）市场

    （e）广场

7.55 相对于简单的酋邦领地而言，复杂的酋邦领地的一个决定性特征是：

    （a）在外围省份有强大的军事存在

    （b）有能力抵御敌对的邻国

    （c）使用黄金和玉石作为货币单位

    （d）额外的精英等级制度

    （e）以上都不是

7.56 定义一个复杂的酋邦领地的精英等级制度是：

    （a）小型网络的一个实例

    （b）一个几乎可分解的系统

    （c）一个无标度网络

    （d）以上所有

（e）以上都不是

7.57 酋邦政体的平衡状态通常被表征为：

（a）稳定

（b）静止的

（c）亚稳定的

（d）（a）和（b）都是

（e）（a）和（c）都是

7.58 酋邦领地涌现的一个必要但不充分的条件是：

（a）双层的定居等级制度

（b）三层的精英等级制度

（c）涌现的可能性

（d）（a）和（b）都有

（e）（a）和（c）都有

7.59 请指出酋邦形成的三个必要和充分的一般理论条件。

7.60 酋邦形成的社会复杂性的正向顺序过程的样本空间 Ω 中包含多少种结果？

7.61 判断正误：初始社会复杂性的可能性 P 是基数为 n 的复合事件，其中 $n \approx 9$。

7.62 在简单的、以亲属关系为基础的社会中，列举六个与社会复杂性潜力相关的前提条件。

7.63 判断正误：有文献记载，东西半球都存在四个自治的政治起源区，这证明了到上一个冰河时代结束时，政治起源的先决条件在人类占领的世界各地都是满足的。

7.64 判断正误：根据合取原则，初始社会复杂性的潜力更受先决条件的基数 Θ 的影响，而不是受其个体概率的影响。

7.65 对初始社会复杂性 C 而言，潜力 P 的实现 R 的理论基数与 R 的基数的关系是：

（a）两者相同

（b）前者由后者定义

（c）前者小于后者

（d）前者大于后者

（e）前者依赖于后者

7.66 除了精英成员和平民，国家政体中还存在哪些群体？

7.67 判断正误：从组织结构的角度来看，政府的各个机构是一组存在于国家政体中但不存在于酋邦领地中的定义实体。

7.68 以下哪个可能是酋邦所区别于国家政体的特征：

（a）精英等级制度

（b）贵重物品

（c）世袭统治

（d）可靠边界防御

（e）宗教机构

7.69 列举一个国家政治经济的七个（即至少一半）特征，这些特征不同于酋邦的政治经济。

7.70 一个国家的人口定居层次至少包括几个层次：

（a）一个

（b）两个

（c）三个

（d）四个

（e）五个

7.71 与酋邦领地相比，一个国家可以成为一个稳定的政体，因为在某些情况下，它：

（a）可以发展足够的、可持续的能力

（b）能够确保和控制其边界，并提供防御和威慑

（c）拥有能够管理公共问题的政府系统

（d）有一个足够繁荣的社会经济，能够以税收的形式提供多余的财富

（e）以上皆是

7.72 卡内罗的循环理论试图解释：

（a）一个部落的形成

（b）一个酋邦领地

（c）一个国家

（d）一个联盟

（e）一个帝国

7.73 作为一种机制在循环理论中发挥了关键作用的是：

（a）政治征服

（b）经济交换

（c）经济接管

（d）自然灾害

（e）人口迁移

7.74 卡内罗理论的一个缺陷是：

（a）未解释国家机构的涌现，而这一缺陷后来被更新的理论所弥补

（b）未解释在没有文字的情况下国家如何形成

（c）过于依赖经济因素而忽略了其他机制

（d）过于重视军事因素的作用

（e）以上皆是

7.75 马库斯的动态模型中的理论解释了哪种政体形成的情况？

（a）游群（band）

（b）部落（tribe）

（c）酋邦（chiefdom）

（d）国家（state）

（e）帝国（empire）

7.76 马库斯的动态模型的一个关键理论贡献包括：

（a）它将自然灾害作为状态形成过程中的因果因素

（b）将卡内罗的理论与其他著名的国家形成理论的结合

（c）在现存的国家形成理论中，其独特的简约性和数学形式化

（d）它对一个国家的制度成长和行政等级特征的解释

（e）以上都是

7.77 卡内罗和马库斯的早期理论都没有解释的一个关键方面是：＿＿ 作为一个国家机构的决定性特征的现象。

（a）腐败

（b）功能分化

（c）军事化

（d）以上都是

（e）以上都不是

7.78 除了与外来者的冲突外，请指出在由相互竞争的酋邦组成的地区体系中存在的其他三类公共问题。

7.79 判断正误：在正向顺序理论逻辑中，国家层面的政体的形成是两个必要的先验因果事件的合取函数，即国家形成的潜力 P 的涌现和潜力的实现 R。

7.80 根据问题 7.79，列举确定国家形成的样本空间 Ω 中的结果事件。

7.81 在区域性的酋邦领地体系中：

（a）大多数酋邦领地演变成了国家

（b）大多数酋邦领地仍然四分五裂

（c）一个较强的酋邦领地吸收了其他领地，形成了一个国家

（d）没有足够的数据来确定发生了什么

（e）以上都不是

7.82 相对于酋邦领地的形成，国家形成的必要条件的数量是：

（a）较小

（b）相同

（c）大于

（d）不确定

（e）以上都不是

7.83 阐述本章详细说明的形成酋邦所需要的 15 项必要知识和技能中的 6 项。

7.84 国家形成所需条件的确切数量并不重要，最重要的是它们确实：

（a）非常少

（b）多个且有限

（c）在米勒数之内

（d）可数

（e）以上都不是

7.85 判断正误：在使用的意义上，战略能力意味着理解结果的相互依存性质，包括战略信号。

7.86 以下哪项需要是基本卫生需求和相关基础设施，包括沟渠和管道排水系统等废物管理公共系统？

（a）村庄安全能力

（b）公地社会性

（c）食品加工能力

（d）居住技能

（e）以上都不是

7.87 国家形成（即国家层面的复杂性涌现）的概率是一个 _____ 的一阶必要条件的概率函数：（定理 7.19）。

（a）线性

（b）二次方

（c）三次方

（d）指数

（e）未定义

7.88 国家形成的概率是二阶必要条件的一个 _____ 基准函数（定理 7.22）。

（a）常数

（b）二次方

（c）指数

（d）阶乘

（e）未定义

7.89 判断正误：一般理论具有普适性或普遍性，因为它们旨在解释所有组织形式中社会复杂性的起源、发展和衰退。

7.90 哪位经济学家在 1954 年为集体行动理论贡献了开创性的论文？

（a）埃莉诺·奥斯特罗姆（Elinor Ostrom）

（b）曼瑟尔·奥尔森（Mancur Olson）

（c）托德·桑德勒（Todd Sandler）

（d）保罗·萨缪尔森（Paul Samuelson）

（e）以上都没有

7.91 哪位政治学家和诺贝尔奖获得者发现了地方传统治理在公共资源（以及一般公共产品和服务）可持续管理方面的关键作用？

（a）埃莉诺·奥斯特罗姆（Elinor Ostrom）

（b）曼瑟尔·奥尔森（Mancur Olson）

（c）托德·桑德勒（Todd Sandler）

（d）保罗·萨缪尔森（Paul Samuelson）

（e）以上都没有

7.92 谁对集体行动理论的贡献——用"退出、声音和忠诚"来概括——预示着本章所考察的循环理论，解释了为什么一个被限制的酋邦领地人口无法逃脱，因此它只能抵抗或服从？

（a）保罗・萨缪尔森（Paul Samuelson）

（b）阿尔伯特赫契曼（Albert Hirschman）

（c）埃莉诺・奥斯特罗姆（Elinor Ostrom）

（d）罗伯特・卡内罗（Robert Carneiro）

（e）马克・利希巴赫（Mark Lichbach）

7.93 每个问题都有一个目标和实现目标的障碍。列出集体行动问题的目标和障碍。

7.94 列出集体行动问题的三个实例。

7.95 确定产生旨在解决集体行动的协调问题的四种机制。

7.96 哪些集体行动机制通过为集体行动中的个人或群体参与者提供个人激励来运作？

（a）市场

（b）等级制度

（c）社区

（d）契约

（e）以上都不是

7.97 哪些机制通过在社区成员之间创建团结或义务规范来运作？

（a）市场

（b）等级制度

（c）社区

（d）契约

（e）以上都不是

7.98 判断正误：在集体行动理论中，契约（合同）可以是可执行的法律文件，也可以是私人协议。

7.99 根据里克的理论，当最高酋长向联邦地方酋长提供报酬，并在执政联盟中提供附带报酬时，哪个集体行动机制在运作？

（a）市场

（b）等级制度

（c）社区

（d）契约

（e）以上都不是

7.100 哪种集体行动机制需要具备向集体行动参与者提供奖励的巨大能力？

（a）市场

（b）等级制度

（c）社区

（d）契约

（e）道义性

7.101 哪种集体行动机制需要特定的认知参考，例如本章讨论的社区圣地 / 寺庙崇拜，以及有效的社会沟通？

（a）市场

（b）等级制度

（c）社区

（d）契约

（e）道义性

7.102 政策分析和管理科学中所谓的"棘手问题"就是典型的 _____ 集体行动问题。

（a）第Ⅰ类

（b）第Ⅱ类

（c）第Ⅲ类

（d）第Ⅳ类

（e）第Ⅴ类

7.103 以下是通过问题解决机制进行集体行动的概率定理的是：

（a）米勒数

（b）二项式方程

（c）不良问题数量

（d）集体行动的潜力

（e）以上所有

7.104 下列哪项在集体行动中发挥着关键作用？

（a）价值观

（b）领导力

（c）感知

（d）权威

（e）权力

7.105 以产生集体行动的能力而闻名的有效领导者能够发展 _____，这有利于未来的集体行动，正如规范理论所解释的那样。

（a）追随者

（b）魅力

（c）权力

（d）声誉

（e）权威

7.106 判断正误：领导力是有效解决集体行动问题的必要条件。

7.107 判断正误：有效的集体行动问题解决离不开一种或多种机制。

7.108 社会复杂性是人类通过人工系统适应复杂环境的结果，而不是因为我们人类本质上是复杂的；我们不复杂，是环境复杂。上述社会复杂性理论的作者是谁？

（a）乔伊斯·马库斯（Joyce Marcus）

（b）阿尔伯特·赫希曼（Albert Hirschman）

（c）赫伯特·西蒙（Herbert Simon）

（d）曼瑟尔·奥尔森（Mancur Olson）

（e）埃莉诺·奥斯特罗姆（Elinor Ostrom）

7.109 列出西蒙适应理论中的四个定义组成部分或基本思想。

7.110 根据西蒙的理论，社会复杂化的首要原因是：

（a）资源优化利用的需要

（b）人类智能

（3）环境复杂性

（d）有限理性

（e）人类目标搜索行为

7.111 哪种计算框架与目标搜索行为相关？

7.112 有限理性不是：

（a）主流经济学的定义特征

（b）行为经济学

（c）西蒙的理论

（d）BDI 框架

（e）以上任意一项

7.113 基于模块化和层次结构的设计或体系结构特征，具有类似于树形或星形的正式网络结构，被称为：

（a）近似可分解性

（b）复杂

（c）最优

（d）非理性

（e）既有效又高效

7.114 西蒙的适应与社会复杂性理论中样本空间的基数为：

（a）一

（b）二

（c）三

（d）四

（e）等于米勒数

7.115 列举西蒙理论样本空间中的结果。

7.116 从复杂性 $C \in \Omega$ 的基数、一阶和二阶概率、次概率 / 超概率、合取 / 析取和其他特征解释其在西蒙理论中的涌现。

7.117 鉴于普遍存在的低概率、高基数和难以确保高可靠性，社会复杂性的一个关键特征是：

（a）冗余

（b）噪声

（c）超概率

（d）近似可分解性

（e）有限理性

7.118 社会复杂性规范理论解释的社会现象是什么？

（a）复杂社会系统的起源

（b）复杂社会系统的长期发展

（c）集体行动

（d）集体行动中的领导权

（e）社会复杂性的起源和发展

7.119 规范理论依赖于 ＿＿＿＿ 时间尺度来解释社会复杂性的起源和发展。

（a）没有

（b）一个

（c）两个

（d）三个

（e）几个

7.120 判断正误：根据规范理论，在长期、宏观尺度上，社会复杂性的慢速迭代变化过程是由快速迭代过程迭代产生的复杂性相关后果（外部性）的累积带来的。

7.121 社会复杂性规范理论中快速迭代过程的结果空间 Ω 由 _____ 个结果组成。

（a）一

（b）二

（c）三

（d）四

（e）五

7.122 根据规范理论列出快速迭代过程中导致成功适应结果的事件序列（有序集）（$C \in \Omega$）。

7.123 在规范理论的快速迭代过程中列举可能的失效事件。

7.124 根据规范理论，社会复杂性变化（即增加、减少或保持不变）是由：

（a）一个快速迭代过程的结果决定的

（b）一个慢速迭代过程

（c）环境变化

（d）技术变革

（e）适应性变化

7.125 情境变化事件 C 在给定快速迭代过程中的定义特征是它必须是：

（a）私有的或个体的

（b）频繁重复

（c）集体性或社会性

（d）罕见和极端

（e）以上均无

7.126 判断正误：每一个在某个时间 τ 开始的快速规范过程都会产生一个或多个具有相关后果的结果，这些结果在 $\tau + 1$ 时刻反过来又会影响某个社区或群体的社会复杂性。

7.127 确定一个成功的快速规范过程的几个后果，这些后果会增加社会的复杂性。

7.128 从科学角度解释，为什么"自然灾害（natural disaster）"是一个矛盾修辞法，而"自然危害（natural hazard）"是有意义的。

7.129 快速迭代过程作用于社区或社会的方式是：

（a）由多重问题引起的

（b）平行分布

（c）不断循环迭代

（d）并发

（e）以上所有

7.130 从本章末尾提供的理论中列出规范理论的几个优点。

✒ 练习

7.131 概率论、形式逻辑、决策模型和图模型是最早用于发展社会科学理论的数学结构之一，后来是微分方程、博弈论、差分方程、随机过程、模糊集和计算模型的动力系统。将其与传统上用于构建物理和生物科学理论的一系列数学结构进行比较。你能从社会理论所必需的各种各样的数学结构中得出什么启示？你将这种方法论现象归因于什么？

7.132 一个常见的误解是，关于国家和早期文明起源的理论和研究仅限于考古学或人类学。如第 7.2 节，鉴于社会生成和政治生成是复杂现象的性质，关于国家起源的科学文献应该是多学科的。

（1）编写计算机程序，绘制第 7.2 节中数据的时间图，包括日期、科学家、理论和出版物。

（2）查找最近被引用的 6 部著作，绘制作者引用网络图。

（3）计算网络指标并绘制结果。

（4）从研究发现、更广泛的影响和有趣的未来研究方向等方面讨论你的结果。

（5）用一般书目中引用的最新著作更新你的分析。

7.133 政体形成、灾难、危机和其他重大社会事件都是用正向顺序逻辑解释的重大复合事件的例子。使用植根于初始事件或条件的事件树来说明其中三个例子，然后是包含随机过程出现和决策的分支，在每种情况下这些分支都跨越了包含所解释事件的结果或样本空间 Ω 。

7.134 考虑如下命题：决策结果由人的选择产生，自然状态由随机过程产生，其中选择和随机出现都是偶然事件的实例。

（1）理解这是一个范畴性的区分，它对所有因果事件进行分类，用于解释涌现和其他复合事件是如何从先前的、更基本的事件中产生的。

（2）从任何社会领域中选择三种现象，并将事件识别和分类为人类选择或随机出现。

（3）从社会科学的任何领域中挑选一个你非常熟悉的理论，从选择和随机出现的角度分析该理论中包含的事件。

（4）根据所属范畴分开讨论你的结果并得出一些启示。

7.135 解释为什么社会复杂性的顺序概率以低概率为特征。写一个计算机程序来说明你的想法。

7.136 理解社会复杂性理论的一个重要方面在于了解基数和概率之间的差异，以及两者对微观层面事件产生的突发复合事件的影响。基于第 7.3.1 结末尾提供的四个主要示例去扩展和加深你对这些想法的理解。

7.137 比较和对比作为复合事件的社会复杂性的正向和反向逻辑解释。

（1）界定每一种解释模式。

（2）解释它们在集成树和相关事件函数中的关系。

（3）理解并解释如何将一个移植到另一个上，以更好地表达完整的理论。

（4）研究、比较和讨论图 7.3 和 7.6 中的混合事件树。

（5）列举另外两个你自己在社会复杂性最喜欢的领域选择的例子。

7.138 回顾第 7.3.2 节中的以下陈述：双重因果关系的条件逻辑假设（即合取和析取）对社会复杂性事件 C 和所有复合事件都成立的根本理论原因是，因果事件的样本空间 Ω 总是可以划分为逻辑正交但因果等价的方式来生成同一复合事件 C 。使用简单的实验，例如骰子或硬币，来研究和理解这个命题。乔菲（Cioffi）用维恩图对所涉及的逻辑进行了图形说明（Cioffi，1998. 图 6.3）。

7.139 在第 7.3.3 节中，集体行动、公共政策和选举投票是组合社会复杂性中若干（several-among-some）因果关系的三个例子。

（1）从这三个例子中选择两个来应用二项式模型 $B(m, v)$，由公式 7.32 给出。请确保对每个例子的符号进行适当的专业化处理。

（2）用 Python、Mathematica 或 MATLAB 编写计算机代码，根据两个变量的变化对二项式模型进行敏感性分析。注意 $B(m, v)$ 的参数包含严格意义上的离散变量，因此使用基于正向差分的离散微积分。

（3）比较和对比你的结果。

（4）总结从这个分析中获得的几个见解，验证或超越你以前对这两个案例的认识。

7.140 一旦你理解了由"若干原则（several-among-some）"支配的组合社会复杂性，请列举与第 7.3.3 节中提供的不同的另外三个例子。重复练习问题 7.140 给的三个新例子并比较结果。

7.141 组合社会复杂性的"若干原则"是四个变量的混合函数 $h(P; i, m, v)$，其中 P 是连续的，其余是离散的。使用计算分析探索此模型的属性，获得自变量输入值的各种组合的响应面，并解释其社会意义。

7.142 术语"政体（polity）""社会（society）""政府（government）""文化（culture）"指的是截然不同、定义明确的社会实体。"政体"和"国家"是同义词，或者几乎是同义词。一个"社会"可以包括一个或多个"国家"或"文化"，后者是一个基于规范的社区。写一篇关于这个本体论的感悟，并提出关于每个本体论最初形成的问题。想想每种物质的出现都需要什么类型的转化过程，而不是物质宇宙中生物物体的形成。

7.143 从概念验证政体的定义是理解政体生成理论的基本要求；否则，我们对解释的性质没有明确的认识，这就像试图在不提前了解行星是什么的情况下，理解行星是如何形成的。

（1）对问题 7.33 中提到的每个政体案例验证定义 7.4，将其含义映射到每个案例中。

（2）确定每种情况的标准政体模型的组成部分。

（3）为每种政体情况确定三个经验实例。

（4）比较和对比结果。

（5）列出一套可行的政体理论的理想要求，并解释你的推理，其中"可行"意味着理论上可验证、经验上有效、分析上富有成效，并且从空间、时间和组织的角度来看是普遍的。

7.144 尝试将政体的定义 7.4 应用于政治出现的四个领域中的最早政体。

（1）确定每个地区最早的政体，在每个情况下尽可能多地使用专有名词。

（2）用带有一组几个属性的 UML 类图对每个区域进行建模。此外，将数据汇总到一个表中，政体在列，属性在行。

（3）比较和对比各地区的结果。

（4）在你觉得已经熟悉了每个地区的 emics（特定的经验特征和属性值）之后，提出一些方法来管理政体对象的状态。对方法及其对政体对象的影响进行建模是理论方向上的重要一步。

（5）当你学习完本章的所有章节后，回顾你的结果。

7.145 解释为什么在政体下的联盟本身被提升为一个阶级，与社会和政府联系在一起。

7.146 从计算的角度来看，文字系统提供了更大的信息处理能力和存储能力，这解释了文字发明同时出现的状态。解释为什么这句话提供了一种基于计算的理论解释，而不仅仅是相关性。

7.147 一个政体的政策数量是其复杂性水平的某种比例函数，而可持续政策的数量是政府能力的另一个比例函数。

（1）根据本章和前几章的内容，基于从简单的酋邦到复杂的帝国的一系列政体来解释这个复合命题的含义。

（2）用四个政治区域中的一个例子来验证你的解释。

（3）比较和对比你的结果。

（4）编写一个计算机程序来探索这个命题的函数形式；即，政策基数和政治复杂性之间关系的功能形式可能是什么？注意：基于塞维斯量表（Service scale）或安博·佩雷格林量表（the Embers–Peregrine scale），政治复杂性被定义为一个有序变量，所以它是一个离散变量。

7.148 从发展的角度来看，酋邦和国家分别是复杂适应系统的"初级"和"成熟"形式。根据你现在对酋邦、国家和复杂自适应系统的了解，详细阐述这一命题。使用计算概念来扩充你的解释并确定新的见解。

7.149 解释公式（7.39）~ 公式（7.41）。与一些不熟悉这一主题的朋友一起探讨这一话题，并标注在不理解这些方程的情况下需要重点解释的内容。

7.150 查阅一些关于团伙帮派（gangs）的文献，并将酋邦领地的定义 7.9 应用于帮派上。从适合性、相似性、差异性和洞察力方面讨论你的结果。

7.151 验证是否理解问题 7.48 关于主要权力来源的正确答案，研究为什么酋长的直接胁迫既不可行也不可持续。基于本章所涵盖的社会复杂性的形式原则，回顾该思想的数学基础。

7.152 第 7.4.1.1 节提出了一个社会复杂性理论，解释了为什么在酋邦领地发现了神庙，而不是在更早时期发现？为什么酋长和精英们促进了神庙的建设？

（1）回顾并讨论在酋邦层面的社会复杂性下，使寺庙变得可行和可持续的双赢局面。

（2）根据关键概念、假设和推导，确定本章中提供的论点的理论结构。

（3）认真尝试在简单的、狩猎采集的、前酋邦社会中找到有效的庙宇案例，证明该理论是否正确。

（4）创建一个计算机程序，实现这一理论中的部分或全部观点。

7.153 回顾酋邦政治经济的十大特征：

（1）仔细审查每一个特征，因为这组条件为比较酋邦和国家政体的社会复杂性提供了基础。

（2）画一个 10×10 的矩阵，验证所有的条件都是相互兼容的，并且作为一个连贯结构是相互兼容和一致的。

7.154 回顾、理解并向他人基于理论进行解释"为什么酋邦没有王宫或宫殿，而国家领导人却有宫殿"。

7.155 回顾西蒙的等级制度和近似可分解系统的概念和理论：

（1）运用西蒙的理论来解释酋邦所特有的精英等级制度。

（2）近似可分解性是如何支持复杂的酋邦领地的稳定性的？

（3）它在简单的酋邦度中是如何弱化的？

（4）写一个计算机程序，可以用来说明这个政治动力学和社会复杂性理论的话题。

（5）写一个简短的感悟，说明你在这个练习中的结果和见解。

7.156 正如第 7.4.1.1 节末尾所讨论的，酋邦领地是一种亚稳定的政体。

（1）根据本章的内容，确定一个酋邦政体可能过渡到的其他状态。

（2）画出酋邦政体亚稳定性的 UML 状态机图。

（3）根据你到目前为止的分析，评估酋邦政体的状态转换概率。

（4）对相关的马尔可夫链进行建模，并从基本特征方面对其进行分析，如状态空间、遍历性、吸收状态或长期均衡特性。

（5）写一个计算机程序来支持和深入这一分析。

（6）讨论你的结果并指出你所产生的新见解。

7.157 考虑一下用于解释酋邦政体涌现的初始社会复杂性的九个前提条件。

（1）确认本章提供的九个条件没有重叠，尽管有些条件是相关的。

（2）用一个 9×9 的矩阵来确定相关的前提条件之间的联系，总结每个单元格的信息，用主对角线来指定前提条件。

（3）识别并描述由先决条件矩阵产生的相关网络。

（4）根据对狩猎－采集社会的补充研究，确定其他前提条件。

（5）验证每个新的前提条件与前面提供的九个前提条件没有太大的重叠。

（6）讨论你的结果，以加深你对前复杂社会的理解，并对酋邦、国家和帝国的社会复杂性进行更多的科学评价。

7.158 将酋邦复杂性的每一个前提条件视为一个复合事件。

（1）根据反向条件逻辑，用必要的基本事件来模拟每个构成。这发展了复合事件 P 的三阶条件。

（2）比较和对比相关的结构函数。

（3）将你的结果加入扩展图 7.3 中。

7.159 本章所发展的酋邦领地形成理论是基于这样的假设：潜力事件 P 的构成是一个简单的合取函数，如公式（7.44）~ 公式（7.48）。另一种可能更现实的假设是，将事件函数视为基于组合的，其中一些是复杂的。考虑这一理论和模型的可选扩展，并分析一些后果，评估这一研究方向是否有助于产生新的见解。通过计算测试和分析来支持你的形式化分析。

7.160 初始社会复杂性的前提条件的数量在米勒数的上限之内。考虑一下这一点，并讨论一些影响。

7.161 从空间和时间的角度来看，初始社会复杂性的高理论基数，以及因此而产生的明显低概率，解释了其相对罕见的原因。用通俗易懂的语言解释这一来自社会复杂性理论的科学陈述，以及它对理解以政治区域为代表的世界四个角落的最早酋邦的意义。

7.162 酋邦形成的梯度定理 7.17、定理 7.18 代表了社会复杂性理论的高级课题。仔细研究这些问题，证明这两个定理，并对结果进行解释，以加深你对政治动力学的理解。

7.163 根据第 7.4.1 节和第 7.4.2 节的主要内容，准备一个表格，比较酋邦和国家的特点。基于 7.4.1 和 7.4.2 节的主要内容，编制一张比较酋邦和国家特征的表格。

7.164 虽然"国家不是依赖荷尔蒙的酋邦领地（Marcus，1992）"是事实，但一个国家的特征通常在数量上比酋邦的特征更多，在维度上也更复杂。当比较社会复杂性的两个层次时，会想到指数函数、阶乘函数和组合函数。从数学和计算上研究这些函数，并提出一些状态描述和理论的应用。

7.165 考虑一个国家政体的社会复杂性的 14 个特征。在这 14 个特征中，尽可能多地评估酋邦领地和国家之间的数量级差异。对于酋邦领地所缺乏的特征，我们给它赋值为 0。根据大小对特征进行排序，并讨论你的结果。

7.166 在西蒙理论的基础上，讨论作为一个近似可分解系统的国家政体的人口定居等级制度。

7.167 尽管一个国家可以是一个稳定的政体，但它也可以变成亚稳定的。对一个国家的情况重复练习 7.157 并比较结果。注意：要注意概念化国家的可能替代状态，因为它们与酋邦领地的替代状态不同。

7.168 仔细研究卡内罗的循环理论，并将其用于以下练习：

（1）为论文中描述的整个景观构建一个 UML 类图。

（2）基于 UML 类图，开发序列图和状态机图。

（3）查阅卡内罗提到的一个经验参照物的最新文献（即一个政治性区域），并将两个 UML 模型应用于这样一个区域案例。

（4）从理论有效性的角度讨论你的结果，包括内部和外部，其中前者指的是完整性和一致性，后者指的是与已知数据的经验拟合。

7.169 重复练习 7.169 中马库斯的动态模型。

7.170 考虑你在练习 7.169 和 7.170 中的结果。

（1）从两个理论的相似性和差异性方面比较你的结果。

（2）评估它们的内部和外部有效性。

（3）评估这两个理论中哪个更好。

（4）讨论每个理论的改进方向，并提出进一步发展这些理论的计算方法。

7.171 由于国家形成的必要条件的基数，大于酋邦领地形成的必要条件的基数。这就解释了为什么形成的国家比酋邦领地少。将这个论点形式化，并通过创建一个计算模型进行分析。

7.172 考虑第 7.4.2.2 节中规定的 15 个前国家条件的集合：

（1）为这些条件建立一个网络模型，将每个条件分配给一个节点。

（2）通过指定每对节点之间的依赖关系，获得邻接图。

（3）使用第 4 章中涉及的标准网络测量方法测量网络特征。

（4）获得节点的度分布。

（5）讨论你的分析结果，并对国家形成的关键发表见解。

7.173 第 7.4 节的最后一段根据定理 7.22 讨论了国家形成的相对罕见性，在全球范围内，与酋邦的形成（相对容易）相比也是如此。回顾这个定理的逻辑，直到你完全理解它，并将它与循环理论进行比较。在理论层面上讨论你的结果，在计算上讨论，并将该定理应用于四个政治起源地区中的一个。

7.174 使用计算分析来证明状态形成概率如何随着概率和基数的二阶条件而变化：

（1）选择一些用于绘制函数的计算编程语言，提供公式 7.75 的表面，让其在 2 和 20 之间变化。

（2）检查 2 和 10 之间的表面值，并说明 S 的变化在两个维度上的表现。用标准矢量微积分计算梯度场。

（3）用正向一阶差分法调整梯度算子，并重新计算结果。

（4）展示第三问中的纯连续梯度场和混合场之间的区别。讨论一下你的结果。

7.175 思考哈丁、赫斯曼、利希巴赫、奥尔森、奥斯特罗姆、萨缪尔森和桑德勒对集体行动理论的七个开创性贡献：

（1）选择其中的三个，比较它们的异同。

（2）找出每一个的关键计算点，例如在信息处理的假设或要求方面。

（3）指出从这个分析中获得的主要见解。

（4）可选的扩展：包括一个或多个其他开创性的贡献，并进行类似的分析。

（5）使用 UML 图或流程图来描述这些集体行动理论的组成部分所使用的主要机制。

7.176 想象一下你们国家现行制度形成的历史进程。这种形成过程在不同的国家有不同的名字，比如革命战争、独立战争，或者在独立日、宪法日或类似的主要国庆日庆祝的任何事情：

（1）根据这些日子的事件或情况，列举三个集体行动问题的例子。

（2）根据解决这三个问题的难度或挑战对其进行排序，并解释你的排序。

（3）指出四个机制中的哪一个被用于解决每个问题。

（4）比较这三个案例中集体行动机制的表现。

（5）确定这些过程的计算和其他信息处理方面，并讨论其影响。

（6）指出从这一分析中获得的在传统历史中没有涌现的见解。

7.177 用 UML 顺序图和传统的流程图来表示这四个集体行动机制。比较和评价这两种方法。

7.178 这个练习与前面的练习 7.177 和本章讨论的集体行动问题的规模有关：

（1）验证你在练习 7.177 中确定的集体行动问题是否属于Ⅳ类。

（2）如果不是，评估该事件属于其他哪一类。

（3）提供三个其他Ⅳ类集体行动问题的例子。

（4）考虑到量表的全部范围（Ⅰ～Ⅳ类），你会把量表描述为线性的吗？还是对数的？因果关系的？其他的？解释一下你的推理。

7.179 本章提供了Ⅳ类集体诉讼问题的几个例子：

（1）确定每一项的具体目标和障碍。

（2）具体说明四种解决机制在每个问题中的应用。

（3）将你的结果整理成一个综合表格，将每个例子作为行，目标、障碍和四个机制作为列。

（4）比较和对比你的结果。

（5）思考并列出对每个问题以及对整个班级的新认识。

7.180 从面向对象的角度讨论以下观点：一个集体行动问题是一个类，其相关的目标和障碍是属性。为这样一个类别定义一些合理的方法或动力学。

7.181 灾难带来了重大的集体行动问题。用本章的七个主要观点来讨论这个问题。

7.182 理解以公式（7.76）表示的组合原理将加深你对集体行动理论和实践的掌握：

（1）选择一个Ⅳ类集体行动问题，用目标和障碍来定义它。

（2）解释为什么它是一个Ⅳ类问题。

（3）将定理 7.18 和公式（7.76）应用于该问题。

（4）讨论你的结果，包括你的新见解。

（5）向一些朋友解释这一点。

7.183 将图 7.4 应用于你自己选择的三个例子。

（1）首先用叙述的方式来描述每个例子。

（2）定义并提供适应和社会复杂性过程中十个不同事件的符号。

（3）比较和对比三个例子的结果。

（4）讨论完成这一练习的挑战和解决方案。

（5）确定在三个案例中每个案例上获得的见解。

7.184 思考人工复杂度原则（定理 7.25）。每个成功的人工系统的复杂性都与它必须运行的环境的复杂性成正比，同时安全系数也会增加复杂性。用三个例子来解释这个原则。

7.185 回顾问题 1.7 中的表 10.3，该表涉及通过合取 / 顺序计算复合事件的概率：

（1）为西蒙理论中的复杂性 C 的涌现构建一个类似的概率表。

（2）为第二层次的因果关系重复这一练习，假定每个概率的值。

（3）编写一个程序，绘制概率函数，以图形方式说明你的结果。

（4）讨论你的结果，并将其与西蒙（1969，1996）在《人工科学》中的理论的原始陈述进行比较。

（5）指出通过对该理论的数字、数学和计算分析获得的见解。

7.186 冗余是社会复杂性的一个常见特征，考虑到普遍存在的低概率、高基数和难以确保高可靠性等特征：

（1）通过在本章提出的定理中加入冗余性，扩展西蒙理论的数学方面。

（2）讨论冗余对西蒙理论中超概率方面的影响。

（3）用三个例子来说明你的结果。

（4）比较和对比你的结果，特别是在发展西蒙理论方面。

（5）确定你的见解并与朋友讨论。

7.187 对规范理论的双重时间尺度的性质和特点进行深入研究。

（1）找出每个尺度的特点，并准备一个表格，将两者并列进行比较。

（2）选择一个著名的历史事件，用它来说明两个尺度的事件过程。

（3）考虑以下事件，用快速和慢速过程中各分析两个事件：苏联解体、美国的"9·11"恐怖袭击和 2007—2008 年的金融危机。

（4）证实慢速迭代过程事件是由快速迭代过程事件引起的，而不是反过来的。

（5）选择另外三个事件，重复第 4 点。

7.188 根据经典理论解释为什么个体私人环境的变化对社会复杂性改变的快速进程中几乎没有任何影响。了解为什么情境变化的社会性质需要集体行动。

7.189 使用规范理论来解释政体的标准模型是如何运作的。假设公共问题的发生代表了情境的变化，并推导出影响政治体制复杂性的快速过程和慢速过程动态。

7.190 提供快速规范过程的计算分析：

（1）以算法的形式说明快速迭代过程。

（2）讨论本章中对快速迭代过程的五点描述是否代表一种算法。如果不是，为什么？

（3）用 Python 实现一个快速迭代过程的算法，并演示其操作。

（4）其他图形模型：用流程图和 UML 顺序图来表示快速迭代过程。

（5）确定从直接的算法角度对快速迭代过程的分解，如本练习的上述部分所提供的见解。

7.191 规范理论将快速迭代过程和慢速迭代过程与同时（synchronic）过程和历时（diachronic）过程相对应。解释这一点，并列举两个真实世界的例子。

7.192 回顾问题 7.128 关于在快速规范过程中的成功对增加社会复杂性的积极影响。展示它将如何影响节点和链接，从而影响社会网络的复杂结构，并对此进行详细解释。

7.193 为图 7.6 中与灾害相关的快速迭代过程创建一个传统的流程图、一个 UML 顺序图和一个 UML 状态机图。比较结果并证明观点。

7.194 回忆一下第 7.5.3 节末尾，关于规范理论将通过动态变化产生社会复杂性的快速和慢速过程联系起来的方式。

"当一个社会在快速迭代过程中循环时，每次迭代的结果都会产生直接由所走路径决定的结果。这就解释了为什么社会复杂性是依赖路径的：不同的路径会产生不同的个人和集体后果。以世界历史的角度来看，灾难快速迭代过程因塑造社会景观而闻名。"

用你自己国家的一个例子，和一个邻国的例子，以及一个遥远的国家的例子来说明这一点。比较这三个案例并得出一些结论。

7.195 用你自己选择的三个例子解释问题 7.130：

（1）以叙述的形式描述每个例子。

（2）用甘特图来支持你的解释。

（3）讨论甘特图比 UML 顺序图对解释这类问题的优缺点。

7.196 本章最后列出了规范理论相对于前人理论的重要优势：

（1）从所提供的 13 个优点中选择 3 个，用更具体的例子和细节来阐述每个优点。

（2）按计算意义对其中的几个优点进行排序。

（3）找出规范理论的缺点，并解释这些缺点如何能促使理论的进一步发展。

▬ 推荐阅读 ▬

[1] Carneiro R L, 1970. A Theory of the Origin of the State: Traditional theories of state origins are considered and rejected in favor of a new ecological hypothesis[J]. science, 169(3947): 733–738.

[2] Cioffi-Revilla C, 1998. Politics and uncertainty: theory, models and applications[M]. Oakland: Cambridge University Press.

[3] Cioffi-Revilla C, 2005. A canonical theory of origins and development of social

complexity[J]. Journal of Mathematical Sociology, 29(2): 133–153.

[4] Dahl R A, 2008. Polyarchy: Participation and opposition[M]. New Haven: Yale University Press.

[5] Earle T K, 1997. How chiefs come to power: The political economy in prehistory[M]. Stanford University Press.

[6] Eisenstadt, Samuel N, 1963. The Political Systems of Empires[M]. New York: Free Press.

[7] Flannery K, Marcus J, 2012. The creation of inequality: how our prehistoric ancestors set the stage for monarchy, slavery, and empire[M]. Redwood City: Harvard University Press.

[8] Marcus J, 1992. Dynamic cycles of Mesoamerican states: Political fluctuations in Mesoamerica[J]. National Geographic Research and Exploration,8(4): 392–411.

[9] Marcus J, 1998. The peaks and valleys of ancient states: An extension of the dynamic model[J]. Archaic states: 59–94.

[10] Parsons T, 1991. The social system (New ed.)[M].London: Routledge.

[11] Rashevsky N, 1969. Looking at history through mathematics [M].Cambridge, Mass.: The M.I.T. Press.

[12] Redman C L,1999. Human impact on ancient environments[M]. Tucson: University of Arizona Press.

[13] Rogers, C. Cioffi–Revilla, Expanding empires and a theory of change, in Current Archaeological Research in Mongolia, ed. by J. Bemmann, H. Parzinger, E. Pohl, D. Tseveendorzh (Bonn University Press, Bonn, 2009), pp. 445–459 Rogers, J.D., C. Cioffi-Revilla, (2009) Expanding empires and a theory of change. In Current Archaeological Research in Mongolia, J. Bemmann, H. Parzinger, E. Pohl, D. Tseveendorzh (eds). Bonn University Press, Bonn, pp. 445–459

[14] H.A. Simon, The architecture of complexity. Proc. Am. Philos. Soc. 106, 467–482 (1965) Simon, Herbert A. (1965). The Architecture of Complexity. Proceedings of the American Philosophical Society, 106, 467–482.

[15] H.A. Simon, The Sciences of the Artificial, 1st edn. (MIT Press, Cambridge, 1969) Simon, Herbert A. (1969). The Sciences of the Artificial (1st ed.). Cambridge, Mass.: The M.I.T. Press.

[16] H.A. Simon, The Sciences of the Artificial, 3rd edn. (MIT Press, Cambridge, Simon, Herbert A. (1996). The Sciences of the Artificial, 3rd edn. (MIT Press. structpyb, Cambridge, MA,

1996)

[17] Spencer C S, 1998. A mathematical model of primary state formation[J]. Cultural Dynamics,10(1): 5–20.

[18] Wright H T, 1984. Prestate political formations[J]. On the evolution of complex societies: essays in honor of Harry Hoijer, 1982: 41–77.

请扫描二维码或者在"中科书院"公众号搜索
"计算社会科学"，获取课后习题答案

第 8 章　仿真 I：方法

👉 8.1　简介

本章介绍了计算社会科学（以下简称 CSS）研究中近乎独立的一个主要领域：社会仿真。本章讨论的核心问题涉及社会科学中的计算机建模和仿真。为什么使用计算机仿真作为社会复杂性科学调查方法？原因在于用计算建模去构建社会复杂性理论，比封闭式的解决方案更可行。通过社会仿真可以获得哪些其他方法无法获得的社会复杂性的独特见解呢？其中一个是加强对社会复杂性这一新兴现象的理解。社会仿真的主要限制有两点：一是与其他统计模型相比，完整描述社会仿真并不直截了当，这会对重复结果产生显著影响；二是与数学模型相比，计算机代码的寿命相对较短。

以上这些问题中的前两个是社会仿真的主要动机。社会仿真能够表征社会系统和社会 – 技术 – 自然耦合系统，这是其他方法论无法做到的。在一个精心选择的编程语言或仿真系统中，计算机代码为理论化、实验和理解社会复杂性提供了一个强大的形式工具，比如本章和后面两章所讨论的内容。

👉 8.2　历史与先驱

以下是 CSS 社会仿真研究的里程碑，以及先驱者的简史，主要强调方法论的概念、原则和实践——尤其是创始人。在接下来的两章中，会更关注具体模型。

1959　　俄克拉荷马大学的奥利弗·本森（Oliver Benson）以《简单外交博弈模型》（*Simple Diplomatic Game Model*）开创了政治学中的计算机仿真方法。

1961— 麻省理工学院系统动力学小组的创始人杰伊·福瑞斯特（Jay Forrester），通
1971 过他的经典专著《工业动力学》《系统原理》《城市动力学》和《世界动力学》
（*Industrial Dynamics, Principles of Systems, Urban Dynamics, and World Dynamics*）
建立了系统动力学理论和研究方法。

1962 心理学家和信息科学先驱哈罗德·博尔科（Harold Borko）（1922—2012）出
版了《行为科学中的计算机应用》（*Computer Applications in the Behavioral
Sciences*），这可能是第一本此类书籍。书中引入了朱利安·费尔德曼（Julian
Feldman）关于"认知过程的计算机仿真"的章节、悉尼（Sydney）和比阿特
丽斯·罗马（Beatrice Rome）关于"大型组织的计算机仿真"、克莱·斯普罗
尔斯（R. Clay Sprowls's）的"商业仿真"，以及本森（Benson）的模型。

1963 政治学家卡尔·W·多伊奇（Karl W. Deutsch）（1912—1992）出版了《政府的
神经：政治沟通和控制的模型》（*The Nerves of Government: Models of Political
Communication and Control*），作为西蒙工作的先导，开创了 CSS 的信息处理
范式。同年，哈罗德·居茨科（Harold Guetzkow）和合作者出版了十分有影
响力的《国际关系中的仿真：研究和教学的发展》（*Simulation in International
Relations: Developments for Research and Teaching*），成为新的前沿研究。

1968 意大利实业家奥雷利奥·佩切伊（Aurelio Peccei）和英国科学家亚历山
大·金（Alexander King）成立了罗马俱乐部，成为全球承载能力建模和仿真
的主要推动者。

1969 政治学家海沃德·阿尔克（Hayward Alker）和罗恩·布鲁纳（Ron Brunner）
在《国际研究季刊》（*International Studies Quarterly*）杂志上发表了第一个社
会仿真模型的比较分析。

1970 计算机科学家詹姆斯·E. 多兰（James E. Doran）在《世界考古学》（*World
Archaeology*）第一卷中发表了最早的关于仿真方法在考古学中的应用论文：
《系统理论、计算机仿真和考古学》（*Systems Theory, Computer Simulations and
Archaeology*）。

1970 社会科学家乌尔斯·卢特巴赫（Urs Luterbacher）和日内瓦国际研究研究生院的合
作者开发了 SIMPEST，这是第一个基于积分微分方程动态系统的政治、经济和战
略互动的数字仿真模型，可以在 MINUIT 软件中测试。这个关于美国 – 苏联 – 中
国的三国关系模型的研究正确地预测了 20 世纪 80 年代末苏联的解体。

20 世纪 70 年代	经济学家和战略家托马斯·谢林（Thomas Schelling）通过对种族隔离的研究，为社会仿真的新方法论篇章奠定了基础，并最终建立了基于主体的模型（ABM）。后来加入圣达菲研究所的约翰·卡斯蒂（John Casti）在兰德公司工作时，首次实现了对谢林的模型的编码。
1972	施普林格出版社（Springer，以下均用英文原名）出版了欧洲第一本关于 CSS 的集刊国际仿真程序（*Simulation internationaler prozesse*），作者是卢锡安·克恩（Lucien Kern）及其合作者，其中包含杰弗里·克伦德（Jeffrey Krend）复现的奥利弗·本森（Oliver Benson）模型。
1977	CSS 先驱斯图尔特·布雷默（Stuart Bremer）（1943—2002）以《仿真世界：国家决策的计算机模型》（*Simulated Worlds: A Computer Model of National Decision Making*）推进了社会仿真方法的改进，由普林斯顿大学出版社出版。
20 世纪 80 年代	计算机科学家克里斯托弗·兰顿（Christopher Langton）提出了"人工生命"一词。
1999	计算社会科学家奈杰尔·吉尔伯特（Nigel Gilbert）和克劳斯·特罗伊茨奇（Klaus Troiztch）出版了极富影响力的教科书《社会科学家的仿真》（*Simulation for Social Scientists*）的第一版。
2013	计算社会科学家布鲁斯·埃德蒙兹（Bruce Edmonds）和露丝·迈耶（Ruth Meyer）编辑了 754 页的综合手册《仿真社会复杂性》（*Simulating Social Complexity*），由 Springer 出版。同年，Springer 和 Wiley（威立出版社，以下均用英文原名）都推出了关于计算社会科学的系列丛书。

☞ 8.3 仿真目的：通过虚拟世界研究社会复杂性

社会仿真建模和分析的核心目的是研究社会的复杂性，这种方式远远超越了其他研究方法，如历史、人种学、统计或数学方法。通过建立一个社会系统或计算机模型（一个模拟现实的虚拟世界）来实现，并通过该模型来进行多种分析，正如本章和后面两章所详述的那样。

使用对社会复杂性进行仿真的虚拟世界的原因有很多，主要有以下几点。

多功能性（Versatility）：与统计或数学模型相比，通过仿真可以探索许多更复杂的社会系统和过程。虽然每一个统计或数学模型都可以被用来仿真建模，但反过来却并不成立，即并非每个仿真模型都能以数学形式表现出来①。

高维度（High dimensionality）：正如我们在前几章中讨论的，社会复杂性的一个共同特征是必须分析大量变量及其相互作用，这种特性称为"高维度"。例如，集体行动的涌现是一个涉及众多实体和变量的过程，包括情境参数、目标、领导特征和资源等众多因素。高维系统在社会复杂性的各个领域都很常见。

非线性（Nonlinearities）：社会实体之间的动态互动往往是非线性的，与它们的维度无关。简单的、低维度的系统有时可以通过闭式解（Closed-form solutions，又称解析解，与数值解相对）来解决。但对于具有高维度和非线性动态的复杂系统来说，情况通常不是这样。作为物理距离函数的互动，人类的感知以及合作和冲突的模式都是非线性互动的典型例子。社会仿真可以处理复杂的非线性动态，但是会受计算资源的限制。

耦合系统（Coupled systems）：社会复杂性的另一个明显特征是社会、自然和人工系统之间的耦合，这意味着高维度和非线性互动相结合起来。计算机仿真模型提供了一种高效的方式来表示耦合的社会 - 自然 - 人工系统。例如，计算机模型可以用来表示社会结构、社会生物、物理世界和关键基础设施之间的耦合动态。

随机性（Stochasticity）：正如我们已经研究过的，随机性在社会系统和过程中是无处不在的，也是十分重要的。随机性有多种形式，如概率分布所定义的。研究各种随机动态的影响是使用仿真的主要原因之一，如探索它们如何产生社会复杂性的模式。

不完备性（Incompleteness）：社会科学是不完整的，因为并不是所有社会领域都具有相同程度的完备性。社会仿真也被用于测试替代理论，从而促进我们对现实世界社会复杂性的理解。关于不完备性，可以通过哥德尔不完备性（Goedel incompleteness）去加深理解。

实验（Experimentation）：实验方法是所有科学的基石，但在复杂的社会系统中进行实验是不可行的。原因很多，包括现实和道德方面。社会仿真使实验变得可行，包括这种方法的所有经典特征：实验组（Treatments）、控制组（Control groups）和许多不同的实验设计。例如，在各种治理和公共问题的假设下，计算实验可以用来探索和测试有关集体行动、群体动态和实验组的各个方面的假设。

政策分析（Policy analysis）：对社会复杂性的计算机仿真能够实现其他方法所不能提供的政策分析形式，包括对所谓的"棘手问题"的分析。例如，可以通过对各种可能结

---

① 这不是对统计和数学模型的苍白批评，正如前几章所述，它们在 CSS 中发挥着重要作用。

果进行仿真，分析缓解通货膨胀的一些经济政策是否有效，如工资补贴或价格控制。

以上几点也可适用于其他领域的计算机仿真，包括天文学、生物学和化学等。就像计算机科学家彼得·丹宁曾经说过的："21 世纪的科学是计算性的。"

☞ 8.4　基本仿真术语

社会仿真研究有丰富的技术词汇，包括 CSS 术语以及来自计算机科学（Computer Science，CS）的术语，如面向对象的建模和编程、UML 以及相关的形式语言。我们将使用以下术语作为同义词：

- 社会仿真（Social simulation）
- 仿真模型（Simulation model）
- 计算机模型（Computer model）
- 机器仿真（machine simulation）
- 计算模型（computational model）
- 仿真系统（simulated system）

因此，"仿真"将指代某种社会系统或过程的计算机模型，而"游戏"或"博弈"一词将仅指代基于角色扮演的人类模拟。社会仿真研究的本体论（Ontology）包括以下基本术语，其中一些术语与其他形式化方法（如数学模型）共享。

请看图 8.1，从左下角的参照系开始，顺时针方向进行。稍后我们将使用这些基本构件来解释复杂社会系统作为一个系统过程的建模方法。

定义 8.1　参考系统（Referent System）作为调查对象（参照）的现实世界的系统或过程被称为参考系统。同义词：目标系统（target system,）、焦点系统（focal system）、经验或历史世界（empirical or historical world）。

CSS 中的参考系统包括整个社会实体、系统和过程，如人类的思想、认知过程、决策、个人和群体行为、社会、国际和全球领域，包括万维网（World Wide Web）。在 CSS 中，一些最复杂的参考系统可以说是社会 – 技术 – 自然的耦合系统，尽管任何复杂程度的参考系统都可以聚焦于纯粹的社会系统，或者社会 – 技术和社会 – 自然子系统的配对组合系统。

具体研究问题定义或规定了参照系，由于在现实世界，参照系不是开放的或包罗万象的。客观地说，"现实"是无限详细的。科学研究总是把注意力集中在现实的一些特定子集上，即由研究问题定义的一个特定的参照物系统。下面的定义用"抽象"这个词描述一个关键的建模活动。

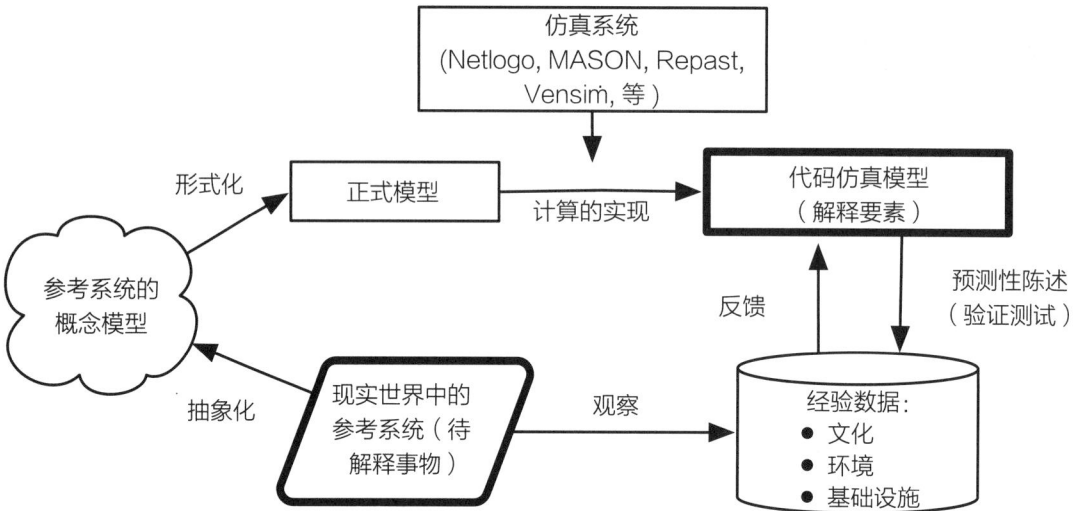

图 8.1　社会仿真的基本术语和一般方法

社会仿真方法是一个反复的过程，从现实世界中的参考系统（explanandum）开始。抽象化、形式化、程序化和适当的数据可以用于开发一个可行的仿真模型。这个一般过程与具体模型的种类无关。

定义 8.2　抽象化（Abstraction）从参考系统中为建模目标选择一组给定特征的过程被称为抽象化[①]。

因此，抽象化产生了参考系统的简化概念表征，由实体、变量或属性、关联和其他模式等元素组成，为正在研究的参考系统提供了特殊性依据。概念模型被形式化为一个中介式的数学模型，以更好地理解某些有意义的属性。这在形式社会理论中非常典型[②]。仿真模型可以用本地代码编写，使用一种或多种编程语言，也可使用一些现成的仿真系统。

定义 8.3　仿真系统（Simulation System）仿真系统是指用于建立仿真模型的计算工具或代码库。

仿真系统是一个高度复杂的人工计算工具，用于构建其他高级计算人工产品（特定模型），在本地代码中构建这些人工产品可能非常复杂，且效率低下，效果不佳。Netlogo、DYNAMO、Stella、Vensim、Swarm、MASON、Repast 及其前身等都是计算仿真系统。社会仿真模型对于仿真系统／工具包来说，就像汽车之于汽车工厂，前者是利用后者制造出来的。

---

① 请注意，"抽象"一词在计算的背景下有不同的含义，在这里它意味着隐藏信息，如第二章所讨论的。
② 完整而强大的数学结构族可用于此，包括连续、离散和混合形式。

你可以造一辆车，而不是买一辆工厂制造的车。这相当于用本地代码编写社会仿真模型，但它的性能和可靠性无法接近工厂制造的汽车。使用最新的现有仿真系统（Vensim、MASON、Repast 等）能够提升模型性能和可靠性水平，纯本地代码无法确保这种模型的可靠性。当然，建立本地仿真模型也有其优势，如它们是解决一组特定研究问题的最佳方案。

有时多用途的计算数学系统也被用作仿真系统，如 Mathematica 和 Matlab，也可以建立和分析模型。仿真系统的一些常见的元素包括如下：

经常使用的基元（Frequently used primitives）：构建模型的常用基元或基本构建块的代码库。例如：数学函数（mathematical functions）、分布（distributions）、简单主体（simple agents）、景观（landscapes）、调度器（schedulers）、常用数据字段（common data fields）和构造方法（constructor methods）。

随机数生成器（Random number generator）：无论是实质性的还是程序性的仿真模型，都需要随机数生成器来表示随机过程，该过程具有各种形式的随机性（均匀分布、泊松分布、幂律等）。

图形用户界面（GUI）：是大多数仿真系统的标准配置，特别是那些为初学者和中级程序员准备的系统，如 Netlogo、Repast 和 Vensim。

可视化工具（Visualization tools）：用于绘制直方图、时间序列图、网络图、地图和其他用于理解仿真输出的视觉辅助工具。

更专业的工具通常由模型开发者添加。例如，自相关图和频谱图、差分图、热图、动态网络、洛伦兹曲线图和各种非笛卡尔坐标系（如球形、圆柱形坐标系）。现在，主要的仿真系统都有活跃的用户社区，有些还定期举行会议或研讨会。

最后，仿真模型是用代码实现的，如图 8.1 所示，在右上方，与参考系统斜对角的位置。

定义 8.4　仿真模型（Simulation Model）用给定的计算机编程语言（本机或工具包）编写的代码形式化的解释模型，称为仿真模型。

在接下来的章节中，我们将讨论不同类型的仿真模型，举例说明不同模型的例子。为了更加系统地展示各种模型，我们对仿真模型进行了分类。

☞ 8.5　表征的保真度（Fidelity）和启示

社会仿真与其他模型的不同之处在于计算模型试图复制或建立类似一个特定的参照系统的保真度。下面将基于具体经验的增加程度来区分社会仿真，这是纯应用科学的标准：

首先，是高度抽象的仿真。它们与参考系统只在极少维度相似，根本没有复制任何定量特征。这些模型的主要用途是成为基础科学的理论分析。

其次，是在参考系统的"经验观察平面"的下一个层次的仿真模型。正如科学哲学家卡尔·G. 亨普尔（Carl G. Hempel）所说，这些模型将会显示出一些具有说服力的定性匹配和定量校准。这些模型主要是理论性的，它们能够提供一些应用性的见解。作为决策者，制定政策的时候也应该重视基础科学。因此，这种类似真实社会的社会仿真就能够为决策者提供借鉴。一个很好的例子是经典的谢林隔离模型，这是一个非常抽象的理论模型，但它对社会隔离的出现有重要的启示，并为政策制定者提供了借鉴。

再次，是具有显著定性和定量拟合特征的模型。这类社会仿真对于进行基于经验的CSS 研究具有极大的意义。我们将研究几个这样的例子。

最后，我们来谈谈"最接近观察层面"的社会仿真（以亨普尔的观点为基础），即仿真输出与实证数据之间的定量和定性契合度最高。高保真仿真沿着多个维度对参考系统进行校准，这些维度可以是空间维度（包括众多详细的地理特征，低至一定的细粒度，通过 GIS 和遥感数据呈现）、时间维度（定义为小的时间增量，如几十年、年、季、月、周、日、小时、分钟等，低至最小尺度）或组织维度（在节点、子图和图的分析层面上匹配详细的网络模式）。[1] 当前学术研究中很少涉及这些模型，更多的是出现在商业用途中。

量表与仿真模型的优点或价值完全无关，这是一个与科学质量有关的问题[2]。保真度量表只是一种启发式的方法，将仿真模型置于现实 – 抽象的连续表格中，更加简洁地了解其价值和局限性。模型的保真度有很多含义，单个层次的仿真不能在多个层次上有优异的拟合表现。因此，操作性强的高保真度模型可能具有重要的政策价值，但没有或者很少有理论意义。相反，理论模型可以提供深刻的科学见解，但就政策贡献而言，作用不大。

保真度量表的一个不太明显的含义是 CSS 研究人员必须尽力明确模型的理想粒度，以解决研究问题。

👉 8.6　社会仿真的类型：从系统动力学到基于主体的模型

社会仿真模型构成了几个主要的超类（superclasses），两个最大的超类是面向变量的

---

[1] 其部分原因是，操作性强的高保真模型往往需要敏感或专有的信息，而这些信息通常不用于学术性的 CSS 研究。

[2] DARPA——美国国防部的国防高级研究计划局使用了一个项目分类表，从"基础科学"（称为"6.1项目"，以相关法律中的章节命名）到更多的应用和操作研究，标记为 6.2、6.3、6.4 等，一直到部署在现场用于战斗或人道主义任务的完全操作系统。6.X 的命名法很有帮助，其他机构也普遍使用。

模型和面向对象的模型，第三个超类是混合社会仿真，处于前两者的交叉点。反过来，每个超类又包含了几个重要的类别，它们的特点如下：

基于变量的社会仿真方式使用数学方程来建构从参考系统中抽象出来的概念模型。从历史上看，这些是 CSS 中最早的仿真形式。系统动力学仿真（System dynamics simulations，以下均简称 SD 仿真）[①] 和队列模型（queuing models）是最主要的两种类别，它们都是基于变量且具有确定性或随机性的方程系统来表示动态交互。系统动力学模型最明显的特征是离散时间的差分方程系统，分别以水平和速率或"存量和流量"来表示系统的状态和动态。因此，被抽象为状态和变化率网络的社会系统非常适用于这种模型。一个 SD 仿真系统可能是完全确定性的，也可能是部分随机的。

队列模型更适合呈现某个具体的指涉系统，该系统接收一些输入流并在处理后建构实体。这方面的标志性例子是一家商业银行，客户到达后排队等候，前面的人完成后离开银行。这个模型是随机的，因为等待时间和服务时间通常是随机的。因此，概率分布在这一类社会仿真中起着重要作用。

这两类模型之所以被称为面向变量的模型，是因为模型抽象所依据的建模方向着眼于关键变量的识别，如一些库存水平和排队等待时间。这两类仿真模型都没有非常明确地呈现社会实体（entities or actors），它们只是表征为状态方程。相比之下，面向对象的仿真模型是基于抽象策略的模型，最先着眼于参考系统中的实体。元胞自动机社会仿真（简称 CA 模型）由景观上的相邻关系的元胞组成，如由街区组成的城市网格或农场的拼凑。CA 模型首先关注实体，即单元和它们的拓扑结构，然后关注属性或变量。基于主体的模型和这个有些类似，详见第 10 章。

👉 8.7　社会仿真的开发方法

所有的社会仿真都是按照系统的步骤来开发的，无论是简单的还是复杂的，抽象的还是具体的，面向变量的还是面向对象的。从一些核心的研究目的开始，最后形成一个可行的模型。虽然每一类模型的具体情况很重要，但总的来说，所有的社会仿真都遵循类似的发展方法。[②] 本节解释了图 8.1 中第二遍的循环。

---

① 请注意准确的术语。是"System dynamics"，而不是 Systems dynamics（都是复数）或 dynamical systems（动力系统，指微分方程系统）。

② 数学社会科学模型也是如此，计量经济学和其他统计模型也是如此。

8.7.1　目的：一个特定的模型所要解决的研究问题是什么？

社会仿真建模的第一步是仔细制定可行的研究问题。每一个社会仿真都是为了解决一个或多个以参考系统为基础的研究问题。事实上，参考系统在很大程度上是由研究问题定义的，两者之间存在着一种协同关系。在抽象群体间竞争的系统动力学模型中，研究问题可能涉及相位和定性动态特征。用历史数据校准的同类模型能够解决与现实世界冲突的有关时间和规模的研究问题。同样，基于主体的模型中的研究问题也会因保真度的不同而不同，从抽象的理论问题（可能与阈值、弹性、梯度和类似的理论概念有关）到有经验参考的问题（可能与具体地点、行动者、参数值或历史年代有关）。

研究问题是科学探索的主要动力，在很大程度上决定了保真度的高低，也决定了要调查的参考系统范围。尽管如此，现实可能会影响研究问题的锚定：

● 相关的社会科学研究可能是不完整的，所以需要对研究问题进行调整，以获得科学一致性。自然科学或技术在对耦合参考系统进行建模时的不完全性也是如此。

● 最初研究问题所需的经验数据可能并不完整，效果较差，或者根本不存在。这是CSS研究中常见的情况。研究人员经常提出一些通过计算工具可以解决的问题，但是没有人收集相关的数据来验证或核实模型，因此需要改进以获得可行的研究问题。

● 计算资源可能无法满足一组原始的研究问题的需要，这是另一种常见的情况，特别是对于那些大的项目。他们没有正确估计资源数量或类型，这通常也需要设置研究问题的范围。

● 其他实际考虑因素，如期限和可用人员，也可能影响研究问题。

社会科学中的非计算性文献在研究问题方面能提供足够的指导。这是因为一般的计算方法，尤其是社会复杂性范式下的方法，提供了不同的人类和社会动态，而这些动态从非计算文献的角度是看不到的。例如，社会科学的研究领域实际上是以单一的方法论来定义的，比如统计学多变量模型、博弈论模型以及一般均衡模型等。相比之下，社会仿真模型解决的研究问题需要多种形式的组合。也就是说，CSS的研究人员最好去解决那些被非计算科学家以及其他CSS研究人员重视的问题。

如果不能从明确可行的研究问题开始，那么后续探索复杂问题就需要进行回溯，直到提出适当的研究问题。这种尝试是不可避免的，尤其是在探索新领域的时候。然而，我们应该尽可能从避免这种错误开始，避免在多个方面造成浪费：时间、成本、人员、机会等。就像在所有领域一样，在制定CSS的研究问题时，科学规律和经验是宝贵的资产。

最后本文呈现关于CSS的跨学科研究的一些评论。由于多种原因，社会仿真所解决的研究问题经常是跨学科的, 社会的复杂性不受任何学科的限制。耦合系统的定义是多学科的, 复杂的社会仿真, 更需要跨学科的研究。

8.7.2 概念设计: 抽象是什么样子的?

考虑到研究问题的可行性, 开发社会仿真模型的下一步是进行抽象化, 构建一个参考系统的概念模型。抽象过程本身应该以研究问题为依据。

理想情况下, 产生参考系统概念模型的抽象过程应该完全由研究问题指导, 并且不考虑后续的实施情况。

在实践中, 已知实施资源的影响将会影响抽象和建构的概念模型, 这就是 "锤子只找钉子" 的问题。如果你只知道或只使用方法 M, 那么抽象和建构的概念模型都将由 M 来塑造 (也许完全决定), 而不是由研究问题来决定。

CSS 研究中的这种方法论的问题类似于非计算社会科学中发生的情况, 即研究者主要在他们知道或喜欢的方法指导下, 进行抽象和建构概念模型, 而不是在研究问题的实际要求下进行抽象和建模。通过了解不同的仿真方法和更多人类社会现象可以避免这种错误。无论需要什么样的工具, 抽象化和由此建构的概念模型都应该有助于回答研究问题。

这里要吸取一个历史教训, 方法论创新的主要来源之一是没有适当的计算工具来回答研究问题。牛顿之所以发明了无穷小微积分, 是因为他希望回答那些没有对应工具的研究问题。他拒绝让研究问题适应现有的工具或只提供工具驱动的答案。同样, 约翰·冯·诺依曼发明博弈论也是如此, 他想回答有关相互依赖的选择的研究问题 (战略纠缠), 而贝叶斯建立的现有决策理论不足以回答针对自然的选择问题。就像牛顿和他之前的其他人一样, 诺依曼成为一名数学家, 发明了博弈论——一个数学的新分支, 然后回到依赖性决策的社会科学, 并通过博弈论模型将其形式化。他还发明了元胞自动机, 我们将在第 10 章中进行研究, 并用它来开发一类广泛的社会仿真系统。仿真系统——从 DYNAMO 到 MASON——都是出于同样的科学目标而发明的, 这使我们能够回答越来越多的挑战性问题, 从而拓展科学的深度。

为了促进概念模型的规范化, 人们发明了不同的图形系统, 如流程图、福雷斯特图 (Forrester) 和 UML 图等。这些图形对于进一步完善想法十分有用。在跨学科项目中, 当来自不同领域的专家需要形成共识时, 这些图形不可或缺。毫无疑问, 随着 CSS 研究对创建更清晰的概念模型的需求增加, 其他的图形系统也会被开发出来。

8.7.3 执行：抽象模型是如何写进代码的？

开发社会仿真的第三步是将概念模型落实到代码中。这就需要做出一个重要的决定，即使用本地代码或仿真系统（如前面提到的那些）来实现概念模型。这种选择基于多种考虑，其中包括以下内容：

研究问题：同样，研究问题应该为模型实现提供信息。首先，研究问题的特点和由此产生的概念模型决定仿真模型应该是面向变量（属性最突出）还是面向对象（实体最突出）。其次，上述内容再决定应该使用本地代码还是工具包。

专家意见：在一些实施方案中，专业知识也能为研究问题带来新的答案。例如，一个擅长建立 SD 仿真的团队可以为一个特定的领域做出重大贡献，即使替代面向对象模型也是可能的。同一参考系的不同形式化方法能促进不同的理解。

未来应用：应该考虑到可能的应用。这些用途包括进一步的研究、教学用途、政策分析等。

这三步会构建一个仿真模型的初始版本，会通过后续的版本进一步完善。按照惯例，仿真模型的初始版本被标记为 0.1 或更低。相对较小的增量变化会增加版本号的小数位，而相对较大的或主要的变化会增加整数位。这种协议类似于对软件版本进行编号。一般来说，小数的增加要比整数的增加多。

用代码实现的社会仿真应该遵守第二章中讨论的关于最佳实践的所有原则，例如注释、模块化、防御性编程、多重备份以及类似的准则。那些在写完一年后还不能被理解的代码是无用的。

在任何情况下，模型代码必须被提交到某个存储库。Source force、Google code、哈佛·麻省理工学院数据中心（Dataverse）和 Open ABM 提供了在线、开源、代码保存库的例子。除了代码文件，还必须提供说明文档，包括所有的补充支持文件。正如我们在本章后面将讨论的那样，制作一个高质量的模型需要付出大量的努力。然而，仿真代码非常容易过时，远比数学或统计模型更容易过时。不幸的是，社会仿真——即使是著名的仿真——在创建后的较短时间内丢失的情况并不少见。通常情况下，留下的只是概念模型和一些数学特征。

8.7.4 检验：仿真是否按预期进行？

检查仿真模型是否遵循概念模型设定的过程被称为检验，这个过程也涉及调试。这相当于传统上在非计算社会科学形式方法学中所说的内部有效性。一个未经检验的模型不能用于分析。检验是通过多种程序完成的，详见下文。所有这些程序通常都能检查隐藏在初始仿真代码中的错误。

8.7.4.1　代码演练（Code Walk-Through）

逐行阅读代码，必要时进行注释和重构，是一个确保模型设计者和程序员按预期工作的不可或缺的程序，模块化为这一程序提供了便利。在进行代码测试（walk through）的同时，还应该参阅所有相关的前期文件，包括概念性的叙述和图表。同样，从最佳实践中产生的良好编程风格也会方便代码浏览。

8.7.4.2　性能分析（Profiling）

另一个验证代码的程序是"性能分析"。性能分析是指计算关键代码元素的使用频率，如 OOP（面向对象编程）代码中的各种方法或操作，或其他编程语言中的函数。从某种意义上说，性能分析是一种定量化和自动化的内容分析，或对代码进行的信息提取程序——一种用于挖掘代码以发现可能错误的程序。性能分析是对调查结果的定量总结，如方法或函数调用的频率直方图。例如，关键元素的使用频率可以与设计者的期望值进行比较，以确认代码是否按预期运行。仅仅使用直方图，而不对说明文档中的结果与设计预期相比较进行评估，并不能证明代码是按预期运行的。也就是说，预期结果与预期设计的比较必须明确且严格，应该尽可能地量化比较分析与设计。从形式上看，对代码进行性能分析的结果是一个等级大小分布，它类似于 I 型齐普夫的幂律模型。通常情况下，仅凭分析结果不可能得出关于代码验证的推论。但是，当加入代码演练的其他信息中时，性能分析可以成为一个有价值的程序。换句话说，检验程序应当作为一个整体使用，而非单独使用。

8.7.4.3　参数遍历（Parameter Sweeps）

社会仿真模型通常包括大量的参数。在其他参数保持不变的情况下，通过评估模型的单个参数值变化，可以将一大套空间参数用于检验。因此，参数遍历的结果将提供一个响应面，可以绘制并检查可能出现的异常情况，发现错误或其他不应该出现的模式。参数遍历可以揭示一个范围内的特殊属性，如奇点、渐进行为、振荡或其他定量和定性模式。

8.7.5　验证：我们能否相信结果？

找出仿真模型运行结果是否与经验数据中已知的结果相符的过程被称为验证。从本质上讲，验证涉及仿真输出与参考系统中的观察模式之间的模式匹配。进行仿真验证的方式有很多，其中最重要、最常见的有以下几种。

柱状图：从仿真运行中获得的频率分布可以与经验直方图相匹配。例如，收入分布、空间分布的大小以及类似的分布时刻。

分配时刻：所有分布都可以通过时刻来描述，因此将由仿真运行生成的时刻与实际数据匹配是另一种策略。

时间序列：动态社会仿真通常从仿真运行中产生时间序列数据，这些数据可以与经验时间序列进行比较。

特殊指数：也可以使用具体的测量方法，如基尼系数、熵、赫斯特系数和类似的指数。

其他：仿真运行的结果产生了统计数字和模式，这些统计数字和模式通常具有特定的主题特征，可以用来与现实世界的数据进行比较。

现有的仿真系统也存在一些进行模型验证测试的功能，如 Netlogo、MASON 或 Repast。然而，在经常使用的验证测试中，如果所使用的仿真系统没有提供这些功能，那就有必要开发这些功能。理想情况下，验证社会仿真模型的方法是通过预先存在的经验数据来匹配仿真运行的结果。然而，现实世界中从未被测量过仿真结果的产出数据的情况并不少见。在这种情况下，只能尝试收集必要的额外数据。当社会仿真产生的结果是以前并未预测到的时候，就会出现一种有趣的情况。

验证社会仿真模型还包括估计和校准参数值，使其达到适当的范围。通常从现有的经验参数值或合理范围内的猜测开始进行。最后，验证总是涉及仿真的、虚拟的数据与真实的、经验性的数据的匹配。

8.7.6 虚拟实验和情景分析：仿真产生了什么新的信息？

前面我们讨论了虚拟实验是社会仿真模型的一个主要科学贡献。进行虚拟实验是计算模型的一个有趣用途，比如通过分析替代情景。

使用社会仿真模型进行的计算实验可以基于基础科学研究，也可以基于应用政策分析。分析虚拟实验和替代方案是社会仿真的一个传统，可以追溯到社会行为科学中的计算机仿真建模时代。例如，最早的全球系统动力学模型被用来分析各种未来情景下的工业发展政策和全球环境趋势。虽然在 20 世纪 70 年代，这些早期模型中诸多假设被证明不正确，但其方法依然有效，并持续发展到今天。

通过仿真模型进行虚拟实验，在生物学、天文学和其他计算学科中也很常见。CSS 和计算生物学、计算物理学、地球和空间科学之间存在亲和力。主要原因是这些学科面临相同的问题，即无法在感兴趣的参考系统上进行真实实验。例如，了解两个星系相撞时的场景的唯一方法是进行计算实验，这与在计算生物学中进行的虚拟实验很相似。

☞ 8.8　评估社会仿真的质量

评估社会仿真模型和提升质量的呼吁已经开始在不同的相关领域出现[①]。在交流社会模型、评估涉及大型跨学科团队的复杂项目（第 8.9 节）、比较模型（见第 8.10 节）等领域已经有一些尝试了。关于一套社会仿真研究的通用质量标准的强烈共识还没有出现，但是这样的争论已经在全球展开。

8.8.1　社会建模评估的一般原则

查尔斯·拉夫（Charles A. Lave）和詹姆斯·马奇（James G. March）在经典的《社会科学模型导论》（1993）中提出了"真理（Truth）""美感（Beauty）"和"正义（Justice）"的标准。这些标准被广泛用于鉴别社会科学模型的质量，主要是数学类模型。"真理""美感""正义"（简称 TBJ）三个术语是指社会科学建模的基本优良特征，即规范上希望达到的特征。因此，TBJ 术语必须被理解为标签，而非字面意义上的词语。

"真理"指的是模型的经验性解释内容，即在积极发展理论的意义上，对改善社会现象的因果理解的贡献。例如，真理通常由内部和外部验证程序来判断，分别对应于公理上的一致性和经验上的真实性。无论一个模型是统计的、数学的还是计算的，真实性都是评价经验科学的主要的、经典的标准。真实性是一个社会科学模型中的组成特征，没有真实性，模型就没有整体的质量贡献。

"美感"是指一个模型的美学质量，指在诸如简明性、形式风格、句法结构和类似特征方面的优雅性。美感是关于艺术和形式的特征。例如，一些方程的数学美就属于这个标准，包括注释清晰的方程和清晰的、定义明确的、优雅的符号。与真理不同，美不一定是构成属性，但肯定是一种理想的科学品质。

"正义"是指一个模型对于改善世界、提高生活质量、改善人类状况或减轻不公平所做贡献的程度。正义是一种规范性标准，不同于其他两种标准。例如，一个模型可能改善我们对人类冲突、不平等、难民流动或沟通不畅的理解，从而用解决冲突、减少贫困、提供人道援助或改善跨文化交流来改善社会关系，增进社会福祉。通过适当验证的社会仿真模型可以改善政策分析。

[①]　本节的重点是社会仿真，所以更广泛的 CSS 领域（例如，社会数据算法、社会信息学、复杂性模型、社会网络、社会地理信息系统以及社会计算的相关领域）不在本节范围之内。正如前一章所讨论的那样，这些其他领域的研究质量受制于其自身的标准。

拉夫和马奇（Lave & March）定义的这些 TBJ 标准对于评估社会仿真模型的质量很有帮助。例如，在经典的谢林隔离模型中，这三个标准都得到了充分认可。这是谢林模型受到高度赞赏的一个根本原因。

然而，还有一个挑战。社会仿真的特点使 TBJ 不足以作为评估质量的标准。因为社会仿真模型是在代码（某种语言的计算机程序）中实现或表征的，一种社会仿真在 TBJ 方面质量很高，但由于仿真模型带来了其他社会科学模型无法解决的其他挑战（即超出了统计或数学模型的特点），因此在总体质量上是失败的。

如图 8.2 所示，基于作为一个专门类别的继承性，社会仿真除了具有自身的其他特征外，还具有与一般科学（特别是社会科学中的所有模型）共享的属性。例如，基于主体的模型的具体编程语言（Java、C++ 或其他），或系统动力学模型的具体编程语言将成为界定特征。社会科学模型和社会仿真之间的继承关系很容易让人联想到区别后者和前者的几个关键特征，如表 8.1 所示。

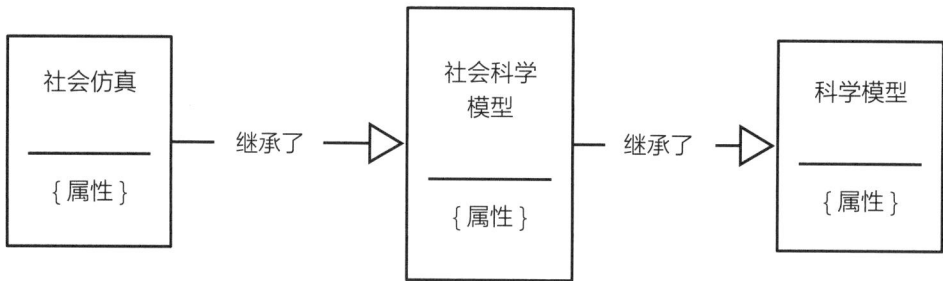

图 8.2　三种模型的层次结构

来源：Cioffi・Revilla（2013）。

表 8.1　科学领域评价模型的质量标准

模型	真理	美感	正义	其他标准
科学	Yes	Yes	No	No
社会科学	Yes	Yes	Yes	No
社会仿真	Yes	Yes	Yes	Yes

注：来自 Cioffi・Revilla（2013）。

社会仿真的其他标准——即超越社会科学模型经典标准的标准——应该允许我们从"好、坏、丑"的角度来判断质量。常见的必要做法（如检查和验证）是评估一般科学模型的程序。然而，评估社会科学模型的质量，特别是社会仿真模型的质量，仅有检验和验证是不够的。因此，关于模型质量的一个关键方法论问题是，除了 TBJ 外，还有哪些额外的标准可以或应该用来评估社会仿真模型的质量？我们现在将根据一套评估特定社会仿真模型质量的维度来解决这个问题。

8.8.2　社会仿真模型的质量维度

任何复杂的人工制品，无论是社会仿真模型还是国际空间站，其质量都是多方面的属性，而不是单一维度的。质量的维度可以用于评估，也可以为建立和发展社会仿真模型提供一个理想属性的总清单。可以说，计算型社会仿真的质量评估有两个层面，分别对应模型（model）和建模（modeling）的概念。

首先，从模型的角度来看，评价社会仿真的任何一组质量维度都必须基于它的具体属性，或作为西蒙意义上的计算工件的独特构成特征。此外，一个给定模型的总体质量应该是单个定性特征的加法，还是乘法函数呢？这一点并不重要，重要的是总体质量取决于一组超越拉夫和马奇标准的维度或理想特征，而不是某个单一的主要特征（例如，仿真环境或编程语言）。

其次，从建模角度来看，质量评估应该覆盖更广泛的建模或模型构建过程本身，而不是狭义上的生产一个社会仿真模型。这是因为计算模型最终（即被转化为代码）的质量是先前建模阶段的结果，它们先于模型本身，例如在实施之前的模型设计阶段。设计质量影响到实施产品的质量，即使实施本身以适当的方式进行（即有能力、有效率地进行）。

以下用于质量评估的生命周期框架结合了这两个视角，模型及其建模过程。

（1）拟订（Formulation）。

（2）实施（Implementation）。

（3）验证（Verification）。

（4）确认（Validation）。

（5）分析（Analysis）。

（6）传播（Dissemination）。

这个框架提供了一个可行的质量维度清单，且以社会仿真研究的先前方法论原则为基础。验证和确认只是评估质量的两个方面，如下所示：

（1）拟订。质量评估可以从一个特定的社会仿真所要解决的研究问题的表述开始。第一组质量评估涉及研究问题。研究问题或问题类别是否明确？研究焦点或参照的经验系统是否定义清晰？除了清晰外，研究问题是否具有原创性和重要性？原创性应该由对现存文献的完整和合理的调查来确认。每一个计算仿真模型都是为了解决一个研究问题而设计的，所以明确性、原创性和重要性都是至关重要的。研究目标也是问题表述的一个相关方面。从现存的相关文献来看，该模型的目标是否恰当？或者，这个仿真模型是第一个这样的模型吗？如果是的话，在同一领域是否有过统计或数学模型？已发表的社会仿真研究中的文献回顾应该是完整的、论证充分的。

（2）实施。在代码中呈现一个抽象的模型会涉及许多与质量有关的方面。首先是实体化的选择方面。代码是否将相关的社会理论实体化？底层的社会理论是否用适当的程序或编程语言来实体化？代码质量需要从其他一些方面来评价，这些方面可以统称为格里姆森·古塔格（Grimson·Guttag）标准。代码写得好吗？风格是安全或有防御的吗？是否有适当的注释？写完一年后还能被清晰地理解吗？此外，使用了什么类型的实现策略？即模型是用本地代码编写的还是使用了一个工具箱？如果使用的是工具包，是哪一个？为什么？应用的效果如何？考虑到研究问题，代码的选择（本地或工具包）是否合理？就"螺母和螺栓"而言，它们的质量问题包括：随机数生成器（RNG）的质量如何？是 Mersenne Twister、MT19937，还是其他 PRNG？考虑到语义，使用了哪些类型的数据结构？是否使用了驱动阈值动力学？如果是的话，是如何规定发射函数的？在算法效率方面，该模型所解决的问题的实施难度如何？代码在实现主要设计思想方面的效率如何？在计算效率方面，代码在使用计算资源方面的效率如何？这方面与算法效率不同。从架构设计的角度来看，代码的结构是否与研究问题相称，适当而优雅？在对象本体论方面，模型是否实现了所选抽象级别的焦点系统的基于对象的本体？所有与质量有关的问题都在验证和确认程序之前提出。

（3）验证。进行了哪些被动的和主动的测试，以验证模型的行为方式是否符合它的意图？社会科学家也称其为内部有效性。验证测试包括但不限于以下内容：代码浏览、调试、单元测试、剖析和其他软件开发中常用的程序。这些验证测试的结果是什么？质量评估应该包括研究所使用的验证程序，因为结果可能因采用的验证方法的程度而有很大的差异。不幸的是，大多数社会仿真的报告都没有提供很多（或任何）关于验证程序的信息，就好像"结果不言自明"是真的一样——但往往不是这样。

（4）确认。社会仿真的确认，即社会科学家所说的外部确认（或建立模型的外部有效性），包括一系列的测试，而不是单一的程序。这些测试对于评估社会仿真的质量非常重要。哪些测试（直方图、评估拟合度的 RMSE、时间序列、空间分析、网络结构以及其他形式的真实与人工模式匹配测试）被用来验证模型？其结果是什么？验证测试通常是报告结果的重点，往往会牺牲社会仿真模型生命周期中的所有其他阶段。

（5）分析。前述方面为在给定模型中建立总体置信度提供了基础。考虑到验证和验证测试的组合，模型结果的置信度是多少？如果网络在焦点系统中存在并具有重要意义，那么该模型是否利用了社会网络分析中的理论和研究（第 4 章）？该模型是否有助于分析非线性交互和涌现属性系统的复杂性（第 6 章）？复杂度的哪些特征（涌现、相变、幂律或其他重尾分布、临界性、长程动力学、近分解性、串并联系统或其他结构特征）与特定模型相关？如果空间特征很重要，那么仿真是否对空间数据使用了适当的空间度量和统计工具？就仿真运行而言，总体分析计划是什么？如何证明其合理性？计算分析如何促进对社会系统的基本或应用理解？就整体有效性而言，该模型是否提供了回答初始研究问题或一类研究问题所需的内容？这与效率不同。就仿真的计算功能而言，该模型是否具有进行广泛计算分析以回答研究问题甚至超越研究的必要功能？该模型在实现关键或有洞察力的实验方面有多强大，如在参数探索（进化计算）和记录保存方面？提供最有效仿真体验的物理基础设施的质量如何？

（6）传播。最后，应该根据社会仿真的"寿命"来评估其质量。例如，根据教学价值：该模型教学效果好吗，即教学效率高吗？就沟通的清晰度和透明度而言，是否提供了有用的流程图和各种图表（例如，UML 类、序列图、状态图和用例图）来理解模型？它们是以图形精度和正确的风格绘制的吗？就可复制性而言，该模型的复制潜力或可行性是什么么？如何促进再现性？与模型图形相关的方面对于评估质量也很重要，而不仅仅是"眼药水"。就 GUI 功能而言，根据主要用户的不同，用户界面是否质量高？GUI 是回答研究问题的基础吗？更具体地说，在可视化分析方面，可视化是根据高标准实现的吗？这不仅涉及视觉质量，还涉及用于得出有效推断的分析。从"长期护理"的角度来看，该模式在管理可持续性方面的质量如何？从长期来看，该模型在易用性或可访问性方面的支持程度如何？在哪个数据库［Google Code、Sourceforge、OpenABM、哈佛 - 麻省理工学院数据中心（Dataverse）或社会科学研究网络（SSRN）等文档档案］提供了模型代码和补充文档？最后，一些社会仿真旨在作为政策分析工具。考虑到政策单位的组织使命和业务需求，该模型是否被适当认证为政策分析工具？该模型是否为政策分析的整体质量增加了价值？它是否提供了可能对决策者有用的新的可操作信息（新的见解、合理的解释、预测、误差幅度、估计、贝叶斯更新）？

社会仿真的质量与它被评价的维度数量成正比。尽管这些维度之间并不独立，但就全面质量评估而言，它们的总贡献才是重要的。

☞ 8.9　复杂社会仿真的方法

一些社会仿真被称为玩具模型，因为它们代表了一个非常简单的参考系统，该系统是基于相对狭窄的实体和动力学范围的研究问题。最早的一部分社会仿真模型属于这一类，它们提供了一种理解基本人类和社会动力学的独特方式，至今仍然发挥着重要的作用。例如，Netlogo 提供的玩具模型、Heatbugs、Separation、Hawks and Doves、Boids 以及其他玩具模型，对于了解社会仿真科学的基础知识具有很高的教学价值。

其他的一些模型由复杂的社会仿真组成，其特征是包括许多相互作用的实体，通常在几个方面是异质的，由多个典型的非线性动力学控制。复杂的社会仿真通常由跨学科团队构建，团队成员之间具有分散的专业知识。典型案例是需要跨多个领域综合应用知识的社会技术自然的耦合系统。此类模型通常还需要多年的开发工作，会涉及多个研究机构。

复杂社会仿真模型的方法尤其需要考虑利用此类模型的丰富性来应对多种挑战。复杂社会仿真建模的一种可行方法是将模型开发视为一个螺旋式的多阶段过程，从最初的简单模型开始，向更复杂的最终模型发展。在物理科学史上，一个著名的例子正是牛顿关于行星动力学的研究计划（促使他发明了无穷小微积分），已故匈牙利科学和数学哲学家伊姆雷·拉卡托斯（Imre Lakatos）（1922—1974）且对该计划进行了详细研究。正如拉卡托斯所描述的那样，牛顿在得出整个行星系统的最终完整模型之前，开发了一系列渐进的模型，而不是一个大型模型。整个行星系统以行星、卫星和太阳为中心。牛顿研究的最初的简单模型与最终的模型没有相似之处，只是作为一个微小的组成部分而存在。他的第一个模型由一个围绕其轴线旋转的完美球体组成。随后的模型在一系列巧妙选择的"渐进问题转移"中添加了卫星、倾斜的旋转轴、椭圆轨道和许多其他精心选择的经验特征。从最初的简单模型到最后的复杂模型，整个动作都像莫里斯·拉威尔（Maurice Ravel）的《Boléro》中精心编排的音乐，从一个简单的鼓点开始，到一个庞大的、完整的管弦乐结束。

复杂社会仿真的案例，在诸多方面都类似于牛顿的行星系统模型，是一个耦合的社会技术自然系统。为了将这种仿真发展为表征某个地理区域的参考系统的最终模型，第一个初始模型将代表一个具有最小动力学的单一领土实体。一旦对这种初始模型有了更好的理解，就会添加额外的功能。例如，计划中的第二个模型将具有异质主体，以便理解更现实的文化动态。第三个模型将添加一些简单的天气动力学，以进一步了解降水和土地覆盖之间的生物物理相互作用。第四个模型可以包括更广泛地区的多样社会。随后的模型将添加基础设施系统和其他技术工件。

开发一系列复杂仿真研究程序和模型的想法不应被误解为严格的线性过程，有时也需要对最初的模型进行修正。也就是说，复杂社会仿真的方法应该有明确的前进方向，从简单的（初始模型）到复杂的（最终模型）。

复杂仿真的方法论有几个明显的特点：

（1）有必要确定一个简单并且可以完全被理解的初始模型，同时表征所设想的参考系统最终模型的核心元素。第一个模型可能与经验实体不太相似，就像牛顿的案例一样，完美的球体并不代表任何真实的行星一样。

（2）模型序列直至最后的仿真并非随意。为了在朝着最终模型前进时提供渐进的见解，必须经过精心设计。仿真模型的顺序应遵循一个理论上有意义的计划，而不是简单地通过随机积累和增量变化而缺乏理论上的证明。

（3）验证是贯穿从一个模型到下一个模型的整个开发过程的一项重要活动。然而，验证应该以明智的方式进行，滞后于确认。因为如果通过相对于最终模型来说，用为时过早的验证程序来测试模型，那么在理论上，重要的模型可能会因为缺乏足够的经验支持而被拒绝。牛顿的初始模型就是这样，这就是为什么他在研究项目早期不那么关心实证测试的原因。

（4）为参考系统定义一个最终的仿真模型是至关重要的，因为一个渐进的模型序列可以无限期地进行下去。

同样，明确关注核心研究问题对管理复杂仿真的发展至关重要。

👉 8.10 如何对计算模型进行比较？

比较研究是一项发展完善、富有成果的工作，在社会科学领域有着丰富的历史。事实上，比较方法论的理论和实践被许多人视为社会科学的一个决定性特征。社会仿真的系统比较具有洞察力和指导意义，原因有多种：

（1）在比较仿真模型时，通过社会仿真调查的研究问题会更加明确，因为研究问题定义了仿真本身。

（2）为分析社会仿真模型之间的相似性和差异提供了一种更深入、更全面的方式。

（3）对两个或多个社会仿真的比较分析可以帮助识别重叠、差距或需要进一步研究的问题等特征。

（4）从社会仿真的比较分析中获得的见解也可用于澄清和细化基本动力学，例如社会复杂性中突发现象的关键属性。

社会科学中使用的三种主要类型的模型为统计、数学和计算。可以肯定地说，社会科学家从比较统计和数学模型中学到了很多。例如，社会科学家经常比较各种类型的统计回归模型，决定使用哪种类型的假设进行测试，或者分析替代功能规范的结果。另一个例子是通过比较博弈论模型提供的，例如已故的俄罗斯裔美国数学社会科学家阿纳托尔·拉波波特（Anatol Rapoport）开创的 2×2 博弈的经典分类法。与统计和数学模型相比，比较社会仿真模型是一项新的工作。

比较社会仿真的第一种方法是基于一般特征进行比较，如它们的参考系统、实现类型、层次抽象以及基础科学与应用用途。每一个特征都为检查和对比模型的相似性和差异提供了充足的空间。此外，根据比较的目的，可以对这些特征进行不同程度的详细研究。例如，按实现类型比较社会仿真可以通过简单地识别编程语言或仿真系统来粗略地进行，也可以更详细地比较每个实现所捕获的体系结构特征和交互网络。通过一般特征进行比较也可以关注行为动力学、分布和随机过程、突发复杂性形式和长期渐近平衡。

社会仿真的更高级比较应侧重于对本体（包括技术图中提供的细节）、动态过程（例如，在基于主体的模型的情况下，通过比较 UML 序列图和状态图）以及许多其他软件功能的详细检查。

比较社会仿真模型有时也被称为"模型 – 模型"比较（Model to Model，M2M）。在接下来的两章中，我们将研究几个例子。

🔍 问题

8.1 仿真是社会科学家用来进行研究和扩大社会知识的几种方法之一。还有哪些方法？

8.2 找出社会复杂性的特征，这些特征需要通过仿真的计算方法。

8.3 由 _____ 在 1959 年的开创简单外交游戏模型开创了政治学中的计算机仿真方法。
（a）约翰·冯·诺依曼（John von Neumann）
（b）奥利弗·本森（Oliver Benson）
（c）杰伊·福雷斯特（Jay Forrester）
（d）托马斯·谢林（Thomas Schelling）
（e）罗马俱乐部（The Club of Rome）

8.4 谁发明了系统动力学理论和研究的仿真方法？

8.5 冷战期间，由日内瓦的乌尔斯·卢特巴赫（Urs Luterbacher）领导的瑞士计算社会科学家创建了一个美苏两国的动态模型，预测了苏联的最终不稳定，被称为 _____。
（a）增长极限（The Limits to Growth）
（b）SIMPEST

（c）MINUIT

（d）仿真世界（Simulated Worlds）

（e）以上都不是

8.6 "人造生命"一词是 ＿＿＿＿ 在 20 世纪 80 年代提出的。

（a）托马斯·谢林（Thomas Schelling）

（b）卡尔·德意志（Karl Deutsch）

（c）克里斯托弗·朗顿（Christopher Langton）

（d）杰伊·福雷斯特（Jay Forrester）

（e）吕西安·科恩（Lucien Kern）

8.7 判断正误：社会仿真建模和分析的核心科学目的是通过建立研究中的社会系统或过程的计算机模型来实现——一个代表现实相关方面的虚拟世界，并使用该模型进行多种分析。

8.8 在本章中提供的使用对社会复杂性进行仿真的虚拟世界的原因中，选择其中四个。

8.9 在 CSS 中，用来表示"多个变量（a large number of variables）"的术语被称为 ＿＿＿＿。

（a）高维度（high dimensionality）

（b）大维度（large dimensionality）

（c）复杂性（complexity）

（d）以上都是

（e）以上都不是

8.10 与仿真模型相比，以下是数学模型的一个显著特征：

（a）闭合形式的解决方案有时是可能的

（b）闭合形式的解总是可能的

（c）闭合形式的解决方案永远不可能

（d）闭合形式的解决方案是微不足道的

（e）闭合形式的解通常是递归的

8.11 CSS 中的"耦合系统"一词是指 _____。

（a）人工经济的贸易、货币和金融部门之间的互动联系

（b）人类、人工和自然系统

（c）节点、链接及其属性

（d）认知、决策和行为的类别或变量

（e）社会、政府和政体的标准模型的问题

8.12 哪个数学对象用于指定仿真模型中的随机性？

8.13 社会仿真模型中的实验方法是 _____。

（a）由于大数据的可用性，是一个刚刚起步的领域

（b）尽管仍然非常理想，但仍然很少可行

（c）具有次要价值，一般不使用

（d）基本的、普遍的、强大的

（e）已经得到量子计算的支持

8.14 政策分析和公共管理中被称为 _____ 的问题是计算仿真模型的主要目标。

（a）非线性（nonlinear）

（b）奇异（wicked）

（c）奇点（singularity）

（d）NP·hard

（e）复杂（complex）

8.15 判断正误：社会仿真（social simulation）、仿真模型（simulation model）、计算机模型（computer model）、机器仿真（machine simulation）、计算模型（computational model）和仿真系统（simulated system）是计算社会科学（CSS）中作为同义词使用的类似术语。

8.16 为仿真模型的解释提供常见的同义词。

8.17 请选择最合适的答案。在计算社会科学中，一个仿真模型可以包括：

（a）只有社会系统

（b）社会和自然或生态体系

（c）社会技术系统，如来自建筑环境的系统

（d）社会、工程和自然系统

（e）只有复杂的社会系统

8.18 社会仿真的参照系统最好由 _____ 来定义。

（a）其主要变量

（b）历史背景

（c）精心设计的研究问题

（d）对现存文献的回顾

（e）研究者的经验

8.19 从参考系统中选择一组给定的特征用于建模的过程被称为：

（a）验证

（b）确认

（c）抽象

（d）分析

（e）实施

8.20 在仿真方法学中，从一个给定的解释器中抽象出来的过程的主要结果是什么？

8.21 与仿真系统或工具包和仿真模型之间的关系密切相关的是：

（a）一辆汽车和它的驾驶员之间的关系

（b）一个造船厂和一艘船

（c）一艘船和一个港口

（d）一辆汽车和一架飞机

（e）一个机场和一架飞机

8.22 用本地代码编写仿真模型最类似于：

(a) 自己做饭

(b) 在餐馆吃饭

(c) 教别人做饭

(d) 管理一家餐馆

(e) 购买葡萄酒

8.23 找出仿真系统的一些著名功能。

8.24 仿真的解释项（explanans），相对于它的被解释项（explanandum）而言，最好被称为：

(a) 数据

(b) 概念模型

(c) 代码

(d) 正式模型

(e) 关键验证测试

8.25 定义一个仿真模型。

8.26 仿真模型中的表现保真度通常被认为是：

(a) 名义尺度

(b) 顺序标度

(c) 区间量表

(d) 比值表

(e) 以上都不是

8.27 仿真模型的表现保真度的范围是什么？

8.28 关于仿真模型的抽象性与经验性，基础科学与应用科学的特点是：

(a) 有点接近的平行

(b) 正好相反

(c) 正交

（d）不相关

（e）以上都不是

8.29 根据本章的仿真方法学原则，仿真模型的表现保真度应主要由 _____ 决定。

（a）可用数据

（b）激发研究的研究问题

（c）现存文献中的先前模型

（d）验证需求

（e）验证需求

8.30 本书中包括的 CSS 仿真模型的两大类和小类是什么？

8.31 面向变量的仿真模型的主要特点是使用 _____ 。

（a）事件指示函数

（b）排队模型

（c）系统动力学

（d）数学方程

（e）随机数生成器

8.32 判断正误：系统动力学模型（简称 SD）最显著的特征是以连续时间微分方程组的形式，分别以水平和速率或"存量和流量"来表示参考系统的状态和动力学。

8.33 判断正误：一个可以抽象为由变化率和状态网络控制的社会系统是系统动力学仿真模型的一个很好的候选者。

8.34 一个接收一个或多个实体流作为输入，并在经过某种处理后释放实体的社会系统是 _____ 仿真模型的良好候选。

（a）差分方程

（b）微分

（c）系统动力学

（d）排队

（e）I/O

8.35 以下在排队仿真模型中起主要作用的是 _____。

（a）差分方程

（b）微分方程

（c）概率分布

（d）网络

（e）幂律

8.36 确定开发社会仿真模型的主要方法阶段。

8.37 研究问题在创建社会仿真模型的过程中发挥 _____。

（a）最重要的作用

（b）第二重要的作用，在查阅文献之后

（c）由现有的编码专业知识决定的作用

（d）可以忽略不计的作用，因为计算能力的关系

（e）以上都不是

8.38 判断正误：制定可行的研究问题是 CSS 的独特特征。

8.39 通过抽象设计阶段的主要结果是 _____ 的参考系统。

（a）一个有效的模型

（b）一个概念模型

（c）一个仿真的计算机程序

（d）以上所有

（e）以上都没有

8.40 判断正误：在 CSS 中，仿真系统——从 DYNAMO 到 MASON——的发明具有相同的科学动机：通过仿真模型回答越来越多的挑战性研究问题，使我们能够拓展科学前沿。

8.41 识别在创建仿真模型的设计阶段所使用的图形图的类型。

8.42 实施社会仿真模型的主要决定是关于 _____。

(a)呈现确定性的或随机性的动态

(b)编写本地代码或使用工具包

(c)使用哪种类型的随机数发生器

(d)图形用户界面的用户友好性

(e)模型的并行化

8.43 理想情况下，_____ 应该是决定如何实施仿真模型的主要标准。

(a)可用的数据

(b)可用的理论

(c)可用的计算资源

(d)研究问题

(e)可用的专业知识

8.44 在社会仿真的实施阶段，请指出代码的三个理想特征。

8.45 确保仿真模型的行为符合预期的程序被称为 _____。

(a)验证

(b)确认

(c)校准

(d)(a)和(b)都是

(e)(b)和(c)都是

8.46 为模型验证提供另一个社会科学方法论术语。

8.47 调试是 _____。

(a)验证的一部分

(b)验证

(c)校准

（d）（a）和（b）都是

（e）（b）和（c）都是

8.48 证明仿真模型按预期工作的概率与所使用的验证程序的数量成指数比例。

8.49 指出本章中解释的三种常见的仿真验证程序。

8.50 剖析代码的结果通常会出现 _____ 。

（a）高斯分布

（b）指数分布

（c）功率法

（d）齐普夫的等级大小分布

（e）威布尔（Weibull）分布

8.51 以下哪些是在执行参数扫描作为验证程序一部分时可以发现的特征？

（a）渐进行为

（b）奇点

（c）震荡

（d）以上都是

（e）以上都不是

8.52 找出仿真模型运行的结果是否与经验数据中已知的结果相符的过程被称为 _____ 。

（a）验证

（b）验证

（c）复制

（d）校准

（e）拟合

8.53 与验证类似，验证也是基于一套程序，而不是单一程序：

（a）有时是这样的，取决于数据的可用性

（b）这始终是真的

（c）这由建模者决定

（d）这取决于该专业领域的研究传统

（e）以上都不是

8.54 与核查程序相比，验证程序 _____。

（a）要多得多

（b）少得多

（c）定性的多于定量的

（d）同样多

（e）定量多于定性

8.55 判断正误：发现仿真结果产生的数据在现实世界中从未被测量过的情况并不少见。在这种情况下，除了尝试收集必要的额外数据，别无选择。

8.56 为以下陈述提供最佳答案：在仿真建模的方法中，两种常见的分析形式是 _____。

（a）情景分析和虚拟实验

（b）校准和参数扫描

（c）响应面分析和虚拟实验

（d）最坏情况和最好情况的设想

（e）以上都不是；它们都是罕见的分析形式

8.57 判断正误：地球和空间科学中的 CSS、计算生物学、计算物理学和计算模型在缺乏对世界系统（如整个社会、许多生物系统和大规模物理系统，如行星系统或星系）的实验方面是相似的。

8.58 评价社会科学中的正式模型（包括计算模型）质量的拉维马奇标准是 _____。

（a）准确、可靠和有效

（b）真理、有效和适用

（c）真理、美感和正义

（d）准确、真理和美感

（e）准确、真理和可靠

8.59 判断正误：真实性是评价实证科学的主要经典标准，无论模型是统计的、数学的还是计算的。

8.60 请指出在计算模型中识别美的三个可能元素。

8.61 除了成功的验证和确认外，哪些额外的重要标准对于评估社会仿真模型的质量是必要的？

（a）明确的动机

（b）明确的研究问题

（c）成功的实施

（d）丰富多样的分析结果

（e）以上都是

8.62 判断正误：给定仿真模型的整体质量应该是单个定性特征的加性函数还是乘性函数，这比整体质量取决于拉维马奇标准之外的一组维度或理想特征，而不是某个卓越特征（例如，仿真环境或编程语言）的想法更不重要。

8.63 识别仿真模型质量评估的生命周期框架的组成部分。

8.64 考虑在社会仿真模型中评估质量的生命周期框架。

（1）在假设质量是一个基于六个维度的复合事件的基础上，提供一个可行的衡量标准。

（2）表明每个评分必须非常高，或高于 0.90，才能使总体评分达到适度。

（3）提出一个提高总体质量的策略。

8.65 什么术语是用来指代研究问题的非常简单的参考系统的仿真，且这些问题研究的实体和动态范围相对较小？

8.66 哪些是用于社会仿真教学中的有价值的玩具模型的例子？

8.67 从技术意义上说，找出复杂社会仿真模型的关键诊断特征。

8.68 判断正误：复杂社会仿真建模的可行方法是将模型开发生命周期视为一个螺旋式的、迭代的、多阶段的过程，从最初的简单模型开始，向更复杂的最终模型发展。

8.69 _____ 模型的案例是本章提到的复杂社会仿真的一个好例子。

（a）一个耦合的社会 – 技术 – 自然系统

（b）谢林的隔离模型

（c）一个完全校准的

（d）一个高质量的

（e）一个并行的或分布式的

8.70 M2M 在社会仿真的背景下意味着什么？

🖋 练习

8.71 本章提到，1969 年，政治学家海沃德·阿尔克（Hayward Alker）和罗恩·布鲁纳（Ron Brunner）在《国际研究季刊》杂志上发表了第一篇社会仿真模型的比较分析；1970 年，计算机科学家詹姆斯·E. 多兰（James E. Doran）在《世界考古学》杂志第一卷上发表了关于仿真方法在考古学中应用的最早的论文之一：《系统理论、计算机仿真和考古学》。查阅这两篇论文，总结它们的内容，比较它们的异同，并根据你在本章和前几章所学的内容对它们进行评估。

8.72 考虑 CSS 中使用仿真方法的原因，该原因在第 8.3 节和问题 8.8 中有提到。下面是一个面向对象的建模练习。

（1）将每个原因解释为一个节点，并创建一个网络对象，其中链接代表原因节点之间的依赖关系。

（2）根据每个依赖关系的属性来指定每个二进链接（dyadic link）。

（3）测量节点和网络属性。

（4）讨论你在节点和网络属性方面的结果。

（5）指出从这个练习中得到的启示。

8.73 选择第 8.3 节中的三个方法学原因，根据你到目前为止对社会仿真模型的了解，写

出关于它们的简短介绍。在你学习完其余章节后，重复这一练习，并比较你的
介绍。

8.74 回顾第 8.3 节中介绍的随机性概念。

（1）将这一概念与常见的误解进行比较，即随机性从根本上说是不可知的或杂乱无
章的。

（2）解释一个现象或事件是随机的和杂乱无章的区别。

（3）如果随机性等于杂乱无章，那么你将如何定义后者？

（4）指出这些区别所阐明的社会复杂性的各个方面。

（5）向几个朋友解释这些观点，观察每个人需要多长时间才能理解，并分析这种持
续时间值的分布。它是正常的还是幂律的？在这两种情况下，这可能告诉你学习这
些概念的情况？

8.75 选择三个 Netlogo 仿真模型，尽可能多地提供第 8.3 节中的特征的例子，包括高维度、
随机性、非线性等。

8.76 现在你可能已经使用了一个或多个 NetLogo 模型，或使用其他仿真软件的仿真模型。
将图 8.1 中的方法图应用于其中一个项目。

（1）解释你使用了仿真方法框架的哪些部分。

（2）讨论你发现哪些部分最容易，哪些更困难，以及为什么。

（3）讨论该图如何为模型的进一步发展提供指导。

8.77 写一篇简短的文章，将图 8.1 中的方法图与社会现象的数学模型的同等图进行比较：

（1）使用更适合数学建模而非计算仿真模型的术语重新绘制该图。

（2）突出相同点和不同点。

（3）指出对仿真方法的深入理解的见解。

8.78 一般而言，地图是抽象化产生的概念模型的典型例子：

（1）结合 CSS 中的仿真方法论来解释这一观点。

（2）讨论同一地区如何存在不同的地图。

（3）如果你理解了地图的情况，那么其他现实的图形模型，如蓝图、族谱树、UML

图、GIS 或甘特图呢？

（4）列出你所熟悉的、本章未提及的所有概念模型，并按科学意义分组。

（5）并非所有的概念模型或图形都被赋予了同样的科学精确性和实用性。找出你最喜欢的，包括你喜欢的任何一类地图。

8.79 数学模型与计算模型：

（1）写一个与定义 8.4（仿真模型）密切相关的数学模型的定义。

（2）识别并讨论这两类模型的主要异同点。

（3）科学中使用不同的数学结构（如微分方程、博弈、概率、图形等）来捕捉现实世界的特征（如连续变化、相互依赖的决策、不确定性或随机性、网络等）。是否有可能与不同类别的仿真模型进行类比？解释一下仿真方法的这一方面。

8.80 评估仿真模型的表现保真度是 CSS 的一项基本技能：

（1）选择一个或多个你到目前为止使用过的或读过的仿真模型。

（2）评估每个模型的保真度，用证据支持每个评估。

（3）根据保真度水平对其进行排名，并讨论你的结果。

（4）确定进一步研究的见解和想法。

8.81 基于变量的模型和面向对象的模型分别使用本体论上不同的分析单位：变量和实体：

（1）回顾并理解为什么基于变量的计算模型和基于对象的计算模型在社会仿真的方法论中所使用的抽象策略会有如此根本的不同。一个给定的社会现象的哪些现实世界的特征会让你决定支持其中之一而不是另一个？

（2）选择三个你感兴趣的社会复杂性的案例，并评估用每种类型的模型处理它们的利弊。建议：创建一个 3×2 的表格来组织你的信息。

（3）讨论你的结果。

8.82 选择社会科学中的两部经典作品，其地位与曼库尔·奥尔森（Mancur Olson）的《集体行动的逻辑》、赫伯特·西蒙（Herbert Simon）的《人工科学》或奥斯特·罗姆（Elinor Ostrom）的《治理公地》相当，并确定这些作品中的面向变量和面向对象内容。

8.83 从 NetLogo 的网站上选择三个模型：

（1）识别每个模型所解决的主要研究问题。

（2）比较和对比与每个模型相关的研究问题的性质。

（3）按研究问题的复杂性对模型进行排序。

8.84 考虑一个复杂的适应性社会系统，如一个机场或一所大学：

（1）拟定一些你想调查的关于你所选系统的研究问题。

（2）鉴于你的研究问题，你会选择哪种抽象策略来创建一个模型？

（3）解释你的选择。

（4）如果你选择另一种策略，会发生什么？

（5）讨论你的主要发现。

8.85 绘图（制图建模的一种形式）、统计建模、数学建模和计算仿真建模都需要抽象来设计或创建一个概念模型，随后将被渲染或实现为其模型类的一个具体实例。比较这四类模型的抽象化过程，并找出仿真模型中抽象化的独特特征。

8.86 重复练习 8.85 的实现。在社会科学中使用的不同建模方法中，实现是如何进行的？在社会仿真建模中，实施有哪些特殊的特征？

8.87 在实施社会仿真的背景下，本章指出，同一指涉系统的不同形式化几乎总是能让人看到推进理解的不同方面。

8.88 本章描述了仿真代码是高度易损的，远比数学或统计模型更易损。请提供一些可以解释或说明这一点的理由。为什么计算模型的持久性会比数学模型差？

8.89 正如本章所解释的那样，验证是一个建模阶段，是通过多种程序完成的，而不是单一的程序。考虑到本章和下两章提到的程序数量，为验证中固有的并行化结构建立一个数学概率模型，并使用 Python 对各种性能情况进行仿真。

8.90 针对验证程序的情况，重复问题 8.48 和练习 8.89。

8.91　思考虚拟实验和问题 8.57 在 NetLogo 或 MASON 网站上找到几个计算生物学和计算物理学的例子，并探索 CSS 与其他科学共同具有的这一特点的各个方面。把你的搜索范围扩大到工程科学。

8.92　对你到目前为止所做的三个计算模型应用并讨论拉维玛奇质量标准，并按总体质量对它们进行排名。

8.93　图 8.2 显示了一个 UML 类图。用普通英语描述这个图的全部含义。注意解释每个符号和整个图表。

8.94　生活质量在社会复杂性理论中是很重要的，正如在第 7 章中所看到的，也是本章中讨论的拉维玛奇标准之一。讨论这一共同点并得出一些影响或见解。

8.95　评估仿真模型的质量是 CSS 的一项基本技能：
（1）从你到目前为止使用过的或阅读过的仿真模型中选择三个。
（2）根据拉维玛奇的三个标准和六个生命周期标准来评估每个模型的质量，用证据来支持每个评估。
（3）按质量对模型进行排名，并讨论你的结果。
（4）确定进一步研究的见解和想法。

8.96　考虑到社会仿真生命周期过程中质量的六个维度，根据你目前遇到的模型，你认为哪些维度最难评估，哪些最容易评估？讨论一下你的答案。

8.97　考虑问题 8.68 中的陈述。在小范围内，评估这种从简单的初始模型到更复杂的模型的程序是否已经应用于你所处理的一个或多个模型中，比较案例并解释你的答案。

8.98　第 8.9 节提到社会 – 技术 – 自然计算模型的案例是复杂社会仿真的好例子：
（1）使用这个例子的相关段落，为所描述的模型的继承构建 UML 类图，从简单到复杂。
（2）描述每个模型中的每个类和关联。
（3）识别并比较从一个模型到下一个模型的变化。

（4）讨论你的结果，并确定从这个练习中获得的新见解。

8.99 讨论研究问题在复杂社会仿真的特定背景下的意义。

8.100 第 8.9 节（复杂社会仿真）以四个特点结束。将这些内容重新表述为单句和短句，作为提醒。

8.101 选择两个你熟悉的社会仿真，解释第 8.10 节（比较社会仿真）中提供的比较它们的四个理由，以及它们如何适用于这些案例。

8.102 任何特定的仿真怎么可能告诉我们任何我们尚未知道的东西呢？例如，有人会争辩说计算模型并不比其中所内置的假设更好，其次，计算机只能执行其被编程做的事情。讨论上述陈述，并用例子支持你的答案。

■ 推荐阅读 ■

［1］ Alker Jr H R, Brunner R D, 1969. Simulating international conflict: A comparison of three approaches[J]. International Studies Quarterly, 13(1): 70–110.

［2］ Balci O, 1998. Verification, validation, and testing[J]. Handbook of simulation, 10(8): 335–393.

［3］ Casti J L, 1996. Would–be worlds: How simulation is changing the frontiers of science[M]. New York: John Wiley & Sons, Inc.

［4］ Cioffi–Revilla C, 2010. A methodology for complex social simulations[J]. Journal of Artificial Societies and Social Simulation, 13(1): 7.

［5］ Cioffi–Revilla C, 2011. Comparing agent–based computational simulation models in cross–cultural research[J]. Cross–Cultural Research, 45(2): 208–230.

［6］ Edmonds B, Meyer R, 2013. Simulating social complexity [M]. Berlin: Springer.

［7］ Kennedy W G, Cotla C R, Gulden T, et al, 2014. Towards validating a model of households and societies in East Africa[C]//Advances in computational social science: The fourth world congress. Springer Japan: 315–328.

［8］ Lave C A, March J G, 1993. An introduction to models in the social sciences[M]. Lanham: University Press of America.

［9］ Sargent R G, 2010. Verification and validation of simulation models[C]//Proceedings of the 2010 winter simulation conference. IEEE: 166–183.

［10］ Sawyer R K, 2004. Social explanation and computational simulation[J]. Philosophical explorations, 7(3): 219–231.

［11］ Squazzoni F, 2009. Epistemological aspects of computer simulation in the social sciences[M]. Heidelberg: Springer.

请扫描二维码或者在"中科书院"公众号搜索
"计算社会科学"，获取课后习题答案

第 9 章　仿真 II：面向变量的模型

☞ 9.1　简介

本章将探讨面向变量的社会仿真模型这一超类，也称为基于方程的社会仿真。从历史上来看，这些是首类社会仿真模型，起源于社会动力学的微分方程模型。如今，这些社会仿真模型主要由系统动力学模型（system dynamic models）（SD）和队列模型（queueing models）构成。我们将使用第八章阐述的 MDIVVA（Motivate–Design–Implement–Verify–Validate–Analyze）（动机 – 设计 – 执行 – 检验 – 验证 – 分析）社会仿真方法对每一类模型进行探讨。

所有的这些社会仿真模型都聚焦时序变化的复杂社会系统，以适用于基础科学的理论应用与政策分析。从历史上看，尽管有关应用操作和管理问题上的实践已成为主流，但他们在高级理论分析中的应用仍缺乏卓有成效的实践，特别是在管理、工业和运营环境中的实践应用所获得的经验。

☞ 9.2　历史与先驱

本章所阐述的社会仿真模型的源自牛顿的动力系统理论和吉罗拉莫·卡尔达诺的概率事件理论——一个著名的谱系。后文中总结了系统动力学和队列模型发展的里程碑事件以及动态仿真模型中与之密切相关的进展。

| 1909 | 数学家兼工程师安格那·克瑞乐普·尔蓝（Agner Krarup Erlang）通过对哥本哈根电话交换机进行建模，开创了对队列模型的科学研究。 |

1953	统计学家兼数学家戴维·乔治·肯德尔（David G. Kendall）提出了用于队列系统中的标准形式符号，该标记方法被发表在《数理统计年鉴》（*The Annuals of Mathematical Statistics*）中并沿用至今。
1958	麻省理工学院的理查德·贝内特（Richard Bennett）创造了第一个系统动力学计算机建模语言 SIMPLE（Simulation of Industrial Management Problems with Lots of Equations，多方程工业管理问题仿真）
1959	由菲莉丝·福克斯（Phyllis Fox）和亚历山大·皮尤（Alexander Pugh）发明的 SIMPLE 改进版本 DYNAMO（DYNAmic MOdels）v.1.0 迅速成了管理科学和操作仿真模型的正式通用语言。
20 世纪 60 年代	系统动力学模型广泛应用于复杂社会系统和管理科学的运筹学中，至今仍发挥着重要作用。
1961	麻省理工学院斯隆管理学院的工程科学家杰伊·福里斯特（Jay Forrester）出版了他的开创性著作《工业动力学》（*Industrial Dynamics*），这是系统动力学经典系列中的开山之作。
1961	应用数学家托马斯·L. 萨蒂（Thomas L. Saaty）出版了队列理论经典著作《队列理论与应用元素》（*Elements of Queueing Theory with Applications*）。同年，约翰·利特尔（John Little）在《运筹学研究》（Operations Research）期刊上发表了著名的列队系统定律，约翰·金曼（John Kingman）也在《剑桥哲学学会数学进展》（*Mathematical Proceedings of the Cambridge Philosophical Society*）上发表了同样著名的相关定律。
1969	杰伊·福里斯特（Jay Forrester）和约翰·柯林斯（John Collins）（波士顿前市长）出版了《城市动力学》（*Urban Dynamics*），将系统动力学仿真正式地扩展到了社会复杂性和计算社会科学领域。
1970	麻省理工学院的福里斯特（Forrester）和他的团队创造了第一个全球社会环境模型 WORLD1 和 WORLD2，并出版了《世界动力学》（*World Dynamics*），最终成为著名的罗马俱乐部模型（Club of Rome model）。

1972 在工程师奥雷利奥·佩西（Aurelio Peccei）的罗马俱乐部资助下，德内拉·梅多斯（Donella Meadows）出版了使系统动力学模型闻名于世的经典著作《增长的极限》（*The Limits to Growth*），该书随后被翻译成多种语言。

同年，来自加州大学圣芭芭拉分校的文化人类学家琳达·S. 科德尔（Linda S. Cordell）在她的博士论文《威瑟利尔·梅萨仿真》（*The Whethrill Mesa Simulation*）中开创了第一个在美国中西部地区的普韦布洛（阿纳萨齐族人）政治 [Puebloan（Anasazi）polities] 社会仿真研究。科德尔凭借此篇文章获得了美国考古协会的终生成就奖和美国人类学协会颁发的阿尔佛雷德·文森特·基德勋章（A.V. Kidder Medal），并于 2005 年成为美国国家科学院院士。

1975 瑞士苏黎世大学计算社会科学先驱丹尼尔·弗莱（Daniel Frei）的弟子，政治科学家迪特尔·鲁洛夫（Dieter Ruloff）首次演示了系统动力学在仿真动乱与政治稳定中的应用。随后几年中，他发表了关于经典玛雅政体崩溃等的第一批系统动力学模型。

1975 政治科学家娜兹莉·乔克里（Nazli Choucri）和罗伯特·诺思（Robert North）出版了《冲突中的国家》（*Nations in Conflict*），首次使用离散时间，模拟了第一次世界大战开始时国际关系。

1979 来自瑞士日内瓦高级国际关系学院的政治科学家乌尔兹·卢特巴赫（Urs Luterbacher）和皮埃尔·阿拉（Pierre Allan）创造了首个研究冷战时间美国 – 苏联 – 中国战略性三方动态仿真模型 SIMPEST，它准确地预测了苏联的解体。该论文在国际政治科学协会（the World Congress of the International Political Science Association）于莫斯科举办的世界大会上正式发表。

1979 考古学家科林·伦弗鲁（Colin Renfrew）和科克（K.L. Cooke）共同编著了另一部早期开创性的论文集《变革：文化变迁的数学方法》（*Transformations: Mathematical Approaches to Culture Change*）。

1981	考古学家杰里米·萨布洛弗（Jeremy Sabloff）出版了《考古学仿真》（*Simulation in Archeology*），这是同类型作品中最早的论文集之一。同年娜兹莉·乔克里（Nazli Choucri）发表了《国际能源期货》（*International Energy Futures*），这是第一本从经济角度的出发关于世界能源市场的系统动力学模型专著。
1984	系统动力学期刊《系统动力学评论》（*System Dynamics Review*）创刊。
20 世纪 80 年代中期	政治科学家迈克尔·华莱士（Michael Wallace）在论文中展示了使用系统动力模型 DYNAMO 演绎了刘易斯·F. 理查森（Lewis F. Richardson）的军备竞赛理论。
1985	用于动力系统建模的软件 Stclla 1.0 版本由 Isee Systems 公司发布。
1998	娜兹莉·乔克里（Nazli Choucri）和她在麻省理工的学生们在《系统动力学评论》（*System Dynamics Review*）发表了第一个关于国家稳定性（state stability）的系统动力学模型。
2000	美国管理科学家约翰·D. 斯特玛（John D. Sterma）出版了第一本系统动力学的综合性教科书《商务动力学分析方法：对复杂世界的系统思考与建模》（*Business Dynamics: Systems Thinking and Modeling for a Complex World*）。

☞9.3 系统动力学模型

本节将介绍被用于重大社会科学实践中基于系统动力模型中的社会仿真超类，并探讨他们用于理解社会复杂性的主要特征。系统动力模型是在更广泛的动力系统范围下引入的，它也涵盖了更大分类中的许多正式模型。动力系统是将离散时间系统作为主要形式，用于刻画参考社会系统中所观察到的各类社会动态的特征。其中，数学层面的特征十分重要，尤其是研究如何通过不同的模型规范对具有定性差异的动力学过程（即不同形式的动力学行为）进行建模。

为使术语更清晰易懂及保证其使用的准确性，我们必须辨别以下术语，因为一旦表意不准确，这些术语很容易被混淆。

定义 9.1 系统动力学模型（System Dynamics Model）系统动力学（SD）仿真是

一种基于变量的计算模型，它用于分析包含变量和变化率之间的反馈和前馈依赖性的复杂系统，通常具有高维度。

形式上，系统动力学模型由具有向前或向后差分的离散时间差分方程组组成。系统动力学模型可以是完全确定性的，也可以是包含随机干扰，即有随机变量的。一个完整的系统动力学社会仿真模型将由解释依赖关系网和相关代码的因果关系组成，相关代表人物如图 9.1 所示。

图 9.1　系统动力学的主要开拓者：杰伊·福里斯特（Jay Forrester），SD 模型的创立者（左上）；丹尼斯·梅多斯（Dennis Meadows），罗马俱乐部人类预测（the Predicament of Mankind《The Limits to Growth》）项目负责人（右上）；琳达·科德尔（Linda Cordell），动力系统模型在考古学中应用的开创者，2005 年入选美国国家科学院（左下）；娜兹莉·乔克里（Nazli Choucri），麻省理工学院能源、冲突与国家稳定系统动力学建模开创者（右下）

定义 9.2　动力学系统模型（Dynamical System Model）动力学系统（DS）是由微分方程组或微积分方程组组成的基于变量的数学模型。

动力学系统模型在社会科学中的首次应用可以追溯到一百年前对冲突、人口和经济动态的研究中，也就是说它在数学社会科学中的应用比计算系统动力学模型要早得多。形式上来说，动力学系统模型由连续时间方程组组成。动力学系统方程可以是纯确定性的，也可以是包含随机干扰，即随机变量的。系统动力学模型和动力学系统模型皆为形式化（即计算的与数学的）模型，他们都可以是纯确定性的，也可以包含随机分量，其主要的区别在于离散或连续的时间域，以及前者存在前后时滞。

9.3.1 动机：研究问题

系统动力学模型解决了在众多计算社会科学领域中的研究问题，尤其是在特定参考系统中出现以下特点的：

（1）各种变量及其相应的时间轨迹以存量、大小或数量等形式直接关联。（状态变量将在后文中被抽象为层次，将在下一阶段的建模过程中被详述）

（2）变量之间的因果关系是观察到的时间相关性变化的原因，它们并不仅仅发生在未知原因或纯随机机制下。（变化将在后文中被抽象为由比例产生）

（3）干扰项会影响因果网络中不同点的结果轨迹。（干扰将在后文被抽象为概率分布）

（4）在宏观系统层面，变化轨迹可以包括稳定、上升、衰减、循环、振荡、渐进行为等其他时序性模式。

（5）社会复杂性在系统层面的涌现特性源于最底层因果水平中变量的相互作用。

9.3.2 设计：抽象概念和正式模型

在给定参考系统 S 中，概念模型 CS 是由一组状态变量和相对应的变化速率组成，它通过二段过程被抽象成了因果回路图和存量流量图。

9.3.2.1 因果回路图（Causal Loop Diagrams）

系统动力学抽象概念模型的第一个重点阶段是被视作循环的元素因果关系。

定义 9.3 因果回路（Causal Loop）因果回路是给定变量 X 及其变化速率之间的反馈关系。

因果路径是系统动力学模型中的基本要素。反馈可以是正向的或负向的，取决于是否促进或阻碍了给定变量。

定义 9.4 正反馈（Positive Feedback）正反馈路径是增加变量值的因果关系。

正反馈在系统动力学术语中被称为强化动态，产生递增的效果：增长、拓展、增益、放大、增加、改进、扩大、增值、升级等，或变量在其他时间轨迹上增长的趋势，这取决于参考系统的语境。

定义 9.5 负反馈（Negative Feedback）负反馈路径是减少变量值的因果关系。

负反馈是系统动力学中所谓的平衡机制，产生了递减的效果：如衰弱、衰退、降低、损失、减少、减轻、耗尽、收缩、抑制、衰减等、或变量在其他时间轨迹上降低的趋势，这也取决于参考系统的适当语境。

定义 9.6 因果回路图（Causal Loop Diagram）因果回路图是一种图形抽象化形式，描述了给定变量行为中的正反馈和负反馈。

社区成员对规范的接受是一种新兴的社会现象的例子，可以用一个因果循环图来表示。这对于从系统动力学的角度理解新规范如何作为社会过程被接受是有用的，如图 9.2 所示。该图显示了两个同时运行的反馈循环。在右侧，正反馈路径 R 表示随着新接纳规范者数量的增加，社会整合趋向通过同辈压力使得更多人服从新的规范，这便是一种强化动态。遵守新规范的人越多，则接纳它的压力越大，这便被抽象为正反馈循环。在左侧，反馈路径 B 则表示了负面的强化动态，也被称为"平衡"。因为社区规模有限，社会中潜在的接纳者数量会随着接纳者数量的增加而减少。所以在左侧的路径则表示了负反馈，即服从新规范的成员比例越高，则不遵守规范的人数将降低。类似的社会规范案例包括时尚、观点、科技变革、态度、行为模式等，所以行为规范采纳这一过程在社会科学的各个领域都具有广泛的适用性。

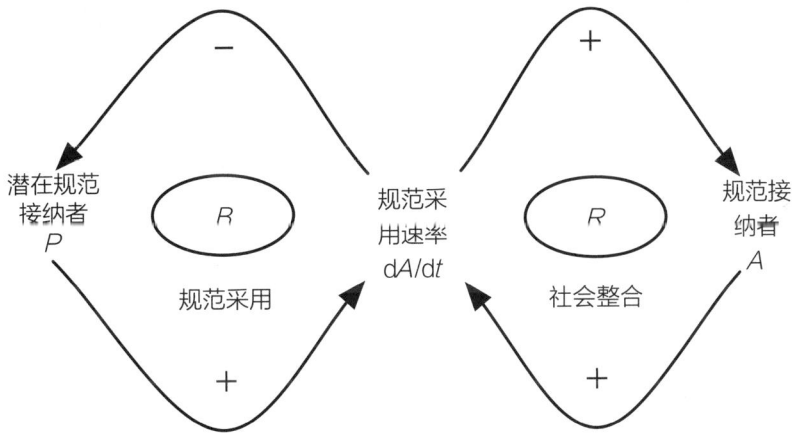

图 9.2 行为规范采用在系统动力学模型中的因果回路图

依据理查森（Richardson）军备竞赛动态研究中的两组竞争模型，相似的案例也存在于团体冲突领域的研究。如图 9.3 所示，尽管它有时被视作两国军备竞赛模型，但根据理查森（Richardson）使用的术语"致命斗争（deadly quarrels）"反映，他将其视为任意类型的竞争团体间的冲突模型，包括国家或非国家的参与者。在这种情况下，每组武器获取的速率是受反馈循环所产生的两种相反动态影响。一方面，武器获取的速率是受敌人现阶段武器获取的速度（威胁）所影响，所以存在逐步升级的动态，即敌人获取武器的速率越高，就越需要通过提升自己的速率去追赶。另一方面，维持现有武器的成本产生了缓冲动态，即我方军备水平越高，经济负担越大，因此进一步增加装备的难度就越大。如今，对于提升能力建设这一组织难题必须考虑直接经济成本。理查森（Richardson）将这一抑制力称为"衰弱（fatigue）"。

整个系统通过耦合的因果回路展示了所有的基础因果回路相互关联的方式。值得注意的是，在以上两个例子中，尽管它们有相同的整体系统结构，但正负号却不一样——缓解动态的符号是反向的。在图9.2的规范扩散过程中，两个反馈循环是耦合的并同时作用。如图9.3所示，接纳规范的速率是潜在接纳规范人数和实际接纳规范人数的函数。潜在规范接纳人数和实际规范接纳人数会随着接纳率的变化而相应的增加或减少。因此，两个耦合动态将在不同时间有不同的行为表现。在此过程中，初期接纳规范人数的增长将会比后期接纳规范人数的增长更快，因为后期社会中还未接纳该规范的人将减少。

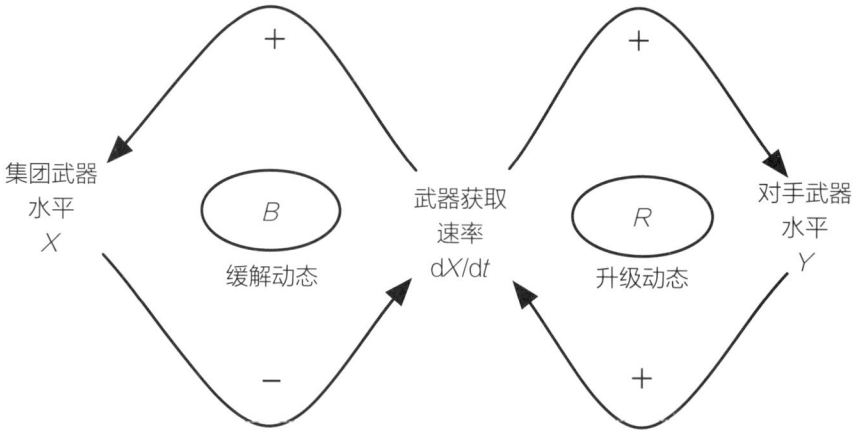

图9.3　团体间冲突在系统动力学模型中的因果回路图

在图9.3所示的冲突过程中，两个反馈循环也是耦合，即同时发生的。军备采购的速率是敌方军备水平和我方军备水平的函数。右侧升级动态有自加强的驱动力（正反馈），而左侧削弱动态有抵消的驱动力（负反馈）。所以，较之前的案例不同的是，此案例假设了两种不同类型的耦合，共同作用于军备采购的速率：

（1）反馈式耦合：正反馈和负反馈过程耦合在一起，例如规范出现。

（2）参与式耦合：从博弈论的角度，两个竞争者通过战略交互耦合，每个参与者的结果同时由自己的选择与对手的选择决定。

在上述例子中，竞争过程的两种耦合动态在不同时间也将有不同的表现形式，取决于哪一种动态驱动力占主导地位。

总的来说，通过将对应的增加/升级的和减少/削弱驱动力抽象成正反馈循环或负反馈循环，因果回路图从定性的角度帮助了 SD 概念模型的建立。然而，为了使参考系统的概念模型足够完整并能够用代码实现计算还需要考虑纳入更多其他因素。

9.3.2.2　存量和流量图

SD 模型开发的第二阶段是使用存量和流量图提供一种更定量的系统结构和动力学表达方式，如图 9.4 所示。在存量流量图——系统动力学模型中的第二种图形中，变量被视作存量（矩形），变化率被视作流量阀（领结状）。不同于反馈循环图，存量流量图可以被直接转换为代码。

图 9.4 展示了一个具有基本标注的通用存量流量图，其左侧代表了由流量阀控制的变量来源，同时也决定了右侧的存量。图的底部使用了与冲突案例中强化循环或扩张动态同样的标记法（图 9.3 右侧），表明一方的军备采购速率取决于其对手的水平。图 9.5 展示了完全耦合的冲突系统。

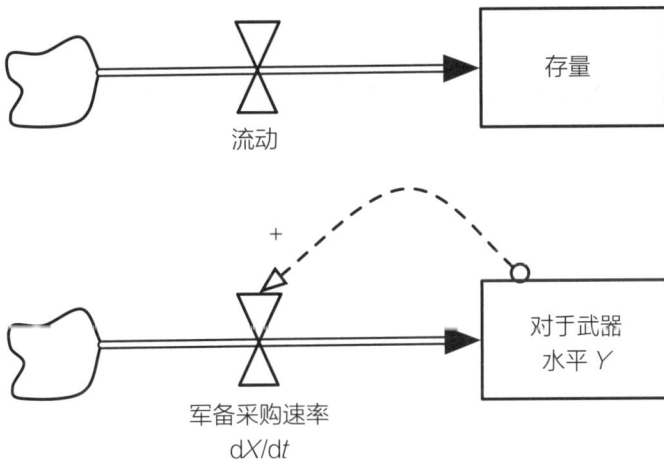

图 9.4　用于体现变量（存量为矩形）和变化率（流量为阀）的系统动力学存量和流量图

图 9.5 详细展示了竞争者与反馈循环是如何相互影响，从而形成了战略交互的概念。该图使用了与图 9.4 相同的基本存量与流量元素，增加背景事件中的敌意因素作为影响变化率的参数，故现各方的动态过程将受三个因素所影响：

（1）竞争对手当前的武器水平（表示为正反馈，扩张驱动力）。

（2）我方当前的武器水平（表示为负反馈，缓冲驱动力）。

（3）双方的敌意基础作为不变的背景驱动力，表示无论竞争对手的军事水平如何，各方都将取得最低限度的军事力量作为保障。

类似的图形——通常包含更多的存量 / 变量、流量 / 变化率及参数——经常在 SD 方法论中被用于体现一个给定系统的概念模型。干扰、随机冲击等其他因素也将视需求在图中添加。

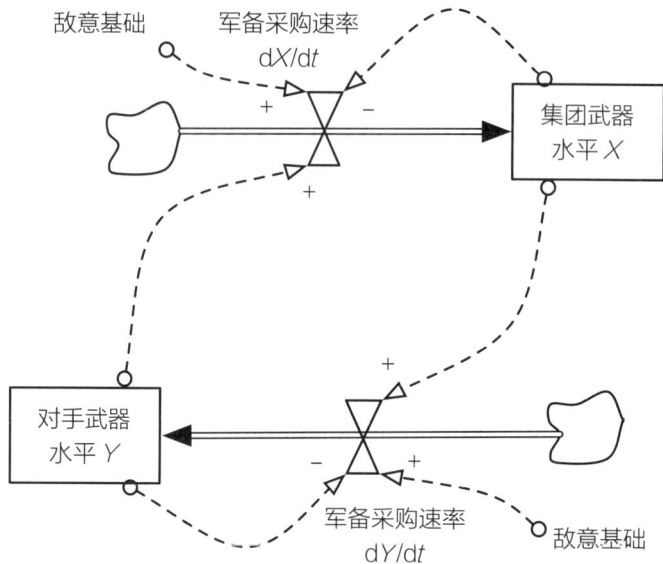

图9.5　两组竞争交互动力系统模型的存量流量

使用方程组为给定社会系统建立概念模型是系统动力学设计阶段的主要成果。例如在冲突模型中，下列的连续时间方程组清晰地描述了竞争的动态过程：

$$\frac{\mathrm{d}X}{\mathrm{d}t}=aY-bX+g \tag{9.1}$$

$$\frac{\mathrm{d}Y}{\mathrm{d}t}=\alpha X-\beta Y+h \tag{9.2}$$

方程中，a 和 α 为反应系数，b 和 β 为缓冲系数，g 和 h 为敌对系数，X 和 Y 则表示军备水平。下列为离散时间方程组：

$$X(t+1)=aY(t)-bX(t)+g \tag{9.3}$$

$$Y(t+1)=\alpha X(t)-\beta Y(t)+h \tag{9.4}$$

在此案例中，因系统简单，可以直接通过分析得到系统方程组的解析解。这些解会产生包含指数项的时间轨迹，也是很容易被验证的。但通常，这样的情况是不可能的，这也是为什么我们需要用到仿真的原因。

9.3.3　执行：系统动力学软件

给定一个足够完整的参考系统理论模型中，使用代码在仿真系统中演示模型是下一阶段系统动力学方法论的主要部分。从理论模型中的数学方程到仿真模型中的代码转换是实践阶段的关键。

目前，最常用于执行 SD 模型的仿真系统是的 VENSIM，是继早期 DYNAMO 和 STELLA 后的仿真系统软件。Vensim PLE 是免费的教育版本。John D. Sterman 编写的经典教科书《商务动力学》（*Business Dynamics*）中附有一张包含 ithink, Powesim 和 Vensim 等仿真软件和模型的光碟（Windows 与 OSX 系统）。这类系统的优点在于与系统动力学学界有紧密的联系，特别是与系统动力学协会。Vensim 官方网站上有许多针对初学者和进阶用户的资源，包括教程和其他有用的材料。

图 9.6 展示了 Vensim 系统在执行一个公司单一客户群体的存量和流量理论模型时的屏幕截图。Dynamo 是一门需要写代码的程序语言，而 Vensim 则可以通过单击选项、下拉菜单或其他用户界面来选择定义变量、方程和其他要素。

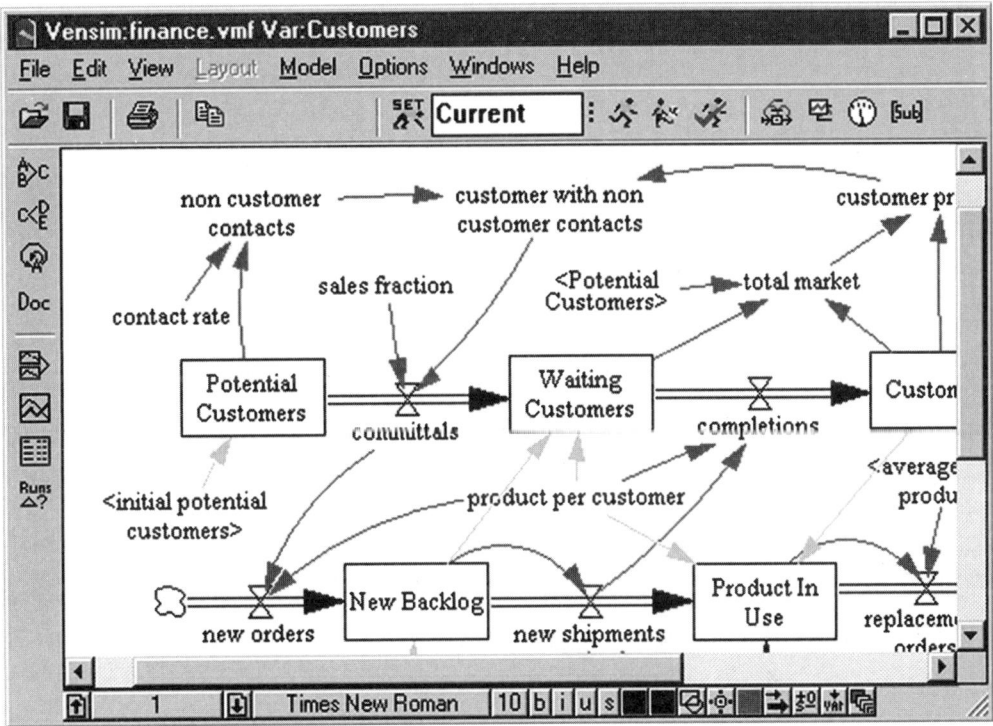

图 9.6　使用 Vensim 系统执行系统动力学社会仿真的屏幕截图

另一个可以用于开发系统动力学社会仿真的方法是在 Netlogo 或 Repast 等仿真系统中创建理论模型。这些仿真模型一开始并非为执行系统动力学模型而设计，但是它们在原有的主体模型设计外，也有相应的功能。用 Netlogo 来说，它可以展示系统动力学模型中的指数增长、捕食动态模型［基于经典的洛特卡·沃尔泰拉方程（Lotka–Volterra model）］以及其他实际案例。

9.3.4　检验

检验与验证的区别在于：前者是保证一个模型按照既定的理论模型和其他仿真设计运行，而后者则保证仿真模型是参考系统的准确呈现。

在执行一个系统动力学社会仿真模型后，下一步则涉及程序的检验。Vensim 等系统提供了一系列用于检验模型的功能，包括检查是否标明了正确的单位、变化率是否有恰当的相关性以及其他用于保证该模型按原定理论模型运行的步骤。由于带有存量流量图的动力系统学理论模型使用了存量和流量阀等图形象征，检验系统动力的执行本质上意味着检查是否所有"管道"都按照蓝图（存量流量图）中最微小的细节运行。为了精准地执行，必须检查每一个元素，包括速率、特点与相关性。无论使用哪种仿真系统的功能，都应该在符合第八章探讨的检验程序下使用。

9.3.5　验证

验证一个已检验过的系统动力学社会仿真模型主要是从两个方面进行。结构效度指一个模型的内部特征，包括假设、相关变量及其单位，和包含所有流量存量元素的系统方程组。建议通过下列方式测试系统动力学模型的结构效度：

（1）实证验证测试（Empirical tests of validation）

这类测试用于验证模型中所使用的方程组的规范性和数值参数。例如，在之前讨论的冲突模型中，验证过程将关注方程组中假设系数等参数和影响军备采购速率的基础敌意等常数。因为不同的设定会产生不用的结果，所以方程式本身也需要被验证。经典的竞争模型建立在军备水平是递增的和对称的假设上，而这样的假设正需要实证检验的验证。竞争模型的假设也包括恒定的反应系数和敌对参数。这些构成了结构稳定性的全部假设，即所有规定方程都不会随时间发生重大的变化，但标准模型假设规律性的基础机制都不会随着历史的进程而改变，所以无法确定这样的假设是否有效。

（2）理论验证测试（The oretical tests of validation）

模型的假设也应该被使用的现存理论所验证，因为就连最简单的系统动力学模型也假定了用于证实其因果结构的理论机制。这个检验的视角比结构有效性实证验证更广泛，因为它依据基本的因果论证，即使有可能被量化也将十分困难。例如，在冲突模型中，整体结构都是根据理查森（Richardson）的理论来解释两组竞争的形态。最基础的理论冲突过程建立在三个要素或动态的基础上：受对方军备存量正反馈驱动的上升力、受己方军备存量"疲弱"或负反馈驱动的缓冲力，以及由于分歧所带来的敌意和不安全感产生的恒定背景力。这个理论是否合理有效？是否存在同样重要或更重要的因素？这个理论同样假设了对手间的完全对称性，即他们用相同的方式做军备采购的决策。那么，是否有可能竞争者们在决策时有不同的目标，比如一方正尝试追赶上另一方的水平，则他根据双方的水平差距做出反应 [$dX/dt \propto (X-Y)$]，而非仅仅只是敌方的水平 [公式（9.1）中的 $dX/dt \propto Y$]？

正如其他类型的社会仿真模型，系统动力学有效性的检验是复杂的，且需要高度重视。实证文献在这些验证过程中有着重要的指导意义。

相比之下，行为有效性影响了仿真运行的实际结果，主要是类似于增长、衰减和震荡等定性和定量的特征。其中，许多程序涉及了多种形式的时间序列分析和拓展。在之前讨论基础方法论的章节中介绍过一些，例如趋势分析、通过自相关函数比较周期、比较分布矩以及计算仿真和观测时间序列之间差异系数等全球统计数据（Barlas 1996: 207–208）。

9.3.6 分析

在计算社会科学的仿真研究中，最主要的目的就是通过获取定性和定量的结果来更好地理解指定系统。之前的定性和定量分析模式主要是程序性的，其目的是通过检验和验证保证程序的准确性。显然，建立一个系统动力学社会仿真的目的，也是解决所有问题的原因，是以实质的方法分析问题。形式分析、询问"如果……会怎样"问题以及情景分析，是分析系统动力社会仿真的主要形式。

系统动力模型的形式分析会产生结果，例如所有水平变量（存量）的时间轨迹、参数空间中的相位图、敏感度分析、比较静态分析和动力系统分析中类似的结果集。举个例子，在形式分析下的竞争模型将会展示军备水平在冲突进程中演变的时间轨迹、作为参数组合函数的轨迹相位图以及类似的定性定量结果。形式分析的结果可以揭示轨迹、奇点、渐近线、吸引子、梯度场、周期性、混沌、分岔、遍历性（时间平均和空间平均的一致）、相变、稳定性和其他从模型结构角度不太明显的重要动态特征。

询问"如果……会怎样"这类假设问题是另一种分析系统动力学社会仿真的主要方式。例如，在竞争模型中，我们可能会问"如果当一方的敌意是另一方的数倍时，将会发生什么？"或者"如果两组的反应系数有着显著差异时，将会发生什么？"这类假设问题也可以被拓展到分析有其他参数的方程中来探索"如果变化率被不同动态影响时会发生什么？"正如我们之前提到，在竞争模型中，我们或许希望有一方将对敌我军备水平的差异做出反应，而非原始假设中仅对另一方军备水平 Y 反应。

情景分析是在系统动力社会仿真更全面的分析方式，通常包括定义特定情景下的一系列问题，而不是每次仅分析一个问题。比如，在竞争模型中，我们计划分析反应系数相对较小，缓冲系数是反应系数的数倍大，敌对系数较小的情景。在这种情景下，我们将下意识地认为这将通过降级和裁减军备来缓解冲突。同样，在相反的情景下，将会有相反的系数设定导致冲突的升级和系统的失控（爆炸）。在这两种极端情景之外，还有许多有趣的定性和定量特征，其中一些是通过解析和分析方法获知的，但还有许多是未知并仍待探索的，特别是在反应动态中有许多参与者和不同结构规范的高维系统。

系统动力学仿真使用以上和其他的分析方法来探究基础的计算社会科学问题和政策应用的相关问题。系统动力学也可以与其他仿真模型相结合，例如下一章节将会探讨的主体模型。

☞ 9.4 队列模型

这一节将会探究使用队列模型的社会仿真的超类，涵盖了其重要的社会应用和主要特征。重点是将分布作为主要表征来描述在指定社会系统中各种类型的队列过程。与往常情况类似，数学层面是基础，特别是用于学习有定性差异的过程结构，即代表着不同形式的随机性，是如何通过不同的概率分布规则被建模的。

定义 9.7 队列（Queue）是由一个或多个单位或站点用于处理或服务一连串传入的需求或请求的系统。从形式上看，根据 Kendall 标记法，一个指定的队列 Q 将由三元组 $A/S/C$ 表示，A 表示到达队列的间隔时间，S 表示服务或处理，C 表示处理器的数量，即 $C=1$，2，3，……

这样的初始定义本身即是有用的，它也为后续更复杂的多级队列系统打下了基础，我们将在后续用示例做进一步演示。

9.4.1 动机：研究问题

类队列系统在社会科学领域中应用广泛且十分重要，正如下面所举的案例：

（1）在银行（在许多队列理论教科书的经典案例）队列系统中，客户到达的频率为 A，在 S 时间内由柜员为他们提供服务，且共有 C 个柜员服务窗口。如果一个柜员无法满足客户的需求，客户将重新加入另一个队列寻求银行经理或高管的帮助。超市、加油站、医院（包括急症室）和登记台都是日常常见的案例。

（2）在机场值机柜台（和许多其他交通节点）队列系统中，乘客将以 A 的频率到达，总数为 C 的值机柜台的机场工作人员或自助服务机将在时间 S 内认证乘客身份和航班信息，并提供登机牌。这样的值机流程是另外一种队列系统，它是独立的，但也是与处理到达飞机从进入空域到登机口的过程耦合的。现代机场是一个高度精密与复杂的队列系统。

（3）一个政体可以被建模为一个队列系统。在这个系统中，公共问题将以 A 的时间规律出现，由一组机构 C 参与，在时间 S 内解决涉及资源、决策时间和执行的问题。

（4）当一个社会出现灾难时，对救济的需求 A 显著增加，需要数量为 C 的组织及时启动应急响应来提供服务与人道主义救援 S。正如 2010 年海地发生地震后，这样的救援对社会福利和政府稳定有着重大意义。

（5）一个立法机构也是一个队列系统。当法案以 A 的速率被提出时，将由 C 位立法者和工作人员在时间 S 内通过立法。

（6）人类的信息处理可以被看作一个队列系统，当信息以 A 的速率到来时，由 C 个认知元素（价值观、目标、信念体系、试探等其他有限理性行为者的元素）将在时间 S 内处理（解码与翻译）。

图 9.7　队列系统模型的主要先驱：安格那·克瑞乐普·尔蓝（Agner Krarup Relang）（左上），队列模型的创始人；戴维·乔治·肯德尔（David George Kendall）（右上），队列模型符号标准的发明人；托马斯·L. 萨蒂（Thomas L. Saaty）（左下），应用离散数学经典著作包括队列理论的作者，也是层次分析法的发明者；约翰·达顿·科南特·利特尔（John Dutton Conant Little）（右下），发现了平均到达时间规律，也是现代市场研究的创始人

理解人类和社会动态中的队列系统的关键是识别所研究的特定系统中的 $A/S/C$。法院、市场、机构和一系列组织提供了大量的例子。社会系统和过程中有着丰富的队列系统场景。值得注意的是，不仅人类主体（顾客、乘客、消费者）是被处理或接受服务的对象，许多其他社会相关的实体，例如法律和公共事务也同样是，正如上述案例所示。

在队列系统中最显而易见的研究问题则是到达规律 A，用分布描述的服务形式 S，以及处理事件中 C 个过程步骤的组织安排。假定一个队列系统 Q，

– 从矩和分布的角度，什么是到达和服务时间的规律？

– 这个系统是否有足够的能力在合理的时间内处理完需求？

– 到达时间和服务的规律是相对于时间点 τ 稳定的吗？

– 如果存在不稳定的行为模式，它们该怎样被描述？

以上每一个问题都代表了一系列通过队列模型研究的计算社会科学课题。例如，一个政体处理在日常社会生活中不断涌现的公共事务的能力（上述第三个案例）就是纯理论的。在其他条件相同的情况下，如果被未解决的公共事件和未受注意的政策需求让一个国家应接不暇，不知所措，那么最终将会导致政府失灵。另一个例子中，当令人惊恐的意外在体育场、教堂、舞台、剧院发生时，惊慌失措逃离的人群往往容易导致惨案的发生。从队列系统的角度来看，这是因为，通常在一个预设 $A \leqslant S$（或 $A \approx S$ 最佳）的系统下，突然出现了 $A >>> S$ 的情况。

从以上的讨论可以明显看出，在计算社会科学领域有许多队列系统的理论和政策应用。也就是说，队列系统在社会仿真领域的实践已经在应用领域盛行，例如管理科学和运筹学，但仅有少量在社会理论中的基础理论问题的应用（如上述案例 3-6）。这样的不均衡是不合理的，从队列系统的角度来研究社会仿真模型的开发过程将证实这一点。

纯技术性的队列系统也是存在的，比如物理互联网，但我们并不关注这一类。队列系统在耦合社会 – 技术 – 自然系统中同样重要，特别是在社会和科技的部分和三者耦合的交叉部分。

9.4.2 设计：抽象概念和形式模型

给定一个参照系统，开展社会队列系统仿真的下一步便是识别和抽象相关信息以便给参照系统建立一个概念模型。根据定义 9.7，下列每一个变量都需要实证来识别并建立规范的形式。

定义 9.8 到达时间 A（Arrival Time A）到达时间 A 是由具有现实集 $\{t_1, t_2, t_3 \dots t_n\}$ 的概率密度函数（p.d.f.），p（t）定义的一个连续随机变量。

定义 9.9　服务时间 S（Service Time S）服务时间 S 是由具有现实集 $\{s_1,s_2,s_3...s_n\}$ 的概率密度函数 $p(s)$ 定义的一个连续随机变量。

注意：

（1）A 和 S 都是以时间单位测量的连续随机变量。

（2）因此，到达和服务也是由所有概率密度函数 $f(x)$ 推导出的概率函数定义的，例如 ①累计概率函数（c.d.f.）$\Phi(x)$；②强度函数 $I(x)$，也称为危险率函数 $H(x)$ 或社会力函数 $F(x)$；③$I(x)$ 的积分，应力函数 $\Lambda(x)$；④在第 7 章中定义的其他函数。这些其他的概率函数也很重要，因为每一个都描述了随机性不同与特定的部分，而了解这些十分重要。

（3）所有 A 和 S 的概率函数都是由实证数据通过多种方法估测的，虽然有些方法比别的需要更多数据。

（4）密度函数 $p(t)$ 和 $p(s)$ 精准地描述多种了形式的随机性，包括有确定的到达和服务的特殊情况，我们将会在下文讨论。确定分布时将用到实证数据和社会理论，而不仅仅是数学和算法的简单应用。

（5）统计矩 m_i 也用于描述特定的分布，$m_1=\bar{x}$（均值），$m_2=\sigma^2$（方差），$m_3=$ 偏斜度，$m_4=$ 峰度。中位数和众数也同样有用，特别是在许多社会分布非正态的情况下。

（6）经验上来说，A 通常是指数型的，而 S 通常呈正态分布，或至少近似正态。对许多社会进程来说，威布尔分布也同样重要，下面将会详细介绍。

根据 9.7 的定义，提供服务或处理事件的机体数量是队列系统中第三个要素。

定义 9.10　服务/处理机体 C（Service Components C）在队列系统中，服务机体的数量 C 是一个由有限整数 1，2，3，...k 构成的离散变量。

根据肯德尔（Kendall）的标记法，下列是社会队列系统中重要的基本格式：

$$Q_1 = M / D / 1 \tag{9.5}$$
$$Q_2 = M / M / 1 \tag{9.6}$$

M 表示具有简单负指数（泊松）分布的到达这一马尔可夫链或无记忆过程，D 表示确定的处理时间，$C=1$ 是机体处理的节点。公式（9.5）详述了一个队列系统：由 $p(t)=\lambda e^{-kt}$ 决定的马尔可夫（指数）到达 M，k 是由每单位时间内到达数量确定的到达速率；已知的恒定时间 D 将用于处理每个到达的事件；以及 1 个处理机体。公式（9.6）定义了一个有相同到达和处理机体的相似队列，但它的处理时间则是一个马尔可夫过程。

威布尔分布（图 9.8）具有同样显著的社会意义，因为它包含了近似于正态分布的简单指数分布，以及多种可广泛应用于社会系统和过程中具有定性意义上不同的强度函数。威布尔分布可由以下概率方程表示：

$$p(x) = \kappa x^{\alpha} \exp\left(-\frac{\kappa}{\alpha} x^{\alpha+1}\right) \tag{9.7}$$

$$\Phi(x) = 1 - \exp\left(-\frac{\kappa}{\alpha} x^{\alpha+1}\right) \tag{9.8}$$

$$I(x) = \kappa x^{\alpha} \Lambda = \frac{\kappa}{\alpha} x^{\alpha+1} \tag{9.9}$$

k 和 α 分别是尺度和形态参数。

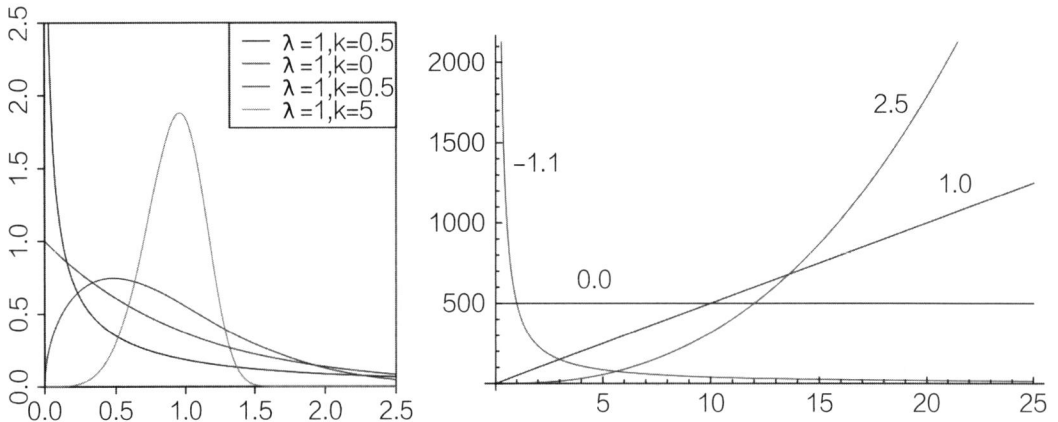

图 9.8 **威布尔分布。展示了具有不同形态参数的概率密度函数（左右）和相关事件强度函数（右）。威布尔分布将在形态参数为 1 的时候简化为指数分布，将在形态参数约为 5 时趋近正态分布**

虽然 M/G/k 理论队列（G 是同样概率分布）不甚完整，但队列系统仍有不少数学结论，所以仿真方法是适用于取得计算结果的。以下定律形容了具有一个或多个通用概率分布 G 的队列，它们由人命名并且广为人知：

– 利特尔法则（Little's Law）：恒定状态下的 $G/G/1$ 队列，将处理的平均项目数。

– 帕洛斯科·欣钦公式（Pollacsek-Khinchine's Equation）：在 $M/G/1$ 队列中的预期等候时间。

– 金曼公式（Kingman's formula）：在 $G/G/1$ 队列中的预期等待时间。

队列中根据不同的调度策略而定的处理机体的行为至关重要。这些通常使用主体的形式来描述，也可以特指任一被队列处理的实体。

– 先进先出 FIFO（First-in-first-out）：等待时间最长的主体将优先处理。

– 先进后出 FILO（First-in-last-out）：最先到的主体最后处理。

– 后进后出 LILO（Last-in-last-out）：最后到的主体最后处理。

- 后进先出 LIFO（Last-in-first-out）：等待时间最短的主体将最先处理。
- 共享（Sharing）：处理能力 C 由多个主体平均分配。
- 优先级（Priority）：主体将根据一定的排序被处理。
- 最快的工作优先处理（Fastest job first）：响应时间最短的主体将被优先处理。
- 先占（Preemptive）：处理过程由拥有优先服务权的主体打断。

一些队列策略，例如 FIFO 和 LIFO 也用于会计系统。我们也在第二章数据结构中讨论过 LIFO 堆栈。

简单的单一队列对理解队列在不同概率分布下的基本过程十分重要。但是，通常情况下，在现实世界中的参照系统将包括一个队列网络，也有将内部队列嵌入一个更大的队列，类似于系统中的系统。书店是一个常见的案例，顾客可以进入、浏览、选择一些书籍，然后前往收银台付款。书店整体也可以被看作一个有顾客进入、消费、离开的队列系统。但在书店内，一个宏观书店层面的队列由浏览所花费的时间和结账花费的时间队列所构成。在政体的例子中，公共事务的处理也是同样的道理，在政府机构，法律和政策同样拥有一套内部处理的动态。做一个对很多情况都合理的粗略估计：假设事件以指数的趋势开始，历经政策制定与实施，那么可以用抽象的队列模型 $M/M/k$ 来表示这一政体，且 k 代表了涉及的政府机构数量。所以，类似于这样的队列网络将包括由概率分布提供的关联和由分布与处理器提供的节点。

9.4.3　执行：队列系统软件

基于队列模型的社会仿真可以使用本机器代码或特定的仿真系统运行。有许多运用于队列系统的仿真软件安装包，不包括某些设计巧妙的电子表格（不太推荐）。常用的两个仿真系统是 GNU Octave 的 Queuing 软件包和一系列 Java Modeling Tools 的队列模型软件，这两个都可以在 Sourceforge 获得。

9.4.4　检验

检验使用队列模型的社会仿真将涉及以下两个方面。首先，检验到达和服务时间得随机变量是否在合适的取值范围，因为这些变量都需要是正的实值。其次，结果需要与假定的参数值一致，并至少与所使用的定性形式的概率分布一致。例如，如果队列使用以 2.0 为形态参数的威布尔到达时间 A，那么应显示出近似线性的强度函数，对应瑞利分布。

更具体地说，检验一个社会队列模型通常从检验被处理或服务的主体是否以适当的形式生成开始（无论主体是人还有或其他物体，例如公共问题、车辆或其他实体）。检验相关的概率分布函数是否正常运转。或高或低的到达频率以及在理论模型中任何重要的时间聚类都是需要被检查的特征。到达的数量或许也是变量，故需要被检验。

运用常识也是检验基于队列的模型的有效方法。例如，到达和服务时间的改变会对队伍长度有直接并可测的影响，除非在运行时有别的错误。另一个方法就是让别的程序员检查仿真的运行情况，这也是在之前与其他方法一起讨论过的统一检验流程。

这类模型需要检验的另一个特征涉及可能存在的瓶颈、饱和效应以及与处理能力有关的问题。例如，瓶颈效应将导致近似恒定的离开速度。例如，行人和车辆交通模型在检验标准方面参考了许多这样的因素。当主体可以选择将要使用的处理器节点时，必须要正确地验证决策的规则。当系统使用多个组件时，比如在有备用处理器的系统中，还必须仔细验证用于接合备用设备的切换机制。

总而言之，检验基于队列模型的社会仿真通常取决于队列系统网络的结构与细节。每一个组成部分和整体组织结构都必须根据研究问题所要求的详细程度进行检验。

9.4.5　验证

验证基于队列模型的社会仿真主要的方式就是将仿真分布与现实生活中的实际分布匹配。表面效度是测评队列模型的基本方式，正如在其他的社会仿真中一样优先尝试。对参照系统的通晓是建立表面效度的基础。验证队列模型最常用的技术方法包括使用统计、回归分析、分布矩、时间序列分析和蒙特卡罗方法来测评拟合度。

9.4.6　分析

从纯理论角度分析基于队列的社会系统和过程在社会科学中还未取得发展。这是因为与社会仿真的其他领域相比，在队列模型中实施的社会理论较少，主要有以下几种原因：其一，相较于频繁地使用概率分布模拟随机性，社会学家们倾向于使用其他的形式化工具。其二，他们缺乏对队列系统所提供的科学潜力的认知。最后，广泛存在一种误解，即认为这类模型主要为管理人员和系统操作员所设计。然而这些恰恰反映了这样一种新形式是计算社会科学领域的沃土。

相比之下，从应用、操作的角度分析基于队列的社会系统和过程在管理科学、运筹学和相关学科中都得到了高度的发展。交通流量、客户服务系统、医院和医疗保健机构、供应链、工业生产系统以及其他众多领域都从过去几十年的实际应用中受益，通过优化、增加韧性和许多其他或许微不足道或许至关重要的改进，改善了现实生活系统。

本章练习最重要的方面是学习前一章中介绍的 MDIVVA 方法的六个组成部分和阶段

如何应用于特定的计算背景，从基于变量的社会仿真类型开始。虽然检验总是会带来一些挑战，例如进行系统的参数扫描或学习如何"读取"代码分析结果，验证通常被认为是更有挑战性的，因为对数据的要求相当高。了解每个阶段的要求，以及整个 MDIVVA 过程（如由链接模块组成的复合方法）将加强和深化对社会仿真的理解。

🔍 问题

9.1 最早的社会仿真使用的计算模型包括 _____。

（a）马尔可夫模型

（b）基于主体的模型

（c）基于方程式和基于变量的模型

（d）积分方程模型

（e）基于网络的模型

9.2 在系统动力学和队列模型中最常见的自变量是 _____。

（a）概率

（b）基数

（c）风险

（d）时间

（e）规模

9.3 在本章提到的社会仿真模型的科学依据源于在 _____ 的动态系统理论和 _____ 的概率事件理论。

（a）杰伊·福里斯特（Jay Forrester）、艾萨克·牛顿（Isaac Newton）

（b）加利莱奥（Galileo）、杰伊·福里斯特（Jay Forrester）

（c）理查德·贝内特（Richard Bennett）、安格那·尔蓝（Agner Erlang）

（d）加利莱奥（Galileo）、托马斯·萨蒂（Thomas Saaty）

（e）艾萨克·牛顿（Isaac Newton）、吉罗拉莫·卡尔达诺（Girolamo Cardano）

9.4 是哪位丹麦数学家和工程师率先基于哥本哈根电话交换机提出队列系统的理论？是哪位美国统计学和数学家提出了沿用至今的队列模型的标准标记法？

9.5 最早的系统动力学计算机仿真语言是 ＿＿＿＿，是被 ＿＿＿＿ 发明的。

（a）WORLD1、丹尼尔·弗莱（Daniel Frei）

（b）DYNAMO、杰伊·福里斯特（Jay Forrester）

（c）SIMPLE、理查德·贝内特（Richard Bennett）

（d）SIMPEST、乌尔兹·卢特巴赫（Urs Luterbacher）

（e）STELLA、杰伊·福里斯特（Jay Forrester）

9.6 就西蒙的人造制品和社会复杂性理论而言，队列理论最先应用到的电话交换机是一种什么样的系统？

9.7 请填入科学家：在 1961 年，应用数学家 ＿＿＿＿ 出版了队列理论的经典著作《队列理论的元素与应用》（*Elements of Queueing Theory with Applications*）。同年，在运筹学研究期刊，＿＿＿＿ 出版了他著名的队列系统定律，＿＿＿＿ 也在剑桥哲学学会的数学会议中发布了他同样著名的相关理论。

9.8 在 1969 年将系统动力学应用到建模城市和显示城市系统的第一个计算社会科学项目是？（提示：其中一位作者是前波士顿的市长）

9.9 在 ＿＿＿＿ 年,《增长的限制》（*The Limits to Growth*）在罗马俱乐部的赞助下由美国人类学家琳达·S. 科德尔（Linda S. Cordell）发布。她后来成了美国国家科学院的一员，并在加州大学圣巴巴拉分校发布的以"Mhetherill Mesa 仿真"为题的博士毕业论文中开创了第一个关于美国西南部普韦布洛阿纳萨齐（Anasazi）政体的社会仿真模型。

（a）1962

（b）1969

（c）1972

（d）1985

（e）2001

9.10 来自苏黎世大学的瑞士政治学家 ＿＿＿＿ 展示了系统动力学首次应用于对叛乱和政治稳定的仿真，并随之提出了玛雅政权崩溃的仿真模型？

（a）卡尔·多伊奇（Karl Deutsch）

（b）迪特尔·鲁洛夫（Dieter Ruloff）

（c）丹尼尔·弗莱（Daniel Frei）

（d）乌尔兹·卢特巴赫（Urs Luterbacher）

（e）皮埃尔·阿拉（Pierre Allan）

9.11 在国际关系领域的第一个离散时间仿真，模拟了第一次世界大战爆发的过程，是：_____。

（a）娜兹莉·乔克里（Nazli Choucri）和罗伯特·诺思（Robert North）：《冲突中的国家》（*Nations in Conflict*）

（b）杰伊·福里斯特（Jay Forrester）：《世界动态》（*World Dynamics*）

（c）格伦·H. 斯奈德（Glenn H. Snyder）和保罗·迪辛（Paul Diesing）：《国家间的冲突》（*Conflict Among Nations*）

（d）乌尔兹·卢特巴赫（Urs Luterbacher）：SIMPEST

（e）以上都不是

9.12 判断：基于变量的模型在社会科学中有许多有用且深刻的应用，但没有一个有助于预测或预言重大的历史事件。

9.13 在系统动力学仿真模型中领先的期刊是？

9.14 在系统动力学仿真建模领域中最全面的教科书是？

9.15 系统动力学中强烈 _____ 是描述产生复杂事物这一社会动态的主要形式。

（a）连续时间系统

（b）离散时间系统

（c）随机系统

（d）博弈论模型

（e）以上皆是

9.16 以下哪一（些）分析是系统动力学仿真模型的中心特征？

（a）定量分析

（b）定性分析

（c）主要是（a）

（d）主要是（b）

（e）（a）和（b）都是

9.17 判断：一个完整的系统动力学社会仿真模型将由依赖网络组成的因果关系图和相关代码实现。

9.18 动力系统模型和系统动力学模型，_____ 更早被发现。

（a）动力系统模型

（b）系统动力学模型

（c）两者在同一时代被发现，尽管有一点差别

（d）两者意思相同，所以是同时期发现的

（e）这是未知的，因为最早的文献没有被保存下来

9.19 列出推荐使用系统动力学模型为之建模的参照社会系统具备的三个特征。

9.20 在抽象一个系统动力学模型时最关键的两个步骤是 _____。

（a）反馈与前馈图

（b）参照图与抽象图

（c）因果回路图与存量流量图

（d）正回路图与负回路图

（e）反馈图与流程图

9.21 系统动力学模型的基本要素是 _____。

（a）循环

（b）存量

（c）流量

（d）正反馈

（e）负反馈

9.22 系统动力学术语中的"抵消动态"指的是 ＿＿＿＿。

（a）正反馈

（b）负反馈

（c）任何因果循环

（d）a 或 b，取决于因果结构

（e）以上皆不是

9.23 在系统动力学角度，以下词语意味着什么：增长、扩张、收益、放大、增加、改善、扩大、扩散或升级，或在一个变量的时间轨迹中的其他增长模式。

9.24 ＿＿＿＿ 是形容一个变量正反馈和负反馈行为的图形抽象。

9.25 列出在一个系统动力学模型因果回路图中完整的要素集。

9.26 在系统动力学模型中，整个系统的主要状态变量由 ＿＿＿＿ 决定。

（a）水平 / 程度

（b）速率

（c）正反馈回路

（d）负反馈回路

（e）平衡与加固回路的比值

9.27 在完成因果回路图之后，系统动力学模型开发中抽象的第二阶段是通过 ＿＿＿＿ 创造一种更定量的方式在表示系统结构和动态。

（a）正、负反馈图

（b）存量流量图

（c）速率与反馈图

（d）水平 / 程度与回路图

（e）代码

9.28 判断：不同于反馈回路图，存量流量图可以被直接转换为代码。

9.29 列出在 Richardson 系统中将导致变化速率改变的三种因素。

9.30 目前，能在代码中实现系统动力学模型的仿真系统是 _____。

(a) DYNAMO

(b) Stella

(c) Venism

(d) SIMPLEST

(e) GLOBUS

9.31 判断正误：尽管 NetLogo 与 Repast 本意并不为运行系统动力学模型设计，但它们在原有为基于主体的模型设计的基础之外，也有此功能。

9.32 在生物系统动态中描述两个物种交互的一阶非线性微分方程组被称为 _____。

(a) 增长的极限模型（Limits to Growth equations）

(b) 菲涅尔方程（Fresnel equations）

(c) 基尼 – 沃尔泰拉方程（Gini-Volterra equations）

(d) 洛特卡 – 沃尔泰拉方程（Lotka-Volterra equations）

(e) 狼与羊方程（the wolf and sheep equations）

9.33 在系统动力学模型中，验证最主要的两方面是 _____。

(a) 结构与因果的效度

(b) 因果与流程的效度

(c) 因果与行为的效度

(d) 结构与行为的效度

(e) 以上皆是

9.34 以下哪种形式的有效性测评将评估仿真运行的结果，主要是根据定性和定量的特征，如增长、衰减和震荡等模式。

(a) 结构效度

(b) 行为效度

(c) 内部效度

（d）外部效度

（e）实证效度

9.35 列出三个具体评估系统动力学仿真模型行为效度的方法。

9.36 以下哪种形式的有效性测评将评估模型的内部特征，包括所有假设、相关变量及其单位，以及系统中所有组成部分的存量与流量的方程组。

（a）结构效度

（b）行为效度

（c）内部效度

（d）外部效度

（e）实证效度

9.37 在系统动力社会仿真评估中的结构有效性将检测 _____。

（a）实证方面

（b）理论方面

（c）计算方面

（d）（a）与（b）

（e）（b）与（c）

9.38 在系统动力学社会仿真模型中，有效性的实证检验的主要目的是？

9.39 分析系统动力学社会仿真模型的主要模式或形式是什么？

9.40 列举出 7 个社会复杂性的动态特征，这些特征通常在系统动力学模型的结构中并不明显，但可以通过形式分析取得。

9.41 在系统动力学社会仿真中，_____是一种分析类型，它通常涉及一组或一类相关的问题来定义一个给定的假设情况，而不是一次仅分析一个问题

（a）时间序列分析

（b）灵敏度分析

（c）情景分析

（d）预测性分析

（e）功能性分析

9.42 描述在参照社会系统中观察到的各类队列模型的主要特征是 _____。

（a）时间序列

（b）分布式系统

（c）分布函数

（d）关系网络

（e）事件函数

9.43 队列系统模型的定义是什么？

9.44 解释使用肯德尔标记法表示为三重态 A/S/C 的一个简单队列 Q。

9.45 使用肯德尔标记法形容将政体的标准模型描述为一个队列系统。

9.46 在计算社会科学领域应用的大部分队列模型将解决 _____。

（a）实际管理问题

（b）基本理论问题

（c）这两者间的平衡

（d）因为队列模型仍相对较新，所以案例很少

（e）以上皆不是

9.47 队列模型中，到达时间 A 和服务时间 T 将由 _____ 定义。

（a）概率密度函数

（b）累积密度函数

（c）强度函数

（d）上述任意一种

（e）上述皆不是

9.48 如果 A/S 概率函数，如 $p(x)$、$\Phi(x)$、$H(x)$ 等是互相等价的，为什么不完全依赖于一种形式，而是分析几种形式呢？

9.49 解释为什么，除了矩之外，平均数与众数对处理队列系统也很有用？

9.50 判断正误：根据经验，A 的分布通常呈指数的，S 通常呈正态的，或至少是最近似的。

9.51 如本章所解释的，_____ 分布对于血多社会队列过程都十分重要

（a）威布尔

（b）帕累托

（c）高斯

（d）钟形的

（e）正态

9.52 根据肯德尔标记法，本章解释的两种基本的社会队列系统类型是什么？

9.53 公式 $p(t)=\lambda e^{-\lambda t}$ 表明的队列分布是 _____。

（a）布朗过程

（b）赫斯特过程

（c）威布尔过程

（d）泊松过程

（e）以上皆不是

9.54 阐述威布尔分布在社会科学理论和研究中的重要性。

9.55 _____ 方程是最简单的威布尔分布。

（a）概率分布

（b）累积分布

（c）风险率

（d）荷载和压力

（e）矩量母函数

9.56 威布尔分布两个最常见的参数是 _____。

（a）第一矩与第二矩

（b）尺度与形态参数

（c）威布尔指数

（d）偏度与峰度

（e）平均数与众数

9.57 被 G/G/1 队列处理的平均数实体方程称为 _____。

（a）威布尔法则

（b）利特尔法则

（c）金曼法则

（d）先进先出（FIFO）法则

（e）后进先出（LIFO）法则

9.58 扩写下列简写并解释含义：FIFO、FILO、LILO、LIFO。

9.59 形态参数值为 2.0 的威布尔到达时间 A 的队列系统应呈现近似 _____ 的强度函数，相当于瑞利分布。

（a）均匀分布

（b）线性

（c）二次

（d）立方

（e）凸形

9.60 判断正误：检验一个社会队列模型通常始于验证正在处理的或被服务的实体（无论是否为人或其他实体，例如公共事件、车辆或其他）是否以适当的模式生成，例如保障相关的概率方程是正常运行的。

9.61 在一个拥挤的队列系统中，瓶颈效应通常会导致离站速度 _____。

（a）越来越快

（b）近似于恒定

（c）将由队伍的长度决定

（d）将与队列持续的时间成正比

（e）持续波动

9.62 检验一个基于队列模型的社会仿真将主要取决于 _____。

（a）运行语言或工具的特征

（b）所使用的随机数生成器

（c）概率方程的矩

（d）队列网络系统的结构与细节

（e）服务器（提供服务实体）的数量，与概率分布的数量无关

9.63 判断正误：验证一个基于队列模型的社会仿真的主要办法是将仿真结果与现实中实证时间序列相比较。

✏ 练习

9.64 请使用 9.2 部分的术语与信息构建一个计算社会科学中基于变量仿真模型的社会网络，使用关系网络度量来计算和分析所获得的图形。

9.65 术语"系统动力学"与"动力系统"经常被混淆。

（1）分别定义两个术语。

（2）解释差分与微分之间的数学区别。

（3）比较两者的相同与不同。

（4）每个领域提供三个特定的例子。

（5）讨论每种形式在计算社会科学应用中的优劣势。

（6）简述在这个练习中得到的感悟。

9.66 本章指出"系统动力学与动力系统都是形式模型（分别为计算和数学模型），可以是纯确定性的或包含随机成分。主要的区别在于离散或连续时间域，以及前者的前置或后置时间延迟。"

（1）使用计算包提供每个模型的两个例子来说明这点。

（2）比较本章与之前章节中讨论的 MDIVVA 方法论中的相同与不同之处。

（3）讨论你的结论。

9.67 在第 9.3.1 节中讨论了一个参照社会系统中，将有五个激励使用系统动力学模型的特征。

（1）提供 3 个例子来说明这个特征的存在。

（2）比较与对比你的例子。

（3）讨论你的发现。

（4）根据你的分析总结更广泛的意义。

（5）提出该练习能联想到的更多案例。

9.68 规范接受和组间冲突是本章用来说明系统动力学模型与仿真中因果回路图的两个人类与社会中的动态案例

（1）阐述另外两个自己选择的案例，确保他们与规范采用和组间冲突有所不同，并提供一组可比较的因果回路图。

（2）识别反馈回路，强化动态与抵消动态，以及每种情况下的关键数量和速率。

（3）比较你两个案例中的相同与不同之处。

（4）将你的结果与规范采纳和组间冲突案例比较。

（5）分别从将四个案例作为一个整体的角度和每个案例单独的角度阐述你新收获的见解与想法。

9.69 虽并未证明，但本章指出其他类似于社会规范的实例包含"时尚、思想、技术发明、态度和行为模式"，所以规范采纳过程具有社会科学领域的广泛适用性。大多数这样的社会实物在日常生活中都十分重要，并且是重要社会理论的主题，包括社会复杂性理论。选择几个这些"其他实例"并验证图 9.2 中的系统动力学因果回路图是否同样适用。

9.70 刘易斯·F. 理查森（Lewis F. Richardson）的军备竞赛动态的两组竞争模型是一个通用的理论模型，最初应用在分析导致第一次世界大战的军备竞赛的原因。

（1）查阅他的著作，找出并总结他对社会科学领域做出的其他两项开创性贡献。

（2）将理查森模型应用到当代国家或非国家施暴者不对称冲突的两个具体案例中。

（3）阐述在本练习中收获的新见解。

9.71 大多数系统动力学模型的因果回路图种将包含大量（λ）的抵消和强化回路，而非本章所使用 $\lambda = 2$ 的简单案例。通常一个系统动力学模型将有 $\lambda \times 10^2$ 个循环，因此如果不运行仿真循环就无法掌握一个系统的特性。

（1）鉴于这种常见的情况，探索网络分析衡量标准的应用，以全面地展示一个完整因果回路图的复杂性。

（2）探讨强化和抵消回路的比例作为一个衡量系统总体和长期稳定性度量标准的可能性。

9.72 使用系统动力学中的存量流量图重做练习 9.71，并讨论同一系统动力学模型的两种表现形式之间的异同。

9.73 查看欧文薛定谔在量子物理中所提到的"纠缠"概念。

（1）将两个粒子间的纠缠现象与从根本上定义理查森过程的耦合相关进行比较。

（2）识别并讨论两个系统中的异同之处。

（3）进阶：并非所有系统都具有相同级别的纠缠；有些系统比其他系统更复杂。更奇怪的是，测量量子纠缠的主题仍然是一个活跃的研究领域。查阅牛津大学物理学家约翰·卡迪（John Cardy）于 2012 年发表的马克斯·博恩讲座（Max Born Lecture），该讲座可在线获取，并探索与复杂社会系统（例如系统动力学建模的系统）中更多与纠缠相似之处。

9.74 求得理查森冲突模型中方程组的封闭形式解（解析解），并比较模型的微分和差分版本。

9.75 证明以下与著名的安多–菲舍尔理论（Ando–Fisher Theorem）（Ando 2004; Fisher and Ando 1962）相关的结论：一个系统动力学模型有 2 个以上相互影响的变化率（如理查森三者或多边冲突模型）将没有封闭形式解。

9.76 在系统动力学代码中实践本章所讨论的规范模型与冲突模型。

（1）使用 Vensim 或其他免费的工具包，比如 NetLogo 或 Repast。

（2）在实践每个模型后，通过第一次运行来获取输出轨迹。

（3）比较两个模型产生的结果，讨论其异同之处。

（4）使用代码检查、参数扫描和第 8 章中所学到的其他方法检验每个模型。

（5）通过收集现实世界有关规范与冲突的数据进行验证，使用这些数据来确定模型的有效性。讨论为什么这可能是练习中最困难的部分以及可以促进验证的办法。

（6）讨论在本练习题中收获的感悟与知识。

9.77 在 NetLogo 中探究狼羊捕食模型。

（1）运行模型。

（2）根据它在 NetLogo 里是如何被运行的，通过检验确保模型按预期执行。

（3）讨论从检验中得到的结果。

（4）确定系统稳定或不稳定的条件。

（5）将你对这个模型的分析与规范和冲突模型进行比较。

（6）讨论在本练习题中收获的感悟与知识。

9.78 考虑"内部有效性"和"外部有效性"的一般社会科学方法论概念和"结构有效性"的系统动力学概念。

（1）查找这四个概念的准确定义。

（2）这四个概念可以如何通过异同归类；即哪些最相似，那些最不同？

（3）你如何向已经熟悉有效性概念的社会科学受众群体解释有效性的系统动力学概念？

9.79 在经典的理查森冲突系统中，双方的决定与行为都具有结构对称性。考虑一个非对称性的冲突系统，对手将根据不同的目标做出决定，例如当一方试图赶上另一方时，因此他们会根据自己的水平和对手的水平 [即 $dX/dt \propto (X-Y)$)]，而不仅仅是水平 [$dX/dt \propto Y$，如公式（9.1）中所示]。

（1）写出这种不对称系统的数学公式。

（2）在系统动力学仿真系统里实践这一非对称冲突系统。

（3）进行检验测试。

（4）验证模型，最低限度地通过表面有效性并尝试通过一个或多个有效性的定量或定性测试。

（5）分析模型，并将得到的结果与经典 Richardson 模型中的结果进行比较。

9.80 学习如何建立一个社会捕食者模型。提供经典系统动力学狼羊模型的社会学解释，这样你重新设计的模型将包含多种社会参与者而非动物。例如，一个群体或许具有较强的攻击性而另一个群体可能攻击性较弱，使用你的社会学模型来分析下列假设情景：

（1）当参数变化时，将发生什么？

（2）如果降低两个群体的对称性，将发生什么？

（3）回答一个你自己选择的假设性问题。

（4）统计你的结果并从比较的角度讨论他们。

（5）从你的分析中收获到了哪些新的见解？

9.81 回想在章节 9.3.6 末尾中，理查森冲突模型中提到的升级与平息这两个主要场景。

（1）将同种类型的情景分析运用到练习 9.80 中开发和分析的社会捕食者模型。

（2）除了两种在章节 9.3.6 中提到的极端情况，探索一个或多个处于两者之间的场景。

（3）讨论你的发现。

（4）根据你描述的社会参与者的性质及他们捕食者间的关系，提供潜在的政策影响和见解。

9.82 使用一个或多个下列场景来开发、检验、验证并分析一个具有类似于经典捕食关系结构的系统动力学仿真模型。

（1）游击队叛乱和政府军。

（2）骗子和容易上当受骗的受害者。

（3）性犯罪者及其受害人。

（4）警察与匪徒。

（5）激进的神职人员和易受影响的信徒。

（6）物联网中的网络犯罪和易受攻击的系统。

9.83 与其他任何仿真模型一样，表面效度时系统动力学模型有效性的最低标准。定义并讨论此过程在系统动力学仿真中的运用。使用前面的案例来进一步解释你的意思。

9.84 队列系统的经典现实案例曾是银行，但现如今对许多人来说，网上银行服务比实体银行服务经历更常见。解释网上银行为什么同样也是典型的队列理论，尽管它存在于网络空间而非物理空间。

9.85 尽管银行和商店的服务正快速地转移到线上，其他类型的队列系统仍全部或大规模的存在于物理世界中，并不在线上或网络空间。解释这一现象并阐述仍留在物理世界中系统的特征。

9.86 现代交通节点的实例包括机场、火车站、汽车站、地铁/轻轨站、港口和太空港，所有这些对于维持和提高当代文明生活的质量至关重要。讨论如何使用本章的内容来开发此类系统的通用理论。

9.87 紧急服务站点包括警察局、消防局、救护车服务和其他应急响应人员。讨论如何使用通用队列理论和包含的仿真模型来构建应急系统的通用理论，以提高为公众提供服务的性能。

9.88 第 9.4.1 节列举了从银行到人工信息处理等六个队列系统的案例。构建一个表格，将 6 个案例放在行并将他们相对应的 $A/S/C$ 部分放在列。

9.89 绘制基本 $A/S/C$ 队列系统的 UML 类图、序列图和状态图。将这些与同一系统的经典流程图进行比较。讨论这些图表之间的相同与不同点。

9.90 法院系统是 $A/S/1$ 的队列系统。除了法院系统外，还有什么其他的国家司法系统可以使用队列系统建模？基于队列的视角为司法系统提供了哪些新的启发？

9.91 以下研究问题是本章作为可以通过计算社会科学中的队列模型进行研究的案例

（1）达到时间和服务时间在分布和矩方面的模式是什么？

（2）系统是否有足够的能力在合理的时间内处理需求？

（3）到达和服务的规律是否相对于时间点 τ 静止？

（4）如果非静止的模式存在，我们将如何描述？

选择你感兴趣的两个案例作为背景，回答一个或多个问题，并比较不同案例的结果。

9.92 根据你在本章中所学到的知识和其他有关队列系统的研究，考虑到潜在应用范围的情况下，写一篇文章讨论在社会科学中队列模型相对缺乏这一问题。造成这种缺乏的主要原因是什么？你认为队列理论，尤其是仿真，最具科学洞察力的方面是什么？

9.93 从计算社会科学的角度来看，经验数据和社会理论都应该运用在选择队列模型的分布中，而不仅仅考虑数学或算法的便利。解释其中的原因并举两个例子进行说明。

9.94 复习分布矩的知识，尤其是前四个以及衡量集中趋势的 3 个方法。

9.95 本章着重介绍了当可怕的事件发生时，比如，惊慌失措的人们蜂拥而至企图离开体育场、教堂、舞厅或剧院等封闭场所时将导致的灾难性结果。从队列理论的角度来说，这是因为在一瞬间 $A >>> S$，而这个系统通常下的设定的情况是 $A \leq S$，或 $A \approx S$。将这个例子拓展到无形结构的情况中，比如政体、市场或法院体系。解释 A/S 分布，并阐述你对这样的社会系统有何感悟？

9.96 许多社会事件都符合时间 $t \in T$ 的马尔可夫指数过程，包括战争、政变。立法任期、联盟持续时间等。更多书目和相关模型可参考乔菲 – 雷维利亚（Cioffi-Revilla）（1998: 52 et passim）。根据肯德尔的标记法，这些过程属于什么样的队列模型？假设在这种情况下，A 和 S 分别代表开始时间 T 和持续时间 D 之间的时间且 $C=1$。

9.97 证明威布尔概率方程（9.7）~ 方程（9.10）的等效性。

9.98 对威布尔模型的维度理解对于加深在复杂社会系统中事件过程的掌握非常重要。
（1）使用 Matlab, Mathematica, Python, R 或其他计算软件复刻图 9.8 中的图标。
（2）得到相关的三维曲面。
（3）比较每个方程的二维和三维图形。
（4）在本章引用的众多例子中选择类似于队列的两个社会系统，并在所选案例特定的上下文中解释你的结果。
（5）分享你在分析中收获的见解。

9.99 查找在利特尔法则（Little's Law）中有关队列理论的细节。确保你在一个或多个经典案例的背景下理解了该理论，例如商店里的顾客、医院里的病人、登机的旅客等。将利特尔法则应用到政体的标准模型中，其中 $G/G/1$ 队列系统可能有以下过程：公共问题产生 –> 政策指定 –> 政策实施 –> 问题解决。根据 $A/S/C$ 结构比较稳定及不稳定政体处理时间的能力。

9.100 假设是 $M/M/1$ 系统，重复练习 9.99。在这两个分析中，哪一个对于政体的运行提供了更多的信息？

9.101 使用本地代码或第 9.4.3 节中提到的可在 Sourceforge 获取的工具包运行练习 9.100 中的 $M/M/1$ 政体模型。

9.102 使用单一而非指数的事件开始和分解函数，重新运行练习 9.100 中的队列政体模型，即 $Q = U / U / 1$。

9.103 对本章到目前为止实践的三个队列模型进行三种不同的验证测试。展示你的结果并讨论主要发现。

9.104 开发一个关于发推文的 $G/G/1$ 队列模型。选择特定的到达和服务时间分布并阐述原因。

9.105 在发博客的背景下，重复练习 9.104。解释并比较两种情况的相同与不同之处。

9.106 将 9.104 和 9.105 的练习拓展到其他形式的社交媒体和大数据中。队列计算模型可以怎样为大数据分析和基于大数据的社会理论做出贡献？

9.107 回忆威布尔模型作为一个通用的概率模型，它包含一系列其他重要模型或随机性，是具体的，类似于指数或瑞利模型（Rayleigh models），抑或是近似的，类似于高斯模型。根据这些其他形式下的随机性进行社会过程仿真，并确定这些分布的主要相似之处和不同之处。

9.108 复习所选的主要社会学理论，并确定可能适合作为队列社会仿真模型进行抽象和建模的过程。例如，政体标准模型中的问题与政策过程就是一个可能的案例。

9.109 对机场、火车站、博物馆或其他队列节点进行实地考察，收集足够的到达与服务数据，创建参考系统的队列仿真模型。执行 MDIVVA 的每个阶段并完成一份报告与你的导师和朋友进行讨论。

9.110 理解同步变化和历时变化。练习 9.109 的一个更现实，可以说是更有趣（但也更难的）版本涉及使用不同的采样时间为参照系统建模，因为一天中的时间、一周中的一天和一年中的一周都会在不同的时间尺度上显著地影响参照系统的 $A/S/C$ 结构。练习 9.109 模拟了所谓的同步变化，即在恒定的 $A/S/C$ 结构下的变化，而多尺度、时间相关的结构将模拟历时变化。此练习更适合作为学期论文或学位论文。

9.111 识别两个耦合的人类 – 人工 – 自然系统并为之建模。分别展示每个案例，比较和讨论相关结果。阐述从队列的角度你收获的新见解。

9.112 使用 MDIVVA 方法比较系统动力学和队列社会仿真模型。确定目标系统中将这两种基于变量的社会仿真方法最大化的显著特征。

▬ 推荐阅读 ▬

［1］ Barlas Y, 1996. Formal aspects of model validity and validation in system dynamics[J]. System Dynamics Review: The Journal of the System Dynamics Society, 12(3): 183–210.

［2］ Choucri N, North R C, 1975. Nations in conflict: National growth and international violence[M]. San Francisco: Freeman.

［3］ Choucri N, 1981. International Energy Futures: Petroleum Prices, Power, and Payments[J].

［4］ Choucri N, Goldsmith D, Madnick S, et al, 2007. Using system dynamics to model and better understand state stability[J].the 25th International Conference of the System Dynamics Society, Boston, MA.MIT Sloan School working paper 4661–07, 7/1/2007.

［5］ Forrester J W, 1961. Industrial dynamics mit press cambridge[M].Cambridge:MIT Press.

［6］ Forrester J W, 1968. Principles of systems[M].Cambridge:Wright-Allen Press.

［7］ Forrester J W, 1969. Urban Dynamics [M].Cambridge:MIT Press.

［8］ Forrester J W, 1973. World Dynamics.[M].Cambridge:Wright-Allen Press.

［9］ Gavrilets S, Anderson D G, Turchin P, 2014. Cycling in the complexity of early societies[J]. History & Mathematics : 136.

［10］ Hanneman R A, 1988. Computer-assisted theory building: Modeling dynamic social systems[M]. Sage Publications, Inc.

［11］ Hughes B B, Hillebrand E E, 2015. Exploring and shaping international futures[M]. New York: Routledge.

［12］ Lofdahl C L. 2002. Environmental impacts of globalization and trade: A systems study[M]. Cambridge: MIT Press.

［13］ U Luterbacher, D F SprinzSimulation models, global environmental change, and policy, in International Relations and Global Climate Change, ed. MIT Press, Cambridge, 2001, pp. 183-197

［14］ Meadows D H, 1972. The Limits to Growth: A Report to the Club of Rome's Project on the Predicament of Mankind (New York: New American Library 1972). Editors of The Ecologist, A Blueprint for Survival[M].New York: New American Library.

［15］ Sterman J, 2002. System Dynamics: systems thinking and modeling for a complex world [M].Boston: McGraw-Hill.

［16］ Turchin P, 2018.Historical dynamics: Why states rise and fall[M]. Princeton: Princeton University Press.

［17］ Wils A, Kamiya M, Choucri N. 1998. Threats to sustainability: Simulating conflict within and between nations[J]. System Dynamics Review: The Journal of the System Dynamics Society, 14(2-3): 129-162.

［18］ P Bratley, B L Fox, L E Schrage, 1987.A Guide to Simulation, 2nd edn.[J] Springer, New York.

［19］ Bratley P, Fox B L, Schrage L E, et al, 1987.Uniform Random Numbers[J]. A Guide to Simulation: 192-227.

［20］ Kleinrock L, Gail R, 1996. Queueing systems: problems and solutions[M].New York: Wiley Interscience.

［21］ Kreutzer W, 1986. System simulation programming styles and languages[M]. Reading:

Addison–Wesley Longman Publishing Co, Inc.

［22］Saaty T L, 1961. Elements of queueing theory: with applications[M]. New York: McGraw–Hill.

［23］Sokolowski J A, Banks C M, 2012. Handbook of real–world applications in modeling and simulation [M]. New York: John Wiley & Sons.

［24］Zeigler B P, Praehofer H, Kim T G, 2000. Theory of modeling and simulation[M]. San Diego: Academic press.

请扫描二维码或者在"中科书院"公众号搜索
"计算社会科学"，获取课后习题答案

第 10 章 仿真 III：面向对象的模型

10.1 简介

本章将探讨面向对象的社会仿真模型这一类别，也被称为基于对象的社会仿真。在计算社会科学领域中重要的仿真模型类别主要由元胞自动机模型和基于主体的模型。同前面的章节相似，本章将利用第八章讨论过的 MDIVVA（动机-设计-执行-检验-验证-分析）社会学仿真方法论探究各个模型。

基于主体的社会仿真模型类别使用了最简单的社会实体（分别是细胞或主体）作为基本单位来理解突现的复杂性，而不是变量（类似于系统动力学和队列模型）。同之前面向变量的模型一致，这两类模型都适用于从事基础科学的理论研究以及政策分析等实际应用。曾经，基于主体的模型被用于理论与政策应用，而元胞自动机模型则局限于理论分析，但这都只是大多数研究的广泛概括。元胞自动机模型政策方面的应用也是存在的，本章会探讨这一点。

10.2 历史与先驱

本章介绍的社会仿真模型的科学依据都来自约翰·冯·诺依曼（John von Neumann，1903—1957）的自动机理论和托马斯·谢林（Thomas Schelling）的社会隔离模型。下面将总结元胞自动机（CA）和基于主体的模型（agent-based models，ABM）的发展里程碑，以及其他密切相关领域中的进展，例如组织和空间模型，包括地理信息系统。因为该领域的研究在 20 世纪 90 年代后呈指数型增长以双倍速度扩张，这份年表总结将不可避免地有所缺漏。

20 世纪 40 年代约翰·冯·诺依曼和数学家斯塔尼斯拉夫·乌拉姆（Stanislaw Ulam，1909—1984）开创了自动机模型，在 1984 年首次提出并于 1951 年发表了《自动机的一般逻辑理论》（*The General and Logical Theory of Automata*）一文。

1949	社会学家詹姆斯·M. 萨科达（James M. Sakoda）于加州大学伯克利分校发表的博士毕业论文《米尼多卡：关于社会互动变化模式的分析》（*Minidoka:An Analysis of Changing Patterns of Social Interaction*）首次提出了社会科学中的 CA 建模，并于 1971 年发表在《数学社会学期刊》（*Journal of Mathematical Sociology*）上，将其称为"棋盘模型"（checkboard model）。
20 世纪 60 年代	计算机科学家爱德华·福雷斯特·摩尔（Edward Forrest Moore）创立了 CA 环境中给定细胞八邻域理论，提供了除"冯·诺依曼四邻域模型"外的新理论。
1966	冯·诺依曼的著作《自我复制的自动机理论》（*The Theory of Self-reproducing Automata*）在伊利诺伊大学出版社出版。
1969	数学家古斯塔夫·A. 赫德伦德（Gustav A. Hedlund）在《数学系统理论》（*Mathematical Systems Theory*）期刊中发表了一篇颇具影响力的符号动力学 CA 论文。
1969	经济学家托马斯·C. 谢林（Thomas C. Schelling）在一流经济学期刊《美国经济评论》（*American Economic Review*）中首次发表了 CA 隔离模型。
1970	数学家约翰·拓顿·康威（John Horton Conway）发表了其第一个著名的 CA 模型"生命游戏"（Game of Life），并由马丁·加德纳（Martin Gardner）在《科学美国人》（*Scientific American*）中进行了普及。
20 世纪七八十年代	心理学家比伯·拉塔奈（Bibb Latane）提出了社会影响理论，是社会学 CA 模型的一个里程碑事件。
1971	谢林在《数学社会学期刊》中发表了一篇关于移民造成的种族隔离 CA 模型的开创性论文。
1975	经济学家彼得·S. 阿尔宾（Peter S. Albin）在他极具影响力的著作《复杂社会经济系统分析》（*Analysis of Complex Socioeconomic Systems*）一书中将棋盘模型作为 CA 使用，并以他 20 世纪 60 年代在普林斯顿大学发表的专题论文为依据。

| 1977 | 政治科学家斯图尔特·A. 布雷默（Stuart A. Bremer，1943—2002）首次将 CA 模型运用在了政治学领域。基于研究六边战争与和平的国际体系的仿真，"机器中的马基亚维利"（Machiavelli in Machina），在卡尔·W. 多伊奇（Karl W. Deutsch）的开创性文章《世界建模问题》（*Problems of World Modeling*）发布。 |

1977　政治科学家斯图尔特·A. 布雷默（Stuart A. Bremer，1943—2002）首次将 CA 模型运用在了政治学领域。基于研究六边战争与和平的国际体系的仿真，"机器中的马基亚维利"（Machiavelli in Machina），在卡尔·W. 多伊奇（Karl W. Deutsch）的开创性文章《世界建模问题》（*Problems of World Modeling*）发布。

1978　数学家 J. M. 格林伯格（J.M. Greenberg）和 S. P. 黑斯廷斯（S. P. Hastings）开发了一种真正的可激发介质元胞自动机模型作为三态二维 CA，发表在《工业与应用数学协会应用数学期刊》（*SIAM Journal of Applied Mathematics*）上。

约 1981　物理学家斯蒂芬·沃尔弗拉姆（Stephen Wolfram）开始研究基础 CA 理论及模型，两年后在《现代物理评论》（*Reviews of Modern Physics*）上发表了第一篇论文，随后提出了 CA 模型的通用分类法下的四种类别。

1987　计算机科学家詹姆斯·E. 多兰（James E. Doran）发表了关于基于主体建模的开创性论文《分布式人工智能与社会文化系统建模》（*Distributed Artificial Intelligence and the Modeling of Socio-Cultural Systems*）。

20 世纪 90 年代　人工生活（Artificial Life，ALife）研究社群建立。
1990 年政治科学家托马斯·R. 丘萨克（Thomas R. Cusack）和理查德·J. 斯托尔（Richard J. Stoll）在 S. A. 布雷默（S. A. Bremer）的早期工作基础上，发布了基于现实政治 CA 十六边国家间及国家内冲突模型。

1994　计算社会科学家奈杰尔·吉尔伯特（Nigel Gilbert）和计算机科学家詹姆斯·多兰（James Doran）出版了社会科学种最早的计算应用论文集之一《仿真社会》（*Simulating Societies*），其中也有由其他先驱科学家［包括罗萨利亚·康特（Rosaria Conte）、克劳斯·特罗茨（Klaus Troitzsch）、弗朗索瓦·布斯凯（Francois Bousquet）、罗伯特·雷诺兹（Robert Reynolds）、赫尔德·科埃略（Helder Coelho）和克里斯蒂亚诺·科斯特弗兰奇（Cristiano Castelfranchi）］撰写的章节。

1995　计算社会科学家罗萨利亚·康特（Rosaria Conte）和克里斯蒂亚诺·科斯特弗兰奇（Cristiano Castelfranchi）的开创性著作《认知与社会行动》（*Cognitive and Social Action*）得到出版。

20 世纪 90 年代中期	美国国家科学基金会在莱斯·加瑟（Les Gasser）的领导下为社会 ABM 研究提供了多项初始资助。
1996	计算社会科学家乔舒亚·爱泼斯坦（Joshua Epstein）和罗伯特·阿克斯特尔（Robert Axtell）出版了他们关于糖域模型的颇具影响力著作《成长中的人工社会》（*Growing Artificial Societies*）。
1996	雷纳·海格尔曼（Rainer Hegselmann）发表了两篇极具影响力的论文，分别是《社会科学中的元胞自动机》（*Cellular Automata in the Social Sciences*）和《理解社会动力学》（*Understanding Social Dynamics*），它们仍被认为是对社会科学中 CA 仿真模型的最佳介绍。
1997	计算社会地理学家莉娜·桑德斯（Lena Sanders）和她在巴黎的团队发布了关于 SIMPOP 的开创性论文，是最早使用 ABM 系统作为历史城市发展模型之一。该成果被发布在了《环境与规划 B：规划与设计》（*Environment and Planning B:Planning and Design*）期刊上。
1997	计算社会科学家罗伯特·阿克塞尔罗德（Robert Axelrod）在圣达菲研究所（Santa Fe Institute）的《复杂性》（*Complexity*）期刊上发表了他关于社会基于主体建模的开创性著作《合作的复杂性》（*The Complexity of Cooperation*）和他的影响深远的论文《推动社会科学中的仿真艺术》（*Advancing the Art of Simulation in the Social Sciences*）。
1997	爱荷华州立大学的利·特斯法斯恩（Leign Tesfatsion）发表了有关基于主体的计算经济学（Computational Economics）的第一篇通讯文章，该文章迅速地成为计算社会科学领域的主要资源。
1998	由计算社会科学家奈杰尔·吉尔伯特（Nigel Gilbert）创立的《人工社会和社会仿真期刊》（*Journal of Artificial Societies and Social Simulation*）迅速成为最具影响力的计算社会学期刊之一。雷纳·海格尔曼（Rainer Hegselmann）和安德烈亚斯·弗拉切（Andreas Flache）合作发表了一篇关于 CA 的有影响力的论文。计算社会科学家多梅尼科·帕里西（Domenico Parisi）与历史学家马里奥·利维拉尼（Mario Liverani）合作发表了第一个关于古代美索不达米亚帝国的 CA 模型。

1999	来自卡内基梅隆大学的计算社会学家凯瑟琳·M. 卡利（Kathleen M. Carley）和来自伊利诺伊大学香槟分校的计算机科学家莱斯·加瑟（Les Gasser）在格哈德·韦斯（Gerhard Weiss）颇具影响力的教材读物《多主体系统》（*Multi-agent Systems*）中发表了关于"计算组织理论"（Computational Organization Theory）的开创性论文。
1999	奈杰尔·吉尔伯特（Nigel Gilbert）和克劳斯·特罗茨（Klaus Troitzsch）撰写了第一版经典教科书《社会学家的仿真》（*Simulation for the Social Scientist*）。
1999	基于 20 世纪 90 年代早期的工作，圣达菲研究所（Santa Fe Institute）的克里斯·兰顿（Chris Langton）成立了蜂群发展集团（Swarm Development Group），负责开发同名的 ABM 仿真系统。ABM 仿真系统后来启发了 NetLogo［同年由西北大学的尤里·威伦斯基（Uri Wilensky）设计］、Repast（2002 年）和 MASON（2002）。
1999	来自圣达菲研究所的计算考古学家蒂莫西·科勒（Timothy Kohler）和乔治·格默曼（George Gummerman）共同撰写了颇具影响力的《人类和灵长类社会动力学》（*Dynamics in Human and Primate Societies*），其中包括所谓的阿纳萨齐模型（Anasazi model）。
2002	斯蒂芬·沃尔弗拉姆（Stephen Wolfram）发布了《一种新科学》（*A New Kind of Science*），该巨著共有 1280 页。
2002	美国国家科学院举办了第一届计算社会科学萨克勒（Sackler）研讨会并出版了第一本专门针对 ABM 的论文集，由著名地理学家和 NAS 成员布雷恩·L. 贝里（Brain L. Berry）、L. 道格拉斯·基尔（L. Douglas Kiel）和尤尔·埃利奥特（Euel Elliott）共同编辑。
2002	北美计算社会与组织科学协会（The North American Association for Computational Social and Organizational Sciences，NAACSOS）成立，凯瑟琳·卡利（Kathleen Carley）担任第一任主席。联合创始人还包括克劳迪奥·乔菲–雷维利亚（Claudio Cioffi-Revilla，第四任主席），查尔斯·马卡尔（Charles Macal）、迈克尔·诺思（Michael North）和戴维·萨拉查（David Sallach，第二任主席）。

2002	第一个有一学期关于 CA 和 ABM 的项目课程开始在乔治梅森大学的计算社会科学项目教授，最初的教职人员由克劳迪奥·乔菲－雷维利亚（Claudio Cioffi-Revilla，计算社会学系创始主席）、道恩·C. 帕克尔（Dawn C. Parker）、罗伯特·阿克斯特尔（Robert Axtell）、杰姬·巴克（Jacquie Barker）和蒂莫西·尔登（Timothy Gulden）组成。
2003	计算机科学家肖恩·卢克（Sean Luke）和克劳迪奥·乔菲－雷维利亚（Claudio Cioffi-Revilla）在芝加哥"主体 2003"（Agent 2003）年会上发布了第一版 MASON（多主体网络或邻里仿真 Multi-Agent Simulator of Networks or Neighborhoods）系统，并以湿地 ABM 和一系列其他经典模型〔热虫、康威的生命游戏、弗洛克尔（Flockers）和鸟群（Boids）〕作为新系统案例阐述。
2004	来自美国海军分析中心（Center for Naval Analysis）的安德鲁·伊拉奇斯基（Andrew Ilachinski）发布了《人工战争》（*Artificial War*），是迄今为止规模最大的多主体冲突分析。
2005	来自马里兰大学的国际研究协会前主席托马斯·谢林（Thomas Schelling）和罗伯特·奥曼（Robert Aumann），因其在冲突理论和博弈论方面的研究被授予了诺贝尔经济学奖，成为最早获得此殊荣的计算社会科学家。
2005	首届美国国家科学基金会资助了一个大规模的 ABS-GIS 仿真模型，该模型采用社会－自然耦合系统并使用遥感技术和实地研究的民族志地理学方法，是由克劳迪奥·乔菲－雷维利亚（Claudio Cioffi-Revilla，首席研究员）、肖恩·卢克（Sean Luke）、J. 丹尼尔·罗杰斯（J. Daniel Rogers）共同主导的梅森－斯密斯尼尔（Mason-Smithsonian）联合项目。
2006	《元细胞自动机期刊》第一期出版，其目标是传播"从理论上研究原细胞自动机或将其用于数学、物理、化学、生物、社会和工程系统的计算机模型高质量论文"。
2010	来自英国西布里斯托尔大学的计算机科学家安德鲁·I. 亚达马特兹基（Andrew I. Adamatzky）撰写并编辑的《生命游戏元细胞自动机》（*Game of Life Cellular Automata*）一书得到出版。同年，阿方斯·G. 胡可斯特拉（Alfons G. Hoekstra）、伊里·克罗克（Jiri Kroc）和彼得·M.A.斯托特（Peter M. A. Stout）的论文集《元胞自动机仿真复杂系统》（*Complex Systems by Cellular Automata*）得到出版。两本书都证明了康威开创性模型的科学成熟性。

| 2010 | 计算社会科学学会（Computational Social Science Society）继承 NAACSOS 并成立，并后来成为美洲计算社会科学学会（Computational Social Science Society of the Americas）。蒂姆·古尔登（Tim Gulden）是该学会的时任主席。 |
| 2012 | 普林斯顿大学出版社发布了迈克尔·拉弗（Michael Laver）和欧内斯特·瑟金特蒂（Ernest Sergenti）的著作《党派竞争：基于主体模型》（*Party Competition: An Agent-Based Model*），这是在计算政治学领域，民主政体中多党制度建模的首个重大突破。 |

☞ 10.3　元胞自动机模型

本节将介绍社会科学空间应用中，基于元胞自动机模型（CA）的社会仿真类别，并探究其在理解涌现的社会复杂性中独有的特点。CA 模型在更广泛的基于主体的模型场景下提出，包括更大类的空间计算和组织模型。CA 模型的重点在于相邻的类细胞点位在离散时间步骤中的相互作用，与各种社会现象很相似。涉及交互拓扑和行为规则的形式层面是很重要的（图 10.1）。

下列是相关定义：

定义 10.1　元胞自动机模型（Cellular Automaton Model）元胞自动机（CA）仿真是一种基于主体的计算模型，用于分析包含邻近实体（x, y），也称为元胞（cells），通过某种规则 R 在网格场景 L（通常是二维的）中通过交互改变状态 Sxy 的复杂系统。

下列是 CA 模型的一些案例：

– 萨科达（Sakoda）的群体态度模型

– 谢林（Schelling）的种族隔离模型

– 康威（Conway）的生命游戏

– 海格尔曼（Hegselman）的舆论动力学模型

– 布雷默 – 米哈尔卡（Bremer–Mihalka）和丘萨克 – 斯托尔（Cusack–Stoll）的现实政治模型

– 阿克塞尔罗德（Axelrod）的贡品模型（tribute model）

– 帕里西（Parisi）的新亚述帝国模型

尽管不能从细节上详述所有模型，我们将使用这些案例来解释 CA 模型的基本特点。

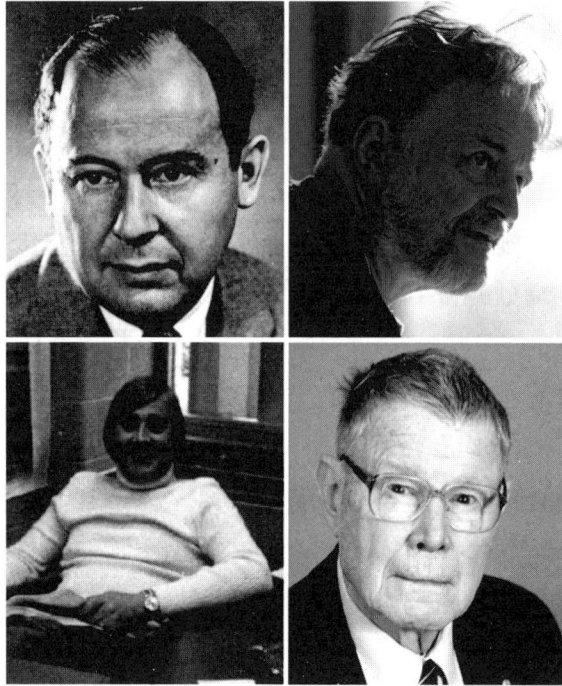

图 10.1　元胞自动机模型的主要先驱

注：约翰·冯·诺依曼，元胞自动机创造者（左上）；约翰·拓顿·康威，基于 CA 的生命游戏发明者（右上）；斯图尔特·A. 布雷默（Stuart A. Bremer），运用 CA 模型为国际冲突建模的首位计算政治科学家（左下）；诺贝尔奖获得者托马斯·C. 谢林，因提出种族隔模型而闻名（右下）。

形式上，一个 CA 模型将由一组元胞组成，每个元胞都将处于其中一个有限数量状态。相邻元胞由相对的给定元胞定义。CA 的动态行为从 $t=0$ 开始，此时所有元胞都处于给定的起始状态。当元胞起始状态为 S_0，下一步 $t+1$ 的状态 S_{t+1} 将由数学方程（组）定义的规则决定，而规则将取决于一个或多个相邻元胞的信息。规则是局部的，也就是说规则能影响元胞，但不能影响产生新型行为的宏观全局场景。

在最简单的 CA 模型中，所有元胞都是相同的，规则也是单一并且对所有元胞恒定的。与最简单的 CA 模型不同，随机元胞自动机（stochastic cellular automata）和异步元胞自动机（asynchronous cellular automata）使用非确定性和其他规则集。正如定义所表明，CA 模型可以是纯确定性的，也可以包含由概率分布定义的随机因素。

一个完整的 CA 社会仿真模型将由定义 10.1 里提到的所有元素组成。故此，该模型适用于表现一个参照社会系统的以下形式特征：

－离散性（discreteness）：时空离散的意思是场景将被分成多个元胞，时间在整数单位中流逝。

– 局部性（locality）：元胞将仅仅与相邻的元胞交互，不会与距离较远的元胞相互作用。

– 交互拓扑（interaction topology）：方形的元胞将与它东南西北四个方向上的邻居（四元胞冯·诺依曼邻域）或也与对角的邻居（八元胞摩尔邻域）相互作用。

– 定期更新（scheduled updating）：每个元胞都将在每个步骤后根据规则更新自己的状态，从而在宏观格局中产生整体层面出现新的变化。

CA 模型首次在社会科学领域的应用可以追溯到对种族隔离和舆论动态的研究，紧接着是对领土扩张的研究。参照正方形和六边形的元胞形状，CA 模型最初分别被称为"棋盘"和"细铁丝网围栏"模型。CA 模型也被广泛应用于和计算社会科学息息相关的领域（如生态学）中。图 10.2 展现了从 $t=0$ 的初始状态开始到长期状态 t_N 的种族隔离和领土扩张模型。

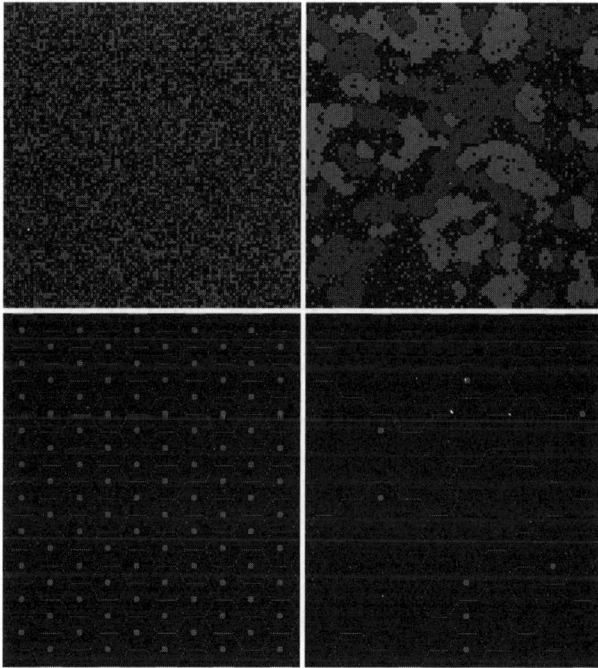

图 10.2　元胞自动机模型案例

注：具有正方形元胞和摩尔近邻的谢林种族隔离模型使用了种族混合人群作为初始状态（左上）。当邻居感知到周围所处的环境并决定搬离初始位置时，种族隔离便开始了（右上）。在内十六进制模型（Interhex model）中，六边形元胞代表了军事力量均匀分布的小型的简单群体（左下）。随着邻近的群体通过常规的权力动态平衡交互，轻度的随机性便可导致国家的出现。在图中展示的模型都在 MASON 中得以实现，在第 10.3.3 节中将进行讨论。

10.3.1　动机：研究问题

CA 模型能够解决计算社会科学领域的很多研究问题。如前所述，假设元胞单位拥有简单的属性和规则，它们最适用于为有以下特征的参照系统建模：

① 一个能准确描述参照系统的实体或理论场景。案例包括城市区域、信念系统、小到由个体组成的小团体，大到国际系统下的国家等所构成的参与者网格。

② 场景中的参与者拥有邻近参与者的相关信息，并可用于更新自己的状态。

③ 每个参与者的状态都由规则决定，此规则是根据自身和近邻的相关信息操控行为。

④ 在宏观系统层面，元胞场景将向某种静止状态演化，在不同模式之间震荡，或呈现混沌行为。

⑤ 系统层面社会复杂性的突现属性源于个体元胞层面的相互作用——这种现象被称为涌现。

包含以下一个或多个通常可使用 CA 模型来解答的研究问题：

① 局部元胞水平规则将会如何影响出现的社会现象？

② 不同的交互拓扑结构（例如，冯·诺依曼邻域或摩尔邻域）是否有显著影响？

③ 涌现模式是静止的、波动的还是混乱无序的？

④ 如果是静止或波动的，波动的收敛或周期的时间段将由什么决定？

⑤ 在整个场景中是否存在扩散规律？若存在，扩散将有什么特征？

只要元胞的属性和规则相对简单，CA 模型便可通过仿真回答这类问题，正如下列案例。

10.3.2 设计：概念和形式模型的抽象

给定一个感兴趣的参照系统 S，通过三个阶段的过程（场景镶嵌、交互拓扑和行为规则），将一个由元胞自动机及其相应的元胞、拓扑和规则集组成的概念模型 C_S 进行抽象化。

进一步思考，在 CA 模型的情况下，缺乏重要设计或抽象考虑因素会对实施结果产生重大影响。本章所讨论的所有 CA 模型和大多数现存于文献中的其他模型都能在通用计算器上快速运行（相对而言，基于主体的模型运行很大程度上由设计 / 抽象的决策）。所以，从计算的角度来看，几乎所有 CA 模型都被认为是"轻量级的"。就算模型变得庞大，缺乏宏观的或远程的交互，CA 模型也能得到简单传播。

10.3.2.1 元胞镶嵌（密铺）

将 CA 抽象生成理论模型的第一个阶段将关注参照系统的场景上，场景应由元胞表示的参与者组成。

定义 10.2 （元胞）元胞是由属性定义的类型的类似于瓦片的物体，并且位于与其他相似物体相邻的位置。元胞的状态由属性的值决定，而其中一个或多个属性由其相邻单位的状态函数决定。

抽象元胞的过程被称为曲面细分。元胞是 CA 模型的基本元素。它可以是正方形（最常见的形状）、三角形、六边形或不规则的形状，具体取决于场景的密铺情况和参照系统的特点。方形的元胞对城市模型有益，而六边形元胞有时更适合大面积或开阔地形。从计算角度看，每一种方法都有优点或缺点，具体取决于多项因素，类似于元胞的数量、行动和进程等。

例如，在康威的生命游戏中，经典版本的元胞是正方形的，定义了一个矩形的场景。在其他版本中，元胞也可以是六边形的。无论形态如何，每个元胞都可以处于两种状态之一，活着或死亡。仿真中每个细胞和整个族群将会发生什么取决于场景中相邻细胞的状况。

另外一个案例是谢林的种族隔离模型（图 10.2），每个元胞代表一个具有给定种族容忍度水平（属性）的人。每个人快乐或不快乐（元胞的两种状态）取决于相邻者的种族，从而也会反过来决定这个人是否离开他所在的社区。

城市蔓延就是一个更复杂一点的类似于 CA 二点社会现象。城市周围的每个区域都能被郊区化或不郊区化，这取决于影响因素（属性），包括人口增长、土地成本、工作地点的距离，以及其他参与者考虑从市区中心搬到郊区会参考的因素。

在飞机出现之前，统治区域的扩张主要是基于人口中心向周边区域进一步拓展的能力。内十六进制模型中的六边形元胞（图 10.2）是开放领土的理想划分，正如 19 世纪初普鲁士军队总参谋部展示的桌面游戏。然而，正方形元胞也可以用于对政治扩张进行建模，多梅尼科·帕里西（Domenico Parisi）使用 CA 模型研究公元前新亚述帝国的发展时得到了证明。

在 CA 模型中，元胞仅包含相对少量的特征（相比之下，在 10.4 节中详述的基于主体的模型通常会囊括大量特征，有时是上百个，特征值的更新也会有非常复杂的方法）。在之前的案例中，每个元胞都仅有一个或少量特征，例如在生命游戏中的存活或死亡，谢林隔离模型中的快乐或不快乐。

CA 场景的尺寸，也就是元胞的数量也是关键因素，因为较大的数量可以产生较小世界中无法涌现的现象。尺寸由镶嵌决定。

10.3.2.2 交互拓扑

开发 CA 模型中的第二个阶段抽象包括说明交互拓扑——也就是如何将元胞链接到相邻元胞的。交互拓扑定义了一系列局部短程的交互。这一步紧随其后是因为需要考虑到元胞的形态。正如以及提到过的，正方形的元胞可以拥有冯·诺依曼或摩尔邻域。六边形元胞通常会有六个相邻元胞，或通过交替拥有三个相邻元胞。三角形单元可以具有等效冯·诺依曼邻域或摩尔邻域，这取决于它是有三个边缘相邻元胞还是六个全部相邻元胞（包括顶端的元胞，有时也被称为"角落邻居"）。

在交互拓扑中另一个有决定性的因素是邻域半径，即元胞到其最远相邻元胞间的距离，通常不会超过两个元胞的距离。大多数 CA 模型会有一个单位邻域半径的交互拓扑来确保局部的短程交互。

在生命游戏中，交互拓扑是由领域半径为 1 的摩尔邻域定义的，故包括所有相邻的 8 个元胞，谢林的隔离模型也是如此。其他参照系统的 CA 模型也可以采用不同的交互拓扑，比如当使用三角形或六边形元胞表示场景的情况下（对比图 10.2 中的正方形元胞和六边形元胞）。在布雷默–米哈尔卡（Bremer–Mihalka）和丘萨克–斯托尔（Cusack–Stoll）州间六边形 CA 系统中，相邻 6 个元胞都将影响中间元胞（国家或省）。这也是在战争游戏仿真中非常典型的情况。

对于在 CA 模型中一些宏观涌现的现象，交互拓扑的细节（例如元胞形状、邻域半径）或许重要，也或许不重要。实际上，分析结果对于交互拓扑的敏感性也是一个有趣的研究问题，将会在后续章节中讨论。

10.3.2.3 元胞行为规则

在 CA 模型的开发工作的第三个也是最后一个抽象阶段是明确元胞需要遵守的规则。在运行 CA 模型时，规则可以被转译为代码。CA 模型有趣的点便在于简单的规则能产生意想不到的现象。

在生命游戏中，如果有两个死亡的邻居，一个元胞将维持现有状态。如果一个元胞有三个死亡的邻居，那么它也会死亡。这样简单的规则会产生大量意想不到且不同的现象，包括"滑翔机"——一个群体的元胞横跨整个场景移动。

在谢林的隔离模型中，基本规则是当一个主体不开心时就会移动到不同的邻域。随后出现了令人惊奇的结果，尽管主体对社区内不同种族有高容忍度（即周围邻居的种族差异大于 50%），隔离社区依旧会出现。在内十六进制模型中，核心规则会考虑到社区冲突的结果以及被侵占领域的情况。

在舆论形成模型中，规则将会明确主体将在什么时候改变思想。当看上去简单的规则反而导致了舆论群体的分歧、统一和波动时，众多舆论动态的 CA 模型展现出了令人惊讶的结果。

其他 CA 空间模型，例如地域政治的仿真模拟，也有简单规则能够生成复杂的陆地边界现象。

在设计 CA 模型的阶段最主要的结果是一个概念和形式模型，该模型通过单元格的布局（定义了它们的总数和各自的几何形状）、交互拓扑（定义了单元格如何在阵列中连接）以及行为规则（定义了每个单元格的行为）来详细描述参考的社会系统。

10.3.3　执行：元胞自动机软件

在参照系统已有一个足够完整的理论和形式 CA 模型的情况下，方法论的下一个阶段则是在仿真系统中使用代码执行该模型。（通常情况下，模型可以使用 OOP 语言在本地代码中执行，如同 Python、Java 或 C++。）在执行阶段主要的里程碑就是将理论模型中的 CA 图形和数学公式转变为仿真模型中的代码。

Swarm、NetLogo、Repast 和 MASON 都属于使用最广泛的社会计算科学仿真系统并提供 CA 的执行功能。康威的"生命游戏"和谢林的社会隔离都是 CA 社会模型的示范模型。NetLogo 提供几个已经搭建完成的 CA 模型，使用和学习都比较简单。在 2000 年年初，Repast 和 MASON 在最早的演示中使用隔离模型来展示了新的仿真系统，并沿用至今。在以学习为目的来选择这些可替代的仿真系统时，在很大程度上要考虑它们的可获得性和熟练度。NetLogo 通常是学习新模型的首选工具包，而其他的系统（尤其是 MASON）往往建立在对 Java 已经有一定熟练度的基础上。

图 10.3 展示了二维随机 CA 模型在 NetLogo 中运行的屏幕截图。这类的仿真系统为新用户提供了几个预设定的分析选项。例如，NetLogo 提供了几个邻域拓扑选项，在屏幕左侧的"开关"中。使用计算机操作系统运行时都可以使用适当的软件进行截屏或录屏。

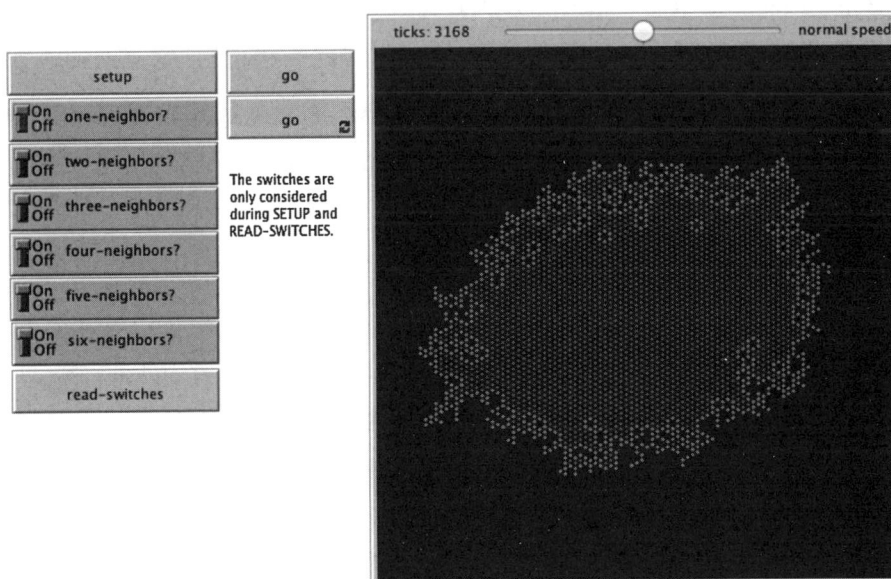

图 10.3　在 NetLogo 中运行且拥有不同数量邻居的增长二维元胞自动机模型屏幕截图

除了四大系统（Swarm、NetLogo、Repast 和 MASON），其他软件系统也可以被用于执行 CA 模型。Mathematica 有强大的 CA 建模功能，类似的在 Nikolai–Maddey 2009 年的贸易仿真工具研究中略有涉及。

10.3.4　检验

检验一个 CA 模型是需要确保元胞、交互拓扑和行为规则都按照理论模型中预想的方式进行工作。在正方形元胞中，检验是最简单直接的，包括检查场景边界是否正常运行（有边界的或环形的）。行为规则可以通过细节地追踪每个仿真步骤中单个离散交互事件以完成较好的检验。所有在第 8.7.4 节中探讨过的所有通用检验流程都可被用于 CA 模型的检验中，包括代码试运行、性能分析和参数扫描。

10.3.5　验证

验证一个通过检验的 CA 模型需要从两个主要的方面进行。结构效度指模型的内部特征，包括关于相关元胞属性、交互拓扑和行为规则的主要假设。在检查 CA 模型的结构效度时，需要考虑以下几点：

实证验证测试：在模型中使用的标准，包括参数值，是需要进行验证的重要特征。例如，在之前讨论的谢林隔离模型中，这一部分的验证通常需要关注类似于个体的假定种族包容度和邻居的数量等参数。经典模型中摩尔邻域这一假设也是需要通过实证测试进行验证的。另外，通常也会在仿真运行中假设恒定的参数。这些都是对结构稳定性的假设，意味着给定的元胞规则是不会随时间发生改变的，即经典 CA 模型假设场景中的元胞之间的基本规则在整个历史进程中都不会改变，但对参照系统来说并不确定是否为有效假设。例如，教育可能会防止隔离的发生，家庭可能会将注意力转移到隔壁的邻居上而不是街对面或街区周围的邻居上。

理论验证测试：模型的假设也需要根据所使用的理论进行检查，因为模型的简单化不能削弱对理论基础的关注。也就是说，这是一个比结构效度实证检验更广泛的视角，因为它基于基础的因果论据上，难以被量化。例如，在隔离模型中，整个结构都是基于谢林对于两者间的交互理论进行解释的。最基础的理论是根据三个因素或动态：个体本身的身份，邻居的身份，和与邻居间的距离，促使个体的快乐程度发生变化，并导致它做出留下或搬离社区的决定。这个理论是有效的吗？还存在其他和这个一样重要或更重要的因素吗？这个理论假设了邻居间的完美对称性，即都以同样的方式做出居住与否的决定。不同的邻居是否会根据不同的标准做出决定，就像一个考虑种族因素，而另一个考虑的是教育场景？

与其他模型相比，CA 模型的结构效度测试可能会相当复杂并需要高度重视。再次强调，实证社会科学文献在这一验证流程中扮演着重要角色。

行为效度与仿真运行的结果有关，尤其是在定性和定量的特征方面，例如元胞场景下增长、衰减和振荡等的模式。在确定 CA 模型的行为效度的情况下，最重要的是核对仿真空间的规则是否符合实际经验中的规则。

10.3.6　分析

元胞自动机社会仿真的分析有多种方式，包括形式分析、提出假设问题和情景分析。

元胞自动机的形式分析是冯·诺依曼和乌拉姆（Ulam）开创的一种传统方式，它远超于计算社会科学的领域，但是它为我们更好地理解社会动力学提供了见解。例如，沃尔弗拉姆（Wolfram）将 CA 分为几种类型（平稳型、周期型、混沌型、复杂型），强调了社会意义上的异同点。规则的形式分析也可以通过仿真产生测试的理论预期。

回答假设问题也是另一种分析 CA 模型的方法。在种族隔离模型中，我们会考虑如果两组的容忍度系数截然不同会产生什么情况。例如，假设容忍程度随时间削弱，比如原本和平相处的、由不同种族组成的社区，不同种族的邻居会变得不信任对方进而产生了冲突——很多内战都在这种情况下发生。使用不同规则集的 CA 模型也可以用假设问题进行分析。例如，在种族迁徙模型中，根据对物理距离不同的态度，我们会假设一个群体使用摩尔邻域而另一个群体使用冯·诺依曼邻域。

情景分析是一个对 CA 仿真更全面的分析途径，它使用一系列相关问题来定义一个情景，而不是一次仅分析一个问题。例如，在种族迁徙模型的重点在于研究容忍度系数相对较大，邻域半径较短，元胞数量较大的情景。直觉来说，这样的情景可能不会产生隔离的邻居。反之，在相反的情况下可以分析当容忍度较低、邻域半径长，场景较小的结果。探究两种极端情况下的场景可以发现有意义的定性和定量属性，其中一些可能之前从未被知晓。

CA 模型主要用于基础性计算社会学的研究和理论分析，而不是产生切实可行的政策分析，是因为它们强调简单的交互规则，以及整体元胞、邻域和规则的整体同质性。实际的政策分析只能通过社会仿真来产生足够的实证特质性和高保真度校准获得，而 CA 模型通常不具备这种可行性。基于主体的模型极具这样的可行性，但并不简单。

☞ 10.4　基于主体的模型

这一节将介绍计算社会学中的基于主体的模型（ABM），也被称作计算社会科学多主体系统。社会 ABM 仿真是多种计算模型中规模最大、发展最快的种类之一。非正式解释可以将 ABM 理解为一个拥有更复杂场景和参与者的 CA，通过多方面的推理、决策和行为能够更真实地模拟人类（图 10.4）。

图 10.4　基于主体模型的先驱

注：乔舒亚·爱泼斯坦（Joshua Epstein），糖域模型的创始人 [R. 阿克斯特尔（R. Axtell）]（左上）；罗伯特·阿克塞尔罗德（Robert Axelrod），《合作的复杂性》（*The Complexity of Cooperation*）及其他计算社会科学经典作品的作者（右上）；奈杰尔·吉尔伯特（Nigel Gilbert），《人工社会和社会仿真期刊》（*Journal of Artificial Societies and Social Simulation*）编辑（左下）；德口广弘（Hiroshi Deguchi），多主体模型社会科学亚太协会（the Pacific-Asian Association for Agent-based Social Science）主席（右下）。

我们将从接下来用于探讨主要结构的操作定义开始：

定义 10.3 （基于主体的模型）基于主体的社会模型是一种基于个体的计算模型，用于分析由自治、交互、目标导向和有限理性的主体集合（A）使用给定的规则集（R），在环境（E）下组成的社会系统。

因此，从形式上看，在定义 10.3 中的社会由三个主要部分组成：主体、规则和主体所在的环境。下面将进一步讨论。

表 10.1 列出了 CSS 实证校准的基于主体的模型案例。学者们借助各种仿真工具或编

程语言（Java 和 C++），通过构建在不同实证校准水平的模型解决各类研究问题。我们将通过其中一些案例来解释 ABM 社会仿真的特点。套用早期酋邦和国家之间的区别，基于主体的模型不仅仅是激素作用下的元胞自动机——就像喷气式客机是会飞的公共汽车一样。与元胞自动机模型相比，自主性、目标导向性和环境复杂性为社会 ABM 增加了全新的定性和定量特征。

表 10.1　CSS 实证校准的基于主体的模型案例

模型名字	参照系统和研究问题	实证校准	源代码	参考文献
裂谷模型（RiftLand model）	东非社会技术自然的耦合系统；危害与灾难情景	高	MASON	Cioffi–Revilla et al.(2012)
阿纳萨齐模型	美国亚利桑那州，长屋山谷；人口动力学和承载力	高	Ascape, NetLogo	Dean et al. (1999), Axtell et al. (2002)
糖域模型（Sugarscape modle）	主体理论系统；主体规则的社会结果	中	Ascape, NetLogo	Esptein and Axtell (1996)
雷格兰模型（RebeLand modle）	国家的政治稳定；叛乱和国家失败的动态	中	MASON	Cioffi and Rouleau (2010)
地质仿真模型（GeoSim modle）	权利的平衡系统；领土变化	中	Repast	Cederman (2003)
区域土地利用情景评价模型（FEARLUS modle）	土地使用和覆盖类型变化；农业的动态	中	Swarm	Gotts and Polhill (2010)
SIMPOP 模型	城市系统；增长的动态	中	C++	Sanders et al. (1997)
热虫模型（Heatbugs modle）	抽象社会系统；主体幸福和社会亲近性	低	Swarm	G. G. Langton, Swarm Development Group
湿地模型（Wetlands modle）	受天气影响的狩猎者；记忆的社会效益	低	MASON	Cioffi et al. (2004)

　　每个主体都有一个给定的初始状态，并且 ABM 的动态行为从 $t=0$ 时开始。给定一主体初始状态为 S_0，下一阶段 $t+1$ 的状态将会由应用到各个主体情况的规则决定。下一阶段的状态 S_{t+1} 将基于由规则产生的信息。这种动态行为与 CA 模型相似，但更为复杂，因为主体目前会有：① 自主性（元胞主要依赖于其邻域）；② 行动自由度（元胞有固定的位

置）；③理性行为与其他行为的显著差异。这些都不是 CA 所具备的特征。

显然，相对于元胞自动机来说，主体具有更类似于人类的特征，使得 ABM 在方法论上更具吸引力，并且成为社会和行为科学强有力的表现形式。尤其是在一些社会理论中，能够从参与者的角度进行描述，包括他们的认知和决策制定过程，以及类似于集体行为和组织或空间动态等社会行为规律。

在最简单的 ABM（例如热虫模型、糖域模型、鸟群模型）中，通常所有主体都相同并有着恒定且一致的规则集。随机 ABM 和异步 ABM 与最简单的模型不同，使用了具有非确定性的其他规则集。此差异表明，ABM 可以是纯确定性的，也可以包括由概率分布定义的随机元素。

社会科学中最早的 ABM 仿真是热虫模型（20 世纪 80 年代后期），糖域模型（1996），SIMPOP 模型（1997）和其他空间相似的场景模型，它们率先以社会科学家们从未见过的方式展现了社会复杂性的存在。在这些先驱模型之后，在过去十年中也开发了许多其他模型。ABM 仿真，被称为基于个体的模型，也广泛被用于生态学和种群生物学中。图 10.5 和图 10.6 展示了糖域模型中从起始状态 $t=0$ 开始运行到某长期状态 t_N 下，主体的行为模式和财富分配。

图 10.5　糖域主体模型：主体行为

注：糖域模型由社会中的主体（红点）被放置在由方形网络组成的场景构成，有冯·诺依曼邻域视角的主体们以糖（黄点）为生。左侧：在初始阶段，主体分配到了统一的财富并位于西南地区。右侧：在大量时间的数次步骤后，多数主体从原始故土迁移，在场景中向糖周围移动。托尼·贝格尔（Tony Bigbee）在 MASON 实现了这一仿真，同时也复刻了在 Ascape 中实践的"波浪"效应（现已丢失），此处可通过在东北区域中的西北 – 东南方向对角分组的主体观察到。

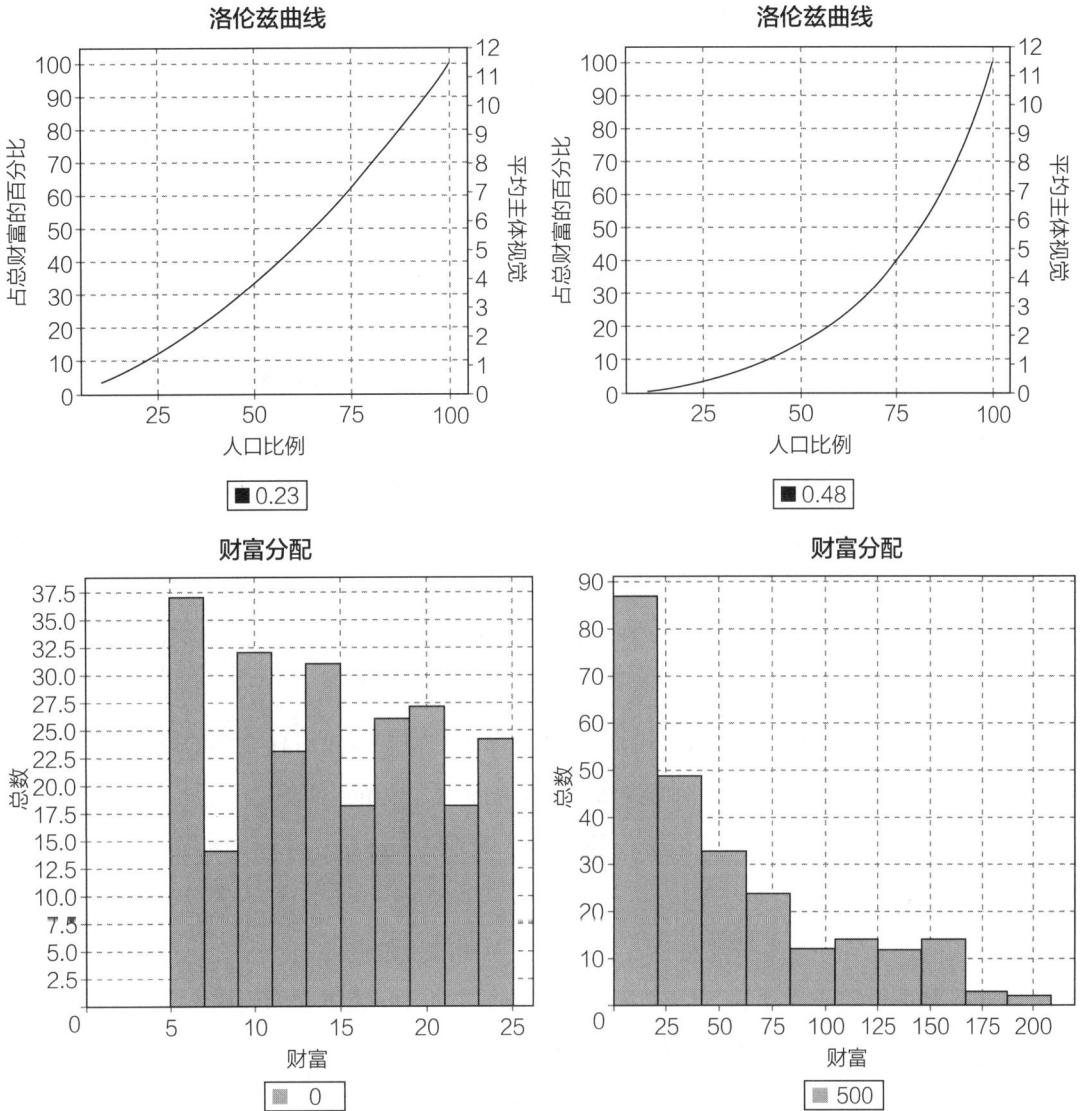

图 10.6 糖域主体模型：不平等的出现

注：上方的洛伦兹曲线和下方的直方图展现了主体的财富分布。左侧：主体在初始阶段 $t=0$ 时根据近似均匀分布的原则被分配到一定的财富，正如近似直线的洛伦兹曲线和财富直方图所展示。右侧：在一定时间后，不平等这一社会规律出现了，正如更明显的洛伦兹曲线和更倾斜的直方图所展示，类似于帕列托定律和对社会复杂性的诊断。

10.4.1 动机：研究问题

无论是从基础研究还是政策应用的角度，基于主体的模型能解决计算社会科学领域的很多研究问题。有以下特点的参照系统用基于主体的模型会更为合适，适用的主体也十分广泛，主体的认知和决策能力可以从"轻"到具有更详细认知架构的"重"不等：

有限理性：如第 7.5.2 节中介绍，主体在有限理性的情况下做出决定，一些 ABM 也试图实现更"纯粹"的理性形式。

基于决定的行为：主体的行为是由某种形式的推理所做的选择决定的。这就和之前探讨的元胞自动机中没有理由，纯粹基于规则的行为有所不同。

人工或人造系统：当机构或基础设施等人为构建在参照系统中很重要时，这些实体可以通过多种方式在 ABM 中表示。

社会或实体空间：参照系统或许包括对模型而言十分重要的组织的（例如社交网络），区域的（实体空间），或其他空间的层面（政策空间）。

除这些特征外，ABM 与 CA 也有共同的特征，包括不同类型的离散性、交互拓扑、视觉或范围以及定期地更新。所有这些都是社会复杂性的普遍和显著特征，很难或几乎不可能使用其他建模方法（例如，动力系统或博弈论模型）将其形式化。

通常情况下，有些可以用 ABM 社会仿真来解决的一些典型研究问题可能会包括以下内容：

　－局部主体层面的规则和微观行为对宏观上出现的社会现象有什么样的影响？

　－人类认知和个体决策的其他假设将怎样影响集体行为的出现？

　－是不同的交互拓扑（冯·诺依曼邻域或摩尔邻域）还是主体感知半径会对结果造成更显著的影响？

　－出现的社会规律是整体平稳的、波动的、周期的还是混沌的？

　－如果是平稳的或波动的，什么因素会决定收敛的时间或波动的周期？

　－场景中是否有扩散的规律，如果有，有什么样的特征？

　－不同的距离相关函数对人类和社会动态的影响是什么？

将这些问题与系统动力学模型（第 9.3 节）、队列模型（第 9.4 节）和元胞自动机模型（第 10.3 节）中类似的问题集进行对比，很明显，这些问题具有更广泛的科学范围和分析能力深度。已经被社会 ABM 解决的问题也更具有学科间、多学科、跨学科和学科综合性的特征，因为 ABM 方法有助于利用跨社会、自然和工程科学的知识——这是理解耦合的社会 - 科技 - 自然系统复杂性的必要条件。在目前所有社会仿真方法中，就可以解决的可行研究问题的范围而言，ABM 可以说是最通用的方法之一。情景分析这类研究问题是 ABM 社会仿真的主要应用。提出社会复杂性的假设问题是激发基于主体的模型的绝佳方法。

10.4.2　设计：抽象理论和形式模型

给定一个参照系统 S，一个理论主体模型 C_s 将通过定义相关主体，环境和规则被抽象，正如定义 10.3 所述。

10.4.2.1　主体

ABM 中的人类参与者——不论是个体还是群体（如家庭、团队或其他社会团体）——都被表征为拥有属性和动态（计算方法或操作）的主体对象。和所有对象一样，主体的状态是由它的属性决定。

下列是主体的标准特征：

– 每个主体都了解自己的状态，包括它的环境状况。

– 主体都是自主的，即如同很多社会参与者，它可以根据内生目标和信息决定行为，而不需要必要的外源指导。

– 除了根据内在状态做决策，主体也能对感知到的环境状况做出反应。

– 主体可以根据目标做出积极主动的行为。

– 主体通过使它们的属性可见或实际传递信息进行交流，有时会产生新的社会性规律（例如，集体行为）。

因此，我们可以使用这些特征来定义主体。

定义 10.4 （主体）主体是处于环境中具有属性和行为条理的对象，具有自我意识、自主性、反应性、主动性以及与其他主体和环境的交流能力。主体的状态由属性值决定。

例如，糖域模型中的主体满足以下属性：它们知道饥与饱；它们完全自主地决定去哪儿；它们可以决定寻找更好的糖块，主动寻求生存条件。并且，基于一些额外的规则，它们可以交流和交易糖块，形成一个简易的市场。同样，在湿地模型中（表 10.1），主体知道自己的状态：它们自主地决定迁徙并使用了对于不同位置的记忆；它们对其他主体和食物地点分布做出反应；它们与团体内的成员交流，并避免和外来主体交流。表 10.1 中所有模型的主体都具有类似的特征。

10.4.2.2　环境

主体被置于一个环境中，该环境通过由松散或紧密耦合连接的任意数量部分组成。从复杂性理论的角度来看，自然和人造系统都被假定为与主体环境不关联。

– 自然环境通常包括生物物理景观，有时还包括天气。自然景观可以由地形、土地覆盖类型、水文和其他物理生物特征组成，根据具体需要被建模的参照系统部分决定。自然环境受生物物理法则约束，包括热力学法则。

– 人为环境——也可以称为西蒙（Simon）人工环境，他可以包括任何数量的人造或工程系统，包括建筑、街道、超市、城市中的公园、道路、桥梁和连接主要城市区域的交通枢纽。核心的基础设施系统由若干重要部分组成，具体来说，比如道路、能源、通信、供水、公共健康和卫生等，根据一个国家法定的分类标准。人为环境也受物理定律约束，但除了热力动力学。这是因为人造系统通过使用资源生产了更多秩序（熵减），与热力动力学中的紊乱（熵增）相反。

例如，对表 10.1 中的 ABM 而言，阿纳萨齐模型和湿地模型都包含自然环境，而裂谷模型、SIMPOP 和区域土地利用情景评价模型（FEARLUS）也包含人为环境。

10.4.2.3 规则

主体和环境成分在彼此之间以及内部交互，通过以下主体间、主体与环境、环境间的交互产生新的行为。规则通常是局部的，因为它们仅影响主体而不是出现新兴行为的整体场景——类似于微观动机产生宏观行为（改编自谢林 1978 年的著作）。然而，主体也可能受整体情况的影响。

– 主体间的规则 规定主体之间通过沟通、交易、合作、冲突、迁徙和其他社会行为模式的交互，包括特别重要的群体行动和社会选择等模式。通常，这些规则以社会理论和研究为基础。例如，在湿地模型中，主体与同一组的成员之间沟通；在雷格兰模型里，政府主体和叛乱主体相互斗争，而普通民众主体则会支持或反对其中一方。

– 主体 - 环境规则 规定环境因素对主体的影响，反之，环境对于主体决策和行为的影响（模拟人为活动对环境的影响）。这些规则也同样以社会理论以及环境科学等相关学科为基础。例如，在裂谷模型中，农民会受到降雨和土地覆盖的影响，而在地质仿真模型和类似的兵棋推演中，国家会受到与邻近竞争对手之间的力量平衡过程的影响。

– 环境间的规则 涉及环境的生物物理成分内的因果机制，例如降雨对植被的影响或者自然灾害对基础设施的影响。第三种规则以物理、生物和工程科学为基础。例如，在湿地模型和其他类似模型中，降雨影响植被。在裂谷模型中，畜群放牧也会影响植被。反之，畜牧也会影响土地覆盖，从而通过导致腐蚀和更加危险的雨季强降水影响基础设施。

在将参照系统抽象为基于主体的模型的情况下（与之前元胞自动机不同）。在后续运行方面必须考虑重要的设计或抽象含义。本章讨论的大多数 ABM 以及现有文献中的大多数其他模型在基础笔记本电脑上运行很流畅。但有些模型却不行，要求分布式计算资源，通过多个处理器或实际的服务器集群。在模型不仅仅具有局部交互的情况下，很难在高保真度和可实施的计算速度之间取得有效平衡。

ABM 的场景也可以是镶嵌（密铺）的，其中站点可以是正方形（最常见的形式）、三角形、六边形或不规则的（矢量形状），具体取决于参照系统中场景的特征。正如在 CA 中提到，正方形元胞通常用于城市景观，而六边形元胞通常更适用于大面积或开阔地形。每个几何形状都具有相应的计算优劣势，取决于主体数量、网格、决策、行为和进程等因素。所需的数据结构也是一个考虑因素，例如当在模型中使用遥感图像（使用正方形像素）时，就更倾向于正方形网格而不是六边形。

对于正方形网格，主体可能有冯·诺依曼邻域、摩尔邻域或其他邻域的拓扑结构。例如最初的糖域模型使用冯·诺依曼邻域，而湿地模型和地质仿真模型中的六边形邻域都有六个邻居。交互或感知半径也可能会有所不同，具体取决于从参照系统中抽象的部分。

ABM 设计阶段的主要结果是由主体（社会参与者）、行为规则（主体在做什么）和环境（主体所在的位置）构成的参照系统的理论和形式模型。UML 中的种类、顺序和状态图和传统的流程图都可以被用于阐明理论模型，数学模型也对阐明参照系统的形式模型有所帮助。

10.4.3　执行：基于主体的仿真系统

在运用 ABM 将参照系统开发成一个足够完整的理论和形式模型后，下一个阶段的方法即是在仿真系统中用代码运行模型。与往常相同，模型可以使用 OOP 语言（例如 Python、Java 或 C++）以本地代码实现。目前可用的仿真系统大多基于 Java。在实施中，主要的步骤是将概念模型中的 UML 图和数学函数转变为到仿真系统中的代码（图 10.7）。

目前，基于主体的模型的仿真系统（工具包）大概有五十到一百个之间，并且正在创建更多新的功能。Swarm、NetLogo、Repast 和 MASON 是其中使用最广泛的 ABM 仿真系统。在这些以学习为目的的仿真模型中做选择主要是取决于可获得性和熟悉程度。与之前元胞自动机的情况一样，尽管 Python 软件变得越来越实用，NetLogo 仍通常用于学习基于主体的模型的建模。出于更进阶的科研目的，Repast 与 MASON 的使用建立在对 Java 的熟练程度上。Repast 和 GeoMASON 都可以实现用于开发具有高保校准空间 ABM 的地理信息系统，以展现参照系统中的实际地形和其他特征。

图 10.8 展示了使用 NetLogo 运行糖域模型的屏幕截图。

除了四大系统（Swarm、NetLogo、Repast 和 MASON）之外，其他软件系统也同样可以用于运行 ABM 仿真模型。Mathematica 也演示过几个简单的 ABM，包括糖域模型和鸟群模型。在尼古拉·马德迪（Nikolai–Maddey）2009 年的调查中也包括了其他 ABM 仿真系统。

图 10.7　ABM 工具的开创者

注：Swarm 的克里斯·兰顿（Chris Langton）（左上）；NetLogo 的尤里·威伦斯基（Uri Wilensky）（右上）；Repast 的戴维·萨拉查（David Sallach）（左下）；MASON 的肖恩·卢克（Sean Luke）（右下）。他们都与其他人合作创造了当今用于构建社会 ABM 的领先仿真系统。

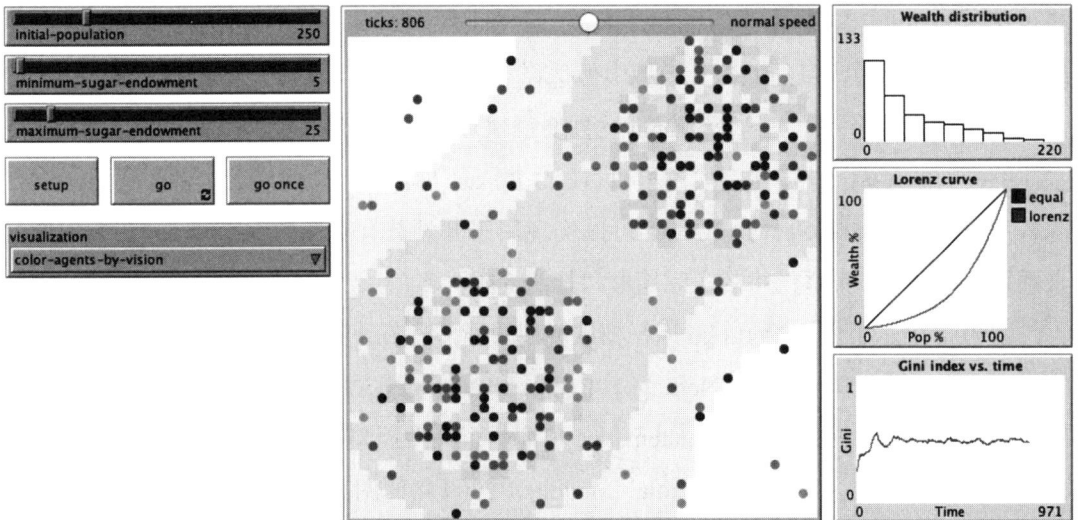

图 10.8　糖域模型在 NetLogo 中运行的截图

10.4.4　检验

检验 ABM 社会仿真模型需要确保主体、规则和环境都按照理论模型中对应的方式运行。在主体或方格单元都相对较少的情况下，验证是最简单和相对直接的。验证的一部分必须包括仔细检查场景边界（边缘的或是环形的）。通过在单个仿真步骤中详细跟踪每个离散交互事件，可以最好地检验行为规则。与往常一样，所有在第 8.7.4 节中探究过的通用检验程序也同样适用于 ABM 社会仿真，包括代码试运行、单元检测、性能分析和参数扫描。

10.4.5　验证

对已经通过检验测试的 ABM 社会仿真模型涉及与前面提到的其他模型相同的两个主要方面：结构效度和行为效度。

结构效度是指模型的内部特征，包括与主体相关的属性、交互规则和环境的主要假设。在 ABM 中测试结构效度时应考虑以下几点：

实证检证测试　客观方法使用的方程规范及其属性和参数值，都是需要验证的特征。例如，对阿纳萨齐和裂谷模型而言，验证部分的流程就需要侧重于植被恢复率等参数，以及天气和土地使用的特征。所使用的视觉和通信半径也是另一个需要通过实证测试验证的假设。通常会假设在给定的仿真运行中，系数是恒定的。这些是对结构稳定性的假设，因为主体规则不会随着时间发生改变；即基于对象的经典模型假定主体、规则和环境的基本内在运行设置在整个历史中不会改变。例如，贫困可能会影响决策指定，或是冲突可能会降低认知宽度并因为未缓和的分歧增加推理的复杂程度（第 4.8.1 节）。

理论验证测试　ABM 仿真假设必须根据所使用的理论进行检测，尤其是有关不同学科的知识。这是一个比结构效度实证检验更广泛的视角，因为它基于最基础但也最难以量化的因果推论。例如，在地质仿真模型和类似模型的情况下，整体结构是基于关于国家在国际体系中应该如何互动的权力平衡和威慑理论。在这种情况下，基本理论将受多个因素（如未被感知转化的客观能力、未被紧张和压力扭曲的日程安排，以及其他因素等）影响。这样的理论是否有效？是否还有其他同样重要甚至更重要的因素？ABM 中使用的基础理论假定了主体之间完美的对称性，即使它们在某些方面是异质的。即使有限理性也常常以简单化的方式实现。参与者是否有可能由与时间相关的或其他形式的异质性决定？

对于 ABM 社会仿真模型的结构效度检测可能会十分费力，但是建立对模型的信心通常还是必要的。同样，实证文献对于这样的测试也有关键价值。

行为效度与 ABM 仿真运行的真实结果相关，特别是在定性和定量特征方面，例如增长、衰减或波动。确定行为效度最重要的是 ABM 生成的仿真空间模式是否与参照系统中的已知实证经验的模式对应。时间序列、直方图、专业指标和类似结果都是最常用的。例如，图 10.6 和图 10.8 展示了糖域模型衍生的洛伦兹区县和财富分布直方图。这些长期状态与许多已知社会经验中的状况（如帕列托法则）非常匹配。裂谷模型能够生成与通过遥感获得的实证卫星图像中的数据非常相似的土地覆盖类型。阿纳萨齐模型是首批以经验为参考的 ABM 之一，证实了仿真结果与实证测量方法的密切吻合。

10.4.6　分析

ABM 社会仿真可以使用多种方法分析，包括形势分析、提出假设问题和情景分析。

ABM 的形式分析是一个远远超出计算社会科学范围的主要领域，是城市动力学和人文地理学的典型代表。例如，各类主体交互的重力模型以及主体驱动阈值系统（driven-threshold system）显示出可以通过形式分析研究的重要属性。在大多数情况下，计算社会科学研究者较少关注主体群体时空交互的形式分析。例如，不同距离或时间相互作用结构规范和不同驱动阈值系统在很大程度上仍未被探索，尽管它们具有基础理论意义。主体规则的形式分析可以通过仿真产生的理论预期进行测试。

另一种分析 ABM 社会仿真的方式是提出假设问题。例如在类似于糖域这类模型中，我们可以考虑如果使用了摩尔邻域而不是标准的冯·诺依曼邻域将会发生什么？或者，如果主体的视觉范围基于时间产生恶化，这在冲突时期也会发生（战争迷雾效应）。假设问题也可用于分析使用不同规则集的 ABM 仿真。例如在主体迁徙模型中，可能因为对实体距离的不同态度或者一组可能具有更远的视觉范围，一组使用摩尔邻域而另外的使用冯·诺依曼领域的情况。

情景分析为 ABM 社会仿真提供了一种更全面和多样的方法。一个场景会使用一组相关的研究问题，而不是一次仅分析一个问题。例如，在裂谷这样的模型中，可以研究例如特定国家长时间干旱的情景：假设在肯尼亚等地发生了三年的干旱，如果干旱再持续一两年，农作物和畜群会发生什么变化？社会关系将受到怎样的影响？政府是否有能力减轻由干旱带来的社会影响？会不会产生流离失所的人？干旱会不会产生大规模的难民潮？难民潮会留在国内还是跨过边界涌向邻国？这类分析能否为救援计划者和行动者带来新的洞见？一系列的情景也可以用于研究自然、工程或人为的灾难。

ABM 社会仿真仍然主要基于基础计算社会科学和理论分析，但它们被越来越多地要求能完成政策分析以提供可操作的结果。满足这类需求仍需要重大方法论和理论的进步，但是持续的进步将使后代的计算社会科学研究者们能够在这些近期的成就基础上再接再厉，不断超越。

🔍 问题

10.1 术语"基于主体的"和"面向主体的"_____。
   （a）是同义词
   （b）是反义词
   （c）与社会仿真是同义词
   （d）与基于主体的模型是同义词
   （e）与元胞自动机和基于主体的模型是同义词

10.2 判断正误：MDIVVA 方法论可以被用于基于变量的模型，但是用于主体导向的模型有更多的限制。

10.3 列出元胞自动机和基于主体的模型中最简单的社会体或者"分析单位"。

10.4 在元胞自动机和基于主体的社会仿真模型中，变量_____。
   （a）是不被包括的，因为这些是主体导向的模型
   （b）仅在与之相关时才被加入模型
   （c）作为属性融入主体
   （d）以二维的方式呈现，从而符合每个模型的空间网格
   （e）会聚合以生成新的事物

10.5 判断正误：至今，基于主体的模型可以被用于理论及政策方面，但元胞自动机模型更多被限制于理论分析。但这是仅对大多数研究的宽泛概论，其实元胞自动机模型的政策应用也存在。

10.6 列出两个对元胞自动机（CA）和基于主体的模型（ABM）根源有贡献的基础科学研究。

10.7 约翰·冯·诺依曼（John von Neumann）和斯塔尼斯拉夫·乌拉姆（Stanislaw Ulam）对于自动机的开创性理论研究可追溯到 _____。

（a）20 世纪 20 年代

（b）20 世纪 30 年代

（c）20 世纪 40 年代

（d）20 世纪 50 年代

（e）20 世纪 60 年代

10.8 写出 CA 模型在社会科学中的首次应用。

10.9 摩尔邻域是以 _____ 来命名的。

（a）计算机科学家斯坦利·摩尔（Stanley Moore）

（b）计算社会科学家简·摩尔（Jean Moore）

（c）社会学家埃德温·摩尔（Edwin Moore）

（d）计算机科学家爱德华·摩尔（Edward Moore）

（e）数学家伊丽莎白·摩尔（Elizabeth Moore）

10.10 从历史的角度来说，_____。

（a）CA 模型先于 ABM

（b）ABM 先于 CA 模型

（c）CA 模型和 ABM 同时发展

（d）ABM 被纳入 CA 模型

（e）CA 模型被纳入 ABM

10.11 写出第一位将 CA 模型应用于国际政治的科学家。

10.12 ABM 开创性论文《分布式人工智能与社会文化系统建模》（Distributed Artificial Intelligence and the Modeling of Socio–Cultural Systems）的作者是 _____。

（a）托马斯·C. 谢林

（b）约翰·冯·诺依曼

（c）斯图尔特·A. 布雷默

（d）詹姆斯·多兰（James Doran）

（e）奈杰尔·吉尔伯特（Nigel Gilbert）

10.13 近代计算社会科学家 _____ 为社会 ABM 的认知基础做出了重大贡献并发表了《社会仿真与认知和社会行动》（Simulating Societies and Cognitive and Social Action）。

（a）詹姆斯·萨科达（James Sakoda）

（b）爱德华·摩尔（Edward Moore）

（c）约翰·康威（John Conway）

（d）罗萨莉亚·康特（Rosaria Conte）

（e）彼得·阿尔宾（Peter Albin）

10.14 SIMPOP（最早的城市增长 ABM 之一）的开创者是 _____。

（a）莉娜·桑德斯（Lena Sanders）

（b）詹姆斯·多兰（James Doran）

（c）罗萨莉亚·康特（Rosaria Conte）

（d）简·福雷斯特（Jay Forrester）

（e）以上皆不是

10.15 CA 模型一贯的时间刻度是 _____。

（a）离散的

（b）连续的

（c）a 或 b

（d）随机的

（e）确定的

10.16 社会 CA 仿真模型通常不会代表 _____。

（a）相邻的邻域

（b）网络

（c）曲面拓扑

（d）连续场景

（e）摩尔拓扑

10.17 列出 CA 模型的元素。

10.18 列出本章讨论过的 5 个 CA 模型。

10.19 判断正误：CA 模型是由一组元胞组成，其中每一个元胞都只在一个且仅有一个的有限数量状态中。

10.20 在 CA 模型中，规则决定 _____。
（a）起始状态
（b）终点状态
（c）局部状态
（d）整体状态
（e）新生事物特征

10.21 判断正误：在最简单的 CA 模型中，所有的元胞都是相同的，规则集也是相同的且对所有元胞来说都是恒定的。

10.22 判断正误：CA 模型可以是纯确定性的或是包含由概率分布定义的随机元素。

10.23 写出社会系统和进程中，能够使它们与 CA 模型相似，并能够以之建模的特点。

10.24 写出使用正方形元胞或六边形元胞建模的 CA 模型通用术语。

10.25 将新兴的、宏观的、系统的或全局的等四个词考虑为同义词的情况下，对特征 F 起到决定性作用的性质是什么？

10.26 列出设计 CA 模型的三个阶段性步骤。

10.27 判断正误：实际上，从计算的角度来说，所有的 CA 模型都被视作"轻量的"。因为整体缺乏宏观和远距离的交互，即使 CA 模型是庞大的，也很容易分布。

10.28 在 CA 模型中，决定元胞状态的是 _____。

（a）邻居的数量

（b）所有邻居的状态

（c）它的特征值

（d）邻居的平均状态

（e）它的平均特征值

10.29 在 CA 模型中，最常见的元胞几何构造或多边形状是 _____。

（a）三角形

（b）四边形

（c）六边形

（d）八边形

（e）不规则多边形

10.30 在康威生命 CA 模型中，每个元胞的状态如何？

10.31 帕里西的新亚述帝国的 CA 模型是建立在等边 _____ 元胞的基础上。

（a）三角形

（b）四边形

（c）五边形

（d）六边形

（e）八边形

10.32 在问题 10.31 中，哪一个对于描述类似于新亚述帝国或其他国家的连续性二维场景是错误并且不可能的？

10.33 相比于基于主体的模型中的主体，CA 模型中元胞的独特性在于元胞一个集的特征是 _____。

（a）未被定义的

（b）较小的

（c）较大的

（d）不确定的

（e）概率性的

10.34 在 CA 模型中单元"连接"到相邻单元的方式在计算社会科学中被称为 _____。

（a）系统动态

（b）网格

（c）网络

（d）圆环

（e）交互拓扑

10.35 CA 模型中不会发生 _____。

（a）短距离的交互

（b）由规则定义的元胞状态

（c）远距离交互

（d）随机行为

（e）五边形镶嵌

10.36 在 CA 模型中，顶点上的邻居有时被不准确地称为 _____。

（a）街角邻居

（b）在拐角处的邻居

（c）最富有的邻居

（d）最好的邻居

（e）不受欢迎的邻居

10.37 经典谢林隔离模型的邻域半径是 _____。

（a）0

（b）1

（c）2

（d）$\frac{1}{\pi}\sqrt{2}$

（e）$\pi\sqrt{2N}$，N 表示邻居的数量

10.38 为什么在 CA 模型中邻域半径通常不超过两个单元格？

10.39 判断正误：复杂的规则使 CA 模型在生成意想不到的涌现模式方面变得有趣。

10.40 在 CA 模型或 ABM 中穿梭在场景中移动的元胞群是什么？

10.41 列出一些用于运行 CA 模型的主要工具包。

10.42 原始爱泼斯坦－阿克斯特尔糖域（Epstein–Axtell Sugarscape）模型中的以下规则很少被执行：_____。

（a）交易 T

（b）战斗 C

（c）污染 P

（d）文化传播 K

（e）扩散 D

10.43 判断正误：检验 CA 模型需要确定元胞、交互拓扑和行为规则都按照概念模型的预期方式工作。

10.44 验证社会 CA 模型的检测结果是 _____。

（a）常用和广泛发表的

（b）不必要的，因为大多数此类模型都是简单的

（c）不再需要的，因为有许多工具包可以使用

（d）此类模型中最好和最可靠的特征

（e）不幸的，它们因稀有而臭名昭著

10.45 列出社会 CA 模型中结构验证的主要方面。

10.46 在社会 CA 模型中，结构验证涉及 _____。

（a）实证检测

（b）理论检测

（c）（a）和（b）

（d）概念检测

（e）只有（b）和（d）

10.47 列出三个用于隔离 CA 模型实证检验的步骤。

10.48 对于社会 CA 模型，验证的理论检测是 _____。

（a）常用和广泛发表的

（b）不必要的，因为大多数此类模型都很简单

（c）不再需要的，因为有许多工具包可供使用

（d）属于此类模型中最好和最可靠的特征

（e）不幸的，因为稀有而臭名昭著

10.49 _____ 对提高社会 CA 模型的验证要求具有重要价值，但通常未被充分利用？

（a）关于社会理论和实证研究的文献

（b）统计方法

（c）软件工程方法

（d）拓扑理论

（e）以上皆是

10.50 判断正误：在测试社会 CA 模型中的行为有效性的情况下，最重要的是检查仿真空间的规律是否与经验规律相对应。

10.51 对于社会 CA 模型，行为验证的测试是 _____。

（a）常用和广泛发表的

（b）不必要的

（c）不再需要的，因为它们具有很强的表面效度

（d）属于此类模型中最好和最可靠的特征

（e）不幸的，因稀有而臭名昭著

10.52 社会 CA 仿真中的主要分析模式是 _____。

（a）形式分析

（b）提出假设问题

（c）情景分析

（d）以上所有

（e）以上都不是

10.53 CA 模型的形式分析始于 _____。

（a）冯·诺依曼和摩根斯坦

（b）冯·诺依曼和乌拉姆

（c）乌拉姆和谢林

（d）谢林和沃尔夫拉姆

（e）沃尔夫拉姆和摩尔

10.54 CA 模型分为稳定、振荡、混沌和复杂的这一分类的提出者是 _____。

（a）约翰·冯·诺依曼

（b）斯蒂芬·沃尔弗拉姆

（c）托马斯·谢林

（d）斯坦尼斯拉夫·乌拉姆

（e）杰·福雷斯特

10.55 判断正误：假设分析和情景分析之间的一个主要区别在于，前者依赖定义给定情景的一整套相关问题而不是一次分析一个问题，从而包含了更全面的分析方法。

10.56 计算社会科学中的社会 ABM 在计算机科学中也被称为 _____。

（a）进化系统

（b）机器学习算法

（c）多主体系统

（d）甘特模型

（e）智能系统

10.57 判断正误：在非正式的情况下，ABM 可以被认为是 CA 模型具有更复杂的场景和通过推理、决策和行为的各方面更接近于模仿人类的主体。

10.58 描述基于主体的模型的定义。

10.59 _____ 是在实证校准方面有较高解析度的 ABM。

（a）区域土地利用情景评价模型

（b）热虫模型

（c）阿纳萨齐模型

（d）雷格兰模型

（e）以上都不是

10.60 _____ 是在实证校准方面有中等解析度的 ABM。

（a）区域土地利用情景评价模型

（b）热虫模型

（c）阿纳萨齐模型

（d）雷格兰模型

（e）（a）和（b）

10.61 _____ 是在实证校准方面有较低解析度的 ABM。

（a）区域土地利用情景评价模型

（b）热虫模型

（c）阿纳萨齐模型

（d）雷格兰模型

（e）以上都不是

10.62 判断正误：四大仿真工具包通常用于 CA 模型，而不是 ABM。

10.63 列出 CA 模型中不存在，但 ABM 中共有的特点。

10.64 社会 ABM 可以是 _____。

（a）确定性的

（b）概率的

（c）同步的

（d）不同步的

（e）以上所有

10.65 在生态学中，ABM 被称为 _____。

（a）捕食者模型

（b）食物链模型

（c）基于个人的模型

（d）基于物种的模型

（e）基于生物群系的模型

10.66 判断正误：ABM 的独特之处在于它们能够以封闭形式模型或者其他类型的计算社会仿真模型无法实现的方式呈现并研究有关自然、人类和工程或人工组件或参与者之间耦合相互作用的问题。

10.67 在社会 ABM 中最常实践的理性类型是 _____。

（a）社会人的理性

（b）经济人的理性

（c）政治人的理性

（d）有限理性

（e）人工智能

10.68 _____ 因对有限理性的理论和研究做出基础性贡献而闻名。

（a）亚当·斯密

（b）约翰·冯·诺依曼

（c）赫伯特·西蒙

（d）约翰·凯恩斯

（e）维尔弗雷多·帕累托

10.69 在社会 ABM 中，人造制品和人工系统 _____。

（a）很少被体现

（b）总是被体现

（c）无法被体现

（d）可以被有效体现

（e）是主要的主体

10.70 列出可以轻易地在社会 ABM 中体现的几种空间类型。

10.71 ABM 中的主体可以是 _____。

（a）个人

（b）集合体

（c）班级

（d）家庭

（e）以上皆是

10.72 从计算上来讲，主体是 _____。

（a）一个对象

（b）一个变量

（c）一个函数

（d）个人

（e）一种方法

10.73 判断正误：ABM 使用计算对象而不是变量。

10.74 主体状态由 _____ 决定。

（a）指定变量的值

（b）其属性值

（c）运行仿真并计算其平均状态

（d）运行时的初始条件

（e）其在规定半径内的邻居的状态

10.75 列出本章提到的几个标准设计特征或主体的个别属性。

10.76 在社会 ABM 中可以建模的时间尺度范围的数量级是多少？

10.77 判断正误：并不是本章讨论或提到的所有 ABM 都能满足主体特征和属性。

10.78 在 ABM 中，主体通过松耦合或紧耦合被置于环境中的思想被正式建模为 _____。

（a）聚合（aggregation）或组合（composition）

（b）聚合和组合

（c）分别对应组合和聚合

（d）分别对应聚合和组合

（e）模糊隶属函数

10.79 列出空间 ABM 中常用的自然环境组成部分。

10.80 如何在社会 ABM 中对生物物理定律进行仿真？

（a）在数据结构中

（b）在调度程序中

（c）融合在一些环境的类别中

（d）在主体的记忆中

（e）在上述任何情况下

10.81 如何在社会 ABM 中对社会行为定律进行仿真？

（a）在数据结构中

（b）在调度程序中

（c）融合在主体或社会类别中

（d）在主体的记忆中

（e）在上述任何情况下

10.82 列出社会 ABM 中人工环境中常见的组成部分。

10.83 ABM 的一个决定性特征是研究复杂性出现的关键，即交互规则是 _____。

（a）随机的

（b）决定性的

（c）局部的

（d）整体的

（e）上述任何一项

10.84 判断正误：在社会 ABM 中，整体情况由局部主体的交互产生，相反（宏观→局部）的情况则不会发生。

10.85 列出社会 ABM 中主体间规则（主体间行为模式）的可能形式案例。

10.86 在以科学为基础的社会 ABM 中，问题 10.85 中的主体间规则潜在形式最初可在 ____ 中发现。

（a）高效的算法

（b）有效的算法

（c）高效且有效的算法

（d）社会科学理论与研究

（e）社会数据

10.87 判断正误：社会 ABM 中的主体环境规则决定了环境对主体以及主体对环境的影响，例如环境对主体决策和行为的影响（模拟人类对环境的影响）。这些规则基于社会理论、环境科学等相关学科。

10.88 判断正误：环境内的规则与环境中生物物理组成成分的因果机制有关，例如降雨对植被的影响，或自然灾害对基础设施的影响。这类第三种规则将严格基于物理、生物和工程科学。

10.89 判断正误：在社会 ABM 中，四边形元胞通常用于城市场景，而六边形或多边形元胞通常更适合大面积或开阔地形。每种几何结构都有计算优劣势，具体取决于主体总数、站点、决策机制、行为和调度等因素。

10.90 判断正误：最初的糖域模型使用摩尔邻域，而 Wetlands 和 GeoSim 的六边形邻域使用了所有六个邻域。

10.91 目前可用于运行社会 ABM 的仿真系统主要是 _____。

（a）Python

（b）C++

（c）C

（d）R

（e）Java

10.92 哪些是最可用的社会 ABM 运行工具包？

10.93 列出适用于社会 ABM 的检验程序。

10.94 本章提到的哪种社会 ABM 能够生成与通过遥感获得的实证图像，类似于卫星数据，几乎没有区别的地面覆盖模式？

（a）糖域模型

（b）阿纳萨齐模型

（c）裂谷模型

（d）雷格兰模型

（e）热图模型

10.95 以下哪个是第一个通过实证校准的 ABM，并证明仿真结果和实证测量的农业规律高度匹配？

（a）糖域模型

（b）阿纳萨齐模型

（c）裂谷模型

（d）雷格兰模型

（e）热虫模型

10.96 一般来说，作为一个类别，社会 ABM＿＿＿＿ 适用于与基于变量或 CA 模型不同类型的分析。

(a) 更少地

(b) 较少地

(c) 同样地

(d) 较多地

(e) 更多地

10.97 判断正误：为了理解社会 ABM 中使用的机制，形式的数学分析是必要的，在某些情况下甚至是必须的。

10.98 列出社会 ABM 可以进行的三大类分析。

10.99 以下哪个模型适用于分析在经济、政府政策、腐败和其他复杂社会问题等条件下的政治稳定或不稳定的情景？

(a) 糖域模型

(b) 阿纳萨齐模型

(c) 裂谷模型

(d) 雷格兰模型

(e) 热虫模型

✎ 练习

10.100 写一篇文章，比较早期基于变量和基于主体的社会仿真模型的发展。根据第 9.2 节和第 10.2 节中提到的信息，在文章中包括一个时间网络用于展示这些方法随时间发展的关系。

10.101 政治学中最早的 CA 和 ABM 使用基于六边形的元胞 / 主体网格拓扑。

(1) 列出一些使用六边形拓扑的真实模型案例。

(2) 对元胞 / 主体单位的拓扑建模还有哪些其他选项？

(3) 在 (2) 中，摩尔邻域和冯·诺依曼邻域是如何应用于这些场景中的每一个拓扑的？

（4）解释每种拓扑的理论依据。

（5）对你的结果进行讨论。

10.102 列出、分析并讨论第 10.2 节中提到的"首次"的数量。

10.103 回忆 CA 模型的定义。

（1）回忆并为它所包含的各种形式对象分类。

（2）为每个对象确定一组属性。

（3）创建一个 CA 模型和其中组成对象的 UML 类图。

（4）比较和对比 CA 模型的对象。

（5）讨论你的发现。

10.104 对于一些简单的系统动力学模型，重复练习 10.103 中的问题，并将答案与练习 10.103 中得到的答案进行比较。

10.105 使用 ABM 再次完成练习 10.103 中的问题，将答案与 10.103 中对于 CA 模型对象分析的结果进行比较。

10.106 回顾量子力学中"纠缠"的概念并讨论以下假设：在量子力学的意义上，社会 CA 模型中的相邻元胞总在一起纠缠。若元胞用于代表个人或机体，讨论 CA 模型中社会纠缠的概念。

10.107 本章将时空离散性、邻里局部性、交互拓扑和周期更新定义为现实社会系统和过程的显著特征，这些特征使它们类似于元胞自动机，因此也适合用元胞自动机建模。

（1）研究 MASON、Repast 或 NetLogo 中学习谢林隔离模型，并讨论这四个要求是如何一一被满足的。

（2）除了本章介绍过的案例，列出其他三个说明这些特征的案例。

（3）将你的结果总结在一个表格中，显示不同模型的比较信息和特点。

（4）对你的结果进行讨论，并阐述你收获的新见解。

10.108 离散化，也被称为镶嵌或平铺，可以基于任何简单的多边形组合，包括三角形、四边形、六边形和许多其他形状。在沃尔弗拉姆（Wolfram）的 MathWorld 中查找"镶嵌"并找到最适用于社会拓扑的镶嵌案例，使用一些案例来支撑你的回答。

10.109 将复杂的三维主体网格镶嵌成二维的 CA 场景的一种方法是使用社交网络的邻接矩阵。通过创建 CA 模型并进行仿真获取结果来探索这一观点。

10.110 将涌现的、宏观的、系统的和全局的，将这四个术语视为同义词，对于特征 F 最明确的属性是 F 在个体上、微观的、子系统或局部层面都不存在。在物理科学中，物体的温度是涌现属性的典型例子，因为构成物体的分子或原子没有温度——它们有质量、能量和无数其他特征，但是它们没有温度，对那些实体来说，这是一个未定义的概念。

10.111 将此视为"3×5 练习"并给自己一些时间去完成，因为这将有助于获得新视角并加深理解。在编程语言中使用三种不同的 CA 模型来研究第 10.3.1 节中的五个研究问题。

10.112 思考并解释为什么在第 10.3.1 节中和练习 10.111 中大多数计算社会学研究问题无法轻易地使用基于变量的模型（例如队列模型或系统动力学模型）回答，但使用 CA 模型则较为容易回答。

10.113 CA 模型有趣的一点是，从计算上讲，几乎所有该类型的模型都被认为是"轻量级的"。这是因为，即使它们很大，由于完全没有全局或远程的交互，CA 模型也很容易分布。写一篇短文来阐述这一观点，并举一些案例来说明你的主要观点。

10.114 在 CA 模型中，每个元胞的状态由其属性值给定，根据定义，属性值始终是一个数组。理解并解释为什么问题 10.28 中的其他答案是错误的。

10.115 列出证明在 CA 模型中合理使用四边形的三种参照社会情况，以及其他三种无法使用四边形并需要使用其他几何图形的情况，使用三个案例来说明这一点。

10.116 康威生命 CA 模型中每个元胞的状态要么是活的，要么是死的。根据流行病学的"SIR"或克马克 – 麦肯德里克模型（Kermack–McKendrick modle），创建、分析和讨论具有多个状态的拓展 CA 模型的结果。可通过在线搜索该模型的背景科学参考资料。

10.117 19 世纪，普鲁士总参谋部以著名的战争游戏为先驱，使用具有网格状的真实地理地图并在各个位置部署军事单位。

（1）查阅兵棋推演的早期历史，并使用 MDIVVA 方法将这些想法应用到你所在国家 / 地区早期历史的战争中，从而创建你自己的 CA 模型。

（2）获得一组结果并总结主要发现。

（3）写出在本练习中获得的新见解。

（4）将你的计算结果与你所在国家 / 地区的标准历史教科书中包含的信息进行比较。

（5）根据你的 CA 模型，你将如何编辑国家早期的战争史？

10.118 如果 10.117 中的模型不足以对你所在国家 / 地区的标准历史进行任何改变，如经典学校教科书所述，你将建议如何更改或扩展你的模型？

10.119 通过 MASON、Repast、NetLogo 或你用自己的代码所创建七个不同 CA 模型中查找元胞属性，根据少量属性，检验问题 10.33 中的正确答案。

10.120 通过查找每个模型的邻域半径重复练习 10.119。

10.121 思考一个包括 100 个四边形元胞由 10×10 的阵列连接的简单 CA 世界，整个场景的对角线等于 $\sqrt{10^2+10^2}=10 \times \sqrt{2}=\gamma$。

（1）计算这些方形元胞模型的社会网络矩。

（2）将元胞的形状从四边形更改为三角形并重新使用相同的数字阵列中的元胞且具有大致相同的对角线长度 γ，每个元胞有 3 个冯·诺依曼邻域和 6 个摩尔邻域。

（3）计算这种三角形元胞模型的社会网格矩。

（4）创建一个表格来对比和比较两种拓扑的可比较网格矩。

（5）对使用五边形和六边形的场景重复上述建模和分析，在每种情况下保持场景的整体对角线长度尽可能接近 γ（即四边形场景），计算网络度量，并将结果添加到对照表中。

（6）讨论结果并写出 CA 拓扑在网络属性涌现的影响方面获得的新看法。

10.122 假设每个 CA 交互拓扑都是环形的（即球形网格），重复练习 10.121，讨论并比较其结果。

10.123 确定三种不同的 CA 模型，其中包含常见的"滑翔机"，解释这种新兴现象的具体社会意义，并解释它对社会理论和研究的贡献。

10.124 考虑特定涌现的宏观现象，这些现象可以被分类为有趣的、惊喜的、意想不到或违反直觉的。

（1）选择本章中的三个模型。

（2）从 MASON、Repast 或 NetLogo 的其他案例中选择三个 CA 模型。

（3）在一个表格中总结你的发现。

（4）在六个 CA 模型中比较和对比你的发现。

（5）按照"惊奇程度"对六个模型进行排序。

（6）阐述在本练习中的收获或新的理解。

10.125 从练习 10.124 中选择三个 CA 模型。

（1）确定每个模型的简单规则，并用形式逻辑句法表述。

（2）比较逻辑语句。

（3）将每组规则重构为伪代码，阐明与每个 CA 模型相关的主要算法。

（4）基于形式逻辑和算法形式，按算法复杂度对模型排序。

（5）形式或算法的排序是否意外地与练习 10.124 中的排名相似？

10.126 根据前面两个练习题，讨论 CA 模型的计算复杂度，并提出一些 CA 计算复杂度的定量测量方法。

10.127 使用其中一个工具包运行你自己为谢林的隔离模型、康威的生命游戏和你自己选择的另一个 CA 的建模，并将结果与工具包网站上提供的相同模型进行比较。讨论你的发现。

10.128 尝试用你自己的原生代码（例如 Python、Java 或其他编程语言）重复练习 10.127，找到并讨论遇到的主要挑战，以及不依赖工具包的优点和缺点。

10.129 选择一个 CA 模型，例如那些经典模型或你自己创建的一个模型，并用两种或多种不同的编程语言或工具包运行。例如，比较 NetLogo、Repast 和 MASON 中的谢林种族隔离模型。比较它们在运行时的异同。

10.130 将 CA 模型的运行视为一个复合事件 C，由多个通过可对 C 进行结合与分离的基本相关事件组成。

（1）根据你之前运行 CA 模型练习的经验，你将如何根据代码中可运行模型所需的基本步骤对运行 C 中的复合事件进行建模？

（2）你将如何定义 C 的事件或指示函数 Ψ？

（3）参考基本事件的概率和 C 的基数，分析 $\Psi(\cdot)$ 和 $\Pr(C)$。

（4）你的分析是否支持或反对使用工具包而不是本地代码这一想法？这个问题的答案并不是唯一的，因为它取决于各种因素，比如工具包的类型和具体 CA 的类型，所以考虑假设的各种场景并得出一些结论。

（5）为分析这类被视为复合事件的运行总结要点。

10.131 2002 年，Mathematica 计算系统的创建者、美国物理学家斯蒂芬·沃尔弗拉姆（Stephen Wolfram）出版了他的畅销书《一种新的科学》(*A New Kind of Science*)。找出这项工作中包含的计算社会科学应用程序——即关于人类和社会动态或社会复杂性的计算模型——并将其中一些应用程序与本章讨论或提到的社会 CA 模型进行比较。

10.132 几乎所有社会 CA 模型都以大致相同的速度运行，与所使用的工具包无关。

（1）讨论这句话并解释它的意思。

（2）在不同条件下，解释为什么它可能是或不是真的。

（3）在两个或多个工具包中运行社会 CA 模型，将该观点作为研究假设进行测试。

（4）收集和讨论仿真运行的结果。

（5）讨论对社会理论和方法论的更广泛作用。

10.133 考虑到 C 在该特定上下文中的具体特征，将社会 CA 仿真模型的验证作为一个复合过程进行分析和讨论。提示：将 C 定义为由具有所有部分和部分之间关系的社会 CA 模型定义的函数。

10.134 讨论将流程图和 UML 图用于社会 CA 仿真模型的检验，并用两个例子来说明这一点。

10.135 写一篇文章，讨论关于社会仿真模型的检验是如何被很好地记录下来并能在四大工具包对应的官方网站上获得，并提供一些改进该领域中计算社会科学方法论的建议。

10.136 讨论除谢林种族隔离模型外的三种社会 CA 模型验证中的实证测试。

10.137 在社会 CA 模型验证（实证、理论和行为）的背景下，重复练习 10.135。

10.138 列出社会 CA 模型建模文献或工具包网站中发现的三个行为效度测试案例，并将这些案例与其他类型的社会仿真模型进行比较，比如 ABM 或 SD 模型。

10.139 写一篇文章讨论社会 CA 模型检验和验证结果的稀缺性。
（1）首先说明此类计算社会科学模型在检验和验证方面的方法论要求。
（2）通过研究已发表的文献来描述常见的例子。
（3）与其他类别的计算社会科学仿真模型进行情况比较。
（4）针对社会 CA 模型中检验和验证的问题，列出几个你认为合理的解释。
（5）提出几项可行的改进方案。

10.140 回顾 Wolfram 的 CA 模型四方分类法。
（1）用它在对本章所讨论的社会 CA 仿真模型进行分类。
（2）检索在 JASSS 中发表的 CA 文献，找出其他六种模型并进行分类。
（3）列出并讨论你的结果。
（4）根据你的发现，哪种类型最为常见？
（5）讨论（4）中的答案，并给出理由。

10.141 根据社会 CA 模型，提供与第 1 节到的假设分析不同的示例。10.3 为本章讨论的模型和能在文献中找的模型提供了分析案例。你能否找出并指出此类计算社会科学仿真模型中最典型或常见的假设分析的通用特征？

10.142 在社会 CA 模型情景分析的情况下，重复练习 10.141 并比较你的两个答案。

10.143 通过进行两个社会 CA 仿真的情景分析来了解这种分析模式与假设分析之间的区别。

10.144 根据定义 10.3 创建社会 ABM 的 UML 类图。确保使用正规的方法为因果关系及其分类进行标记。

10.145 本章指出，与元胞自动机相比，主体具有更多类似人类的特征，这使得 ABM 在方法论上具有吸引力并且成为更有效的社会和行为科学形式。

（1）选择两个 CA 和两个 ABM，例如在一个或多个工具包网站上提供的那些，探索这一想法。

（2）具体来说，使用自主性、行动自由和基于理性的行为等 ABM 特征来理解这两个类别之间的差异。

（3）ABM 使用的哪些其他特征使其主体比 CA 模型中的元胞更像人类？

10.146 学习并比较 Epstein and Axtell（1996）和 Gaylord and D'Andria（1998）。

（1）根据标准的 MDIVVA 方法论逐步地评估这两者。

（2）指出它们之间的异同之处。

（3）在水平横向轮换的表格中总结你的发现，即 MDIVVA 阶段为列、不同模型为行。

（4）讨论你的结论。

（5）分别从总体 ABM 方面和针对糖域、Mathematic 社会仿真方面总结你的新发现。

10.147 通过添加具有更高解析度和实证效度的 ABM 拓展练习 10.146，例如 Kohler and Gummerman（1999）、Kohler and van der Leeuw（2007）、哈萨克斯坦模型（Milner-Gulland et al. 2006）、青铜时代美索不达米亚模型（Wilkinson et al., 2007）、雷格兰模型（Cioffi, Rouleau, 2010）、区域土地利用情景评价模型

（Gotts, Polhill，2010）、提提卡卡模型（Titicaca model）（Griffin, Stanish，2007）或等级制度模型（Hierarchies model）（Cioffi, et al., 2015）。

10.148 根据你自己对社会科学或社会复杂度的研究兴趣，提出可以使用基于主体的模型解决的七个研究问题，这些问题不能通过本书提到的其他计算社会科学领域的计算途径或方法解决。

10.149 每个基于主体的模型都由理论驱动，该理论在模型运行的代码中被形式化，而模型则是从包含研究问题的参照系统中被抽象出来。写一篇文章来解释这一段冗长的、关于理论在社会 ABM 中的存在及其功能的话，并使用两个社会 ABM 案例来说明主要观点。

10.150 基于主体是 ABM 方法论有效的关键。解释这一说法为什么可以被论证为正确的，并为 ABM 的有效性提供另一种或许更合理的解释。

10.151 ABM 是 CA 模型的一种超类。解释并使用案例说明这一观点。

10.152 所有的社会系统和过程都位于某些环境中（无论是物理、文化还是制度类型的环境），人造物品通常被认为是与环境相互影响的。解释这一人类社会现象是如何通过 ABM 方法仿真进行建模和研究的。

10.153 作为通用原则，除了能够完成额外的任务，基于主体的模型可以做任何其他模型可以完成的事，但反之（即任何其他类别的模型能够做所有 ABM 完成的事情）就不是正确的。证明或反驳这一概括并说明其局限性。

10.154 将主体情境意识 S、决策制定 D 和行动 A 视为三个独立的复合事件。
（1）通过指定适当的结构函数对每个事件进行建模。
（2）推导相应的概率方程。
（3）通过推导每个事件的比较静态来分析概率方程。
（4）推导并计算各自的向量场。
（5）总结和讨论你的结果。
（6）阐述你从分析中得出启示和见解。

10.155 使用 UML 图来解释并支持定义 10.4（主体）并强调从这种图形方法中获得的新见解。

10.156 第 10.4.2.1 节（主体）中解释了糖域模型和湿地模型是如何满足本章中讨论到的所有主体条件和特征的。请自行选择三个其他模型（尝试选择差距较大的 ABM）并进行横向对比。建议：创建一个表格来汇总每个特征和模型的数据。

10.157 请画一个文氏图来解释从社会复杂性理论的角度出发，假设 ABM 中自然和人造系统在主体环境中是不相交的组成部分。

10.158 使用基于主体的建模思想。

10.159 UML 图形对于在社会 ABM 设计过程中的自然环境可视化十分有帮助。通过画一个 UML 类图为问题 10.79 的答案建模。除了类别、主体和一些概括的属性和方法的案例，还应该特别注意因果关系和因果关系的类别。

10.160 在人造或建造的环境中，在可感知的（实体的）和不可感知的（结构的）环境两个版本中重复练习 10.159。
（1）从不同类别的人造环境开始。
（2）比较你得出的结果。
（3）写出你在这个练习中的收获和新想法。

10.161 本章提出自然环境是由生物物理定律决定的，包括热力学定律，当研究问题必须考虑社会 – 环境动态时，自然环境就会被融入社会 ABM 建模中。本章也提到人为环境也由除了热力学定律之外的物理定律所支配，这是因为人为系统通过使用资源产生了更多秩序（熵减），这与热力动力学秩序减少（熵增）相反。写一篇简要的文章讨论自然和人为环境中的秩序与混乱，理解两者的概念和差异。

10.162 "基础设施"实体通常在社会 ABM 中扮演非常重要的角色。 在文献中查找该术语并确定用于对不同类型的基础设施系统进行分类的主要分类法，例如"硬"和"软"类基础设施。 你可以使用联合国、欧盟和美国使用的分类法，并确保没有仅使用硬系统这一超类。

10.163 本章提出但并未进行详细阐述：在表 10.1 中的 ABM，阿纳萨齐模型和湿地模型包含自然环境，裂谷模型、雷格兰模型、SIMPOP 模型和区域土地利用情景评价模型包含了人为环境。学习各个模型并演示这一结论。

10.164 选择在本章中介绍过的五个社会 ABM 并写出其场景中的镶嵌几何类型。

10.165 鉴于人为社会的 AI 模型强调高效算法但不考虑社会理论，计算社会科学中的社会 ABM 由社会科学理论研究驱动，如问题 10.86 所示。理解差异及其存在的原因，并将情况与计算天文学和计算生物学等领域进行比较。

10.166 将社会 ABM 用于研究与人类、自然和人为系统耦合有关的问题或场景时，在创建和使用模型的 MDIVVA 方法论过程中的每个阶段都需要大量的跨学科合作。使用你在本章和前面几章中学到的知识来解释这一点。

10.167 使用在 NetLogo、Repast 和 MASON 中运行的两个社会 ABM（例如热虫模型和糖域模型，但也有其他选择）。
（1）在相似或相同的设置和时间长度下，下载并运行两个模型。
（2）收集六次模型运行的结果。
（3）比较这些结果。
（4）写出在完成该练习后，你得到的十点收获。
（5）根据科学重要性为你在（4）中的收获排序。

10.168 验证是所有社会 ABM 的必要科学要求。选择三个社会 ABM 并解释使用了哪些验证程序。如果找不到信息，请询问相关作者。

10.169 验证报告比检验报告在文献中受到更多关注。写一篇简短的文章阐述并讨论为什么会发生这种情况。

10.170 如果你已经学到了这里，解决了这么多问题并完成了这么多关于通用（第 8 章）、基于变量的模型（第 9 章）、基于主体的模型（第 10 章）验证的练习。相对来说，验证社会 ABM 更复杂、更耗费精力，因为社会 ABM 存在一些基于变量或 CA 模型中没有的特征。选择一组关于 CA 模型验证的问题，并在 ABM 的背景下解决它们。

10.171 选择三个社会 ABM 并关注其验证方面。

（1）使用了什么验证的测试方法？

（2）结果展示了什么？

（3）你认为每项测试的完成度是多少？

（4）比较并讨论不同模型和测试的结果。

（5）你最理解哪些模型或测试？为什么？

10.172 写一篇关于问题 10.96 正确答案的文章，这个问题可以准确地称为社会 ABM 分析的"多重潜力"。ABM 哪一类的特征使它们比迄今为止发明的其他计算模型更具多能性。（量子计算，如果在操作规模上实现，可能是下一个激动人心的飞跃！）

10.173 选择三个 NetLogo 或其他社交 ABM。

（1）定义基础案例、最坏案例和最佳案例场景。

（2）分析每个情景并记录这些计算机仿真实验的结果。

（3）解释、比较和对比这些结果。

（4）根据调查结果和更广泛的影响方面来讨论你的结果。

（5）你觉得哪个最有趣？解释为什么。

10.174 根据你在完成本书时对社会复杂性的理解，你认为哪些社会 ABM 最关注社会复杂性理论研究的问题？解释原因并提出有趣的扩展或新模型。

10.175 在 NetLogo 中打开"Standing Ovation"。

（1）使用默认参数运行模型，并确定大多数 / 所有人站立的时间的近似分数，以及最终很少 / 没有人站立的运行分数。模型达到平衡的典型时间段是多少？

（2）一个结果（全部起立或起立）似乎比另一个结果需要更多时间才能实现吗？

（3）当你系统地降低内在概率时，多次运行后起立鼓掌的次数会发生什么变化？

（4）对达到平衡所需的时间有何影响？

（5）你倾向于将结果的依赖性表征为"平滑"（即逐渐）或"突然"（好像存在"临界值"）?

10.176 打开马克·迈克布莱德（Mark McBride）教授的 Net logo 零智能交易者模型。多次点击 SETUP 命令，每次点击都会随机分配新的价格和卖家的成本。

（1）注意，需求曲线始终是向下倾斜的而供给曲线总是向上倾斜的。为什么曲线会随每次点击 SETUP 而改变？

（2）现在运行的模型（按 GO），销售的总量和平均价格分别是多少？

（3）多次点击 SETUP（设置）和 GO（运行），持续跟踪（数量、价格）成对出现的结果，多次出现的价格和数量分别是多少？

（4）随着买家数量的增加，需求曲线会发生什么变化？价格和销售数量会有什么变化？

（5）该模型中没有任何主体对整体供求曲线、贸易伙伴的价格和成本与市场发展的方向有全面的了解。然而，市场活动的典型行为，广泛来说，普通的供求规律都被教授给了本科生。这种情况是如何变为可能的？

10.177 参考莫斯科和华盛顿特区的地铁/轻轨系统，并假设每个城市的市长都想分析其各自系统的未来使用情况。使用你所学到的一切和 MDIVVA 方法来评估你是否建议创建 CA 模型、ABM、SD 模型、排队模型或某些模型的混合组合。对于每种情况，请确保包括最新的项目线，例如在历史悠久的地区周围的新莫斯科中央环线以及 DC 地铁的华盛顿杜勒斯机场银线，维基百科为这两种情况的出现提供了很好的解释。使用每个系统的地图为每个系统创建关联的网络模型。

10.178 使用 MDIVVA 方法学框架比较和对比社会 CA 模型和 ABM；即在这两类基于主体的计算模型中，要详细说明每个阶段在这两个类别中的区别。

10.179 在这章和前两章中的大多数问题都使用了其他人创建的模型和仿真。创建自己选择的三种模型，并在 SD，QM，CA 和 ABM 版本中构建每个计算仿真。你的三个模型应该是关于计算社会科学研究主题的重点，包括过去的历史（例如，社会复杂性的起源），当今世界（例如气候变化对人类社区的影响或世界移民危机）以及未来（智能城市或火星的任务）。系统地使用 MDIVVA 方法从头到尾（即，从每种模型的研究问题动机到分析的类型），通过借鉴所有章节完成此综合练习并实现目标。

10.180 现在，你已经在本教科书中完成了所有章节，问题和练习……请用你自己组织语言，讨论什么是计算社会科学，并向你的朋友解释。

▪ 推荐阅读 ▪

［1］ Albin P S, 1975. The analysis of complex socioeconomic systems[M].Lexington: Lexington Books.

［2］ Bremer S A, Mihalka M, 1997. Machiavelli in machina: Or politics among hexagons[J]. Problems of world modeling,: 303–338.

［3］ Cusack T R, Stoll R J, 1990. Adaptation, state survival and system endurance: a simulation study[J]. International Political Science Review, 11(2): 261–278.

［4］ Gaylord R J, D'Andria L J, 1998. Simulating Society: A" Mathematica" Toolkit for Modeling Socioeconomic Behaviour[M]. Berlin: Springer.

［5］ Hägerstrand T, 1965. A Monte Carlo approach to diffusion[J]. European Journal of Sociology/Archives Européennes de Sociologie, 6(1): 43–67.

［6］ Hegselmann R, 1996. Cellular automata in the social sciences: perspectives, restrictions, and artefacts[M]//Modelling and simulation in the social sciences from the philosophy of science point of view. Dordrecht: Springer Netherlands: 209–233.

［7］ Hegselmann R, 1996. Understanding social dynamics: The cellular automata approach[C]// Social science microsimulation. Springer Berlin Heidelberg: 282–306.

［8］ Latané B, 1981. The psychology of social impact[J]. American psychologist, 36(4): 343.

［9］ Parisi D, 1998. A cellular automata model of the expansion of the Assyrian empire[C]// Cellular Automata: Research Towards Industry: ACRI'98—Proceedings of the Third Conference on Cellular Automata for Research and Industry, Trieste, 7–9 October 1998. London: Springer London,: 194–200.

［10］ Rogers J D, Nichols T, Emmerich T, et al, 2012. Modeling scale and variability in human–environmental interactions in Inner Asia[J]. Ecological Modelling, 241: 5–14.

［11］Schelling T C, 1971. Dynamic models of segregation[J]. Journal of mathematical sociology, 1(2): 143–186.

［12］U Wilensky, 1999. NetLogo .http://ccl.northwestern.edu/netlogo/. Center for Connected Learning and Computer–Based Modeling, Northwestern Institute on Complex Systems, Northwestern University, Evanston, IL

［13］U Wilensky, 2007. NetLogo Hex Cell Aggregation Model . http://ccl.northwestern. edu/netlogo/models/HexCellAggregation. Center for Connected Learning and Computer–Based Modeling, Northwestern Institute on Complex Systems, Northwestern University, Evanston, IL

［14］Wolfram S, 2002. A new kind of science[M]. Champaign, IL: Wolfram media.

［15］Axelrod R, 1997. The Complexity of Cooperation: Agent–Based Models of Competition and Collaboration: Agent–Based Models of Competition and Collaboration[M]. Princeton: Princeton University Press.

［16］Batty M, 2006. Cities and complexity: understanding cities with cellular automata, agent–based models, and fractals[M]. Cambridge: The MIT press.

［17］Bigbee A, Cioffi–Revilla C, Luke S, 2007. Replication of Sugarscape using MASON[C]// Agent–Based Approaches in Economic and Social Complex Systems IV: Post–Proceedings of The AESCS International Workshop 2005. Springer Japan : 183–190.

［18］Boone R B, Galvin K A, BurnSilver S B, et al, 2011. Using coupled simulation models to link pastoral decision making and ecosystem services[J]. Ecology and Society,16(2).

［19］Cioffi–Revilla C, 2002. Invariance and universality in social agent–based simulations[J]. Proceedings of the National Academy of Sciences, 99(suppl_3): 7314–7316.

［20］Cioffi–Revilla C, Luke S, Parker D C, et al, 2007. Agent–based modeling simulation of social adaptation and long–term change in inner Asia[C]//Advancing social simulation: the first world congress. Springer Japan : 189–200.

［21］Cioffi–Revilla C, Rogers J D, Latek M, 2010. The MASON HouseholdsWorld model of pastoral nomad societies[C]//Simulating interacting agents and social phenomena: The second world congress. Springer Japan : 193–204.

［22］Cioffi–Revilla C, Rouleau M, 2010. MASON RebeLand: An agent–based model of politics, environment, and insurgency[J]. International Studies Review, 12(1): 31–52.

［23］Cioffi–Revilla C, Rogers J D, Wilcox S P, et al, 2008. Computing the steppes: Data analysis for agent-based modeling of polities in Inner Asia[C]//Proceedings of the 104th Annual Meeting of the American Political Science Association, Boston, MA.

[24] Cioffi-Revilla C, Rogers J D, Hailegiorgis A, 2011. Geographic information systems and spatial agent-based model simulations for sustainable development[J]. ACM Transactions on Intelligent Systems and Technology (TIST), 3(1): 1-11.

[25] De Smith M J, Goodchild M F, Longley P, 2007. Geospatial analysis: a comprehensive guide to principles, techniques and software tools[M]. Winchelsea:Winchelsea Press.

[26] Doran J, Palmer M, 1994. The EOS project: modeling Upper Palaeolithic social change. In (Gilbert N, Doran J Hrsg.): Simulating societies. The computer simulation of social phenomena[M].London: UCL Press.

[27] Epstein J M, Axtell R, 1996. Growing artificial societies: social science from the bottom up[M]. Cambridge: MIT Press.

[28] Ferber J, 1998. Multi-agent systems: an introduction to distributed artificial intelligence[M]. Reading: Addison-Wesley.

[29] N. Gilbert, 2010. Computational Social Science [M].Los Angeles: Sage.

[30] Gilbert N. 1995. Emergence in Social Simulation In Gilbert, N. and Conte, R.(eds.) Artificial Societies[M].London: University College Press.

[31] Heppenstall A J, Crooks A T, See L M, Batty M, 2011. Agent-based models of geographical systems[M]. Berlin: Springer.

[32] Helbing D, 2012. Social self-organization: Agent-based simulations and experiments to study emergent social behavior[M]. Berlin: Springer.

[33] Kennedy W G, Cotla C R, Gulden T, et al.2012. Validation of a household agent-based model of the societies of East Africa[C]//Proceedings of the 2012 Human, Social, Cultural, and Behavioral Conference.

[34] Kohler T A, Gumerman G G, 2000. Dynamics in human and primate societies: Agent-based modeling of social and spatial processes[M]. Oxford: Oxford University Press.

[35] Kohler T A, Cockburn D, Hooper P L, et al, 2012. The coevolution of group size and leadership: An agent-based public goods model for prehispanic Pueblo societies[J]. Advances in Complex Systems,15(01n02): 1150007.

[36] Kuznar L A, 2006. High-fidelity computational social science in anthropology: Prospects for developing a comparative framework[J]. Social Science Computer Review, 24(1): 15-

29.

[37] Laver M, Sergenti E, 2011. Party competition: An agent−based model[M]. Princeton: Princeton University Press.

[38] Luke S, 2011. Multiagent simulation and the MASON library[J]. George Mason University, 1. Retrieved from http://cs.gmu.edu/~eclab/projects/mason/

[39] Luke S, Cioffi−Revilla C, Panait L, et al, 2005. Mason: A multiagent simulation environment[J]. Simulation, 81(7): 517−527.

[40] North M J, Macal C M, 2007. Managing business complexity: discovering strategic solutions with agent−based modeling and simulation[M]. Oxford: Oxford University Press.

[41] Phan D, Amblard F, 2007. Agent−based modelling and simulation in the social and human sciences[M].Oxford:Bardwell Press.

[42] Poole D L, Mackworth A K, 2010. Artificial Intelligence: foundations of computational agents[M]. Cambridge: Cambridge University Press.

[43] Railsback S F, Grimm V, 2019. Agent−based and individual−based modeling: a practical introduction[M]. Princeton: Princeton University Press.

[44] Rogers J D, Nichols T, Emmerich T, et al, 2012. Modeling scale and variability in human− environmental interactions in Inner Asia[J]. Ecological Modelling, 241: 5−14.

[45] Šalamon T, 2011. Design of agent−based models: Developing computer simulations for a better understanding of social processes[M]. Repin: Eva & Tomas Bruckner Publishing.

[46] Sun R, 2006. Cognition and multi−agent interaction: From cognitive modeling to social simulation[M]. Cambridge: Cambridge University Press.

[47] Takadama K, Cioffi−Revilla C, Deffuant G, 2010. Simulating Interacting Agents and Social Phenomena: The Second World Congress (Vol. 7)[M]. Tokyo: Springer.

[48] Tang W, Bennett D A, 2010. The explicit representation of context in agent−based models of complex adaptive spatial systems[J]. Annals of the Association of American Geographers, 100(5): 1128−1155.

[49] Shoham Y, Leyton−Brown K, 2008. Multiagent systems: Algorithmic, game−theoretic, and logical foundations[M]. Cambridge: Cambridge University Press.

[50] Wooldridge M 2009. An introduction to multiagent systems[M]. New York: John Wiley & Sons.

请扫描二维码或者在"中科书院"公众号搜索

"计算社会科学"，获取课后习题答案

术语表

本术语表的主要内容包括计算社会科学实践和方法论中使用的术语。除了其他一些术语外，文本中加粗的几乎所有术语都包含在本术语表中。当似乎不必要时，只有少数术语被省略（例如公共物品、自变量、空间分布）。

Abstraction 抽象：从参考系统中选择一组特征以进行建模的过程。

Acyclic network 无环网络：没有环的社会网络。例如，链式网络、星形网络和 Y 形网络。

Adjacency matrix 邻接矩阵：社会网络分析（SNA）中定义社会网络的矩阵 A，以相连或相邻的邻居为基础。另请参见距离矩阵。

Affect Control Theory 情感控制理论：一种社会理论，解释了人类行为的机制，即个体维持相对稳定的情感印象，以此调节其行为（Heise 1987）。

Affective value 情感价值：见态度价值。

Agent 主体：一种位于环境之中的对象，具有封装的属性和操作 / 方法，使其具备自我意识、决策、自主性、反应性、前瞻性和与其他主体和环境的通信能力。

Agent-based model（ABM）基于主体的模型：是一种面向对象的计算模型，用于分析由自主、互动、目标导向和有限理性的一组行动者 A 组成的社会系统，使用给定的规则集 R，位于环境 E 中的模型。

Agent-environment rules 主体 – 环境规则：在仿真模型中，指导条件环境与智能主体的交互影响，模拟人类对环境产生影响的决策和行为。

Aggregation 聚合：UML 中一种关联类型，在自然语言中表示"由……组成"。用一个空的菱形箭头 ◆ 表示。例如，家庭是由父母和孩子组成的社会聚合体；社会由一组共享共同属性的个体组成。

Algorithm 算法：一组可计算的步骤，用于实现所需的结果（Black 2007）。例如，搜索、排序和递归算法。

Analysis（in social simulation）分析（在社会仿真中）：MDIVVA 方法论的第六个阶段，专注于进行仿真运行；为回答启发社会仿真研究的研究问题，需要进行多种仿真模拟，包括假设性问题、情景分析，以及对计算模型各方面的形式化补充数学分析。

Anomaly detection analysis 异常检测分析：数据挖掘分析中用于评估和测量与"正常"或基线状态之间偏差的方法。另请参见正常关系范围（NRR）。

Anti-persistent process 反持续过程：赫斯特（Hurst）参数在较低范围内（$0 < H < 0.5$）的社会过程，处于亚平衡状态，即比高斯过程更不规则。另请参见平衡、赫斯特（Hurst）参数和持续过程。

Archaic state 古代国家：与现代国家相比较，在时间上更为原始的国家，包括封建国家。

Arrival time 到达时间：由概率密度函数 $p(t)$ 或 p.d.f. 定义的排队模型中的连续随机变量，实例为 $\{t_1, t_2, t_3, \cdots, t_n\}$。另请参见服务时间（service time）。

Arrowhead symbol 箭头符号：在 UML 符号中表示类图中实体（类、对象）之间假定存在的关联类型（继承、聚合、组合、通用）。

Array 数组：具有相同类型元素，可以通过某些索引访问的数据结构。例如，向量和矩阵、经济部门的输入输出表、网络的邻接矩阵。

Artifactual complexity 人工复杂性：每个成功的人工系统都具有与相关环境复杂度成比例的自身复杂度，还有一些其他的复杂性作为安全保障。符号表示：$C_A \propto C_E + \delta$。

Artificial environment 人工环境：在 ABM 中，人类建造或制造的工程系统，如城市区域的建筑物、街道、市场和公园，或将城市区域连接起来的道路、桥梁和交通节点。如西蒙的人工环境。

Artifactual line of evidence 人工证据：当人类制造的工艺品或技术过程需要超越个人、家庭或严格基于亲属的组织水平时，人工证据可以作为社会复杂性的诊断标志。例如，所有制造品和工具、产品、交易商品和奢侈品。

Artificial system 人工系统：一个由人类构思、设计、建造和维护的系统。与工艺品、工程系统、建筑实体和类似术语同义。

Association 关联：两个或多个类之间的关系。

Association class 关联类：一种具有自己的属性和操作的关联类型。

Asynchronous model 异步模型：在 CA 或 ABM 建模事件中（如单元格或主体执行某些行为），在不同时间发生的模型。

Attitudinal value 态度价值：社会网络对象中给定节点实体或链接实体的价值。同义词：情感价值。

Attribute 属性：在 OOM 中的任何特征、变量或参数，用于描述社会实体、类或对象。

Authoritative agent 权威主体：具有权威或能力被跟随或服从的智能体或主体。另请参见权威和权威关系。

Authority 权威主体属性：使主体能够指导他人遵守或遵循指示。另请参见权威关系。

Authority relation 权威关系：社会关系，其中一个主体按另一个主体的指示行事。另请参见权威。

Automated information extraction 自动化信息提取：计算社会科学领域之一，使用算法工具调查社会数据，以提取有关社会现象的信息，从任何类型的媒体，如文本、图像和声音中提取信息。同义词：计算内容分析、数据挖掘。

Average degree 平均度：社会网络中节点一般连接性的度量，是除了大小（size）之外最常见的网络统计量。如果度数分布近似正态或非偏斜，则具有一定信息性。

Average eccentricity 平均离心率：社会网络"宽度"的一般度量；受离心率分布信息的限制，如所有平均值。Bag 包：由一组可重复的值组成的数据结构。例如：在过去 tau 年中经历过内战的所有国家的集合；过去 N 次选举中投票的个人名单。

Balancing dynamic 平衡动态：参见负反馈回路。

Barrat-Weigt clustering coefficient 巴拉特 – 魏格特聚类系数：基于链接邻居（度数）的数量 g 和重连概率 p 的社会网络复杂度度量（Barrat 和 Weigt 2000: 552）。注意：它是一个连续变量和离散变量的混合函数。

Bavelas network 巴维拉斯网络：社会网络结构的集合，包括链、轮、Y 形和圆形。参见链式网络、轮式网络、Y 形网络、圆形网络。

Behavior validity 行为有效性：主要从生长、衰减和振荡等定性和定量特征方面检查仿真运行结果。

Behavioral social science 行为社会科学：社会科学思想流派，研究有限理性的概念、属性、原则、理论和模型及其在社会科学学科中的影响。参见有限理性（bounded rationality）。

Belief system 信念系统：知觉实体和关联的网络类别。实例包括个人信念系统、集体或群体（共享的、相互主观的）信念系统。同义词：意象（image）、图式（schemata）。

Bending 偏离：在对数 – 对数空间中，上下分位数与幂律的完美线性拟合的数据偏差。

Betweenness centrality 中介中心性：在社会网络中，一个节点是两个其他节点之间最短路径的桥梁的次数；所有顶点到通过该节点的所有其他路径的测地路径的数量。

Big Four 四大（区域）：参见多源区域。

Bipartite network 二分网络：可以分为两个不相交节点集 N_1 和 N_2 的社会网络，每个链接都有一个端点在 N_1 中，另一个端点在 N_2 中。例如，政党派别、难民营列表及其所在国家、电话目录、价格表和国家及其首都列表。

Bolstering 支持：通过强调信念系统中平衡的部分，并将其维护为比不平衡的子图更重要的认知平衡机制。参见认知平衡。

Boolean 布尔值：真或假、0 或 1、是或否或其他二元值的值类型。同义词：虚拟变量。参见字符串和整数。

Bounded rationality 有限理性：人类理性的定义，具有以下几个特征：不精确的目标、不完整的替代方案集、每个替代方案的不确定结果集、与结果相关的未知或不确定概率和效用、难以精确计算的现实预期效用，且使用除效用之外的最大化标准，例如习惯、义务、恐惧或其他标准。

Bounded rationality model 有限理性模型：在有限理性条件下运作的决策模型。

Branching node 分支节点：顺序事件逻辑过程中的中介事件，紧随触发事件之后，在整个过程的样本空间中的结果事件之前。分支节点可以是产生决策结果的人类选择，或者产生自然状态的抽奖。

Broad-scale network 广泛标度网络：与无标度网络相同，但具有明显的截止点，因此高度连接的节点数量低于幂律的预期。

Brownian motion 布朗运动：动态平衡的交互过程：正态或高斯分布，均值 $\mu = 0$，方差 $E\left\{\left[B_H(t)\right]^2\right\} = t^{2H}$，赫斯特指数 $H = 0.5$，功率谱密度 $1/f^{2H+1}$；不是复杂性的指标。

Canonical theory of social complexity 社会复杂性正则理论：也被称为规范理论，一种解释社会复杂性初始出现和后续发展的理论，通过集体问题解决中反复循环产生的成功和失败而形成的涌现结果；是一种形式化的社会理论、数学方法和计算方法。

Cardinality 基数：集合中元素的数量。参见多重性。

Categorization 分类：一种数据挖掘分析和监督式机器学习方法，基于训练集或数据样本，使用某种程度的人类干预进行分析，产生分类信息集合（即分类为类别）。

Causal loop 因果环反馈关系：系统动力学模型中给定变量 x 及其变化率之间的反馈关系。

Causal loop diagram 因果环图：是一种图形抽象和表示，描述系统动力学模型中给定变量的正反馈和负反馈（图 9.2 和图 9.3）。

Cell 元胞：位于 CA 或 ABM 中，由属性定义并位于其他相似对象的相邻类似图块或贴片对象。

Cellular automata 元胞自动机：是一种基于元胞阵列相互作用的面向对象或基于对象的社会建模和仿真方法或范式，代表一个参考系统。

Cellular automaton（CA）simulation 元胞自动机（CA）仿真：是一种面向对象的

计算模型，用于分析由相邻实体 (x, y) 组成的复杂系统，称为元胞。在网格状环境 L 中，在某些规则集 R（通常是二维的）相互作用时改变其状态 s_{xy}。

Cellular network　元胞网络：是一种社会网络，其中一个或多个节点附有完整的图形。例如，图 4.4 右下角。恐怖主义网络经常以这种方式进行组织。

Cellular tessellation　元胞分割过程：在 CA 或 ABM 中抽象单元的过程。

Central processing unit（CPU）中央处理器（CPU）：执行最基本计算（例如算术运算，比较或布尔真/假操作）的计算机组件。

Chain network　链式网络：也称为线性网络，由一系列节点组成。例如，供应链与各种多阶段社会进程；线性的 UML 状态图等。

Chiefdom　酋邦：一种分层和排序的社会（基本单位包括精英成员和普通人），由酋长（最高领袖）和下属村庄统治者（次要的酋长）行使公共权力，并掌握多个村庄地区领土的虚拟控制权；是一个最简单的复杂社会政治制度，从家庭关系之外获得权力的统治者（即非亲属基础的权威）行使政府命令。参见简单酋邦、复杂酋邦。两种类型的酋邦都有寺庙，但没有宫殿。

Circle network　循环网络：一种由闭合的链组成的社会网络，其中节点以环链方式相连。

Class　类：一种对象集。

Class I collective action problem　一类集体行动问题：是可以通过单一机制解决的最简单的集体行动问题之一。例如，通过国家授权来实现税收合规性。

Class II collective action problem　二类集体行动问题：针对更具挑战性的集体行动问题，需要采用两种机制解决。例如，通过社区和市场机制实现国家防御。

Class III collective action problem　三类集体行动问题：更困难的集体行动问题需要使用三种机制，增加第三种解决方案可以增加韧性。例如，通过国家威权加入强制兵役。

Class IV collective action problem　四类集体行动问题：最困难的集体行动问题需要使用所有四种机制。例如，在本地到全球的空间尺度上适应气候变化；在新兴民主国家中进行有效认证的选举；解决或缓解国内、跨国还是国际中和平与安全领域的重大问题；对人道主义危机和其他灾难及时响应；通过与生产者、消费者、贷方和金融政府机构合作处理大型金融危机。同义词：棘手问题（wicked problem）。

Class diagram　类图：在 UML 中表示给定社会世界或情境中主要实体和关系的图形表示。

Classification　分类：见分类（categorization）。

Classifier　分类器：在数据挖掘分析和机器学习中，一种将源数据映射到类别空间的算法；可用于生成本体论。例如，朴素贝叶斯分类器和 $K-$ 近邻分类器；霍兰德分类器。请参见分类（categorization）。

Clustering 聚类：一种完全基于算法的数据挖掘分析，比分类更具有归纳性，是一种无监督的机器学习形式。

Code 代码：在计算机科学中，代码意味着计算机程序或一组指令。在社会科学中，代码（编码）一词意味着为给定变量分配值。

Cognitive balancing 认知平衡：基于符号代数，维护或恢复信仰的一致性的心理机制。例如，朋友的朋友是朋友；敌人的朋友是敌人；敌人的敌人是朋友。认知平衡的方式包括分化、支持、否认和超越。Collective action 集体行动：是指由一个群体所进行的协调行为，旨在达成某种目的或目标。参见集体行动问题的第 Ⅰ – Ⅳ类（见上文）。

Collective action coordination mechanism 集体行动协调机制：进行或促使集体行动产生的操作过程。例如，市场（提供激励）、社区（团结或道德义务）、合同（强制执行）和等级（行使权威）（Lichbach 1996）。

Collective action problem 集体行动问题：指群体或社会的成员认识到需要以协调行动方式克服当前困难形势，但由于个体缺乏合作激励，因此集体行动受阻的情况。

Compactness 紧密度：社会网络中密度的度量，按双向距离和网络大小定义的函数。完全网络的紧密度等于 1，而链式网络为 0.642。

Complete network 完全网络：每个节点都连接到所有其他节点的社会网络；具有最大的通信能力，并可能缺乏等级，主要取决于节点的性质。例如，图 4.4 左下方。

Complex adaptive system 复杂适应系统：在响应变化的条件下改变其状态，包括其社会结构和过程的复杂系统。例如，信念系统、政治体制、经济、组织和团队。

Complex chiefdom 复杂酋邦：具有多层公共权力；处于进入国家社会阶段的门槛；相对于简单酋邦而言，属于额外的等级层次，在政治体制中充当社会复杂性的乘数，同时仍然缺乏专门机构或永久性官僚机构。参见酋邦、简单酋邦和服务规模。

Complex social simulation 复杂社会仿真：通常由具有分布式专业知识的跨学科团队构建的社会系统，以众多异质互动实体为特征，受多个非线性动态所影响，有时代表人类、人工系统和自然生态系统的耦合系统。

Complex system 复杂系统：由微观交互单元组成，按近乎可分解的结构进行组织，并以宏观层次上的一致聚合模式的涌现为特征的系统。

Complexity science 复杂性科学：研究复杂系统和过程的概念、原则和理论的科学领域。

Compiled code 编译代码：是机器特定的二进制代码，提供了逐行的所有指令的完整翻译，可以由 CPU 执行。

Compiler 编译器：一种计算机程序，可以将高级编程语言编写的源代码转换为计算机特定的、由 CPU 执行的机器代码。参见解释器。

Component network 组件网络：社会网络的非连接性子图。树是森林的一个组成部分。

Compound event 复合事件：由基本事件组成的事件，通过合取（交集）或析取（并）进行因果组织。

Composition 组合：在 UML 中，当一个成员类相对于超类具有组合关系时，这是一种关联类型。用实心黑色钻石箭头表示。例如，一个官僚机构是由局或行政单位组成的组织；一个国家的省、市（县）和其他行政单位通过组合与更大的国家相关联。

Computability 可计算性：在给定一些函数，方法或操作和数据的情况下，算法有效计算的能力，需要满足两个必要条件：①算法必须由一组有限且相对简单的函数以某种适当的方式排列组成；②每个函数必须在有限的时间内执行。

Computational complexity 计算复杂度：解决大小为 N 的计算问题所需的内存或时间资源方面的难易程度。

Computational experiments 计算实验：通过计算机仿真进行的实验设计。同义词：计算机上实验（in silico experiment）。

Computational paradigm of social science 社会科学计算范式：社会科学中将社会视为信息处理系统的概念、理论和方法论观点。

Computational Social Science 计算社会科学：通过计算机进行跨多个尺度的社会范围的跨学科调查，范围可以从个体行为者到最大群体。

Computationally tractable 可计算的问题：在多项式时间内可解决的问题。参见计算复杂性（computational complexity）。

Computationally intractable 不可计算的问题：无法在多项式时间内解决的问题，例如指数时间。参见计算复杂性。

Computer language 计算机语言：用于计算机通信和控制计算机操作的结构化和正式语法。由语法、语义和语用学组成。

Conditional logic mode 条件逻辑模式：一种基于指定必要或充分条件的解释模式，其中"或"具有包含性，即"和/或"。同义词：反向逻辑（backward logic）。

Conjunctive Principle of Social Complexity 社会复杂性合取原则：指社会复杂性作为必要因果事件及其各自概率函数的结合而出现的可能性（定理 7.6）。

Connected network 连通网络：每对节点都由至少一个链连接的社会网络。例如，图 4.4 中的六张社会网络。

Content proxy extraction 内容代理提取：在数据挖掘的预处理中，有时可以使用源数据语料库中的代理元素进行后续分析，表示或暗示潜在实体的行为者、位置或事件。

Confirmatory factor analysis 验证性因子分析：数据挖掘的一种，研究问题是基于理论或对数据空间尺寸的某些先前知识，使用一些机器学习方法（例如因子分析）。相比之下，探索性因子分析是完全归纳性和无监督的分析。

Content analysis 内容分析：从任何来源的文本数据中提取信息的数量社会科学方法。

Control flow 控制流：循环语句，如 if 和 while。

Correlational analysis 相关分析：寻找（数据驱动）或测试（理论驱动）数据挖掘中术语或标记之间或各种关联的常用关联度量包括 Spearman's ρ、Pearson's R 和 Kendall's τ 系数，取决于变量的测量水平（即名义、有序、间隔、比率）。见表 3.1。

Coupled system（s）复合系统：由两个或更多其他系统组成的系统；由交互组件结构化。例如，社会环境系统；人类技术系统；人工 – 自然系统等。

Criticality 临界性：复杂系统的属性，当其状态处于分叉集内时，意味着小的连续变化可以改变系统状态的突然不连续效应。相关概念包括亚稳态和分叉集。

Cross-cultural universal 跨文化普遍性：基于内部和外部有效性的经验测试，在时间、文化、政治体制、经济、社会或团体之间保持的社会模式。例如，齐夫的人口定居规律，理查德森的冲突理论，互补对立、认知平衡、西蒙斯组织规模定律、帕累托的财富和收入法则、韦伯 – 费希纳定律。

Cross-level analysis 跨层分析：分析多层网络的属性和动态，其对象从基本构件（如节点和链接）到总网络。

Cyclic network 循环网络：包含一个或多个循环的社会网络，最小的循环是三角形。例如，图 4.4 中的完整网络和细胞网络。

Data mining 数据挖掘：是指利用各种复杂或非结构化数据源进行自动化信息提取的过程，是社会科学中的典型分析，目的是提取各种信息或模式。一般的数据挖掘方法学过程包括六个阶段：制定研究问题、选择数据源、收集数据源原始数据、预处理、分析、交流。

Data mining analysis 数据挖掘分析：是在数据挖掘中数据预处理准备后的主要阶段，旨在回答研究问题。包括几种特定技术；参见词汇分析、相关分析、词频分析、空间分析、语义分析、情感分析、相似性分析、分类、聚类、网络分析、序列分析、强度分析、异常检测分析和声音分析。

Data structure 数据结构：是指以计算为目对数据进行组织的方式。例如，元组、数组、列表、队列、堆栈等。

Data type 数据类型：见值类型。

Decision 决策：见决策制定和决策结果。

Decision-making 决策制定：通过人类选择产生结果的过程。

Decisional outcome 决策结果：人类决策产生的结果。

Degree 度数：落在一个节点上的链接数量。同义词：度中心性（degree centrality）

Degree skewness 度偏度：社会网络分析和建模中检测非平衡分布的度量方法。因为度分布可能有很多形式。

Denial 否认：基于平衡一个不平衡信念的认知机制，通过否认或忽略问题。见认知平衡。

Density 密度：社会网络中实际链接数与可能链接总数的相对比。

Design 设计：MDIVVA 方法论的第二阶段，专注于通过从参考系统中抽象出来仿真模型

Diachronic change in system structure 系统结构的时序变化：参见相变（phase transition）

Diameter 直径：社会网络中最大点偏心率或最大测地线距离。

Differentiation 分化：认知平衡机制；通过将不平衡的概念分解为两个（或多个）新推导的概念，从而得到一个相对更复杂但也更平衡更稳定的结构。参见认知平衡（cognitive balancing）。

Digraph 双重图：见有向网络（directed network）。

Dimensionality 维度：状态空间、函数或系统中变量的数量。

Directed network 有向网络：具有节点之间的定向关系的社会网络 D。请见网络。

Disjunctive Principle of Social Complexity 社会复杂性的析取原则：社会复杂性定律，通过足够的因果事件及其各自的概率（定理 7.7）以析取方法形成社会复杂性的概率。

Distance matrix 距离矩阵：在社会网络中，定义为所有连接节点之间最小路径距离的矩阵 D_N，其中每个元素 $d_{ij} \in D_g \times g$ 表示节点 n_i 和节点 n_j 之间的最小链接数。参见邻接矩阵（adjacency matrix）。

Divide-and-conquer algorithm 分治算法：针对搜索空间总体较大的问题，基于递归地将总体搜索空间分为两半来解决问题的二进制搜索算法。

Dominance principle 主导原则：规定多元方程中，哪个自变量对因变量具有最大的

因果影响的原则；通常用弹性、偏导数或差分的静态比较来表征。例如，顺序主导原则。

Driven threshold system 驱动阈值系统：由缓慢变化的因素驱动的系统或过程，越过阈值时可以引起系统状态的突变。

Dual timescales 双时间尺度：正则理论（Canonical Theory）中的快速和慢速过程。

Dyadic level 双元级别：指在社会网络中，一对关系节点能够从多个角度进行二元单位的分析，包括但不仅限于关系属性。

Dynamic model 动态模型理论：社会复杂性的一种解释方式，解释了原始状态形成是由酋邦之间的冲突过程导致的。最终，最强大的酋邦能够通过征服和巩固来实现更大的扩张，创造出以前酋邦中心为首都的国家（Marcus，1998）。

Dynamical system model 动力系统模型：是由一组微分方程或微分－积分方程组成的基于变量的数学模型。动力系统模型与系统动力学模型不同，前者是数学模型，后者是一种计算社会仿真。

Dynamic network 动态网络：指节点或链接状态随时间 t 变化的社会网络 N_t。

Eccentricity 偏心度：是社会网络中节点 n_i 与其他任何节点 n_j 之间的最大测地线距离（即最短路径）。

Efficient representation 高效表征：选择在 CPU 周期或 RAM 大小方面最大限度地减少计算成本的数据类型。

Effective representation 有效表征：是选择有助于回答所需研究问题的数据类型。

Eigenvector centrality 特征向量中心度：社会网络中节点影响力的度量，定义为特征向量中心度分数的加权和，权重为特征值；节点度数按每个事故 / 邻接节点的中心度加权。这启发了谷歌 PageRank 度量模型，是特征向量中心度的一种版本。

Emergence 涌现：由个体微观行为产生或生成聚合宏观现象的过程。

Emergence of social complexity 社会复杂性的涌现：在宏观社会层面上，由更基本的社会关系中的特定组合（样本点）构成的复合事件 C，这些社会关系发生在较低的微观层面的样本空间 Ω 中，涉及人类决策 和自然抽签 ∇，通过人工物的创造来进行适应性改变。

Empire 帝国：比国家更复杂的一个政治体系，在这个政治体系中：①社会由不同历史和文化的多个民族组成；②一个高层次的政府体系统治着更大的区域政府体系，更接近于个体国家的政治文化。

Empirical tests of validation 实证验证测试：验证仿真模型中使用的方程或操作规范，以及使用的参数值和功能形式。也可以参考理论验证测试（theoretical tests of validation）。

Encapsulation 封装：将实体内的属性和操作"打包"的过程（Zelle 2010：418）。例如，社会可以封装总人口大小、少数民族数量、居民超过 1,000 人的城市数量、政党数量、政治极化或分化等社会属性。

Endogenous globalization 内生全球化：是指在特定的政治地区内发生的社会复杂性增长或扩展的过程。例如，乌鲁克政治实体在美索不达米亚的扩张、罗马在地中海盆地的扩张、美国西南部查科的地区的扩张。也可参考外生全球化（exogenous globalization）。

Entropy 熵：指系统或过程中的无序度。也可以参考香农熵度量（Shannon's entropy measure）。

Environment 环境：参考系统位于其中的一组实体和关系；影响系统在其边界之外，不是系统的一部分。例如，政治、社会和经济处于自然环境中；国际空间站的船员处于人工环境中（即建造、工程和技术），该环境的边界外是太空的自然环境；艺术品在人类、社会系统和自然环境之间进行调节。

EPA：Evaluation, potency, and activity 的缩写，指人的语义情感空间中的评估、效力和活动维度。

EPA-space EPA-空间：根据评估（好－坏）、效能（强－弱）和活动（快－慢）得到的情感价值，是人类信息处理和主观意义分配的三维正交空间，由奥斯古德等人（1975 年）提出。

Epigraphic line of evidence 铭文证据线索：以多种类的文件或铭文形式书写，可提供有关社会复杂性的直接证据。

Equation-based model 方程模型：是计算社会科学一种方法，其中仿真模型的组成部分由数学方程组成；计算社会科学仿真的一类，包括系统动力学和排队模型。同义词：基于变量的模型、基于变量的建模或方程导向建模。

Equilibrium 平衡态：是一种概率函数，或由正态或高斯分布所掌控的系统或过程状态，均值 $\mu = 0$，方差 $E\{[B_H(t)]^2\} = t^{2H}$，$H = 0.5$，功率谱密度为 $1/f^{2H+1}$；不是复杂性的一个示例。另请参见布朗运动（Brownian process）。

Emic approach 内审方法：是一个用于文化研究和人类行为研究的术语，指的是一种以内部观点和参与者的视角来理解文化现象和行为的方法。与之相对的是"etic approach"，该方法更关注外部观察者的观点和客观性。该方法详细映射或将理论分类模型拟合于具有实证数据的实例对象。实例（instances）和价值（value）是内审的；实体（entities）和变量/属性（variables/attributes）是外审的；另见外审（etic）。

Etic approach 外审方法：确切地理解社会实体作为一个类是由什么组成（以及不是由什么），包括所有主要实体和组成之间的关系，并且在各种条件或操作模式下（稳定、不稳定、失败、恢复、失败）操作方式，关注外部的客观性，因而更关注外部的客观性。参见内审（emic）。

Eulerian path 欧拉路径：节点之间的社会网络路径，仅穿过每个链接一次。另请参见哈密顿路径（Hamiltonian path）。

Event data 事件数据："谁对谁在何时何地做了什么"的记录型数据结构。

Event function 事件函数：给定复合事件 Y 和一组其他事件 $\{X\}$ 与 Y 的发生或不产生有因果联系；映射 Ψ：$\{X\} \rightarrow Y$ 称为 Y 的事件函数。因此，$Y = \Psi\{X\}$。

Event function for emergence of social complexity 社会复杂性涌现的事件函数：给定涌现社会复杂性的复合事件 C，和一组与事件 C 的发生或不产生有因果联系的其他事件 $\{X\}$，则称 Ψ：$\{X\} \rightarrow C$ 为 C 的事件函数。因此，$C = \Psi(\{X\})$，其中，参数 Ψ 用于指定通过合取或析取生成社会复杂性 C 的因果函数。

Exclusive disjunction 排他式析取：布尔运算 XOR，意为"或"。

Exogenous globalization 外生全球化：是指在地理上相距很远，且之前是孤立子图的政治网络系统之间发生的社会复杂性增长或扩张过程。例如，16 世纪欧洲扩张到西半球期间，欧亚、南美和中美洲世界体系的融合。

Explanandum 被解释的对象：是被解释的对象；被解释的客体。

Fast process 快速过程：是指相对高频、短期产生问题且解决问题和适应问题的正则理论机制，一般以每小时、每天或每周为尺度。参见慢速过程（slow process）。

Fastest job first 最快作业优先：调度策略的一种；在排队系统中，以处理时间最短的主体为率先服务对象的策略。

Fetch‐execute cycle 读取‐执行循环：计算机操作系统首先从二次内存加载 / 获取程序指令，这些指令（几乎）永久存储在其中，然后将指令加载到主内存（RAM）中，然后 CPU 从 RAM 中访问第一条指令，解码该指令并执行它。当执行完第一条指令后，相同的 Fetch-Execute 循环将重复多次，直到程序中的所有指令都被执行。同义词：加载 ‐ 读取 ‐ 解码 ‐ 执行（load-fetch-decode-execute cycle）。

First-in-first-out（FIFO）先进先出：一种调度策略，其中具有最长等待时间的主体首先接受调度服务。

First-in-last-out（FILO）先进后出：一种调度策略，其中最先到达的主体最后接受调度服务。

Focal system 聚焦系统：参见参考系统（referent system）。

Forensic evidence 法证证据：是通过人类骨骼遗骸的化学成分或物理状况获得的信息。

Forest network 森林网络：是由一组不连通的树网组成的社会网络。

Forward logic 前向逻辑：参见顺序逻辑模式。

Fractal 分形：参见自相似（self-similar）。

Function library 函数库：可由程序调用的预编程函数目录。

Generic association 通用关联：是由动词定义的 UML 中的关联类型，不包括聚合（aggregation）或组合（composition）。用简单箭头表示。 例如，在一个政治课中，公共问题影响社会，政府制定政策，社会对政府提出需求，以解决公共问题。

Gini Index 基尼系数：由分布中的完全平等和观察到的洛伦兹曲线之间的差异定义的不平等度量。

Glider 滑翔机：是一组在 CA 或 ABM 环境中以一些协调的模式移动的元胞。

Globalization 全球化：指由各政治体所构成的世界体系，其规模和网络直径相对显著且迅速地增加；是一个古老的社会复杂现象，始于数千年前，也不是近期或前所未有的事件，现代历史的全球化并未独一无二。另见内生性全球化和外生性全球化。

Good coding style 良好编码风格：计算机编程中的专业建议风格；包括可读性、注释、模块化和防御性编码等。

Government 政府：由机构组成的组织体系和程式，通过公共政策管理社会问题；同义词：政府或治理系统。

Graph 图：数据结构，包括树的泛化形式，其中节点和链接（也称弧或边缘）可以以任何方式排列。

Gravity model 引力模型：人类互动定律，用于给出两个人口 P_1 和 P_2 相互作用量 I，它们由距离 D 分隔。

$$I \approx \frac{P_1 P_2}{D^\alpha},$$

其中指数 α 表示实现交互的难度（成本、地形、交通机会等），因此 I 随着 α 的增加而迅速衰减。

Ground state 基态：系统或进程在发生任何变化之前的初始状态。另请参见正则理论（Canonical Theory）。

Hamiltonian distance 哈密顿距离：沿哈密顿路径的节点数。请参见哈密顿路径。

Hamiltonian path 哈密顿路径：社会网络路径，只访问每个节点一次。另请参见欧拉路径和哈密顿距离。

Harmonic series 谐波级数：对于给定系列的最大值，第二大值是最大值的一半，第三大值是最大值的 $1/3$，…，最后（第 n 个值）是最大值的 $1/n$。请参见 I 型幂律。

Hash function 哈希函数：将键分配给值以生成哈希表的函数。

Hash table 哈希表：数据结构，由一个由 2 元组组成的数组组成，每个 2 元组由值和对应键组成，使值和键之间存在一对一映射（二元关系）。仅值列表本身（即不含键）也可以称为哈希表。例如：电话簿、选民及其投票选区的列表、物品和条形码、地理地名词典等。

Hazards‐disasters conundrum 危害‐灾害难题：灾害是由于未能适应或准备好危害而导致的，而不是"自然"事件。危害是自然或技术事件。

Hidden Markov model（HMM）隐马尔可夫模型（HMM）：是一个马尔可夫链，其中状态空间包括潜在状态，可测量但不可观测，大致类似于因子分析提取的潜变量或不可见维度的概念。参见序列分析（sequence analysis）。

Hierarchy 层次结构：多层次轮或星形网络，有最高序数（定序）属性（如权威、功绩、财富、权力等）的中央或根节点，也有导向最低序数属性的叶节点的节点路径。

High-dimensionality 高维性：在功能、系统或状态空间中具有大量变量的属性。

Hill estimator 希尔估计器：是一种最大似然估计器，强调上四分位数，用于测量诊断复杂性的重尾或肥尾的幂律指数。

Hybrid association 混合关联：UML 中的关联类型，当超类的类成员与超类具有不同的异构关联时使用。例如，在政治（polity）类中，政治（polity）和社会（society），政治（polity）和政府（government），以及公共议题（public issues）和社会（society）之间通过三种不同的关联进行关联：聚合，组合和通用。参见图 2.6。

Human biases 人类偏见：通过观察和实验方法确定的有界理性特征。例如，危险转移和群体思考。参见有界理性。

Human choice 人类选择：在社会过程中产生决策结果的生成机制。

Human Development Index 人类发展指数：国家或政治层面的社会复杂度的测量指标，旨在评估由寿命、教育水平和人均国民收入构成的函数的综合社会经济条件。

Human system 人类系统：由一个或多个个体组成的系统，包括认知和解剖成分，即包括思想和身体。

Hunter‐gatherer society 狩猎采集社会：由家庭或扩展家庭组成的社会，由基于亲属关系的权威进行管理。例如，一个由家庭的高级成员、长者等统治的团体。在管理规模上，同义词为部落和游群。

Hurst parameter 赫斯特指数：用于衡量社会数据时间序列的长程依赖性（LRD）复杂性的时间指标；由时间序列的自相关函数 $\rho(k)$ 定义。

Hybrid structural complexity 混合结构复杂性：串行和并行组织复杂性的混合；现实世界的系统和过程通过一些串行和并行结构的组合运行，特别是复杂的人工物或复杂的政策。

Hypeprobability 超概率：并行或离散的社会复杂性的特性，其中离散复合事件的概率总是大于复合因果事件的最高概率。例如，三元系统整体上比组成元素中最可靠的元素更高。

Hypoprobability 假概率：串行或连续的社会复杂性的特性，其中连续复合事件的概率总是小于复合因果事件的最低概率。例如，链条比它最薄弱的链接更弱。

Implementation 执行：MDIVVA 方法的第三阶段，使用本地代码或仿真工具包实现社会仿真模型。

Inclusive disjunction 包容性析取：布尔运算"或"，意味着在常见自然语言中，"和 / 或"。

Information processing paradigm 信息处理范式：是一种科学视角；根据这种视角，信息在理解人类如何行动和社会系统与进程如何运作方面发挥着至关重要的作用。

Inheritance 继承：类对象属性，其中同一类别的对象共享所有共同类别特征。例如，所有国家都有领土、人口和一些治理系统；所有选民都有年龄、邮寄地址、财富和其他特征；所有信念系统都有一些概念、平衡程度和其他认知特征。

Initiating event 初始事件：在序列过程 $P_N(IC \in \Omega)$ 中，由 I 表示的开端事件最终在 N 个分支节点之后导致复杂结果 C，其中 I 被选择作为系统的基础或基准状态。复杂结果 C 就很难出现或者不可能出现，除非未来出现一组偶发事件。

In silico experiment 计算机上的实验：In silico 是指"在硅之中"，也就是说"进行于电脑中，或是经由电脑仿真"之意，此用语是衍生自另外两个在生物学上常用的词组：in vivo（生物活体内）及 in vitro（生物活体外）。参见计算实验（computational experiment）。

Intangible artifacts 无形物品：社会环境的一部分，非物质的概念性实体和系统，例如信仰体系、认知过程、规范、社会价值观、计划、机构和政策。参见西蒙的理论、人工物（artifacts）。

Integer 整数：是在数字中的值类型。另请参见字符串（string）和布尔值（Boolean）。

Inter-agent rules 相互作用规则：通过通信、交换、合作、冲突、迁移和其他社会行为模式来管治主体之间的相互作用。例如在 ABM 中的集体行动和社会选择。

Interaction topology 交互拓扑：CA 或 ABM 中，用于控制或影响邻居交互的方式与规则；单元格、位置、站点等如何"连线"到邻近单元格。例如，冯·诺伊曼邻域（von Neumann neighborhood）和摩尔邻域（Moore neighborhood）。

International diplomatic network 国际外交网络系统：由所有国家和主权实体作为组成节点，具有相互连通的双向外交关系，是一种密集但不完整的多重结构。另请参见国家外交网络（national diplomatic network）。

International trade network 国际贸易网络：世界各地之间的出口进口系统，可视为一个多重网络。

Intensity analysis 强度分析：用于提取数据挖掘分析中原始数据语料库中所包含的观察或潜在变量的强度的方法。

Internal node 内部节点：树状数据结构中在根节点和任何叶子节点之间的任何数据节点。

Interpreter 解释器：专门设计的低级程序，使得硬件能够执行高级软件。解释语言在每次执行程序时使用其关联的解释程序。

Interstate network 州际网络：由州组成的网络；可以是区域性的或全球性的。

Intra-environmental rules 环境内规则：指的是环境的生物物理组成部分中的因果机制，例如降雨对植被的影响；自然灾害对基础设施的影响；一般基于物理学、生物学和工程学。

Isolate node 孤立节点：网络中没有与其他节点相连的节点。

Isomorphism 同构：两个函数被称为同构，它们具有不同的符号表示但具有相同的数学结构。例如，发射的炮弹的轨迹（物理学）和某种商品的抛物线需求函数（经济学）被称为同构，因为两者都由一个二次多项式描述，$y(x) = a + bx + cx^2$。

Kin-based network 亲缘网络：是通过血缘关系相关的个体网络。例如，家庭、家庭户口和大家庭网络。

Kingman's formula 金曼公式：描述了 $G/G/1$ 队列的预期等待时间，其中 G 是 Kendall 符号中的一种通用概率分布。

Kendall's notation 肯德尔符号：三元组符号，用于描述基于到达时间概率函数 A、服务或处理时间概率函数 S、服务站或处理实体数 N 所构成的排队系统。

Kleptocracy 盗贼政权：在法治制度下，精英和官僚通过受贿、非法利润、腐败、敲诈勒索和其他非市场收入来获利的政治制度。

Last-in-last-out（LILO）后进先出（LILO）：是一种调度策略，最后到达的主体最後进行调度服务。

Last-in-first-out（LIFO）后进先出（LIFO）：是一种调度策略，最短等待时间的主体优先行调度服务，或者先进后出（堆栈）。

Latent variable 潜变量：无法观察到的属性、变量或属性，可以利用主体（agent）进行衡量。

Lave-March criteria 拉维－马奇标准：社会科学模型的质量标准，涉及真理（经验证据有效性）、美感（简洁和形式优雅）和正义（对改善社会和人类生活质量有用；具有政策相关性）。

Law of Social Network Density 社会网络密度定律：社会网络中的密度 Q 与网络长度 L 成正比，与网络大小 S 的平方成反比：

$$Q = \frac{L}{S^2 - S} \approx \frac{L}{S^2}$$

对于较大的 S 来说是一个通用的 V 型缩放定律，与网络结构无关。

Leaf 叶：终末数据，与树形数据结构中的根数据对立。

Length 长度：社会网络中的链接总数。

Level of analysis 分析级别：SNA 中用于分析网络的粒度。例如，节点级别、对角线级别、三重级别、N 重级别和网络级别。

Lexical analysis 词法分析：在数据挖掘分析中，包括创建其他查找文件以及其他系统定义的辅助实体集合。查找文件涵盖词典、词库、地名词典（将地理坐标与地点相关联的词典）。还包括命名实体识别和提取（NER）、分类和消歧。

Lexical measure of social complexity 社会复杂性的词汇度量：基于给定社会系统功能结构的最小描述长度的度量。例如，基于比较社会科学术语，采用最少必要和系统性词汇来详细定义酋邦、国家和当代政治。

Line of evidence 线索：用于评估、测量、推断给定社会复杂性水平的经验信息，例如塞维斯量表（service scales）或利格林－安倍－安倍次序的社会复杂性格特曼量表（Peregrine–Embers scales）提供的信息。例如，结构、人工物、铭文、图像、法庭和位置信息。

Linear search algorithm 线性搜索算法：用于相对较小空间的搜索算法，如短列表。

Lines of code（LOC）代码行数（LOC）：是以行数表示的程序长度度量。

List 列数据：由变量长度的可变元组所组成的数据结构，第一个元素称为头部或标头，后面的元素称为尾部。同义词：序列（sequence）。

Little's law 小定律：描述了一个处于稳定状态的 $G/G/1$ 队列中正在处理单位的平均数量，其中 G 是一种普遍的概率分布。

Locational line of evidence 地理位置证据：地理位置提供了衡量社会复杂性的证据。例如，易守难攻的位置通常代表频繁的战争，如高地或难以进入的地方。反过来可能意味着复杂社会组织，但前提是存在其他指标。

Lorenz curve 洛伦兹曲线：用于描述和衡量不平等的相对累积分布函数。参见基尼系数。

Long-range correlation 长程相关：在时间、空间或网络维度上的自相关；对社会系统和过程中的复杂性进行诊断；在传统社会科学方法论中通常被视为统计异常，但可以从复杂性角度进行分析。

Long-range interactions 长程相互作用：由长程相关性主导的复杂动力学。

Loop 循环：在代码或模型中的递归语句；常用于某种形式的控制。

Lottery 随机：在社会过程中产生自然状态的生成机制。

Lyapunov-stability 李雅普诺夫稳定性：系统性质，即系统能够在一定范围的扰动下保持平衡。

M2M 模型对模型：model to model 的缩写，模型对模型的比较分析。

Machine language 机器语言：主存储器中使用的最低级别的计算机语言。

Main memory 主存储器：计算机零部件，用于在使用或执行过程中存储数据和程序。

MDIVVA methodology MDIVVA 方法：基于顺序和迭代（螺旋）阶段的建模和仿真的通用方法，重点是启发研究问题、抽象模型的设计、代码实现、验证、确认和分析；适用于所有参考经验参数的正式模型，包括社会仿真和数学模型。

Mesoamerica 中美洲：地理文化区域，包括现今墨西哥的部分领土和中美洲北部地区；原始社会复杂性的四个外源区域之一。

Metastability 亚稳态：当存在一个或多个与现有状态 x 不同的潜在状态 $x' \in X$ 或潜在运行机制（$x \neq x'$）时，系统会出现这种情况，在实现某些条件的情况下，系统可以过渡到该状态。

Method 方法：OOM 术语，表示在对象级别执行的操作。另请参见操作（operation）。

Modern state 现代国家：始于欧洲近代历史早期的国家政治，时间段特处于从传统世界历史中称为后古典时期（500—1500）末期和近代早期（1500—1800）开始的时间。

Modular 模块：请参阅模块化。

Modularity 模块性：参见模块化。

Modularization 模块化：将计算机程序"解析"为两个或多个主要组件和子组件的过程。另见帕尔纳斯原则（Parnas Principle）。

Motivation 动机：MDIVVA 方法论的初始阶段，侧重于启发社会仿真模型的产生和定义调查的研究问题。

Multi-dimensional scaling（MDS）多维标度（MDS）：广泛用于比较多个指标得分的方法，这些指标衡量潜在社会现象的维度。

Multi-agent system 多主体系统：参见基于主体的模型。

Multiplex 多重网络：节点对之间具有一个或多个多重／平行关联的社会网络 M（如图 4.3，右下），即由节点之间的多个社会关系或链接组成的一组社会关系 L。

Multiplicity 多重性：UML 术语，表示实体之间的关联中实体的数量（0，1，未指定的 N）；类或对象实例的数量或基数。同义词：类（class）或集合基数（set cardinality）。

National diplomatic network 国家外交网络：一种组织体系，以外交部为枢纽，以一系列大使馆和其他外交使团为叶节点，以介于两者之间的地区办事处或局为路径节点；具有树或星星的经典结构。另见国际外交网络。

Natural environment 自然环境：通常由 ABM 空间中的生物物理景观组成，有时包括天气。

Natural system 自然系统：由自然界中存在的生物物理实体和动力学组成的系统，主要或完全独立于人类和人工物。

N-adic level N-二元级别：通过从一元、二元和三元进行归纳，这是一种网络分析级别，检查任何聚合单位节点和关系的子图，直到整个网络。如果 $N=g$ 表示网络中节点的总数（节点基数），则 g-adic 分析级别与整个社会网络 N 相同。

Near-decomposability 近似可分解性：系统的性质，其子系统组件之间相互作用，如聚类或子图。子系统之间的相互作用相对较弱或较少，但不可忽略。例如，一个分为部门和部门单位的层级组织（西蒙，1996）。另请参阅模块化（modularization）。

Nearly-decomposable system 近乎可分解系统：组件是集群的且该集群通过很少的纽带连接的一种分层组织系统。

Negative feedback loop 负反馈回路：降低系统动力学模型中变量值的因果关系。

Neighborhood radius 邻域半径：从一个单元格到其最远邻居的距离，通常不超过两个或三个单元格。

Network 网络：由一个有限集合 N 的实体（称为节点或顶点），表示为 $\{n_1, n_2, n_3, \cdots, n_3\}$，以及定义在节点集 N 上的一组关系 L（称为链接、弧、线或边），表示为 $\{l_1, l_2, l_3, \cdots, l_L\}$。

类型包括：有向网络、动态网络、符号网络、加权网络、多重网络以及第 4.4 节中的所有基本网络结构类型。

Network analysis 网络分析：在数据挖掘分析中，应用机器学习和其他算法数据提取技术，以获取数据语料库中组成网络的节点和链接的信息。另请参阅社会网络分析（SNA）。

Network level 网络级别：网络最聚合的级别；检查宏观层面的聚合属性，如大小、直径、连通性、集中度、密度和其他网络层面的衡量标准；分析涌现的性质和现象；通常与复杂系统分析有关。

Network of queues 队列网络：组成网络或处理阵列的耦合排队系统。例如，一个立法机构，针对不同类型的立法设有不同分庭和不同程序；一个司法系统，其中有各种法院系统，根据不同的法典对不同类型的起诉作出裁决；一所由不同级别的系和项目组成的网络构成了大学。

Nodal distance 节点距离：社会网络中两个节点之间的距离。

Nodal level 节点级别：社会网络分析中所使用的最低级别或微观层级，主要关注节点实体的属性，如节点度数、节点中心性、节点重要性、节点地位以及其他重要角色，比如桥接节点或孤立节点。请参阅分析层级（level of analysis）。

Nodal measure 节点度量：社会网络分析中节点级别的度量。例、度、距离、偏心率和介数中心性。

Node clustering coefficient 节点聚类系数：社会节点复杂性的度量，是二元数和节点度的函数；用于定义网络复杂性。参见无向网络聚类系数（network clustering coefficient）。

Non-equilibrium 非均衡态：高于或低于高斯正态分布的概率函数、社会系统或过程；任何非高斯分布；复杂系统和过程的典型案例（图 5.2）。对于社会演化过程时间复杂性而言，标准布朗运动是基本过程或相变边界的持久和反持久动力学（临界分叉值，$H = 0.5$）。例如，幂律分布、对数正态分布、威布尔分布。另见均衡、持续过程、反持续过程和赫斯特指数。

Nonplanar network 非平面网络：社会网络不能被画平，也就是说，不能只在两个维度上。大多数社会网络都是非平面的，这是流行文学中典型的"发球"图。另请参见平面网络（planar network）。

Normal relations range（NRR）正态关系范围（NRR）：事件数据分析和数据挖掘分析中，使用的先验平均值（算术平均值）在两个标准差内的行为范围。另请参见异常检测（anomaly detection）。

Object 目标：由封装的属性和方法组成的类实例。

Object-based model 基于对象的模型：参见面向对象（object-oriented）。

Object-oriented social simulation 面向对象的社会仿真：社会理论和研究的方法论方法，其中计算模型的构建模块由面向对象的代码组成。例如，元胞自动机（CA）和基于主体的模型（ABM）。与基于对象的建模或面向对象模型（OOM）同义。

Object Management Group（OMG）对象管理组织：UML 管理实体，定期开会审查和设置标准。

Ochlocracy 群体政府：民主政体的退化模式，政府由受欢迎的暴民行使，没有问责制、正当程序或法治；基于亚里士多德的分类学。

Oligarchy 寡头政治：贵族政体的退化模式，少数精英无视法律或宪法制度滥用权力；基于亚里士多德的分类学。

Ontology 本体论：在给定的实体集合或感兴趣的地形中存在的事物。

Ontology extraction 本体提取：在数据挖掘分析中，是一种旨在获取数据语料库中包含的主要实体集合的分类分析方法。同义词：本体生成。另请参见 ontolog。

Operation 操作：OOM 中的一种函数，可以改变一个或多个属性的值，从而改变一个对象或类的状态。另请参见方法（method）。

Ordinal scale of social complexity 社会复杂性的序量表：一种量表，其中 $a(C)$ $b(C)$ 表示由社会复杂性 C 定义的序关系，使得 b 的复杂性大于 a 的复杂性。另见塞维斯量表（Service scale）。

Organizational meta-matrix 组织元矩阵：组织的网络模型将节点集定义为包括人员（主体）、目标、知识、任务、位置、资源、组织和其他实体的各种子集。同义词：元网络（Carley，2001）。

Origin of social complexity 社会复杂性的起源：社会阶段从基于亲属的社区转变为基于非亲属社会关系组织权威的社会。

Outcome space Ω 结果空间：由分支过程生成的所有复合事件（$O_j \in \Omega$）组成的结果空间。取决于过程中根节点（起始事件）到叶节点（结果事件）所有路径（分支）上的各种情况（分支节点）的数量。例如，正则理论中，快速过程的结果空间对于政体的社会复杂性有一组不同状态的集合；谈判过程的结果空间包含包括双赢、僵局和其他结果。

Parallel 并行：通过组件的因果逻辑析取或布尔 OR 组织的并行社会系统、事件或过程。

Parallel‐serial 并行－串行：由一阶并行和二阶串行构成的复杂系统或过程；合取或者析取。

Parnas Principle 帕纳斯原则：程序应该由几乎可分解的模块构成，这样每个模块都封装了一个几乎独立的（封装的）指令簇，并且模块之间的接口能够最大限度地减少"通信开销"。同义词：信息隐藏分解原理（Principle of Decomposition by Information Hiding）。

Parsimony 简约性：追求因果解释（理论）和经验描述（规律）的科学实践，其中包含解释、描述、理解（有时甚至是预测）所必需的最少因素。

Parsing 解析：将文本句子分析为句法成分的过程，例如宾语、主语和动词。

Path 路径：社会网络中节点之间的连续链接段。例如，哈密顿路径和欧拉路径。

Path-dependency 路径依赖：不同的路径会产生不同的个人和集体结果。

Peregrine - Ember - Ember scale 利格林 - 安倍 - 安倍次序的社会复杂性格特曼量表：社会复杂性的 15 点顺序格特曼量表，基于来自人类关系区域档案（HRAF）的全球考古大纲的证据。例如，酋邦的范围为 1~10，而州的范围为 11~15。

Persistent process 持久过程：具有长期记忆、长程依赖性和赫斯特指数 $(0.5 < H < 1)$ 的社会过程。

Phase transition 相变：系统、组织或结构发生显著不同的状态和动态变化。例如，网络结构的变化、服务规模上社会复杂性的变化、集体行动方式的变化。另见时序变化（diachronic change）。

Pictorial line of evidence 证据的图形线：描绘领导人、仪式或政府场所的图像，以及表明社会复杂性的类似视觉表现。例如，宫廷场景、正式游行、征服者和战败者的描绘、领导人肖像（包括硬币上的肖像）以及精英或皇家纹章。

Planar network 平面网络：可以在二维表面上绘制且没有任何链接交叉的社会网络。例如，巴维拉斯网络、森林网络和由这些网络组成的复合网络。

Pleogenic region 多源地区：政治发生或主要社会复杂性发生的四个地理区域之一。例如，西亚（近东、美索不达米亚）、东亚、南美洲安第斯山脉、中美洲。参见政治起源（politogenesis）。

Policy 政策：旨在管理（即定义、解决、缓解）公共问题的运营计划和行动的政府计划；标准政体模型（SMP）的一部分。

Politogenesis 政治起源：政体形成或出现的过程。例如，酋邦的形成、国家的形成、帝国的形成、联盟的形成、国际联盟的形成以及政体形成等类似情况。

Polacek's Law 波拉切克定律：将两个国家之间的冲突程度描述为它们之间经济贸易的反函数；服从 V 型幂律。

Pollaczek - Khinchine's equation 波拉切克 - 欣钦公式：描述 $M/G/1$ 队列的预期

等待时间，其中 M 是马尔可夫过程，G 是通用概率分布（采用肯德尔表示法）。

Polity 政体：位于特定环境中的复杂、开放、适应性强的社会系统；由一个社会、一个经济体和一个政府系统（或子系统）组成，该系统会制定政策来管理在正常历史进程中影响社会成员的集体问题。在自然语言中大致相当于"国家"。一个政体的经济可以像社会内部一样隐式建模。另请参见政体标准模型（Standard Model of a Polity，SMP）。

Positive feedback loop 正反馈环：增加系统动力学模型中变量值的因果关系。

Potential 势：实现与状态空间的社会系统或过程的当前状态 x 不同的某些其他状态 x' 的可能性或能力，其中 $\{x, x', \cdots, \omega\} \Sigma$。参见势函数（Potential function）。

Power law 幂律：描述社会系统或过程中的缩放的函数类；是一种复杂性诊断。请参阅类型 Ⅰ、Ⅱ、Ⅲ、Ⅳ和Ⅴ幂律、缩放比例。

Preemptive 先占：排队系统中的抢占式调度策略，通过中断当前处理以允许为优先主体提供服务。

Preprocessing 预处理：数据挖掘中使用的程序，用于准备任何形式（文本、视频、音频、其他媒体或信号）的数据以供分析。例如，扫描、清理、过滤、重新格式化、编码、转换和内容提取。

Principle of Cognitive Balance 认知平衡原理：不平衡的信念系统将通过四种平衡机制中的一种或多种来恢复平衡。参见否认、支持、超越和分化；也称为阿贝尔森平衡机制（Abelson balancing mechanisms）。

Principle of Decomposition by Information Hiding　信息隐藏分解原则：参见帕纳斯原则（Parnas Principle）。

Priority 优先级：排队系统中的优先级调度策略，根据某种排序方案对主体进行处理。

Private attribute 私有属性：OOM 术语，指只能从其自己的类访问的属性，在 UML 中用减号 – 表示。

Problem-solving system 问题解决系统：系统设计的目的是找到给定问题的解决方案。

Procedural programming 过程化编程：基于过程调用（高级语言）或（低级）子例程的编程范式。例程和方法是一些要执行的计算序列的过程调用。

Profiling 分析：通过计算每个操作方法被调用的频率、执行每个方法所需的时间以及代码中与频率相关的其他特征来分析代码和软件性能；也用于社会仿真 MDIVVA 方法的验证阶段。

Program 程序：用计算机代码编写的一组指令语句。

Project Magellan 麦哲伦项目：印第安纳大学的一个跨学科国际科学研究项目，旨在自动提取跨文化 EPA 评级和相关信息。

Protected attribute 受保护的属性 OOM 术语，指只能由其类或子类访问的属性，在 UML 中用井号 # 表示。

Proxy 代理：用于衡量潜在变量的经验指标；通常是由多种其他衡量指标组成的综合指标。例如，GDP（国内生产总值）、人类发展指数、范哈宁民主指数（Vanhanen's Democracy Index）。参见潜变量（latent variable）。

Public attribute 公共属性：OOM 术语，指可以由任何其他类使用和查看的属性，在 UML 中用加号 + 表示。

Python Python 编程语言：推荐且易于学习的 CSS 高级计算机语言，是面向对象、面向方面、函数式、命令式和反身性的。

Queue 队列：由首先访问头部的项目列表组成的数据结构。例如，投票日历中的立法法案、正式议程上的项目、难民抵达营地、正在部署的军事资产、属于某个类别的事件年表。

Queueing model 队列模型：基于变量或方程的社会模型和基于概率分布的仿真，用于表示对系统的需求、服务或处理时间以及排队组织结构。

Radius 半径：社会网络中的最小节点偏心率或最小测地线距离。

Random access memory（RAM） 随机存取存储器（RAM）：请参阅主存储器（main memory）。

Random network 随机网络：一种社会网络，节点之间链接形成的概率受概率过程控制。例如，人们因偶然或纯粹机遇而结识的关系网络、故意从随机中抽取的二人组的社会网络、一些增长过程。

Rational Choice Model 理性选择模型：由一组备选方案组成的决策模型，每个备选方案预计会产生一组结果，其中每个结果都具有相关的效用和概率。理论上，该模型的工作原理是聚合整个方案空间的预期效用，计算并选择具有最高预期效用的替代方案。

Realism 现实主义：CSS 实践的方法论，确保科学捕捉足够丰富的社会复杂性的现实世界特征，且保障经验相关性。

Record 记录：一种复合数据类型，而不是真正的数据结构，由信息字段或成员组成一组。

Recursive function 递归函数：计算前一个结果以生成下一个结果并无限迭代或直到满足某些条件为止的函数。

Referent system 参考系统：现实世界系统，是研究、抽象、表征、建模、仿真和分析的对象。同义词：目标系统、焦点系统、经验系统、现实世界系统和历史系统。

Reflection 反射：编程语言在编译时读取和更改对象的整个结构的能力，即编程语言的自我感知、自我控制能力。

Regime 政权：社会与政府之间的关联类。同义词包括宪政体制（constitutional regime）和政治体制（political regime）。例如，民主制度（democracy）、独裁制度（dictatorship）、神权制度（theocracy）、盗贼政权（kleptocracy）、君主制度（monarchy）和多元制度（polyarchy）等。

Reinforcement dynamic 强化动态：请参阅正反馈循环（positive feedback loop）。

Representation 表征：以计算机能够充分理解的方式呈现抽象社会实体（例如，参与者、关系、机构），从而能够执行有关此类实体的程序。例如，从参考系统中抽象出的社会仿真模型的代码。另请参见有效表征（effective representation）和高效表征（efficient representation）。

Resilience 弹性：复杂自适应系统的动态特性，能够在广泛的干扰下快速恢复性能。

Rules 规则：管理 CA 和 ABM 中对象（单元或主体）行为的算法集。

Scale-free 无标度：参见幂律（power law）。

Scale-free network 无标度网络：网络度分布遵循幂律的社会结构，大多数节点的链接很少，一些节点的链接较多，只有少数节点的链接数量相对较多。另请参阅广泛标度框架（broad-scale framework）。

SDC-space SDC 空间：由现代世界政治体的国家属性 S、经济发展水平 D 和军事能力 C 跨越的三维空间。

Scaling 标度：幂律在几个数量级范围的缩放特性。同义词：尺度不变性（Scale invariance）。

Scheduled updating 计划更新：单元或主体根据一组规则在每个时间步长或"仿真循环"后更改其状态。

Scheduler 调度器：在离散事件仿真中，决定如何处理主体（agents），以及何时、如何执行工作的算法或方法。

Scheduling policies 调度策略：排队系统中处理单位的顺序。例如，先进先出（FIFO）、先进后出（FILO）、后进后出（LILO）、后进先出（LIFO）等。

Self-similar 自相似：复杂社会系统的涌现属性，一种现象在多个尺度上表现出相同的模式或特征。同义词：自相似性（self-similarity）、分形（fractal）。另请参阅标度（scaling）。

Sequential logic mode 顺序逻辑模式：社会复杂性作为复合事件的出现，通过提供导致出现作为结果的先前事件的时间序列或路径来解释。同义词：正向逻辑（forward logic）。

Secondary memory 辅助存储器：用于存储比主存储器更大的数据结构和程序的计算机组件；通常比主内存慢；用于在计算机关闭时更永久地存储信息（作为程序和数据文件）。例如，磁盘或驱动器。

Semantic analysis 语义分析：数据挖掘形式的分析，重点关注术语和实体所代表的含义和实质内容；包括使用标记源数据中的名词、动词和其他本体组件对各个词性进行机器算法解析。结果通常由名词短语和动词短语组成。

Semantic dimensions of meaning 意涵语义维度：自然语言的语义空间结构所跨越的维度空间。参见 EPA 空间。

Semantic distance 语义距离：基于两个概念在 EPA 空间中的相关组件所确定的距离。见图 3.4。

Semantics 语义学：语言学的一个分支，重点研究单词（或一般术语）的含义。从概念形成的角度来看，语义指的是术语的定义，而术语本身被称为定义，就像在术语表中一样。在通信理论中，术语"消息"表示给定"信号"的含义。

Sentiment analysis 情感分析：数据挖掘分析的形式，仅关注 EPA 空间的评价性 E 成分，如好 / 坏、喜欢 / 不喜欢、爱 / 恨等，即忽略情感意义的效能和活动成分。另请参见 EPA 空间。

Sequence analysis 序列分析：使用算法提取有关给定过程和转换状态的信息的数据挖掘分析方法。另请参见 UML 中的序列图（sequence diagram in UML）。

Sequence data structure 序列数据结构：参见列表（list）。

Sequence diagram 序列图：UML 类型的动态图，包含实体（如类或对象）以及实体之间基于时间顺序的交互。

Sequential Boolean AND（SEQAND）顺序布尔"和"（SEQAND）：表示按顺序条件合取的逻辑连接器。

Sequential conjunction 顺序连接：串行连接的变体，当必要条件依次出现时，相当于布尔逻辑 SEQAND。

Serial 串行：通过组件的因果逻辑来结合，或通过"布尔 AND"组织的串行社会系统、事件或过程。

Serial‑parallel 串行‑并行：由一阶串行化和二阶并行化构成的复杂系统或过程；

析取的合取。

Service scale 塞维斯量表 [1]：埃尔曼·塞维斯（Elman Service）提出的社会复杂性的序数规模，其中：

游群<部落<酋邦<国家<帝国<世界政治

其中<表示社会复杂性的排序值的序数关系。在这里，帝国和世界政治的复杂程度被添加到服务原始规模中。请参阅狩猎采集社会、酋邦、国家、帝国、利格林－安倍－安倍次序的社会复杂性格特曼量表（Peregrine–Ember–Ember scale）。

Service components 服务组件：排队系统中的处理实体；具有有限整数值 1、2、3、…、k 的离散变量。参阅服务时间（service time）。

Service time 服务时间：由概率密度函数（p.d.f.）$p(s)$ 定义的变量，其实现值为 $\{s_1, s_2, s_3, \cdots, s_m\}$；由相关概率函数定义的连续随机变量。参阅到达时间（arrival time）。

Set 集合：由 N 个元素（称为基数）组成的数据结构，没有特定的顺序，每个元素只出现一次。例如：给定国家中的一组城市、联盟成员、选举中的候选人等。参见基数（cardinality）。

Several-among-some 几个中的一些：社会复杂性的结构，通过最少数量为 v 的潜在可用要求的二项式组合进行概括，其中 $m > v > 1$。

Several-Among-Some Principle 几个中的一些原则：社会复杂性的概率出现的法则，由二项式过程所决定。

Shannon's entropy 香农熵：衡量系统或过程中无序程度的度量，基于状态空间的大小 Σ 和状态的概率密度函数 $p(x)$。

Sharing 共享：调度策略，其中队列系统中的处理能力平均分配给正在处理的对象或实体。

Signed network 带符号网络：网络 S，其中链接具有正、负或 0 的价值符号（参见图 4.3 右上角）。

Similarity analysis 相似性分析：使用产生相似项的程序进行的数据挖掘分析；对比内容。例如，聚类、分类和其他形式的机器学习。

Simple chiefdom 简单酋邦：酋邦政权，具有被称为酋长、强者、领袖或类似职位的单一层次的公共权威；酋邦特征的最简化版本：少数分布在相对较小领土上的村庄，总

---

[1] 埃尔曼·塞维斯（Elman Service）以"社会整合形式"为划分社会进化阶段的标准，并提出了不同的酋邦模式。注意区分塞维斯和服务（Service）。——译者注

游群<部落<酋邦<国家<帝国<世界政治

543

人口约为 1000 人或更少，由一个强大的领导人和少数从属联盟提供治理服务。基本构件包括原始的防御结构（护城河、堤坝、壕沟、栅栏）、最高酋长村庄中的寺庙（其他村庄中也可能有较小的寺庙）、作为唯一支持治理的机构的一个小型政治联盟。参见复杂酋邦（complex chiefdom）。

Simple network 简单网络：没有回路或平行、多重链接的社会网络。例如，巴维拉斯网络、完全网络和细胞网络。

Simplification 简化：一种科学实践，从复杂的现实中抽象出来，创建一个比参考系统具有更少特征，但在分析和解释潜力上更显著的抽象模型。

Simon's Complexity - Simplicity Hypothesis 西蒙的复杂性 – 简单性假设："被视为行为系统的人类是相当简单的。我们行为随时间的表面复杂性主要反映了我们所处环境的复杂性"（Simon 1996: 53）。

Simon's theory of artifacts and social complexity 西蒙的人工物与社会复杂性理论[①]：解释人工物和社会复杂性是由于人类适应具有挑战性或复杂环境，而非因为人类本身复杂。参见有形和无形人工物。

Simulation model 仿真模型：参见社会仿真（social simulation）。

Simulation system 仿真系统：用于构建仿真模型的计算工具包或代码库。例如，Swarm、MASON、NetLogo、Repast、Vensim、Stella 和 DYNAMO。同义词：仿真工具包。

Single-scale network 单级标度网络：度分布特征由快速衰减的尾部所定义的社会结构，即不服从幂律分布。

Size 规模：社会网络中节点的总数。

Slow process 慢速过程：在正则理论中观察到的社会复杂性的相对低频率、长期出现和发展的机制，通过一系列政治和宏观历史动态来运行（例如，政治的兴衰）；在年度到十年或更长时间尺度上进行；将快速过程的结果整合为社会复杂性的增加或减少。参见快速过程（fast process）、正则理论（Canonical Theory）。

Small-world network 小世界网络：社会网络结构中，大多数节点之间不直接相邻，但可以通过少量的链接从其他节点到达；大致介于完全网络和仅具有邻居或最小密度的简单网络结构之间。由斯坦利·米尔格拉姆（Stanley Milgram）发现。例如，介于完全网络

[①] 《计算社会科学：原则与应用》第一版将 artifacts 翻译为人工制品，但是在西蒙《人工科学》中，翻译为人工物，是区别于"自然物"的概念。本文承袭原始资料（《人工科学》）的翻译，将其定义为人工物，以更好地表达该单词的含义。——译者注

和圆环之间的结构，或者圆环加上几个非邻居链接的结构。

Social complexity 社会复杂性：一个社会通过非亲缘关系的权威关系来进行统治的程度。例如，在服务序数尺度中：狩猎采集社会（0），酋邦社会（1），国家（2），帝国（3），世界政治（4）具有不同的社会复杂性。参见社会复杂性的塞维斯量表（Service scale of social complexity）。

Social identity 社会身份：个体或群体自我认同或感知与另一个个体、群体或实体的成员关系（可以是基于亲属、种族、语言或地理等最常见的形式）；决定谁拥有权威，或者用通俗的说法，"人们听从/服从谁"。

Social law 社会定律：描述两个或多个变量之间关系的陈述。例如，齐夫定律、帕累托定律、杜韦杰定律、西蒙定律、波拉切克定律、理查森定律和灾难定律。

Social simulation modeling 社会仿真建模：基于计算机建模和仿真的计算社会科学方法，用于社会科学中的理论和研究。例如，系统动力学建模、基于主体的建模、微观仿真和社会元胞自动机。

Social network 社会网络：由一组社会实体仿真为节点，并由节点之间的一组社会关系和更高级别的节点耦合连接而成的对象。

Social network analysis（SNA）社会网络分析：关于社会网络科学的概念、理论和方法的框架。

Social simulation 社会仿真：以代码编写的参考社会系统的正式计算模型。同义词：仿真模型、计算机模型、机器仿真、计算模型和仿真系统。例如，谢林的隔离模型（Schelling's Segregation）、康威的生命游戏（Conway's Life）、增长的极限（Limits to Growth）、SIMPEST 等。

Social system 社会系统：由社会实体（在计算上具有封装属性和方法的对象）和它们之间的关系（关联）组成的系统。

Social theory 社会理论：对给定社会现象的因果解释。

Social world 社会世界：由处于某种环境中的社会系统组成的整体。

Society 社会：通过社会关系进行相互作用并共享一个或多个共同身份的人的集体。值得注意的属性包括人口规模、年龄分布、地理位置、人口构成、身份、权威、分层、财富以及与之相关的统计数据和分布，包括社会网络特征。尽管与经济和政治体制相关，但在范畴上是明显不同的。

Sociogram 社会图谱：社会集合的图论模型。

Sociomatrix 社会矩阵：参见邻接矩阵（adjacency matrix）。

Sociometric analysis 社会度分析：参见社会网络分析。

Sonification analysis 声化分析：基于使用声音来学习源数据中的模式或进行新颖推理的数据科学和数据挖掘分析。例如，（通过扬声器或其他高保真音响设备，如耳机）将多变量时间序列的音调呈现为声音，可以产生在源数据中难以或无法检测到的谐波。

Spacefaring civilization 航天文明：依赖于太空系统和太空旅行的当代和未来社会，例如卫星网络、通信、遥感、太空研究和探索等。

Sparse array 稀疏数组：一种数据结构，其中许多条目为零或缺失，这些条目可以更好地构建为列表。例如，系统的几乎可分解的分层结构的图形。

Spatial analysis 空间分析：使用地理编码、地理聚类和类似的地理空间方法从数量化的人文和社会地理学中进行的数据挖掘分析。

Spatial autocorrelation 空间自相关：参见长程自相关（long-range autocorrelation）。

Spiraling 螺旋：一种通用的方法论过程，用于数学和计算社会科学的多个领域。研究从一个简单的问题或高度简化的模型开始，经过彻底分析后返回到最初的研究问题或模型，并再次添加额外的特征，如同通过一系列迭代不断增加复杂性的螺旋形式。类似于匈牙利科学哲学家拉卡托什（Lakatos）于 1973 年首次提出的"研究方案"的方法论。

Stack 栈：一种数据结构，由一个有序列表组成，最后插入的数据最先被提取。例如：最近访问的位置、最近结识的人、学生最近选修的课程或教师最近教授的课程（从完整的课程列表中选择）。

Standard Model of a Polity（SMP）标准政体模型：现代性、计算性的政治科学模型，将政体（大致可以理解为一个国家）视为一个复杂的自适应社会系统，由社会（包括经济）和政府系统组成，以制定政策来减轻影响社会的公共问题的影响。参见社会、政府和政策。

Star network 星形网络：一种巴韦拉斯社会网络，其中一个中心节点与其周围的所有其他节点以径向连接。高度集中的结构，常见于分层组织，是近似可分解系统的子图。同义词：轮式网络（wheel network）。

State 国家：比酋邦更复杂的政体，具有以下特征：①权力关系受到机构的制约；②政府通过公共行政系统运作，执行专业化职能；③政体内部存在阶层和等级制度（精英成员、公务员、商人、军队和平民）；④政府由具有决策权威的专门机构组成；⑤具备征税能力作为政府收入，并对领土及其资源具有可靠的控制。参见服务量表、狩猎采集社会、酋邦和帝国。

State diagram 状态图：UML 中的一种动态图，具有起始状态和结束状态，并在它们之间具有中间状态，其中包含它们之间的转换；类似于一阶马尔可夫链图。

State of an agent 个体状态：由其属性值确定的元组。

State of nature 自然状态：由社会过程中的抽签机制生成的结果。

Stochastic model 随机模型：具有一个或多个概率规则的元胞自动机（CA）或基于主体的建模（ABM）；所有队列模型和许多系统动力学模型都属于随机模型。

Stock and flow diagram 库存与流量图：在系统动力学模型中描述与变量行为中的正反馈和负反馈相关的库存和流量的图形抽象和表征。

String 字符串：代表字母或文本的值类型。参见整数（integer）和布尔值（Boolean）。

Structural line of evidence 结构性证据线：根据一个社会的建筑环境来评估社会复杂性，特别是集体或公共用途的建筑结构，与私人用途相对。例如，寺庙、广场、防御工事（城墙、门、塔楼、兵营和其他类型的军事工程）、仓库、水井、灌溉渠道和网络、纪念性墓地和宫殿等。如今，机场、公共建筑、大都市交通系统以及关键基础设施系统的耦合网络（如一个全球性的系统）都是 21 世纪社会复杂性的结构证据的例子。

Structure of social complexity 社会复杂性的结构：社会系统和过程在社会领域（图 6.1 和图 6.2）中的组织模式，包括耦合的"社会－技术－自然"系统和其中的组成部分，包括近分解性等特征。

Structure function 结构功能：指示函数，通过指定析取和合取，或布尔 AND 和 OR 来生成复合事件的事件因果组织方式。

Structure validity 结构有效性：仿真模型的内部特征，包括本体论、所有假设、相关变量及其单位，以及所有组成部分库存和流量的方程系统，或者包括所有属性和方法的主体。参见经验和理论的有效性测试。

Supervised machine learning 监督机器学习：参见分类。

Supply chain 供应链：一系列顺序操作或过程的线性排列，用于生产最终结果。

Sustainability 可持续性：复杂系统的属性，即在时间 τ 内可以使用可用资源 $R(\tau)$ 维持当前性能，而无须从未来借用（"抵押"）或耗尽资源。

System dynamics 系统动力学：一种基于变量或方程的社会建模和仿真方法或范式，用于分析包含反馈和前馈依赖关系的复杂系统，使用差分方程和相关的形式主义方法。

System-of-systems 系统的系统：一种由一组其他系统组成的系统类别，通过组合或强聚合与之关联。

System reliability 系统可靠性：系统在一段时间 t 内保持性能的概率。

Tangible artifacts 有形人工物：构建或工程环境中的实体和系统。例如，工具、仪器、工程结构和所有人造系统。参见西蒙的理论和人工物。

Target system 目标系统：参阅参考系统（referent system.）。

Theory of Circumscription 循环理论：20 世纪 70 年代初罗伯特·卡内罗（Robert Carneiro）提出的人类学理论，用于解释国家形成的过程，认为是在社会条件下受到各种压力（内部或外部）的情况下无法逃避或避免的结果；是马库斯的动态模型和正则理论的特殊情况。具体解释可以查看。

Ternary association 三元关联：实体之间的三方或三元关联。例如，动态社会网络中网络、节点和时间之间的关联。

Transcendence 超越：一种认知平衡机制，通过诉诸高于不平衡一致性的更高原则来实现平衡。参见认知平衡（cognitive balance）。

Tree 树：一种数据结构，由根元素和向叶节点分支的子树组成。位于根和叶节点之间的节点（在自然语言中称为"分叉"）称为内部节点。参见 Y 网络。

Theoretical tests of validation 理论验证测试：确保所使用的模型假设得到现有理论的确认；比结构有效性的经验测试更具广泛的视角，基于基本因果论证。

Theory of social complexity 社会复杂性理论：对社区中出现社会复杂性的科学解释。例如，正则理论（Canonical Theory）、限制理论（Circumscription Theory）和动态模型（Dynamic Model）。

Toy model 玩具模型：基于研究问题构建的非常简单的社会仿真模型，研究范围相对狭窄。例如，Heatbugs、Boids、Axelrod 的 Tribute Model 和 Wetlands。

Triadic level l 三元级别：在社会网络分析中，与二元级别相同，但涉及作为一个单位相关的三个节点。参见二元级别（dyadic level）。

Tuple 元组（Tuple）：一种数据结构，其中的元素为定序排列且具有相同类型的。例如，用年、月、日表示的日历日期；空间中一个点的坐标值。

Type l power law 第一型幂律：一种社会复杂性模型。给定一个有序变量 X 的值序列 $(x_1, x_2, x_3, \cdots, x_n)$，其中下标 i 表示从最高（$i=1$ 或第一个）到最低（$i=n$ 或最后一个）的排名，关于每个值 $x_i \in X$ 中 X 的幂律由方程 $x_i = a / i^b$ 给出，其中 $a = x_1$（最大值），$b \approx 1$。参见齐夫定律（Zipf's Law）。

Type ll power law 第二型幂律：一种社会复杂性模型。给定一个给定值 $x \in X$ 的绝对频率 ϕ 与 x 成反比，因此 $\phi(x) = a / x^b$。例如，理查森定律（Richardson's Law of war severity）。

Type lll power law 第三型幂律：该社会复杂性模型的相对频率或限制概率的密度

模型与呈现为 $p(x) = a / x^b$ 形式的双曲概率密度函数（p.d.f.）相关联：例如西蒙的企业规模定律、洛特卡法则（Lotka's law）、特科特法则（Turcotte's law）和曼德尔布罗特法则（Mandelbrot's law）。

Type IV power law 第四型幂律：一种社会复杂性概率模型，基于互补的累积密度函数或 $1 - \Phi(x) = Pr(X > x)$，缩写为 CCDF。在对数 – 对数空间中，这可以表示为 $log[1 - \Phi(x)] = a' - (b - 1)logx$，因此 $p(x) = a(b - 1) / x^b$。

Type V power law 第五型幂律：基于反向幂函数 $y(x) = a / x^b$ 的社会复杂性的 V 型幂律确定性模型。例如，波拉切克的冲突与贸易法则（Polachek's Law of conflict and trade）和法鲁索斯法则（Faloutsos' Law）。

Undirected network clustering coefficient 无向网络聚类系数：该系数是社会网络复杂性度量，定义为无向网络（例如组织图中的网络）中节点聚类系数的平均值。参见节点聚类系数。

Unified Modeling Language（UML）统一建模语言（UML）：是一种标准化的符号系统，用于以图形方式表示由类、对象、类和对象关联、动态交互和其他的科学性显著特征所组成的复杂系统。

Unsupervised machine learning 无监督机器学习：是一种严格使用计算算法而没有人类监督的机器学习类型。见聚类（clustering）。

Validation 验证：MDIVVA 方法论的第五阶段，着重确保仿真输出数据与参考系统的经验证据相匹配；通过多种技术实现，包括匹配直方图、时间序列的特征、指数和指标、分布矩等。同义词：外部有效性测试（testing for external validity）。参见结构有效性（structure validity）和行为有效性（behavior validity）。

Value type 值类型：为了计算目的而表达数据值的不同方式。例如，整数、字符串和布尔值。

Valued network 值网络：参见有符号网络（signed network）。

Variable-based social simulations 基于变量的社会仿真：从感兴趣的参考系统抽象的概念模型所实施的数学方程组；在 CSS 中，历史上最早的仿真形式，例如系统动力学仿真和排队模型。

Variable-oriented 面向变量：参见基于变量（Variable-based）。

Verification 检验：MDIVVA 方法论的第四阶段，着重确保实施的社会仿真按照设计模型的意图工作或执行；通过多种技术实现，包括调试、代码演练、剖析和参数扫描。同义词：内部有效性测试（testing for internal validity）。

Visibility 可见性：OOM 术语，用于描述属性的私有、公共或受保护状态。

Visual analytics 可视化分析：在数据科学和数据挖掘分析中，可视化分析使用图形媒体和工具将信息从复杂的源数据传达出来（Thomas 和 Cook 2005）。

Vocabulary analysis 词汇分析：数据挖掘分析的一种形式，代表了最基本的算法信息提取形式；旨在获取被分析的数据源中包含的词语或其他符号（符号、信号、数字、图标、字形等）的目录；通常关注符号而不考虑精确的含义或语法；采用"词袋（bag of words）"方法进行数据挖掘。例如，词频统计、词云（如 Wordle 输出）和词频分布。

Watts‑Strogatz Law 沃茨－斯托加茨定律：也称瓦茨－斯特罗加茨定律[1]，是描述小世界网络 S 在网络层面分析的属性，它描述了两个随机选择的节点 n_i 和 n_j 之间的测地线距离 d_{ij} 与 S 的大小 s 的对数成比例，即 $d_{ij} = k \log s$，其中 k 是一个常数。

Weighted network 加权网络：是一种具有链接权重或强度的网络（在图 4.3 中为左下角）。

World 世界：聚合物是一个包含在某个环境中的系统对象、实体或类别。

Y network Y 形网络：是一个由具有分裂或断裂末端路径的链式结构组成的社会网络；3 星网络或 3 轮网络的一种。这种结构也被称为具有两个分支的树网络。

Zipf's Law 齐普夫定律：也称为齐夫定律，该定律描述了城市的大小与其人口排名成反比；相似的规律适用于文本语料库中的工作频率；调和大小的 I 型复杂度幂律，也称为秩－大小定律（地理学，语言学）或秩－大小规则（人类考古学）：见 I 型幂律。

---

[1] 第一版为沃茨－斯托加茨，网络翻译为瓦茨－斯特罗加茨，无标准答案。——译者注

首字母缩略词（Acronyms）

缩写	全称	释义
ABM	Agent–based model	基于主体的模型
ACE	Agent–based computational economics	基于主体的计算经济学
ACM	Association for Computing Machinery	计算机协会
AI	Artificial intelligence	人工智能
AND	Boolean conjunctive operator	布尔连接运算符
BDI	Beliefs, desires, intentions	"信念－愿望－意图"
CA	Cellular automaton or automata	元胞自动机
CAMEO	Conflict and Mediation Event Observations	冲突和调解事件观察
CAS	Complex adaptive system	复杂自适应系统
CASOS	Center for Computational Analysis of Social and Organizational Systems, Carnegie Mellon University	卡内基梅隆大学社会组织系统计算分析中心
CCDF	Complementary cumulative density function (also c.c.d.f.)	互补累计密度函数（也称 c.c.d.f.）
CDF	Cumulative density function (also c.d.f.)	累计密度函数（也称 c.d.f.）
CIDCM	Center for International Development and Conflict Management, University of Maryland	马里兰大学国际发展与冲突管理中心
CIKM	Conference on Information and Knowledge Management of the ACM	ACM 信息知识管理会议
CMU	Carnegie Mellon University	卡内基梅隆大学
COA	Course of action	行动方针
COPDAB	Conflict and Peace Data Bank	冲突与和平数据库
CPU	Central processing unit	中央处理器
CSC	Center for Social Complexity, George Mason University	乔治梅森大学社会复杂性中心

缩写	全称	释义
CSS	Computational Social Science	计算社会科学
CSSN	Computer-supported social networks	计算机支持的社会网络
CSSSA	Computational Social Science Society of the Americas	美国计算社会科学学会
DARPA	Defense Advanced Research Projects Agency	国防高级研究计划局
DDR3 SDRAM	Double-data-rate three synchronous dynamic random access memory	双倍数据率三同步动态随机存取存储器
DYNAMO	DYNAmic models	DYNAmic 模型
EC	Evolutionary computation	进化计算
ECPR	European Consortium for Political Research	欧洲政治研究协会
ECML-PKDD	European Conference on Machine Learning and Principles and Practices of Knowledge Discovery in Databases	欧洲机器学习与数据库中知识发现的原则和实践会议
EOS	Evolution of Organized Society project, University of Essex	埃塞克斯大学组织社会进化项目
EPA	Evaluation, potency, activity. Dimensions of Osgood's semantic space	评估、效力、活动。奥斯古德语义空间的维度
ERG	Exponential random graph	指数随机图
EU	European Union	欧洲联盟
FEARLUS	Framework for the Evaluation and Assessment of Regional Land Use Scenarios	区域土地利用情景评估框架
FIFO	First-in-first-out	先进先出
FILO	First-in-last-out	先入后出
FORTRAN	Formula Translation	FORmula 交易
GB	Gigabyte	千兆字节
GCM	General circulation model	普通流通模型
GDELT	Global Data on Events, Location, and Tone	事件、位置和音调的全局数据
GeoMASON	Geospatial MASON	地理空间软件
GHz	Gigahertz	千兆赫兹
GIS	Geographic Information System	地理信息系统

缩写	全称	释义
GPU	Graphic processing unit	图形处理单元
GUI	Graphic user interface	图形用户界面
HMM	Hidden Markov model	隐马尔可夫模型
HPC	High–performance computing	高性能计算
HRAF	Human Relations Area Files, Yale University	耶鲁大学人际关系领域档案
I/O	Input–output	输入 – 输出
ICPSR	Interuniversity Consortium for Political and Social Research	大学间政治和社会研究联合会
ICR	Institute for Communications Research, University of Illinois at Urbana–Champaign	伊利诺伊大学香槟分校通信研究所
IEEE	Institute of Electrical and Electronic Engineers	电气与电子工程师学会
INSNA	International Network for Social Network Analysis	国际社会网络分析网络
IPCC	Intergovernmental Panel on Climate Change	政府间气候变化专门委员会
ISIMADE	International Symposium on Intelligent Multimedia and Distance Education	智能多媒体与远程教育国际研讨会
ISS	International Space Station	国际空间站
JVM	Java virtual machine	Java 虚拟机
KWIC	Keywords in context	题内关键词索引
KWOC	Keywords out of context	题外关键词索引
kya	Thousands of years ago	数千年前
LEO	Low Earth orbit	近地轨道
LIFO	Last–in–first–out	后进先出
LILO	Last–in–last–out	后进后出
LISP	LIST Processing	LISt 处理
LOC	Lines of code	代码行数
LRD	Long–range dependence	远距离依赖
LUCC	Land–Use and Cover Change	土地利用和覆盖变化
M2M	Model–to–model	模型对模型

续表

缩写	全称	释义
MAS	Multi-agent system or systems	多主体系统
MASON	Multi-Agent Simulator of Networks or Neighborhoods	多主体网络或邻域模拟器
MC	Monte Carlo	蒙特卡洛
MDIVVA	Motivate-design-implement-verify-validate-analyze	动机 - 设计 - 执行 - 检验 - 验证 - 分析
MDS	Multi-dimensional scaling	多维标度
MINUIT	Numerical minimization computer program	数值最小化计算机程序
MIT	Massachusetts Institute of Technology	麻省理工学院
MLE	Maximum likelihood estimate, estimator, or estimation	最大似然估计
NAACSOS	North American Association for Computational Social and Organizational Sciences	北美计算社会和组织科学协会
NASA	National Aeronautics and Space Administration	美国国家航空航天局
NATO	North Atlantic Treaty Organization	北大西洋公约组织
NER	Named entity recognition	命名实体识别
NIST	National Institute of Standards and Technology	国家标准与技术研究所
NRR	Normal relations range	正常关系范围
NSF	National Science Foundation	国家科学基金
NVAC	National Visualization Analytics Center, PNNL	国家可视化分析中心
OCR	Optical character recognition	光学字符识别
OMG	Object Management Group	对象管理组
ONR	Office of Naval Research	海军研究处
OO	Object-oriented	面向对象的
OOM	Object-oriented model or modeling	面向对象的建模
OOP	Object-oriented program or programming	面向对象程序设计
OR	Boolean disjunctive operator	布尔析取运算符
ORA	Entity extraction algorithm by CASOS	基于 CASOS 的实体提取算法

缩写	全称	释义
PDF	Probability density function (also p.d.f.)	概率密度函数（p.d.f）
PNAS	Proceedings of the National Academy of Sciences of the USA	美国国家科学院院刊
PNNL	Pacific Northwest National Laboratory, Department of Energy	能源部西北太平洋国家实验室
PPNB	Pre–Pottery Neolithic B period	前陶器新石器时代 B 期
PRNG	Pseudo–random number generator	伪随机数生成器
RAM	Random access memory	随机存取存储器
RNG	Random number generator	随机数生成器
SAS	Statistical Analysis System	统计分析系统
SD	System dynamics	系统动力学
SDC	Size, development, and capability	规模、发展和能力
SEQAND	Boolean sequential conjunctive operator	布尔析取合取运算符
SES	Socioeconomic status	社会经济状况
SIAM	Society for Industrial and Applied Mathematics	工业与应用数学学会
SIGKDD	Special Interest Group on Knowledge Discovery and Data Mining of the ACM	ACM 知识发现和数据挖掘专委会
SIMPEST	Simulation of Political, Economic, Social, and Technological Systems	政治、经济、社会和技术系统的仿真
SIMPLE	Simulation of Industrial Management Problems with Lots of Equations	工业管理问题的多方程仿真
SIMPOP	Simulation of Population project, University of Paris–Sorbonne	巴黎索邦大学人口 项目仿真
SNA	Social network analysis	社会网络分析
SOCPAC	A FORTRAN Ⅳ program for structural analysis of sociometric data	用于社会计量数据结构分析的 FORTRAN Ⅳ 程序
SPSS	Statistical Package for the Social Sciences	社会科学统计包
SSRC	Social Science Research Council	社会科学研究理事会
SSRN	Social Science Research Network	社会科学研究网络
STELLA	System dynamics simulation system	系统动力学仿真系统

缩写	全称	释义
TABARI	Textual Analysis by Augmented Replacement Instructions	扩充替换指令的文本分析
TBJ	Truth, beauty, and justice	真理、美丽和正义
TRIAL	Technique for Retrieval of Information and Abstracts of Literature	信息检索技术与文献摘要
UAV	Unmanned autonomous vehicle	无人驾驶汽车
UCINET	University of California–Irvine social network analysis software	加州大学欧文分校社会网络分析软件
UCLA	University of California–Los Angeles	加州大学 – 洛杉矶分校
UML	Unified Modeling Language	统一建模语言
UN	United Nations	联合国
URL	Uniform resource locator	统一资源定位器
US	United States	美国
USSR	Union of Soviet Socialist Republics	苏联
VENSIM	System dynamics simulation system	系统动力学仿真系统
WWW	World–Wide Web	万维网
XOR	Boolean exclusive disjunctive operator	布尔互斥析取运算符

致谢

在过去四十年中，我从科学导师、同事和学生的讨论中获益匪浅，他们对我的计算社会科学研究和教学产生了深远影响。我最初对这个领域的兴趣来自赫伯特·A.西蒙和Triple-I复杂系统研讨会成员的讨论，包括印第安纳大学的埃莉诺和文斯·奥斯特罗姆，以及来自伊利诺伊大学厄巴纳 – 香槟分校Merriam实验室的哈维·斯塔尔、迪娜·A.辛内斯、迪克·梅里特、鲍勃·曼卡斯特、吉姆·库克林斯基和迈克·克拉萨，还有艾奥瓦大学的鲍勃·博伊顿。我与卡尔·德意志、爱德华·阿扎尔、安迪·斯科特、哈罗德·古茨科、布鲁斯·拉塞特、海沃德·阿尔克尔、劳尔·纳罗尔、史蒂夫·沃尔夫勒姆、拉里·斯马尔、贝努瓦·曼德尔德罗特、雷·达西、马丁·舒比克、德温·梅福德、吉姆·罗森奥、皮埃尔·阿兰、乔治奥·纳塔利奇、萨姆·科茨和库尔特·约翰逊的讨论也令我难忘。克雷格·墨菲、道格·尼尔森、查克·塔伯、凯利·卡德拉、特里·卡拉克和保罗·普迪亚特是我最早的学生。在科罗拉多大学博尔德分校时，我从约翰·朗德尔和C4中心同事，特别是V. J.古普塔和丽兹·布拉德利那里学到了很多。当我进入乔治梅森大学时，肖恩·卢克、克利夫·拉姆佩、戴夫·福格尔和后来的新同事陈超美以及学生卢多·瓦特曼和西斯·李维斯的见解启发了我的研究兴趣。

这本教科书源于2002年我在乔治梅森大学创立的跨学科计算社会科学项目，这个项目是通过与校园内众多学生、教职员工和管理人员的合作团队建立起来的。为了避免无意中遗漏某些人，我想感谢许多人以各种方式帮助了我，包括乔尔乔·阿斯科利（Giorgio Ascoli）、罗布·阿克塞尔（Rob Axtell）、彼得·巴林特（Peter Balint）、杰奎·巴克尔（Jacquie Barker）、欧内斯特·巴雷托（Ernie Barreto）、安德里亚·巴托利（Andrea Bartoli）、杰夫·巴塞特（Jeff Bassett）、雪莉尔·比奇（Sheryl Beach）、吉姆·比尔（Jim Beall）、皮特·贝克（Pete Becker）、托尼·比格比（Tony Bigbee）、克里斯蒂娜·毕晓普（Christina Bishop）、金（Kim）、莎伦·布卢姆奎斯特（Sharon Bloomquist）、加里·博格尔（Gary Bogle）、安妮塔·伯格（Annetta Burger）、乔伊·卡尔斯（Joey Carls）、兰迪·卡斯特文斯（Randy Casstevens）、加布里埃尔·卡特林·巴兰（Gabriel Catalin Balan）、黛比·博厄姆 – 戴维斯（Debbie Boehm-Davis）、丹·卡尔（Dan Carr）、杰克·森瑟（Jack Censer）、吉多·切尔沃内（Guido Cervone）、陈启刚（Kai-Kong Chan）、芭芭拉·科恩

（Barbara Cohen），马克·科莱蒂（Marc Coletti），吉姆·科南特（Jim Conant），蒂姆·康兰（Tim Conlan），切纳·科特拉（Chenna Cotla），朱莉·克里斯滕森（Julie Christensen），安德鲁·克鲁克斯（Andrew Crooks），保罗·卡明斯（Paul Cummings），戴维·戴维斯（David Davis），肯·德容（Ken De Jong），丹·德拉克曼（Dan Druckman），鲍勃·达德利（Bob Dudley），黛比·杜娜（Debbie V. Duong），金·伊比（Kim Eby），艾伦·法尔科纳（Allan Falconer），温·法雷尔（Win Farrell），塔蒂亚娜·菲拉托娃（Tatiana Filatova），金·福特（Kim Ford），詹妮弗·福特尼（Jennifer Fortney），阿龙·弗兰克（Aaron Frank），布伦顿·福斯（Brendon Fuhs），吉姆·杰特尔（Jim Gentle），阿尔多娜·戈兹科夫斯基（Aldona Gozikowski），奥马尔·格雷罗（Omar Guerrero），凯茜·加拉格（Cathy Gallagher），杰克·戈尔德斯通（Jack Goldstone），乔恩·高尔德（Jon Gould），约翰·格雷芬斯特特（John Grefenstette），贝丝·格罗恩克（Beth Grohnke），格雷格·瓜格纳诺（Greg Guagnano），蕾娜特·吉尔福德（Renate Guilford），蒂姆·古尔登（Tim Gulden），阿特斯·海勒吉奥吉斯（Ates Hailegiorgis），乔伊·哈里森（Joey Harrison），梅丽莎·海斯（Melissa Hayes），金斯利·海恩斯（Kingsley Haynes），迪·霍利斯基（Dee Holisky），比尔·霍尼教堂（Bill Honeychurch），丹·豪瑟（Dan Houser），克里斯·辛（Chris Hyungsik Shin），鲍勃·乔纳斯（Bob Jonas），克里斯·琼斯（Chris Jones），马克·卡茨（Mark Katz），比尔·肯尼迪（Bill Kennedy），马特·科勒（Matt Koehler），麦克仁·科姆瓦（Maction Komwa），多萝西·孔达尔（Dorothy Kondal），拉杰·库尔卡尼（Raj Kulkarni），迈克·拉斯科夫斯基（Mike Laskofski），马切伊·拉泰克（Maciej Latek），兰迪·拉蒂默（Randy Latimer），凯特·伦纳德（Kate Leonard），亚历克斯·莱维斯（Alex Levis），科莱特·劳森（Collette Lawson），安·卢德威克（Ann Ludwick），辛西娅·卢姆（Cynthia Lum），何塞·曼努埃尔·马加拉尼斯（José Manuel Magallanes），朱莉·马勒（Julie Mahler），米歇尔·马克斯（Michelle Marks），大卫·马萨德（David Masad），史蒂夫·马斯特罗夫斯基（Steve Mastrofski），凯文·麦凯布（Kevin McCabe），迈克·麦克唐纳（Mike McDonald），休·麦克法兰（Hugh McFarlane），丹尼·门纳斯（Danny Menascé），Alan Merten（艾伦·默滕），Tish Moreno（蒂什·莫雷诺），Michael Naor（迈克尔·纳尔），约翰尼·尼尔森（Johnny Nelson），吉姆·奥尔兹（Jim Olds），莱斯利·佩恩特（Leslie Painter），利维乌·帕纳伊特（Liviu Panait），唐·帕克（Dawn Parker），安·帕尔科维奇（Ann Palkovich），肖恩·波斯（Sean Paus），尼古拉斯·佩耶特（Nicolas Payette），卡罗琳·佩恩（Carolyn Payne），凯瑟琳·佩雷斯－洛佩兹（Kathleen Pérez-López），比安卡·平特（Bianica Pint），玛格丽特·波尔斯基（Margaret Polski），保罗·波

斯纳（Paul Posner），史蒂夫·普赖尔（Steve Prior），丹尼斯·奎恩托（Denise Quinto），普瑞丝·里根（Pris Regan），辛迪·罗伯茨（Cindy Roberts），苏珊娜·罗宾斯（Suzanne Robbins），佩德罗·罗梅罗（Pedro Romero），汤姆·罗萨蒂（Tom Rosati），戴夫·罗塞尔（Dave Rossell），我们第一位获得 CSS 博士学位的人（Mark Rouleau），凯西·拉德（Cathy Rudder），约翰·萨科（John Sacco），米奇·萨蒂亚（Mickey Satija），蒂姆·索尔（Tim Sauer），劳里·辛特勒（Laurie Schintler），保罗·肖夫（Paul Schopf），琳达·施瓦茨坦（Linda Schwartztein），贾加迪什·舒克拉（Jagadish Shukla），史蒂夫·斯科特（Steve Scott），詹姆斯·斯尼德（James Snead），保罗·索（Paul So），阿伦·苏德（Arun Sood），彼得·斯特恩斯（Peter Stearns），罗杰·斯托夫（Roger Stough），詹妮弗·斯特吉斯（Jennifer Sturgis），基思·沙利文（Keith Sullivan），布拉克·坦尤（Burak Tanyu），朗达·特劳特曼（Rhonda Troutman），马克斯·茨维托瓦特（Max Tsvetovat），卡伦·安德伍德（Karen Underwood），迪克·瓦格纳（Dick Wagner），奈杰尔·沃特斯（Nigel Waters），尚德拉·沃森（Shandra Watson），简·温德林（Jane Wendelin），史蒂夫·威尔科克斯（Steve Wilcox），黛比·威廉斯（Debbie Williams），莎拉·怀斯（Sarah Wise），大卫·王（David Wong），杨君仪（Chun-Yi Yang），卡罗尔·齐夫（Carol Zeeve），马特·辛格拉夫（Matt Zingraff）。他们的不断努力使得弗吉尼亚大学乔治梅森大学的计算社会科学研究生项目（十多门 CSS 课程、证书、跨学科研究硕士 /CSS 和博士学位）、计算社会科学系以及 CSS 的生成单位——社会复杂性中心（CSC）得以成立。

我从与来自世界各地的同事合作撰写出版物、开发新课程和拨款提案、讨论理论和研究以及组织活动中学到了很多，这个充满活力的大型社区包括：泰夫·阿巴特（Tef Abate），佩特拉·阿尔韦勒（Petra Ahrweiler），吉列尔莫·阿尔加泽（Guillermo Algaze），路易斯·安图内斯（Luís Antunes），阿鲁娜·阿普特（Aruna Apte），乔治·阿特金森（George Atkinson）

富尔维奥·阿蒂纳（Fulvio Attinà），斯科特·阿特兰（Scott Atran），布伦特·奥布尔（Brent Auble），汤姆·贝尔沃德（Tom Baerwald），比尔·班布里奇（Bill Bainbridge），史蒂夫·班克斯（Steve Bankes），迈克·巴蒂（Mike Batty），安娜·卢西亚·巴赞（Ana Lucia Bazzan），拉斯·伯纳德（Russ Bernard），布莱恩·贝里（Brian Berry），拉维·巴夫纳尼（Ravi Bahvnani），德米特里·邦达连科（Dmitri Bondarenko），内森·波斯（Nathan Bos），彼得·布雷克（Peter Brecke），斯图尔特·布雷默（Stuart Bremer），凯西·卡梅伦（Cathy Cameron），凯瑟琳·卡利（Kathleen Carley），克里斯蒂亚诺·卡斯特尔弗兰基（Cristiano Castelfranchi），约翰·卡斯蒂（John Casti），拉尔斯－埃里克·塞德

曼（Lars-Erik Cederman），法米达·乔杜里（Fahmida Chowdhury），阿尔弗雷德·奇奥菲（Alfred Cioffi），韦恩·克劳夫（Wayne Clough），赫尔德尔·科埃略（Helder Coelho），路易丝·康福特（Louise Comfort），罗萨莉娅·孔特（Rosaria Conte），切特·库珀（Chet Cooper），琳达·科德尔（Linda Cordell），安吉拉·科罗拉（Angela Corolla），努诺·大卫（Nuno David），吉约姆·德方特（Guillaume Deffaunt），出口博（Hiroshi Deguchi），克里斯托夫·戴森伯格（Christophe Deissenberg），杰里·多布森（Jerry Dobson），（David Dornish）大卫·多尼什，吉姆·多兰（Jim Doran），马西莫·德雷伊（Massimo Drei），朱莉·达格代尔（Julie Dugdale），布鲁斯·爱德蒙兹（Bruce Edmonds），乔治欧·艾诺迪（Giorgio Einaudi），卡罗尔（Carol），梅尔·恩伯（Mel Ember），乔希·爱泼斯坦（Josh Epstein），迈克·菲舍尔（Mike Fischer），比尔·菲茨休（Bill Fitzhugh），布鲁诺·弗罗利希（Bruno Frohlich），何塞·曼努埃尔·加兰（José Manuel Galán），高建波（Jianbo Gao），米歇尔·格尔芬德（Michele Gelfand），奈杰尔·吉尔伯特（Nigel Gilbert），加里·戈茨（Gary Goertz），丽贝卡·古尔斯比（Rebecca Goolsby），尼克·戈茨（Nick Gotts），阿里尔·格林伯格（Ariel Greenberg），史蒂夫·格林（Steve Guerin），亚历山德罗·吉迪（Alessandro Guidi），乔治·古默曼（George Gumerman），迈龙·格特曼（Myron Gutmann），大卫·海尔斯（David Hales），德克·赫尔比（Dirk Helbig），马特·霍夫曼（Matt Hoffmann），巴里·休斯（Barry Hughes），路易斯·伊斯基耶多（Luís Izquierdo），旺德尔·贾格尔（Wander Jager），埃里克·琼斯（Eric Jones），史蒂夫·凯斯勒（Steve Kaisler），安娜·科图拉（Anna Kerttula），丹尼斯·金（Dennis King），艾伦·柯曼（Alan Kirman），尤尔根·克吕弗（Jürgen Klüver），蒂姆·科勒（Tim Kohler），尼克·克拉丁（Nick Kradin），阿里·克鲁格兰斯基（Arie Kruglanski），拉里·库兹纳（Larry Kuznar），史蒂夫·兰辛（Steve Lansing），埃弗拉伊姆·劳尔（Efraim Laor），兰迪·拉蒂默（Randy Latimer），史蒂夫·莱克森（Steve Lekson），尼古拉·莱蒂里（Nicola Lettieri），马克·利奇巴赫（Mark Lichbach），大卫·莱特富特（David Lightfoot），弗雷德·利利耶罗斯（Fred Liljeros），科瑞·洛夫达尔（Corey Lofdahl），乌尔斯·吕特巴赫（Urs Luterbacher），托马斯·卢克斯（Thomas Lux），帕蒂·马布里（Patty Mabry），查尔斯·马卡尔（Charles Macal），埃德·麦克罗（Ed MacKerrow），迈克尔·梅西（Michael Macy），格雷格·梅迪（Greg Madey），阿尔捷米·马尔可夫（Artemy Malkov），乔伊斯·马库斯（Joyce Marcus），杰克·梅萨罗斯（Jack Meszaros），曼尼·米德拉斯基（Manny Midlarsky），杰夫·米尔斯坦（Jeff Millstein），闵炳元（Byong Won Min），哈罗德·莫罗威茨（Harold Morowitz），斯科特·莫斯（Scott Moss），生田目昭（Akira

Namatame），达纳·诺（Dana Nau），马丁·诺伊曼（Martin Neumann），迈克尔·诺思（Michael North），诺瓦克（Andrzej Nowak），肖恩·奥布莱恩（Sean O'Brien），保罗·奥默罗德（Paul Ormerod），约翰·帕杰特（John Padgett），马里奥·帕奥卢奇（Mario Paolucci），多梅尼科·帕里西（Domenico Parisi），彼得·佩雷格林（Peter Peregrine），彼得·珀拉（Peter Perla），加里·波尔希尔（Gary Polhill），布莱恩·波林斯（Brian Pollins），丹尼斯·普曼（Denise Pumain），罗多尔福·拉焦尼埃里（Rodolfo Ragionieri），比尔·兰德（Bill Rand），德怀特·里德（Dwight Read），科林·伦弗鲁（Colin Renfrew），鲍勃·雷诺兹（Bob Reynolds），弗雷德·罗伯茨（Fred Roberts），J·丹尼尔·罗杰斯（J. Daniel Rogers），朱丽叶特·鲁希尔（Juliette Rouchier），迪特尔·鲁洛夫（Dieter Ruloff），杰里（Jerry），保拉·萨布洛夫（Paula Sabloff），约翰·萨勒诺（John Salerno），大卫·萨拉奇（David Sallach），莉娜·桑德斯（Lena Sanders），托德·桑德勒（Todd Sandler），安东尼奥·桑菲利波（Antonio Sanfilippo），迪兹·桑德斯-牛顿（Dez Saunders–Newton），维托里奥·斯卡拉诺（Vittorio Scarano），史蒂夫·施洛瑟（Steve Schlosser），菲尔·斯克罗特（Phil Schrodt），李·施瓦茨（Lee Schwartz），弗兰克·施韦策（Frank Schweitzer），佩森·希茨（Payson Sheets），安德鲁·谢拉特（Andrew Sherratt），卡尔·西蒙（Carl Simon），伊恩·斯科加德（Ian Skoggard），里卡多·索莱（Ricard Solé），吉姆·斯波赫尔（Jim Spohrer），德特勒夫·施普林茨（Detlef Sprinz），弗拉米尼奥·斯夸佐尼（Flaminio Squazzoni），吉恩·斯坦利（Gene Stanley），约翰·斯特曼（John Sterman），克里斯蒂娜·斯托伊卡（Christina Stoica），里克·斯托尔（Rick Stoll），加里·斯特朗（Gary Strong），李·施瓦茨（Lee Schwartz），大卫·席尔万（David Sylvan），雷因·塔格佩拉（Rein Taagepera），高玉圭樹（Keiki Takadama），约翰·坦尼（John Tangney），寺野隆雄（Takao Terano），皮耶特罗·特尔纳（Pietro Terna），丽塔·特乌托尼科（Rita Teutonico），吉姆·托马斯（Jim Thomas），清天（Qing Tian），克劳斯·特罗伊茨希（Klaus Troitzsch），彼得·图尔钦（Peter Turchin），亚历克斯·维斯皮尼（Alex Vespignani），米奇·沃尔德罗普（Mitch Waldrop），大卫·沃伯顿（David Warburton），保罗·韦尔博斯（Paul Werbos），乔恩·威尔肯菲尔德（Jon Wilkenfeld），佩顿·杨（Peyton Young）。

我的同事和朋友陈树衡向我友好地发出邀请，邀请我在中国台湾政治大学发表2011年赫伯特·A.西蒙计算社会科学讲座系列，这为我整理这本教科书的思路提供了独特的机会。这本教科书的预览于2012年3月在密歇根大学复杂系统研究中心的邀请下进行。我感谢罗伯特·阿克塞尔罗德、约翰·霍兰、斯科特·佩奇、里克·里奥洛及他们的学生们分享他们的见解和建议。本书中讨论的一些例子或建模应用是通过与政府政策和分析界成员的讨论而产生或聚焦的。他们中的任何一个都不对我的解释或推论负责。2012 年秋季 CSS 600——CSS 介绍——的学生在我完成本教科书的大纲时提供了帮助。我特别感谢加里·博格尔（Gary Bogle）、汤姆·布里格斯（Tom Briggs）、安妮塔·伯格（Annetta Burger）、保罗·卡明斯（Paul Cummings）、何塞·曼努埃尔·马加拉内斯（José Manuel Magallanes）和丹·普莱斯（Dan Pryce）。本教科书的几章也在 Lipari 国际计算社会科学暑期学校的讲座中使用，该学校现在已经进入第五年。我感谢学生和受邀教师，包括大卫·比弗（David Beaver），凯瑟琳·卡利（Kathleen Carley），阿尔弗雷多·费罗（Alfredo Ferro），乔万尼·朱弗里达（Giovanni Giuffrida），卡洛·彭尼西（Carlo Pennisi），亚历山德罗·普鲁基诺（Alessandro Pluchino），卡列夫·利塔鲁（Kalev Leetaru），罗伊·林德劳夫（Roy Lindelauf），刘欢（Huan Liu），罗尔·波平（Roel Popping），拉古·拉马克里希南（Raghu Ramakrishnan），马克·史密斯（Marc Smith），菲利普·施罗特（Philip Schrodt），V.S. 苏布拉马尼安（V.S. Subrahmanian），阿尔贝托·特罗比亚（Alberto Trobia），卡洛杰罗·扎尔巴（Calogero Zarba）。

我特别感谢丹·罗杰斯（Dan Rogers）、琳达·科德尔（Linda Cordell）、肖恩·卢克（Sean Luke）、纳兹·利乔克里（Nazli Choucri）、比尔·肯尼迪（Bill Kennedy）、西格·斯科特（Siggy Scott）和乔伊·哈里森（Joey Harrison）对各章节的贡献。我还要感谢简·N. 乔菲（Jean N. Cioffi）、多萝西·孔达尔（Dorothy Kondal）和南希·特金（Nancy Turgeon）的仔细编辑和校对。

我要感谢美国国家科学基金会和海军研究办公室，以及乔治梅森大学社会复杂性中心和教务长办公室，特别是教务长彼得·斯特恩斯的知识支持。

我还要感谢施普林格的编辑韦恩、惠勒和西蒙·里斯，他们的鼓励和耐心使我受益匪浅。他们非常专业、有毅力，我们的合作很愉快。